Johannes E Kaiser

Die Acanthocephalen und ihre Entwickelung

Johannes E Kaiser

Die Acanthocephalen und ihre Entwickelung

ISBN/EAN: 9783744697132

Hergestellt in Europa, USA, Kanada, Australien, Japan

Cover: Foto ©ninafisch / pixelio.de

Weitere Bücher finden Sie auf **www.hansebooks.com**

Die Acanthocephalen

und

ihre Entwickelung.

Von

Dr. Johannes E. Kaiser.

CASSEL.
Verlag von Theodor Fischer.
1893.

Hierdurch beehre mich mitzuteilen, dass die

Bibliotheca Zoologica

mit dem 1. Januar 1893 in meinen Verlag übergegangen ist.

Die Herren Geheimerat Professor Dr. **Leuckart** und Professor Dr. **Chun** haben in entgegenkommendster Weise auch ferner die Herausgabe des Werkes übernommen und werde ich dafür Sorge tragen, dass die Ausstattung von Text und Tafeln in der bisherigen Güte und Vollendung erfolgen wird. Zugleich werde ich bemüht sein, die Preise der Hefte möglichst niedriger zu stellen, um so eine immer grössere Verbreitung des Werkes zu ermöglichen.

Hochachtungsvoll

Erwin Nägele
Verlagsbuchhandlung.

Seinem hochverehrten Lehrer

Herrn Geheimrath Professor Dr. Leuckart

in Hochachtung und Dankbarkeit

ehrerbietigst gewidmet

vom

Verfasser.

Inhalts-Verzeichniss.

Erster Theil.

Seite

Einleitung.
Untersuchungsmethoden 3
Spezischaraktere 7
  a) Echinorhynchus gigas Goeze 8
  b) Echinorhynchus moniliformis Brems . . 10
  c) Echinorhynchus angustatus Rud. 11
  d) Echinorhynchus haeruca Rud. 12
  e) Echinorhynchus trichocephalus R. Leuck. 12
  f) Echinorhynchus uncinatus nov. spec. . . 14
  g) Echinorhynchus porrigens Rud. . . . 15
  h) Echinorhynchus strumosus Rud. 16
  i) Echinorhynchus spinosus nov. spec. . . 17
Die Cuticula.
  a) Geschichtlicher Ueberblick . . . 20
  b) Anatomie und Histologie 21
  c) Entwickelungsgeschichte 23
Das hypodermale Fasergewebe.
  A) Die Hypodermis der Leibeswand.
    a) Geschichtlicher Ueberblick 24
    b) Anatomie und Histologie.
     α) Filzfaserschicht oder Subcuticula im
      engeren Sinne 26
     β) Die Radiärfibrillenschicht o. Hypodermis 27
  B) Die Lemnisken.
    a) Geschichtlicher Ueberblick 33
    b) Anatomie und Histologie 34
Physiologie der hypodermalen Gewebe.
  a) Geschichtlicher Ueberblick 35
  b) Filzfaserschicht 38
  c) Radiärfibrillenschicht 39
Entwickelungsgeschichte der hypodermalen Gewebe.
  a) Geschichtlicher Ueberblick 43

Seite

  b) Das subcuticulare Fibrillengeflecht und
    die Radiärmuskelfasern 45
Die Muskulatur der Leibeswand.
  a) Geschichtlicher Ueberblick 58
  b) Eigene Beobachtungen 63
    α) Längsmuskulatur 67
    β) Ringmuskulatur 74
Entwickelung des Hautmuskelschlauches.
  a) Geschichtlicher Ueberblick 78
  b) Eigene Beobachtungen.
    α) Ringmuskulatur v. Echinorhynchus gigas 79
    β) Längsmuskulatur von Echinorhynchus
     gigas 84
    γ) Muskularis v. Echinorhynchus angustatus
     und Echinorhynchus haeruca 86
Der musculöse Rüsselapparat.
  a) Geschichtlicher Ueberblick 88
  b) Eigene Beobachtungen 93
    α) Echinorhynchus gigas 93
    β) Echinorhynchus moniliformis . . . 100
    γ) Echinorhynchus angustatus und Echino-
     rhynchus haeruca 104
    δ) Echinorhynchus strumosus 108
    ε) Echinorhynchus porrigens 111
    ζ) Echinorhynchus trichocephalus 115
    η) Allgemeine Betrachtungen über den Bau
     und die Physiologie des Rüsselapparates 118
Die Entwickelungsgeschichte des muskulösen Rüsselapparates.
  a) Geschichtlicher Ueberblick 125
  b) Eigene Beobachtungen.
    α) Echinorhynchus gigas 126
    β) Echinorhynchus angustatus und Echino-
     rhynchus haeruca 134

Zweiter Theil.

	Seite
Das Nervensystem.	
a) Geschichtlicher Ueberblick . . .	1
b) Eigene Beobachtungen.	
α) Ganglion cephalicum . . .	6
β) Peripherisches Nervensystem.	
1) Echinorhynchus gigas	8
2) Echinorhynchus moniliformis . . .	12
3) Echinorhynchus strumosus, Echino- rhynchus porrigens, Echinorhynchus trichocephalus, Echinorhynchus angustatus, Echinorhynchus haeruca . .	14
Die Entwickelungsgeschichte des Nervensystemes.	
a) Geschichtlicher Ueberblick	16
b) Eigene Beobachtungen	17
Der Genitalapparat der Acanthocephalen.	
A) Die männlichen Geschlechtsorgane.	
a) Geschichtlicher Ueberblick	19
b) Eigene Beobachtungen.	
α) Die Hoden	28
β) Entwickelung der Spermatozoen . .	30
γ) Vasa deferentia und vas efferens . .	41
δ) Kittdrüsen	42
ε) Ligamentum suspensorium	44
ζ) Die beiden Nephridien	46
η) Ductus ejaculatorius	48
ϑ) Bursa copulatrix	53
ι) Physiologie des Begattungsapparates	56
B) Die Entwickelungsgeschichte des männlichen Genitalapparates.	
a) Geschichtlicher Ueberblick . . .	58
b) Eigene Beobachtungen.	
α) Echinorhynchus gigas	61
β) Echinorhynchus angustatus und Echinorhynchus haeruca	69
C) Der weibliche Geschlechtsapparat.	
a) Geschichtlicher Ueberblick	70
b) Eigene Beobachtungen	
α) Die losen Ovarien	81
β) Ligamentum suspensorium	84
γ) Die Nephridien	88
δ) Die Uterusglocke	89
ε) Die beiden Oviducte	97
ζ) Wirkungsweise des Eisortirapparates .	100
η) Der Uterus	103
ϑ) Die Vagina	104
D) Die Entwickelungsgeschichte der weiblichen Genitalien.	
a) Geschichtlicher Ueberblick	107
b) Eigene Beobachtungen	110
α) Ligamentum suspensorium und Keimdrüsen	110
β) Uterusglockenapparat	113
Die Embryonalentwickelung.	
a) Geschichtlicher Ueberblick . . .	116
b) Eigene Beobachtungen	120
Die ersten Anfänge der postembryonalen Entwickelung.	
a) Geschichtlicher Ueberblick	132
b) Eigene Beobachtungen	135
Anhang, die Hamann'sche Abhandlung: „Die Nemathelminthen: I. Monographie der Acanthocephalen" betreffend . .	143
Litteratur-Verzeichniss	I
Erklärung der Abbildungen	IX

Erster Theil.

BIBLIOTHECA ZOOLOGICA.

Original-Abhandlungen

aus

dem Gesammtgebiete der Zoologie.

Herausgegeben

von

Dr. Rud. Leuckart
in **Leipzig**

und

Dr. Carl Chun
in **Königsberg.**

Heft 7. I. Hälfte.

Beiträge zur Kenntniss der Anatomie, Histologie und Entwickelungsgeschichte der Acanthocephalen.
Von **Johannes Kaiser.**

Mit Tafel 1 bis 6.

CASSEL.
Verlag von Theodor Fischer.
1891.

Obwohl die so isolirt dastehende Ordnung der Acanthocephalen seit nunmehr einem Jahrhundert gar vielfach das Interesse hervorragender Helminthologen auf sich gezogen und zu den vielseitigsten Untersuchungen hinsichtlich des anatomischen Baues Anlass gegeben hat, so blieb doch die Entwickelungsgeschichte dieser so merkwürdigen Helminthen bis in die neuere Zeit hinein in völlige Dunkelheit gehüllt. Leuckart war es, der (zuerst 1862) durch seine bedeutungsvollen Experimentalforschungen die gesammte Entwickelungsgeschichte mit den alle Erwartung übersteigenden wunderbaren Metamorphosen, welche nothwendig sind, um den Embryo unserer Thiere seiner definitiven Gestalt entgegenzuführen, uns klar vor Augen gelegt hat. Bevor aber diese Beobachtungen in dem grossen Parasitenwerke desselben (1876) zusammengefasst wurden, erschienen (1864) Greeff's Mittheilungen über *Echinorhynchus polymorphus*, die den Nachweis liefern sollten, dass die schon von Zenker im *Gammarus pulex* aufgefundenen und als *Echinorhynchus miliarius* und *Echinorhynchus diffluens* beschriebenen Kratzer nichts anderes als zwei verschiedene Jugendstadien des geschlechtsreif im Darme der Ente parasitirenden eben genannten *Echinorhynchus* vorstellen. Ausser dieser Arbeit liegen nur noch die spärlichen Mittheilungen Schneider's (1871) über die postembryonale Entwickelung des *Echinorhynchus gigas* vor.

Da nun in dem seither verflossenen Zeitraume das Jugendleben der Kratzer nie wieder zum Gegenstande eingehenderer Untersuchungen gemacht worden war, so stellte ich mir auf Veranlassung meines hochverehrten Lehrers, des Herrn Geheimrath Leuckart, die Aufgabe, die Entwickelungsgeschichte des *Echinorhynchus haeruca* im Vergleiche mit derjenigen des *Echinorhynchus angustatus* und *Ech. proteus* zu verfolgen, und in dem Falle, dass *Echinorhynchus gigas* mir in genügender Anzahl zugänglich würde, meine Studien auch über dessen Entwicklung auszudehnen.

Gegen Anfang des Herbstes 1884 begann ich die Infektionsversuche damit, dass ich in reichlich durchlüfteten Aquarien, welche theils in den Souterrainräumen des zoologischen Instituts, theils in der geheizten Stube aufgestellt waren, den frisch gefangenen *Asellus aquaticus*, der (nach Leuckart) sowohl den *Echinorhynchus angustatus*, als auch den *Echinorhynchus haeruca* grosszieht, mit den embryohaltigen Eiern dieser beiden Arten fütterte. Leider scheiterten die Versuche an der kolossalen Sterblichkeit der in Gefangenschaft gehaltenen kleinen Kruster. Ich war nicht im Stande, von mehreren Tausend Asseln auch nur eine über die dritte Woche hinaus am Leben zu erhalten. Da nun bei der schon weit vorgerückten Jahreszeit das Material immer spärlicher und dessen Beschaffung von Tag zu Tag schwieriger wurde, so beschloss ich, meine entwickelungsgeschichtlichen Arbeiten bis zum Frühjahre aufzuschieben, unterdessen aber den Bau der Kratzer eingehender zu studiren. Ich konnte um so eher auf etliche Erfolge rechnen, da seit jener Zeit, welcher die erwähnten anatomisch-histologischen Arbeiten entstammten, die technischen Hilfsmittel und die wissenschaftlichen Methoden sehr wesentlich sich verbessert und vervollkommnet hatten. Ferner kann mir zu gute, dass durch die Freundlichkeit des Herrn Geheimrath

Leuckart mir drei noch unbekannte Kratzer aus Florida, zwei nur unvollkommen beschriebene nordische Specis und der durch seinen gelegentlichen Parasitismus im Menschen höchst interessante *Echinorhynchus moniliformis* zur Verfügung gestellt wurden.

Wenngleich nun die unzureichende Konservirung der Würmer nicht immer gestattete, auf feinere histologische Details einzugehen, so war doch der grössere Theil dieses Materiales geeignet, über die wichtigsten morphologischen Verhältnisse Aufschluss zu geben.

Das Material zum Studium der Anatomie und Histologie lieferten mir folgende neun Species:

Echinorhynchus gigas, Goeze, aus Sus scrofa;

Echinorhynchus moniliformis, Bremser, aus Mus decumanus und Myoxus quercinus;

Echinorhynchus angustatus, Rudolphi, aus Perca fluviatilis und Esox lucius;

Echinorhynchus haeruca, Rudolphi, aus Rana temporaria und Rana esculenta;

Echinorhynchus trichocephalus, R. Leuckart, nov. spec.;

Echinorhynchus strumosus, Rudolphi, aus Phoca vitulina und Lophius piscatorius;

Echinorhynchus porrigens, Rudolphi, aus Balaenoptera Sibbaldii;

Echinorhynchus uncinatus, nov. spec.

Echinorhynchus spinosus, nov. spec.

Die drei unbeschriebenen, neuen Arten stammen aus Florida; leider war es unmöglich, ihre definitiven Träger zu ermitteln.

An dieser Stelle sei es mir gestattet, meinem hochverehrten Lehrer, dem Herrn Geheimrath Leuckart für die gütige Anleitung, das stete Interesse, das er meinen Untersuchungen in so reichem Maasse zukommen liess, und für die freundliche Erlaubniss der Benutzung seiner reichhaltigen Bibliothek meinen aufrichtigsten Dank auszusprechen.

Der eingehenden Besprechung der Anatomie und Entwicklungsgeschichte möchte ich einige Worte über die Untersuchungsmethode vorausschicken.

Untersuchungsmethoden.

Die Konservirung der Echinorhynchen zum Zwecke histologischer Untersuchungen war seither mit den allergrössten Schwierigkeiten verknüpft. Die gebräuchlichen Fixirungsmedien, wie Chromsäure, Ueberosmiumsäure, Pikrinschwefelsäure, Kaliumdichromat, Sublimat leisten in kalter Lösung gar nichts; die Würmer contrahiren sich in ihnen zu unförmigen Gestalten. Der übermässigen Zusammenziehung suchte Sälftigen*) entgegenzutreten, indem er sehr verdünnte Härtungsflüssigkeiten auf die Echinorhynchen einwirken liess. In einer 0,1 procentigen Lösung von Ueberosmiumsäure können die Kratzer noch über einen Tag leben: in den ersten Stunden contrahiren sich die Thiere zwar ziemlich stark, später aber werden sie durch den starken Druck der durch Absorption der Hautdecken einströmenden Flüssigkeit wieder ausgestreckt und bleiben auch nach dem Tode völlig prall. Dass eine so widernatürliche Dehnung auf zarte Gewebselemente alterirend einwirken muss, bedarf wohl keiner näheren Erörterung. Ziehen wir ferner den ungünstigen Einfluss des Osmiumtetroxyd auf alle Kerngebilde mit in Rechnung, so können wir wohl mit vollem Rechte behaupten, dass alle so behandelten Objecte für feinere histologische Untersuchungen wenig geeignet sind.

Sollen Objecte für histologische Zwecke conservirt werden, so muss man vor allen Dingen sein Augenmerk darauf richten, das Plasma der Zellen durch geeignete Reagentien so schnell wie möglich niederzuschlagen, damit alle jene, den lebenden Geweben eigenthümlichen Zellstructuren auch nach dem Tode erhalten bleiben. Sehr gute Resultate erzielte ich mit einer heissen Solution von Quecksilberchlorid in destillirtem Wasser. Ich verwende nur eine concentrirte, sechsprocentige Lösung des Salzes, welche ich auf 56—60° C. erwärme. Die lebend eingetragenen Echinorhynchen strecken sich vollkommen aus und werden fast momentan getödtet.

Ferner ist es von grosser Wichtigkeit, die Einwirkung des Sublimates zur rechten Zeit zu unterbrechen, damit die Gewebspartien nicht Gefahr laufen, spröd und brüchig zu werden. Für Embryonen bis 3 mm Länge genügen 5 Minuten: grössere Objecte und ganze Thiere müssen aber 10—30 Minuten in der heissen Flüssigkeit verweilen.

Um die nachtheiligen Wirkungen des Quecksilberchlorides, welche hauptsächlich in der nachträglichen Ausscheidung einzelner stecknadelförmiger Gebilde oder auch mehr oder minder ausgedehnter körniger Agglomerate bestehen, zu eliminiren, ist es erforderlich, das nicht an das Portoplasma gebundene

*) Morphologisches Jahrbuch, 10. Bd. pg. 2 u. 3.

Salz möglichst schnell und vollständig aus den Geweben zu entfernen. Am zweckdienlichsten geschieht dies durch eine auf 58—60° C. erwärmte Lösung von Campher in 60—70°/₀igem Alkohol, worin die Gewebsstücke 2—6 Stunden verweilen.

Ausser der kalt concentrirten Solution von Sublimat habe ich noch eine solche von folgender Zusammensetzung mit Erfolg verwandt:

Quecksilberchlorid cryst.   10 gr.

Destillirtes Wasser   300 gr.

Eisessig   3 gr.

Sie dringt sehr leicht ein und eignet sich aus diesem Grunde besonders für grössere Objecte. Selbige verweilen ungefähr eine Stunde in der 45—50° C. warmen Lösung und werden dann in reinem, am besten fliessendem Wasser ausgewaschen, welche Procedur immerhin 4—8 Stunden beansprucht.

Zur Fixirung von Embryonen und kleinen Echinorhynchen habe ich mich in letzter Zeit vielfach einer kalt gesättigten Lösung von essigsaurem Quecksilber in destillirtem Wasser, der ich, um der Zersetzung vorzubeugen, einige Tropfen reiner Essigsäure hinzufüge, bedient und vielleicht noch bessere Resultate erzielt, als mit den beiden letztgenannten Salzsolutionen. Zum Auswaschen der Präparate verwende ich schwach angesäuerten 35°/₀igen Alkohol.

Die vorzüglichsten Resultate lieferte mir die Fixirung durch Quecksilbercyanid. Ich bereite mir eine concentrirte wässerige Lösung dieser im höchsten Grade giftigen Substanz, die ich zum Gebrauche auf 45—50° C. erwärme. Die Objecte verweilen je nach der Grösse 15 Minuten bis 1 Stunde in der warmen Lösung und werden dann durch 70°/₀ Alkohol von den überschüssigen Mengen des Quecksilbercyanides befreit.

Nächst den Quecksilbersalzen ist wohl die Pikrinschwefelsäure in Verbindung mit Chromsäure am geeignetsten zur Fixation grösserer Gewebsstücke, deren Tinktionsfähigkeit sie in keiner Weise beeinträchtigt. Ich bediene mich seit mehreren Jahren einer Pikrinchromschwefelsäure von folgender Zusammensetzung:

1 gr. crystallisirte Pikrinsäure,

10 gr. concentrirte Schwefelsäure,

1 gr. krystallisirte Chromsäure,

1000 gr. destillirtes Wasser.

Die vom Darmschleime befreiten Kratzer verweilen in der auf 55° C. erhitzten Flüssigkeit 15—20 Minuten und werden zunächst mit heissem Wasser 5—10 Minuten abgespült, dann aber in 60°/₀igem Alkohol sorgfältig ausgezogen, welche Operation 3—4 Tage in Anspruch nimmt.

Auch von der Brauchbarkeit der von Hermann*) empfohlenen Härtungsflüssigkeit für Spermatozoen habe ich mich hinreichend überzeugt. Zur Fixirung des Riesenkratzerhodens stelle ich mir die Lösung nach folgendem Recepte dar:

1°/₀ige Platinchloridlösung 15 Volumina.

2°/₀ige Osmiumsäure   2   „

Eisessig, concentrirt   1   „

---

*) Archiv für mikroskopische Anatomie. 34. Bd. pg. 58—60.

Die Präparate werden mit Wasser ausgewaschen.

Die Gewebe der Echinorhynchen lassen sich nur sehr schwer tingiren. Die Imprägnation grösserer Theile oder ganzer Thiere geht mit Kleinenberg's Haematoxylin oder Grenacher's Boraxkarmin sehr langsam und ungleichmässig von statten. Weit schneller und sicherer kommt man zum Ziele, wenn man die nicht allzuconcentrirten Tinctionsflüssigkeiten erwärmt auf die Objecte einwirken lässt. Völlig ausreichend für diesen Zweck ist die Temperatur des Paraffinschmelzofens.

Vortreffliche, vielleicht die besten Resultate erhielt ich mit einem Säurekarmin, das ich nach folgender Vorschrift bereite. In ein siedendes Gemisch von 200 gr. 70%igem Alkohol und 6 gr. concentrirter Salzsäure werden gegen 10 gr. Karmin eingetragen und so lange gekocht, bis die ganze Masse in Lösung gegangen ist. Beim Erkalten scheidet sich ein rothes Pulver aus, das durch Filtration von der darüberstehenden Flüssigkeit getrennt wird. Die auf diese Art gewonnene prächtig purpurfarbene Karminlösung dringt sehr leicht und schnell in die Gewebe ein, giebt selbst bei ganzen Würmern gleichmässige Färbungen und lässt nach sorgfältigem Ausziehen die feinsten Zell- und Kern-structuren deutlich hervortreten.

In neuerer Zeit habe ich das ganze Färbeverfahren etwas abgeändert und hierdurch wesentlich schönere Präparate erhalten. Ich entferne den überschüssigen Farbstoff erst dann, wenn die Gewebsstücke in Schnitte zerlegt und auf dem Objectträger gehörig befestigt sind. Diese Methode hat vor der früheren den Vorzug, dass man den ganzen Entfärbungsprozess unter der Lupe verfolgen und nach Belieben unterbrechen, also jede gewünschte Nüancirung erzielen kann.

In den meisten Fällen wird es jedoch bequemer und zugleich auch zweckdienlicher sein, erst die durch einen Unterguss auf dem Objectträger fixirten Schnitte zu tingiren. Zu diesem Zwecke bringe ich die sorgfältig mit Benzol oder Xylol ausgewaschenen, sodann mit absolutem Alkohol mindestens 45 Minuten behandelten Schnittserien in die auf 48—52° C. erwärmte Farbestoffsolution (Haematoxylin, Säurekarmin oder Boraxkarmin) und lasse sie darin 12—24 Stunden. Hiernach werden die stark überfärbten Präparate ausgewaschen und zwar Säurekarmin und Boraxkarmin in 3% Salzsäure, Haematoxylin aber in nur 1/2% Essigsäure enthaltendem 70%igen Alkohol. Ist die gewünschte Localisirung des Farbestoffes auf gewisse Zellelemente eingetreten, so wird die Einwirkung der Säure unterbrochen, indem die Schnittpräparate zunächst in reinen 70%igen und nach Verlauf von 5—10 Minuten in 96%igen Alkohol übertragen werden.

Das komplicirte Hermann'sche, später von Flemming wesentlich verbesserte Kernfärbeverfahren, welches auf der successiven Anwendung von in Anilinwasser gelöstem Safranin und Gentianaviolett beruht, gab bei den Hoden des *Echinorhynchus gigas* keine sehr befriedigenden Resultate.

Eine bei weitem schärfere Färbung der Kerne und Kernstructuren erzielte ich mit einer in kochendem 60%igen Alkohol hergestellten gesättigten Lösung von Bismarckbraun. In der auf 60° C. erwärmten und vor dem Gebrauche filtrirten Solution verblieben die Schnittserien 48 Stunden. Alsdann werden sie mit 60%igem Alkohol, dem ungefähr 2% reine Salzsäure oder 3% Essigsäure zugesetzt ist, solange ausgewaschen, bis das Plasma der Kerne eine helle, bräunliche Färbung angenommen hat. Die karyokinetischen Figuren, sowie alle Chromatingebilde behalten ihre dunkelbraune Färbung bei.

Um die gefärbten und sorgfältig entwässerten Gewebstücke zur Paraffineinbettung vorzubereiten, werden selbige zunächst mit chemisch reinem Benzol durchtränkt. Die Schrumpfungen und Gestaltsver-

Änderungen, die gewöhnlich beim Uebertragen der Präparate aus absolutem Alkohol in Benzol einzutreten pflegen, haben ihren Grund in dem rapiden Austausche beider Flüssigkeiten und können sehr leicht vermieden werden, wenn das eine Medium sehr allmählich durch das andere verdrängt wird. Um dies zu erreichen, behandle ich die mit absolutem Alkohol imprägnirten Objecte zunächst mit einer Mischung von zwei Raumtheilen Alkohol und einem Raumtheile Benzol und füge dieser in Zeitintervallen von je einer Stunde einen Raumtheil Benzol hinzu. Dies wiederhole ich so oft, bis das Benzolalkoholgemisch das fünffache Volumen der ursprünglich verwandten Flüssigkeit einnimmt. Jetzt können die Gewebsstücke in reines Benzol übertragen werden, ohne dass auch nur ein Verwischen der feinsten histologischen Details zu befürchten wäre.

Was oben in betreff der Imprägnation mit Benzol gesagt wurde, gilt im gleichem Masse der Einbettung in Paraffin. Wollte man die mit dem Paraffinlösungsmittel durchtränkten Echinorhynchen sofort der Einwirkung des flüssigen Paraffins aussetzen, so würde man sich wohl bald überzeugen, welch bedeutende Schrumpfungen und Gestaltsveränderungen das Zusammentreffen zweier so heterogener Substanzen zur Folge hat. Allen nachtheiligen Wirkungen kann man sehr wirksam begegnen, wenn man das Paraffin nur sehr langsam in die Gewebe einführt, und zwar geschieht dies am vortheilhaftesten auf folgendem sehr einfachen Wege.

In einem kleinen Reagenzylinder übergiesse ich die Objecte mit einem reichlichen Quantum einer kaltgesättigten Lösung von hartem Paraffin in Benzol und setze sie in dem zur Einbettung gebräuchlichen Ofen einer konstanten Temperatur von 50—52° C. aus. Von zehn zu zehn Minuten füge ich zwei bis drei Tropfen verflüssigten Paraffins hinzu, und zwar so lange, bis das Volumen der Flüssigkeit sich um das Dreifache der anfänglich verwendeten Lösung vermehrt hat. Das Paraffinbenzolgemisch ersetze ich sodann durch reines, geschmolzenes Paraffin, in dem die Gewebsstücke je nach ihrer Grösse ½ bis 1½ Stunde verweilen.

Bei meinen Untersuchungen sah ich mich oftmals genöthigt, aus den einzelnen Schnittansichten ein Gesammtbild von der Gestaltung und der Lagerung der Organe zu reconstruiren. Mir muste es deshalb von grösster Wichtigkeit sein, lückenlose Serien möglichst gleich dicker Schnitte herzustellen. Recht zu statten kam mir die seit einiger Zeit bekannt gewordene Methode, mit quergestelltem Messer zusammenhängende, bandartige Schnittreihen zu erzeugen.

Die sogenannte Schnittbändermethode erfreute sich keines besonders guten Rufes. Noch Fol zieht es vor, bei schiefer Stellung des Messers zu schneiden, da nach seiner Erfahrung jene wie Tänien aussehenden Reihen nur unter besonders günstigen Umständen gelingen und bei einer Schnittdicke, die nicht unter ¹⁄₅₀ mm herabsinken darf. Wenngleich Fol in dieser Behauptung etwas zu weit gegangen ist, so müssen wir ihm doch beistimmen, dass die seither mit quergestelltem Messer erzielten Serien den auf die gewöhnliche Art dargestellten Präparaten nicht an die Seite gestellt werden konnten. Die Misserfolge haben ihren Grund hauptsächlich in der fälschlichen Konstruktion der Schneideinstrumente. Die meisten der gebräuchlichen, hohlgeschliffenen Messer taugen für jene harten Massen, wie Paraffin, gar nichts. Jung in Heidelberg gibt jetzt seinen Mikrotomen stärkere Messer bei, welche von diesem Fehler vollkommen frei sind, und welche mit grosser Sicherheit gestatten, lückenlose Serien von ¹⁄₂₀₀ — ¹⁄₁₀₀ mm Schnittdicke herzustellen.

Ein eben so gewichtiger Umstand für das Gelingen tadelloser Schnittreihen ist die starre, unbewegliche Verbindung der Objecte mit dem verticalen Schlitten. Gänzlich zu verwerfen ist das Aufschmelzen der eingebetteten Gewebsstücke auf Kork oder andere elastische Substanzen, da schon der geringste Druck ein Ausweichen des zu schneidenden Objectes zur Folge hat. Es genügt aber auch das Einspannen eines Paraffinprismas in die Klemme des Objecthalters nicht vollständig den Ansprüchen einer unwandelbaren Befestigung. So wird man wohl oft wahrgenommen haben, dass der anfangs fest eingeschraubte Block nach dem Schneiden nur noch lose in seinem Träger ruhte.

Schanze und Jung geben Objecthalter in Gestalt geringelter Scheiben oder metallener Hülsen bei, auf welche das in Paraffin eingeschlossene Stück ohne weiteres aufgeschmolzen wird. Diese Art der Befestigung ist bei weitem die beste und solideste; Object und Halter bilden ein einheitliches, starres Ganzes.

Die so gewonnenen Schnitte wurden, wenn die Gewebsstücke vor dem Einschmelzen tingirt waren, vermittelst einer Mischung von Kollodium und Nelkenöl nach der bekannten Schällibaum'schen Methode auf den Objectträger aufgeklebt.

Obwohl man auch die vermittelst des Nelkenölkollodium befestigten Schnitte mit Benzol auswaschen und mit Alkohol, Wasser u. s. w. behandeln kann, ohne ein Ablösen einzelner Gewebspartien befürchten zu müssen, so gebe ich doch dem von P. Mayer eingeführten Albuminunterguss den Vorzug, vorausgesetzt, dass eine nachträgliche Schnittfärbung erwünscht ist. Dem Auftreten trübkörniger Stellen in der Unterlage kann man durch sehr dünnes Auftragen des Eiweissglycerins leicht wirksam entgegentreten.

Die Speciescharaktere.

Obwohl die meisten der neun oben namhaft gemachten Arten zu wiederholten Malen untersucht und beschrieben worden sind, so möchte ich doch nochmals hier auf die Speziescharaktere etwas näher eingehen.

Wohl Jeder, der sich einmal mit der höchst merkwürdigen Gruppe der Acanthocephalen beschäftigt hat, wird die Schwierigkeiten kennen, die zumal dann, wenn der definitive Wirth des Kratzers nicht bekannt ist, der exakten Speziesbestimmung sich entgegenstellen. Man würde sich stark irren, wollte man aus dem eben Gesagten folgern, dass die einzelnen Arten so wenig von einander sich unterscheiden, dass sich nur äusserst schwierig typische Differenzen auffinden lassen. Nein, im Gegentheile herrschen in dieser scharf umgrenzten Helminthengruppe so zahlreiche und leicht in die Augen stechende Gestalt- und Grössenunterschiede, wie sie wohl kaum auffälliger bei einer anderen Gruppe der Eingeweidewürmer existiren können. Die Ursache aber, weshalb man noch heute, wo doch nahezu einundeinhalb Hundert verschiedene Echinorhynchen bekannt sind, nur einige wenige durch ihren aberranten Körperbau sich auszeichnende Formen endgültig bestimmen kann, ist darin zu suchen, dass man sein Augenmerk hauptsächlich, ja fast ausschliesslich auf Merkmale lenkte, die selbst bei derselben Spezies beträchtliche Differenzen aufweisen können.

An eine Bestimmung der Kratzer nach den Thierformen, in denen sie parasitisch leben, wie wir dies bei Goeze, Gmelin, Dujardin finden, dürfte man nach dem heutigen Stande unserer Wissenschaft wohl kaum noch denken. Zwar finden wir bei den einzelnen Vertebraten — auf diese scheint sich der Parasitismus der ausgebildeten, geschlechtsreifen Echinorhynchen zu beschränken — immer bestimmte Kratzer, deren Existenz an die spezifischen Darmsäfte, wohl auch an die Körperwärme des betreffenden Wirthes gebunden sein mag. Aber der Schluss, dass die Zugehörigkeit zweier Wirthe zu verschiedenen Thierklassen auch eine wesentliche Formdifferenz der in ihnen schmarotzenden Kratzer bedinge, ist keineswegs begründet. Als Beweis mögen die in ihrem Baue sich so nahestehenden Kratzer, *Echinorhynchus haeruca* und *Echinorhynchus angustatus* dienen, von denen ersterer in Amphibien (Rana), letzterer hingegen nur in Fischen (Perca, Esox) angetroffen wird. Andererseits kann ein und dieselbe Spezies, ja bisweilen sogar dasselbe Individuum sehr heterogene Arten beherbergen. So z. B. finden wir im Esox lucius *Echinorhynchus proteus* und den *Echinorhynchus angustatus*.

Nicht minder unbrauchbar sind die Form- und Gestaltverhältnisse, die Rüssel und Hals aufweisen und von Zeder, Rudolphi, Westrumb, Diesing zur Speziescharakterisirung verwandt wurden. Schon der Umstand, dass die Gestalt des retractilen Rüssels von dem Kontractionszustande der die Innenfläche auskleidenden Muskelmassen abhängig ist, wird den Werth dieses Kriteriums sehr problematisch erscheinen lassen.

Späterhin ist von verschiedenen Forschern, so besonders von Diesing, der Versuch gemacht worden, die Anordnung der Haken zu Querreihen bei der Spezesbestimmung zu verwerthen. Für eine Anzahl von Arten — es sind dies hauptsächlich solche mit kugelförmigem Rüssel — ist die Reihenzahl ziemlich konstant. Untersuchen wir aber die übrigen Spezies auf dieses Merkmal hin, so werden wir bald auf unüberwindliche Hindernisse stossen. Es existiren nämlich Echinorhynchen, bei denen die Zahl der Hakenquerreihen ganz enormen Schwankungen unterworfen ist. Ich will hier nur, um eine von den mir genau bekannten Arten zu wählen, an *Echinorhynchus angustatus* erinnern, bei dem in einigen Fällen nur 8, in anderen Fällen aber bis zu 24 Querhakenreihen gefunden habe.

Aus dem Gesagten ergibt sich, dass weder die Gestalt des Rüssels und Halses, noch die Anordnung der Haken zu Querreihen für eine endgültige Unterscheidung der Spezies geeignet ist.

Dafür haben wir aber, abgesehen von den allgemeinen, etwas variabeln Formverhältnissen des Leibes, in der Gestalt und der Anordnung der Haken, beziehentlich der verschiedenen Hakenarten, sowie in der Anzahl der Hakenlängsreihen treffliche Kriterien, die unveränderlich jedem Individuum derselben Art zukommen, während sie in der Reihe der Kratzer mannigfaltige und oftmals sehr auffallende Unterschiede erkennen lassen.

Auf diese äusserst wichtigen Spezescharaktere möchte ich, bevor ich zu meinem eigentlichen Thema übergehe, für die von mir auf die anatomischen und histologischen Verhältnisse hin eingehender untersuchten neun Arten mit einigen Worten hinweisen.

Echinorhynchus gigas, Goeze.

Der Riesenkratzer ist die grösste sämmtlicher bekannter Arten. Besonders ist es der weibliche Körper, der durch seine mächtige Entwickelung sich auszeichnet. Die Länge der geschlechtsreifen, begatteten Weibchen schwankt zwischen 100 und 650 mm. Der Leib ist drehrund und erreicht in dem vorderen Drittheile seine grösste Dicke (6—12 mm). Nach hinten nimmt er ganz allmählich ab, so dass der die Uterusglocke einschliessende Schwanz nur noch 2 bis höchstens 3 mm Durchmesser aufweist. Die weibliche Genitalöffnung liegt in der Achse des Körpers am äussersten Schwanzende und stellt einen sehr kleinen kreisrunden Porus vor.

Nur in der Jugend sind die Weibchen prall und walzenrund. Mit zunehmendem Alter collabiren sie und erscheinen alsdann als schmale, von unzähligen Querrunzeln durchfurchte Bänder.

Die Männchen stehen an Grösse den Weibchen um ein Beträchtliches nach. Ihre Länge beträgt je nach dem Alter 6 bis 10 cm. Sie sind stets drehrund und vorn (3—4 mm Durchmesser) nur wenig dicker als hinten (2—3 mm Durchmesser). Das letzte Schwanzstück schwillt zu einer ovoiden Verdickung an, welche die helmförmige, eingestülpte Bursa copulatrix umschliesst. Die männliche Genitalöffnung liegt an der gleichen Stelle wie die weibliche und wird von einem engen, in dorsoventraler Richtung verlaufenden Spalte gebildet. Die Farbe der lebenden Riesenkratzer ist meist eine hellgelbe oder eine röthlichweisse. Nur sehr selten findet man Individuen, deren Haut braun oder graugrün tingirt ist. Ich halte dies für eine secundäre Erscheinung, die offenbar mit der Beschaffenheit des Darminhaltes des betreffenden Wirthes in engstem Connexe steht.

Der Vorderleib geht in beiden Geschlechtern ziemlich plötzlich in einen kurzen, konischen Halsabschnitt über. Die Länge des Halses beträgt bei den ausgewachsenen Individuen 520—550 µ, der Durchmesser der unteren Basis 750—780 µ, der der oberen Basis aber nur 520—530 µ. Diese letztere ist es nun, welche den vollkommen sphärischen Rüssel trägt. In Anbetracht der Grösse unserer Würmer ist der Rüsselknopf, der bekanntlich das einzige Fixationsorgan bildet, sehr klein: sein Quermesser erreicht kaum die Grösse eines Millimeters. Die Haken sind, ebenso wie bei allen anderen Acanthocephalenspezies, alternirend in Längs- und Querreihen angebracht. Wie dies schon hervorgehoben worden ist, ist die Zahl der Längsreihe constant; sie beträgt für *Echinorhynchus gigas* 12. Die Querreihen, deren jede also von 6 Haken gebildet wird, sind meistens in der Sechszahl, seltener in der Fünf- oder Siebenzahl vorhanden.

Der Riesenkratzer ist die einzige Species, deren Rüssel mit zweiwurzeligen Haken bewaffnet ist. Durch ihre Form und Bildung erinnern dieselben lebhaft an die gleichnamigen Haftorgane der Tänien. Der kräftige, krallenförmig gebogene Haken läuft in eine starke Wurzel aus, welche zwei sehr ungleichmässig entwickelte Fortsätze erkennen lässt. Während nämlich der vordere derselben nur wenig ausgebildet ist und zur Wurzelbasis fast senkrecht abfällt, repräsentirt der hintere Wurzelast einen durchaus cylindrischen Zapfen, welcher den Haken an Länge sogar um ein Weniges übertrifft. Da nun die Kenntniss der Hakenform für die exacte Bestimmung der Species von enormer Wichtigkeit ist, so habe ich auf Tafel 6 zwei Abbildungen (9 und 10) gegeben, die wohl besser als irgend welche detaillirte Beschreibung die Gestaltsverhältnisse veranschaulichen werden.

Da die Grösse der Haken in den verschiedenen Querreihen nicht die gleiche ist, so will ich in folgender Tabelle eine vergleichende Zusammenstellung der Maasse dreier übereinanderliegender Haken geben:

	Erste	Dritte	Fünfte Reihe.
Länge des gesammten Hakens von der Dornspitze bis zum hinteren Wurzelende:	400 μ.	375 μ.	330 μ;
Länge des Dornes:	170 μ.	160 μ.	160 μ;
Entfernung der beiden Wurzelenden:	240 μ.	230 μ.	200 μ;
Dicke des Dornes an der Umbiegstelle:	65 μ.	60 μ.	60 μ.

Die sechs Haken der letzten Reihe unterscheiden sich von den darüber befindlichen, abgesehen von der schwächeren Ausbildung des krallenförmigen Dornfortsatzes, besonders durch die starke Reduction, die der hintere Wurzelast erfahren hat (s. Tafel 6, Fig. 9.).

Messungen ergaben folgende Mittelwerthe:

Länge des gesammten Hakens:	150—160 μ;
Länge des Dornfortsatzes:	105—115 μ;
Breite der kolbigen Wurzel:	90—105 μ.

Die mir von Herrn Geheimrath Leuckart gütigst zur Verfügung gestellten Riesenkratzer stammen aus der Umgebung von Prag; sie wurden theils in mit Harn gefüllten Blasen, theils in dem frischen Darme eingeschlagen, dem zoologischen Institute übersandt. In Leipzig und den Ortschaften der nächsten Umgebung fehlt *Echinorhynchus gigas* vollständig. In früherer Zeit soll er sporadisch in den aus Ungarn eingeführten Schweinen gefunden worden sein.

Echinorhynchus moniliformis, Bremser.

Echinorhynchus moniliformis nimmt besonders in neuerer Zeit unser Interesse in hohem Grade in Anspruch, weil er die erste Spezies ist, für die der definitive Nachweis erbracht wurde, dass sie unter Umständen selbst im Darme des Menschen parasitiren und hier ihre geschlechtliche Reife erlangen kann. Männchen und Weibchen stellen drehrunde Würmer vor, die äusserlich sich kaum von einander unterscheiden lassen. Die Männchen sind im Allgemeinen etwas kleiner und nur 4—5 cm lang, während die geschlechtsreifen Weibchen auf 6—8 cm heranwachsen. Der Vorderleib ist in beiden Geschlechtern ausserordentlich dünn, fast fadenförmig (0.35—0.5 mm). Nach hinten nimmt er mehr und mehr zu, bis er schliesslich einen Durchmesser von 1.5—2 mm erreicht. Ganz besonders ausgezeichnet ist *Echinorhynchus moniliformis* dadurch, dass sein Leib, mit Ausnahme des letzten Viertheiles, eine deutliche Segmentation aufweist. Im stark verschmälerten Kopfabschnitte sind die einzelnen Segmente sehr kurz, scharf gegen einander abgesetzt und oftmals in einander eingeschoben. Nach hinten werden sie allmählich grösser und verlieren ihre scharfen Grenzen. Das Schwanzende entbehrt der Segmente und ist vollkommen glatt und fast cylindrisch.

Die Verbindung mit dem Rüssel vermittelt ein konisches Halsstück von 130 μ Länge und 106 μ Breite. Der Rüssel stellt einen cylindrischen oder keulenförmigen Zapfen vor, der beim erwachsenen Männchen 215—230 μ lang und 118—120 μ breit wird. Die kleinen, schwachen Häkchen sind zu 14 Längsreihen und 10—15 Querreihen angeordnet.

Der stark gekrümmte, dünne Dorn setzt sich in eine etwas kürzere und kolbig endende, ihm gleichgerichtete Wurzel fort, die sich tief in das Hypodermisgewebe der Rüsselhaut einsenkt. Hinsichtlich der genaueren Formverhältnisse verweise ich auf die Figuren 31—34 der 6. Tafel.

Die Dimensionen der Haken verschiedener Rüsselregionen sind in Folgendem tabellarisch zusammengestellt.

	9.	7.	5.	3. Querreihe
Länge des Dornfortsatzes:	14 μ,	17 μ,	15 μ,	13 μ;
Länge der Wurzel:	10 μ,	13 μ,	12 μ,	11 μ;
Dicke der Umbiegstelle:	3 μ,	4 μ,	4 μ,	3 μ.

Auch diese Spezies ist in der Leipziger Lokalfauna nicht vertreten. Die vier von mir untersuchten Exemplare habe ich durch die gütige Vermittlung des Herrn Geheimrath Leuckart von dem Herrn Professor Grassi aus Catania in Sicilien erhalten.

Echinorhynchus angustatus, Rudolphi.

Der Leib des *Echinorhynchus angustatus* ist drehrund, vorn etwas dicker als hinten und erreicht im weiblichen Geschlechte eine Länge von 8—17 mm. im männlichen aber nur eine solche von 4,5—8 mm. Die Dicke ist in beiden Geschlechtern die gleiche und beträgt im Durchschnitte 1—1.4 mm. Der Leib geht ohne auffällige Grenze in den schlanken, konischen Hals über, dessen vordere Basis den fast cylindrischen, an der Spitze abgerundeten Rüssel trägt. Die Länge des Haftorganes ist der des Halses fast gleich und beträgt 0.5—0.7 mm, während sein Durchmesser auf circa 0,26—0,3 mm zu veranschlagen sein dürfte. Die quincunxial angeordneten Haken bilden 14 Längs- und 16—18 Querreihen. Die Haken besitzen einen spitz konischen und wenig gekrümmten Dorn, der sich vermittelst einer wesentlich kürzeren, gebogenen, kolbigen Wurzel in die Rüsselhaut einpflanzt. Dorn und Wurzel bilden einen Winkel von 30 40°. Auf Tafel 6 habe ich in Figur 1—3 drei solcher Rüsselhaken abgebildet.

Die Haken haben durchschnittlich folgende Dimensionen:

	3.	5.	7.	9.	11.	13. Reihe
Hakenlänge:	110 μ,	108 μ,	104 μ,	105 μ,	101 μ,	100 μ;
Wurzellänge:	72 μ,	72 μ,	70 μ,	70 μ,	65 μ,	60 μ;
Dicke der Umbiegstelle:	24 μ,	23 μ,	20 μ,	20 μ,	19 μ,	18 μ.

Den Haken der untersten (ersten) Reihe fehlt der dem Dornfortsatze gleichgerichtete Wurzelast. Sie ähneln deshalb eher den Dornen, die wir auch sonst den Basaltheil des Rüssels, den Hals oder den Körper in dichten Reihen bedecken sehen (s. Tafel 6. Fig. 4). Die Länge der Dornen beträgt circa 90 μ, die Breite ihrer Wurzel aber 25—30 μ.

Echinorhynchus angustatus findet sich hier ziemlich häufig, zumal in den Fischen der alten Pleisse. Man wird sicher darauf rechnen können, unter 3—4 Barschen — *Perca fluviatilis* — einen solchen zu finden, der den *Echinorhynchus angustatus* beherbergt. Die Zahl der in einem Individuum lebenden Kratzer ist gewöhnlich sehr gross, mitunter so beträchtlich, dass das Lumen des Darmkanals

2*

völlig ausgefüllt ist. Es gehört durchaus zu keiner Seltenheit, dass man einem einzigen, frisch gefangenen Barsche gegen hundert Würmer entnimmt.

Echinorhynchus haeruca, Rudolphi.

Auch bei *Echinorhynchus haeruca* sind Männchen und Weibchen auf den ersten Blick zu unterscheiden. Während erstere kaum länger als 7 mm werden, erreichen letztere die stattliche Länge von 40—60 mm. Der Körper der Männchen ist stets drehrund und nimmt nach hinten an Dicke etwas zu, sodass der Durchmesser schliesslich auf 1—1.2 mm heranwächst. Die älteren, mit embryohaltigen Eiern erfüllten Weibchen findet man gewöhnlich in collabirtem Zustande im Darme des Frosches. In Wasser gebracht schwellen sie schnell an und erreichen eine Dicke von 2—2.2 mm. Dem verdünnten Vorderleibe sitzt ein kurzer, nach vorn sich nur wenig verengender, konischer Hals auf, der ohne deutlich erkennbare Grenze in den gleichfalls konischen Rüsselzapfen übergeht. Letzterer misst 0.51—0.48 mm in der Länge und 0.3 mm in der Breite. Die Haken stehen alternirend in 20 Längsreihen und in 8—12 Querreihen. Bei den grossen Weibchen werden die Haken durchschnittlich etwas grösser als bei den kleineren Männchen.

Die Haken des *Echinorhynchus haeruca* besitzen gleich denen des *Echinorhynchus angustatus* einen wenig gebogenen, spitzen konischen und die Wurzel um ein ansehnliches Stück überragenden Dornfortsatz. Sie unterscheiden sich aber von denen der letztgenannten Spezies durch die Stellung des Dornes zur Wurzel. Während bei *Echinorhynchus angustatus* der Dorn mit seiner Basis einen spitzen Winkel bildet, laufen bei *Echinorhynchus haeruca* die äusseren Konturen des Hakens und des Wurzelastes einander nahezu parallel. Fig. 5, 6 und 7 der Tafel 6 mögen zur klaren Veranschaulichung der Gestaltsverhältnisse dienen.

Die Dimensionen der Haken sind in den verschiedenen Querreihen die folgenden:

	3.,	5.,	7.,	9. Reihe.
Länge des Dornfortsatzes:	70 μ,	70 μ,	69 μ,	56—60 μ;
Länge des Wurzelastes:	62 μ,	62 μ,	58 μ,	48—50 μ;
Dicke der Umbiegungsstelle:	20 μ,	20 μ,	17 μ,	14 μ.

Die 10 Haken der untersten Reihe besitzen wie die gleichen Bildungen des *Echinorhynchus angustatus* eine kurze, gerade Wurzel, unterscheiden sich von den letzteren aber durch ihren zierlich geschweiften Dorn. Ihre Länge beträgt im Mittel 60 μ, die Breite der Wurzel 20 μ (s. Tafel 6, Fig. 8).

Echinorhynchus trichocephalus, Rud. Leuckart.

Die Männchen und Weibchen des *Echinorhynchus trichocephalus* sind schlanke fadenförmige Würmer, die äusserlich sich nicht von einander unterscheiden lassen. Sie erreichen zur Zeit der geschlechtlichen Reife eine Länge von 5—8 cm bei einem Quermesser von 0.5—0.8 mm. Sehr charakteristisch ist für diese Spezies eine ovoide Körperanschwellung, die 2.3—2.9 mm hinter der Halsbasis beginnt, eine Länge von 1.6—2.4 mm und eine Breite von 0.6—1.4 mm besitzt. Das zwischen Anschwellung und Hals gelegene Kopfstück ist 0,48—0,55 mm dick, steht also dem Leibesende an Durchmesser nur wenig nach. Es ist mit zahlreichen kleinen 28—35 μ langen Stacheln bedeckt, von denen ich einen auf Tafel 6 in Fig. 20 abgebildet habe. Die hinteren Reihen dieser Stacheln fallen mit zunehmendem Alter aus, sodass alsdann die hintere Partie völlig nackt erscheint. Der Hals ist konisch, 400 μ lang und 340—500 μ breit und entbehrt des Stachelkleides. Der Rüssel stellt einen mächtigen spindelförmigen Zapfen vor, der unter einer Neigung von circa 30—40° gegen die Körperachse sich an der vorderen 0,2 mm breiten Halsbasis inserirt. Beim circa 40 mm langen Weibchen misst er 1,03—1,2 mm in der Länge und 0,4—0,5 mm in der Breite. Er ist mit zwei in Gestalt und Grösse sehr verschiedenen Hakenarten bewaffnet, von denen die kräftiger ausgebildeten die vordere Rüsselhälfte und die Aequatorialzone bedecken. Man zählt 20 Längsreihen und 19—20 Querreihen solcher Haken. Da selbige zur Unterscheidung der Spezies am geeignetsten sind, sollen sie zunächst beschrieben werden.

Die Ventralfläche der Aequatorialzone trägt 4—5 aussergewöhnlich grosse Haken (s. Tafel 6, Fig. 23), die durch einen kräftigen, gebogenen Dornfortsatz und eine etwas längere, sehr dicke, stark gekrümmte Wurzel sich auszeichnen. Auf diese Haken folgen nach vorn solche, die zwar gleichfalls den stark gewölbten Dorn besitzen, deren Wurzel aber kürzer und kürzer wird, so dass sie in den obersten Reihen schliesslich dem Hakenfortsatze an Länge nachsteht (s. Tafel 6, Fig. 22, 24, 25). Die Haken an der gegenüberliegenden, dorsalen Fläche haben einen wenig gekrümmten, spitz konischen und dünneren Dorn, der die dicke, kolbige Wurzel überragt und eine entfernte Aehnlichkeit mit dem des *Echinorhynchus angustatus* hat (s. Tafel 6, Fig. 16, 17, 18). Ausser diesen beiden typischen Hakenarten finden wir noch alle möglichen Uebergangs-formen, welche die Seitenflächen der vorderen Rüsselhälfte bedecken.

Die Basalregion des Rüssels trägt einfache, wenig nach hinten gebogene Stacheln, die sich zu 20 Längsreihen und 19—23 Querreihen anordnen (s. Tafel 6, Fig. 19, 21, 29, 30).

Die Maasse der verschiedenen Hakenarten sind folgende:

Obere Rüsselhälfte, ventrale Fläche:

	1.	3.	5.	7.	9.	11.	15. Reihe
Hakenlänge:	112 μ,	76 μ,	65 μ,	56 μ,	50 μ,	51 μ,	52 μ;
Wurzellänge:	125 μ,	80 μ,	60 μ,	50 μ,	45 μ,	44 μ,	42 μ;
Dicke der Umbiegestelle:	45 μ,	30 μ,	26 μ,	23 μ,	20 μ,	17 μ,	15 μ.

Obere Rüsselhälfte, dorsale Fläche:

	3.	5.	7.	9.	11 Reihe
Hakenlänge:	73 μ,	66 μ,	65 μ,	64 μ,	62 μ;
Wurzellänge:	48 μ,	45 μ,	42 μ,	41 μ,	40 μ;
Dicke der Umbiegestelle:	22 μ,	20 μ,	20 μ,	17 μ,	15 μ.

Untere Rüsselhälfte, dorsale Fläche:

	5.	7.	13.	17. Reihe
Gesammte Hakenlänge:	98 μ,	110 μ,	84 μ,	66 μ;
Länge der Wurzel:	23 μ,	28 μ,	14 μ,	12 μ;
Dicke der Wurzel:	17 μ,	18 μ,	14 μ,	11 μ.

Echinorhynchus uncinatus, nov. spec.

Echinorhynchus uncinatus hat in vieler Hinsicht eine grosse Aehnlichkeit mit dem *Echinorhynchus trichocephalus*. Sein meist dunkelbraun gefärbter Leib ist drehrund und hat eine Länge von 4—6 cm bei einer Dicke von 1—1,2 mm (Schwanzende). Circa 5 mm vom Halse entfernt findet man eine lange ovoide Anschwellung, die in der Mitte 1—1,3 mm dick wird und nach vorn in einen nur um weniges dünneren, cylindrischen Abschnitt übergeht. 0,6 mm von seinem Vorderende entfernt schwillt dieser Cylinder plötzlich zu einer zweiten, weit mächtigeren, ringwulstartigen Auftreibung an, welche bei einer Länge von nur 1—1,4 mm einen Quermesser von 1.7—2 mm erreicht. Diese Anschwellung ist mit zahlreichen kleinen, wenig gebogenen Stacheln bedeckt, die alternirend in dichten Reihen bei einander stehen. Der übrigbleibende, vordere Abschnitt engt sich konisch ein und ist zur Hälfte vollkommen nackt. Erst in der Nähe der Halsbasis treten kleine Cuticularstacheln auf, welche 5 bis 6 parallele Reihen bilden. Auch der Hals entbehrt des Stachelkleides. Er hat die Form eines schräg abgeschnittenen Kegelstumpfes. Die geeignete vordere Fläche trägt den Rüssel, dessen Gestalt wir wohl am besten mit einer Spindel, deren vorderes Ende sich wiederum kolbenartig verdickt, vergleichen können. Die Gesammtlänge des Rüssels beträgt 1,2—1,5 mm, der Durchmesser der vorderen Auftreibung 0,24 mm, der der mittleren Einschnürung 0.2 mm, der der hinteren Anschwellung aber 0,34 mm.

Der Rüssel ist gleich dem des *Echinorhynchus trichocephalus* mit zwei durch Grösse und Gestalt verschiedenen Arten von Haken besetzt, von denen die grossen krallenförmig gebogenen die vordere Hälfte, die einfachen, stachelartigen aber die hintere Hälfte einnehmen. Die Zahl der Längsreihen ist auch hier für beiderlei Haken die gleiche, nämlich 18.

Die Haken der vorderen Region, welche 16—18 Querreihen bilden, ähneln im Grossen und Ganzen denen des *Echinorhynchus trichocephalus*. Wir müssen uns daher bemühen, die Unterschiede, die zwischen den gleichliegenden Haken beider Spezies obwalten, ausfindig zu machen.

In dieser Hinsicht ist zunächst hervorzuheben, dass die 4—5 aussergewöhnlich grossen Haken, welche wir bei *Echinorhynchus trichocephalus* an der Ventralfläche der Aequatorialzone liegen sahen, dem *Echinorhynchus uncinatus* fehlen, beziehentlich durch Haken ersetzt werden, wie solche bei *Echinorhynchus trichocephalus* in den nächst höheren Reihen angetroffen werden (s. Tafel 6, Fig. 11, 12). Ferner aber ergibt der Vergleich der betreffenden Zahlenwerthe, dass bei *Echinorhynchus trichocephalus* die Dornen der an der ventralen Fläche angebrachten Haken in demselben Maasse kürzer werden, als wir uns der Rüsselspitze nähern. Bei *Echinorhynchus uncinatus* sind die Dornen der obersten Reihe eben so lang, wie die der Aequatorialzone. Ein ferneres, leicht erkenntliches Unterscheidungsmerkmal bietet uns die Gestalt der an der dorsalen Fläche gelegenen Haken der drei letzten Querreihen. Sie zeichnen sich bei *Echinorhynchus uncinatus* durch einen eigenthümlichen, nach vorn gerichteten Wurzelanhang aus (s. Tafel 6, Fig. 13), den wir wohl als Analogon des zweiten Wurzelastes des Riesenkratzerhakens in Anspruch nehmen dürfen. Ferner kann ich nicht unerwähnt lassen, dass bei *Echinorhynchus uncinatus* die beiden Hakenarten durch einen Ring von 9 kleinen und sehr dicken Dornen, denen die gleichgerichtete Wurzel fehlt, getrennt werden (s. Tafel 6, Fig. 14). Zwar finden wir auch bei *Echinorhynchus trichocephalus* direkt unter den 4 mächtigen Haken kleine, einfache Dornen (s. Tafel 6, Fig. 29. 30), aber auf sie folgen grössere und immer grössere, wodurch der Uebergang zu den merkwürdigen langen Stacheln der

Rüsselbasis ein ganz allmählicher wird. Die Stacheln der Rüsselbasis stehen bei *Echinorhynchus uncinatus* alternirend in 14—16 Querreihen und gleichen in ihrer Form den Stacheln des *Echinorhynchus trichocephalus* (s. Tafel 6. Fig. 15.)

Die Dimensionen, welche die Haken der verschiedenen Rüsselregionen aufweisen, sind die folgenden:

Haken der vorderen Rüsselhälfte. Ventralfläche:

	1.	3.	5.	7.	9.	11. Reihe
Hakenlänge:	84 μ,	84 μ,	79 μ,	70 μ,	73 μ,	80 μ;
Wurzellänge:	98 μ,	76 μ,	70 μ,	62 μ,	56 μ,	65 μ;
Dicke der Umbiegstelle:	37 μ,	31 μ,	26 μ,	25 μ,	23 μ,	22 μ.

Haken der vorderen Rüsselhälfte. Dorsalfläche:

	oberste Reihe	drittletzte Reihe
Gesammtlänge des Hakens:	110 μ,	72 μ;
Breite der Wurzel:	98 μ.	70 μ.

Zwischenstacheln: Länge 40—42 μ. Wurzelbreite 15 μ.

Stacheln der hinteren Rüsselhälfte. Ventralfläche:

	1.	3.	letzte Reihe
Gesammtlänge des Stachels:	110 μ,	120 μ,	56 μ;
Breite des Stachels:	23 μ,	22 μ,	17 μ;
Länge der Wurzel:	20 μ,	20 μ,	15 μ.

Echinorhynchus trichocephalus und *Echinorhynchus uncinatus*, sowie die noch zu beschreibende Spezis *Echinorhynchus spinosus* wurden in Florida gefunden. Leider war es nicht möglich, den definitiven Wirth zu ermitteln.

Echinorhynchus porrigens, Rudolphi.

Ob die von mir untersuchten Individuen junge Exemplare des *Echinorhynchus porrigens* oder eine besondere Spezies vorstellen, vermag ich mit Gewissheit nicht eher anzugeben, bis ich die erwachsenen Würmer gesehen habe, weil nämlich die Beschreibung, welche Rudolphi und Westrumb geben, sehr mangelhaft ist. Während für die erstere Annahme die auffallende Aehnlichkeit der äusseren Form mit den Abbildungen Rudolphi's und Westrumb's spricht, lässt die Thatsache, dass alle weiblichen Individuen schon geschlechtsreif und mit embryohaltigen Eiern erfüllt waren, auch die letztere Auffassung zu.

Männchen und Weibchen sind auch hier äusserlich kaum zu unterscheiden. Die Länge der ersteren beträgt 12—22 mm, die der letzteren aber 18—28 mm. Der meist gelb oder hellbraunfarbige Leib zerfällt durch eine tiefe Einschnürung in zwei Theile von sehr ungleicher Grösse, die ich nach ihrer Lage als Vorder- und Hinterleib bezeichnen will. Der Hinterleib bildet den bei weitem ansehnlichsten Theil des ganzen Wurmes; seine Länge beträgt 9—23 mm. Er ist drehrund, wird nach hinten etwas dicker (1,6—1,9 mm) und schwillt am aboralen Leibespole zu einer ovoiden Auftreibung an, die axial von der Genitalöffnung durchbohrt wird. Nach vorn engt sich der Hinterleib mehr und mehr ein und geht in das dünne (1 mm), kurze (2,5 mm), cylindrische Halsstück über, welches ihn mit dem Vorderleibe verbindet. Der letztere, der früher für eine der Halsanschwellung des *Echinorhynchus proteus* analoge Bildung gehalten wurde, ist ziemlich klein, kaum länger als 2 mm und 1,5—2,5 mm breit. Seine Gestalt lässt sich mit der eines gleichseitigen Kegels vergleichen, dessen Basis sich — je nach dem Kontraktionszustande der eingeschlossenen Muskelfasern — mehr oder minder stark hervorwölbt. Im Zentrum der Basisfläche erhebt sich ein kurzer Ringwulst von 700 μ Durchmesser. Die Oberflächen des Ringwulstes, der Basis und des Kegelmantels tragen grosse, dickwurzelige Stacheln, die nach dem Rande zu grösser und grösser werden und schliesslich eine Länge von 70 μ und eine Wurzeldicke von 40 μ erreichen. Am vorderen Rande des Ringwulstes inserirt sich der 400—460 μ lange, konisch sich verengende Hals, dessen Haut sich in die des gleichfalls kegelförmigen, 510 μ langen und an seiner Basis 400 μ breiten Rüsselzapfens fortsetzt. Die Haken sind in quinkunxialer Anordnung dem Rüssel eingepflanzt; sie bilden 20 Längsreihen und 12—14 Querreihen. An der Rüsselbasis findet man gewöhnlich noch eine oder zwei Reihen sehr kleiner, einfacher Stacheln.

Sämmtliche Rüsselhaken haben einen stark gekrümmten, kräftig ausgebildeten Dorn und eine sehr dicke, gleichfalls gebogene Wurzel. Die Haken der ersten drei Reihen sind so stark gewölbt, dass die inneren Begrenzungen von Dorn und Wurzel einander parallel laufen (s. Tafel 6, Fig. 26, 27). Je mehr wir uns aber der Rüsselspitze nähern, um so grösser wird der Winkel, den die beiden Hakentheile mit einander bilden (s. Tafel 6, Fig. 28).

In Grossen und Ganzen lassen sich die Haken des *Echinorhynchus porrigens* infolge ihrer charakteristischen Form sehr leicht von denen der übrigen hier in Betracht kommenden Spezies unterscheiden. Ihre Dimensionen sind im Folgenden tabellarisch zusammengestellt.

	1.	3.	5.	7.	9. Reihe
Länge des Dornes:	96 μ,	95 μ,	93 μ,	88 μ,	86 μ;
Länge der Wurzel:	98 μ,	90 μ,	82 μ,	79 μ,	78 μ;
Dicke der Umbiegestelle:	45 μ,	33 μ,	28 μ,	26 μ,	25 μ.

Die von mir untersuchten Würmer wurden in ziemlich beträchtiger Anzahl im Dünndarme der *Balaenoptera Sibbaldii* gefunden.

Echinorhynchus strumosus, Rudolphi.

Die Männchen und Weibchen des *Echinorhynchus strumosus* sind an Grösse und Form einander vollkommen gleich; ihre Länge beträgt 3,5—4,6 mm, der Durchmesser der vorderen Partie 0,85—0,98 mm, derjenige der unteren aber nur 0,4—0,5 mm. Die Körperform lässt sich wohl am besten mit der einer langstieligen Keule vergleichen. Die vordere Hälfte und die ganze Bauchfläche der Anschwellung, sowie die ventrale Fläche und das Ende des Keulenstieles sind mit zahlreichen kleinen (14—17 μ langen und 4—6 μ dicken), alternirend in Querreihen stehenden Dornen bedeckt (s. Tafel 6, Fig. 48, a, b, c.). Der Hals sitzt mit seinem hinteren Rande einem excentrisch von der vorderen Fläche der Anschwellung sich erhebenden und gleichfalls bestachelten Ringwulste auf. Seine Achse bildet mit der des Leibes seinen Winkel von 30—45°. Der Hals hat die Form eines vorn schräg abgestumpften Kegels, ist 270 μ lang, 340 μ breit und entbehrt des Stachelkleides. Mit seiner geneigten Fläche verbindet sich die Basis des schlanken, in der Mitte tonnenförmig erweiterten Rüssels. Letzterer hat eine Länge von 400—460 μ und einen Durchmesser von 230—250 μ.

Auch der Rüssel des *Echinorhynchus strumosus* trägt auf seiner Oberfläche zwei verschieden gestaltete Hakenarten, von denen nur diejenigen, welche den vorderen 270—300 μ langen Theil des Rüssels bedecken, einen dem Dorne gleichgerichteten Wurzelast besitzen. Die Zahl der Längsreihen ist für beide Hakensorten konstant 18; ausserdem zählte ich 10-14 Querreihen grosser und 10 oder 11 Querreihen kleiner dornförmiger Haken.

Der Dornfortsatz der grossen Rüsselhaken ähnelt durch seine Form dem derjenigen Haken, welche bei *Echinorhynchus trichocephalus* an der ventralen Fläche der vorderen Rüsselhälfte sich befinden. Weit charakteristischer ist die Gestalt der Wurzel: sie repräsentirt einen schlanken, vollkommen geraden und nach seinem freien Ende sich einengenden, konischen Zapfen (s. Tafel 6, Fig. 42, 43, 44).

Die Basalregion des Rüssels trägt einfache, aber ziemlich stark gebogene Stacheln, die vermittelst einer kurzen, kolbigen Wurzel in der Rüsselhaut befestigt werden (s. Tafel 6, Fig. 45, 46, 47).

Die Dimensionen der Haken sind folgende:

Haken der vorderen Rüsselhälfte:

	1.	3.	5.	7.	9. Reihe
Länge des Dornes:	70 μ,	56 μ,	59 μ,	65 μ,	66 μ;
Länge der Wurzel:	84 μ,	62 μ,	55 μ,	53 μ,	48 μ;
Dicke der Umbiegstelle:	34 μ,	26 μ,	17 μ,	14 μ,	13 μ.

Stacheln der hinteren Rüsselhälfte:

	1.	3.	5. Querreihe
Gesammte Länge des Hakens:	50 μ,	42 μ,	38 μ;
Länge der kolbigen Wurzel:	17 μ,	14 μ,	14 μ;
Dicke des Hakens:	14 μ,	11 μ,	9 μ.

Echinorhynchus strumosus wurde in dem Dünndarme des gemeinen Seehundes (*Phoca vitulina*) und merkwürdigerweise auch in der Leibeshöhle des Seeteufels (*Lophius piscatorius*) gefunden.

Die Thatsache, dass die wahrscheinlich sammt dem Zwischenwirthe verschluckten Echinorhynchen unmittelbar nach dem Freiwerden den Darm des Seeteufels durchbohrt haben und in die Leibeshöhle eingedrungen sind, beweist zur Genüge, dass *Lophius piscatorius* den definitiven Träger des *Echinorhynchus strumosus* nicht bilden kann.

Echinorhynchus spinosus, nov. spec.

Der *Echinorhynchus spinosus* ist ein schlanker, vollkommen cylindrischer Wurm, der im weiblichen Geschlechte 40-60 mm lang und 1½ mm breit, im männlichen Geschlechte aber nur 30--45 mm lang und 0,9—1,1 mm dick wird. Nur der Kopfabschnitt engt sich etwas ein und geht in den konischen, 170 μ langen und 350 μ breiten Hals über. *Echinorhynchus spinosus* ist unter den neun von mir untersuchten Spezies die einzige, deren Hals eine starke Hakenbewaffnung trägt. Die gebogenen, sehr spitzen Dornen laufen nach hinten in eine kolbige Wurzel aus, die einen kurzen, nach vorn gerichteten Fortsatz entsendet (s. Tafel 6, Fig. 39). Sie sind, gleich den Rüsselhaken, quinkunxial angeordnet; sie bilden 30 Längs- und 18—24 Querreihen. Ihre Länge beträgt 48 μ, die Halsdicke 10 μ, die Wurzelbreite gegen 14 μ.

Der Rüssel, der auf der 230 μ in der Quere messenden vorderen Halsfläche aufsitzt, gleicht in seiner äusseren Gestalt der einer Eichel und ist wie *Echinorhynchus strumosus* u. a. mit zwei sehr verschiedenen Hakensorten bewaffnet. Die vorderen Rüsselhaken haben einen kräftigen, bald mehr, bald minder stark gebogenen Dorn, der nach hinten in die ihm gleichgerichtete, cylindrische und am Ende schräg abgestutzte Wurzel übergeht. Bei den Haken der ersten und zweiten Querreihe reicht die Dornspitze kaum bis zur Mitte des mächtigen Wurzelastes (s. Tafel 6, Fig. 35). Bei den höher gelegenen Haken wird die Wurzel kürzer und kürzer, der Dorn aber länger und spitzer (s. Tafel 6, Fig. 38, 36, 37), so dass er schliesslich bei den Haken der vier obersten Querreihen, so weit er über die Rüsselhaut hervorschaut, das Aussehen einer vollkommen geraden Dolchspitze gewinnt (s. Tafel 6, Fig 37). Die so geformten Haken bilden 32 Längs- und 16—18 Querreihen.

Die Haken der unteren Rüsselhälfte erinnern durch ihre Form und Grösse an die gleichen Bildungen des Halses (s. Tafel 6, Fig. 40, 41). Die Zahl der Längsreihen beträgt 32, die der Transversalreihen aber 12—18.

Genaue Messungen ergaben folgende Zahlenwerthe:

Haken der vorderen Rüsselhälfte:

	1.	3.	5.	7.	9.	13. Querreihe
Hakenlänge:	45 μ,	48 μ,	56 μ,	59 μ,	62 μ,	56 μ;
Wurzellänge:	73 μ,	62 μ,	54 μ,	53 μ,	55 μ,	48 μ;
Dicke der Umbiegestelle:	26 μ,	22 μ,	20 μ,	18 μ,	20 μ,	14 μ.

Stacheln der hinteren Rüsselhälfte:

	1.	3.	5.	7.	9. Reihe
Gesammtlänge des Hakens:	48 μ,	56 μ,	62 μ,	56 μ,	48 μ;
Länge der Wurzel:	14 μ,	14 μ,	15 μ,	14 μ,	14 μ;
Dicke des Hakenhalses:	20 μ,	13 μ,	12 μ,	12 μ,	11 μ.

Dies zur Charakteristik der neun von mir untersuchten Spezies.

Auf die Litteratur der Echinorhynchen will ich an dieser Stelle nicht näher eingehen, da ich es für zweckmässiger erachte, die Skizzirung der diesbezüglichen Schriften den einzelnen Abschnitten meiner Arbeit vorauszuschicken.

Die Darlegung der von mir gewonnenen Ergebnisse soll folgende Capitel umfassen:

Die Cuticula.

Die Hypodermis und ihre Derivate.

Die sogenannten Lemnisci.

Die Physiologie des Hautgewebes und seiner Appendices.

Die Entwicklungsgeschichte der Hypodermis.

Die Muskulatur der Leibeswand.
Die Entwicklungsgeschichte des Hautmuskelschlauches.
Der muskulöse Rüsselapparat.
Die Entwicklungsgeschichte des muskulösen Rüsselapparates.
Das Nervensystem.
Die Bildungsgeschichte des Nervensystemes.
Der Genitalapparat der Acanthocephalen:
    Die männlichen Geschlechtsorgane.
    Die Entwicklungsgeschichte des männlichen Geschlechtsapparates.
    Die weiblichen Geschlechtsorgane.
    Die Entwicklungsgeschichte der weiblichen Genitalien.
Die Embryonalentwicklung.
Die ersten Anfänge der postembryonalen Entwicklung.

Die Cuticula.

Geschichtlicher Ueberblick.

Goeze[1]) schloss aus dem bedeutenden Absorptionsvermögen und dem hierdurch bedingten schnellen Aufschwellen der aus dem Darmschleime in Wasser übertragenen Kratzer, dass die Haut dieser Helminthen von zahlreichen Porenkanälchen durchsetzt sein müsse. Dieselbe will Treutler[2]) denn auch bei mehreren Spezies beobachtet haben. Ihnen allein schreibt er die Aufnahme der Darmsäfte und somit die Ernährung zu. Auch Zeder[3]) fand Poren bei allen von ihm untersuchten Arten. Bei einigen Kratzern sollen selbige zu einer solchen Grösse heranwachsen, dass man sie ohne Schwierigkeit mit unbewaffnetem Auge nachweisen könne. Wie fest man überhaupt in damaliger Zeit von der Nothwendigkeit solcher Durchlassöffnungen überzeugt war, kann man daraus ersehen, dass selbst Forscher wie Westrumb[4]) die Anwesenheit von Poren nicht in Abrede zu stellen wagten, trotzdem sie bei keiner einzigen Art dieselben hatten wahrnehmen können. Als weiteren Beweis für die Existenz solcher Hautkanälchen führt Cloquet[5]) an, dass man beim *Echinorhynchus gigas* durch Zusammendrücken der Haut zwischen den Fingern eine weisslich trübe Flüssigkeit hervorpressen könne. Diese Angabe hat sich nach den Creplin'schen[6]) Experimenten nicht bewahrheitet. Einer anderen Beobachtung Creplin's möchte ich an dieser Stelle gedenken. Die im Wasser aufgeschwollenen, drehrunden Kratzer sollen nämlich nach einiger Zeit das aufgenommene Wasser wieder von sich geben und erschlaffen. Es müsste demnach die Absorption unter dem Willen des betreffenden Individuums stehen, eine Ansicht, die auch späterhin von Mehlis[7]) und von v. Siebold[8]) vertreten wurde.

Beim *Echinorhynchus polymorphus* fand Greeff[9]), dass die Cuticula eine äusserst feine Querstreifung erkennen lasse. Die dunkleren Querstriche deutet Greeff als feine Poren, durch welche das

---

[1]) Naturgeschichte der Eingeweidewürmer, pag. 147.
[2]) *Quaedam de Echinorhynchorum natura*; pg. 8.
[3]) Nachtrag zu Goeze's Naturgeschichte, pg. 104.
[4]) *De helminthibus acanthocephalis* pg. 19, 60, 61.
[5]) *Anatomie des vers intestinaux.* pg. 68.
[6]) Ersch und Gruber, 1. Theil, 30. pg. 377. *Novae Observationes de Entozois.* pg. 27. Onken's Isis. 1831, 2, pg. 167..
[7]) Oken's Isis. 1831, 2, pg. 168.
[8]) Lehrbuch der vergleichenden Anatomie. pg. 115. Anm. 5.
[9]) Bau und Entwicklung von *Echinorhynchus miliarius.* pg. 128.

Wasser und die Nährflüssigkeiten in den Körper geleitet würden. Bei anderen Spezies hat der genannte Forscher Hautporen nicht nachweisen können. Für *Echinorhynchus angustatus* stellen Salensky [1] und von Linstow [2] eine Streifung der Cuticula in Abrede.

Leuckart [3] unterscheidet an der Cuticula sämmtlicher Kratzer trotz ihrer Dünne zwei Lagen, von denen die äussere eine homogene Beschaffenheit hat, während die innere von senkrecht stehenden feinen Porenkanälchen durchsetzt wird. Baltzer [4] bestätigt diese Beobachtung, möchte aber lieber die Radiärstreifung der inneren Schicht für den Ausdruck einer Faserung halten. Säfftigen [5] rechnet zur Cuticula nur die äussere der beiden von Leuckart beschriebenen Schichten; die „Streifencuticula" betrachtet er als äusserstes Fibrillensystem des Subcuticulargewebes.

Anatomie und Histologie.

Die Acanthocephalen besitzen hinsichtlich des Baues der Haut eine gewisse Aehnlichkeit mit den Nematoden. Bei beiden Gruppen finden wir unter der Cuticula ein zelliges Subcuticulargewebe (Hypodermis) von muskulösem Charakter, welches als die Matrix der ersteren aufzufassen ist. Daneben bleiben aber in der Bildung und Anordnung der die Hautschicht zusammensetzenden Elemente zahlreiche und gewichtige Unterschiede. So finden wir, dass bei den Nematoden die aus mehrfachen Lagen gebildete Cuticula den bei weitem ansehnlichsten Theil der Haut ausmacht. Bei den Echinorhynchen ist es hingegen die Subcuticula, die durch ihre excessive Entwicklung auffällt, während die Cuticula sich zu einem äusserst dünnen Häutchen reduzirt. Als weitere Eigenthümlichkeit kommt hinzu, dass die Subcuticula der Kratzer sehr frühe die zellige Structur einbüsst, und ein äusserst complicirtes Fasergeflecht aus sich hervorgehen lässt, in das überdies ein aus vielfach anastomosirenden Röhren gebildetes Gefässsystem eingebettet ist. Betrachten wir zunächst die äussere dieser beiden die Haut der Echinorhynchen bildenden Schichten.

Die Cuticula überzieht als völlig structurloses, ausserordentlich dünnes Häutchen den gesammten Körper der Echinorhynchen. Am frischen Präparate lässt sie sich leicht von der milchig trüben oder gelblichen Subcuticula als eine völlig farblose, stark lichtbrechende Membran unterscheiden. Sie selbst ist von wenig resistenter Beschaffenheit und dem darunterliegenden Fasergewebe so fest verbunden, dass es nur mit Hilfe von kaustischem Kali gelingt, sie in einzelnen Stücken abzuheben. Wie schon erwähnt, besitzt die Cuticula bei allen Kratzern eine sehr geringe Stärke, so dass sie bei *Echinorhynchus gigas* (s. Tafel 2, Fig. 7 et.) kaum die eines Mikrons erreicht, bei den kleineren Kratzern aber, wie *Echinorhynchus trichocephalus* (s. Tafel 2, Fig. 17 et.), bis auf 0,6 μ herabsinkt. Tinktionsflüssigkeiten lässt dieses Häutchen sehr leicht diffundiren, nimmt jedoch selbst, auch bei längerer Einwirkung, wenig oder gar keine Farbe an. Bei einigen Spezies, *Echinorhynchus porrigens*, *Echinorhynchus strumosus*, *Echinorhynchus unci-*

[1] Schriften der naturforschenden Gesellschaft zu Kiew. 1870. pg. 1, 2.
[2] Archiv für Naturgeschichte. 1872. pg. 11.
[3] Die menschlichen Parasiten. 2. Band. pg. 735, 736.
[4] Archiv für Naturgeschichte. 1879. pg. 5.
[5] Morphologisches Jahrbuch 1884. pg. 5.

natus und *Echinorhynchus trichocephalus*, finden wir der Subcuticula des Vorderkörpers Stacheln einge-pflanzt, welche sich um ungefähr die Hälfte ihrer Länge über die Oberfläche erheben. Auch diese Ge-bilde werden mit einem kappenartigen Ueberzuge versehen (s. Tafel 6, Fig. 30 etk.), der jedoch ein weit festeres Gefüge als die umgebende Cuticula zur Schau trägt.

An der Halsbasis senkt sich die Cuticula faltenartig ein und bewirkt, wie Schneider[1] schon richtig erkannte, eine vollkommene Scheidung der subcuticularen Gewebe des Halses von denen des Hinterleibes. Nach Baltzer[2] und Säfftigen[3] wird diese Scheidewand von einer einfachen Ein-senkung der Cuticula gebildet, was jedoch nach meinen Untersuchungen nicht zutrifft. Die tiefe, schon äusserlich leicht bemerkbare ringförmige Einschnürung durchsetzt die Subcuticula in höchstens dem dritten Theile ihrer Dicke (s. Tafel 2, Fig. 6 etc.). Dieser Falte, und zwar der unteren Seite derselben an-liegend, ist noch ein konischer Cuticularring fest verbunden, welcher die gesammte Subcuticula durchsetzt und bis an das letztere begrenzende Sarkolemma herantritt (s. Tafel 2, Fig. 6 etc.). Am lebenden Objekte zeigt dieser Ring eine gelbliche oder bräunliche Färbung und entbehrt des starken Licht-brechungsvermögens, welches sonst der Cuticula zukommt.

Die Cuticula des Halses bildet eine direkte Fortsetzung der eben besprochenen und führt, ohne dass eine Grenze bemerkbar wäre, allmählich an Dicke zunehmend, in die Cuticula des Rüssels über. Die diesen Körpertheil in dichten Reihen bedeckenden Haftorgane werden ebenfalls mit einem Ueberzuge versehen, der, ganz eigenartig gestaltet, den Haken ziemlich ausgiebige Bewegungen gestattet. Rings um jeden Haken erhebt sich nämlich die Rüsselhaut in Gestalt eines Ringwulstes, um sich sodann trichter-förmig in die Subcuticula bis in die Nähe des dieser letzteren aufliegenden Sarkolemma einzusenken[4] (s. Tafel 6, Fig. 1, 5, 26 etc.). Nun biegt die Cuticula schlingenförmig um und schmiegt sich dem Haken eng an, ihn bis zur Spitze mit einer festen Hülle umkleidend. Während die eingesenkte Cuticula noch ganz die Beschaffenheit der Rüsselhaut aufweist, besteht jene Hakenkappe aus einer festen chitinartigen Sub-stanz, welche selbst durch kaustisches Kali nicht verändert wird und auf Schnittpräparaten stets unge-färbt und scharf kontourirt erscheint. Bei *Echinorhynchus angustatus* (s. Tafel 6, Fig. 1 etk.) und *Echinorhynchus haeruca* (s. Tafel 6, Fig. 5 etk.) hebt sich die Hakenkappe durch Kochen mit starker Kalilauge von ihrer Unterlage ab, was ich jedoch bei keinem anderen Kratzer zu beobachten Gelegenheit fand. Bei den übrigen hier in Betracht kommenden Spezies ist der Cuticularüberzug mit der eigent-lichen Hakensubstanz auf das innigste verwachsen.

Ausser dieser eben besprochenen Haut unterscheidet Leuckart[5] an der Cuticula noch eine zweite von feinen Porenkanälchen durchsetzte Schicht. Auch Baltzer[6] beobachtete eine deutliche Radiärstreifung der inneren Cuticularschicht, möchte selbige aber lieber für den Ausdruck einer Faserung halten. Auf Schnittserien hat die betreffende Schicht auf mich nie den Eindruck einer gesonderten Mem-

---

[1] Archiv für Anatomie und Physiologie. pg. 583.
[2] Archiv für Naturgeschichte. pg. 10.18.
[3] Morphologisches Jahrbuch. pg. 6, 7.
[4] Die Cuticularfalte durchsetzt bei *Echinorhynchus haeruca* die gesammte Subcuticula, bei *Echinorhynchus angustatus* ungefähr ⅔, bei allen übrigen Kratzern aber höchstens die Hälfte derselben.
[5] Die menschlichen Parasiten. 2. Bd. pg. 735.
[6] Archiv für Naturgeschichte. 1880. pg. 4, 5.

brau gemacht. Gut tingirte Präparate überzeugten mich bald, dass jene feingestreifte Lage ganz und gar den Bau des darunter liegenden Fasergeflechtes zur Schau trägt und nichts anderes repräsentirt, als eine Grenzzone der Subcuticula zur Cuticula hin (vergl. Säfftigen [1]. Die Richtigkeit dieser Behauptung wird die Entwicklungsgeschichte ausser Zweifel setzen.

Entwicklungsgeschichte.

Die Bildung der Cuticula fällt in eine sehr frühe Periode des Larvenlebens. Kurze Zeit, nachdem der junge *Echinorhynchus gigas* die Darmwandung seines Zwischenwirtes verlassen hat und noch umgeben von der bindegewebigen Cyste s. Tafel 5. Fig. 22. bge. frei in der Leibeshöhlenflüssigkeit flottirt, finden wir unter der den Leib einhüllenden Larvenhaut s. Tafel 5, Fig. 22, lh. eine gleichmässig dicke Schicht feinkörnigen Plasmas, in die grosse kugelförmige Kerne eingelagert sind s. Tafel 5. Fig. 22. sct.). Dieses Syncytium lässt, wie wir später sehen werden, das complicirte Fasergewebe der Subcuticula aus sich hervorgehen. Zu der Zeit nun, wo der muskulöse Rüsselapparat angelegt wird, eine Vermehrung der Subcuticularkerne aber noch nicht zu bemerken ist, scheidet dieses Syncytium die Cuticula als homogenes, ungeschichtetes Häutchen ab (s. Tafel 5. Fig. 22 ct. Jene zweite, von Leuckart als Porencuticula in Anspruch genommene Schicht entsteht genau auf dieselbe Weise und zu der nämlichen Zeit wie die darunterliegenden Fibrillensysteme der Filzfaserschicht.

Die Einschnürung der Cuticula, die wir an der Halsbasis zu finden gewohnt sind, tritt erst im letzten Abschnitte des Larvenlebens auf. Ihr geht geraume Zeit voraus die Bildung des Cuticularringes, der bekanntlich der unteren Fläche der Falte anliegend eine Trennung der Subcuticula des Halses und des Leibes bewirkt.

Das grosskernige Syncytium, das wir bei der Entwicklung der Cuticula kennen gelernt haben, verwandelt sich beim weiteren Wachsthum der Larve in eine einfache Schicht schöner, hoher Cylinderzellen, die im Rüssel und Hals zu parallelen Ringen gruppirt sind, im Leibe aber eine mehr oder minder regellose Vertheilung erkennen lassen. An der Halsbasis, und zwar unterhalb der beiden als kleine Zäpfchen in die Leibeshöhle prominirenden Lemnisken, sehen wir zwei solcher Ringe, die zwischen sich eine anfänglich weiche, bald aber erhärtende Substanz abscheiden. Letztere repräsentirt nichts anderes als den Cuticularring, der einerseits dem von den Subcuticularzellen und der Ringmuskulatur gebildeten Sarkolemma aufsitzt, andererseits aber auch der Cuticula innig verwachsen ist. Mit der Bildung der Cylinderzellen hat die Entwicklung der Subcuticula noch nicht ihren Abschluss gefunden. Zunächst entwickeln sich zwischen den Subcuticularzellen und der Cuticula jene von mir als Filzfaserschicht bezeichneten Fibrillensysteme, die anfangs zwar nur als äusserst dünne Lage sichtbar sind, aber bald durch das Entstehen neuer Elemente zu einer mächtigen Schicht heranwachsen. Da nun der bereits erhärtete Cuticularring keiner Dehnung fähig ist, so muss das stetig fortschreitende Dickenwachsthum eine Aufwulstung der Filzfaserschicht zu beiden Seiten des Ringes zur Folge haben. Die von aussen betrachtet als eine Einsenkung der Cuticula erscheinende ringförmige Spalte vertieft sich im späteren

[1] Morphologisches Jahrbuch 10. Bd. pg. 5.

Larvenleben mehr und mehr, während ihre am weitesten nach innen gelegenen Ränder mit einander verschmelzen und so den schmalen Ring liefern (s. Tafel 2, Fig. 6, etc.), an dem sich bekanntlich der kegelförmige Cuticularring s. Tafel 2, Fig. 6, etc.) inscrirt.

Das hypodermale Fasergewebe.

Geschichtlicher Ueberblick.

Das Gefässsystem der Acanthocephalen hat Rudolphi[1]) zuerst beobachtet und zwar an der Halskugel des *Echinorhynchus polymorphus*.[2]) Späterhin wies er es aber auch beim *Echinorhynchus gigas* und anderen Spezies nach. Westrumb[3]) fand, dass das Röhrensystem nicht der Cuticula angehöre, sondern einer darunter liegenden, körnig structurirten Haut eingebettet sei, die überdies eine beträchtliche Zahl grosser, bläschenförmiger Kerne enthalte. Dieselben Kerngebilde wurden schon von O. F. Müller[4]) gesehen: auch die von Zeder[5]), Rudolphi[6]) und Creplin[7]) als „grosse Poren" gedeuteten dunklen Punkte mögen nichts anderes als durch die Haut schimmernde Kerne gewesen sein. Ueber den Verlauf der Gefässe stellte Burow[8]) die ersten Untersuchungen an. Beim *Echinorhynchus strumosus* bildet er zwei starke Seitengefässe ab, die bis in die Halsgegend reichen und sich hier in baumartige Verästelungen auflösen. Die gleichen Kanäle konnte von Siebold[9]) bis an die Rüsselspitze verfolgen. An der Halsbasis stehen sie mit den beiden Lemnisken in direkter Verbindung. Die Hauptgefässe, wie die vielfach Anastomosen bildenden Seitenkanälchen haben keine gesonderte Wandung, sondern verlaufen in den Zwischenräumen der körnigen Subcuticularmasse. Die Strömung in den Gefässen wird durch die Kontraktionen der Körpermuskulatur bedingt. Nach Wagener[10]) repräsentirt die gefässhaltige Subcuticula ein „zellig-blasiges Gewebe mit körniger Zwischensubstanz". Greeff[11]) schildert ausführlich die Anordnung des subcuticularen Röhrensystemes von *Echinorhynchus polymorphus*. Zwei weite Hauptgefässe durchziehen die Subcuticula des Hinterleibes. Auf der Grenze zwischen Körper und Hals sieht man ein ziemlich voluminöses Ringgefäss, das nach hinten geschlossen, nach vorn aber in die Gefässe

[1]) *Entozoorum historia naturalis*, pg. 281. *Entozoorum synopsis*, pg. 582.
[2]) Nach Jassay bilden die vier von Rudolphi aufgestellten Spezies: *Echinorhynchus minutus*, *Echinorhynchus constrictus*, *Echinorhynchus collaris* und *Echinorhynchus filicollis* nur verschiedene Alters- und Entwicklungsstufen des *Echinorhynchus polymorphus*. De *Echinorhyncho polymorpho*. Brems. 1820.
[3]) *De helminthibus acanthocephalis*, pg. 49, 50, tab. 3, Fig. 27.
[4]) *Zoologia Danica*. Bd. 2, pg. 27.
[5]) *Nachtrag zu Goeze's Naturgeschichte*. pg. 104.
[6]) *Entozoorum historia naturalis*. II. 1. pg. 256.
[7]) *Observationes de Entozois*. pg. 27.
[8]) *Echinorhynchi strumosi anatome*. Fig. 1.
[9]) *Lehrbuch der vergleichenden Anatomie*. pg. 133.
[10]) *Zeitschrift für wissenschaftliche Zoologie*. 9. Bd. pg. 80.
[11]) *Archiv für Naturgeschichte*, 1864, pg. 101, 102, 128.

des Halses übergeht. Die grossen Seitenkanäle gehen unter dem Ringe hindurch in die Gefässe des Halses über. Die der Subcuticula so häufig eingelagerten Bläschen sind keine Zellen, sondern nur freie Kerne mit grossen Kernkörperchen. Wie Schneider[1]) für *Echinorhynchus gigas* nachgewiesen, zerfällt das Gefässsystem in zwei vollständig von einander getrennte Abschnitte. Unmittelbar hinter der Ansatzstelle der Lemnisken bildet die Cuticula eine Falte, welche die Subcuticula in ihrer ganzen Dicke durchsetzt und so eine Scheidewand zwischen dem Gefässysteme des Kopfes, dem die Lemnisken verbunden sind, und des Körpers darstellt. Die Subcuticula selbst wird von zahlreichen Fasern durchsetzt, die als Muskelfibrillen aufzufassen sind. Im Kopftheile fehlen die Radiärfasern, die Strömung wird hier durch die Lemnisken erzeugt. Nach Leuckart[2] stehen — ähnlich wie dies Greeff angegeben — die Gefässsysteme des vorderen und hinteren Körpers in der Halsbasis mit einander in beschränkter Verbindung. Die Subcuticula setzt sich aus zwei nicht scharf von einander getrennten Schichten zusammen, von denen die äussere eine mehr körnige Beschaffenheit aufweist, während bei der inneren die Radialfasern vorwalten. Beide Lagen finden sich in kaum veränderter Form im Halse wieder. Nach Baltzer's[3]) Untersuchungen besteht die Subcuticula aus einem Geflecht dreier sich rechtwinklig kreuzender Fibrillensysteme. Beim *Echinorhynchus proteus* baut sich die äussere Zone aus ineinander geschalteten Systemen von cirkulär und longitudinal verlaufenden Fasern auf. Beim Riesenkratzer finden sich zwar ebenfalls alle drei Systeme, aber eine Vertheilung derselben zu Zügen ist nirgends zu bemerken. Ferner sucht Baltzer auf experimentellem Wege den Nachweis zu liefern, dass der an der Halsbasis befindliche Cuticularring eine gänzliche Trennung der Gefässräume des Vorder- und Hinterleibes bewirke. Säfftigen[4]) stimmt betreffs des feineren Baues der Subcuticula Baltzer völlig bei. Die von Baltzer als „Streifencuticula" bezeichnete Schicht bildet nach Säfftigen das äusserste Fibrillensystem der Subcuticula.

Anatomie und Histologie.

Die Subcuticula macht bei allen Echinorhynchen den bei weitem ansehnlichsten Theil der gesammten Leibeswand aus, steht aber sonst in ihrer Dicke mit dem Durchmesser des betreffenden Individuums in direktem Verhältnisse. Nach dem Gesagten wird es nicht überraschen, wenn wir sehen, dass die Subcuticula, deren Dicke bei den kleinen Spezies selten die eines zehntel Millimeters übersteigt, bei dem völlig entwickelten Weibchen des *Echinorhynchus gigas* zu einer 0,5 bis 0,6 mm. mächtigen Schicht heranwachsen kann.

Am frischen Präparate zeigt die Subcuticula eine milchig weisse oder trüb bräunliche Färbung, wodurch sie sich leicht von den übrigen die Leibeswand zusammensetzenden Schichten unterscheidet. Tinktionsflüssigkeiten lässt sie schnell diffundiren; sie nimmt nach kurzem Verweilen in denselben eine ziemlich intensive Färbung an. Schon bei oberflächlicher Betrachtung lassen sich an der Subcuticula zwei Schichten unterscheiden, die zwar nicht scharf gegen einander abgegrenzt sind, aber doch, wie uns

---

[1]) Archiv für Anatomie und Physiologie. 2. pg. 583. 1868.
[2]) Die menschlichen Parasiten. Bd. 2. pg. 736, 738, 740.
[3]) Archiv für Naturgeschichte. 1880. pg. 5—10.
[4]) Morphologisches Jahrbuch. 10 Bd. 1884. pg. 1—9.

die Entwicklungsgeschichte belehrt, eine gewisse Selbstständigkeit beanspruchen. Betrachten wir zunächst die äussere dieser beiden Schichten, die   .

Filzfaserschicht oder Subcuticula im engeren Sinne.

Am Aufbaue der Filzfaserschicht nehmen — was Baltzer zuerst beim *Echinorhynchus proteus* nachgewiesen[1]) — drei sich rechtwinklig kreuzende Fasersysteme theil, die wiederum durch bogenförmig abbiegende Fibrillen unter sich verbunden werden. Nur die äusserste, der Cuticula anliegende Zone zeigt bei allen Spezies einen etwas abweichenden Bau. In ihr finden wir nämlich nur senkrecht zur Oberfläche gestellte, parallele Fasern, welche in so grosser Zahl vorhanden sind, dass auf tingirten Schnitten die betreffende Region dunkler gefärbt erscheint, als das darunterliegende Fasergewebe (s. Tafel 2, Fig. 6, 7, 10, pf.). Untersuchen wir diese Parallelfaserschicht bei sehr starker Vergrösserung, so werden wir uns bald überzeugen, dass die einzelnen Fäserchen in ganz derselben Weise mit den Fibrillenzügen in Verbindung stehen, wie wir dies bei den Faserbögen der Ring- und Längsfibrillen kennen lernen werden.

Die Anordnung der Fibrillen in der darunterliegenden eigentlichen Filzfaserschicht ist bei den einzelnen Spezies eine verschiedene. Ich will deshalb der Besprechung zunächst nur die beiden Arten *Echinorhynchus angustatus* und *Echinorhynchus haeruca* zu Grunde legen.

Wie schon erwähnt, besteht die Filzfaserschicht aus drei in einander geschalteten, sich unter rechten Winkeln kreuzenden Fasersystemen. Eines dieser Systeme bilden die Ausstrahlungen der Radiärfibrillenbündel (s. Tafel 2, Fig. 6, 10 rmf), die wir bei der Beschreibung der inneren Subcuticularschicht kennen lernen werden. Zwischen diesen ebenfalls in radiärer Richtung verlaufenden Fibrillen flechten sich die zu konzentrischen Schichten gesammelten longitudinalen und cirkulären Fasern wellig hindurch. Bei *Echinorhynchus haeruca* finden wir zwei bis vier longitudinale (s. Tafel 2, Fig. 6, lf¹, lf²) und eben so viele mit diesen abwechselnde cirkuläre Faserzüge, während *Echinorhynchus angustatus* deren drei erkennen lässt (s. Tafel 2, Fig. 10, rf¹, rf², rf³). Von den letzteren biegen — was Baltzer[2]) zuerst bei *Echinorhynchus proteus* beobachtete — einzelne Fasern ab, welche im Bogen die dazwischen liegende Längsfaserschicht durchsetzen, um sich sodann den Fibrillen des nächsten Ringfaserzuges beizumengen (s. Tafel 2, Fig. 10, rfb). Die Faserbögen beschränken sich aber keineswegs auf die cirkulären Faserzüge, sondern finden sich, wie uns ein Längsschnitt durch die Subcuticula zeigt, in der nämlichen Bildung bei den Längsfaserzügen wieder (s. Tafel 2, Fig. 6, lfb.).

Die Filzfaserschicht des *Echinorhynchus gigas* ist nicht unerheblich verschieden von der gleichnamigen Zone der beiden seither beschriebenen Arten. Zwar lassen sich in ihr bei aufmerksamer Betrachtung longitudinale, cirkuläre und aus der tieferen Schicht einstrahlende radiäre Fibrillen erkennen; eine Anordnung dieser Elemente zu Lagen oder Zügen ist aber nirgends nachzuweisen (s. Tafel 2, Fig. 7 ff.).

Bei *Echinorhynchus moniliformis* ist das Subcuticulargeflecht sehr dünn, es beträgt kaum ein Sechstel der darunter sich ausbreitenden Hypodermis. Auf Längsschnitten oder auf Querschnitten lassen sich zwei

---

[1]) Archiv für Naturgeschichte. 1880 pg. 5—8.
[2]) Archiv für Naturgeschichte. 1880, pg. 7.

Streifen mit ziemlicher Deutlichkeit erkennen. Vergeblich bemühte ich mich, die Faserelemente dieser Stränge zu unterscheiden.

Bei *Echinorhynchus trichocephalus*, dessen Subcuticula im Hinterkörper allein einen Durchmesser von 28—35 μ besitzt, gelang es mir, zwei fast 6 μ in der Breite messende Zirculärfaserstränge nachzuweisen. In der ovoiden Leibesanschwellung fehlen die gleichen Bildungen; das Aussehen der Subcuticula ähnelt dem des *Echinorhynchus gigas* (s. Tafel 2, Fig. 17, ff.).

Auch *Echinorhynchus porrigens* und *Echinorhynchus strumosus* lassen ähnliche Structurverhältnisse der Subcuticula erkennen. Bei der letztgenannten Spezies sind stets drei Faserschichten und ebenso viele Verbindungsbögen vorhanden. Bei *Echinorhynchus porrigens* aber liegen die Zirculärfaserstränge, deren man vier bis fünf deutlich zu unterscheiden vermag, so dicht neben einander, dass sie dem Auge nur als dunkler gefärbte Linien erscheinen.

In der vordersten Region des Leibes, die bei *Echinorhynchus strumosus* und *Echinorhynchus porrigens* durch eine gewaltige Hautauftreibung gekennzeichnet ist, beim *Echinorhynchus trichocephalus* aber von dem zwischen der Cuticularfalte und der ovoiden Körperanschwellung gelegenen cylindrischen Stücke gebildet wird, gewinnt die betreffende Schicht durch das massenhafte Auftreten kleiner Cuticularhaken ein etwas modificirtes Aussehen. Die eben erwähnten Haken sind konische Cuticulargebilde, die sich aus zwei scharf gegen einander abgesetzten, substanziell verschiedenen Schichten aufbauen. Die Rindenschicht repräsentirt eine völlig farblose (*Echinorhynchus strumosus, Echinorhynchus trichocephalus*) oder bräunlich tingirte (*Echinorhynchus porrigens*), dabei aber glasartig durchsichtige, spröde Masse (s. Tafel 8, Fig. 2, h'), die selbst von kaustischem Kali nicht verändert wird. Der von diesem chitinartigen Mantel umhüllte Raum ist mit einer körnig faserigen, weichen Masse erfüllt, die an der Hakenbasis ohne sichtbare Grenze in die Substanz der Filzfaserschicht übergeht (s. Tafel 8, Fig. 2, h''). Mit letzterer theilt sie auch die Eigenschaft, sich mit Karmin sehr intensiv zu färben, während die Cuticularkappe den genannten Farbstoff überhaupt nicht eindringen lässt. Die so beschaffenen Häkchen haben beim *Echinorhynchus uncinatus, Echinorhynchus trichocephalus* (s. Tafel 6, Fig. 19) und *Echinorhynchus strumosus* (s. Tafel 6, Fig. 48. a, b, c), die Gestalt schlanker, nur wenig rückwärts gebogener Kegel, die das Subcuticulargewebe in ungefähr zwei Drittheil seiner Dicke durchsetzten. Der weit kräftigere Dorn des *Echinorhynchus porrigens* besitzt eine stark knollenartig aufgeschwollene Wurzel, die nach oben in den etwas gekrümmten Stachel ausläuft.

Im Halse und Rüssel tritt, abgesehen von der geringeren Dickenentwickelung, kein wesentlicher Unterschied im Baue der Filzfaserschicht auf. Nur beim *Echinorhynchus angustatus* und *Echinorhynchus haeruca* wäre hervorzuheben, dass jene so regelmässig angeordneten Fibrillenzüge, die wir im Leibe zu finden gewohnt sind, im Rüssel einem wirren Fasergeflechte Platz gemacht haben.

Die Radiärfibrillenschicht oder Hypodermis.

Wie schon erwähnt, setzt sich die innere Subcuticularzone lediglich aus Radiärfibrillen[1]) zusammen. Diese feinen faden- oder bandförmigen Fasern gruppiren sich bei *Echinorhynchus angustatus* (s. Tafel 2,

---

[1]) S c h n e i d e r hat diese Fasern beim *Echinorhynchus gigas* aufgefunden und ihnen einen muskulösen Charakter zugeschrieben.

4*

Fig. 10, rmf.) und *Echinorhynchus haeruca* (s. Tafel 2, Fig. 6, rmf.) zu cylindrischen oder garbenförmigen Bündeln von sehr variabelm Querschnitte. Die Faserbündel inseriren sich mit ihrem der Muskulatur zugewandten Ende einer dicken Schicht völlig farblosen Sarkolemmas (s. Tafel 2, Fig. 6 und 7. s.), das als, ziemlich resistente Haut die ganze Subcuticula überzieht und selbige mit der Muskulatur verbindet.

Baltzer[1]) spricht von einem „die Subcuticula gegen die Ringmuskulatur abgrenzenden Binde- gewebe". Wenngleich nun die eben besprochene Schicht alle Funktionen des Bindegewebes übernimmt, so giebt uns dies doch keineswegs die Berechtigung, selbige dem Bindegewebe der übrigen Thiere gleich- zustellen. Vor allen Dingen fehlt dieser Bindesubstanz jedwede zellige Structur. Ferner belehrt uns die Entwicklungsgeschichte, dass wir es in dieser glashellen oder nur wenig gestreiften Masse überhaupt mit keinem Derivate specieller Zellen zu thun haben, sondern vielmehr mit dem Absonderungsproducte von hypodermalen und muskulösen Zellen, das sich von dem alle contractilen Elemente umhüllenden Sarkolemma in nichts unterscheidet.

Das Sarkolemma bildet der Mitte der Faserbündel zu zackige Protuberanzen, von denen aus zahlreiche feine Sarkolemmastreifen in die Cylinder einstrahlen, um die einzelnen Fibrillen mit einander zu verkitten. Die Verklebung erstreckt sich aber immer nur auf kleine Fasergruppen, so dass zwischen diesen noch zahlreiche feine Spalträume bleiben (s. Tafel 2, Fig 6 und 10 g'), die ein leichtes Zirculiren der Nährflüssigkeit ermöglichen. Den eben geschilderten Bau besitzen die Faserbündel nur in der inneren, der Ringmuskulatur zugewandten Hälfte. Nach aussen zu lösen sie sich in die einzelnen Fibrillenzüge auf, die nun ihrerseits büschelförmig auseinander strahlen und in die Filzschicht der Subcu- ticula eindringen. Die Radiärfibrillen lassen sich in der letztgenannten Zone ihrer beträchtlicheren Dicke wegen leicht von den übrigen Fasern unterscheiden und können ohne besondere Schwierigkeit bis in die äussersten Fasersysteme Leuckart's Porencuticula) verfolgt werden.

Nach Leuckart[2]) soll sich bei den Echinorhynchen ein ganz ähnlicher Zusammenhang der Subcuticularfasern mit dem Hautmuskelschlauche finden, wie ihn Rohde[3]) neuerdings für die Nematoden nachgewiesen hat. Es soll selbiger bewerkstelligt werden durch Muskelfibrillen, welche vereinzelt von der Muskulatur abbiegen, um sich sodann den Fasern der Subcuticula beizumischen[4]). Ein Einstrahlen von Muskelfasern in das Subcuticulargewebe habe ich nirgends wahrnehmen können, vielmehr glaube ich mich fest überzeugt zu haben, dass die Verbindung beider Schichten lediglich durch das oben beschriebene, meist etwas streifige Sarkolemma vermittelt wird.

Die spitzbogenförmigen Lückenräume (s. Tafel 2, Fig. 10, g) zwischen den einzelnen Fibrillen- bündeln bilden die Durchschnitte des Gefässsystemes. Dieses tritt auf in der Gestalt zweier ziemlich voluminöser Hauptstämme, welche eine kurze Strecke hinter der Cuticularfalte beginnen und bei *Echinorhynchus angustatus* und *Echinorhynchus haeruca* in den Laterallinien[5]) die gesammte Leibes- wand bis zur Schwanzspitze durchziehen. Seitlich zweigen unter fast rechten Winkeln kleinere Knäule

---

[1]) Archiv für Naturgeschichte 1880, pag. 5, 6.
[2]) Die menschlichen Parasiten. 2. Bd. pg. 737.
[3]) Zoologische Beiträge herausg. v. A. Schneider, Heft 1, 1883. pg. 16.
[4]) Der gleichen Ansicht ist auch Süfftigen. Morphologisches Jahrbuch. 10. Bd., pg. 6. Tafel 3, Fig. 9.
[5]) Nach Leuckart gehören die Hauptgefässe — was nur für wenige Arten zutrifft (s. o. S. 29, 31) — den Medianlinien an. Die menschlichen Parasiten. 2. Bd. pg. 735.

ab, die sich sehr bald verästeln und mit einander anastomosiren. Allen Gefässen kommt, wie schon aus dem Gesagten hervorgeht, eine besondere Wandung nicht zu: sie werden begrenzt nach aussen durch die Radiärfasern und ihre Abspleissungen, nach innen durch die Sarkolemmaschicht, welche zumal bei den grossen Hauptgefässen sammt ihrer Umgebung wulstartig in die Leibeshöhle vorspringt.

In den Gefässräumen, wie in den Faserbündeln treffen wir auf eine beträchtliche Zahl grosser, kugelförmiger und scharf konturirter Kerne (s. Tafel 2, Fig. 6 und 10 ne.[1]). Das farblose, sehr fein granulirte Plasma dieser Kerngebilde besitzt in der peripherischen Zone eine weit grössere Konsistenz, als im Inneren, und enthält einen gewöhnlich exzentrisch gelegenen, grossen Chromatinhaufen, so wie einige kleinere, ebenfalls der Peripherie genäherte Nucleoli. Die Kugelgestalt kommt den Subcutienlarkernen nur nach dem Tode zu. Im Leben repräsentiren dieselben äusserst bewegliche Gebilde, welche sich strecken und wieder zusammenziehen, an den verschiedensten Stellen der Peripherie pseudopodienähnliche Fortsätze austreten und kurze Zeit darauf wieder verschwinden lassen. Alles dies sind Erscheinungen, die auf eine energische Lebensthätigkeit, auf einen regen Umsatz von Nährstoffen schliessen lassen.

Weit andere Verhältnisse lässt *Echinorhynchus gigas* und *Echinorhynchus moniliformis* erkennen. Die Radiärfibrillen sind zwar auch hier zu Zügen gesammelt und durch einstrahlende Sarkolemmafäden mit einander verklebt, aber von einer Gruppirung zu grösseren Bündeln, wie wir dies beim *Echinorhynchus angustatus* und beim *Echinorhynchus haeruca* gesehen haben, kann bei diesen Kratzern nicht die Rede sein.

Die spaltförmigen Lückenräume, die bekanntlich beim *Echinorhynchus angustatus* lediglich im Inneren der Fibrillencylinder sich finden, bilden beim Riesenkratzer und *Echinorhynchus moniliformis* die eigentlichen Bahnen des Gefässsystemes. Nur zwei Gefässe, die als Röhren von sehr beträchtlichem Lumen (380 $\mu \times$ 300 μ) dorsal und ventral verlaufen, erinnern in ihrem Baue an Verhältnisse, die wir bei den Lateralstämmen des *Echinorhynchus haeruca* kennen gelernt haben (s. Tafel 2, Fig. 7, Lg.). Rechts und links von den Hauptröhren treffen wir bei den männlichen Individuen des *Echinorhynchus gigas* zwei, bei den weiblichen derselben Spezies aber drei dieser parallelen Längsgefässe (s. Tafel 2, Fig. 7, G.) an, die durch zahlreiche Querkanäle sowohl unter sich, wie mit den Medianröhren in Verbindung stehen. Das übrige Gefässnetz des Leibes besteht aus einem wirren Geflechte bald grösserer, bald kleinerer Spalträume, die überdies sich nicht, wie beim *Echinorhynchus haeruca*, auf die innere Radiärfaserzone beschränken, sondern auch, wenngleich von geringeren Dimensionen, in der dichten, dem Filzgewebe zugewandten Region angetroffen werden.

Die Subcutienlarkerne[2] sind beim *Echinorhynchus gigas* und auch beim *Echinorhynchus moniliformis* in sehr beschränkter Anzahl vorhanden, erreichen dafür aber eine ganz enorme Grösse. Sie finden sich ausschliesslich in den Gefässen, deren Lumen sie fast vollständig ausfüllen. Man wird bei der Untersuchung lebender Objecte öfters Gelegenheit finden, zu beobachten, wie diese anfangs kugel- oder ellipsoidförmigen Kerngebilde, um die absorbirende Oberfläche zu vergrössern, eine fast maulbeerähnliche Gestalt annehmen, selbige einige Minuten beibehalten und dann allmählich wieder zu der ursprünglichen sphärischen Form zurückkehren.

———— ——

[1] Die Grösse der Kerne beträgt bei *Echinorhynchus angustatus* und bei *Echinorhynchus haeruca* 17 bis 20 μ.

[2] Die Kerne messen beim *Echinorhynchus gigas* 80 bis 100 μ.

Echinorhynchus strumosus, *Echinorhynchus porrigens* und *Echinorhynchus trichocephalus* nehmen in Bezug auf den feineren Bau der Subcuticula eine vermittelnde Stellung zwischen den beiden seither betrachteten Kratzergruppen ein. Während einerseits durch die unvollkommene Ausbildung oder das theilweise Fehlen der Faserstränge ähnliche Verhältnisse vorbereitet werden, die für *Echinorhynchus gigas* charakteristisch sind, lässt andererseits das Radiärfibrillensystem genau dieselbe Anordnung der Fasern erkennen, die ich für *Echinorhynchus haeruca* und *Echinorhynchus angustatus* näher beschrieben habe.

Eine Eigenthümlichkeit aller drei Spezies ist die aberrante Structur der Subcuticula in dem durch eine Körperanschwellung von beträchtlicher Grösse gekennzeichneten Leibesabschnitte.

Bei *Echinorhynchus porrigens* und *Echinorhynchus strumosus* sind derselben bekanntlich kleine Dornen in regelmässigen parallelen Reihen eingepflanzt. Die Anwesenheit dieser Gebilde inflnirt nicht nur auf die Gestaltung der Filzfaserzone, sondern auch auf die Vertheilung der die innere Subcuticular-zone zusammensetzenden Elemente. Die Radiärfibrillenbündel, die noch ganz dieselbe Form zur Schau tragen, wie im Hinterleibe, sind ausschliesslich um die Haken gruppirt (s. Tafel 8, Fig. 2 rmf.), wodurch die Anordnung des Gefässsystemes an Regelmässigkeit gewinnt. Die beiden Hauptstämme des letzteren verlaufen, wie im Hinterleibe, in den Laterallinien. Nach den Seiten zweigen unter rechten Winkeln kleinere Röhren ab, die als ein System paralleler Ringgefässe die beiden Hauptstämme mit einander verbinden. Die Nebengefässe kommuniciren unter sich durch rechtwinklig abbiegende Canäle zweiter Ordnung. Auf diese Weise entstehen Reihen quadratischer Maschen, die je aus ihrer Mitte einen Haken hervortreten lassen. Kerne werden in dieser Leibespartie nur in spärlicher Menge gefunden und beschränken sich auf das Innere der Fasercylinder.

Die Subcuticula des *Echinorhynchus trichocephalus* zeigt im Hinterleibe die gleiche Bildung, wie im betreffenden Körperabschnitte des *Echinorhynchus strumosus* und *Echinorhynchus porrigens*. Die Radiär-fibrillenschicht nimmt ungefähr drei Fünftel der Gesammtstärke der Subcuticula für sich in Anspruch, und wird von zahlreichen, bald runden, bald ovalen Canälen durchzogen. Ein Umstand aber muss schon bei der ersten Betrachtung in die Augen fallen, nämlich die Abwesenheit jeglicher Kerngebilde.

Ein weit anderes Bild bietet uns die eigenthümliche, ovoidartig aufgetriebene Leibeswand des Vorderkörpers. Jenes immerhin ansehnliche Fasergeflecht der Filzschicht (s. Tafel 2, Fig. 17, ff.) tritt hier völlig zurück, während die Radiärfibrillenzone zu einer fast 50 μ[1]) mächtigen Schicht heranwächst. Und wiederum hat diese Dickenzunahme ihren Grund nicht etwa in einer besonders kräftigen Entwicklung der Fibrillenbündel, sondern vielmehr in dem massenhaften Auftreten von Kernen und der durch sie be-dingten Ausweitung der Gefässräume. Die fibrilläre Substanz der inneren Subcuticularzone ist zu sehr dünnen, cylindrischen Bündeln angeordnet, die sich erst in unmittelbarer Nähe der Filzfaserzone in die einzelnen Faserzüge auflösen (s. Tafel 2, Fig. 17 rmf.). Auf dem Querschnitt erscheinen die Ge-fässe als rechteckige Lückenräume, deren Lumen durch Kerne von sehr ansehnlichen Dimensionen[2]) voll-ständig erfüllt ist. Diese Nuclei (s. Tafel 2, Fig. 17 ne.) besitzen eine ellipsoide Gestalt und enthalten einen dunkelpigmentirten, stark lichtbrechenden Nucleolus, so wie mehrere im Plasma zerstreut liegende Chromatinhaufen.

---

[1]) Im Hinterleibe misst die Filzfaserschicht 20 μ, die Radiärfaserschicht 30 μ.
[2]) Die Kerne haben eine Länge von 30 μ bei einer Breite von 20 μ.

Mit *Echinorhynchus angustatus* theilt *Echinorhynchus trichocephalus* die Eigenthümlichkeit, dass die beiden Hauptgefässe (s. Tafel 2, Fig. 17 II.) des subcuticularen Röhrensystemes in den Laterallinien verlaufen.

Zwischen dem Kopf- und Körpertheile der Haut bildet der früher beschriebene Cuticularring eine vollständige Scheidewand, wodurch natürlich eine gänzliche Trennung der Gefässräume des Vorder- und Hinterleibes bewerkstelligt wird.

Bei *Echinorhynchus haeruca*, *Echinorhynchus angustatus* und *Echinorhynchus gigas* tritt im Halse, abgesehen von der geringeren Dickenentwicklung, kein wesentlicher Unterschied im Baue der Radiärfibrillenschicht ein. Nur das Gefässsystem zeigt eine ganz andere Anordnung seiner Theile. Dicht oberhalb der Cuticularfalte verläuft ein Ringcanal (s. Tafel 2, Fig. 6, Rg.), in den seitlich die beiden Lemnisken einmünden. Nach oben entsendet dieses Hauptgefäss eine grosse Zahl Röhren von geringerem Querschnitte, welche sich bald verzweigen, um mit den Aesten der Nachbarcanäle zu anastomosiren. Kerne finden sich in diesem Körpertheile gar nicht (*Echinorhynchus gigas*), oder sind nur sehr vereinzelt anzutreffen (*Echinorhynchus haeruca*, *Echinorhynchus angustatus*).

Echinorhynchus porrigens, *Echinorhynchus strumosus* und *Echinorhynchus trichocephalus* erinnern im Baue der Halssubcuticula an Verhältnisse, mit denen wir bei der Durchmusterung der ovoiden Körperauftreibu.„ des *Echinorhynchus trichocephalus* vertraut gemacht wurden, nur mit dem Unterschiede, dass jene Kerngebilde, welche die Gefässräume vollkommen verstopften, hier gänzlich in Wegfall kommen. Die Radiärfibrillen vereinigen sich zu langen Prismen von sehr geringem Querschnitte und strahlen in fast gleichen Zwischenräumen in die nur schwach entwickelte Filzfaserzone ein, wodurch das ganze Gewebe auf Längs- und Querschnitten ein strickleiterartiges Aussehen gewinnt.

Das Subcuticulargewebe des Halses geht in dasjenige des Rüssels über, ohne dass irgendwelche Grenze zu erkennen wäre. Eine wirklich auffällige Aenderung in der Anordnung der Fibrillen wird erst durch die Einpflanzung der Haken bewirkt.

Die Rüsselhaken besitzen trotz der so mannigfaltigen Form- und Grössenunterschiede bei sämmtlichen Spezies die nämliche histologische Structur. An ihrem Aufbaue betheiligen sich drei gegen einander scharf abgegrenzte Schichten. Die äussere, die als tutenförmiges Gebilde den Hakenfortsatz überzieht, bis zur Wurzel sich in die Rüsselhaut einsenkt und hier mit der Cuticula in Verbindung tritt, repräsentirt eine farblose, völlig durchsichtige, chitinartige Substanz, die sich durch bedeutende Festigkeit und Elasticität auszeichnet (s. Tafel 6, Fig. 1, 5, 22, 26, etc.). Sie ist der Cuticularkappe (s. Tafel 6, Fig. 20, etc.), welche wir die Leibesstacheln z. B. des *Echinorhynchus trichocephalus* überdachen sehen, analog.

Die von derselben theilweise eingeschlossene mittlere Schicht, welche die Hauptmasse des Hakens ausmacht und ihm seine Gestalt verleiht, ist hyalin oder nur sehr feingekörnt, dabei aber von harter und ziemlich spröder Beschaffenheit (s. Tafel 6, Fig. 1, 5, 22, 26 h'.). Uebt man z. B. durch Belasten des Deckglases einen Druck auf den Haken aus, so zerfällt die mittlere Schicht in ein Conglomerat von Bruchstücken.

Während bei *Echinorhynchus angustatus* und *Echinorhynchus haeruca* in Folge der Behandlung mit Kalilauge die Kappe sich vom Haken abhebt, ist selbige bei *Echinorhynchus gigas* mit der mittleren Substanzschicht so innig verschmolzen, dass man hier eigentlich nur von zwei Schichten sprechen kann (vergl. Tafel 6, Fig. 9, 10).

Mitten im Dornfortsatze, und zwar stets der Dorsalfläche des Hakens genähert, sieht man einen nach hinten sich verdickenden, flachen Streifen einer grobkörnigen und anscheinend sehr weichen Substanz herabziehen (s. Tafel 6, Fig. 1, 5, 22, 26, h"). Er durchbricht dicht unter dem Ende der Cuticularkappe oder, wie bei *Echinorhynchus gigas*, wo er eine weit mächtigere Entwicklung erreicht (s. Tafel 6, Fig. 9, 10), inmitten der Basis die harte Hakenrinde (s. Tafel 6, Fig. 1, 26 h"). Zu Gunsten der Annahme, dass dieses Füllsel weich, bezichentlich reichlich mit Wasser infiltrirt ist, spricht die Beobachtung, dass bei unzureichender Fixirung und zu rascher Entwässerung des Präparates infolge des plötzlichen Wasserverlustes am dorsalen Rande des sogenannten Hakencanales ein kleiner Spaltraum entsteht.

Die Haken durchsetzen das Subcuticulargewebe in seiner ganzen Dicke und senken sich mit ihrem Wurzelfortsatze in das Sarkolemma ein, das zumal bei den grossen Aequatorialhaken des *Echinorhynchus trichocephalus* und *Echinorhynchus porrigens* wulstartig in die Rüsselhöhle hineinragt (s. Tafel 6, Fig. 5, 26, s'.). Das Sarkolemma, das bekanntlich überall die Radiärfibrillenzone gegen die Muskulatur abgrenzt, wächst im Rüssel zu einer derben, chitinartigen Membran heran, welche allseitig den cylindrischen oder konischen[1]) Wurzelfortsatz einhüllt und so zur soliden Befestigung der Haken wesentlich beiträgt (s. Tafel 6, Fig. 1, 26 s").

Wie wir sahen, ist *Echinorhynchus gigas* die einzige Spezies, deren Haken mit zwei wohlentwickelten Wurzelfortsätzen versehen sind. Auch hinsichtlich der Befestigung dieser Haftorgane nimmt der Riesenkratzer eine exceptionelle Stellung ein. Der vordere, nur sehr kleine Wurzelast sitzt ebenso im Sarkolemma, wie der ihm entsprechende Hakentheil der übrigen Arten. Der hintere Ast, der durch einen ansehnlichen, konischen Zapfen repräsentirt wird, durchbricht die obengenannte Schicht und ragt, umgeben von einer dünnen Lage Sarkolemmas, frei in die Rüsselhöhle hinein. Mit seinem freien nach vorn gekehrten Wurzelende befestigt er sich an jenem cuticulaähnlichen Ringe, der, wie wir sehen werden, mit dem Rüsselsacke in Verbindung steht.

Die Radiärfibrillen der inneren Subcuticularzone beschränken sich auf die nächste Umgebung der Haken und gruppiren sich zu massiven Cylindern, aus deren Mitte je ein Dorn hervorragt. Die regelmässige Vertheilung der Faserbündel, welche durch die Anordnung der Haken bedingt wird, verleiht dem Canalsysteme des Rüssels ein sehr nettes und zierliches Aussehen. Kerne habe ich bei *Echinorhynchus angustatus* und *Echinorhynchus haeruca* in diesem Körperabschnitte äusserst selten angetroffen; beim Riesenkratzer fehlen sie entschieden (s. Tafel 6, Fig. 1, 5, 22, 26, rmf).

---

[1]) Die Wurzel aller Haken ist cylindrisch oder konisch, gerade oder gebogen; jene seitlichen Anhänge, die Baltzer, Süfftigen und in noch viel bizarreren Formen Pagenstecher abbildeten, sind nichts, als der Wurzel anhaftende Sarkolemmafetzen, welche sich leicht durch Behandeln mit erwärmter fünfprocentiger Kalilauge entfernen lassen.

—

Die Lemnisken.

Geschichtlicher Ueberblick.

Die Lemnisken hat Goeze[1] zuerst beim *Echinorhynchus gigas* beobachtet. Er beschreibt sie als zwei schmale Bändchen, die in ihrer ganzen Länge von einem weiten Canale durchzogen werden, der in seinem oberen Abschnitte drei bis vier bläschenförmige Anschwellungen erkennen lässt. Nach Rudolphi[2] spaltet sich der Centralcanal im unteren Drittheile des Lemniskus in zwei Aeste, die sich bald in viele Verästelungen auflösen. Von diesem Hauptgefässe gehen seitlich unter fast rechten Winkeln zahllose Nebencanälchen ab, welche am Rande des betreffenden Organes Schlingen bildend sich vereinigen. Westrumb[3] will hingegen beim Riesenkratzer drei parallele Gefässstämme gesehen haben, die durch viele unter sich anastomosirende Seitengefässe verbunden werden. v. Siebold[4] stimmt hinsichtlich des Verlaufes der Gefässe in den Lemnisken des *Echinorhynchus gigas* Rudolphi bei. Bei den kleineren Spezies fand er zwei an den Rändern des Lemniskus gelegene Hauptgefässe. Nach Wageners[5] Untersuchungen bauen sich die Lemnisken aus demselben zellig-blasigen Gewebe auf, wie die Subcuticula des Leibes, und sind demnach als blosse Anhänge der Hypodermis zu betrachten. Leuckart[6] liefert den Nachweis, dass die Lemnisken gleich der Subcuticula aus einem faserig körnigen Gewebe mit gefässartigen Lückenräumen bestehen. Bei den bandartig abgeplatteten Lemnisken des *Echinorhynchus gigas* beobachtete er ausser den radiären Fibrillen, die sich zwischen den Flächen ausspannen, ein System konzentrischer Fasern, das vornehmlich in der Rindenschicht zur Entwickelung kommt. Nach Baltzer[7] finden sich in den Lemnisken, wenngleich auch nicht in so regelmässiger Vertheilung, wie in der Leibessubcuticula, radiär, cirkulär und longitudinal verlaufende Fasern wieder. Die halbmondförmigen Lemnisken des *Echinorhynchus protens* besitzen ausser den beiden am Rande gelegenen grossen Gefässstämmen noch vier grössere als Längswülste hervorragende Röhren, von denen drei der convexen Seite, einer aber der concaven Fläche angehören. Beim *Echinorhynchus angustatus* beschränkt sich das Gefässsystem auf die beiden grossen seitlichen Hohlräume. Bei *Echinorhynchus clavaceps* ist, wie Säfftigen[8] angiebt, der Faserverlauf sehr verworren und schwer zu erkennen, es finden sich aber auch hier die drei sich rechtwinkelig kreuzenden Fasersysteme wieder. Die bei *Echinorhynchus angustatus* und anderen Spezies vorhandene Rinde von radiären Parallelfasern fehlt dieser Art. Eine weitere Eigenthümlichkeit der auf dem Querschnitte kreisrunden Lemnisken des *Echinorhynchus clavaceps* ist die Anwesenheit eines axial verlaufenden Hauptcanales.

Auch den Lemnisken des *Echinorhynchus gigas* fehlt nach Köhler[9] jene peripherische Schicht der Parallelfasern.

[1] Naturgeschichte der Eingeweidewürmer, pg. 147.
[2] Entozoorum historia naturalis. Bd. 1. pg. 254.
[3] De helminthibus acanthocephalis, pg. 52. 53.
[4] Lehrbuch der vergleichenden Anatomie. pg. 134. Anm. 3.
[5] Zeitschrift für wissenschaftliche Zoologie, 1858. pg. 80.
[6] Die menschlichen Parasiten. 2. Bd. pg. 738—739.
[7] Archiv für Naturgeschichte, 1880. pg. 12—14. 19.
[8] Morphologisches Jahrbuch, 10. Bd. pg. 6—7.
[9] Journal de l'anatomie et de la physiologie. 23. Jahrg. 1887. pg. 633, 644.

Anatomie und Histologie.

Mit dem Ringcanale oberhalb der Cuticularfalte steht ein accessorisches Gefässsystem in innigster Verbindung, welches in die sogenannten Lemnisken eingebettet ist. Letztere, von der Gestalt schlanker Bändchen (*Echinorhynchus gigas*, *Echinorhynchus angustatus*, *Echinorhynchus haeruca*, *Echinorhynchus porrigens*, *Echinorhynchus trichocephalus*) oder, was weit seltener ist, ovaler Scheiben (*Echinorhynchus strumosus*), ragen, überzogen von einem Muskelmantel, frei in die Leibeshöhle hinein. Der histologische Bau wie die Entwickelungsgeschichte ergeben, dass wir es in ihnen mit einfachen Subcuticularanhängen zu thun haben. Die Structur der Lemnisken hat Baltzer[1] eingehend für *Echinorhynchus proteus* und *Echinorhynchus angustatus* beschrieben, und ich kann seine Angaben, soweit sie den letztgenannten Kratzer betreffen, als mit meinen Untersuchungen völlig übereinstimmend, bestätigen.

Bei *Echinorhynchus haeruca*, dessen Lemnisken im äusseren Baue denen des *Echinorhynchus angustatus* gleichen, fand ich folgende Verhältnisse. Unter dem farblosen, den gesammten Lemniskus einhüllenden Sarkolemma liegt eine schön entwickelte Parallelfaserschicht. Auf diese folgt nach innen die Filzfaserzone, die trotz des äusserst verworrenen Faserverlaufes doch die drei Fibrillensysteme der Leibessubcuticula wiedererkennen lässt. Den inneren Theil und zugleich die Hauptmasse dieser eigenartigen Organe bilden die Radiärfibrillen. Eine regelmässige Gruppierung zu Fasercylindern, die senkrecht zur Oberfläche stehen, wie wir selbige in der Körperhaut zu finden gewohnt sind, ist in den Lemnisken verloren gegangen; an ihrer Stelle sehen wir ein regelloses Gewirr kreuz und quer verlaufender Fibrillenzüge, das von zahlreichen spalt- oder schlitzförmigen Lückenräumen durchsetzt wird. In die Lemnisken entsendet der Ringcanal des Halses jederseits (lateral) ein grosses Gefäss, das sich bald nach dem Eindringen in das Fibrillengewebe dieser Organe in zwei am seitlichen Rande gelegene, sehr voluminöse Hauptröhren spaltet. Durch eine beträchtliche Zahl rechtwinklig abbiegender Nebengefässe, welche ihrerseits sich wiederholt verzweigen und mit benachbarten Canälchen anastomosiren, wird auf ähnliche Weise eine Kommunication der Hauptstämme bewerkstelligt, wie wir dies bei der Subcuticula des Leibes gesehen haben. In den Hauptröhren, weniger häufig in deren Seitenzweigen, liegen Subcuticularkerne in ganz überraschend grosser Anzahl. In Gestalt und Grösse unterscheiden sie sich nicht von den gleichnamigen Gebilden der Leibeswandung.

Hinsichtlich des feineren Baues der Lemnisken wäre beim *Echinorhynchus gigas* hervorzuheben, dass die Radiärfibrillen der Centralzone die Tendenz zeigen, zu radial gestellten Bündeln zusammenzutreten. Zumal in den Partien, wo Gefässe zweiter Ordnung zu keiner bedeutenderen Entwickelung gelangten, zeigen Querschnitte ganz und gar den für die Subcuticula des Leibes typischen Bau.

Das Gefässsystem ist ausgebildet in der Gestalt eines weiten Längsrohres (s. Tafel 2, Fig. 8, G), in welches sich radial viele baumartig verästelte Nebengefässe ergiessen. Der Hauptcanal durchzieht als axial gelegenes Rohr den Lemniskus bis zum letzten Fünftheile, woselbst er sich in zwei Arme (s. Tafel 2, Fig. 8, G'G'') spaltet. Im Anfangstheile dieses Canales liegen einige wenige — gewöhnlich fünf — Kerne, welche dafür aber so riesige Dimensionen[2] annehmen, dass sie sammt ihrer Umgebung wulstartig über die sonst glatte Oberfläche des Lemniskus hervorragen (s. Tafel 2, Fig. 8, ne[1-5]).

---

[1] Archiv für Naturgeschichte, 1880, pg. 13—14, 19. Tafel 2, Fig. 19, 17 g.

[2] Die Kerne nehmen vom Halstheile des Lemniskus aus an Grösse zu. Ihr Durchmesser schwankt beim ausgewachsenen Individuum zwischen 400 und 600 μ.

Die Lemnisken von *Echinorhynchus trichocephalus* sind schlank, bandförmig und haben eine entfernte Aehnlichkeit mit denen des Riesenkratzers. Sie werden 2—2.3 mm lang und erreichen in der Mitte einen Durchmesser von 40—60 μ, am hinteren Ende aber einen solchen von 117—122 μ. Der vordere, halsartig eingeengte Theil enthält in seinem Centrum einen luminösen Canal, der sich später in mehrere Canäle aufzulösen scheint. Eingehender konnte der Bau der Lemnisken des schlechten Conservirungszustandes wegen nicht studirt werden.

Die auf dem Querschnitte kreisrunden Lemnisken des *Echinorhynchus porrigens* werden gleichfalls nur von einem einzigen Axencanale durchsetzt. Obwohl ihr Durchmesser sehr gering (60—65 μ) ist, so erreichen sie doch eine im Verhältniss zur Körpergrösse ganz immense Länge (1.2—2 cm). Die grossen mit mehreren Kernkörperchen versehenen, kugelrunden Kerne liegen im Lumen des Centralcanales.

Die Lemnisken von *Echinorhynchus strumosus* haben die Form sehr breiter ovoider Scheiben. Sie besitzen eine Länge von 460 μ, eine Breite von 400 μ und eine Dicke von nur 20—26 μ.

Bei den Lemnisken der drei letztgenannten Arten scheint, soweit der mangelhafte Conservirungszustand es zu beurtheilen gestattet, die Parallelfaserrinde zu fehlen.

Die Lemnisken des *Echinorhynchus moniliformis* ähneln sowohl durch ihre äussere Form, als auch durch ihren feineren Bau denen des *Echinorhynchus gigas*. In der Achse eines jeden der ziemlich dünnen (50—70 μ), und nur am unteren Ende sich etwas verbreiternden (120 μ), drehrunden Lemnisken zieht ein weiter Canal herab, der nach den Seiten hin nur einige wenige secundäre Canäle abgibt (s. Tafel 2, Fig. 12, G, g.).

Im Inneren dieses Axencanales liegen die mit mehreren Nucleolen ausgestatteten Kerne. Sie haben eine so mächtige Grösse,[1] dass sie nicht nur den ganzen Canal ausfüllen, sondern sogar die Faserwand des Lemniskus wulstartig nach aussen auftreiben (s. Tafel 2, Fig. 12, nc.).

Der Faserverlauf ist ein ziemlich verworrener, doch lassen sich auch hier auf Quer- und Längsschnitten die drei bekannten Fasersysteme wiedererkennen (s. Tafel 2, Fig. 12, rnf. ff.). Die Rinde des Lemniskus bildet eine aussergewöhnlich dicke Schicht der Parallelfasern (s. Tafel 2, Fig. 12, pf.), die auf ihrer Oberfläche noch von einer gleichmässig dünnen Sarkolemmamembran (s. Tafel 2, Fig. 12, s.) bedeckt wird.

Physiologie.

Geschichtlicher Ueberblick.

Wie wir heute wissen, findet die Ernährung bei den Echinorhynchen lediglich durch Absorption der Hautdecken statt. In früherer Zeit konnte man sich aber eine Nahrungsaufnahme ohne vollständigen Tractus intestinalis nicht denken, und dies mag der hauptsächlichste Grund gewesen sein, dass man jedes

[1] Der Durchmesser des fünftletzten Kernes beträgt 60 μ, der des Lemniskus in der gleichen Höhe aber nur 110 μ.

Organ, dessen Funktion nicht sofort aus dem Baue zu erschliessen war, mit der Speisebearbeitung in directe Beziehung brachte.

Müller[1] und Bloch[2] hatten auf der Rüsselspitze eine papillöse Erhebung gesehen und glaubten in ihr ein Saugorgan gefunden zu haben, vermöge dessen die Nahrung in die Rüsselhöhle gelange. Diese Hypothese gewann eine Stütze in Goeze's[3] Beobachtung, dass sich beim „Reiherkratzer" eine förmliche Saugtrompete vorfinde. Dieses tubaartig gestaltete Organ sollte nach gehöriger Befestigung des Rüssels nach aussen umgestülpt werden und den Uebertritt der Darmsäfte vermitteln. Die von der Saugpapille absorbirten Flüssigkeiten gelangen nach Rudolphi[4] und Nitzsch[5] in das Receptaculum und von hier in die beiden seitlich angefügten Lemnisken, in denen sie zu Blutsäften umgewandelt werden. Letztere treten in das Gefässsystem der Haut ein und werden so im ganzen Körper gleichmässig vertheilt. Derselben Ansicht huldigen auch Westrumb[6] und Cloquet[7], nur fanden diese Forscher eine weitere Komplikation des Verdauungsapparates, nämlich eine Schlundröhre (Retractor proboscidis), die von der Papille aus bis zum Grunde des Receptaculums herabführte.

Nach Burow[8] besteht der Verdauungstraktus beim *Echinorhynchus strumosus* aus dem Rüssel, dem Receptaculum und den beiden Darmröhren (Retinacula), die lateral mit zwei Afteröffnungen nach aussen münden. Ueber die Bedeutung der Lemnisken ist Burow sich nicht klar geworden. Wedl[9] hält die beiden letztgenannten Gebilde für Speicheldrüssen, die ihr Secret in die Rüsselhöhle entleeren. Nach Mehlis[10] und Creplin[11] besitzen die Acanthocephalen hinsichtlich des Tractus intestinalis eine unverkennbare Aehnlichkeit mit den Trematoden. Auf der Rüsselspitze liegt eine grosse Mundöffnung. Selbige führt in das hohle, muskulöse Receptaculum (Pharynx), das als Saug- und Schluckorgan Verwendung findet. Der Rüsselsack communicirt vermittelst zweier Canäle (Retinacula) mit den von Cloquet aufgefundenen Seitenröhren, die nun als Gebilde aufgefasst werden, die dem gabelig gespaltenen, afterlosen Darme der Trematoden analog seien. Die Lemnisken sind drüsige Organe, die ein die Darmwand des Wirthes reizendes Secret absondern und dicht hinter der letzten Hakenreihe ausmünden.

Nach de Blainville[12] und Lamarck[13] haben die Kratzer einen vollständigen Darm, der am Rüssel mit einem Munde beginnt, als gestrecktes Rohr (Retractor proboscidis, Ganglion, Ligamentum) den Körper in seiner ganzen Länge durchzieht, und am hinteren Körperende, umgeben von einem Nervenringe, nach aussen mündet.

[1] Zoologia Danica, 1. Bd. pg. 112.
[2] Abhandlung von der Erzeugung der Eingeweidewürmer, pg. 26.
[3] Naturgeschichte der Eingeweidewürmer, pg. 153, Tafel 11, Fig. 12.
[4] Entozoorum historia naturalis, pg. 252.
[5] Allgemeine Encyclopaedie der Wissenschaften, Ersch und Gruber, pg. 241.
[6] De helminthibus acanthocephalis, pg. 15, tab. 3 fig. 27.
[7] Anatomie des vers intestinaux, pg. 76—85, tab. 7, fig. 2, 5.
[8] *Echinorhynci* strumosi anatome, pg. 15, tab. fig. 5, 1 d.
[9] Sitzungsberichte der k. k. Akademie zu Wien, Bd. 11, pg. 233.
[10] Okens Isis, 1831, Heft 1, pg. 82, Anmerkung.
[11] Allgemeine Encyclopaedie von Ersch und Gruber, 1 Th. 30, pg. 384.
[12] Dictionnaire des sciences naturelles, 1819, pg. 205—207.
[13] Histoire naturelle des animaux sans vertébres. Tom. 3, pg. 640.

Wenn diese irrigen Angaben sich mit der Unvollkommenheit der damaligen Instrumente und Hilfsmittel entschuldigen lassen, so ist es doch kaum zu glauben, dass uns noch heute trotz der so vielfachen Untersuchungen des anatomischen Baues dieselbe Ansicht zum zweiten Male aufgetischt wird. Villot[1], der als Franzose natürlich nicht nöthig zu haben glaubt, deutsche Forscher zu berücksichtigen, giebt eine kurze anatomische Beschreibung einer in *Sädisinger* gefundenen encystirten Kratzerlarve. Ueber den Darm spricht sich Villot (a. a. O. pg. 21) folgendermassen aus: L'étroit canal — der im Retractor proboscidis verläuft — communique avec l'extérieur par l'orifice terminal de la trompe, traverse le réceptacle, le ganglion céphalique, et vient déboucher dans la cavité du corps pour constituer le ligament suspenseur des organes génitaux.

Nach Weinland's[2] Beobachtungen an Totalpräparaten repräsentiren die Lemnisken ein dem zweischenkligen Darme der Trematoden entsprechendes Organ. Zu gleichem Resultate kam Mégnin[3] durch die Untersuchung etlicher eingekapselter Kratzer, die er in Varanus, Machetes, Balaena gefunden hatte. Die Darstellung wimmelt von Fehlern und Irrthümern, die theils der höchst oberflächlichen Untersuchung, theils aber der mangelhaften Kenntniss der diesbezüglichen Schriften ihren Ursprung verdanken. Wie sein Landsmann Villot, so hält auch Mégnin es unter seiner Würde, sich mit deutschen Forschungen bekannt zu machen. Und so fördert er Irrthümer zu Tage, die recht deutlich erkennen lassen, wie wenig Fleiss er dieser Arbeit gewidmet. Im Larvenleben besitzen die Kratzer nach ihm einen zweigetheilten Darm[4]), der in der Gestalt zweier mit Zellen austapezirten Röhren an der Halsbasis ausmündet. Nach dem Einwandern in den definitiven Wirth werden die Darmkanäle zurückgebildet und repräsentiren dann die unter dem Namen Lemnisken bekannten Hautanhänge.

Lespès[5]) fand im vorderen Rüsselabschnitte zwischen den Fasern des Retractors ein sackförmiges Gebilde[6]), das er als Darmkanal in Anspruch nahm. Selbiges soll von einer Anzahl kernloser, grosser Epithelzellen ausgekleidet sein, auf dem Scheitel durch eine Oeffnung ausmünden und hinten mit einem Drüsenkörper[7]) in Zusammenhang stehen. Das „organe glanduleux" hatte früher schon Wagener[8]), beim *Echinorhynchus acus* beobachtet und als Rudiment eines Embryonaldarmes in Anspruch genommen.

Treutler[9]) war der erste Forscher, der den Nachweis zu liefern suchte, dass die Ernährung der Acanthocephalen einzig und allein durch die Absorption der Leibeswand stattfinde. Diese treffende

[1]) Zoologischer Anzeiger, 12. Januar, 1885, pg. 13—21 — Bulletin de la Société des Sciences naturelles du Sud-Est, Tome 3, pg. 52 etc. 1884.

[2]) Proceedings of the American Philosophical Society, Aug. 1856.

[3]) Bulletin de la Société Zoologique de France, 7. Jahrg. 5, pg. 326—346.

[4]) In gleicher Weise bezeugt die Beschreibung der übrigen Organe, wie wenig Mégnin den Bau dieser Helminthen verstanden hat: Die Hoden hängen an den beiden Retinacula, setzen sich nach unten in unförmig aufgetriebene Schläuche fort und münden in den „canal uréthral" (Bursa). Die Kittdrüsen werden beim *Echinorhynchus brevicollis* Samenleiter, beim *Echinorhynchus proteus* Samenblasen genannt. Bei geschlechtsreifen Individuen soll das Ovarium die ganze Leibeshöhle auskleiden. Das Ligament funktionirt anfangs als Eiersack, später wird es zum Uterus selbst. Die Uterusglocke hat Mégnin völlig übersehen.

[5]) Journal de l'anatomie et de physiologie, Robin, 1864, pg. 683.

[6]) Das sackartige Gebilde ist in Wirklichkeit nichts Anderes als das vorderste Stück des eingestülpten Rüssels.

[7]) Der Drüsenkörper mag mit den von Baltzer zwischen den Retractoren aufgefundenen Zellen identisch sein. Archiv für Naturgeschichte, 1880, pg. 23.

[8]) Zeitschrift für wissenschaftliche Zoologie, 9. Bd. pg. 79.

[9]) Quaedam de Echinorhynchorum natura, 1791, pg. 8.

Ansicht wurde von den späteren Helminthologen völlig ignorirt, bis ihr endlich v. Siebold[1] zu ihrem Rechte verhalf und durch seine gründlichen Untersuchungen allgemeine Geltung verschaffte. Nach v. Siebold haben sich wohl alle exacten Forscher dieser Ansicht angeschlossen.

Die Frage, welche Funktion den Lemnisken zukomme, hat bis in die neueste Zeit hinein wiederholt zu Erörterungen Anlass gegeben.

Pagenstecher[2] hält die Lemnisken für Exkretionsorgane, die in einer an der Halsbasis befindlichen Hautfalte ausmünden und alle jene im Körper ausgeschiedenen unbrauchbaren Stoffe nach aussen befördern sollten.

Auch Greeff[3] schliesst aus der Anwesenheit dunkelgefärbter, fester Körner, die zumal beim *Echinorhynchus polymorphus* in grosser Anzahl vorhanden sind, dass den Lemnisken eine secretorische Thätigkeit zu vindiciren sei. Nach Leuckart[4] dagegen sind die Lemnisken als einfache Fortsetzungen der Subcuticula zu betrachten, die durch Vergrösserung der Oberfläche einen reichlicheren Uebertritt der aufgenommenen Nahrungsstoffe in die Leibeshöhle und damit denn auch eine bessere Ernährung der inneren Organe, vornehmlich der Geschlechtsorgane, ermöglichen.

Filzfaserschicht.

Um den Zweck des so komplicirten Baues der äusseren Subcuticularschicht richtig zu beurtheilen, muss man vor allen Dingen in Erwägung ziehen, dass bei den Acanthocephalen das Absorptionsvermögen der Haut in weit höherem Masse ausgebildet ist, als bei den übrigen Vertretern der Helminthenfauna. Den Ansprüchen einer leichten Imbibitionsfähigkeit wie einer ausgiebigen Dehnbarkeit kann wohl kaum ein Gewebe vollständiger genügen, als jenes filzartige, von zahllosen feinen Kapillaren durchzogene Fibrillengeflecht der Filzfaserschicht. Weit andere Verhältnisse finden wir bei den nächsten Verwandten der *Echinorhynchen*, den *Ascariden*. An Stelle jenes dehnbaren Fasergewebes gelangt hier eine mehrschichtige, wenig elastische Cuticularmasse zu einer excessiven Entwickelung, während ihre Matrix, die Hypodermis, bei der Bildung der Leibeswand eine sehr untergeordnete Rolle spielt. Aus dem Gesagten erklärt sich denn auch das verschiedene Verhalten der aus dem Darmschleime in Wasser übertragenen Würmer. Die Echinorhynchen schwellen binnen kurzer Zeit auf; ihre Haut dehnt sich um fast das Doppelte ihrer ursprünglichen Fläche, bis endlich die Elasticität der gespannten Wandung dem sich mehr und mehr vermindernden endosmotischen Drucke das Gleichgewicht hält. Bei den *Ascariden* tritt eine verhältnissmässig nur geringe Volumenvergrösserung ein. Da trotzdem aber die Absorption ruhig ihren Fortgang nimmt, so steigert sich der Druck in dem Maasse, dass endlich die eingeengten Flüssigkeiten durch Sprengen der Körperwand in mehr oder minder grosser Ausdehnung sich Austritt verschaffen.

[1] Lehrbuch der vergleichenden Anatomie, pg. 128.
[2] Zeitschrift für wissenschaftliche Zoologie, 1863, pg. 420.
[3] Archiv für Naturgeschichte, 1864, pg. 105, 106.
[4] Die menschlichen Parasiten, 2. Bd, pg. 739.

Radiärfibrillenschicht.

Was die Natur der Radiärfasern anbetrifft, so hat man ihnen seit Schneider[1] wohl allgemein einen muskulösen Charakter zugeschrieben. Und in der That beweist die Entwickelungsgeschichte, dass wir in jenen Hypodermisfasern eben dieselben Elemente vor uns haben, die bei den Trematoden als Radialmuskeln den Pharynx und die Saugnäpfe konstituiren.[2] Die Funktion der subcuticularen Muskelfibrillen ergibt sich ohne Weiteres aus ihrer Anordnung. Sie sind bestimmt, die das Röhrensystem erfüllende Flüssigkeit in reger Zirkulation zu erhalten.

Wie wir bei Besprechung der früher erschienenen Abhandlungen bemerkten, stellte Schneider die Behauptung auf, dass das Gefässnetz durch die an der Halsbasis befindliche Cuticularfalte in zwei völlig von einander geschiedene Abschnitte zerfalle. Leuckart[3] räumt den Flüssigkeitsströmungen in beiden Körpertheilen zwar ebenfalls eine gewisse Selbständigkeit ein, bezweifelt aber, dass die Trennung eine so vollständige und durchgreifende sei, wie dies Schneider angegeben. Eine endgültige Entscheidung dieser Frage kann nur auf experimentellem Wege herbeigeführt werden.

Um zunächst festzustellen, wie weit nach vorn sich das Gefässsystem des Leibes erstreckt, wurde der sorgfältig vom Darmschleime gereinigte lebende Riesenkratzer in eine vollkommen neutrale Lösung von ammoniakalischem Karmin gelegt und zwar so, dass nur der Hinterleib von der Solution umspült wird. Hat die Leibeswand genügende Mengen imbibirt, was man leicht an der dunkleren Färbung des aus der Flüssigkeit hervorragenden Stückes erkennt, so wird der Helminth durch starken Alkohol getödtet[4]. Untersuchen wir jetzt die Halsgegend auf Längsschnitten, so werden wir uns bald überzeugen, dass die Ablagerung des körnigen Farbstoffes lediglich in der unterhalb des Cuticularringes gelegenen Leibespartie stattgefunden hat.

Die Selbständigkeit der Flüssigkeitsströmungen in dem Kopfabschnitte wird folgender Versuch völlig ausser Zweifel stellen. Einem lebenden *Echinorhynchus gigas* wird der Hautmuskelschlauch dicht unterhalb der Cuticularfalte durch einen Kreisschnitt abgetrennt und das restirende Stück über einer mit Karminlösung gefüllten Schale derartig aufgehängt, dass nur die beiden Lemnisken von der Tinktionsflüssigkeit benetzt werden. Nach Verlauf weniger Minuten wird die dunkelrothe Solution in den Lemnisken aufsteigen und in den an der Halsbasis befindlichen Ringkanal übertreten, um sich von hier aus zunächst in den Lückenräumen des Halses, dann aber auch in denjenigen des Rüssels auszubreiten. Unterhalb des Cuticularringes werden wir vergeblich nach dem genannten Farbstoffe suchen.

Das subcuticulare Gefässsystem zerfällt demnach in zwei vollständig von einander getrennte Abschnitte, deren jeder ein in sich abgeschlossenes Ganzes bildet, und zwar in einen vorderen, welcher den Hals, den Rüssel und die beiden Lemnisken umfasst, und einen hinteren, dessen unregelmässiges

---

[1] Archiv für Anatomie und Physiologie. 1868. pg. 583.

[2] Schon Leuckart hebt die Aehnlichkeit, welche die Radiärmuskeln mit den muskulösen Fibrillen des Trematodenpharynx besitzen, hervor. Die menschlichen Parasiten. 2. Bd. pg. 736.

[3] ebendaselbst. pg. 740—741.

[4] Um zu einem richtigen Resultat zu gelangen, hat man vor allen Dingen sein Augenmerk darauf zu richten, dass die Ueberführung des Farbstoffes in den undislichen Zustand mit der Abtödtung des Helminthen zusammenfalle, da die Diffusionserscheinungen mit dem Absterben der Gewebe sich wesentlich ändern.

Maschenwerk die Subcuticula des gesammten Hinterleibes einnimmt. Die Flüssigkeitsströmungen beider Theile stehen mit einander in keiner Beziehung.

Wie schon gelegentlich der Beschreibung des anatomischen Baues erwähnt wurde, reduciren sich die Radiärfasern im Rüssel auf jene soliden Bündel, die das Basalstück der Haken mantelartig umhüllen und bei der Bewegung dieser Fixationsorgane eine wichtige Rolle spielen. Es fehlen demnach dem Subcuticulargewebe des Rüssels jene Fasercylinder, die im übrigen Leibe das Zirkuliren der die Hohlräume erfüllenden Nährstofflösungen bewerkstelligen. Um nun auch in diesem Körpertheile ein Stagniren der Flüssigkeit zu vermeiden, sind die beiden unter dem Namen Lemnisken bekannten Pulsationsapparate[1]) angebracht, deren reich entwickelte Radiärfibrillensysteme einen Ersatz für die im Rüssel fehlenden Muskelelemente liefern.

Obgleich die Radiärfibrillen des Rüssels morphologisch sich in nichts von denen der übrigen Subcuticula unterscheiden, so ist doch hinsichtlich ihrer funktionellen Verwendung eine wesentliche Aenderung zu konstatiren.

Auf Säfftigen[2]) machten die von den Hakenwurzeln schräg nach aussen gerichteten Fibrillen den Eindruck von Retractoren und Protrusoren der Haken; erstere würden die Radialfibrillen, welche sich zum vorderen Hakenwurzelfortsatz richten, bilden, letztere solche, die an den hinteren Hakenwurzelfortsatz herantreten. Säfftigen basirt seine Ansicht offenbar auf Beobachtungen am *Echinorhynchus prothus*, einer Spezies, bei der gerade dieses Fibrillensystem sehr wenig ausgebildet ist. Ein Blick auf die Anordnung der musculösen Elemente im Rüssel des *Echinorhynchus angustatus* würde ihn bald überzeugt haben, dass einer derartigen Auffassung des Bewegungsmechanismus keine Berechtigung beigemessen werden kann. Durchmustern wir eine Anzahl lebender Kratzer derselben Art, so werden wir Exemplare bemerken, bei denen die nach hinten gerichteten Dornfortsätze der Cuticula dicht aufliegen, und wiederum andere, deren Haken weit über die Rüsselhaut hervorragen. Auf den ersten Blick könnte man geneigt sein, zu glauben, jene Erscheinung habe ihren Grund in der Protrusion und Retraction der Haftorgane selbst. Eine genauere Untersuchung der Verhältnisse ergiebt aber, dass die Haken an der Sarkolemmaschicht unwandelbar befestigt sind, und dass die Bewegung einzig und allein von der Cuticula ausgeführt wird. Bekanntlich besteht die Rüsselhaut aus zwei parallelen Wänden, einer äusseren, die das Filzfasergewebe und die Cuticula umfasst, und einer inneren, welche von der mächtigen Sarkolemmaschicht repräsentirt wird. Zwischen beiden Wänden spannen sich nun in gleichen Entfernungen — der regelmässigen Anordnung der Haken gemäss — die Radiärfibrillenbündel aus. Erfolgt eine Kontraction dieser Muskelfasern, so wird der Abstand beider Hautschichten verringert und die in dem Röhrennetze befindliche Flüssigkeit in die Lemnisken zurückgedrängt. Da nun die Haken ihre Stellung nicht verändern können, so nähert sich die Cuticula der Wurzel, was zur Folge hat, dass die Dornfortsätze um ein beträchtliches Stück über die Rüsselhaut hervorragen. In dieser Stellung dringen die Haftorgane beim Ausstülpen des Rüssels in die Darmwand des Wirthes ein. Erschlaffen die Radialmuskelfasern, so strömt die Flüssigkeit in die Gefässräume zurück und dringt, unterstützt durch die

---

[1]) Schon Leuckart hebt die Bedeutung hervor, welche die Lemnisken für die Fortbewegung der Flüssigkeit in dem Gefässapparate des Vorderkörpers haben.

[2]) Morphologisches Jahrbuch, X. Bd. 1. Heft pg. 6, Tafel 1, Fig. 6 und 7.

·

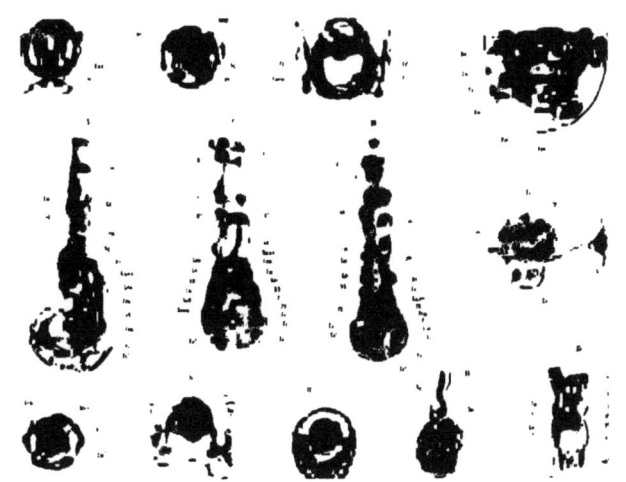

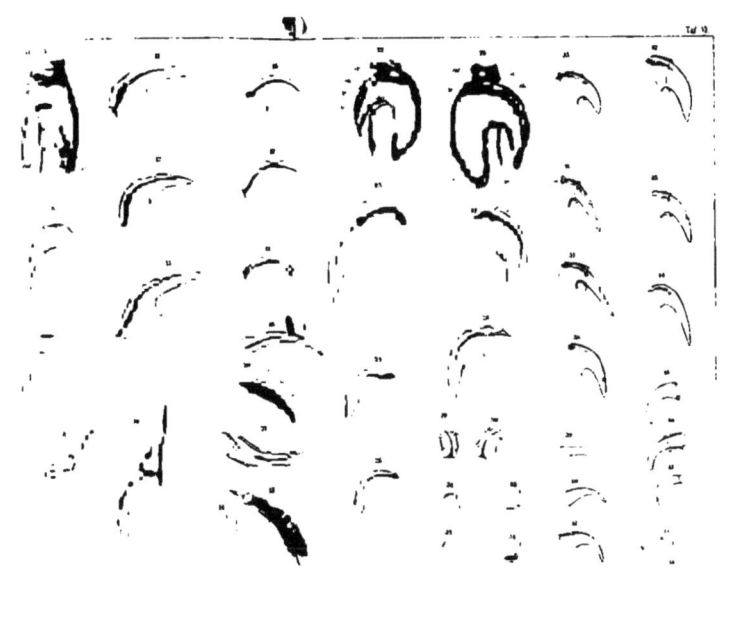

Kompression der Lemnisken, die beiden Wandungen auseinander. Auf diese Weise wird ein Druck auf die zwischen den Haken und der Cuticula befindlichen Gewebspartieen ausgeübt, wodurch eine wesentlich solidere Fixation der Haken erzielt ist. Ich werde bei Besprechung des musculösen Rüsselapparates auf diesen Mechanismus zurückkommen, weil selbiger mit dem Retractor colli in inniger Beziehung steht.

Um beurtheilen zu können, welche Rolle das subcuticulare Röhrensystem bei der endermatischen Nahrungsaufnahme spielt, müssen wir uns zunächst fragen: Dringen die verflüssigten Nährstoffe durch das Sarkolemma mit eben derselben Leichtigkeit, wie durch jene von Cuticula und Filzfaserzone gebildete äussere Hautwandung, oder ist das Absorptionsvermögen beider Membranen ein verschiedenes?

Zur Entscheidung dieser Frage möge folgendes Experiment dienen. Auf eine Anzahl lebender Echinorhynchen lasse man eine concentrirte, vollständig alkalifreie Karminlösung, der man, um die Heftigkeit der Absorption zu vermindern, etwas Kochsalz zugesetzt hat, einwirken. Nach Verlauf weniger Minuten lege man die Helminthen wieder in den Darmschleim, woselbst sie 10 bis 15 Minuten verweilen. Eine Untersuchung der mit heissem Alkohol getödteten Würmer ergiebt, dass die Karminlösung wohl das gesammte subcuticulare Fasergeflecht imprägnirt hat, nirgends aber in die von der Sarkolemmaschicht abgegrenzten, tiefer liegenden Gewebstheile oder gar in die Leibeshöhle eingedrungen ist. Die Volumina der von der Leibeswandung imbibirten Solution sind in den beiden Gefässabschnitten nicht die gleichen. Das Subcuticulargewebe des Hinterleibes tingirt sich sehr intensiv und ganz gleichmässig in allen seinen Theilen. In den Hohlräumen des Kopfes hingegen wird verhältnissmässig sehr wenig Farbstoff abgelagert, und zwar lässt sich aus der Färbung derjenigen Gewebspartien, welche der Cuticula zunächst liegen, der Schluss ziehen, dass einzig und allein die Halsregion sich bei der Einsaugung betheiligt.

Ferner möchte ich an folgende schon längst bekannte Thatsache erinnern. Behandeln wir einen lebenden *Echinorhynchus gigas* mit destillirtem Wasser, so diffundiren in Folge der Absorption in kurzer Zeit so beträchtliche Mengen Wasser, dass die Gefässschicht der Subcuticula von der Aussenwand abreisst und unter letzterer dann ein mit Flüssigkeit gefüllter sackartiger Hohlraum entsteht. In die Leibeshöhle ist trotz des bedeutenden Druckes kein Wasser eingedrungen.

Aus dem Gesagten folgt, dass der grösste Theil der von der Haut imbibirten Nährsäfte ohne weitere Umsetzung in die Leibeshöhle zu gelangen nicht im Stande ist.

Die Gefässräume enthalten bekanntlich ausser jenen zahlreichen Körnchen länglich runde oder unregelmässig geformte Kerne. Repräsentiren diese Zellelemente, wie dies Leuckart[1] annahm, von der Gefässbildung übrig gebliebene Kerne, oder kommt ihnen irgend eine spezifische Funktion zu? Gegen die erstere Ansicht spricht vor allen Dingen die constante Anwesenheit dieser Gebilde. Bei manchen Arten (*Echinorhynchus angustatus*, *Echinorhynchus haeruca*, etc.) sind sie ausserordentlich häufig, dabei aber nur von bescheidenen Dimensionen. In anderen Fällen (*Echinorhynchus gigas*, *Echin. moniliformis*, *Echin. clavaeceps*) werden sie in sehr spärlicher Menge gefunden, erreichen dafür aber einen mächtigen Umfang. Damit nun auch bei den grossen Kernen das Verhältniss der Oberfläche zur Masse ein nicht zu ungünstiges werde, sind auf ihrer Peripherie Ausstülpungen und Einbuchtungen vorhanden, die bei manchen Spezies (z. B. bei *Echin. clavaeceps* und vor allen Dingen *Echin. moniliformis*, s. Tafel 9. Fig. 69) so häufig vor-

---

[1] Die menschlichen Parasiten, 2. Bd. pg. 841.

kommen, dass das ganze Kerngebilde eine maulbeerähnliche Gestalt gewinnt. Ferner möchte ich daran erinnern, dass die Kerne fähig sind, ihre Formen zu verändern[1]). Bei einer derartigen Bewegung handelt es sich, was man mit aller Gewissheit aus der Gestaltung der pseudopodienähnlichen Fortsätze erschliessen kann, nicht etwa um eine Ortsveränderung, sondern es dienen jene lappenartigen Ausstülpungen lediglich dazu, durch Oberflächenvergrösserungen einen regeren Verkehr mit der Umgebung zu ermöglichen.

Alle diese Erscheinungen sprechen für die Wahrscheinlichkeit, dass durch die bläschenförmigen Subcuticularkerne eine Zersetzung der aufgenommenen Darmsäfte bewerkstelligt wird. Und zwar besteht die umwandelnde Thätigkeit in der Bildung einer Blutflüssigkeit, die als solche in die Leibeshöhle diffundirt und zur Ernährung der vom Hautmuskelschlauche umhüllten Eingeweide bestimmt ist.

Nach dem Gesagten werden sich alle jene komplicirten Einrichtungen des subcuticularen Gefäss-systems ganz ungezwungen erklären lassen.

Die Bedeutung der Radialmuskeln für die Ernährung könnte man, wenn nur *Echinorhynchus angustatus* und *Echinorhynchus haeruca* in Betracht gezogen werden, leicht unterschätzen, weil bei diesen Spezies die Kerne sich in so grosser Anzahl vorfinden, dass eigentlich allerorts den diffundirenden Flüssigkeiten Gelegenheit gegeben wird, mit ihnen in Berührung zu kommen. Wählen wir hingegen den *Echin. uncinatus* zum Gegenstande unserer Untersuchung, so werden wir zu einem ganz anderen Urtheile gelangen. Bei der letztgenannten Art beschränken sich die Kerne fast ausschliesslich auf die Lücken-räume der ovoiden Hautanschwellung. Es ist also unbedingt nothwendig, eine rege Zirkulation im ge-sammten Röhrensysteme zu unterhalten, um einerseits die in den entlegenen Leibespartieen befindlichen Darmsäfte mit den Kernen in Kontact zu bringen, andererseits aber um die neugebildeten Säfte in der Subcuticula gleichmässig zu vertheilen, damit jedem Organe die erforderlichen Mengen Nahrstoff zugeführt werden.

Ganz ähnliche Verhältnisse treffen wir beim Gefässsystem des Kopfes an. Die Kerne sind den beiden Lemnisken eingelagert, woselbst denn auch die Umwandlung des Chylus in Blutflüssigkeit statt-findet. Der Subcuticula des Halses und Rüssels fehlen die Kerne, weil die fortwährenden Bewegungen und Gestaltsveränderungen dieser Körpertheile die Kerngebilde in ihrer Thätigkeit nachtheilig beein-flussen würden.

Der Stoffverbrauch ist im Kopfabschnitte ein verhältnissmässig sehr beträchtlicher; handelt es sich doch hierbei um die Ernährung des so mächtig entwickelten musculösen Rüsselapparates. Dessen ungeachtet reducirt sich die resorbirende Fläche auf jene schmale, gürtelförmige Zone, die seither als Hals bezeichnet wurde. Um trotzdem den Ansprüchen einer genügenden Nahrungszufuhr gerecht zu werden, sind die beiden Lemnisken an der Halsbasis angebracht, die durch Vergrösserung der Oberfläche

[1]) Die Subcuticularkerne von *Echinorhynchus proteus* und *angustatus*, die gewöhnlich eine regelmässige ovale Kontur besitzen, finden sich nicht selten in abenteuerlichen Formen, die den Eindruck machen, als befänden sie sich im Zustande der Vermehrung durch Knospung. Doch diese unregelmässigen Kernformen sind nur ein Resultat von Ein-schnürungen; ob später eine Loslösung der abgeschnürten Partien und somit eine wirkliche Theilung erfolgt, scheint mir sehr fraglich.

Morphologisches Jahrbuch. 10. Bd. 1. Heft. pg. 9.

Auch Baltzer räumt den Kernen eine Vermehrung durch Theilung ein. Archiv für Naturgeschichte, 1880, pg. 9.

einen reichlicheren Uebertritt der die Leibeshöhle erfüllenden Blutflüssigkeit in das Gefässsystem des Kopfes ermöglichen.

Die in den Organen als Endproducte des Stoffwechsels entstandenen Harnsubstanzen gelangen auf diosmotischem Wege nach aussen. Verweilen diese Stoffe aus irgend einem Grunde längere Zeit in dem Gefässnetze, so erleiden sie in Folge des Zusammentreffens mit anderen organischen Flüssigkeiten eine Zersetzung, die mit der Bildung jener dunkel gefärbten Körner endigt, welche wir besonders häufig in den Fasergeweben der Lemnisken antreffen. Dass gerade in den letztgenannten Organen ein so massenhafter Absatz von Exkretkörnern stattfindet, hat seinen Grund darin, dass gemäss der nur gering ausgebreiteten, penetrationsfähigen Oberfläche des Vorderleibes den Harnstofflösungen sehr wenig Gelegenheit geboten wird, den Körper zu verlassen.

— — — —

Entwickelungsgeschichte.

Geschichtlicher Ueberblick.

Nach den Untersuchungen Schneiders[1] bilden sich die Gefässe bei den in den Engerlingen parasitirenden Larven des *Echinorhynchus gigas* auf folgende Weise: Die Hautschicht zeichnet sich durch grosse kugelrunde Kerne mit Kernkörpern aus. Nachdem dieselben zuerst regellos zerstreut lagen, ordnen sie sich und zwar in der Weise, dass sich am Kopfende ein Gürtel von 6 Kernen bildet, zwischen welchen die 6 vordersten Haken hervortreten. Ein zweiter Gürtel von etwa 14 Kernen bildet sich an der Stelle, wo die Lemnisken entstehen. Die Kerne dieses Gürtels werden zu den Kernen der Lemnisken; indem nämlich die letzteren als zwei Fortsätze der Haut nach Innen hervorsprossen, treten allmählich die Kerne in dieselben hinein. Von den übrigen Kernen wachsen die hintersten vier sammt ihren Kernkörpern bedeutend in die Länge, als vier Stränge begleiten sie jederzeit die laterale Linie des Körpers. Im erwachsenen Zustande haben sie nahezu die Länge des gesammten Thieres erreicht, sie dürften wohl die längsten bis jetzt bekannten Kerne sein. Zwischen dem Lemniskengürtel und dem vorderen Ende dieser vier Kerne bleibt eine grössere Zahl von Kernen ziemlich regellos stehen, welche zwar auch in die Länge wachsen, aber in viel geringerem Grade. Alle diese langen Kerne geben ebenso wie ihre Kernkörper zu beiden Seiten kurze spitz endende Ausläufer ab. — Die Haken wachsen von der innersten Schicht des Rüssels nach Aussen. Wenn sie bereits fertig und verkalkt sind, werden sie noch von einer dünnen Hautschicht bedeckt, welche sie später zerschneiden, um vollständig frei zu werden.

Wenngleich auch von Linstow[2] nur wenige Entwickelungsstadien des *Echinorhynchus angustatus* vorlagen, so hat er doch einen richtigen Einblick in die Bildungsvorgänge des Hakenapparates gewonnen.

[1] Sitzungsberichte der Oberhessischen Gesellsch. für Naturkunde. 1871, pg. 1, 2.
[2] Archiv für Naturgeschichte. 1872, pg. 8—40, Tafel 1, Fig. 5.

Die Cutis des Kopfendes ist Anfangs geschlossen und stülpt sich nach Bildung der Anfangs noch offenen Scheide des Rüssels dieser entgegen, um später in sie herein zu wachsen, wodurch der Rüssel entsteht. Noch während die Anlage des Rostellum frei vor der Scheide liegt, bilden sich an der Innenwand des ersteren eigenthümliche Zellen mit einem kleineren, stumpferen und längeren spitzen Ausläufer, in denen die Haken entstehen, deren Wurzelast zuerst verhältnissmässig viel gröser ist, als bei ausgewachsenen Thieren, da er gleich so lang angelegt wird, wie er später bleiben soll, während der Haken erst sich vergrössert und so zu sagen aus der Bildungszelle herauswächst, wodurch die Spitze frei wird. Das subcuticulare Gefässsystem entwickelt sich aus Zellen mit glänzenden Kernen, die in einer Anordnung auftreten, dass man aus derselben schon die Richtung der späteren Gefässe erkennt, welche dadurch entstehen, dass die Zellen an den zugewandten Polen mit einander verschmelzen.

Leuckart[1]) hat nach seinen Studien am *Echinorhynchus proteus*[2]) und *Echinorhynchus angustatus*[3]) ein klares Bild von der Entwickelung der Subcuticula und der ihr zugehörigen Gebilde entworfen: Die erste Rüsselanlage erscheint als eine scharfbegrenzte helle Masse, in der man ausser einigen glänzenden Körnchen nur eine Anzahl zarter Bläschen zu unterscheiden vermag. Im weiteren Wachsthum vertauscht diese ihre frühere Kugelform mit einer mehr conischen, indem sie sich nach hinten in einen Zapfen auszieht, dessen Wachsthum mit der Verlängerung des vorderen Körpers gleichen Schritt hält. Während sich nun die Wände der Rüsselanlage allmählich verdicken, wird das vordere Segment des Rüsselzapfens immer zarter und hinfälliger und geht endlich verloren. Dicht vor der so entstandenen Einstülpungsöffnung liegt eine Gruppe von vier grossen Zellen, die der Hautschicht der Larve zugehörig, während die Innenfläche des Sackes von einer Lage scharfgezeichneter, kleiner Zellen bedeckt ist. Auf diesem Entwickelungsstadium verharrt der Rüsselapparat eine längere Zeit, während welcher er wie der gesammte Leib nicht unbeträchtlich an Grösse zunimmt. Späterhin wird die Rüsseltasche durch die Contractionen des Receptaculum zur Umstülpung gebracht. Während die Hautschicht des übrigen Körpers im Wesentlichen noch den früheren Bau hat, d. h. aus einer von bläschenförmigen, grossen Zellen durchsetzten Körnermasse besteht, erscheint die Umhüllung des Rüsselzapfens als eine einfache Lage dicht gedrängter grosser Zellen. Diese Zellen zeigen dieselbe Anordnung, die wir an den Zellen der Rüsseltasche oben hervorgehoben haben. Trotzdem sind diese beiderlei Zellen nicht etwa identisch, wie daraus hervorgeht, dass sich die letzteren nach wie vor auf der Rüsselfläche auffinden lassen. Sie liegen unter den Hautzellen und sind jedesmal da, wo deren vier zusammenstossen, in einen conischen Fortsatz ausgewachsen, der zwischen den Zellen mehr oder minder weit hervorragt und augenscheinlicher Weise den späteren Haken zu liefern bestimmt ist. Der Haken selbst ist nichts, als eine umgewandelte, an ihrer Oberfläche chitinisirte Zelle. Die Chitinisirung beginnt erst dann, wenn die Hakenfortsätze die ganze Dicke der Hautzellen durchwachsen haben und mit ihren Spitzen die Cuticula berühren. Sobald das geschieht, bekommen sie von letzterer eine Scheide, die freilich zunächst nur das äusserste Ende überzieht, allmählich aber in Tutenform immer tiefer sich einsenkt und schliesslich den ganzen Fortsatz und selbst die Wurzel umkleidet. Die zwischen den Haken liegenden Zellen gehen bei der Entwickelung der Scheide allmählich

---

[1]) Die menschlichen Parasiten. 2. Bd. pg. 829-836, 841.
[2]) Nachrichten von der Georg-Augusts-Universität zu Göttingen. 1862. pg. 133-447.
[3]) Decanatsprogramm. 1873. pg. 23, 24.

verloren, so dass die ersteren, trotzdem sie nicht nachwachsen, immer mehr und freier aus der Chitin-
bekleidung des Rüssels hervortauchen. — Die erste Anlage der Lemnisken markirt sich als eine ringförmige Aufwulstung der Hautdecken, die wesentlich dadurch bedingt ist, dass sich an dieser Stelle die
blasenartigen Einlagerungen der Hautschicht in ungewöhnlicher Menge anhäufen. Die Wulstung führt
zu einer zapfenartigen Auftreibung, die an zwei einander gegenüber liegenden Punkten nach Innen
vorspringt und rasch zu einem cylindrischen Anhang wird, der die benachbarten Blasen grösstentheils
in sich aufnimmt, den Raum zwischen Hautmuskelschlauch und Compressor durchwächst und den letzteren
dann vor sich her treibt.

Das subcuticulare Fibrillengeflecht.

Die Anlage der Subcuticula fällt in die früheste Periode des parasitären Lebens, in welcher die
Embryonen, oder vielmehr die daraus hervorgehenden Larven noch in den Darmhäuten ihrer Träger
ruhen. Selbige wird durch eine Auflockerung des zentralen Kernhaufens eingeleitet, infolge deren sich
einige der Peripherie des Ballens angehörende Kerne loslösen und unter beständiger Grössenzunahme in
die Körperwand der Larve einwandern.[1] Die eben abgetrennten Kerne zeigen ganz dieselbe Beschaffenheit wie die des restirenden zentralen Haufens. Sie repräsentiren eckige — im Leben fettartig
glänzende, auf Dauerpräparaten aber stets sehr dunkel gefärbte — Gebilde, die auf den ersten Blick
von Chromatin vollständig erfüllt zu sein scheinen (s. Tafel 10, Fig. 2, lme[1]; Tafel 9, Fig. 59). Bei
Auswahl dünner Schnitte und bei sorgfältigem Studium mit sehr starker Vergrösserung lässt sich der
Nachweis erbringen, dass das Kerninnere von einem (vielleicht auch mehreren) gleichmässig dicken und
homogenen Bande, das zu einem dichten Knäuel zusammengeschlungen ist, gebildet wird. Je mehr der
Kern sich vergrössert, um so deutlicher tritt die chromatische Figur hervor (s. Tafel 9, Fig. 60). Der
Kern verliert dabei seine eckige Form und verwandelt sich in eine trübkörnige und sich dunkel tingirende Plasmakugel, auf deren Oberfläche man jetzt ein deutliches Kernhäutchen zu unterscheiden
vermag (s. Tafel 9, Fig. 60). Die nächsten Veränderungen, welche, abgesehen von der Volumenvergrösserung mit den Hypodermiskernen vor sich gehen, bestehen darin, dass das breite Chromatinband
sich zu einem sehr langen, gleichfalls homogenen, dünnen Faden auszieht. Eine Zeit lang behält die
chromatische Substanz ihre ursprüngliche, wirre Knäuelform bei (s. Tafel 9, Fig. 61). Mit fortschreitender
Verdünnung des Fadens aber richten sich die einzelnen Windungen einander parallel, wodurch schliesslich

---

[1] Leuckart sah die Kerne in unmittelbarer Nähe des Kernhaufens entstehen, hielt sie aber für Zellen, die
durch fortgesetzte Theilung den sogenannten Embryonalkern, der seinen Untersuchungen zufolge den gesammten Echinorhynchus mit Ausnahme seiner Hautdecken aus sich hervorgehen lässt, liefern sollten. Ueber die Bildungsvorgänge
spricht sich Leuckart folgendermassen aus: „Der zentrale Körnerballen wächst um etwa die Hälfte seines früheren Durchmessers und bedeckt sich dann mit einer Lage blasser Kernzellen. Anfangs sind es nur einige wenige, zwei oder drei Zellen,
die sich erkennen lassen, aber die Menge wächst rasch, bis der Körnerballen allseitig davon umgeben ist. — Gleichzeitig
mit den Zellen des Embryonalkernes nehmen aber auch in den Körperwänden der Larven noch weitere Zellen ihren Ursprung. Sie entstehen hier und da, durch bald grössere, bald auch kleinere Abstände von einander getrennt, nirgends
jedoch zu einer zusammenhängenden Masse unter sich vereinigt." Die menschlichen Parasiten. Bd. 2. pg. 819. 820.
Schneider betrachtet die peripherisch gelegenen Blasen nicht als Zellen, sondern als grosse kugelrunde Kerne mit
Kernkörper. Sitzungsber. der Oberhessischen Gesellsch. für Naturkunde, 1871, pg. 2.

eine aus 3 bis 4 Windungen bestehende mehr oder minder reguläre Spirale hervorgeht (s. Tafel 9, Fig. 62). Auf dieser Entwickelungsstufe konnte ich zum ersten Male den Nucleolus als solchen deutlich erkennen. Er bildet ein länglich ovales Körperchen, das gewöhnlich in der Nähe des Kernrandes gefunden wird und stets heller gefärbt erscheint, als die übrigen chromatischen Bildungen (s. Tafel 9, Fig. 62). Auch das eigentliche Kernplasma, in das die Chromatinspirale eingebettet ist, hat mittlerweile eine Umwandlung erfahren, in Folge deren seine trübkörnige Beschaffenheit verloren gegangen ist. Ueberdies scheint es, dass die Volumenvergrösserung des Kernes hauptsächlich — wenngleich nicht ausschliesslich — auf einer Zunahme des Kernsaftes beruhe.

Das nächstfolgende Entwickelungsstadium der Hypodermiskerne charakterisirt sich dadurch, dass die chromatische Substanz sich an verschiedenen Stellen der Kernmembran zu dichteren, mannigfach geformten, bald grösseren, bald weniger grossen Klumpen, welche meist eine feine, spongiöse Beschaffenheit zeigen und auf Dauerpräparaten deshalb grob granulirt erscheinen, zusammenballt. Zwischen den einzelnen Klumpen spannen sich dünne Fäden aus, die sich nicht selten verzweigen und mit benachbarten Fäden anastomosiren (s. Tafel 9, Fig. 57). In die Substanz dieser Verbindungsfäden sind zahlreiche kleinere oder grössere eckige Chromatinpartikel eingebettet. Der Nucleolus ist deutlich im Inneren dieses Fadennetzes sichtbar, aber immer noch lichter gefärbt als die körnigen Chromatinanhäufungen.

Während die eben geschilderte Kernmetamorphose sich abspielt, haben auch die übrigen Theile des jungen Larvenleibes Umwandlungen erfahren, in Folge deren ihr Aussehen sich wesentlich verändert. Die Nuclei liegen zwar nach wie vor in jener feinkörnigen und von zahlreichen Fetttröpfchen erfüllten Protoplasmamasse, die, am embryonalen Hakenapparate beginnend, als ansehnlicher Zapfen (s. Tafel 10, Fig. 2, pl) in den von der kontraktilen Rindensubstanz (s. Tafel 10, Fig. 2, Cr) umschlossenen Leibesraum hineinragt und ihn auf eine enge Gürtelspalte, die sogenannte primäre Leibeshöhle (s. Tafel 10, Fig. 2 coe), reduzirt. In Folge der sich rasch vollziehenden Volumenvergrösserung der Kerne [1] ist seine schlanke Kegelform (s. Tafel 10, Fig. 3 pl), die er bei dem frei beweglichen Embryo besass, verloren gegangen. Auf Kosten der primären Leibeshöhle hat er sich mächtig aufgebaucht und das helle, körnchenreiche Liquidum, das wir bei den Bohrbewegungen des Embryo auf- und abfliessen sehen, vollständig verdrängt. Trotz alledem lassen sich die kontraktile Rindensubstanz und die zentral gelegene Plasmamasse noch eine geraume Zeit lang deutlich von einander unterscheiden. Erst in jener Periode, wo wir den ectodermalen Theil des definitiven Hakenapparates in Form eines sechskernigen Syncytiums sich anlegen sehen, geht die dunkle Grenzschicht zu Grunde, und es resultirt ein feinkörniges, zähflüssiges Protoplasma, welches den Raum zwischen der Larvenhaut und dem durch eine dunklere, aber eng anliegende Plasmahülle sich wiederum sehr scharf abgrenzenden embryonalen Kernhaufen ausfüllt (s. Tafel 1, Fig. 20, Tafel 10, Fig. 4). Die Kerne, welche die mittleren Partien dieses Plasmas einnehmen, haben wiederum ihr Aussehen verändert. Das Netzwerk der feinen Chromatinfäden ist mehr und mehr abgeblasst, so dass es sich jetzt sehr schwer deutlich zur Anschauung bringen lässt (s. Tafel 9,

---

[1] Bei Larven von 98 μ Körperlänge messen die Kerne des embryonalen Kernhaufens 1,9—2,3 μ; die des engen Knäuelstadiums 2,8—3 μ, die des weiten Knäuelstadiums 3,6—4,2 μ. Nach Verschmelzung der zentralen und peripheren Plasmamassen beträgt der Durchmesser der Hypodermiskernblasen 4,8—5,2 μ.

Fig. 58). Die wandständigen Chromatinanhäufungen haben ihre spongiöse Struktur eingebüsst und erscheinen jetzt als fast homogene, stark lichtbrechende und dem Nucleolus sehr ähnliche Bildungen. Was schliesslich den Nucleolus selbst angeht, so hat dieser sich nicht nur wesentlich vergrössert, sondern auch die Eigenschaft, mit Farbstoffen sich intensiv zu imprägniren, angenommen (s. Tafel 9, Fig. 58, Tafel 10, Fig. 4, hnc[5]). Ueberdies scheint seine Rindenschicht von weit konsistenterer Natur zu sein als sein Inneres.

Mit dem Uebertritte des jungen *Echinorhynchus gigas* in die Leibeshöhle der Cetonienlarven beginnt, wie Schneider[1] es schon an dieser Spezies beobachtete, ein Teil der regellos zerstreut liegenden Kerne sich zu zwei Ringen anzuordnen. Einen derselben findet man am vorderen Leibespole, da wo späterhin die ersten sechs Haken zum Durchbruch gelangen. Er setzt sich aus sechs, durch gleiche Abstände von einander getrennten Kernen zusammen. An der Konstitution des zweiten Ringes, der an einer Stelle liegt, die ungefähr der Halsbasis des definitiven Geschöpfes entsprechen würde, betheiligen sich vierzehn Kerne. Die weiteren Angaben Schneider's in Betreff der Anordnung und des Wachsthumes der übrigen Kerne haben sich nach meinen Untersuchungen nicht bewahrheitet.

Auf diesem Entwicklungsstadium verharrt die Hypodermisanlage längere Zeit, während welcher sie nebst den ihr eingelagerten Kerngebilden[2] bedeutend an Grösse zunimmt. Die Umwandlung des grossblasigen Syncytium in die eigentliche Subcuticula und die hiermit in nächstem Zusammenhange stehende Differenzirung der Fibrillengewebe gehört zu den allerletzten Vorgängen der Entwicklung.

Die Veränderungen, welche nach dem Entstehen der Subcuticularkerne im embryonalen Kernballen vor sich gehen, betreffen zunächst das vordere Ende desselben. Hier lösen sich nämlich sechs Kerne aus dem Verbande los, welche sich genau auf dieselbe Art, wie wir es bei den Subcuticularkernen kennen gelernt haben, in bläschenförmige Kernkugeln umgestalten. Hinsichtlich ihrer Grösse stehen sie den peripherischen Blasen nicht unbeträchtlich nach (bei *Echinorhynchus gigas* 6 μ). Nachdem die sechs Kerne sich ein wenig vom zentralen Ballen entfernt haben, umgeben sie sich gemeinschaftlich mit einer Protoplasmamasse von sehr feinkörniger Beschaffenheit, welche sich mit zunehmender Grösse als sphärisches oder ellipsoides Gebilde immer deutlicher gegen die umgebende Subcuticula abgrenzt (s. Tafel 1, Fig. 20 rz; Tafel 10, Fig. 4 rz). Aber schon nach kurzer Frist vertauscht das sechskernige Syncytium seine frühere Kugelform mit der eines abgestumpften Kegels von 40 μ Länge und 65 μ Breite (s. Tafel 2, Fig. 11, rz). Die Kerne liegen fast in einer Ebene, und zwar in unmittelbarer Nähe der grösseren, dem Kopfpole zugewandten Basis des Kegelstumpfes (s. Tafel 2, Fig 11, rzuc). Das Wachsthum des so entstandenen Zapfens, der offenbar nichts anderes vorstellt, als die Anlage des retraktilen Haftapparates, und als solche schon von Leuckart[3] erkannt wurde, schreitet in der Längsrichtung weit langsamer vorwärts als im Quermesser. Im Anfang erscheint das Plasma des Rüsselzapfens in allen seinen Theilen gleichartig. Bald aber wird in der Peripherie und zwar an dem, dem ganglionären Kernhauten anliegenden Ende ein Ring von sechs

---

[1] Sitzungsber. der Oberhessischen Gesellsch. für Natur- und Heilkunde. 1871. pg. 2.

[2] Bei einer Körperlänge von 0,2 mm messen sie schon 26—30 μ.

[3] Anders wiederum die Rüsselanlage, welche als eine scharfbegrenzte helle Masse erscheint, in der man ausser einigen glänzenden Körnchen nur eine Anzahl zarter Bläschen zu unterscheiden vermag. Die menschlichen Parasiten. 2. Bd. pg. 829. 830.

hellen Einbuchtungen sichtbar. Der ersten Reihe folgt bald eine zweite, dann eine dritte und so fort, bis endlich deren fünf bis sechs übereinander liegen. Jeder der halbkugelförmigen, hellen Räume enthält einen kleinen, an den Kanten abgerundeten Konus von trübkörniger Beschaffenheit (s. Tafel 2, Fig. 2, ha). Die kleinen, zweifellos durch Abscheidung des Rüsselsyncytium gebildeten Zäpfchen ergeben sich als die Anlage der definitiven Haken, und zwar entsprechen sie jenem Zentralstücke, das von den beiden Wurzelästen und dem Dornfortsatze eingeschlossen wird. Sobald sich die Häkchen etwas vergrössert haben, beginnt die Abplattung des Rüsselzapfens rasch zuzunehmen. Seine scharfe Begrenzung gegen das Subcuticularplasma wird immer hinfälliger, bis endlich beide Syncytien mit einander zu einer einheitlichen Masse verschmelzen. Eine kurze Zeit hindurch lassen sich die sechs Kerne der Rüsselanlage noch deutlich von dem Plasma der peripherischen Zone unterscheiden, schliesslich fallen aber auch sie der Resorption anheim (s. Tafel 2, Fig. 3).

Infolge des rapiden Breitenwachsthums hat sich die anfänglich kalottenförmig eingesenkte hintere Begrenzungsfläche der Rüsselanlage zu einer Ebene abgeflacht, der nun die Häkchen in enggewundener Spirale aufsitzen. Die weiteren Umgestaltungen, welche die Rüsselanlage erfährt, werden hervorgerufen durch das Auftreten musculöser Zellen — die sich in die Fasermasse des *Retractor proboscidis* verwandeln — zwischen dem Ganglienhaufen und der das Zentrum der Rüsselebene einnehmenden eigenartigen Ringplatte. Ihre Anwesenheit äussert sich zunächst in einer Aufbauchung der Rüsselanlage, die anfangs zwar noch unbedeutend ist, späterhin aber infolge des raschen Wachstums der eingeschobenen Muskeln in einen halbkuglig abgerundeten cylindrischen Zapfen auswächst (s. Tafel 2, Fig. 3 und Fig. 1).

Gleichzeitig mit der Umformung des Rüssels hat aber auch die Entwickelung der Häkchen weitere Fortschritte gemacht. Der kleine Konus, in dem wir oben die Anlage des definitiven Haftapparates kennen lernten, ist nicht nur beträchtlich gewachsen, sondern hat sich auch an seinem nach aussen gewandten Ende in ein dornförmiges Zäpfchen ausgezogen, das augenscheinlicher Weise den späteren Hakenfortsatz zu liefern bestimmt ist. (s. Tafel 2, Fig. 1, h). Die beiden Wurzeläste sind im Vergleiche zum Dorn in der Ausbildung sehr zurückgeblieben und nur als zwei kleine, buckelförmige Erhebungen an der Basis nachweisbar. Die Vergrösserung schreitet von jetzt ab in allen Teilen gleichmässig vorwärts, und zwar solange, bis die Dornfortsätze die neugebildete Cuticula berühren [1].

Dem ausgewachsenen Haken lässt sich hinsichtlich der äusseren Form eine unverkennbare Aehnlichkeit mit dem definitiven Haftorgane nicht absprechen, ohne dass jedoch beiderlei Gebilde mit einander identifizirt werden könnten. Jene jungen Rüsselhaken, deren Bildung wir eben beim Riesenkratzer verfolgt haben, entsprechen lediglich der innersten der Hakenschichten, welche beim erwachsenen Individuum von einer weichen, körnigen Masse repräsentirt ist. Die äussere, chitinartige Substanz, die als fester, elastischer Mantel die Inhaltsmasse allseitig umhüllt, entsteht erst in einer viel späteren Lebensperiode und zwar als Abscheidungsprodukt der subcuticularen Cylinderzellen.

Wie schon erwähnt, hat die Darstellung, die ich voranstehend gegeben habe, zunächst nur für *Echinorhynchus gigas* volle Geltung. Wenngleich auch bei den beiden anderen in das Bereich meiner

---

[1] Eine Vergleichung der auf Tafel 2, Fig. 1 gegebenen Abbildung mit einem der Endglieder der letzten Rüsselhakenreihe, bei denen der hintere Wurzelast nur rudimentär vorhanden (vgl. Tafel 6, Fig. 9), lehrt uns, dass wir in letzterem einen auf einer früheren Entwickelungsstufe stehen gebliebenen Haken vor uns haben.

Untersuchungen gezogenen Spezies *Echinorhynchus angustatus* und *Echinorhynchus haeruca* die Vorgänge der eigentlichen Rüsselbildung in allen wesentlichen Punkten mit den geschilderten Verhältnissen übereinstimmen, so zeigt doch im Einzelnen die Entwickelung des Hakenapparates bei den letztgenannten Arten mancherlei Eigenthümlichkeiten. Hinsichtlich der ersten Bildungsvorgänge ist für *Echinorhynchus angustatus* und *Echinorhynchus haeruca* nichts wesentlich Neues der gegebenen Darstellung hinzuzufügen. Auch hier repräsentirt die Rüsselanlage eine mehr oder minder kugelige, vom Subcuticularsyncytium scharf abgegrenzte Plasmamasse, in der man ausser einer überreichen Anzahl feiner Körnchen noch einige bläschenförmige Kerne unterscheiden kann. Hiermit hört aber zunächst die Uebereinstimmung der drei Arten auf. Statt seine frühere ellipsoidförmige Gestalt mit der eines kurzen, gedrungenen Konus zu vertauschen, zieht sich bei *Echinorhynchus angustatus* und *Echinorhynchus haeruca* — wie das schon Leuckart beschreibt — die Rüsselanlage frühzeitig in einen cylindrischen Zapfen von sehr ansehnlicher Länge aus. In seinem Grunde, also in jenem Teile, welcher den Ganglienhaufen berührt, wird man ohne Schwierigkeit die kugelförmigen Rüsselkerne auffinden, und zwar bei *Echinorhynchus angustatus* deren zehn, bei *Echinorhynchus haeruca* aber nur acht (s. Tafel 2, Fig. 4, rznc). In unmittelbarer Nähe dieser Kerngebilde sehen wir die ersten Häkchen aus der Wandung des Rüsselzapfens hervorsprossen. Die Hakenentwicklung wird eingeleitet durch die Bildung zweier Reihen halbkugliger Einbuchtungen, die der peripherischen Zone des Syncytiums angehören, jedoch weit weniger scharf gegen das umliegende Plasma abgegrenzt sind, als dies bei den gleichnamigen Gebilden des *Echinorhynchus gigas* der Fall war. In jedem der hellen Räume ruht ein kleines rundliches Zäpfchen aus trübkörniger Substanz, das verhältnissmässig nicht nur schnell an Grösse zunimmt, sondern sich schon frühzeitig in den typisch geformten, nach vorn gebogenen Dornfortsatz auszieht (s. Tafel 2, Fig. 4, ha). Zwischen den beiden so entstandenen Hakenreihen scheidet das Rüsselsyncytium eine anfänglich weiche, doch bald zu einer derben Membran erhärtende Sarkolemmamasse ab, welche die kleinen Basalstücke der Häkchen in sich aufnimmt und so eine solide Befestigung der Haftorgane bewirkt.

Während die oben geschilderten Bildungsvorgänge sich abspielen, gleitet allmählich der gesammte Hakengürtel über die cylindrische Oberfläche des Rüsselzapfens hinaus nach vorn. Kaum aber haben die Häkchen ihre Bildungsstätte verlassen, so sehen wir an der nämlichen Stelle, welcher der erste Dornenkranz seine Entstehung verdankt, eine dritte Reihe Zäpfchen hervorknospen[1]). Auch sie werden durch Sarkolemma mit dem fertigen Rüsselstücke verbunden und beginnen vereint mit diesem dem vorderen Körperpole zuzuwandern. Durch das Auftreten neuer Reihen verbreitet sich der Hakengürtel immer mehr und mehr, bis er endlich den gesammten Rüsselzapfen mantelartig umhüllt.

Um diese Zeit beginnen die grossen Rüsselretraktoren (s. Tafel 2, Fig. 4, Rp), die seither als Längsfasern die Aussenfläche des jungen Rüssel auf seiner Aussenfläche bekleideten (s. Tafel 2, Fig. 4, Rp'), zwischen das Ganglion und die vom Nerv durchbohrte Muskelplatte (s. Tafel 2, Fig. 4, mp) sich einzudrängen. Ihr Wachsthum macht sich sehr bald durch ein Vorschieben der gesammten Rüsselanlage bemerkbar. Da aber der Hakenapparat mit seinem vorderen Rande den Zellen des Hautmuskelschlauches fest verbunden, also keiner Ortsveränderung fähig ist, so muss das Vordrängen des Zapfens eine Umstülpung

---

[1]) Die von Leuckart beschriebenen, die innere Fläche des scheinbar eingestülpten Rüssels auskleidenden „scharf gezeichneten Hakenzellen" sind zweifellos mit den Hakenzäpfchen identisch. Vergl. d. geschichtlichen Ueberblick.

der vordersten Hakenreihen zur Folge haben. Da nun weiter das Wachsthum der Retraktoren und somit auch das Vorrücken des Rüsselzapfens mit der Verlängerung des Hakenapparates gleichen Schritt hält, so wird das Auftreten jedes neuen Hakenkranzes die Entfaltung einer Hakenquerreihe mit sich bringen. Der eben geschilderte Prozess wiederholt sich verhältnissmässig sehr schnell, sodass wir schon nach kurzer Frist den Rüssel als konischen oder cylinderförmigen Zapfen von sehr ansehnlicher Länge frei nach aussen hervorragen sehen.

Das dem Syncytium aufliegende Rüsselsegment ist hinsichtlich seiner Gestalt vom Längswachsthum der Retraktoren nicht beeinflusst worden und findet sich nach wie vor als becherförmige Einsenkung am äussersten Rüsselende.

Hat das umgeschlagene Rüsselstück nahezu die doppelte Länge des Zapfens erreicht, so fällt letzterer seinem Untergange anheim. Die dendritischen Figuren im Innern des Syncytium verschwinden, die Kerne werden immer undeutlicher, ihr Plasma gewinnt ein körnigtrübes Aussehen, und jene scharfen Konturen, welche sie seither von dem sie umgebenden Protoplasma abgrenzten, werden hinfällig und gehen endlich vollständig verloren. Natürlicherweise findet mit dem Verschwinden des Rüsselzapfens auch die Hakenbildung ihren Abschluss. Die Rüsseltasche schliesst sich an ihrem hinteren Ende und wird, da sie keiner Verlängerung fähig ist, durch die wachsenden Retraktoren zur Entfaltung gebracht.

Das plötzliche Hervorsprossen des Rüssels hat hauptsächlich dazu beigetragen, das Subcuticularsyncytium, das ohnehin in seiner Massenentwickelung sehr zurückgeblieben, auf einen verhältnissmässig nur dünnen Ueberzug[1]) zu reduziren.

Die Haken, deren Wachsthum inzwischen beträchtliche Fortschritte gemacht hat, durchsetzen jetzt die Rüsselsubcuticula in ihrer ganzen Dicke und berühren mit ihrem Dornfortsatze die das gesammte Fixationsorgan überkleidende Cuticula. Obwohl sie schon die für die definitiven Haftorgane charakteristische Form angenommen haben, so können wir sie doch nicht mit letzteren identifiziren. Auf dieser Entwickelungsstufe fehlt ihnen nämlich noch vollständig jene äussere, chitinartige Masse, der bekanntlich der Wurmhaken seine grosse Festigkeit und Elasticität verdankt. Der Bildung dieser chitinigen Mantelschicht geht eine Umwandlung des Subcuticularsyncytium in eine zellige Hypodermis voraus.

Solange der Rüssel noch taschenförmig nach innen umgestülpt ist, behält die Subcuticula ihren früheren Bau bei, d. h. sie besteht aus einer von grossen, bläschenförmigen Kernen durchsetzten feinkörnigen Protoplasmamasse. Sobald aber das Haftorgan sich vollständig entfaltet hat und als ansehnlich langer Zapfen frei nach aussen hervorschaut, findet im Subcuticularsyncytium eine rege Vermehrung der Kerne statt. Eingeleitet wird selbige durch das Auftreten zahlreicher bald grösserer, bald kleinerer und meist eckiger Chromatinhaufen von spongiöser Natur, welche durch ein sehr engmaschiges, blasses Fadennetzwerk mit einander in Verbindung stehen. Im Laufe der weiteren Veränderungen hat der Kern nicht nur sehr bedeutend an Grösse zugenommen (40—45 μ), sondern hat auch seine ursprüngliche Kugelform mit einer mehr amöboiden vertauscht (s. Tafel 9, Fig., 67 u. Tafel 5 Fig. 22 setne). An den verschiedensten Stellen seiner Peripherie sehen wir ihn stumpfe, pseudopodienähnliche Ausläufer treiben, die im Leben sich langsam strecken und wieder verkürzen können. Anfangs sind diese

---

[1]) Bei einer Rüssellänge von 0.5 mm misst die Subcuticula nur 0.02 mm (*Echinorhynchus angustatus*). Im Leibe erreicht die gleichnamige Schicht eine Dicke von 0.035 bis 0.04 mm.

Lappen meist flach, sodass die Kernoberfläche nur unregelmässig gekerbt erscheint. Allmählich aber werden die Fortsätze länger und länger, während die Einkerbungen immer tiefer in das Kerninnere hineingreifen, sodass schliesslich das ganze Kerngebilde das Aussehen eines höchst unregelmässig gelappten oder zerfetzten Blattes gewinnt (s. Tafel 9. Fig. 66. 65). Um diese Zeit nun beginnen die Nuclei durch Sprossung sich zu vermehren. Die eckigen spongiösen Chromatinhäufchen wandeln sich in schlanke, gerade oder gekrümmte Stäbchen um und ordnen sich so, dass in einem jeden der pseudopodienartigen Ausläufer ein kleines Bündel zu liegen kommt (s. Tafel 9. Fig. 66). Diese Chromatinstäbchen wachsen dann sehr rasch in die Länge, und zwar scheint die Verlängerung fast ausschliesslich auf Kosten des Mittelstückes zu geschehen. Je weiter nämlich die keilförmig zugeschärften Endstücke auseinander rücken, um so dünner wird der sie verbindende Chromatinfaden (s. Tafel 9, Fig. 65). Inzwischen hat aber auch das Kernplasma eine Umwandlung erfahren. In der Mitte der Fadenbündel tritt jetzt eine dunkele, fein granulirte Zone deutlich hervor. Gleichzeitig gewahrt man an der Peripherie des Kernes eine ringförmige Einkerbung, die bald tiefer und tiefer in das Kerninnere einschneidet und schliesslich einen Zerfall des Kernes in zwei sehr ungleiche Teilstücke herbeiführt. Die zugespitzten Chromatinfäden des Tochterkernes verschmelzen mit einander und bilden dann einen grossen, eckigen Chromatinballen, der gewöhnlich in der Nähe des Kernrandes gefunden wird.

Die eben geschilderte, höchst eigenthümliche Art der Kernvermehrung bildet gewissermaassen den Uebergang von der direkten zur indirekten Kerntheilung. Mit ersterer hat sie das vollständige Fehlen der achromatischen Figur gemein. Dagegen lässt sich nicht ablengnen, dass die Theilung der chromatischen Elemente sich in ganz analoger Weise vollzieht, wie dies z. B. in den letzten Theilungsstadien der Spermatozoenentwickelung (durch indirekte Kerntheilung) der Fall ist. Ich werde bei Besprechung der letzteren nochmals auf diesen Punkt zurückkommen.

Da nun der Theilungsprocess in gleicher Weise an den übrigen Pseudopodien des Mutterkernes, und späterhin auch an den Tochterkernen sich wiederholt, so wird es nicht Wunder nehmen, wenn wir schon nach verhältnissmässig kurzer Frist eine überraschend grosse Anzahl von eirunden Nuclei antreffen. Abgesehen von ihrem geringeren Durchmesser (9—15 μ) gleichen dieselben vollständig den ursprünglichen Syncytialkernen. Sie bilden trübkörnige und scharf konturirte Plasmakugeln, in denen man einen grösseren, spongiösen Nucleolus und ein sehr blasses, engmaschiges Fadenflechtwerk, in dessen Substanz hier und da einige kleine Chromatinhäufchen eingebettet sind, erkennen kann. Anfangs liegen die Kerne regellos im Syncytialplasma zerstreut; späterhin aber ordnen sie sich zu einer einfachen Schicht. Gleichzeitig gewahrt man zwischen den einzelnen Kernen dunklere, fein granulirte, zur Körperoberfläche senkrecht gestellte Plasmastreifen, welche sich allmählich zu dünnen Membranen — Zellgrenzen — verdichten (s. Tafel 5, Fig. 21, setz).

An Stelle jenes grossblasigen Syncytiums, das wir so lange Zeit hindurch den Leib der Larve einhüllen sahen, finden wir jetzt eine einfache Schicht schöner, hoher Cylinderzellen, welche aussen von der Cuticula zusammengehalten, innen aber vermittelst des Sarkolemmas mit den Muskelzellen verbunden werden.

Kurz nach vollendeter Ausbildung scheiden die Cylinderzellen eine Reihe Substanzen aus, welche zwischen Hypodermis und Cuticula sich anhäufen und das Fibrillengewebe der Filzfaserschicht aus sich hervorgehen lassen. Zunächst ist es ein nur dünnes Häutchen, welches der sekretorischen Thätigkeit der

7*

Hypodermiszellen seinen Ursprung verdankt. Auf Längs- und Querschnitten scheint es aus einer völlig homogenen, hyalinen Masse zu bestehen (s. Tafel 5, Fig. 21, pfa), während, von der Fläche betrachtet, sich an ihm eine deutliche Körnelung nachweisen lässt. Welche Bedeutung mögen die kleinen Körnchen haben?

Auf diese Frage wird uns ein Querschnitt durch die Leibeswandung einer nur wenig älteren Larve Aufschluss geben. An der Stelle, wo wir früher jene strukturlose Schicht sich ausbreiten sahen, finden wir eine Lage feiner Fäserchen, welche sammt und sonders senkrecht zur Oberfläche, also einander parallel angeordnet sind (s. Tafel 5, Fig. 23, pf). Auf einem Tangentialschnitte erscheinen die Fäserchen als kleine, mehr oder minder regelmässig kreisrunde Pünktchen, die offenbar mit den oben erwähnten feinen Körnchen identisch sind. Es müssen demnach die Parallelfibern schon zu der Zeit vorhanden sein, wo die betreffende Schicht auf parallel zur Längsaxe oder senkrecht zu ihr gelegten Schnitten noch vollkommen homogen erscheint, und nur die geringe Consistenz der neugebildeten Elemente mag die Schuld tragen, dass wir nirgends eine deutliche Faserung wahrzunehmen im Stande sind.

Mit der Secretion dieser Faserschicht, die, wie man wohl von vornherein vermuten konnte, nichts andres als das äusserste, von mir als Parallelfaserzone bezeichnete Fibrillensystem der filzartigen Subcuticula vorstellt, hat die Thätigkeit der Hypodermiszellen noch nicht ihren Abschluss gefunden.

Unter der Parallelfaserzone sehen wir zunächst zwei concentrische Schichten entstehen, deren jede nahezu die Dicke der Radialfiberzone erreicht. Betrachten wir die fraglichen Schichten auf einem Querschnitte, so hat es den Anschein, als ob die äussere derselben ein völlig strukturloses Häutchen vorstelle, die innere aber von einer körnigen, in allen ihren Teilen jedoch gleichartigen Masse gebildet werde (s. Tafel 5, Fig. 21 und Fig. 23, lfa). Einer derartigen Auffassung widerspricht auf das Entschiedenste ein Blick auf einen Schnitt, der parallel zur Körperlängsaxe gelegt wurde. Letzterer zeigt nämlich, dass da, wo bei dem Querschnitte die homogene Membran zu finden war, sich eine fein granulirte Materie ausbreitet, während an die Stelle der körnigen Lage eine vollkommen strukturlose, hyaline Schicht getreten ist. Wir treffen hierbei auf Verhältnisse, mit denen wir zuerst bei Besprechung der Entwickelung jenes äussersten Fibrillensystems, der Parallelfaserzone, vertraut gemacht wurden. Beide Schichten bestehen aus feinen Fäserchen, welche zwar als solche auf der in der Fibrillenrichtung gelegten Schnittebene nicht erkennbar sind, deren Existenz jedoch durch die Anwesenheit jener feinen Pünktchen, die bekanntlich auf jedem den Faserzug kreuzenden Schnitte leicht aufzufinden sind, zur Genüge ausser Zweifel gestellt wird. Ein Vergleich der beiden Schnittansichten ergibt ferner, dass an der Bildung der äusseren Schicht nur zirkuläre, der inneren aber lediglich longitudinale Fasern teil nehmen.

Bei der regen Thätigkeit, welche die Hypodermiszellen gerade in dieser Periode entfalten, darf es uns nicht wundern, wenn wir schon nach sehr kurzer Frist die Filzfaserzone in vollkommner Ausbildung vor uns sehen. Dem ersten Schichtenpaare gesellte sich bald eine Reihe neuer Fasersysteme hinzu — bei *Echinorhynchus angustatus* deren drei (s. Tafel 5 Fig. 21, lfa, rfa), bei *Echinorhynchus haeruca* aber deren vier (s. Tafel 5, Fig. 23, lfa, rfa) — wodurch naturlicherweise eine wesentliche Verdickung dieser Region erzielt wird. So kommt es, dass wir an jener Stelle, wo sich anfangs nur die Parallelfaserzone als dünnes Häutchen hinzog, jetzt einen mächtigen Schichtencomplex vorfinden, der nahezu die Hälfte des Raumes einnimmt, den die Hypodermiszellen für sich beanspruchen.

Die weiche Beschaffenheit behalten die Fasern des Filzgewebes solange bei, bis die Umgestaltung der zelligen Hypodermis in jenes äusserst reich entwickelte Radialmuskelsystem sich vollzogen hat

(s. Tafel 6. Fig. 23. lfa. rfa . Dann erst beginnen die einzelnen Fibrillen — wahrscheinlich infolge einer durch Wasseraustritt bewirkten Kondensation — zu erhärten.

Die ersten Veränderungen, die mit der Hypodermis nach dem Erlöschen ihrer sekretorischen Thätigkeit vor sich gehen, bestehen darin, dass im Zellplasma zahlreiche kleine, stark lichtbrechende Kügelchen auftreten. wodurch die gesammte Zellschicht ein opakes Aussehen gewinnt. Zur nämlichen Zeit entstehen an den senkrecht zur Körperoberfläche gestellten Wandungen. und zwar ausschliesslich in dem der Leibeshöhle zugewandten Theile, stäbchenförmige Plasmaverdichtungen, die sammt und sonders radial angeordnet sind. Es währt nicht lange, so strecken sich die kleinen Lamellen beträchtlich in die Länge und vertauschen dabei ihre plumpe Gestalt mit der einer schlanken Spindel. Anfangs sind es nur wenige Fasern, die sich erkennen lassen. ihre Zahl wächst aber sehr rasch, sodass schliesslich die Zellwände dicht mit Fibern belegt sind. Hiermit hat die Verfaserung jedoch noch nicht ihr Ende erreicht. Der eben geschilderte Bildungsprozess wiederholt sich im Zentrum der Zellen und zwar so lange, bis das gesammte Protoplasma verdrängt, die Zellen vollständig mit Faserwerk erfüllt sind. Inzwischen haben die Fibern wesentlich an Länge zugenommen und die Dicke der Hypodermis durchwachsen. Sie durchbrechen jetzt die äussere Begrenzungsebene und dringen in die darüber liegenden noch weichen Fibrillengewebe der Filzschicht ein. woselbst wir sie ohne Schwierigkeit bis zur Parallelfaserzone verfolgen können. Die übrigen Zellwände lassen sich noch längere Zeit hindurch unterscheiden. späterhin aber. wenn die Radialmuskeln vollkommen ausgebildet. beginnen die Grenzen zu schwinden. bis der frühere Zellenbau nirgends mehr nachweisbar ist. Der oben geschilderte Faserbildungsprozess findet jedoch nicht bei allen Hypodermiszellen in dem gleichen Umfange statt. Der grössere Theil derselben ist vollständig in Faserwerk übergegangen (s. Tafel 9, Fig. 70 setz"). Aber zwischen den Faserzellen liegen, durch bald grössere, bald kleinere Abstände von einander getrennt, Zellen, in denen überhaupt keine, oder nur jene wenigen randständigen Fibern gebildet wurden (s. Tafel 9, Fig. 70 setz'). Sie gehen späterhin vollständig zu Grunde und liefern dann die Hohlräume. in denen beim erwachsenen Wurme die Blutflüssigkeiten zirkuliren.

Mit der Resorption der Zellwände hat auch der protoplasmatische Zellinhalt eine chemische Umsetzung erfahren. in Folge deren seine frühere zähe Beschaffenheit verloren gegangen ist. Die Radialmuskeln werden jetzt von einer farblosen, leicht beweglichen Flüssigkeit umspült, die eine grosse Anzahl kleiner glänzender Körnchen von fett- oder ölartigem Aussehen enthält. Als Flüssigkeitsbahnen funktioniren jene Lückenräume. die früher von den faserlosen Plasmazellen erfüllt waren.

Der verflüssigenden Metamorphose ist auch ein Theil der Kerne zum Opfer gefallen. Die übrig bleibenden Nuclei zeigen. abgesehen von ihrer geringeren Grösse (8 bis 15 μ), genau dieselben Eigenschaften wie die bläschenförmigen Kerne, die beim erwachsenen Wurme die Umsetzung der Nahrungsstoffe in Blutflüssigkeit bewerkstelligen.

In die wahre Natur der Subcuticularfasern hat man seither noch keinen vollständig klaren Einblick gewonnen. Wohl hatte man aus dem stetigen Zirkuliren der Flüssigkeiten gefolgert, es möchten die feinen Fibern, welche allseitig die Hohlräume begrenzen, die Strömung hervorbringen, aber den strikten Beweis, dass einzig und allein die radialen Fasern die motorischen Elemente vorstellen, ist man bis heute schuldig geblieben. Und selbst wenn ein Zusammenhang der Subcuticula mit der Muskulatur in der

Art. wie ihn Rohde[1] bei den grösseren Ascariden und Säfftigen[2] bei den Echinorhynchen beschrieben haben, vorhanden wäre, so hätten wir doch kein Recht, diesen Umstand als ein Argument für die Muskelnatur der Subcuticularfasern hinzustellen. Es können wohl kaum Schichten inniger mit einander verbunden sein, wie die Radial- und die Filzfaserzone, und trotzdem lehrt uns die Entwickelungsgeschichte, dass beide Lagen sich aus Fasern von grundverschiedener Beschaffenheit aufbauen.

Die äussere derselben, welche ich fortan „Subcuticula" nennen werde, ist rein cuticularer Natur und als Absonderungsprodukt einer zelligen Hypodermis entstanden. Sie entspricht vollkommen der sogenannten „faserigen Cuticula" der Nematoden.

Die darunter liegenden Radiärfasern haben nichts mit der Subcuticula gemein. Sie sind aus dem Plasma der Hypodermiszellen hervorgegangen und stimmen hinsichtlich der gesammten Bildungsweise so auffallend mit den Fasern des Trematoden- und Nematodenpharynx überein, dass allein schon dieses Moment hinreichen wird, die muskulöse Beschaffenheit der „Hypodermis" ausser Zweifel zu setzen. Bei Besprechung der Leibesmuskulatur werde ich Gelegenheit finden, auf diese Art der Fibrillenbildung zurückzukommen.

Die Hypodermis der Nematoden bildet das Homologon der Radialmuskelschicht der Acanthocephalen. Nur ein Umstand könnte zu Ungunsten eines solchen Vergleiches angeführt werden, nämlich das Fehlen eines hypodermalen Gefässnetzes bei den Nematoden. Es wird sich jedoch zeigen, dass diese Eigenthümlichkeit, der man seither so hohen Werth beimass, sich auf die Verschiedenartigkeit der Organisation beider Wurmarten zurückführen lässt.

Es ist an früherer Stelle dargethan worden, dass der komplicirte hypodermale Gefässapparat lediglich dem Bedürfnisse entsprang, auch bei den Acanthocephalen, die bekanntlich bei ihrer Ernährung einzig und allein auf die endosmotisch durch die Leibeswand eindringenden Säfte angewiesen sind, einen ausreichenden Stoffumsatz zu bewerkstelligen.

Unter ganz anderen Umständen findet bei den Nematoden die Nahrungsaufnahme statt. Die hier zunächst in Betracht kommenden Formen, die Ascariden, Strongyliden etc., besitzen ein geräumiges Darmrohr, dessen Epithelialbelag die Aufsaugung und Umwandlung der Chylusflüssigkeit besorgt. Die Haut nimmt bei der Ernährung nur eine untergeordnete Stellung ein.[3] Aus diesem Grunde sind denn auch alle Komplikationen des endermatischen Ernährungsapparates in Wegfall gekommen. Für diese mit Mund und Darm ausgestatteten Nemathelminthen genügt vollständig der Kontakt mit den zelligen Elementen, die sich allerorts in der Hypodermis auffinden lassen, um das geringe Quantum der imbibirten Nährstofflösungen in Blutflüssigkeit umzuwandeln. Endlich möchte ich noch daran erinnern, dass es eine Zeit gegeben hat, wo in der muskulösen Hypodermis der Acanthocephalen noch keine Gefässe vorhanden waren, wo also die betreffende Schicht eine Beschaffenheit zeigte, die sie bei den Ascariden zeitlebens beibehält.

---

[1] Schneider's zoologische Beiträge, Bd. I. Beiträge zur Kenntniss der Anatomie der Nematoden. pag. 16, 17.
[2] Morphologisches Jahrbuch, 16. Bd. 1. Heft. pag. 6.
[3] Die heftigen Diffusionserscheinungen, welche man leicht konstatiren kann, wenn man einen grösseren Ascariden in Wasser legt, stehen mit der Nahrungsaufnahme in keinerlei Zusammenhang. Sie werden lediglich durch die Permeabilität der äusseren Körperbedeckungen, sowie durch den hohen Konzentrationsgrad der die Leibeshöhle erfüllenden Blutflüssigkeit bedingt.

So lange der Rüssel als zapfenartiges Gebilde frei nach aussen hervorragt, behält die Hautschicht ihre frühere Beschaffenheit bei, d. h. sie besteht nach wie vor aus einer von grossen bläschenförmigen Kernen durchsetzten fein granulirten Protoplasmamasse. Die Umwandlung dieses Syncytiums in die Hypodermis findet erst dann statt, wenn das Haftorgan sich taschenförmig in die Rüsselscheide einzusenken beginnt. Der eigentliche Zellbildungsprozess verläuft genau in derselben Weise wie in den Körperwandungen. Um Wiederholungen zu vermeiden, werde ich auf die Darstellung dieser Verhältnisse verzichten.

Die rhomboidförmigen Hypodermiszellen stehen regelmässig alternirend in Querreihen übereinander. Sie sind so angeordnet, dass jedesmal da, wo deren vier zusammenstossen, ein Haken mit seinem Dornfortsatze hervorschaut. Auf parallel zur Körperachse gelegten Schnitten erscheinen die Hautzellen als elliptische Plasmaballen, in deren Mitte je ein grosser kugliger Nucleus ruht. Späterhin aber flachen sie sich in Folge der stetig fortschreitenden Verdickung der Hakenwurzeln an dem nach vorn gewandten Pole mehr und mehr ab, sodass endlich eine spitzeiförmige Gestalt resultirt (s. Tafel 8, Fig. 1 setz).

Geraume Zeit bevor die Bildung der Subcuticula beginnt, secerniren die Hypodermiszellen eine vollkommen farblose, sehr bald erhärtende Masse, welche sich auf den Haftorganen ablagert und augenscheinlicherweise die äussere chitinige Hülle zu liefern bestimmt ist (s. Tafel 8, Fig. 1 h'). Zunächst beschränkt sich die Chitinisirung auf den sogenannten Dornfortsatz. Erst dann, wenn diese Chitinkappe vollständig erhärtet ist, werden die tiefer liegenden Partien mit einer Umhüllung versehen.

Bei allen von mir untersuchten Spezies zeichnet sich die Chitinschicht durch ihre ansehnliche Dicke aus. Beim Riesenkratzer nimmt sie mindestens den sechsfachen Raum des Primitivhakens ein, während bei den kleineren Arten ihr Volumen durchschnittlich auf das drei- bis vierfache des Hakenkanals veranschlagt werden dürfte.

Durch die Auflagerung dieses mächtigen Mantels hat der Haken sich nicht nur in allen Dimensionen beträchtlich vergrössert, sondern es ist auch in Bezug auf seine Lagerung eine wesentliche Aenderung eingetreten. Bekanntlich füllen die Hypodermiszellen den Raum zwischen der Cuticula und dem Sarkolemma vollständig aus. Da nun aber diese Zellen während ihrer sekretorischen Thätigkeit nicht wachsen, die Distanz beider Grenzschichten also konstant bleibt, so muss die Verdickung der Hakenwurzel ein Hervortreten der Dornspitze über die Rüsseloberfläche zur Folge haben. Soweit der Haken aus der Cuticula hervorschaut, erhält er von letzterer einen tutenförmigen Ueberzug, der bis zur Haut herab mit der Chitinschicht fest verbunden ist (s. Tafel 8, Fig. 1, etk.).

Das Wachsthum der Haken hält so lange an, bis die Uebergangsstelle des Dornfortsatzes in die Wurzel, welche bei den meisten Arten durch eine kleine Crista gekennzeichnet ist, die äussere Begrenzungsfläche der Hypodermis überschreitet.

In diese Zeit fällt die Entwickelung der Subcuticula. Hinsichtlich der Faserbildungsweise will ich dem früher Gesagten hinzufügen, dass eine Sammlung gleichgerichteter Fibern zu Zügen oder Schichten nirgends vorhanden ist. Die Subcuticula des Rüssels wird als eine körnige, in allen ihren Theilen gleichartige Masse, die späterhin zu dem bekannten wirren Fasergewebe erstarrt, von den Hypodermiszellen abgeschieden. Durch Hinzufügung immer neuer Sekretmengen auf der Innenfläche verdickt sie sich, bis sie schliesslich ein Drittheil der gesammten Rüsselhaut ausmacht.

Der eben geschilderte Wachsthumsprozess findet jedoch nicht allerorts in dem gleichen Umfange statt. In unmittelbarer Nähe der Haftorgane können nur sehr geringe Mengen Fasersubstanz abgelagert werden, weil hier die Cuticula dicht oberhalb der Hypodermis dem chitinigen Hakenmantel fest verwachsen, also keiner Abhebung fähig ist. Auf diese Weise entstehen jene tiefen trichterförmigen Cuticulareinsenkungen[1]) (s. Tafel 8, Fig. 1 ct[a]), vermöge deren die Haut gewisse selbstständige Bewegungen auszuführen im Stande ist.

Hat die Abscheidung subcuticularer Filzmassen ihr Ende erreicht, so werden die ersten Plasmaverdichtungen an den radial gestellten Wandungen der Hypodermiszellen sichtbar. Sie vermehren sich ziemlich rasch und wachsen in der früher angegebenen Weise zu den Radiärmuskelfasern aus. Der Verfaserungsprozess erstreckt sich jedoch nicht, wie in der Leibeswand, auf den gesammten Zellinhalt, sondern beschränkt sich auf jene Plasmamassen, welche die vier Ecken der rhombenförmigen Zellen ausmachen. Nach dem Verschwinden der Zellwände verschmelzen die Fasercylinder der vier an jedem Dorne zusammenstossenden Zellen zu einer einheitlichen Muskelmasse, die als mantelförmige Schicht von elliptischem Querschnitte den Basaltheil der Haken umhüllt. Das übrige Zellplasma behält noch lange Zeit hindurch seine ursprüngliche Beschaffenheit bei. Erst dann, wenn die Radialfasern das Subcuticulargewebe in seiner ganzen Dicke durchsetzen, fällt selbiges sammt den Kernen der verflüssigenden Metamorphose anheim.

Die Lemnisken gleichen in ihrer Histogenie den Hautdecken so auffällig, dass ich es für unnöthig erachte, diese Entwicklungsvorgänge nochmals vorzuführen. Da aber ferner die Organogenie durch die Untersuchungen Leuckart's[2]) (am *Echinorhynchus proteus* und *Echinorhynchus angustatus*) und Schneider's[3]) (am *Echinorhynchus gigas*) vollkommen klar dargelegt wurde, so kann ich mich auf die folgenden wenigen Mittheilungen beschränken.

Die Larven des Riesenkratzers besitzen an der Halsbasis, also da, wo beim erwachsenen Wurme die Gefässe der Lemnisken in den Ringkanal einmünden, einen Gürtel von 14 aussergewöhnlich grossen, kugelrunden Kernen — bei einer Larvenlänge von 3,4 mm 75 μ —. Bei *Echinorhynchus angustatus*, ebenso bei *Echinorhynchus haeruca*, ist die Zahl der Kerne in dieser Region nicht konstant, auch gelang es mir nie, eine solche gleichmässige Vertheilung, wie beim Riesenkratzer, nachzuweisen (s. Tafel 5, Fig. 9, lnne). Kurze Zeit, nachdem die Kerntheilung ihren Anfang genommen hat, erheben sich die Hautdecken in Folge des rapiden Wachsthums der kernartigen Einlagerungen zu einer ringförmigen Aufwulstung (s. Tafel 5, Fig. 9). So lange die Zahl der Kerne noch keine beträchtliche ist, behält dieser Wulst seine Gürtelgestalt bei. Wenn aber später die Vermehrung der Nuclei regere Fortschritte macht, dann stellen sich sehr auffällige Gestaltdifferenzen in den verschiedenen Quadranten ein. Während nämlich der dorsale und ventrale Sektor kaum merklich an Volumen zunehmen, wachsen die lateralen Sektoren zu zwei langen Cylindern aus, die, überkleidet von den Muskelmassen des Retractor colli, frei in die Leibeshöhle hineinragen.

---

[1]) Unter den gleichen Verhältnissen sehen wir die Cuticularfalte entstehen, welche in Verbindung mit dem Cuticularringe eine vollständige Scheidewand zwischen dem Gefässsysteme des Halses und des Rumpfes bildet.
[2]) Die menschlichen Parasiten, 2. Bd. pag. 836.
[3]) Sitzungsberichte der Oberhessischen Gesellschaft für Natur- und Heilkunde, 1871: pag. 2.

Die Umwandlung des kernreichen Syncytiums in einen Zellenkomplex geht erst dann vor sich, wenn die Lemnisken die Leibeshöhle in dem fünften Theile ihrer Länge durchwachsen haben. Der Verfaserungsprozess lässt sich nur sehr schwierig verfolgen, weil hier keine so regelmässige Anordnung der Zellen, wie in den Leibeswandungen, vorhanden ist. Nur an den beiden Rändern dieser, auf dem Querschnitte flach elliptischen Organe lassen sich einige Zellreihen, aus denen augenscheinlicher Weise die voluminösen Längsgefässe hervorgehen, deutlich unterscheiden.

Bevor ich zu einem neuen Kapitel übergehe, möchte ich nur noch auf das Verhältniss der Lemnisken zu den Exkretionsorganen der übrigen Würmer, speziell der Nematoden zu sprechen kommen.

Viele Forscher deuteten die Lemnisken als besondere Exkretionsorgane, die nach Art des Wassergefässsystems der niederen Würmer die als Endprodukte des Stoffwechsels im Leibe entstandenen harnähnlichen Substanzen nach aussen befördern sollten. Diese Annahme ist durch eine Reihe trefflicher Beobachtungen zur Genüge widerlegt worden.

Wenn auch hinsichtlich der funktionellen Verwendung die Lemnisken den Exkretionsorganen der übrigen Wurmformen nicht ebenbürtig an die Seite gestellt werden können, so lassen sich ihnen doch, wenn wir einzig und allein den morphologischen Werth ins Auge fassen, gewisse verwandtschaftliche Beziehungen zu den Seitengefässen der Nematoden nicht absprechen. Die laterale Lage, die Anwesenheit eines oder mehrerer Längskanäle, der histologische Bau, die Art der Herkunft repräsentiren eine Summe von Merkmalen, welche der eben ausgesprochenen Behauptung eine feste Stütze verleihen.

Der Grund, dass die Lemnisken zu Leistungen verwendet werden, die sonst den Exkretionsorganen fremd sind, ist, wie an früherer Stelle ausführlich dargelegt wurde, in den veränderten Bedingungen, unter denen die Nahrungsaufnahme bei den Echinorhynchen stattfindet, zu suchen.

Wenngleich die Lemnisken hinsichtlich ihres feineren Baues und ihrer sämmtlichen Funktionen vollkommen mit der Hypodermis übereinstimmen, so müssen doch vom morphologischen Standpunkte aus beide Theile streng auseinander gehalten werden. Die Lemnisken bilden die Homologa zu den Seitengefässen der Nematoden: das Röhrennetz der Haut hingegen stellt einen selbstständigen Ernährungsapparat vor, der wohl eher mit einem Blutgefässsysteme verglichen werden könnte.

In einer in neuester Zeit veröffentlichten kurzen Mittheilung spricht O. Hamann [1]) die Behauptung aus, dass er auf Grund einer kompleten Homologie zwischen einer ganzen Reihe von Organen die Trennung der Acanthocephalen von den Nematoden aufzugeben sich gezwungen fühle. Eines der wichtigsten Argumente bildet die Existenz sogenannter Lemnisken bei *Dochmius duodenalis* und den Strongyliden. Diese schon von Mehlis und Bilharz gesehenen und von Leuckart, Schneider, Schulthess und Rzewuski untersuchten sogenannten Kopf- oder Halsdrüsen sollen nach Strösse (dessen Abhandlung, so viel ich weiss, noch nicht veröffentlicht worden ist) als direkte Fortsetzungen der dorsalen wie ventralen Längslinie aus der zelligen Ektodermschicht der Larve entstehen. Sie stellen also direkte Hervorwulstungen der Epidermis (Hypodermis) vor, die einer Ausmündungsöffnung entbehren. Auf den feineren Bau geht Hamann nicht näher ein. Aber selbst dann, wenn die Lemnisken der Nematoden mit den gleichnamigen Organen der Echinorhynchen hinsichtlich des Baues wie der Entwickelungsgeschichte vollständig überein-

---

[1]) Die Lemnisken der Nematoden. Zoologischer Anzeiger. 13. Jahrgang. 1890. Nr. 333. pg. 210—212.

stimmen sollten, finde ich keinen Grund, der uns berechtigte, die Acanthocephalen mit den Nematoden zu vereinigen. Werfen wir einen einzigen Blick auf den merkwürdigen Bau der Hautmuskulatur, des höchst komplizirten Rüsselapparates, des eigenartig dastehenden männlichen und weiblichen Genitalapparates, sowie auf die Entwickelungsgeschichte, so werden wir Unterscheidungsmerkmale wohl in genügender Menge finden, die eine Sonderstellung der Acanthocephalen im Systeme für alle Zeiten rechtfertigen werden.

Die Muskulatur der Leibeswand.

Geschichtlicher Ueberblick.

Es war schon Rudolphi[1]) bekannt, dass die Muskulatur der Echinorhynchen keineswegs ein einheitliches Fasergewebe darstelle, wie dies Goeze[2]) und Zeder[3]) angenommen hatten, sondern sich aus zwei übereinander gelegenen Schichten aufbaue, deren äussere nur zirkuläre, deren innere aber longitudinale Fibern enthalte. Die Struktur beider Muskelschläuche wurde zum ersten Mal eingehender von Westrumb[4]) untersucht. Derselbe gelangte zu dem Resultate, dass jede dieser Schichten aus einer einzigen kontinuirlichen Lage stark verzweigter und unter sich anastomosirender Muskelcylinder bestehe. Vollkommen richtig bildet Westrumb die Leibesmuskulatur des *Echinorhynchus porrigens* ab. Die zahlreichen zur Ringmuskulatur gehörigen Markbeutel, welche besonders lateral, also da, wo sie nicht von den beiden medianen Längsmuskelstreifen bedeckt sind, als mächtige Schläuche in die Leibeshöhle hineinragen, hält Westrumb, getäuscht durch die zahllosen in den Zwischenräumen festgehaltenen Eier, für die Ovarien.

Ein gänzlich anderes Bild entwirft Cloquet[5]) vom Baue der muskulösen Leibeswand auf Grund seiner Untersuchungen am *Echinorhynchus gigas*. Die Ringmuskulatur bildet keine zusammenhängende Schicht. Sie besteht aus einzelnen Gürteln, die durch bald grössere, bald kleinere Lückenräume von einander getrennt werden. Durch diese letzteren treten die kurzen, aber breiten Fasern der Längsmuskelschicht mit der Haut in Verbindung. Dem so gebildeten Muskelschlauche liegen, und zwar die beiden Seiten einhaltend, zwei voluminöse häutige Kanäle auf, welche dicht hinter der Halsbasis jederseits vermittelst eines kleinen Porus nach aussen münden. Es sind dies dieselben röhrigen Gebilde, denen Mehlis und Creplin — wahrscheinlich ohne sie jemals gesehen zu haben — die Funktionen eines Darmes vindizirten. Neben diesen Seitengefässen existiren noch zwei minder geräumige Kanäle, die den Körper in der Medianebene durchziehen.

[1]) Entozoorum historia naturalis, 1808, Bd. 1, pg. 221. Entozoorum synopsis, 1819, pg. 582.
[2]) Naturgeschichte der Eingeweidewürmer, 1782, pg. 147.
[3]) Nachtrag zu Goeze's Naturgeschichte, 1800, pg. 101.
[4]) De helminthibus acanthocephalis, 1821, pg. 50, 57; Tafel 2, Fig. 30; 25, 27, 28, 29.
[5]) Anatomie des vers intestinaux, 1821, pg. 70—73, 85—88, Taf. 5, Fig. 3; Taf. 6, Fig. 13.

Die erste detaillirte Darstellung der Struktur des Hautmuskelschlauches verdanken wir A. Schneider.[1]) Zum Gegenstande seiner Untersuchungen wählte er den *Echinorhynchus gigas*, eine Spezies, die vermöge ihrer beträchtlichen Grösse einen weit klareren Einblick in die gesammte Organisation gestattet, als irgend eine andere der seither bekannt gewordenen Formen. Ueber den Bau und die Anordnung der kontraktilen Elemente in der Leibeswand spricht sich Schneider folgendermassen aus: „Die Muskelzellen haben die Gestalt von Platten, in welchen die kontraktile Substanz als ein Netzwerk von Cylindern vertheilt ist. Die fibrilläre Substanz bildet die Rindenschicht der Cylinder, während der Hohlraum von einer Flüssigkeit erfüllt wird. Die fibrilläre Substanz ist in polyedrischen Prismen angeordnet. Sehr zahlreiche Querbalken durchsetzen die Cylinder. Die Maschen des Netzes werden von einer fast homogenen Substanz erfüllt, welche man, da sie auch die Nerven umgibt, als Neuro-Sarcolemma bezeichnen kann.

Die Längsschicht lässt sich in 5 auf einander folgende, den Leib vollständig umschliessende Zonen zerlegen. Die vorderste Zone (I) beginnt an der dritten Reihe der Rüsselstacheln und reicht bis zum Ansatzpunkt der Lemnisken. Sie besteht aus einer einzigen ringförmigen Zelle. Diese Zelle zerfällt in zwei gleiche hinter einander liegende Theile: der vordere enthält ausnahmsweise Querfasern, der hintere Längsfasern. Diese Zelle besitzt vier symmetrisch gestellte Kerne, zwei auf der Rücken-, zwei auf der Bauchseite ... Die folgende Zone II besteht aus zwei Zellen, die in der dorsalen und ventralen Linie aneinander stossen. Jede enthält einen Kern, der dicht an der dorsalen Linie liegt. Die Zone III ist etwa doppelt so lang als die Zone II und besteht aus 4 Zellen: 2 grösseren, welche je den halben Leibesumfang einnehmen und durch die Medianlinien begrenzt werden. Sie enthalten je einen Kern, der lateral ungefähr in der Mitte der Länge liegt. Die vordere Begrenzungslinie dieser Zellen ist gerade in der Richtung eines Parallelkreises. Die hintere Begrenzungslinie ist lateral und dorsal, ungefähr in einem Drittel der Breite, bogenförmig ausgeschnitten. Die beiden so entstehenden Räume werden von der 3. und 4. Zelle dieser Zone erfüllt. Diese beiden Zellen enthalten je einen Kern, der lateral dem hinteren Rande genähert liegt ... Die Zone IV ist bedeutend länger als die vorher genannten, etwa 4 mm. Sie besteht aus 8 Zellen, 2 lateralen, sehr schmalen; 2 ventralen, die einerseits an die ventrale Medianlinie, andererseits an die der Lateralzellen stossen; 4 dorsalen, die durch die dorsale Medianlinie und 2 dorsale Submedianlinien begrenzt werden. Jede dieser 8 Zellen hat einen Kern ... Die Zone V besteht aus 8 Zellen, die vollständig angeordnet sind, wie in Zone IV. Das Vorderende dieser Zone wird ungefähr durch die Ansatzpunkte der grossen Retraktoren bezeichnet, das Hinterende liegt am Schwanzende. Die Zellen, deren jede nur einen Kern enthält, erreichen also bei grossen Exemplaren eine Länge von über einen Fuss, dürften also wohl die längsten sein, die bis jetzt im Thierreich gefunden sind. ... Für die Längsmuskeln ist eine eigenthümliche Kanalisation vorhanden; auf den Muskeln der Zone V laufen nämlich nahe zu beiden Seiten der Kernschnüre je ein, im Ganzen also vier, sehr weite und dünnwandige Kanäle, die aber, wie sich deutlich verfolgen lässt, aus keinem neuen Gewebe bestehen, sondern nur erweiterte Muskelcylinder mit sehr dünnen Wänden sind.

Auch die Quermuskelschicht lässt sich in einzelne Zonen zerlegen, es sind aber nur deren vier vorhanden, welche je aus einer ringförmig geschlossenen Zelle bestehen. Die Zone I liegt mit ihrem

---

[1]) Archiv für Anatomie und Physiologie, 1868. pg. 581—589.

Vorderrand an der Stelle, wo der quer gefaserte Theil der Zone I der Längsmuskelschicht aufhört. Sie enthält zwei Kerne. Die Zonen II und III liegen genau über der Zone II der Längsmuskeln und enthalten je zwei Kerne. Die Zone IV umfasst nun die übrige Quermuskulatur, sie bildet ein Netz, welches also den bei weitem grössten Theil des Leibes ununterbrochen überzieht. Diese Zone enthält sehr viele Kerne.

Die lateralen Längsmuskeln stossen mit den anliegenden dorsalen und ventralen Längsmuskeln dicht aneinander. Allein indem sie sich nur mit gewissen, sehr regelmässig aufeinander folgenden kleinen Höckern berühren, bilden sich längs des lateralen Längsmuskels eine Reihe auf jeder Seite des Körpers, also zwei Reihen länglicher Spalten. Durch diese Spalten treten beutelförmige Auftreibungen der Quermuskeln, welche die Kerne enthalten, hindurch und liegen also frei auf der Fläche der Leibeshöhle. Sämmtliche Beutel, welche die Kernschnur bilden, sind hohl, sie kommuniziren unter einander und mit dem Hohlraume der Quermuskeln und enthalten dieselbe Flüssigkeit, welche den Hohlraum der Muskelcylinder erfüllt.

Es ist aber noch in anderer Weise als durch dieses cavernöse System für eine ausgiebige Kommunikation der Quermuskelflüssigkeit gesorgt. In den dorsalen und ventralen Medianlinien läuft zwischen der Quer- und Längsmuskelschicht ein weites Gefäss, welches vorn etwas hinter der Kernschnur beginnt. Dieses Gefäss kommunizirt mit den Quermuskeln durch zahlreiche kurze, aber weite Kanäle.“

Bei *Echinorhynchus angustatus* zeigen die Kerne, wie dies Salensky[1] mit ausdrücklicher Berufung auf Schneider angibt, keineswegs jene regelmässige Anordnung wie beim Riesenkratzer.

Auch Leuckart[2] flösste die Schneider'sche Darstellung Bedenken ein. Dem genannten Forscher gelang es ebensowenig einen direkten Zusammenhang der als Markbeutel gedeuteten Seitenröhren mit der Ringmuskulatur, wenigstens mit den Hohlräumen derselben, zu konstatiren, wie jene kurzen Verbindungskanäle, welche nach Schneider die Kommunikation der Medianröhren mit der Quermuskulatur bewerkstelligen, aufzufinden. Vielmehr sah Leuckart beim Riesenkratzer durch Ausweitung von unverkennbaren Muskelfasern noch an verschiedenen anderen Stellen Gebilde ihren Ursprung nehmen, die durch Röhrenform und Aussehen in vielfacher Hinsicht an die fraglichen Seitenorgane sich anschliessen. Bei den kleineren Spezies treten neben den cylindrischen oder röhrenförmigen Muskelfasern bisweilen auch solche auf, bei denen das peritoneale Segment der fibrillären Struktur entbehrt und in Form eines dünnhäutigen Schlauches in die Leibeshöhle hineinragt. Am auffallendsten ist diese Bildung an den Quermuskelfasern des *Echinorhynchus porrigens*, die besonders in dem knopfförmig verdickten Halse durch ihre seitliche Kompression und die beutelförmigen Anhänge fast genau das Aussehen darbieten, das den cölomyarischen Spulwürmern eigen ist. In dem Hinterleibe wiederholen sich im Wesentlichen die gleichen Verhältnisse, nur insofern modifizirt, als die Fibrillenschicht hier die frühere Muldenform verloren hat, sich also flächenhaft, wie bei den sogenannten Meromyariern, ausbreitet und mit Anhängen besetzt, die vielfach zusammengefallen sind und durch die umhüllende Bindesubstanz zu einer schwammigen

[1] Schriften der naturforschenden Gesellschaft zu Kiew, pg. 7—8. 1870.
[2] Die menschlichen Parasiten, Bd. 2. pg. 712—752. 1876.

Masse verbunden werden. Die Längsfaserlage des *Echinorhynchus porrigens* wird, wie dies schon Westrumb beschrieben hat, an den Seiten durch eine breite Lücke unterbrochen und reduzirt sich auf zwei bandartige Streifen, die in der Mitte des Rückens und des Bauches hinlaufen, an beiden Stellen aber, und namentlich am Rücken, nur einige wenige Fasern aufweisen.

„Die Muskulatur des Vorderleibes", schreibt Leuckart weiter, „beschränkt sich fast überall auf einen Ringmuskel, der den Hals umgürtet und beim Einziehen zusammenschnürt. Nur in seltenen Fällen (*Echinorhynchus gigas*) trifft man daneben noch in der unteren Hälfte auf eine dünne Lage von Längsfasern. Und in dem Kopftheile wird man überall vergebens nach einer Hautmuskulatur suchen."

Im Gegensatz hierzu hat Baltzer[1]) sowohl Ring- wie Längsmuskelfasern im Halse aufgefunden. Nur im Bulbus von *Echinorhynchus proteus* ist die Quermuskulatur in Wegfall gekommen. Auch der Rüssel besitzt eine Ringfaserlage, welche, an der Basis am stärksten entwickelt, nach oben an Mächtigkeit abnimmt.

Nach Säfftigen[2]) sind die Fibern der Ringmuskulatur im grössten Theile ihres Verlaufes nach innen offen, behufs Kommunikation des Markes ihres Hohlraumes mit einer allgemeinen Markschicht. Aus dem Umstande, dass die Konturen der einzelnen Muskelzellen sich nirgends deutlich wahrnehmen lassen, folgert Säfftigen, dass beide Muskelhäute überhaupt nicht als Zellenkomplexe, sondern vielmehr als Syncytien oder vielkernige Blasteme betrachtet werden müssen.

In neuester Zeit veröffentlichte R. Köhler[3]) drei Abhandlungen über den Bau der Muskulatur. Die erste beschäftigt sich lediglich mit der Struktur der seitlichen Kernschnüre und der medianen intermuskulären Röhren. Pg. 1193 schreibt Köhler: „Les bandes latérales et les bandes dorsale et ventrale ont donc la même origine et la même signification, puisqu'elles résultent de la formation de larges expansions partant de la face interne des fibres musculaires transversales. Elles ne diffèrent les unes des autres que par les dimensions et par la présence de cloisons qui n'existent que dans les bandes latérales. Les troncs médians forment une saillie beaucoup moins accusée que les bandes latérales, saillie qui m'a paru relativement plus marquée chez le mâle que chez la femelle." Ferner behauptet Köhler, auch bei *Echinorhynchus haeruca* ausgeweitete Muskelfasern aufgefunden zu haben, die sich in gewisser Hinsicht den Kernschnüren des *Echinorhynchus gigas* an die Seite stellen lassen: „En deux points diamétralement opposés de la paroi du corps, et correspondant aux bandes latérales de l'E. gigas, les cellules prennent un développement considérable et proéminent fortement dans la cavité du corps. Il en résulte la formation de deux bandes élargies qui commencent vers l'insertion des lemnisques et se continuent jusqu'à l'extrémité du corps. Ces bandes ne sont pas homologues aux bandes latérales de l'Ech. gigas, puisque celles-ci appartiennent aux muscles circulaires et proviennent d'expansions de fibres creuses, tandis que chez l'E. haeruca elles sont formées par l'élargissement des cellules dans lesquelles se développent les fibres longitudinales."

[1]) Archiv für Naturgeschichte. 1880. pg. 17—19.
[2]) Morphologisches Jahrbuch, 10. Bd. 1884, 1 Heft. pg. 10—11.
[3]) Recherches sur les fibres musculaires de l'*Echinorhynchus gigas* et de l'*E. haeruca*. Comptes rendus des séances de l'académie des sciences. T. 104. 1887. Nr. 17. 1192—1194.

In der zweiten Arbeit sucht Köhler[1]) den Nachweis zu liefern, dass hinsichtlich des Baues der Muskulatur die Acanthocephalen den Trematoden näher stehen, als den Nematoden. Nach seiner Ansicht erreicht die Ringmuskulatur des *Echinorhynchus haeruca* den höchsten Grad der Entwickelung: „La couche musculaire transversale de l' *E. haeruca* consiste en cellules volumineuses, disposées sur un seul rang, et dans lesquelles la région externe, différenciée en substance contractile, renferme un grand nombre de fibrilles serrées, tandis que la région interne conserve sa constitution protoplasmique primitive et contient le noyau. La fibre musculaire (das Primitivfaserbündel) a donc ici la valeur d'un faisceau primitif (ist demnach der Muskelfaser der Nematoden gleichartig). Au contraire, dans la couche longitudinale, les fibrilles forment trois ou quatre groupes distincts dans chaque cellule, chaque groupe constituant une fibre longitudinale tubuleuse. Dans les deux couches, les cellules présentent une portion très notable de protoplasma non transformée en substance contractile: mais la fibre longitudinale, qui correspond à une portion de faisceau primitif seulement, n'a pas une valeur morphologique aussi élevée que la fibre transversale." Bei *Echinorhynchus proteus* enthält jede Muskelzelle, die, wie man aus der Menge der Kerne folgern kann, weit weniger zahlreich sind, als bei *Echinorhynchus haeruca*, zwanzig bis dreissig Primitivfaserbündel. Die Muskelzelle des *Echinorhynchus gigas* ist enorm gross. Sie setzt sich aus einer ungeheueren Zahl von Fasern zusammen, die in einer farblosen Protoplasmamasse, Schneider's Neurosarcolemma, eingebettet sind. Jede Muskelfaser des *Echinorhynchus gigas* entspricht nur einem Theile eines Faserbündels der Ringfasern des *Echinorhynchus haeruca* und hat demnach einen noch geringeren morphologischen Werth als die Muskelröhre des *Echinorhynchus angustatus*. In der letzt erschienenen grösseren Abhandlung fasst Köhler[2]) die Resultate seiner früheren Untersuchungen zusammen. Die Muskulatur der Echinorhynchen besteht aus Muskelzellen, die bald in grosser, bald in minder grosser Anzahl auftreten. Im ersteren Falle ist die Zahl der eine Zelle bildenden Primitivfibrillenbündel klein. Bei der Ringmuskulatur des *Echinorhynchus haeruca* enthält eine jede Zelle nur ein Fadenbündel. Vermindert sich die Zahl der Muskelzellen, dann wächst die Menge der Fibrillenbündel. So bestehen die Zellen der Längsmuskulatur des *Echinorhynchus haeruca* aus 3—4 Primitivfaserbündeln, die Muskelzellen von *Echinorhynchus angustatus* und *Echinorhynchus proteus* aus 20—30, die des Riesenkratzers aber aus einer weit grösseren Menge von Faserbündeln.

Paul Knüpffer[3]) hat die Längsmuskulatur von *Echinorhynchus pseudosegmentatus* n. sp. näher untersucht und beschreibt ihren Bau folgendermassen: Sie besteht aus einer einschichtigen Lage sich berührender, langer, mächtig entwickelter Muskelröhren, die stark abgeflacht sind, und zwar so, dass ihre schmalen Ränder sich berühren. Die der Körperwand zugekehrte Lamelle der glatten Röhre ist etwas dicker, als die dem Lumen des Körpers zugewandte. Diese Lage von Muskelröhren durchzieht den Körper als Hohlcylinder von vorn nach hinten, und zwar so, dass sich die äusseren Lamellen der-

---

[1]) Sur la morphologie des fibres musculaires chez les *Echinorhynques*. Comptes rendus des séances de l'académie des sciences. T. 104, 1887, pg. 1634—1636.

[2]) Documents pour servir à l'histoire des *Echinorhynques*. Journal de l'Anatomie et de la Physiologie. 23. Bd. 1887. pg. 612—630, 638—648, Tafel 28, Fig. 1—4; Tafel 29, Fig. 10—13.

[3]) Beitrag zur Anatomie des Ausführungsganges der weiblichen Geschlechtsprodukte einiger Acanthocephalen. Mémoires de l'Académie impériale des Sciences de St. Pétersbourg 7. série. Tome 36, Nr. 12, 1888, pg. 14, 15. Tafel 2, Fig. 35—39.

selben von Strecke zu Strecke in einer ringförmigen Zone fest mit der Ringmuskulatur verbinden, während die innere Lamelle durchweg frei an derselben vorüberzieht.

Eigene Beobachtungen.

Schon an früherer Stelle fand ich Gelegenheit, darauf hinzuweisen, dass das Muskelgewebe der Acanthocephalen eine unverkennbare Aehnlichkeit mit demjenigen der Nematoden darbietet. Natürlicher Weise soll hiermit nicht gesagt sein, dass überhaupt keine Unterschiede im Baue der kontraktilen Elemente bei den eben genannten Wurmarten obwalten könnten. Im Gegentheil wird schon eine oberflächliche Betrachtung hinreichend sein, Eigenthümlichkeiten zu entdecken, welche ohne Kenntniss der Entwickelungsgeschichte obiger Behauptung den Boden entziehen würden.

Jede Muskelfaser der Nematoden bildet ein einheitliches, von einer kontinuirlichen Sarkolemma-schicht (Zellmembran) umschlossenes Ganzes und ist, was schon Schneider ausgesprochen hat, das Aequivalent einer Zelle.

Man würde sich in einem grossen Irrthume befinden, wollte man den kontraktilen Röhren der Echinorhynchen die gleiche Eigenschaft beilegen. Schon der Umstand, dass die Muskelfibern nicht in ganzer Länge isolirt sind, sondern auf die mannigfaltigste Art unter sich zusammenhängen, muss eine derartige Auffassung sehr problematisch erscheinen lassen. Und in der That werden wir sehen, dass diese röhrigen Gebilde, mögen sie in ihrem feineren Baue noch so auffällig den Muskelzellen der Nematoden gleichen, nur Produkte einer mehrfach wiederholten Faserspaltung darstellen. Ich will mich hier auf diese Andeutung beschränken; die Bildungsvorgänge sollen in dem entwickelungsgeschichtlichen Kapitel eingehender behandelt werden.

Ein weiterer, nicht minder beachtenswerther Unterschied besteht darin, dass die Hautmuskulatur sämmtlicher Echinorhynchen aus zwei vollkommen selbstständigen, sich rechtwinkelig kreuzenden Faserschichten besteht. Die äussere Muskelhaut setzt sich nur aus zirkulären Fasern zusammen, während die innere lediglich longitudinal verlaufende Fibern aufweist. Die äussere und in den meisten Fällen auch die innere dieser beiden Muskelschichten hat die Gestalt eines langen Schlauches, der von zahlreichen flach elliptischen Lückenräumen durchbrochen wird und sich am besten mit einem, durch einseitigen Zug ausgestreckten Netzrohre vergleichen lässt. Die Fäden des Maschenwerkes bilden die vielfach verästelten Muskelcylinder; sie sind sämmtlich hohl, enthalten die gleiche Flüssigkeit und stehen, soweit sie derselben Schicht angehören, unter sich in Verbindung. Das Sarkolemma versieht die einzelnen Röhren mit einem scheidenartigen Ueberzuge, tritt dann auf die benachbarten Fibern über und bewirkt so eine feste Verbindung der sonst getrennten Theile. Die zwischen den Fasern befindlichen Spalten werden von der glashellen Kittmasse niemals vollständig ausgefüllt; es bleiben stets kreisrunde oder elliptische Oeffnungen, welche den von der Hypodermis imbibirten Nährstofflösungen das Eindringen in die Leibeshöhle zu erleichtern bestimmt sind.

Die Muskulatur des *Echinorhynchus gigas* setzt sich nach Schneider aus grossen Platten zusammen, in denen die kontraktile Substanz als ein Netzwerk von Cylindern vertheilt ist. Eine jede Platte ist das Aequivalent einer Zelle und entspricht als solches der Muskelfaser der Nematoden.

Es wäre demnach zunächst die Frage zu erörtern: ist Schneider's Ansicht, die neuerdings wiederum von Köhler vertreten wird, die richtige, oder müssen wir die Muskelhäute des *Echinorhynchus gigas* in derselben Weise, wie die der kleineren Arten (Säfftigen), als Syncytien oder vielkernige Blasteme auffassen?

Oeffnet man den sorgfältig von der Hypodermis befreiten Muskelschlauch eines *Echinorhynchus gigas*, am besten den eines geschlechtsreifen Weibchens, in seiner ganzen Länge, so wird man ohne Weiteres zehn helle Linien gewahren, welche den Leib von den Ansatzpunkten der grossen Retraktoren an bis in die Nähe des hinteren Körperendes durchziehen und die Längsmuskulatur in ebenso viele schmale Felder zertheilen. Schneider nahm an, dass acht dieser Linien: die Kernschnüre, die beiden Mediangefässe und jene zwei dorsalen Muskelröhren, welche den Ligamentblättern zur Insertion dienen, eine vollständige Scheidung der Längsmuskulatur in acht Zellen bewirkten. Diese Voraussetzung hat sich jedoch nicht bewahrheitet. Eine Untersuchung der Muskulatur auf Querschnitten ergibt, dass das Faserflechtwerk des inneren Muskelschlauches die beiden Medianröhren, die bekanntlich zwischen Längs- und Querfiberschicht dahinziehen, ohne merkliche Grenze überbrücken. Ferner ist aber auch die durch die Kernschnüre bewirkte Trennung keine so tief eingreifende, wie man wohl auf den ersten Blick an- nehmen könnte. Es winden sich nämlich zwischen den halsartig eingeengten Theilen der häutigen Muskelbeutel Fibern hindurch, die mit den jenseits dieser Kernwälle liegenden Muskelpartien in Ver- bindung treten.

Nach Köhler bestimmt sich die Zahl der Muskelzellen aus der Menge der vorhandenen Kerne. Bei denjenigen Spezies, bei denen die Muskelkerne in beträchtlicher Anzahl vorhanden sind (z. B. *Echino- rhynchus haeruca*), kommen nur einige wenige Muskelröhren auf eine Zelle. Weit weniger Kerne lassen sich in der Hautmuskulatur des *Echinorhynchus angustatus* und vor allen Dingen in der des Riesenkratzers nachweisen. Eine Zelle im Sinne Köhler's würde in diesem Falle aus 30 und mehr Fasern sich aufbauen. Es liegt klar auf der Hand, dass diese Annahme eine ganz willkürliche ist. Erstens setzt selbige voraus, dass eine jede Faser oder Fasergruppe (Zelle) ein in sich geschlossenes Ganzes bildet, denn sonst könnte man doch wohl überhaupt nicht mehr von Zellen sprechen. Dies ist aber in Wirklichkeit nicht der Fall. Vielmehr sehen wir — selbst bei den Ringmuskelfasern des *Echino- rhynchus haeruca* — von kernhaltigen Fasern Röhren sich abzweigen und direkt in die benachbarte Faser einmünden.

Ferner aber schliesst Koehler's Annahme die Möglichkeit aus, dass bei Formen mit wenigen Muskelkernen, z. B. *Echinorhynchus gigas*, die grossen Muskelterritorien durch Verschmelzung mehrerer Zellen, die nur von einem Kerne gemeinschaftlich ernährt werden, entstanden sein könnten.

Ein klarer Einblick in die wahre Natur der Muskelhäute lässt sich meines Erachtens nur an der Hand der Entwickelungsgeschichte gewinnen.

Die Entwickelung der Hautmuskulatur schliesst eine Reihe von Stadien in sich ein, die wir schon bei der Besprechung der Hypodermis kennen lernten.

Bald nachdem der Uebertritt der Kratzerlarven aus der Darmwandung in die Leibeshöhle erfolgt ist, löst sich von der unteren Hälfte des Embryonalkernes eine ringförmige kernhaltige Plasmamasse ab, die sich in zwei Schichten grosser ellipsoider oder cylindrischer Kernzellen umwandeln. In diesen Zellen und zwar an der nach aussen gewandten Fläche entstehen dünne fadenförmige Plasmastreifen, die bald infolge der Vermehrung der Primitivfibrillen zu grösseren Muskelsträngen werden. Während nun aber in den Zellen der Hypodermis die Fäserchen vollkommen isolirt und selbstständig bleiben, zeigen die kontraktilen Elemente der beiden Muskelhäute schon frühzeitig die Tendenz, zu prismatischen Faserbündeln zu verkleben. Späterhin gehen die Zellgrenzen in beiden Gewebsarten verloren, die protoplasmatischen Zellenleiber verschmelzen mit einander. Auf dieser Entwickelungsstufe bleibt die Hypodermisstehen. Die Faserbündel der Hautmuskulatur, die anfangs auf die Aussenfläche der Zelle sich beschränkten, durchwachsen die Plasmaschicht in ihrer ganzen Dicke und liefern die rinnenförmigen oder die allseitig umwandeten Muskelfasern.

Auch das Verhalten der Kerne ist in diesen beiden Geweben nicht das gleiche. Von den Hypodermiszellkernen geht stets eine grössere Anzahl zu Grunde. In dieser Hinsicht gleicht der Hypodermis eigentlich nur die Längsmuskulatur des *Echinorhynchus gigas*. Bei Larven, die kaum die Grösse eines drittel Millimeters erreicht hatten, zählte ich schon 44 Kernzellen, während beim erwachsenen Individuum höchstens deren 32 angetroffen werden. Bei allen übrigen Formen findet, solange das Längswachsthum der Larve anhält, — also auch dann, wenn die Muskelschichten ihre zellige Struktur eingebüsst haben — eine rege Vermehrung der Kerne statt.

Verstehen wir unter dem Begriffe Syncytium eine zusammenhängende mehr oder minder hoch differencirte Protoplasmamasse, die eine Anzahl von Kernen enthält und durch letztere in Gemeinschaft erhalten wird, so liegt es auf der Hand, dass eine jede der beiden Muskelhäute als ein „vielkerniges Syncytium" bezeichnet werden muss.

Wie an den Muskelfasern der Nematoden, so lassen sich auch an den kontraktilen Röhren der Echinorhynchen ohne Weiteres drei konzentrisch gelagerte Schichten unterscheiden. Die äusserste derselben bildet das Sarkolemma. Es ist eine vollkommen durchsichtige, farblose oder doch nur wenig gefärbte, strukturlose oder faserige Masse, welche jeden einzelnen Cylinder mit einem festen Ueberzuge versieht, dann aber auch zwischen die Muskelfibern sich fortsetzt. Die Dicke der Sarkolemmaschicht ist, soweit selbige zur Einhüllung der Faser dient, keine beträchtliche (s. Tafel 5, Fig. 20 s). Da aber, wo sie zur Ueberbrückung von Spalten und Hohlräumen (s. Tafel 5, Fig. 20 sˣ) oder zur Verbindung der Muskelschläuche mit den hypodermalen Fasergeweben Verwendung findet, gelangt sie zu einer ganz enormen Entwickelung. Als typisches Beispiel will ich hier den *Echinorhynchus trichocephalus* anführen, eine Spezies, bei welcher das Sarkolemma der ovoiden Körperanschwellung (5,7—8 μ) an manchen Stellen die Ringfaserlage (3,5—6,5 μ) an Dicke übertrifft (s. Tafel 1, Fig. 23. sˣ). Weit ansehnlicher ist diese Kittmasse beim Riesenkratzer ausgebildet (20—26 μ, nur tritt sie hier in Folge der riesigen Dimensionen der Muskelröhren (300 μ, in den Hintergrund.

Allerorts, wo das Sarkolemma sich flächenhaft ausbreitet, zeigt es eine streifige oder faserige Struktur (s. Tafel 5, Fig. 20 sˣ; Tafel 1, Fig. 23 sˣ). Letztere inhärirt nicht der Substanz selbst, sondern hat ihren Grund in dem Auftreten einer beträchtlichen Anzahl feiner Spalten und Riefen, welche im Leben mit der das Licht nur schwach brechenden Leibeshöhlenflüssigkeit, auf Dauerpräparaten mit dem körnig gefällten Farbstoffe erfüllt sind.

Unter der cylinderförmigen Sarkolemmahülle breitet sich die kontraktile Substanz aus. Sie besteht aus schmalen Platten, welche durch lamellöse, dünne Fortsetzungen des Sarkolemmas von einander getrennt werden (s. Tafel 5, Fig. 20 s). Bei starker Vergrösserung lösen sich die meist unregelmässig konturirten Muskelbänder in zahlreiche feine Fibern auf, die, da sie sich nicht weiter zerlegen lassen, als Primitivelemente der kontraktilen Substanz aufzufassen sind. Um ihre Struktur genauer kennen zu lernen, wollen wir einen Querschnitt durch die Längsmuskulatur des *Echinorhynchus gigas* in das Auge fassen (s. Tafel 2, Fig. 13).

Die Muskelfibrillen haben hier die Gestalt schlanker Prismen von triangulärem, quadratischem, pentagonalem oder hexagonalem Querschnitte (0,9—2 μ). Sie werden durch äusserst dünne Sarkolemmablättchen (0,2 μ), die sich von den Sarkolemmasepten ablösen, von einander geschieden. Trotz der geringen Dicke lassen sich doch an den Muskelsäulchen zwei Theile unterscheiden. Die Mantelschicht, zugleich die Hauptmasse der Faser, bildet eine völlig homogene Substanz, die mit Karmin sich nur mässig färbt. In der Achse dieser Plasmaprismen (s. Tafel 2, Fig. 13 ms) verlaufen ein oder einige wenige auf dem Querschnitte kreisrunde oder ovale Stränge, die mit dem eben genannten Farbstoffe sehr intensiv sich tingirten.

Am Rande der Muskelfaser stehen die dünneren Muskelsäulchen; sie bilden gewöhnlich parallele Reihen (s. Tafel 2, Fig. 13). Diese gesetzmässige Anordnung geht nach der Mitte der Faser zu allmählich verloren, sodass in der nächsten Umgebung des Markraumes nur regellos neben einander liegende, dickere Säulchen angetroffen werden.

Die Untersuchung eines günstig gelegten Längsschnittes ergibt, dass die Muskelsäulchen nicht in ganzer Länge isolirt sind, sondern auf mannigfache Art unter sich zusammenhängen. Es biegen nämlich unter sehr spitzen Winkeln Zweige ab, die eine Strecke weit der Mutterfaser parallel laufen, um sich dann mit einer der benachbarten Fibern zu vereinigen. Gewöhnlich nehmen Rinde und Achsenstrang an dem Theilungsprozesse gleichen Antheil, so dass alle Spaltungsprodukte dieselben Dimensionen und die gleiche Beschaffenheit aufweisen.

In ganz ähnlicher Weise stehen auch die Muskelplatten unter sich in Verbindung, nur mit dem Unterschiede, dass hier die sich abspleissenden Fibrillenstränge niemals die Dicke der Muskelbänder erreichen.

Die Muskelplatten ordnen sich zu einer geschlossenen Röhre oder zu einer in mehr oder minder grosser Ausdehnung klaffenden Rinne, die auf ihrer Innenfläche mit einem dünnen Sarkolemmahäutchen ausgekleidet ist. An den Rändern der Mulde vereinigen sich der äussere und der innere Sarkolemmabelag zu einer derben Membran, die in Form eines Schlauches oder Beutels die der Leibeshöhle zugewandte Spaltöffnung schliesst. In dem Markraume, der im letzteren Falle nach aussen von der kontraktilen Substanz, nach innen aber nur vom Sarkolemma begrenzt wird, finden sich zahlreiche, zu einem Netzwerke verwobene Plasmafäden, zwischen denen eine vollkommen farblose, körnchenreiche Flüssigkeit zirkulirt. Besonders häufig treten die Plasmafäden in unmittelbarer Nähe der Kerne auf, und es liegt die Vermuthung sehr nahe, dass sie die Kerne in konstanter Lage zu erhalten bestimmt sind.

Die Kerne haben eine kugel- oder eiförmige Gestalt und zeigen im Leben ganz ähnliche Bewegungserscheinungen, wie die Kerne der Hypodermis. Ihre Substanz ist sehr fein granulirt und nur wenig gefasert, sonst aber farblos und durchsichtig, so dass es oftmals sehr schwierig ist, um im frischen Gewebe zu erkennen. Ausser einigen gröberen Körnchen enthalten sie einen sehr grossen, mannigfaltig geformten Nucleolus und zwei bis drei kleinere Nebenkernkörperchen, die augenscheinlicher Weise aus dem gleichen Materiale bestehen. Alle genannten Plasmaeinschlüsse imprägniren sich sehr intensiv mit farbigen Reagentien.

Während im Voranstehenden lediglich solche Strukturverhältnisse, die allen Kratzern im gleichen Masse zukommen, Berücksichtigung gefunden haben, sollen im Folgenden die Form- und Gestaltunterschiede, welche die Muskelfibern bei den einzelnen Spezies aufweisen, einer kurzen Besprechung unterbreitet werden.

Zum Ausgangspunkte der Betrachtung will ich *Echinorhynchus spinosus* wählen, und zwar hauptsächlich aus dem Grunde, weil bei ihm Muskelfasern von der denkbar regulärsten Form auftreten. Um den Bau der Muskulatur richtig zu verstehen, muss man in Erwägung bringen, dass die Längsfasern, soweit sie das äusserst zierliche Gitterwerk des Halses und Vorderleibes zusammensetzen, gar keine Form- und Grössendifferenzen, oder nur solche von untergeordneter Bedeutung erkennen lassen.

Tafel 1, Fig. 21 soll einen Querschnitt durch die Körperwand des *Echinorhynchus spinosus*, der ungefähr in der Höhe der letzten Stachelreihe geführt wurde, veranschaulichen. Die Längsmuskelfasern erscheinen auf demselben als kongruente Ellipsen, deren Hauptachse (17 μ) senkrecht zur Körperoberfläche gestellt sind. An ihnen lassen sich vier vollkommen konzentrische Zonen unterscheiden. Die äusserste derselben bildet die farblose Sarkolemmahülle (s), von der sich zahllose Bänder und Streifen (ss), welche die Verbindung mit den benachbarten Fasern vermitteln, ablösen. Nach innen entsendet das Sarkolemma eine Anzahl Septen (ss), die genau radial verlaufen und in gleichen Abständen angebracht sind. Die Primitivfasern gruppiren sich zu prismatischen Bündeln (fp), deren jedes einen solchen zwischen zwei Septen gelegenen Raum vollständig ausfüllt. Auf der Innenfläche erhält die kontraktile Substanz wiederum einen Sarkolemmaüberzug (s'), der sie von dem mit Mark erfüllten Hohlraume (M) abgrenzt. Dabei will ich übrigens erwähnen, dass bei keiner einzigen Spezies die Fibrillenrinde eine vollkommen ebene innere Begrenzungsfläche besitzt. Vielmehr sieht man vom Markraume aus kleine oder grössere Spalten bald tief, bald weniger tief in die kontraktile Substanz hineingreifen und selbige in eine äquivalente Anzahl unregelmässig geformter Platten zertheilen. Die Spaltung geschieht — wie man sich am besten bei der Muskulatur des Receptaculum überzeugen kann — wohl immer längs der Sarkolemmasepten. Doch ist es keine Seltenheit, dass an der Trennungsfläche (Sarkolemmaseptum) einige Fäden oder kleine Fadenbündel des sich loslösenden Bündels haften bleiben.

Eine auffällige Abänderung erfährt die Gestaltung der Muskelfasern durch das Auftreten der Kerne. In unmittelbarer Nähe dieser Gebilde verdünnt sich plötzlich die kontraktile Rinde und lässt einen der Leibeshöhle zugewandten, weit klaffenden Spaltraum entstehen. Durch letzteren quillt die Marksubstanz begleitet von einem Kerne heraus und bildet einen ansehnlichen Beutel, der nur von einer derben Sarkolemmamembran umschlossen wird.

Die Markbeutel sind eine Eigenthümlichkeit der Hautmuskelfasern sämmtlicher Echinorhynchen und entsprechen vollkommen den häutigen Anhängen, welche die Muskelfasern der cölomyaren Nematoden auszeichnen. Offenbar haben diese Einrichtungen den Zweck, dem Kerne, dem bekanntlich die Ernährung der Zelle hauptsächlich obliegt, die Resorption der die Faser umspülenden Nährflüssigkeiten zu erleichtern.

Die Darstellung, die ich voranstehend gegeben habe, hat zunächst nur für die Längsmuskulatur, soweit selbige den Vorderkörper des *Echinorhynchus spinosus* auskleidet, volle Geltung. In der hinteren Leibespartie unterscheiden sich die Fibern von ihren Abspleissungen nicht nur durch eine beträchtlichere

9*

Dicke, sondern auch dadurch, dass sich eine Reihe weiterer Gestaltsdifferenzen bemerkbar macht, die im Allgemeinen zwar nicht sehr bedeutend sind, in diesem Falle aber ausreichen, um der Längsmuskulatur das Aussehen eines höchst regellosen Fasergeflechtes zu verleihen.

Denkt man sich, dass in Folge eines in radialer Richtung wirkenden Druckes die Muskelcylinder sich abplatten, so erhält man Formen, die für die Längsmuskulatur von *Echinorhynchus haeruca* und *Echinorhynchus angustatus* typisch sind.

Auf einem Querschnitte durch die Körperwand erscheinen die Längsmuskelfasern bei beiden Spezies in der Gestalt stark abgeflachter Ellipsen von sehr variabeler Breite (*Echinorhynchus haeruca* 20—40 μ (s. Tafel 1, Fig. 15), *Echinorhynchus angustatus* 16—25 μ). Die kontraktile Substanz (2,8—3.2 μ) vertheilt sich gleichmässig über die gesammte Oberfläche der Faser. Nur da, wo die Kerne lagern, wird die kontraktile Rinde (f), und zwar stets an der der Leibeshöhle zugewandten Fläche der Fiber, von einem geräumigen Spalte, der die Kommunikation des Markes mit dem Kernbeutel ermöglicht, unterbrochen. Die letzgenannten Gebilde gelangen bei *Echinorhynchus angustatus* und *Echinorhynchus haeruca* zu einer weit mächtigeren Entwickelung als bei *Echinorhynchus spinosus*, und es gehört, zumal bei *Echinorhynchus haeruca*, keineswegs zu einer Seltenheit, dass selbige den Markraum der Röhre um mehr als das Doppelte seines Durchmessers übertreffen. In jedem der Beutel, die bei *Echinorhynchus angustatus* sich regelmässig über die ganze Innenfläche des Längsfaserschlauchs vertheilen, bei *Echinorhynchus haeruca* aber hauptsächlich (wenngleich nicht ausschliesslich) die beiden Seiten bedecken, ruht ein ovaler Kern, der einen scharf konturirten, sehr grossen und intensiv gefärbten Nucleolus umschliesst.

Nachdem ich so diejenigen Merkmale angeführt habe, welche der Längsmuskulatur beider Spezies zukommen, liegt es mir noch ob, mit wenigen Worten die allgemeine Konfiguration der Fasern für jede der Spezies zu schildern.

Aus den oben angeführten Zahlenwerthen folgt schon ohne Weiteres, dass die Längsfasern des *Echinorhynchus angustatus* im Allgemeinen schmäler sind, als bei *Echinorhynchus haeruca*. Ferner unterscheiden sie sich auch dadurch, dass die Fibrillenrinde bei *Echinorhynchus angustatus* im Verhältniss zur Faserdicke sehr mächtig entwickelt ist und den Markraum auf einen engen Spalt reduzirt. Auch scheinen jene Spalträume, welche vom Mark aus in die Fibrillenrinde eindringen, nicht nur in geringerer Anzahl vorhanden zu sein, sondern auch niemals die beträchtlichen Dimensionen zu erreichen, wie beim *Echinorhynchus haeruca*.

Im Halse des *Echinorhynchus haeruca* und *Echinorhynchus angustatus* finden sich fast cylindrische Fasern, welche wohl als eine Uebergangsform von den eben beschriebenen breiten Muskelbändern zu den röhrigen Fibern des *Echinorhynchus spinosus* betrachtet werden können.

Die Muskulatur des männlichen Schwanzendes unterscheidet sich, abgesehen von der geringeren Dicke der einzelnen Fasern nicht wesentlich von derjenigen des mittleren Leibes. Beim Weibchen hingegen reduzirt sich die fibrilläre Substanz der Längsfasern, welche sich in der Umgebung des Uterus befinden, auf ein dünnes Häutchen, an dem eine Gruppirung der Primitivfibern zu Prismen oder Platten sich kaum noch erkennen lässt.

Bauchig aufgetriebene oder auf längere Strecken kanalartig erweiterte Muskelfasern[1], wie sie *Echinorhynchus gigas* besitzt, konnte ich weder bei *Echinorhynchus angustatus*, noch bei *Echinorhynchus haeruca* auffinden.

Ring- und Längsmuskulatur stehen — sagt Säfftigen[2] — durch zahlreiche dünne Sarkolemmazüge mit einander in Verbindung. Diese sollen von der inneren Ring- und äusseren Längsmuskelwand aus in Gestalt eines kleinen Trichters ihren Ursprung nehmen.

Die Sarkolemmatrichter existiren nie im lebenden Gewebe: offenbar verdanken sie ihre Entstehung der eigenartigen Präparationsmethode. Säfftigen konservirt die Echinorhynchen, welche zum Studium der Muskulatur dienen sollten, vermittelst 0,1 prozentiger Osmiumsäure. Sie kontrahiren sich während der ersten Stunden, strecken sich aber dann wieder vollständig aus. Die letztere Erscheinung beruht zweifellos auf dem hoch entwickelten Absorptionsvermögen der Körperwandung. Der Druck, der in Folge der fortschreitenden Imbibition sich stetig steigert, kann in erster Linie die Muskelhäute, da selbige von zahlreichen Oeffnungen durchbrochen sind, gar nicht beeinflussen: seine Existenz wird sich vielmehr Anfangs in einer Ausweitung des Sarkolemmaschlauches, der als kontinuirliche Membran die Hypodermis auf ihrer Innenfläche begrenzt, bemerkbar machen. Da nun aber dieses Sarkolemma durch Fäden und Bänder mit der Muskulatur in Verbindung steht, so wird allmählich der Druck sich auf die Ring- und späterhin auch auf die Längsmuskulatur fortpflanzen. Zieht man ferner in Betracht, dass die kontraktilen Elemente durch die Einwirkung der Härtungsreagentien den grössten Theil der Elasticität eingebüsst haben, so wird man es leicht erklärlich finden, dass gerade an jenen Stellen, wo die Sarkolemmafäden sich an die Muskelfasern anheften, ein Abheben der Sarkolemmascheiden von ihrer Unterlage stattfindet.

Auch *Echinorhynchus trichocephalus*, *Echinorhynchus strumosus* und *Echinorhynchus porrigens* besitzen allseitig von kontraktiler Substanz umwandete Längsmuskelfasern. Die Kerne liegen in ansehnlichen Markbeuteln, die durch geräumige Spalten auf der der Leibeshöhle zugewandten Fläche hervorquellen. Betrachtet man einen Schnitt, der den Markbeutel trifft, so sieht man die kontraktile Rindensubstanz eine weit klaffende Rinne bilden, deren Lumen von dem Leibesraume nur durch eine mehr oder minder weit vorspringende Sarkolemmamembran geschieden wird.

Von *Echinorhynchus angustatus* und *Echinorhynchus haeruca* aber unterscheiden sich die drei genannten Arten vor allen Dingen dadurch, dass die Längsmuskelfasern keinen geschlossenen Schlauch bilden. Am nächsten steht dem *Echinorhynchus angustatus* noch der *Echinorhynchus trichocephalus*. Im Hinterleibe finden wir dicke Muskelröhren von fast triangulärem Querschnitte (s. Tafel 8, Fig. 7). Sie liegen nicht dicht nebeneinander, sondern sind durch Lückenräume von einander getrennt, deren jeder der Breite einer Muskelfaser fast gleichkommt. Die Fasern besitzen eine wohl entwickelte, stark zerklüftete Fibrillenrinde (s. Tafel 8, Fig. 7, f) und ein nur spärliches, zentral gelegenes Mark. Je mehr wir dem Schwanzende näher kommen, um so mehr flachen sich die Längsfasern ab, und es entstehen ähnliche Formen, welche wir in der Längsmuskulatur des *Echinorhynchus angustatus* kennen

[1] Vergl. Leuckart, Die menschlichen Parasiten, 2. Bd. pg. 749.
[2] Morphologisches Jahrbuch, 10. Bd. 1. Heft, pg. 13.

lernten. Die Fasern der Halsgegend sind oval oder vierkantig, gleichen aber sonst denen des Mittelkörpers.

In der mächtigen Körperanschwellung scheinen auf den ersten Blick die Längsmuskelfasern zu fehlen. Durchmustert man aber lückenlose Serien von Querschnitten, so wird man finden, dass unweit der vorderen und hinteren Uebergangsstelle des cylindrischen Leibes in die ovoide Körperauftreibung die beiden ventral und dorsal von den Retractores receptaculi gelegenen breiten Muskelbänder sich mehr und mehr der Leibeswand nähern und schliesslich der Ringmuskelschicht eng sich anschmiegen. Diese letzteren Fasern sind es, welche man gewöhnlich als Längsfaserschicht der Leibeswand bezeichnet. Soweit die Längsmuskeln frei durch die Leibeshöhle hinziehen, gleichen sie in ihrem feineren Baue vollkommen dem Retractor colli. Die einzelnen, sich vielfach verzweigenden Röhren haben einen vollkommen cylindrischen Bau: die kontraktilen Fibrillen bilden einen allseitig geschlossenen, gleichmässig dicken Hohlcylinder.

Hinsichtlich der Wirkungsweise bilden sie die Antagonisten der die Körperanschwellung auskleidenden Ringfaserlage (worüber später). Durch ihre Verkürzung wird das ovoide Körpersegment zwar kürzer werden, zugleich aber um ein Beträchtliches sich aufwulsten, während in Folge der Kontraktion des Ringfaserbelags das Ovoid sich mehr und mehr abflachen und schliesslich in einen Cylinder, der die direkte Fortsetzung des walzenrunden Leibes bildet, übergehen muss.

Auftreibungen der verschiedenartigsten Körpertheile finden wir bei einer ganzen Reihe von Echinorhynchusspezies. Bei allen derartigen Bildungen, soweit sie zur Fixation des Wurmes an der Darmwand des Wirthes beitragen, müssen wir zwei Arten unterscheiden, erstens solche, die frühzeitig, vielleicht noch im Larvenleben angelegt werden, und dann solche, die erst im späteren Leben auftreten. Zu den letztgenannten Bildungen gehört unter anderen die Halskugel des *Echinorhynchus proteus*. Dieses fast kugelige Organ fehlt den jungen Individuen gänzlich. Es bildet sich erst später, wenn der Wurm seine Wanderungen eingestellt und seinen definitiven Bestimmungsort erreicht hat, und zwar in Folge des massenhaften Auftretens einer körnigen Exsudatmasse, die zwischen Halshypodermis und Receptaculum sich anhäuft. Natürlicherweise kann nach Bildung seiner Halskugel der *Echinorhynchus proteus* seinen Ort nicht verändern.

Mit ganz anderen Faktoren haben wir bei denjenigen Spezies zu rechnen, bei denen Körperauftreibungen schon von der frühesten Jugend an vorhanden sind. Sollen diese Bildungen denselben Zweck erfüllen, wie die Halskugel des *Echinorhynchus proteus*, so ist es unbedingt erforderlich, dass sie gleich der letzteren tief in das Gewebe des Wirthsdarmes eingegraben werden. Es liegt nun klar auf der Hand, dass die aufgeschwollenen Leibespartien dieselben Gestaltveränderungen selbstständig auszuführen fähig sein müssen, welche der Hals des *Echinorhynchus proteus* im Laufe der Zeit ohne sein Zuthun erleidet. Solche Veränderungen setzen aber einen eigens dafür konstruirten Mechanismus voraus. Zunächst müssen kräftige Ringmuskeln vorhanden sein, welche den aufgetriebenen Leibesabschnitt zusammenschnüren und ihm eine entsprechend dünne, cylindrische Gestalt ertheilen. Sind nun der Hals und der walzenrunde Vorderleib (die ursprünglich ovoide oder kugelförmige Auftreibung eingeschlossen) in Folge der fortdauernden Bohrbewegungen des Hakenrüssels vollständig in der Darmwand des Wirthes vergraben, so müssen Muskeln in Thätigkeit treten, welche dem zu einem dünnen Cylinder eingeengten

Leibessegmente seine ursprüngliche kolbige Form wiedergeben. Einen solchen Mechanismus haben wir in der Muskulatur der ovoiden Leibesanschwellung des *Echinorhynchus trichocephalus* kennen gelernt; einen nur wenig modifizirten werden wir in dem sogenannten Halskegel des *Echinorhynchus porrigens* finden.

Bei *Echinorhynchus strumosus* ist die Längsmuskelschicht nur schwach ausgebildet. Ausser einigen wenigen isolirt dahin laufenden Fasern findet man stets drei grössere Muskelbänder, von denen das eine, aus 3—4 Fasern bestehend, den Rücken, die beiden anderen circa 5—6 Fibern enthaltenden Bändel die Seitentheile und die lateralen Partien der Bauchfläche des kontinuirlichen Ringmuskelschlauches bedecken. Die Fasern sind sehr flach und mit einer verhältnissmässig sehr dicken Fibrillenrinde umgeben. Das Mark reduzirt sich auf einen spaltförmigen, im Zentrum gelegenen Spaltraum. Im kolbenförmig verdickten Vorderkörper bemerkt man ausser den drei Faserzügen, welche in Folge wiederholter Faserspaltung sich wesentlich verbreitert haben, zwei kräftige, frei durch die Leibeshöhle hinziehende Faserbänder. Sie befestigen sich vorn dicht hinter der Insertionsstelle der Retractores colli, durchsetzen dann als zwei nur wenig gekrümmte Muskelplatten parallel der Medianebene den kugelförmig erweiterten Leibesraum und heften sich, nachdem eine jede sich in einen dorsalen und ventralen Zipfel gespalten hat, an der hinteren Körperwand an. Diese beiden Längsfaserbänder, die in ihrem Baue mit den ihnen auf eine längere Strecke parallel laufenden Retractores colli übereinstimmen, entsprechen hinsichtlich ihrer Wirkungsweise vollkommen den frei verlaufenden Längsmuskeln der ovoiden Leibesanschwellung des *Echinorhynchus trichocephalus*. Durch Kontraktion derselben wird der mit zahlreichen, nach hinten gerichteten Stacheln bedeckte Vorderleib zu einer ansehnlichen Kugel aufgetrieben. Ueber die Vortheile, welche dem Wurme aus dieser Einrichtung erwachsen, wird man sich wohl ohne Weiteres klar werden, wenn man berücksichtigt, dass *Echinorhynchus strumosus* ausschliesslich in der Tiefe der zahlreichen Schleimhautfalten des Seehundsdarmes sich aufhält.

Im Hinterleibe des *Echinorhynchus porrigens* reduzirt sich die Längsmuskulatur auf zwei mediane Muskelbänder, ein breiteres aus 8—12 Fibern bestehendes, das der Rückenfläche, und ein schmäleres nur 3—5 Fasern umfassendes Band, das der Bauchfläche entlang läuft. Die einzelnen Fasern sind ziemlich flach und erinnern in ihrem Baue an die Längsfasern des *Echinorhynchus laevuca*.

Im kegelförmigen Kopfabschnitte fehlt die wandständige Längsfaserschicht. Dafür aber finden wir sehr zahlreiche frei verlaufende Längsmuskelröhren. Sie spannen sich zwischen der nach vorn gewandten, etwas gewölbten Kegelbasis und der Mantelfläche aus und zwar so, dass sie stets die Richtung der Kegelachse einhalten. Die einzelnen Fibern, welche auf dem Querschnitte in ovaler oder auch polygonal abgeplatteter Form entgegen treten, werden von einem allerorts gleich dicken Fibrillenmantel umgeben (s. Tafel 1, Fig. 25 FM); sie unterscheiden sich also hinsichtlich ihrer Struktur in nichts von den Fasern, welche die Längsmuskulatur des übrigen Leibes zusammensetzen. Die Fasercylinder liegen in mehreren Reihen neben einander und bilden Blätter, die in radialer Richtung vom Kegelzentrum zur Peripherie laufen. Je zwei dieser Muskelbänder vereinigen sich mit ihren Rändern zu Falten, deren Umbiegekanten in die unmittelbare Nähe des Retractor colli zu liegen kommen. In ihren peripherischen Partien spalten sich die Radialbänder in zwei, seltener in vier Blätter, die nach kurzem Verlaufe zwischen den Ringmuskeln endigen (s. Tafel 1, Fig. 25 FM).

Die Längsmuskulatur befestigt sich an der Ringfaserschicht vermittelst zahlloser Sarkolemmafäden. Ausserdem aber scheinen einige Fibrillenbündel sich abzuspleissen, die Ringmuskulatur zu durchsetzen und in das über letzterer gelegene Sarkolemma einzudringen.

Die Längsmuskelfaser des *Echinorhynchus moniliformis* bildet, indem die äussere Wand derselben sich auf Kosten der inneren verdickt, eine Uebergangsform zwischen der gleichmässig umwandeten Längsmuskelfaser der beschriebenen Arten und der nur auf der äusseren Fläche mit kontraktiler Substanz ausgestatteten Ringmuskelfaser.

Wir wollen zunächst den Bau der Längsmuskulatur des Riesenkratzers näher in das Auge fassen. An der Längsmuskulatur des Halses ist die einseitige Anhäufung von kontraktiler Substanz noch nicht deutlich ausgeprägt. Unmittelbar hinter der Cuticularfalte finden wir noch vollkommen cylindrische Fibern, die genau dieselbe Vertheilung der fibrillären Rindensubstanz wie in den Längsfasern des *Echinorhynchus haeruca* oder *Echinorhynchus angustatus* erkennen lassen. Fassen wir jedoch einen Querschnitt, der hinter der Halsbasis geführt wurde, in das Auge, so werden wir ein ganz anderes Bild erhalten. Die kontraktile Substanz, welche zwar immer noch die Faser allseitig umgibt, setzt sich hier aus zwei gleich dicken Seitenplatten zusammen, die durch eine äussere dicke und eine innere dünnere Kommissur mit einander verbunden werden. Der Markraum ist nur wenig entwickelt und greift in Form spalt- oder schlitzförmiger Lückenräume in die Fibrillenrinde ein. Die Hauptmasse der Faser macht also die kontraktile Substanz aus. Die Primitivfibern gruppiren sich zu unregelmässigen, meist hohen Prismen von gewöhnlich trapezoidem Querschnitte und werden durch verhältnissmässig dicke Sarkolemmasepten von einander geschieden. Oftmals gewahrt man, dass die Septen, nachdem sie ungefähr die Hälfte der kontraktilen Rinde durchsetzt haben, sich in mehrere Blätter spalten und Bündel von trigonalem Querschnitte zwischen sich nehmen.

Uebrigens muss ich hier hervorheben, dass ich in der inneren Kommissur eine Anordnung der Primitivsäulchen zu Bündeln nur in Muskelfasern des Vorderkörpers deutlich wahrnehmen konnte; sonst stehen die einzelnen Fäserchen ohne jede Ordnung dicht nebeneinander.

Je weiter man sich nun von der Cuticularfalte entfernt, um so auffälliger werden die Unterschiede, die in der Dicke der beiden Kommissuren obwalten. Die fibrilläre Substanz konzentrirt sich mehr und mehr auf der Aussenfläche der Faser, während sie auf der gegenüberliegenden Seite so beträchtlich abnimmt, dass oftmals nur noch ein dünnes Faserhäutchen die Grenze zwischen Markraum und Leibeshöhle abgibt. Zu gleicher Zeit geht die cylindrische Gestalt der Fibern verloren. Durch den gegenseitigen Druck platten sie sich zu schmalen Prismen von rechteckigem oder auch trapezförmigem Querschnitte ab (s. Tafel 2. Fig. 9 LM).

Ausserdem trifft man nicht selten Fasern an, deren peritoneales Segment sich beträchtlich ausweitet und in der Gestalt eines geräumigen Schlauches frei in die Leibeshöhle hineinragt. An allen derartigen Bildungen lassen sich zwei Theile unterscheiden: die eigentliche Faser und der häutige Beutelanhang. Erstere gleicht in Form und Grösse vollständig den benachbarten Fibern. Die innere Kommissur hingegen fehlt diesen Fasern. An ihrer Stelle befindet sich ein weit klaffender Spalt, welcher die Kommunikation des Markraumes mit dem Beutelanhange ermöglicht. Der Muskelanhang besitzt gewöhnlich die Form eines in radialer Richtung stark abgeflachten Cylinders und überdacht oftmals fünf der benachbarten Fasern. Nicht minder häufig sind solche Längsmuskelfasern, deren äussere Kommissur

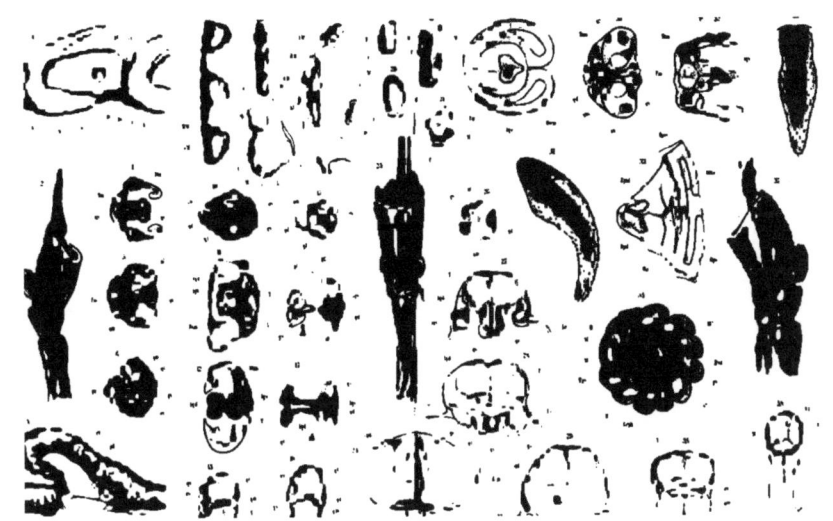

sich ein- oder mehrmals faltet, sodass alsdann der Markbeutel mit den Markräumen mehrerer Fibrillenrinnen kommunizirt (s. Tafel 2, Fig. 9 LM). Von den Kernbeuteln unterscheiden sich alle diese Muskelanhänge dadurch, dass sie allseitig von einer dünnen membranösen Fortsetzung der kontraktilen Substanz ausgekleidet werden. Für das Auftreten dieser Bildungen lässt sich keine Norm feststellen. Ich will nur erwähnen, dass sie beim Weibchen weit häufiger vorkommen und zumal in der hinteren Leibeshälfte viel ansehnlichere Dimensionen annehmen, als dies bei dem Männchen der Fall ist.

Im Allgemeinen besitzen die aufgetriebenen Muskelfasern keine beträchtliche Länge (im Maximum 2 mm). Eine Ausnahme hiervon machen vier mächtige Längswülste, an denen sich die beiden Ligamentsäcke (Tafel 2, Fig. 16 L) befestigen. Die Markbeutel dieser Muskelfasern, welche zu beiden Seiten der Kernschnüre dahinziehen und schon beim Oeffnen des Hautmuskelschlauches als vier scharf gezeichnete Längslinien in die Augen fallen, ragen vermöge ihrer immensen Grösse (250 bis 300 μ) weit über die übrige Längsmuskulatur heraus. Trotz alledem stimmen sie hinsichtlich ihres feineren Baues vollkommen mit den voranstehend beschriebenen Beutelfasern überein. Schon Schneider[1]) hat diese vier häutigen Röhren gesehen und sie als erweiterte Muskelcylinder mit sehr dünnen Wänden beschrieben[2]). Die Beziehungen aber, welche zwischen ihnen und der darunter hinziehenden Längsfaserrinne obwalten, blieben dem genannten Forscher unbekannt.

Im hinteren Leibesende (in der Höhe der Uterusglocke, beziehentlich der männlichen Ausleitungswege) gewinnt die Längsfaserschicht allmählich ein anderes Aussehen. Die Fasern werden breiter und mehr bandförmig. Sie sind von einer dünnen Fibrillenschicht, die bald aussen, bald innen, bald von der einen oder anderen Seite sich verdicken kann, umgeben. Der Markraum ist ausgewöhnlich gross und mit einem wohlentwickelten, aber sehr feinen Fadennetzwerke erfüllt. Auch hinsichtlich der Dimensionen, welche die einzelnen Röhren aufweisen, walten so enorme Unterschiede ob, wie sie sonst wohl nirgends gefunden werden.

Die Längsfaserschicht des *Echinorhynchus moniliformis* gleicht in vielfacher Hinsicht der des *Echinorhynchus gigas*. Die Querschnitte der einzelnen Faserröhren sind kreisrund (so in der Halsgegend), oder bilden stark (im Mittelleibe) oder minder stark (im unsegmentirten Hinterleibe) abgeflachte Ellipsen (s. Tafel 8, Fig. 19, 20; Fig. 14 LM). Die kontraktile Substanz häuft sich hauptsächlich auf der Aussenseite in grösserer Menge an, während sie an der gegenüberliegenden Fläche mehr und mehr abnimmt. Muskelfasern, deren peritoneales Segment nur einen sehr dünnen, häutigen Fibrillenbelag aufweist, sind bei *Echinorhynchus moniliformis* weit häufiger als beim Riesenkratzer.

Zu den letzt erwähnten Faserart gehören auch die vier an den Seiten der beiden lateralen Kernbeutelschnüre herablaufenden ausgeweiteten Muskelröhren, welche den grossen Ligamentsäcken zur Insertion dienen (s. Tafel 8, Fig. 9). Sie beginnen in der Nähe der Ansatzpunkte der Retractores receptaculi und lassen sich ohne Schwierigkeit bis in die Nähe der Leitungswege verfolgen. Im unsegmentirten Hinterleibe nähern sich die beiden dorsalen Längsröhren allmählich der dorsalen Medianlinie.

---

[1]) Archiv für Anatomie und Physiologie, 1868, pg. 588.
[2]) Vergl. Leuckart, Die menschlichen Parasiten, 2. Bd. pg. 748.

10

Die Kerne ruhen in mächtigen, vielfach gefalteten Markbeuteln, welche durch weit klaffende Spalten der Fibrillenrinde mit dem Röhrenwerke in Verbindung stehen, und sind wie die des *Echinorhynchus gigas* in sehr geringer Anzahl vorhanden.

Bei den meisten Spezies ist der feinere Bau der Ringmuskulatur wesentlich verschieden von dem der Längsfaserschicht. Zum Ausgangspunkte unserer Betrachtungen werde ich aber den *Echinorhynchus gigas* wählen, weil hier ein grosser Theil der Ringfasern noch den für die Längsmuskelfiber typischen Bau zur Schau trägt. Diese Fasern finden sich hauptsächlich in den vorderen und mittleren Leibesabschnitten.

Der Querschnitt einer solchen Ringfaser[1]) ist kreisrund, oval, oder er hat die Form einer symmetrisch gebauten Niere, deren Konkavität der Hypodermis zugekehrt ist (s. Tafel 5, Fig. 20). Auf der konvexen Seite, und zwar dicht am Rande der Fiber, liegt der mit vielen Auszackungen versehene Markraum (s. Tafel 5, Fig. 20 M). Die Hauptmasse der kontraktilen Substanz kommt auf die beiden Seitenplatten. Selbige setzen sich aus breiten Bändern, welche strahlenförmig dem Markraum zulaufen (s. Tafel 5, Fig. 20 f), zusammen. Die äussere Wand der Faser bildet eine dicke Lage fibrillärer Substanz, deren Elemente sich gleichfalls zu trapezoiden Säulen gruppiren. Auf der konvexen Innenfläche wird die Fiber durch eine dünne, aber sehr breite Fibrillenplatte geschlossen (s. Tafel 5, Fig. 20 f).

Neben diesen Ringfasern finden wir (zumal in dem letzten Fünftel des Leibes) auch solche, bei denen die innere Kommissur gänzlich in Wegfall gekommen ist. Die fibrilläre Substanz bildet alsdann eine mehr oder minder weit klaffende Rinne, die nach der Leibeshöhle zu nur durch eine von ihren Rändern ausgehende Sarkolemmamembran geschlossen wird.

Eine bemerkenswerthe Eigenthümlichkeit der Ringmuskulatur des Riesenkratzers bildet die Anordnung der Kerne. Zwar wird man bei sorgfältiger Durchmusterung des ausgebreiteten Hautmuskelschlauches hier und da zwischen Ring- und Längsfaserschicht einige Kerne ausfindig machen. Die Zahl dieser Kerne ist aber verschwindend klein im Verhältniss zu derjenigen, welche sich an der Bildung der beiden Kernschnüre betheiligt. In der Mitte zwischen den grossen Seitenröhren verlaufen auf der Innenfläche der Längsmuskulatur zwei Wülste, die bei stärkerer Vergrösserung in eine enorme Zahl von Markbeuteln sich auflösen. Letztere liegen in mehreren Reihen neben einander und erreichen nicht selten den dreifachen Durchmesser der seitlichen Längsröhren. Die Wandung der Kernbeutel besteht aus den drei bekannten Schichten. Die äussere Hülle bildet eine derbe Sarkolemmamembran (2,5 μ. s. Tafel 2, Fig. 9 s'). Unter ihr liegt die um nur weniges dickere Fibrillenlage (3 μ. s. Tafel 2, Fig. 9 f'), welche innen wiederum von einem dünnen Sarkolemmahäutchen (s. Tafel 2, Fig. 9 s") begrenzt wird. Jeder Beutel (600 bis 800 μ im Durchmesser) enthält einen grossen ovalen Kern, der ausser dem eckigen Nucleolus noch zwei bis vier randständige Nebenkernkörperchen in sich einschliesst. Die dichte Lage der Markbeutel bedingt das Entstehen zahlreicher Falten, welche mehr oder minder tief in das Innere einspringen und den Markraum in verschieden grosse Kammern theilen (s. Tafel 2, Fig. 9 M', M"). Mit dem Hohlraume der eigentlichen Faser stehen die Markbeutel durch ein trichterförmiges Rohr, das ganz die Beschaffenheit des Markbeutels aufweist, in Verbindung (s. Tafel 2, Fig. 9 x).

---

[1]) Für *Echinorhynchus gigas* beträgt die Dicke der Ringmuskulatur bei einem Körperdurchmesser von 5,6 mm 120 bis 150 μ; die Stärke der Längsfaserschicht muss auf mindestens 200 μ veranschlagt werden.

In der Beutelwandung finden sich geräumige Oeffnungen, die eine Kommunikation sämmtlicher Kernbeutel ermöglichen. Eine jede Kernschnur besteht aus zwei parallelen, dicht neben den Laterallinien dahinziehenden Kernbeutelreihen, die nur am hinteren Leibespole etwas auseinander weichen. In der Nähe der Retinacula endigt der ventrale Ast. Der dorsale biegt in sanftem Bogen nach vorn um und verbindet sich in der Dorsallinie mit dem Ausläufer der gegenüberliegenden Kernschnur.

Zwischen den engen Hülsen der Ringfasermarkbeutel sieht man die Fasern der Längsmuskelschicht, beziehentlich deren Abspleissungen sich hindurch winden. Hieraus folgt, dass die vier Markbeutelschnüre die Kontinuität des Längsmuskelschlauches keineswegs beeinträchtigen.

Der Grund, weshalb gerade die meisten der Kernbeutel eine laterale Lage einnehmen, dürfte wohl darin zu suchen sein, dass beim Riesenkratzer in Folge des Auftretens der beiden mächtigen Ligamentschläuche die Leibeshöhle auf zwei schmale, keilförmige, laterale Spalträume reduzirt wird.

Ausser den eben beschriebenen Kernbeutelreihen existirt noch ein zweites Zirkulationssystem, welches ebenfalls zur möglichst gleichmässigen Vertheilung der Nährsäfte in der Ringmuskelschicht beizutragen bestimmt ist, nämlich die beiden intermuskulären Medianröhren.

Bei der Untersuchung der Hautmuskulatur des Riesenkratzers stösst man auf zwei häutige Röhren, welche die Richtung der medianen Hauptstämme des hypodermalen Gefässnetzes einhalten und von letzteren nur durch die Ringmuskelschicht getrennt werden. Sie beginnen dicht hinter den Retraktoren und endigen in unmittelbarer Nähe des aboralen Leibespoles.

Das dorsale (wie das ventrale) Rohr (s. Tafel 2, Fig. 5, dk) hat einen triangulären oder trapezoiden Querschnitt (0,1 mm Basis, 0,6 mm Höhe). Mit seiner grössten Fläche ist es der Ringfaserlage (Tafel 2, Fig. 5 RM) fest verbunden.

An seiner Begrenzung betheiligen sich ausser der Sarkolemmakittmasse noch zahlreiche Fäserchen, die von der Ringmuskulatur sich abspleissen. Der Hohlraum dieser intermuskulären Medianröhren kommunizirt mit den Markräumen der Querfasern, ohne dass jedoch für diesen Zweck besondere grössere Oeffnungen vorhanden wären [1]).

Die Reduktion der fibrillären Substanz an der der Leibeshöhle zugewandten Fläche, die wir schon bei einigen Ringfasern des *Echinorhynchus gigas* beginnen sahen, macht bei den Zirkulärmuskelröhren des *Echinorhynchus moniliformis* weitere Fortschritte. Im unsegmentirten Hintertheile ähneln die Ringfasern noch am meisten des Riesenkratzers. Die fibrilläre Rindensubstanz ist sehr kräftig ausgebildet und macht die Hauptmasse der ganzen Röhre aus (s. Tafel 8, Fig. 21, 22 f). Der Markraum ist sehr klein und unansehnlich, er liegt an der nach innen gekehrten Fläche der Fiber und entsendet zahlreiche Spalträume, die tief in die kontraktile Rinde hineingreifen (s. Tafel 8, Fig. 22).

In den segmentirten Leibespartien flachen sich die Ringmuskelfasern zu dünnen, aber sehr breiten Bändern ab (s. Tafel 8, Fig. 3 RM). Die kontraktile Substanz vertheilt sich auch hier auf die Aussenfläche und die beiden Seiten der Faser. Die einzelnen Fibrillenplatten sind sehr dünn und senkrecht zur Oberfläche gestellt; sie erreichen eine solche beträchtliche Breite, dass für den Markraum nur

---

[1]) Nach Schneider kommuniziren beide Gefässe mit der Querfaserschicht durch zahlreiche kurze, aber weite Kanäle. Archiv für Anatomie und Physiologie. 1868, pg. 588. Leuckart hat diese Verbindungskanäle nicht auffinden können. Die menschlichen Parasiten, 2. Bd., pg. 747, 748, 749.

eine sehr schmale Lücke an der ausschliesslich vom Sarkolemma gebildeten inneren Wand übrig bleibt (s. Tafel 8, Fig. 3 RM). An ganz bestimmten, fast durch gleichgrosse Intervalle von einander getrennten gürtelförmigen Zonen gewinnt das der fibrillären Structur entbehrende peritoneale Segment der hier aussergewöhnlich breiten Ringfaserbänder die Form eines dünnhäutigen Schlauches, der in mehr oder minder grosser Ausdehnung mit dem Sarkolemmabelage der Längsmuskulatur verwachsen ist (s. Tafel 8, Fig. 3 RM). Dieser höchst merkwürdigen Einrichtung verdankt der *Echinorhynchus moniliformis* die Fähigkeit, seinen Leib regelmässig zu ringeln. Verkürzen sich nämlich die Fasern der Längsmuskulatur (s. Tafel 8, Fig. 3 LM), so werden die Ränder der breiten Ringfaserbänder sich einander nähern, da ihre Beutelanhänge an ganz bestimmten Stellen den Längsfasern angewachsen sind. In Folge dessen muss die äussere, die Fibrillenplatten tragende Faserwand sich zu einer nach innen offenen, nach aussen aber in Form eines Gürtelwulstes mehr oder minder weit hervorragenden Rinne zusammenkrümmen (s. Tafel 8, Fig. 3). Da nun aber die Körperhaut mit der Ringfaserlage fest verbunden ist, ahmt sie alle Gestaltveränderungen der letzteren nach; und so entstehen jene perlschnurähnlichen Erhebungen der Körperoberfläche, welche dem *Echinorhynchus moniliformis* sein eigenartiges Aussehen verleihen.

Während die Kerne der Längsfasern sich regellos über den ganzen inneren Muskelschlauch zerstreuen, ordnen sich die Nuclei der Ringmuskelfasern wie bei *Echinorhynchus gigas* zu zwei lateralen Reihen an. Bei näherer Untersuchung löst sich eine jede dieser Kernbeutelschnüre in zwei dicht neben einander hinlaufende und parallele Beutelreihen auf. Die Markbeutel selbst sind so gross, dass sie die zwei bis fünf Fasern, welche die beiden Markbeutelreihen einer Seite von einander trennen, vollständig bedecken (s. Tafel 8, Fig. 3 LM). Ihre Umhüllung bildet eine dünne, aber scharf konturierte Membran, in der ich trotz Anwendung starker Vergrösserung keine kontraktilen Elemente erkennen konnte (s. Tafel 8, Fig. 3 s'). In der Wand finden wir zahlreiche bald kleinere, bald grössere Oeffnungen, vermöge deren die Beutel einer Kernschnur sowohl unter sich, als auch mit denen der benachbarten kommuniziren. Die Verbindung mit den Ringfasern vermitteln kurze und ziemlich enge Halskanäle, zwischen denen wir die Fasern der Längsmuskelschicht sich hindurch winden sehen. Die Kerne, welche vermittelst feiner Protoplasmafäden in wandständiger Lage erhalten werden, sind sehr gross, mit vielen Höckern besetzt, und enthalten meist mehrere, sich intensiv tingirende Nucleolen (s. Tafel 8, Fig. 3 nc).

Die Zirkulärfasern des *Echinorhynchus trichocephalus* und *Echinorhynchus porrigens* besitzen eine entfernte Aehnlichkeit mit den Muskelblättern der Coelomyarier unter den Nematoden. Nur von drei Seiten sind sie mit einer kontraktilen Substanzschicht versehen. Die innere Begrenzung liefert ein dünnes, strukturloses Sarkolemmahäutchen, welches offenbar eine direkte Fortsetzung der die Fibrillenbündel umhüllenden Kittmasse bildet (s. Tafel 1, Fig. 22, 23; Tafel 8, Fig. 8). Nur da, wo die Kerne liegen, baucht sich die Sarkolemmamembran zu einem mehr oder minder mächtigen Beutel auf, der bei *Echinorhynchus trichocephalus* mehr einer Halbkugel gleicht, bei *Echinorhynchus porrigens* aber die Form eines vielfach gefalteten Schlauches oder Sackes aufweist.

Ein Umstand muss aber schon bei der ersten Durchmusterung der Ringmuskulatur des *Echinorhynchus trichocephalus* dem Beobachter in die Augen fallen, nämlich die höchst eigenartige Vertheilung der Kerngebilde. Während in den cylindrischen Körperabschnitten die Nuclei in sehr spärlicher Menge sich auffinden lassen, sind sie in der verhältnissmässig nur kurzen ovoiden Leibesaufschwellung in ganz erstaunlicher Anzahl vorhanden. Sie sind meist halbkugelförmig und liegen so dicht nebeneinander, dass sie sich gegenseitig berühren (s. Tafel 1, Fig. 23 M). Sie erreichen einen Durchmesser (12 μ), der den der eigentlichen Muskelfaser (3—5 μ) um das Doppelte, ja Dreifache übertrifft.

Noch reichlicher mit Kernbeuteln ist die Ringmuskulatur des *Echinorhynchus porrigens* ausgestattet. Diese faltenreichen, sackartigen Bildungen kommen hauptsächlich an denjenigen Partien der Zirkulärfasern zu einer mächtigeren Entwickelung, welche durch die beiden medianen Längsmuskelbänder unbedeckt bleiben. Sie liegen dicht gedrängt in vielen Reihen neben- und hintereinander und bilden zwei breite Längsbänder, welche die Seitenwände des Wurmes epithelartig auskleiden. Im kegelförmig aufgetriebenen Kopfabschnitte erleidet die Ringfaser eine geringe Formveränderung, in Folge deren sich ihr Aussehen noch mehr dem der coelomyaren Muskelfaser der Nematoden nähert. Die Einzelfaser besteht aus zwei sehr breiten parallelen Fibrillenplatten, die aussen durch eine bogenförmige oder auch ebene und gleich dicke Fibrillenkommissur verbunden werden (s. Tafel 1, Fig. 22 C. Innen schliesst sich ein fast parallel-wandiger Markbeutel an, der nicht selten die Fibrillenplatten um mehr als das Doppelte ihrer Breite (4—6 μ) übertrifft (s. Tafel 1, Fig. 22 M). Die Kerne liegen in der Mitte der Markräume und erreichen trotz der beträchtlichen Entwickelung der letzteren (12 μ) keine grösseren Dimensionen als im Hinterleibe.

Der platymyaren Muskelfaser begegnen wir zu wiederholten Malen in der Reihe der Akantho-cephalen. In sehr typischer Form tritt sie uns als Ringfaser bei *Echinorhynchus haeruca* und *Echino-rhynchus angustatus* entgegen.

Die Primitivfibrillen vereinigen sich bei beiden Spezies zu dicken Bündeln von sehr variablen Querschnitten (s. Tafel 2, Fig. 14 f, Fig. 15 f). Sie liegen in einfacher Reihe entweder dicht neben-einander, oder sie lassen Lückenräume zwischen sich, die alsdann von Markfortsätzen ausgefüllt werden. Drei bis acht solcher Fibrillenbündel werden sammt dem über ihnen liegenden Marke von einer ge-meinschaftlichen Sarkolemmahülle (Tafel 2, Fig. 15 s), umschlossen und zu einer Faser verbunden. Unter solchen Umständen gewinnt die Ringmuskulatur dasselbe netzförmige Aussehen wie die Längs-muskulatur, nur mit dem Unterschiede, dass die Fasern der letzteren allseitig mit einer Fibrillenrinde umgeben sind, während bei ersterer die kontraktilen Elemente sich auf die Aussenfläche der Fäden beschränken.

Uebrigens lassen sich die Ringfasern des *Echinorhynchus angustatus* schon hinsichtlich ihrer Form unschwer von den des *Echinorhynchus haeruca* unterscheiden. Erstere bilden dünne und relativ sehr breite Bänder (Höhe 9—12 μ, Breite 17—30 μ), deren fibrilläre Substanz nicht selten durch Falten der äusseren Sarkolemmagrenzmembran in mehrere kompakte Fibrillenbündel (s. Tafel 2, Fig. 14 f) zertheilt wird. Den Ringfasern des *Echinorhynchus haeruca* fehlen diese Einkerbungen (s. Tafel 2, Fig. 15 f); sie sind stets höher als breit (Höhe 25—40 μ, Breite 20—30 μ) und zeigen eine stets gedrungenere Form als die des *Echinorhynchus angustatus*. Die an der Aussenfläche der Faser angebrachte Fibrillenrinde ist meist sehr stark zerklüftet.

S(**üfftige n**)[1] spricht von einer allgemeinen Markschicht, welche der Ringmuskulatur innen aufliegen und mit dem Marke der rinnenförmigen Muskelfasern in Verbindung stehen soll. Die Vergleichung des

---

[1] Morphologisches Jahrbuch, 10. Bd. 1 Heft, pg. 11, 12. 1884.

Textes auf pg. 11 mit der Figur 9 der dritten Tafel ergibt ohne Weiteres, dass Säfftigen unter „Muskelfasern" jene Gebilde versteht, die ich seither Fibrillenbündel genannt habe. Die Markräume dieser „Fasern" stellen nichts anderes als die zwischen die Fibrillenplatten eingreifenden Markspalten vor. Die Sarkolemmamembranen, welche das Mark einer jeden Faser abgrenzen, hat Säfftigen übersehen.

Die Kerne vertheilen sich regellos über den gesammten Ringfaserschlauch. Sie haben bei beiden Spezies nahezu die gleichen Dimensionen (20—35 μ), sind jedoch bei *Echinorhynchus haeruca* in weit beträchtlicherer Anzahl vorhanden als beim *Echinorhynchus angustatus*.

Die Entwickelung des Hautmuskelschlauches.

Geschichtlicher Ueberblick.

Leuckart[1]) schildert die Entstehung des Hautmuskelschlauches folgendermaassen.

Die ersten Veränderungen des Embryonalkernes beginnen in einer Zeit, in welcher der Embryonalkern etwa 0,06 mm misst, und bestehen darin, dass die Zellen desselben sich zu vier Haufen zusammengruppiren, die immer schärfer gegen einander sich absetzen und immer bestimmter sich als die Anlagen der späteren Hauptorgane zu erkennen geben. Die vorletzte dieser Gruppen ist die bei weitem grösste und insofern auch von den übrigen verschieden, als sie schon früher (vielleicht vom Anfang an) eine peripherische Schicht und einen davon umschlossenen Kern erkennen lässt.

Die nächsten Veränderungen bestehen nun darin, dass die eben erwähnte peripherische Lage nach vorn und hinten sich verlängert und in eine Hülle auswächst, welche die anderen Zellengruppen mantelartig überzieht, und nur das vordere Segment des ersten Ballens unbedeckt lässt. Die sackartige Hülle ergibt sich als die Anlage des Hautmuskelschlauches, der auch in seiner definitiven Bildung vorn offen ist und den Rüsselapparat in sich aufnimmt. Sobald sich nämlich der Embryonalkern um etwa das Doppelte seines Querdurchmessers verlängert hat, beginnt die Aussenwand ihre frühere Beschaffenheit zu verändern. Anfangs eine zusammenhängende Zellenlage, wird sie jetzt von einer engen Längsspalte durchzogen, die zunächst auf der Höhe der Geschlechtsdrüsen, so ziemlich also in Mitte des Keimes, ringförmig um die Achsenorgane herumgreift, dann aber ziemlich rasch nach vorn und hinten über die ganze Umhüllung mit Ausschluss nur der letzten Enden sich ausdehnt und dieselben in zwei aufeinander liegende Schichten auflöst. Die äussere dieser Schichten ist es nun, welche, immer mehr sich verdickend, zu dem Hautmuskelschlauche wird, auch schon früh mit einem dünnen Ueberzuge von Bindesubstanz bekleidet, während sich die innere Lage in die Rüsselscheide und das Ligament verwandelt, die beide anfangs in Röhrenform zusammenhängen und erst dadurch gegen einander sich absetzen, dass die Röhrenwand zwischen Ganglion und Geschlechtsdrüsen diaphragmenartig sich einfaltet. Der Spaltraltraum selbst ist natürlich nichts anderes als die Leibeshöhle, die freilich anfangs nur eng ist, so dass die äusseren und inneren Organe dicht aufeinander gepackt sind.

---

[1]) Die menschlichen Parasiten, 2. Bd., pg. 826—828.

Eigene Beobachtungen.

Die ersten Veränderungen, die mit dem embryonalen Kernhaufen vor sich gehen, bestehen, wie ich dies in dem vorigen Kapitel dargethan habe, darin, dass sich eine Anzahl chromatinerfüllter Kerne, die späterhin das komplizirte Fasergewebe der Hypodermis und den ectodermalen Theil des Haken-apparates liefern, ablösen. Nachdem nun die Umwandlung der eckigen Kerne in jene grossen Kernblasen ihren Abschluss gefunden hat, grenzt sich der restirende Theil des embryonalen Kernballen wiederum scharf gegen das ihn allseitig umhüllende Subcuticularsyncytium ab. Gleichzeitig hat aber eine Auf-lockerung des zentralen Kernhaufens stattgefunden, in Folge deren er nicht nur um die Hälfte seines ursprünglichen Volumens sich vergrössert hat, sondern auch in zwei aufeinander folgende, grosse Ballen zerfallen ist (s. Tafel 1, Fig. 20).

Die weiteren Schicksale der vorderen Kernhaufenhälfte, welche die Rüsselanlage berührt und das Ganglion cephalicum zu liefern bestimmt ist, will ich vorläufig ausser Augen lassen und mich nur mit den Umwandlungen, welche der hintere Theil erleidet, eingehender befassen.

Schon zu der Zeit, wo wir die Auflockerung des Kernhaufens beginnen sehen, tritt im Umkreise des hinteren Ballens eine dunkler, sich färbende Hüllschicht auf. Sie besteht aus einer feinkörnigen, fett-tröpfchenreichen, protoplasmatischen Substanz, die, wie man sich leicht überzeugen kann, eine weit kon-sistentere Beschaffenheit als das Hypodermissyncytium aufweist. Zersprengt man nämlich durch Auflegen eines grösseren Deckgläschens die Haut der jungen Larve, so quillt aus der Rissstelle das Hypodermis-syncytium sammt seinen grossen Kernkugeln als zähflüssige, allmählich aber breitauslaufende Masse hervor. Der Verband des zentralen Kernhaufens, sowie der des Rüsselsyncytium wird durch die Procedur nicht gelockert. Vielmehr bemerkt man, dass bei schwachem Drucke auf das Deckglas der Kernhaufen sich abflacht, beim Nachlassen des Druckes aber wieder in seine ehemalige Gestalt zurückkehrt.

Anfangs ist diese Plasmahülle gering entwickelt und nur an zwei diametral gegenüber liegenden Orten, die ich fortan als Seiten bezeichnen will, deutlich als solche zu erkennen. Späterhin aber nimmt sie nicht nur ziemlich rasch an Dicke zu, sondern beginnt auch nach vorn sich zu verlängern, wodurch jener Kernkomplex, der das Nervenzentrum aus sich hervorgehen lässt, eine mantelartige Umhüllung er-hält (s. Tafel 1, Fig. 20 Ms).

Bevor jedoch die röhrenförmige Plasmascheide über das Ganglion sich hinwegschiebt, sehen wir in sie von der Peripherie des hinteren Kernballens aus eine grössere Anzahl von Kernen einwandern (s. Tafel 1, Fig. 20 Mk, Mk'). Diese von Chromatin völlig erfüllten eckigen Gebilde durchlaufen eine ganz ähnliche Metamorphose, wie die Nuclei der Hypodermis. Zunächst hebt sich in Folge von Wasser-aufnahme vom fettartig glänzenden Kerninneren eine zwar sehr dünne, aber sehr scharf konturirte Membran ab. Aus dem hierdurch deutlich sichtbar werdenden, zu einem dichten Knäuel zusammen-geschlungenen Chromosom geht allmählich ein dünner, zu einer mehr oder minder regelmässigen Spirale aufgewundener Faden hervor (s. Tafel 9. Fig. 63, 64). Hat der Kern sein Volumen verdoppelt, so be-ginnen die Chromatinkörner, welche in die Substanz der Fäden eingebettet waren, sich zu grösseren Klumpen zu vereinigen. Der Nucleolus lässt sich schon längere Zeit deutlich erkennen; er besitzt eine länglich ovale Form und liegt gewöhnlich in der Nähe des Kernrandes.

Anfangs ist er ziemlich klein und von den übrigen Chromatinbildungen durch sein geringes Tinktionsvermögen verschieden. Nachdem aber die kleinen Chromatinhäufchen entstanden sind, und das die letzteren verbindende Fadennetz mehr und mehr erblasst, nimmt der Nucleolus nicht nur rasch an Umfang zu, sondern es ändert sich auch sein Verhalten gegen farbige Reagentien, insofern er sich nämlich mit den letzteren weit intensiver imprägnirt, als dies die übrigen chromatinhaltigen Kerneinschlüsse thun. Hat der Kern einen Durchmesser von 7,5—8,2 μ erreicht, so verwischen sich die Konturen der Chromatinanhäufungen; auch das Fadennetz wird blasser und blasser und lässt sich nur selten auf grössere Strecken verfolgen. Der Nucleolus hat inzwischen eine Grösse von 4—5 μ erreicht; er ist jetzt vollkommen kugelrund, nach aussen scharf begrenzt und, wie man sich durch sehr dünne Schnitte leicht überzeugen kann, von spongiöser Beschaffenheit.

Während nun die geschilderte Kernmetamorphose sich vollzieht, erfährt auch das Protoplasma eine Umwandlung, wodurch es ein trübes, körniges Aussehen annimmt. So kommt es, dass die kernhaltige Hülle nicht nur gegen die Hypodermis, sondern auch gegen das restirende Kernkonglomerat des hinteren Ballens scharf sich abgrenzt (s. Tafel 10, Fig. 4 M).

Die Lage, welche die einzelnen Kernbläschen einnehmen, scheint wenigstens anfangs keine gesetzmässige zu sein. Erst dann, wenn Ganglion und Rüsselanlage völlig eingehüllt sind, findet eine Translokation der Kerne statt. Gleichzeitig aber gehen in dem sie gemeinschaftlich umgebenden Protoplasma Veränderungen vor, die damit endigen, dass es in eine der Menge der Kerne entsprechende Anzahl von ziemlich scharf gezeichneten Ballen zerfällt.

Aus diesen äusserst mannigfaltig geformten Zellen werden die Muskelfasern, welche am Aufbaue der Leibeswand, des Rüsselapparates und der Geschlechtswege sich betheiligen.

Noch bevor aber die Zellgrenzen als solche sich deutlich erkennen lassen, treten zu den beiden Seiten des hinteren Kernballens zwei Längsreihen schöner, grosser, kubischer Zellen auf. Sie entstehen kurze Zeit nach den Kernen des Muskelsyncytium und zwar in der bekannten Weise jederseits aus 3—4 eckigen Kernen des hinteren Ballenrestes. Die Kerne sind grösser (9—10 μ) als die des Muskelsyncytium (7—8 μ) und unterscheiden sich von denen des letzteren durch das überaus reich entwickelte Chromatinnetzwerk. Der Nucleolus ist klein und meist sehr schwer zu erkennen. Zellplasma ist nur in geringer Menge vorhanden; sein Volumen mag dem des Kernes nahezu gleichkommen (s. Tafel 10, Fig. 5 Fz). Aus diesen wenigen kubischen Zellen gehen in verhältnissmässig kurzer Frist zwei mächtige Prismen von triangulärem Querschnitte hervor (s. Tafel, Fig. 1 Fz).

Da die Lage dieser Zellprismen vollkommen mit derjenigen der sogenannten Kernschnüre beim erwachsenen Individuum übereinstimmt, so drängte sich mir unwillkürlich der Gedanke auf, es möchten wohl die Ringmuskelzellen, beziehentlich die beiden lateralen Kernschnüre aus den kubischen Zellen ihre Entstehung nehmen.

Gegen eine derartige Auffassung schien mir anfangs die Thatsache zu sprechen, dass die ersten Ringfasern bildenden Zellen (32 an der Zahl) und sämmtliche (42—44) Längsmuskelzellen völlig unabhängig von den kubischen Zellen und weit früher als die letzteren sich bilden. Späterhin aber gelang es mir, durch eingehende Studien der karyokinetischen Vorgänge nicht nur eine lückenlose Serie von Stadien, welche den Uebergang zwischen den mit Chromatin erfüllten Kernen (8—9 μ Durchmesser) und den viel grösseren Kernblasen (13—16 μ Durchmesser) der Ringmuskulatur vermitteln, aufzufinden, sondern ich konnte auch die merkwürdige Thatsache konstatiren, dass die grossen kubischen Zellen zwar zu Muskelzellen werden, aber niemals Fasern bilden, sondern späterhin nach Perforation ihrer Wandungen jene grossen, untereinander und mit der Faserhöhlung kommunicirenden, häutigen Markbeutel der lateralen Kernschnüre aus sich hervorgehen lassen (s. Tafel 9, Fig. 47 Fz).

Wie ich dies schon erwähnte, findet eine sehr rege Vermehrung dieser kubischen Zellen statt, ehe selbige zur Ringmuskularis in nähere Beziehung treten. Die Umwandlungsvorgänge, die wir gewöhnlich in ihrer Gesammtheit als Karyokinese oder Mitoschisis (Flemming) bezeichnen, sind im Kurzen die folgenden:

Der Kern der ruhende Zellen stellt einen vollkommen sphärischen Körper vor, der im Leben durch sein starkes Lichtbrechungsvermögen, auf Dauerpräparaten durch seine intensive Färbung sich sehr scharf vom Zellplasma abhebt. Die dunkle Färbung rührt von zahlreichen eckigen, spongiös strukturirten, bald grösseren, bald kleineren Chromatinanhäufungen her. An scharf gefärbten, dünnen Schnitten sieht man, dass diese Chromatinhaufen die Knotenpunkte eines reich verzweigten Netzwerkes bilden. Auch in der Substanz der Netzfäden lassen sich kleine Chromatinkörnchen nachweisen. Auserdem vermag man, und zwar bei allen ruhenden Kernen, zwei rundliche oder linsenförmige Nucleoli, die sich eben so stark färben wie die übrigen Chromatineinschlüsse, von letzteren sich aber durch ihre beträchtlichere Grösse und die glatte zackenlose Oberfläche unterscheiden, aufzufinden.

Die ersten Veränderungen, welche die Zelltheilung einleiten, bestehen darin, dass die chromatische Kernsubstanz zu einem dicht gewundenen Fadenknäuel zusammenfliesst. Die kleinen Partikel der spongiösen Chromatinhaufen vertheilen sich gleichmässig über gewisse Fadenstrecken des Gerüstes, die infolge dessen allmählich an Dicke zunehmen. Anfangs ist ihre Oberfläche noch mit zahlreichen Zacken besetzt, die den zwischen ihnen sich ausspannenden, dünnen achromatischen Fäden Ansatzpunkte bieten. Allmählich aber glättet sich die Fadenoberfläche; die dünnen Verbindungsfäden werden blasser und blasser, bis sie schliesslich nirgends mehr deutlich als solche erkannt werden.

Während des Zusammenfliessens des Chromatins bläht der Kern — wahrscheinlich infolge reichlicherer Wasseraufnahme — sich mächtig auf, und man bekommt jetzt einen vollkommen klaren Einblick in die Anordnung der chromatischen Substanz. Die Kernmembran ist auf diesem Spiremstadium ebenso deutlich sichtbar, wie beim ruhenden Kerne (s. Tafel 9, Fig 1). Die beiden Nucleolen sind gleichfalls noch vorhanden und von der ursprünglichen Form und Grösse. Dagegen scheint die chromatische Substanz aus ihnen zu schwinden. Wenigstens blassen sie mit der Zeit aus und lassen sich schliesslich nicht mehr auffinden.

Infolge der stetig fortschreitenden Auflockerung verwandelt der enge, feinfadige Knäuel sich in einen lockeren, dickfädigen (s. Tafel 1, Fig. 2). Gleichzeitig aber sieht man das Fadengewinde in acht gleiche Längsabschnitte sich zertheilen, die nur eine Zeit lang ihren welligen oder spiraligen Verlauf beibehalten (s. Tafel 9, Fig. 3). Unter solchen Umständen wird es nicht Wunder nehmen, wenn trotz der Segmentirung das Gesammtaussehen des Kernes sich nicht wesentlich ändert.

Die nächsten Umwandlungen, die sich wahrnehmen lassen, bestehen in der Bildung der beiden Centrosomen. An zwei diametral gegenüberliegenden Stellen des Kernrandes werden zwei sich nur schwach färbende Flecken sichtbar (s. Tafel 9, Fig. 3). Ob schon auf diesem Theilungsstadium im Centrum dieser hellen Pollflecken materielle Differenzirungen (Polkörperchen) existiren, wie dies später beim Monaster der Fall ist, konnte ich der Kleinheit des Untersuchungsobjektes wegen nicht feststellen.

Auch gelang es mir nicht, eine radiale Strahlenbildung ausserhalb des Kernes deutlich zur Anschauung zu bringen.

Das Auftreten der beiden Attraktionscentra bedingt eine baldige Lagen- und Formveränderung der Kerneinschlüsse. Zunächst sehen wir am Rande des Kernes, dessen Grenzmembran immer hinfälliger wird, sehr blasse und dünne Fäden auftreten, die, vom dunkelen Kerninneren (Aequatorialregion) ausstrahlend, büschelförmig nach den Centrosomen zusammenlaufen. Ob diese Fäden mit den früher beobachteten Verbindungsfäden der Chromatinzacken identisch sind, wage ich nicht zu entscheiden. Dagegen scheint es mir zweifellos, dass sie mit den acht Chromosomen im innigen Zusammenhange stehen. Während nämlich diese achromatischen Fäden zu jenen Büscheln sich anordnen, sehen wir die nach dem Undeutlichwerden der Kernmembran über den gesammten Zellraum sich zerstreuenden (s. Tafel 9, Fig. 4) Chromosomen, die inzwischen ihre unregelmässig gewundene oder wellige Form mit der einer einfach geknickten Schleife mit nahezu gleichlangen Schenkeln vertauscht haben, zu einer Aequatorialplatte zusammentreten und zwar so, dass die Winkel dem Centrum zu, die Schenkelenden aber nach der Peripherie zu liegen kommen (s. Tafel 9, Fig. 5). Die Zahl der achromatischen Spindelfäden ist doppelt so gross wie die der Chromatinschleifen; an jedes derselben treten also von einem Pole aus zwei Spindelfäden heran, die anscheinend im Schleifenwinkel sich anheften.

Auf diesem sogenannten Monasterstadium findet nun die Längsspaltung der Schleifen statt, und es entsteht ein feinstrahliger Stern von der doppelten Menge der Chromosomen (s. Tafel 9, Fig. 7). In vielen Fällen liegen gespaltene Chromosomen und solche, an denen noch nicht die geringsten Andeutungen einer beginnenden Theilung sich bemerkbar machen, bunt durcheinander. Hat die Längsspaltung sich vollzogen, so trennen sich die beiden Längshälften der Schleifen von einander, indem die Winkel der Chromosomen infolge der Verkürzung der achromatischen Spindelfäden nach den Centrosomen hingezogen werden. Bei den ersten Theilungscyklen, also in jener Periode des Larvenlebens, wo die Zahl der kubischen Zellen kaum mehr als zwei Dutzend beträgt, sieht man nicht selten die Enden der sich spaltenden Schleifen noch längere Zeit hindurch im Zusammenhang bleiben (s. Tafel 9, Fig. 14), wodurch die Kernfigur ganz das nämliche tonnenförmige Aussehen gewinnt, das die Hodenzellen von *Salamandra maculata* zur Zeit der spermatogenen Epithelwucherung zur Schau tragen (Flemming). Allmählich aber trennen sich die Schleifen in der Aequatorialebene, und nun treten dünne Verbindungsfäden auf, in denen sich anfangs kleine dunkel gefärbte Chromatinkörnchen erkennen lassen (s. Tafel 9. Fig 14). Späterhin verschwindet das Chromatin und die Verbindungsfasern nehmen das Aussehen der achromatischen Spindelfäden an.

Bei den späteren Teilungscyklen geht das Tonnenstadium der Kernfigur sehr rasch vorüber. Die Enden der Schleifen lösen sich frühzeitig von einander los, und wir erhalten jene Uebergangsstadien zum Dyaster, bei denen einige der Schlingen noch ihre ursprüngliche äquatoriale Lage beibehalten, während andere schon umgeklappt mit der Umbiegstelle voran den Polen zuwandern (s. Tafel 9, Fig. 7, 8).

Die Formirung der Tochtergruppen geht im allgemeinen sehr rasch vor sich: die Winkel wenden sich den Polen zu und ordnen sich so, dass die oberen Enden fast in dieselbe Ebene zu liegen kommen (s. Tafel 9, Fig. 9, 13). Die Schenkel dagegen stellen sich teils senkrecht, teils schräg zur Aequatorialebene ein und zwar mit wenigen Ausnahmen so, dass die Enden der aus derselben Mutterschleife hervorgegangenen Tochterschleifen von den gleichen Meridianlinien getroffen werden (s. Tafel 9, Fig. 14, 9, 13).

Kurz nach der Trennung zeigen die Tochtersterne ein ziemlich lockeres Gefüge, sodass man auch hier die Zahl der chromatischen Elemente ohne alle Schwierigkeit bestimmen kann (s. Taf. 9, Fig. 9, 13. 15). Je mehr sie sich aber den Polen nähern, um so dichter rücken die einzelnen Schleifen aneinander, sodass man schliesslich nur noch die Schenkelenden deutlich von einander zu unterscheiden vermag (s. Tafel 9. Fig. 10, 11, 16). Die beiden Centrosomen sind schon seit geraumer Zeit der Resorption anheimgefallen. Das gleiche Schicksal theilen auch die von ihnen divergirend auslaufenden achromatischen Spindelfäden (s. Tafel 9, Fig. 10, 11, 15) im Stadium des Dyaster. Die centralen Verbindungsfäden dagegen sind jetzt viel schärfer gezeichnet, als dies früher der Fall war. In der Aequatorialregion der von diesen Fäden abgegrenzten centralen Plasmapartie treten kleine, glänzende Kügelchen in wechselnder Anzahl (5—8) auf. Ihr Aussehen und ihre Anordnung legen die Vermuthung sehr nahe, sie möchten aus den achromatischen Verbindungsfäden ihre Entstehung genommen haben (s. Tafel 9. Fig. 14, 10). Später scheinen einige derselben mit einander zu verschmelzen, wenigstens reduzirt sich ihre Menge auf vier (s. Tafel 9, Fig. 11. 15, 16, 22). Die Theilung der Zellsubstanz beginnt in der Sternphase der Tochterkerne, und zwar gewöhnlich mit einer einseitigen Einschnürung (s. Tafel 9, Fig. 11). Später aber greift die Furche um den ganzen Aequator herum und bewirkt schliesslich den Zerfall des Mutterzellleibes in zwei gleich grosse Plasmakugeln (s. Tafel 9. Fig. 16, 22).

Während nun diese ringförmige Aequatorialfurche tiefer und tiefer in das Zellplasma eindringt, sehen wir die Chromatinschleifen sich verkürzen und entsprechend dicker werden. Gleichzeitig aber findet eine Lagenveränderung statt, infolge deren die Neigung gegen die Aequatorialebene auf ein Minimum herabsinkt (s. Tafel 9, Fig. 16). Mit der vollständigen Durchschnürung des Plasmaleibes gehen auch die achromatischen, die Chromosomen verbindenden Fäden zu Grunde. Die hellen Kügelchen, die vielleicht dem Mitosoma entsprechen mögen, sind aber noch ziemlich lange im Zellplasma der Tochterkerne als zwei hellglänzende Körnchen sichtbar (s. Tafel 9, Fig. 22).

Die nächsten Veränderungen, die sich an den jungen Tochterzellen wahrnehmen lassen, betreffen die Form der chromatischen Kernfigur. Die Chromosomen nehmen unregelmässig gewundene Lagen an, der ganze Chromatinfadeninhalt verwandelt sich in einen wirren, dichten Knäuel (s. Tafel 9. Fig. 22). Gleichzeitig aber wird eine sehr dünne Kernmembran sichtbar, die allerorts der unebenen Oberfläche des Fadenknäuls eng sich anschmiegt (s. Taf. 9, Fig. 22).

Nachdem nun die jungen Tochterzellen um ein Viertheil ihrer ursprünglichen Grösse gewachsen sind, treibt die Chromosomenoberfläche kleine, zackige Fortsätze, von denen äusserst dünne Kommunikationsfäden ausgehen. Die Chromatinkörner, die seither gleichmässig in die Substanz der Fäden eingebettet waren, fliessen zu grösseren Chromatinhaufen von spongiöser Beschaffenheit zusammen und wir erhalten so Gebilde, die abgesehen von der geringeren Grösse ganz das Aussehen derjenigen ruhenden Mutterzellen besitzen, die wir zum Ausgangspunkte unserer karyokinetischen Betrachtungen machten.

Kehren wir nach diesem Exkurse zur Entwickelung der Muskularis zurück.

Hat die Larve eine Länge von 0,26 mm erreicht, so zerfällt in Folge des Auftretens einer breiten Ringspalte der gesammte Muskelzellenkomplex in zwei konzentrische Lagen, eine äussere, aus der die Muskulatur der Leibeswand, und eine innere, aus der die kontraktilen Theile des Rüsselapparates und der Geschlechtswege ihre Entstehung nehmen. Die Ringspalte, welche zwar anfangs nur in der äquatorialen Region als solche deutlich sichtbar wird, bald aber nach vorn und hinten sich verlängert, ist nichts anderes, als die definitive Leibeshöhle (s. Tafel 10, Fig. 1 Coe).

Untersucht man die äussere der beiden Lagen auf Quer- und Längsschnitten, so lassen sich an ihr wiederum zwei ziemlich scharf gesonderte Zellschichten erkennen. Die äussere derselben, welche der Hypodermis anliegt, besteht aus 11 fast gleich breiten, gürtelförmigen Plasmabändern, deren jedes sich aus zwei Zellen, die in der Medianebene mit ihren stark verdünnten Rändern auf einander stossen, zusammensetzt (s. Tafel 10, Fig. 1 RM; Fig 5 RM).

Ihre grösste Dicke erreichen die Ringe in den Laterallinien; hier liegen auch die zugehörigen 22 grossen Kernblasen (s. Tafel 10, Fig. 1 RM). Ausser diesen lateralen Kernen existiren im Kopftheile der Larve noch 4 weitere Kernpaare, von denen 2 in der Höhe des Ganglion cephalicum, 2 aber zwischen dem Nervenzentrum und dem Rüsselsyncytium angetroffen werden. Die 2 hinteren Kernpaare gehören den 4 Submedianlinien an; die 2 vorderen Paare aber liegen zu den Seiten der dorsalen Medianlinie.

Einen weit anderen Bau trägt die innere der beiden Zellschichten, aus der die Längsmuskulatur hervorgeht, zur Schau. Sie setzt sich aus schlanken, ellipsoidförmigen oder cylindrischen, längsverlaufenden Plasmastreifen zusammen; sie bildet nicht, wie dies bei der Ringmuskulatur der Fall ist, eine kontinuirliche Zelllage, sondern ist durch zwei breite, seitliche Lücken, welche von den beiden Reihen der kubischen Zellen ausgefüllt werden, unterbrochen. Die Anordnung der Kerne ist fast genau dieselbe, wie bei der Längsmuskulatur des erwachsenen Thieres.

Ungefähr in der Mitte zwischen den zwei medianen und den zwei lateralen Längslinien sehen wir 4 mächtige Plasmacylinder herabziehen, welche am hinteren Ende des Receptakulum beginnen und in der Nähe der Kopulationsorgane endigen. Jeder dieser submedianen Stränge zerfällt in zwei fast gleich lange Zellen, deren Kerne an den nach aussen gewandten Enden, vier also in der Nähe der hinteren Rüsselscheidenkerne, vier aber in der Höhe der Genitalganglien, gefunden werden. Aus den Submediansträngen gehen die vier mächtigen Längsmuskelröhren, die den beiden grossen Ligamentsäcken zur Insertion dienen, hervor.

Jedes der beiden breiten Felder, welche seitlich von den Submedianröhren begrenzt werden, bedecken vier dicht nebeneinander herziehende, flache Plasmastränge. Die 4 dorsalen Stränge setzen sich je aus zwei Zellen zusammen. Die Kerne der beiden hinteren Zellenpaare trifft man ungefähr in der Höhe der vorderen Genitaldrüse. Auch in der vorderen Hälfte des dorsalen Feldes findet man vier Längsmuskelzellen, und zwar liegen die Kerne des äusseren Paares in der Nähe der hinteren Kerne des Receptaculum, die des inneren aber etwas weiter hinten am Ende der Retractores receptaculi.

Die beiden äusseren Stränge des ventralen Feldes besitzen drei Kernpaare, von denen das erste hinter dem Ende der Rüsselscheide, das zweite in gleicher Höhe mit der Kommunikationsöffnung der beiden Ligamentsäcke, das dritte aber unweit der hinteren Submedianröhrenkerne gefunden wird. Die inneren Stränge des ventralen Feldes bestehen wiederum aus je zwei Zellen, und zwar stösst man auf die Kerne des vorderen Zellenpaares ungefähr in der Mitte des zentralen Ligamentzapfens, auf die des hinteren aber in der Höhe der vorderen Geschlechtsdrüse.

Die Muskulatur der beiden lateralen Felder, welche bekanntlich durch die Füllzellreihen je in zwei gleich breite Streifen zertheilt werden, geht jederseits aus zwei hinter einander liegenden Zellen hervor, deren Kerne unmittelbar vor und hinter denen des letzt beschriebenen Zellenpaares des ventralen Feldes, und zwar dicht neben den lateralen Kernen der Ringmuskulatur gesehen werden.

Die Längsmuskulatur des Vorderkörpers hat nicht weniger als zehn Kerne. Von den vier Kernen aus der Nähe des Ganglions liegen zwei in der dorsalen Submedianlinie, zwei aber neben der ventralen Medianlinie. Die übrigen sechs vor dem Nervenzentrum befindlichen Kerne ordnen sich so, dass zwei neben die ventrale Medianlinie, zwei lateral an das vordere Ende des Lemniskenmantels, zwei lateral dicht unter den Rüsselring zu liegen kommen.

Ausserdem fand ich im Schwanzende der 0,26 mm langen Larve noch 8 Kerne, von denen höchst wahrscheinlich die beiden lateralen und das hintere Paar der dorsalen der Längsmuskulatur, das vordere Paar der dorsalen, die zwei ventralen aber der Ringmuskulatur zugehören.

In der Längsmuskulatur der nur ein viertel Millimeter langen Larve des *Echinorhynchus gigas* finden wir im Ganzen 44 Zellkerne, also 18 mehr als beim völlig ausgebildeten Thiere.

Das Wachsthum der jungen Muskelzellen schreitet in der Längsrichtung und in der Breite schneller fort, als in der Dicke. Infolge dessen platten sie sich in radialer Richtung mehr und mehr ab und verwandeln sich allmählich in dünne Bänder, über deren Oberfläche nur noch der mächtige, ovoide Markbeutel hervorschaut. Zur nämlichen Zeit gewahrt man an der äusseren Wand der Muskelzelle zahlreiche durch gleiche Abstände von einander getrennte und der Längsachse der Zelle parallel laufende dunkle Linien (s. Tafel 10, Fig. 1 RM). Um über die Bedeutung dieser Streifung Aufschluss zu erhalten, müssen wir zu sehr starker Vergrösserung (Seibert, Apochromat 2 mm) und gut tingirten dünnen Querschnitten unsere Zuflucht nehmen.

Wir finden alsdann an den der Hypodermis zugekehrten Theilen der Zellwand und zwar unmittelbar unter der Sarkolemmagrenzmembran eine grosse Menge lebhaft gefärbter und senkrecht zur Oberfläche gestellter Plasmablätter (s. Tafel 10, Fig. 8ª F; Tafel 1, Fig. 24 fp¹, fp²). Die fein longitudinale Streifung, die besonders deutlich an Tangentialschnitten hervortritt, weist darauf hin, dass eine jede der kleinen Platten sich wiederum aus einer Anzahl sehr dünner, aber nicht scharf konturirter Fäden, Primitivmuskelfibrillen, aufbaut. Aussen wird das kleine Faserbündel von einer sich sehr intensiv tingirenden, wahrscheinlich von den Fibrillen selbst secernirten Sarkolemmamembran umhüllt.

Die Fibrillenplatten nehmen in Folge der regen Vermehrung der Fibrillen an Breite, besonders rasch aber an Höhe zu. Ausserdem sehen wir noch zwischen den schon vorhandenen Platten neue auftreten.

Das Zellplasma, welches früher vollkommen gleichartig erschien, hat inzwischen sich in zwei Lagen, eine äussere, dichtere und dunkler gefärbte (s. Tafel 10, Fig. 8ª pl²) und eine innere helle, gesondert (s. Tafel 10, Fig. 8ª m). Die äussere derselben scheint zur Bildung der fibrillären Substanz verbraucht zu werden; wenigstens spricht hierfür die Thatsache, dass sie an Mächtigkeit in demselben Maase abnimmt, als die Masse der Fibrillenplatten wächst.

Bei Larven von 0,35—0,38 mm Körperlänge haben die Fibrillenplatten die Muskelhaut in ihrer ganzen Dicke durchwachsen. Die Zellgrenzen, die schon seit geraumer Zeit vielerorts sich kaum noch erkennen lassen, sind gänzlich in Wegfall gekommen, wodurch die Muskularis wiederum einen syncytialen Charakter annimmt. Die Fibrillenplatten bilden jetzt parallelwandige Säulen, die, ziemlich regelmässig angeordnet, dem Querschnitt ein leiterartiges Aussehen verleihen (s. Tafel 10, Fig. 8ᵇ). Die Zahl der Platten nimmt noch stetig zu, aber nicht wie früher durch Bildung neuer Fasern, sondern durch Zerspleissung der vorhandenen (s. Tafel 10, Fig. 8ᵇ Fˣ). Da nun aber die Enden der sich ablösenden Fasern mit der Mutterfaser in Zusammenhang bleiben, entsteht ein gestrecktmaschiges Fasernetzwerk.

Die nächsten Veränderungen, die mit den Fibrillenplatten vor sich gehen, betreffen ihre äussere Form. Indem nämlich die sich neubildende fibrilläre Substanz bald in der Mitte, bald mehr an den Rändern der Faser in grösserer Menge sich anhäuft, gewinnt der Faserquerschnitt eine mehr oder minder unregelmässige, rundliche oder bisquitähnliche Form. Für die Längsfaser scheint es als Regel zu gelten, dass nur die äussere Hälfte der Faser es ist, welche an Dicke ansehnlich zunimmt, wodurch mehr triangulär prismatische Gestalten hervorgehen (s. Tafel 10, Fig. 6 F).

Hat der Embryo eine Länge von 0,52 mm erreicht, so sind auch im Inneren der Faserstränge Umwandlungen vor sich gegangen, in Folge deren ihr Aussehen sich mehr und mehr dem der definitiven Muskelröhre nähert. Zunächst wird im Zentrum ein heller Flecken sichtbar, der mit zunehmender Grösse der Faser sich schärfer und schärfer gegen die Rindenschicht abgrenzt (s. Tafel 10, Fig. 8ᵇ M).

Die auf diese Art entstehende in der Achse (Längsmuskulatur), oder mehr oder minder nahe an der inneren Wand (Ringmuskulatur) der Faser gelegene Spalte ist nichts anderes als die Anlage des späteren Markraumes. Anfangs ist er sehr klein und tritt im Vergleiche zu der fibrillären Rinde sehr in den Hintergrund. Erst später, wenn die Larven die Länge von 4 mm überschreiten, nimmt er an Umfang wesentlich zu.

Wie ich dies schon des Oefteren erwähnt habe, hat obige Darstellung nur für *Echinorhynchus gigas* in vollem Umfange Geltung. Ich will hiermit nicht sagen, dass die Verhältnisse bei den übrigen in Betracht kommenden Spezies: *Echinorhynchus angustatus* und *Echinorhynchus haeruca*, wesentlich andere sind. Nein, im Gegentheile lässt sich der Nachweis unschwer erbringen, dass der Entwickelungsgang, den die Muskulatur bei den letztgenannten Arten durchläuft, ein ganz ähnlicher ist, wie beim *Echinorhynchus gigas*. Der einzige Unterschied, der hierbei obwaltet, ist der, dass die Ringmuskulatur von *Echinorhynchus angustatus* und *Echinorhynchus haeruca* auf einem viel jüngeren Entwickelungsstadium stehen bleibt, als beim Riesenkratzer.

Auch bei *Echinorhynchus angustatus* und *Echinorhynchus haeruca* zerfällt das vielkernige Syncytium, welches wir in Folge des Auftretens des Coelomes vom zentralen Blasteme sich loslösen sehen, in zwei einfache Lagen breiter, bandförmiger Zellen.

In der äusseren derselben, der späteren Ringmuskulatur, sind die Zellen, in ähnlicher Weise wie beim Riesenkratzer zu fast gleichbreiten Gürtelbändern angeordnet, nur mit dem einen Unterschiede, dass hier zur Formation eines jeden Gürtels nicht zwei, sondern eine weit grössere Anzahl von Zellen sich aneinander lagern. Die Kerne besitzen eine flache, linsenähnliche Gestalt und bedingen in Folge ihrer gewaltigen Grösse mächtige, nur nach Innen vorspringende Auftreibungen der sie umhüllenden Zellpartien. Sie sind, wenigstens anfangs, wo ihre Anzahl noch keine sehr beträchtliche ist, alternirend zu mehreren Längsreihen angeordnet. Auch hinsichtlich ihrer histologischen Struktur gleichen sie vollkommen denen des *Echinorhynchus gigas*; sie bestehen aus einem feinkörnigen Protoplasma, in dem ein engmaschiges Netzwerk feiner Fäden sich ausbreitet. Der Nucleolus ist ziemlich gross, länglich, oval und von spongiöser Beschaffenheit.

Der Bau der inneren Zellenlage, aus der wir die Längsmuskelschicht hervorgehen sehen, ist ein ganz ähnlicher, nur dass hier die Zellbänder der Längsachse des Larvenkörpers parallel gerichtet sind. Die mächtigen, die Kerne enthaltenden Plasmabeutel ragen über die äussere Begrenzungsfläche der Zellen weiter hervor als über die ihr gegenüberliegende, und sind so vertheilt, dass sie die Lückenräume zwischen den nach innen prominirenden Höckern der äusseren Zellenlage vollständig ausfüllen. Es liegen also die Kerne der Längsmuskulatur fast in gleicher Ebene mit denen der Ringmuskulatur. Durch diese eigenartige Anordnung der Kerne kann man sich leicht verleiten lassen, die Muskularis der jungen Larven von *Echinorhynchus angustatus* und *Echinorhynchus haeruca* für eine einfache Lage grosser, polyedrisch begrenzter, epithelartiger Zellen zu halten.

Merkwürdigerweise büssen die beiden Muskelhäute bei *Echinorhynchus haeruca* und *Echinorhynchus angustatus* viel früher ihre zellige Struktur ein, als dies bei *Echinorhynchus gigas* der Fall ist. Die Zellgrenzen verschwinden, die Plasmaleiber verschmelzen mit einander, und es resultiren zwei kontinuirliche, schlauchförmige Syncytien.

Die nächsten Veränderungen, die sich an der Muskularis der jungen Larve konstatiren lassen, fallen in jene Periode, in der die direkte Theilung der Hypodermiskerne ihren Anfang nimmt. An den nach aussen gewandten Flächen der beiden Muskelhäute werden dünne Fibrillenbündel sichtbar, welche in der äusseren Haut zirkulär, in der inneren aber in longitudinaler Richtung verlaufen. Anfangs bestehen diese Primitivfibrillenbündel nur aus einigen wenigen Fäserchen und sind eigentlich nur auf Tangentialschnitten als solche deutlich zu erkennen. Die Längsfibrillenbündel wachsen durch Hinzufügung neuer Elemente ausserordentlich rasch, so dass sie schon geraume Zeit, bevor die Kerntheilung in dem Hypodermissyncytium ihren Abschluss gefunden hat, die innere Grenz-(Sarkolemma)membran berühren. Auf diesem Entwickelungsstadium trägt der Querschnitt durch die Längsmuskelhaut von *Echinorhynchus angustatus* und *Echinorhynchus haeruca* dasselbe leiterartige Aussehen zur Schau, das wir schon bei den Muskelhäuten des Riesenkratzers kennen lernten.

Den eben geschilderten Bau behält die Längsmuskulatur lange Zeit hindurch unverändert bei. Erst dann, wenn der Verfaserungsprocess in den Zellen der Hypodermis seinen Abschluss gefunden hat, theilen sich die Fibrillenplatten und zwar so, dass eine jede der beiden Begrenzungsflächen eine gleichmässig dicke Fibrillenrinde erhält. Die im Zentrum sich bildende Höhlung ist nichts anderes als der definitive Markraum. Fast gleichzeitig mit der Plattenspaltung sehen wir an gewissen Stellen der Faser die äussere Begrenzungsmembran in Form von Längsfalten sich erheben. Allmählich werden die Falten höher und höher, bis sie schliesslich mit der inneren Grenzmembran zusammenstossen und verschmelzen. Ist letzteres geschehen, dann weichen die Ränder der Falten auseinander. Auf diese Art entstehen jene zahlreichen Spalten und Lückenräume, die der Muskulatur der Echinorhynchen ihr eigenartiges, netzförmiges Aussehen verleihen.

Wesentlich einfacher ist der Entwickelungsgang der Ringfaser. Zwar nehmen auch hier die Fibrillenplatten, die überdies viel unregelmässiger gestaltet sind als in der inneren Muskelhaut, rasch an Umfang zu. Da aber gleichzeitig innen neue Plasmamassen von anscheinend geringerer Konsistenz (Marksubstanz) sich auflagern, so können die Fibrillenplatten niemals die innere Sarkolemmagrenzmembran erreichen. Späterhin wird auch diese äussere Muskelhaut durch zahlreiche von der äussere Sarkolemmascheide sich erhebende Ringfalten in einzelne Partieen, sogenannte Fasern, zertheilt.

Nach dem Gesagten liegt es klar auf der Hand, dass wir keineswegs berechtigt sind, die Muskelfasern von *Echinorhynchus angustatus* und *Echinorhynchus haeruca* ohne Weiteres denen des Riesenkratzers gleichzustellen. Die Muskelrohre des *Echinorhynchus gigas* verdanken ihre Entstehung einem einzigen Primitivfaserbündel und erreichen eine verhältnissmässig sehr hohe Ausbildung. An der Konstitution der sogenannten Muskelfaser von *Echinorhynchus angustatus* und *Echinorhynchus haeruca* dagegen betheiligt sich eine ganze Anzahl solcher Primitivfibrillenbänder, welche meist ihre primitive Platten- oder Bündelform beibehalten und gemeinschaftlich von einer derben Sarkolemmamembran umhüllt werden. Trotz des so komplizirten Baues, den die Muskelfaser des erwachsenen Riesenkratzers zur Schau trägt, ist sie doch genetisch wie morphologisch nur das Aequivalent eines Muskelfibrillenbündels von *Echinorhynchus angustatus* oder *Echinorhynchus haeruca*.

— — ———

Der muskulöse Rüsselapparat.

Geschichtlicher Ueberblick.

Nach G o e z e [1] besteht der Bewegungsmechanismus des Rüssels bei *Echinorhynchus gigas* aus einem Sacke von knorpeliger Beschaffenheit, der von der Basis des Rüssels aus zapfenartig in den Innenraum des Vorderkörpers hineinragt, und aus zwei Muskelbändern, die sich zwischen dem abgerundeten Ende des Receptaculum und der Leibeswand ausspannen (Retractores receptaculi).

Z e d e r [2] und W e s t r u m b [3] zählen nicht weniger als fünf Muskelpaare. Zwei derselben, die Protrusores receptaculi, inseriren sich am Grunde des Receptaculum, gehen über dieses hinweg und treten mit der Muskulatur des vorderen Halsabschnittes in Verbindung. Die übrigen Muskeln finden als Retractoren des Rüsselsackes Verwendung. Das erste Paar ist nur gering ausgebildet und liegt fast der Muskulatur des Halses auf. Diesem folgen im hinteren Theile des Receptaculums die beiden sogenannten Retinacula. Das letzte Paar bilden die schon von G o e z e beschriebenen Retractores receptaculi. Bei den kleineren Kratzern ist die Zahl der Muskeln eine viel geringere. Die Protrusores kommen stets in Wegfall. Ausser den beiden Retinacula treten nur noch zwei mächtig entwickelte Retraktoren auf, die an der Rüsselspitze sich anheften, den ganzen Rüsselsack durchziehen, selbigen im Grunde durchbohren und schliesslich mit den Körpermuskeln sich vereinigen. C l o q u e t [4] reduzirte die Zahl der Retraktoren, indem er das erste Muskelpaar der Halsmuskulatur zurechnet, auf acht.

[1] Naturgeschichte der Eingeweidewürmer. 1782. pg. 147.
[2] Nachtrag zu G o e z e's Naturgeschichte 1800. pg. 109, 117.
[3] De helminthibus acanthocephalis 1821. pg. 50—51.
[4] Anatomie des vers intestinaux 1824. pg. 71, 77—78. Tafel 7, Fig. 2, 3, 5.

v. Siebold[1]) erkannte die muskulöse Natur des Receptaculum proboscidis. Die Zahl der Retaktoren, welche die Bewegung der Rüsselscheide bewirken, beträgt bei allen Arten drei. Zwei Muskeln (Retinacula) entspringen rechts und links an der Innenfläche des Hautmuskelschlauches, begeben sich schräg durch die Leibeshöhle und inseriren sich bei *Echinorhynchus angustatus, proteus, acus* an den Seiten des Receptaculum, bei *Echinorhynchus gigas, haeruca, polymorphus, strumosus* dagegen an dem unteren, abgerundeten Ende desselben. Zwischen beiden Muskeln tritt ein einfacher, bandförmiger Muskel aus dem Hautmuskelschlauche hervor und begibt sich zum unteren Ende des Rüsselsackes (Retractor receptaculi).

Guido Wagener[2]) entdeckte, dass das Receptaculum sich aus zwei dicht auf einander liegenden, aber scharf getrennten Muskelschichten zusammensetzt. Der Hohlraum der Rüsselscheide wird von dem Retractor proboscidis vollständig ausgefüllt. Nachdem letzterer den Rüsselsack durchbrochen hat, spaltet er sich in drei Blätter, von denen die beiden äusseren an die Leibeswand sich anheften, während das mittlere als Ligamentum suspensorium den gesammten Leib durchzieht und mit den Geschlechtsorganen in Verbindung tritt. An der Rüsselspitze des *Echinorhynchus tuberosus* beobachtete Wagener einen Sack, der sich zwischen die Fasern der grossen Retaktoren einschob und oftmals eine dunkelgelbe Farbe besass. Wagener erblickt darin das Rudiment eines räthselhaften Organes, das er schon bei einer ganzen Reihe von Embryonen deutlich gesehen habe.

Ein ähnliches sackartiges Gebilde fand Lespès[3]) am Rüssel des *Echinorhynchus clavaeceps:* er nahm es geradezu als Darm in Anspruch. Pg. 683 schreibt Lespès:

L'appareil digestif s'ouvre à l'extrémité de la trompe par un pore très-petit percé au sommet d'une papille terminale extrêmement mobile tant que l'helminthe est vivant. — La cavité digestive est tapissée de grosses cellules peu nombreuses, formant un épithélium à une seule couche; ces cellules n'ont pas de noyau visible. La poche renferme ordinairement une masse pulpeuse, pleine de petits granulations, en tout semblable au contenu muqueux de l'intestin du poisson. Le fond de cette poche est adhérent à un organe glanduleux variable de volume, sans cavité propre, et formé de cellules très-différentes de celles de l'épithélium intestinal: leurs dimensions sont quatre ou cinq fois moindres et elles ont un très-gros noyau transparent.

Nach Pagenstecher[4]) lässt sich das Muskelgewebe des Receptaculum auf den gewöhnlichen Bau der Echinorhynchusmuskeln, zumal der des hinteren Leibesabschnittes zurückführen. Die Kernbeutel, welche bekanntlich in das Lumen der Rüsselscheide hineinragen, werden als einzellige Drüsen aufgefasst.

Greeff[5]) hat den Retractor receptaculi völlig übersehen. Zur Retraction der Rüsselscheide dienen nur die beiden Retinakula, zwei breite Bänder, in deren Mitte ein Strang wellenförmig verlaufender, kontinuirlicher Längsfasern liegt.

---

[1]) Lehrbuch der vergleichenden Anatomie 1848. pg. 122.
[2]) Naturkundige Verhandelingen van de Hollandsche Maatschappy der Wetenschappen, 1857, pg. 83. Zeitschrift für wissenschaftliche Zoologie, 1858, pg. 79, Tafel VI, Fig. 20.
[3]) Journal de l'anatomie et de la physiologie, 1864, pg. 683—686.
[4]) Zeitschrift für wissenschaftliche Zoologie, 1863, pg. 414.
[5]) Archiv für Naturgeschichte, 1864, pag. 129, Taf. 3, Fig. 1 d.

Eine treffliche, ausführliche Beschreibung des so komplizirten Muskelapparates, welcher die Bewegung des Rüssels und Halses bei *Echinorhynchus gigas* bewirkt, verdanken wir A. Schneider[1]:

Der Rüsselsack des Riesenkratzers besteht aus zwei Schichten, welche sehr verschiedenartig gebaut sind. Die äussere Schicht besteht aus einem Gewebe, welches, abgesehen von seiner sackförmigen Gestalt, ganz wie die Muskelplatten beschaffen ist. Ausser den vielen kleineren Maschen besitzt er aber vier grössere länglich ovale Oeffnungen, durch die sein Lumen mit der Leibeshöhle kommunizirt. Die Insertion dieses Rüsselsackes liegt hinter der sechsten, letzten Hakenreihe. Die innere Rüsselscheide wird von einem ventral tief ausgeschnittenen Muskelsacke gebildet, der von querlaufenden Fibrillen dicht erfüllt ist. Das ausgeschnittene Stück ist mit einer Muskelplatte von der gewöhnlichen Textur bedeckt, welche die Umrisse eines Köchers besitzt. Der innere Rüsselsack wird nach vorn durch einen festen hornartigen Ring vervollständigt, welcher sich an die Leibeswand dicht hinter der dritten Hakenreihe ansetzt.

Der Retractor proboscidis entspringt in der Rüsselspitze, durchbohrt, indem er sehr dünn wird, den Rüsselsack und inserirt sich an der Leibeswand. Bei *Echinorhynchus gigas* durchbohrt der dorsale Retraktor an einer Stelle den inneren Rüsselsack und spaltet sich dann in zwei Bündel, welche sich getrennt inseriren, während der ventrale Retraktor an zwei Stellen den inneren Rüsselsack durchbohrt, allein, indem sich beide Bündel vereinigen, als ein einfacher Muskel sich inserirt.

Der Compressor lemnisci hat die Gestalt des Mantels eines abgestumpften Kegels. Mit seinem Vorderende inserirt er sich dicht hinter den Wurzeln der Lemnisken, mit seinem Hinterende weiter hinten, speziell bei *Echinorhynchus gigas* auf der dorsalen Fläche so, dass die spitzen Ausläufer seiner Muskelcylinder sich noch zwischen die queren Ausläufer der Kernschnur und die Längsmuskulatur einschieben, auf der ventralen Seite ungefähr in einer entsprechenden Linie. Dieser Kegelmantel ist entweder (z. B. bei *Echinorhynchus angustatus*) vollständig geschlossen oder er zerfällt (z. B. bei *Echinorhynchus gigas*) in einen rechten und linken Theil, deren jeder eine Zelle mit einem Kerne darstellt. An seinem Hinterrande ist der Muskel lateral, tief bogenförmig ausgeschnitten.

Dieser Kegelmantel gibt die muskulöse Hülle der Lemnisken ab. Und zwar geschieht dies nach zwei Modifikationen. Entweder liegt der Lemniskus in der Fläche des Mantels, indem der letztere in der lateralen Linie in zwei Blätter auseinander tritt, zwischen welche dann von vorn her der Lemniskus hineingewachsen ist. So bei *Echinorhynchus haeruca, angustatus* u. a. Oder der Lemniskus stülpt sich von aussen her in den Compressor und nimmt, indem er frei über die Fläche desselben nach innen tritt, einen muskulösen Ueberzug mit, in der Weise, wie man sich wohl die serösen Hüllen gewisser Organe gebildet denkt. Dies ist z. B. bei *Echinorhynchus sphaerocephalus, gigas, tuberosus* und anderen der Fall.

Der Rüsselsack der kleineren Arten setzt sich nach Leuckart[2] fast immer aus zwei dicht aufeinander liegenden, aber scharf getrennten Schichten zusammen. Im Grunde genommen lässt sich eine jede dieser beiden Schichten als eine cylindrich eingerollte Muskelplatte betrachten, die von zahlreichen kurzen und engen Spalten durchbrochen wird. Da letztere sammt und sonders die gleiche Richtung einhalten,

---

[1] Archiv für Anatomie und Physiologie, 1868, pag. 589—591.
[2] Die menschlichen Parasiten. 2. Bd. 1876. pg. 752—764.

so ist das Aussehen nahezu dasselbe, wie in der Körpermuskulatur, nur dass die Spalten der Rüsselscheide kleiner und zahlreicher sind. In der Regel sieht man die Spalten in schräger Richtung von oben und rechts nach unten und links, also liäotrop, um die Rüsselscheide herumziehen. Doch gibt es auch Arten, in denen diese Anordnung dahin modifizirt ist, dass die Spaltrichtungen an der Bauchfläche dachartig aufeinander stossen (*Echinorhynchus porrigens*). Die Fibrillenzüge folgen natürlich der Richtung der Spalten resp. den dazwischen hinziehenden Muskelsträngen. Sie verlaufen also gleichfalls liäotrop. Bei oberflächlicher Einstellung des Tubus erkennt man jedoch noch eine dünne Lage von Fibrillen, welche die liäotropen Züge unter spitzem Winkel kreuzen, also gerade die entgegengesetzte Richtung einhalten.

Und nicht bloss der äussere Sack ist es, welcher diese Fibrillen erkennen lässt, sondern ebenso der innere, so dass sich auch in dieser Hinsicht eine vollständige Uebereinstimmung der beiden Schichten herausstellt. Der Retractor proboscidis setzt sich aus 18—20 weiten Muskelröhren zusammen, die geraden Weges durch die Rüsselscheide hinziehen und nur an dem unteren Ende damit in Verbindung treten. Aber alle diese Fasern reduziren sich auf nicht mehr als vier Muskelzellen, die sich in einem früheren Entwickelungsstadium als einfache Schläuche darstellen lassen und auch im ausgebildeten Thiere noch in den vier bläschenförmigen grossen Kernen ihre Spuren hinterlassen.

Die sonst ganz allgemein vorhandene Schichtung des Rüsselsackes ist bei *Echinorhynchus gigas* weggefallen. Allerdings spricht S c h n e i d e r auch bei dem Riesenkratzer von einem äusseren und inneren Rüsselsacke, aber das, was er mit ersterem Namen bezeichnet, hat anatomisch mit der Aussenlage des Receptaculum, der es verglichen wird, eine nur oberflächliche Aehnlichkeit und ist histologisch von derselben durchaus abweichend. Weit entfernt, eine dicht anliegende, geschlossene Röhre verfilzten Muskelgewebes zu sein, besteht dieses Gebilde aus vier, ursprünglich isolirten platten Muskeln, die in einiger Entfernung von der Insertion des eigentlichen Rüsselsackes aus der Körperwand sich ablösen, auch ganz den Bau der gewöhnlichen Körpermuskeln besitzen, der Aussenfläche des Receptaculum locker aufliegen und schliesslich an das hintere abgerundete Ende desselben sich festsetzen.

Die Muskulatur des inneren Rüsselsackes reicht nicht bis zur Innenfläche des Rüssels, sondern ist durch ein elastisches Polster davon getrennt, das sich an Stelle derselben in den Bindegewebsüberzug einlagert.

Bei *Echinorhynchus strumosus* und *Echinorhynchus porrigens* finden sich zwei symmetrisch entwickelte Muskeln, die von den Seitentheilen der Rückenfläche durch die vordere Leibeshöhle hindurch nach abwärts laufen, um schliesslich an der hinteren Hälfte der Rüsselscheide sich zu befestigen. Sie bilden gewissermassen eine Schlinge, die den hintern Theil der Rüsselscheide emporhebt und den nach aussen hervorragenden Rüssel begreiflicher Weise nach abwärts bewegt. [1]

B a l t z e r [2] entdeckte, dass die äussere Rüsselscheide des *Echinorhynchus proteus* sich aus zwei Halbcylindern zusammensetzt, die in den Laterallinien auf einander stossen und hier durch zwei deutlich sichtbare Suturen mit einander verbunden werden. Der innere Rüsselsack besteht aus einer einheitlichen Muskelmasse und wird von den Fasern des Retractor proboscidis ausgefüllt. In der Nähe der Rüsselspitze strahlen die letzteren auseinander und verlaufen dann längs der Innenwand bis zur Ansatzstelle

---

[1] Die menschlichen Parasiten, Bd. 2, pag. 753—764. Fig. 360 bis Fig. 366.
[2] Archiv für Naturgeschichte, 1880, pag. 20—25.

12*

des Receptaculum probiscidis herab. „Durch Bindegewebe an der Ringfaserschicht des Rüssels befestigt, zeichnen sich alle durch ihre regelmässige Anordnung und gleichmässige, aber eigenthümliche Form aus. Sie stellen nämlich Längsmuskelplatten vor, welche die Innenfläche des Rüssels vollkommen auskleiden.

Je zwei benachbarte Ränder treten, sich nach innen einschlagend, in Verbindung. Ueber den eingerollten Rand setzt sich aber das die Muskelmasse überziehende Bindegewebe fort und bildet eine in den Hohlraum des Rüssels einspringende Papille. Man kann diese so ausgebildeten Längsmuskeln einer gewöhnlichen Faser vergleichen, welcher auf der einen Seite die Muskelsubstanz geschwunden, so dass nur das Bindegewebe übrig geblieben."

Sälftigen[1]) liefert den Nachweis, dass die beiden Muskelschichten des Receptaculum gleich der Ringmuskulatur der Leibeswand sich aus einer äusseren kontraktilen Rinde und einer inneren Mark-substanz aufbauen. Die Kerne liegen in ansehnlichen Markbeuteln und vertheilen sich bei *Echinorhynchus proteus* folgendermassen: „Die innere Rüsselscheide besitzt vier lateral und symmetrisch vertheilte Muskel-kerne, etwas auf die Dorsalseite gerückte und zwei hintere. Die äussere Scheide beherbergt zwei auf die Ventralseite gerückte Kerne. Ausserdem finden sich im Grunde der Rüsselscheide noch zwei Paar seitlich gelegener Muskelkerne, die aber nicht eigentlich ihren Wandungen angehören, sondern in den Wurzeln der Retinacula liegen. Die vorderen Kerne der inneren Rüsselscheide sind bei *Echinorhynchus angustatus* weit nach vorn gerückt und treten bei ausgestrecktem Halse etwa im vorderen Drittheil desselben auf."

Köhler[2]) giebt eine kurze Beschreibung des musculösen Rüsselapparates von *Echinorhynchus gigas*, die in allen wesentlichen Punkten mit der Darstellung Leuckart's übereinstimmt.

Knüpffer[3]) schildert den Bau des musculösen Rüsselmechanismus von *Echinorhynchus pseudo-segmentatus* folgendermassen: Die Muskelschicht des Rüssels ist eine doppelte; aussen liegt eine Schicht von feinen Ringmuskelfasern, während die innere Wand des hohlen Sackes von einer einschichtigen Lage von grossen Längsmuskelröhren gebildet wird. Im Lumen des hohlen Rüssels liegt der Retractor pro-boscidis, der aus zwei mächtigen musculösen Röhren gebildet wird, die zwischen sich im Centrum des Lumens noch einige dünnere Muskelröhren umfassen. Der Rüsselsack ist durchaus musculös. Er wird der Hauptmasse nach aus zwei Muskellagen gebildet, die beide nur circulär verlaufende Fasern haben. Bei meinen conservirten Exemplaren zeigen beide Muskelschichten radiär verlaufende Einschnürungen, die wohl nur durch die Einwirkung der Reagentien entstanden sind. In der dorsalen Wand des Rüssel-sackes liegt zwischen beiden Muskelschichten eine dünne Lage von Längsmuskeln. Im Fundus des Rüsselsackes, in die Fasern des inneren Sphincters eingebettet, findet sich das mächtige Ganglion mit grossen Zellen, die im ganzen Ganglion, in Fasermasse eingeschlossen, zerstreut liegen. Die äussere Muskelschicht des Rüsselsackes steht in direkter Verbindung mit der Muskulatur des Körpers.

[1]) Morphologisches Jahrbuch, 10. Bd., 1. Heft, pg. 15—17.
[2]) Journal de l'anatomie et de la physiologie. 1887, 23. Année, pg. 630—632. Tafel 28, Fig. 8.
[3]) Mémoires de l'académie impériale des sciences de St. Pétersbourg. 7. série, tome 36. Nr. 12. 1888, pg. 13, Tafel 2, Fig. 34.

Eigene Beobachtungen.

Der Rüsselapparat der Echinorhynchen gleicht in der auffälligsten Weise den Haftorganen der Tetrarhynchen. In beiden Fällen besteht das eigentliche Bohrwerkzeug aus einem langen, derbhäutigen, cylindrischen oder auch kugeligen Zapfen, der frei über das orale Leibesende hervorragt und auf seiner Oberfläche zahllose kleine, gebogene Stacheln trägt. Zur Bewegung dieses Hakenzapfens dienen zahlreiche Ring- und Längsmuskeln, von denen erstere als Protrusoren, letztere als Retraktoren in Anwendung kommen. Die Ringmuskulatur tritt stets in der Gestalt einer cylindrischen, am hinteren Ende geschlossenen Tasche auf, die gewöhnlich aus zwei dicht aufeinander liegenden Muskelsäcken besteht und mit dem Vorderrande der Rüsselbasis verwachsen ist. In der Achse dieses auf beiden Seiten geschlossenen Rohres verlaufen mehrere Längsmuskelfasern, die einerseits an der Rüsselspitze, andererseits aber im Grunde des Receptaculum sich befestigen und durch ihre Kontraktion das Einstülpen des Rüssels bewirken. Ausserdem kann aber der Wurm seinen Rüssel in toto rückwärts bewegen und zwar vermittelst einiger mächtiger Retraktoren, die sich zwischen dem Ende des Receptaculum und der Leibeswand ausspannen. Aber hierauf beschränkt sich alles, was diese beiden Wurmformen mit einander gemein haben. Im Baue der übrigen Organe sind sie so grundverschieden, dass heutzutage wohl kein exakter Beobachter nähere verwandtschaftliche Beziehungen zwischen ihnen annehmen wird. Hierzu kommt noch, dass die Tetrarhynchen überhaupt nicht einmal die einzige Gruppe bilden, die ein dem Rüssel der Echinorhynchen ähnlich gestaltetes Haftorgan besitzen. Durch die Untersuchungen Diesings[1]) haben wir einen Trematoden, den *Rhopalophorus coronatus* kennen gelernt, dessen Rüssel gleichfalls mit einem Receptaculum und mehreren Retraktoren versehen sind.

Im Wesentlichen lassen sich bei sämmtlichen Echinorhynchusarten an den Fasermassen, die an der Konstitution des muskulösen Rüsselapparates sich betheiligen, dieselben Strukturverhältnisse wieder finden, die wir an den beiden Muskelhäuten der Leibeswand kennen lernten. Auch hier wird man vergeblich nach Zellgrenzen suchen suchen: jede einzelne Muskelschicht repräsentirt ein kontinuirliches, mehrkerniges Syncytium.

Ich erachte es für das Zweckdienlichste, zunächst den komplizirten Rüsselapparat des *Echinorhynchus gigas*, also jenen Mechanismus, der die mannigfaltigsten Bewegungseffekte hervorzubringen im Stande ist, einer näheren Besprechung zu unterbreiten und erst dann aus diesem die einfacheren in ihrer Leistungsfähigkeit weit nachstehenden Fixationswerkzeuge der kleineren Arten abzuleiten.

Die ansehnlichste Muskelmasse des gesammten Rüsselapparates macht bei *Echinorhynchus gigas* das Receptaculum proboscidis aus. Es hat die Gestalt eines 2 mm langen und 0,6 mm dicken Cylinders, der an seinem hinteren Ende halbkugelförmig sich abrundet[2]). Die kontraktile Rindensubstanz beschränkt sich im oberen Theile der Rüsseltasche auf den Rücken und die beiden Seiten, sodass ventral ein weit klaffender Spalt entsteht, der am vorderen Ende des Receptaculum beginnt, bis an das Ganglion

---

[1]) 16 Gattungen von Binnenwürmern und ihre Arten. Denkschrift der math. naturw. Classe der kaiserlichen Akademie der Wissenschaften zu Wien. 9. Bd., 1855, Tafel 1.
[2]) Die Maasse sind einem weiblichen *Echinorhynchus gigas* entnommen, der eine Länge von 215 mm bei einem Körperdurchmesser von 5,2 mm besass.

cephalicum herabreicht und nahezu ein Viertheil des gesammten Cylinderumfanges für sich in Anspruch nimmt.

Das Maximum der Dicke (170 μ) erreicht die fibrilläre Substanz an der Dorsalfläche, während sie sich nach den beiden Seiten hin allmählich abflacht. Auf einem Querschnitte durch den Rüsselsack tritt sie uns in der Form einer breiten Sichel entgegen (s. Tafel 1, Fig. 8 f⁰). Im letzten Drittheile des Rüsselsackes vertheilt sich die kontraktile Substanz gleichmässig auf die ganze Peripherie (s. Tafel 1, Fig. 1 f⁰; Tafel 5, Fig. 6 f⁰).

Die prismatischen und kreisförmig gebogenen Primitivfibrillen liegen in einfachen Reihen konzentrisch nebeneinander und formiren dünne, aber breite Blättchen von Sichel- oder Ringgestalt. Je zwei derselben werden vermittelst eines dünnen Sarkolemmaseptum zu einer Fibrillenplatte (Primitivfaserbündel) vereinigt. Auf einem Längsschnitte durch den Rüsselsak erscheinen diese Platten als schmale beiderseits mit einer Punktreihe (Durchschnitte der Primitivfibrillen) besetzte parallele Stäbchen. die sich etwas nach hinten neigen und die Cylinderachse unter einem Winkel von 60⁰ kreuzen (s. Tafel 10, Fig. 12 f⁰). Es sind demnach die Fibrillenplatten nicht vollkommen eben, sondern sie entsprechen einem Segmente der Mantelfläche eines sehr stumpfen (30⁰) Kegels, dessen Basis, wie man sich leicht durch Vergleichung mit einem Tangentialschnitte überzeugen kann, mit der Medianebene einen Winkel von 70—75⁰ bildet. Die hellen Striche, die schon Leuckart[1]) an Querschnitten beobachtete und als sehr enge Kanäle beschrieb, sind nichts anderes, als sehr dünne, bandartige Sarkolemmastreifen, welche, von der äusseren Grenzmembran ausgehend, sich in radialer Richtung zwischen die einzelnen Fibrillenplatten hineindrängen. Mit der Plattenoberfläche, beziehentlich den Ringfibrillen sind sie in ganzer Ausdehnung auf das innigste verwachsen (s. Tafel 1, Fig. 1 f⁰; Fig. 8 f⁰). Von dem Zusammenhange mit der äusseren Sarkolemmahülle kann man sich sehr leicht auf Quer- und Längsschnitten durch das stark kontrahirte Receptaculum überzeugen. weil hier infolge der starken Faserverkürzung die äussersten Fibrillenstränge von der Wandung sich etwas abgehoben haben.

Auf der Aussenfläche wird die fibrilläre Substanz von einer aussergewöhnlich dicken (6 μ) Sarkolemmahülle. die mit den Septen und den Radiärfäden in direktem Zusammenhange steht, begrenzt (s. Tafel 1, Fig. 1 s⁰, Fig. 8 s⁰; Tafel 5, Fig. 6; Tafel 10, Fig. 12 Rr). An den scharfen Ventralrändern der kreisförmig gebogenen Ringmuskelplatte vereinigt sich diese äussere Scheide mit dem die Konkavität auskleidenden Sarkolemmahäutchen und überspannt als derbe, scharf konturirte Membran (8—12 μ) den weit klaffenden Spaltraum, ergänzt also gewissermaassen die Muskelrinne zu einer allseitig geschlossenen Röhre (s. Tafel 5, Fig. 24 Rr).

Das Lumen der Rüsseltasche wird bis auf den ventralen Quadranten. in dem der Retractor proboscidis verläuft, von dem mächtig entwickelten Markbeutel ausgefüllt. Letzterer besteht aus einem dünnflüssigen, von feinen Fäden durchsetzten Plasma, das von der primatischen Spalte durch ein dünnes Häutchen getrennt wird (s. Tafel 1, Fig. 8 M⁰). Dicht hinter dem Ganglienhaufen liegen, von einem wohl ausgebildeten protoplasmatischen Balkenwerke umgeben, die beiden lang elliptischen Kerne (53 μ × 15 μ), welche einen kugelrunden Nucleolus. mehrere grössere Chromatinkörneranhäufungen und ein dieselben verbindendes, äusserst blasses Fadennetzwerk in sich einschliessen (s. Tafel 5 Fig. 24 ne⁰).

---

[1]) Die menschlichen Parasiten, 2. Bd, pg. 761.

Es sind dies die einzigen Kerngebilde, die wenigstens beim erwachsenen Wurme in der Wand des Receptaculum sich auffinden lassen. Zwar sieht man dicht hinter dem ganglionären Zellenhaufen, eingebettet in ein besonderes, eigenartiges, von zahllosen dünnen Fädchen durchsponnenes Protoplasma, zwei bis drei ziemlich grosse Nuclei liegen, die ganz das Aussehen der Muskelkerne haben. Dieses reticuläre Protoplasma erfüllt die ganze cylindrische oder konisch nach hinten sich einengende Spalte des Receptaculumendes, setzt sich aber auch ventral, bisweilen auch lateral, nach vorn fort, so dass es nicht selten die hintere Hälfte des Ganglion cephalicum bis zu den Retractores ventrales hinauf umhüllt. Es lässt sich besonders an der Hand der Entwickelungsgeschichte der Nachweis erbringen, dass dieses von einer derben Sarkolemmamembran scharf abgegrenzte reticuläre Plasma zu der Musculatur der Receptaculumwandung in keiner näheren Beziehung steht. Dagegen legt die Art der Verbindung mit dem Retractor dorsalis die Vermuthung sehr nahe, dass wir es in ihm mit einem häutigen Appendix (Markbeutel) der Retractores proboscidis (vielleicht mit dem der lateralen Flügel) zu thun haben.

Das Receptaculum selbst reicht nicht bis an die Rüsselwand heran; die Insertion vermittelt ein eigenthümlich gestalteter, völlig durchsichtiger Sarkolemmaring von fast chitinartiger Beschaffenheit (s. Tafel 5, Fig. 13 Rr; Tafel 10, Fig. 12 Rr). In seiner unteren Hälfte gleicht er — wie dies Schneider schon richtig angegeben hat[1]) — dem Mantel eines abgestumpften Kegels, der mit seiner nach hinten gewandten schmalen Basis dem Vorderrande des Rüsselsackes fest verbunden ist. An der Verwachsungsstelle schwillt die Chitinscheide zu einem mächtigen Ringwulste an, der septumartig in das Lumen des Rüsselsackes hineinragt und die obere Begrenzungsfläche der fibrillären Substanz abgiebt. Mit seinem vorderen Rande berührt der Sarkolemmatrichter die Rüsselwand dicht hinter der dritten Hakenreihe und setzt sich in eine derbe Membran (7 μ) fort, welche den halbkugelförmigen Rüsselkopf vollkommen auskleidet (s. Tafel 10, Fig. 11 Rr). In diese Sarkolemmakalotte senken sich die hinteren langen Wurzelfortsätze der grossen, klauenförmigen Haken ein und empfangen von ihr einen dünnen, scheidenartigen Ueberzug, der das aus der Hypodermis herausschauende Stück umhüllt (s. Tafel 10, Fig. 11 sr). An der Rüsselspitze steht der Sarkolemmaring mit dem Sarkolemmaüberzuge einer eigenartigen Muskelfaserplatte in Verbindung. Letztere hat die Gestalt eines flachen, am Rande abgeschrägten Konus, dessen Basisdurchmesser 260 μ, dessen Höhe aber nur 90 μ beträgt (s. Tafel 10, Fig. 11 Mp). Axial zeigt dieser Konus eine kreiscylinderförmige Durchbohrung, die in der Nähe des hinteren Randes nach der Bauchfläche hin umbiegt und in die Rüsselhöhle ausmündet. Das Lumen dieser Höhle wird von einem zusammengewundenen Nervenfaden, eine Tastpapille, fast vollständig ausgefüllt. Hinsichtlich ihres histologischen Baues möchte ich diese ringförmige Muskelplatte mit denjenigen Zellen vergleichen, welche sich am Aufbaue des Sortirapparates des Uterusglockengrundes betheiligen. Wie diese, so besteht auch sie aus einem reich verzweigten engmaschigen Protoplasmafadennetze, welches in den verschiedensten Richtungen von Muskelfibrillen durchsetzt wird. Nur am Rande der Platte nehmen diese feinen Fibern einen zirkulären Verlauf an und formiren eine dünne Ringfaserrinde (s. Tafel 10, Fig. 11 Mp; Tafel 5, Fig. 19 Mpm). Die Kerne, die stets in der Zweizahl vorhanden sind, liegen nicht in der Platte selbst, sondern inmitten eines grossen Markbeutels, der von der hinteren Plattenfläche aus als ansehnlicher gefalteter Schlauch zwischen die grossen Rüsselretraktoren hineinragt (s. Tafel 10, Fig. 11 Mpme). Der Markraum der aus

---

[1]) Archiv für Anatomie und Physiologie, 1868, pg. 591.

lauter sichelförmig gebogenen Ringfaserplatten sich aufbauenden Receptaculumwand endigt nicht an dem durch den Sarkolemmaringwulst markirten vorderen Rande derselben, sondern setzt sich als dünnwandiger Beutel fort und erfüllt den von dem Sarkolemmaringe umschlossenen Raum bis auf jene trianguläre, ventral gelegene Spalte (s. Tafel 5, Fig. 13 Mrp), welche die Fasern der Retractores proboscidis in sich aufnimmt.

Eine weitere Eigenthümlichkeit des *Echinorhynchus gigas*, die nur noch einer einzigen der seither näher untersuchten Arten, nämlich *Echinorhynchus moniliformis*, zukommt, besteht darin, dass an dem Aufbaue des Receptaculum ausser den eben beschriebenen Ringmuskeln noch zwei Längsmuskelsyncytien betheiligt sind. Sie liegen auf der Aussenfläche jener Sarkolemmamembran, welche die Quermuskelrinne überbrückt und bieten gewissermaassen einen Ersatz für das mangelnde Schlussstück. Den inneren Längsmuskel bildet eine stark abgeflachte 1,8 mm lange und 0,16 bis 0,18 mm breite Röhre (s. Tafel 1 Fig. 16 M^2; Fig. 18 M^2). Sie beginnt am Vorderrande der Rüsseltasche, zieht in gerader Richtung auf der Bauchfläche herab und endigt hinter dem Ganglion mit einer grossen halbkugelförmigen Anschwellung (Dicke 110—120 μ). In letzterer liegen zwei länglich ovale Kerne (s. Tafel 5, Fig. 6 M^2).

Die äussere Muskelmasse besteht aus zwei Röhren mit triangulären Querschnitten. Sie befinden sich zu den Seiten der inneren Muskelplatte und werden mit ihr durch zahllose Sarkolemmabänder verbunden (s. Tafel 1, Fig. 18 M^1; Tafel 5, Fig. 24 M^1). Eine kurze Strecke oberhalb des Nervenzellenhaufens verschmelzen beide Fasern zu einem flachen Rohre (150 $\mu \times$ 50 μ), das die darunter befindliche innere Muskelplatte vollkommen bedeckt (s. Tafel 1, Fig. 16 M^1). In diesem Abschnitte liegen drei, selten auch vier Nuclei (s. Tafel 1, Fig. 8 M^1), die den Rüsselscheidenkernen an Grösse nur wenig nachstehen (40 $\mu \times$ 15 μ). In der oberen Hälfte des Receptaculum bewirken die übereinander liegenden Längsmuskelbänder eine vollkommene Ueberbrückung des ventralen Spaltraumes (s. Tafel 1, Fig. 8 M^1 M^2). In der Gegend des Ganglions aber bleiben infolge der mächtigen Ausweitung, welche die Sarkolemmamembran durch das Auftreten des Nervenknotens erfährt, zu den Seiten der Schliessmuskeln zwei breite Lückenräume (s. Tafel 5, Fig. 24 Rr).

Hinsichtlich ihres histologischen Baues unterscheiden sich diese Muskelbänder wesentlich von den Längsfasern des Hautmuskelschlauches. Schon bei der ersten Betrachtung eines Querschnittes muss es uns in die Augen fallen, dass die kontraktile Substanz sich ganz gleichmässig über die Wandung dieser Röhren ausbreitet, und dass selbst die Anwesenheit der Kerne auf dieses Ebenmaass störend einzuwirken nicht imstande ist (s. Tafel 1, Fig. 8 M^1). Doch dies ist nicht das einzige Moment, dem der Schliessmuskel das eigenartige Aussehen verdankt. Die Sarkolemmasepten, die für gewöhnlich die Fibrillenplatten von einander trennen und an deren Oberfläche endigen, setzen sich hier in dünne, gefaltete Blättchen fort und bewirken eine Zertheilung des Markraumes in mehrere Kammern (s. Tafel 5, Fig. 24 M^2). Nicht selten kann man beobachten, dass diesen Septen die kontraktile Substanz mehr oder minder tief in das Innere des Markes folgt, also gewissermaassen eine Zerspleissung der Faser vorbereitet wird (s. Tafel 5, Fig. 24 M^2).

In der triangulär prismatischen Spalte, die einerseits vom Markbeutel des Receptaculum, andererseits von der Sarkolemmascheide umschlossen wird, verlaufen die Fasern des Retractor proboscidis (s. Tafel 1, Fig. 8 Rp). Dieser mächtige Rückziehmuskel inscrirt sich mit seinem vorderen Ende in der nächsten Umgebung der kreisförmigen Ringmuskelplatte (s. Tafel 5, Fig. 19 Rp; Tafel 10, Fig. 11 Rp) und zwar an der sehr dicken inneren Sarkolemmagrenzmembran der Hypodermis. Zu diesem Zwecke durchbrechen sechs bandförmig abgeplattete Muskelröhren in nahezu gleichen Abständen den Sarkolemmaring. Die Fibrillen der kontraktilen Rindensubstanz strahlen büschelförmig auseinander und verkleben mit jenen dünnen Sarkolemmastreifen, die wir von der inneren Grenzmembran der Hypodermis sich loslösen sehen. Sobald die sechs Muskelfasern den Sarkolemmaring durchbrochen haben und in der Rüsselhöhle angelangt sind, biegen sie in sanftem Bogen nach der Bauchfläche um und vereinigen sich hier zu dem prismatischen Retractor proboscidis (0,3 mm × 0,2 mm). Hierbei findet eine wesentliche Gestaltsveränderung der einzelnen Theile statt. Die ursprüngliche Form bewahren nur die beiden Retractores ventrales. Als einfache, bandförmige Muskelröhren sehen wir sie geraden Weges bis hinter das Ganglion herabziehen (s. Tafel 5, Fig. 13 Rpv; Tafel 8, Fig. 33 Rpv). Die beiden Dorsalmuskeln hingegen verschmelzen zu einem vielfach gefalteten Rohre, das auf allen Querschnitten das Aussehen eines herzförmigen Blattes mit stark gekerbtem Rande trägt (s. Tafel 5, Fig. 13 Rpd; Tafel 8, Fig. 33 Rpd). Die bei weitem grössten Formveränderungen haben die Retractores proboscidis laterales erlitten. Schon unmittelbar hinter jener Stelle, wo der Sarkolemmaring des Receptaculum an der Rüsselwand sich anheftet, nehmen sie die Gestalt zweier winkelig zusammengebogener flacher Muskelplatten an, die mit ihren Rändern in der Medianebene des Körpers aufeinanderstossen (s. Tafel 5, Fig. 13 Rpl). Beide Retractores laterales formiren zusammen ein Hohlprisma, das die ventralen und die dorsalen Retraktoren umhüllt. Die frühere einfache Plattenform aber behalten die lateralen Retraktoren nicht lange bei. Aus den radial gestellten Seitenflächen sprossen Längswülste hervor, die der dritten, ventralen, Wand parallel laufen, in der Medianebene zusammenstossen und den Hohlraum in eine entsprechende Anzahl von Kammern theilen. Der erste dieser Längswülste beginnt auf der Höhe der letzten Hakenreihe und zwar genau in der Mitte der Seitenflächen. Die von ihm abgegrenzte dreikantige Höhle enthält den Retractor dorsalis (s. Tafel 5, Fig. 13 Rpl). Bald aber gesellen sich diesem zwei neue Wulstpaare hinzu, von denen das äussere dem Retractor ventralis aufliegt (s. Tafel 8, Fig. 33 Rplv), während das innere mit dem früher entstandenen dorsalen Wulste verwächst (s. Tafel 8, Fig. 33 Rpld). Zwischen beiden Wülsten bleibt ein auf dem Querschnitte flach linsenförmiger Lückenraum, in dem umhüllt, von einem reticulären Plasma, drei mächtige Nervenstämme zur Rüsselspitze emporziehen. Indem die Retraktoren dem Ganglienhaufen sich nähern, verbreitet sich der zentrale Spaltraum nach beiden Seiten und bewirkt schliesslich den Zerfall des Rückziehemuskels in eine ventrale und eine dorsale Partie (s. Tafel 8, Fig. 33 Rplv, Rpld). Jeder Theil nimmt ungefähr die Hälfte der lateralen Retraktoren mit sich.

Der dorsale Ast läuft als einheitlicher Muskel nach hinten. Die einzige Formveränderung besteht darin, dass die dem Retractor lateralis entstammende Muskelmasse sich zu einem Cylinder abrundet, d. h. als gleichmässig dicke Mantelschicht den Retractor dorsalis einhüllt (s. Tafel 5, Fig. 6 Rpd). Eine kurze Strecke vor dem hinteren Ende des Receptaculum trennen sich die beiden dorsalen Retraktoren wieder von den Retractores laterales. Die Fasern der letzteren behalten die eingeschlagene Richtung bei, zerspleissen sich und endigen zwischen den Fibrillenplatten der Rüsseltasche. Die Retractores dorsales dagegen biegen unter einem Winkel von cirka 60° nach hinten und oben um, durchbrechen als einheitlicher Muskelstrang die Wand des Receptaculum und verschmelzen mit dem unpaaren vorderen Ende des mächtigen dorsalen Retractor receptaculi (s. Tafel 1, Fig. 1 Rrpd).

13

Die beiden ventralen Retraktoren trennen sich dagegen schon in der Höhe des Ganglion cephalicum von einander (s. Tafel 5, Fig. 24 Rpv). Sie durchbohren an zwei verschiedenen Orten — und zwar zu den beiden Seiten der medianen Schlussplatte — die derbe Sarkolemmascheide des Receptaculum und vereinigen sich mit den Fasern der beiden fast in ganzer Ausdehnung unter sich verwachsenen Retractores receptaculi ventrales (s. Tafel 1, Fig. 1 Rrpv).

Die Fasern des Retractor proboscidis haben die Form stark abgeplatteter Cylinder und sind mit einer gleichmässig dicken kontraktilen Rinde versehen. Sie liegen dicht aufeinander und kommuniziren unter sich vermittelst zahlreicher Spalten, die durch den streckenweisen Ausfall der äusseren Sarkolemmagrenzmembran entstehen (s. Tafel 5, Fig. 24 Rpv, Rpl; Tafel 8, Fig. 33 Rpv, Rpd, Rplv, Rpld). Die Nothwendigkeit solcher Durchlassöffnungen wird sofort einleuchten sein, wenn wir berücksichtigen, dass dem Retractor proboscidis trotz seiner enormen Grösse nur zwei Kerne zukommen. Letztere liegen in den Retractores laterales und zwar in deren dorsalen Flügeln unmittelbar oberhalb des Ganglions (s. Tafel 1, Fig. 1 Rp).

Ausser den Retractores proboscidis existiren noch mehrere Längsmuskeln, die entweder direkt oder indirekt an der Bewegung des Bohrwerkzeuges sich betheiligen. Von den seither besprochenen Muskeln unterscheiden sie sich durch ihre exquisite Röhrenform. Die Primitivfibrillen gruppiren sich zu schlanken, dünnen Platten, die radiär angeordnet einen vollkommen geschlossenen Hohlcylinder bilden. Die Kerne liegen stets in der Achse dieser Röhren und sind auf die Gestaltung der Wände ohne Einfluss. Die wichtigsten der hierher gehörenden Muskeln sind ohne Zweifel die Retractores receptaculi. Wie ich dies schon erwähnt habe, inseriren sich an den austretenden Enden der Retractores proboscidis. Zu diesem Zwecke löst sich die Rinde der letzteren in dünne konisch zugespitzte Fibrillenbündel auf, die in gleichgestaltete Vertiefungen der Retractores receptaculi eingreifen. Die auf diese Art erzielte Verbindung ist eine so innige, dass man auf den ersten Blick die Muskelgrenzen ganz und gar übersehen, die Retractores receptaculi für eine direkte Fortsetzung der Retractores proboscidis halten kann. *Echinorhynchus gigas* besitzt zwei solcher Retractores receptaculi, und zwar einen dorsalen und einen ventralen, oder um sie nach ihrer Insertionsstelle zu benennen, einen hinteren und einen vorderen. Vom unteren Ende der Rüsseltasche aus durchziehen sie in diagonaler Richtung die Leibeshöhle und mischen sich ungefähr 4 mm hinter der Cuticularfalte in den beiden Medianlinien den Fasern der Längsmuskulatur bei. In dem dorsalen Retraktor haben wir uns ein einfaches, cylindrisches oder mehr oder minder reich gefaltetes Rohr von 0,18 bis 0,23 mm Durchmesser vorzustellen. Ungefähr einen halben Millimeter vom Receptaculum entfernt liegen in ihm zwei kugelrunde Kerne, die von einem wohl entwickelten plasmatischen Fadenflechtwerk umgeben sind. Dicht hinter diesen Kernen spaltet sich der dorsale Retraktor in zwei Faserstränge, die nach hinten divergirend getrennt zu den Seiten der dorsalen Medianlinie an der Längsmuskularis der Leibeswand sich anheften. Der ventrale Retraktor setzt sich aus fünf bis acht dünnen, parallel nebeneinander liegenden Fasern zusammen, die wiederholt sich zerspleissen und mit benachbarten Röhren anastomosiren (s. Tafel 1, Fig. 1 Rrpv). Die Gesammtbreite dieses Muskels beträgt im Mittel 0,36 mm. Am vorderen Ende spaltet er sich in zwei Aeste, zieht zu den Seiten der ventralen Schliessmuskelplatte herauf und verwächst mit den beiden austretenden Retractores proboscidis ventrales. Der Retractor receptaculi ventralis enthält zwei länglich-ovale Kerne, die in der Mitte des Muskels durch eine förmliche Kernkapsel schwebend erhalten werden.

Mit den Retractores receptaculi wurden in früheren Zeiten vielfach die sogenannten Retinacula verwechselt. Es sind dies zwei Muskelröhren von 0,12—0,16 mm Durchmesser, welche die beiden grossen Seitennervenstämme umhüllen, unterhalb des Ganglions an der Aussenwand der Rüsseltasche beginnen und circa 2—2,5 mm hinter der Halsbasis in den Seitenlinien des Hautmuskelschlauches endigen. Da nun die Länge des Receptaculum auch 2—2,5 mm beträgt, so liegt es klar auf der Hand, dass bei völlig ausgestülptem Rüssel die Retinacula von der Rüsseltasche aus schräg nach hinten, bei eingezogenem Halse aber schräg nach vorn laufen müssen. Hinsichtlich ihres feineren Baues lassen sie sich wohl am besten mit dem Retractor receptaculi ventralis vergleichen, vorausgesetzt, dass wir uns vorstellen, dass die beim Retraktor fast ebene oder nur wenig gekrümmte Muskelplatte sich hier zu einem Hohlcylinder zusammenrollt (s. Tafel 1, Fig. 1 Rt). Ein jedes Retinaculum besteht aus einem Netze von drei bis acht dünnen Muskelröhren (26—50 μ). Bevor das letztere den Rüsseltaschenmuskel berührt, löst sich von ihm eine Muskelfaser ab, die in sanftem Bogen nach der Rückenfläche des Receptaculum aufsteigt und mit einer kolbenartigen Anschwellung dicht neben der Dorsallinie endigt. Jeder der beiden dünnwandigen Beutel enthält einen ellipsoiden Nucleus (s. Tafel 1, Fig. 1 Mrt).

Schneider spricht auch bei *Echinorhynchus gigas* von einem äusseren Rüsselsacke. Was er jedoch mit diesem Namen bezeichnet, hat auch nicht im entferntesten eine Aehnlichkeit mit dem äusseren Receptaculum der kleineren Spezies. Nicht einmal die Benennung Sack ist zutreffend, da das fragliche Gebilde aus zwei selbständigen Längsmuskelsyncytien sich zusammensetzt. Das innere derselben inserirt sich zwischen der vierten und fünften Hakenreihe in der Form zweier viertelkreisförmig gebogener Blätter, die nach hinten schmäler werden. Sie bestehen aus zwei bis drei flachen Muskelcylindern und laufen lateral am Receptaculum, jedoch ohne das letztere zu berühren, bis in die Nähe des Nervenknotens herab (s. Tafel 1, Fig. 8 Pl; Tafel 5, Fig. 6 Pl). Hier verschmelzen die Fibern eines jeden Protrusors zu einem dicken, cylindrischen Rohre (0,1 mm), in dessen Achse ein grosser ovaler Kern ruht. An ihrem hinteren Ende zerspleissen sich diese Röhren wiederum in drei bis vier kurze, fingerförmige Ausläufer, die mit der Sarkolemmascheide des Receptaculum verwachsen.

Das äussere Längsmuskelsyncytium beginnt an der sechsten Hakenreihe als ein vollkommen geschlossener Ring. Erst später zerfällt es in ein dorsales und ein ventrales Blatt. Das letztere setzt sich aus 2 bis 15 breiten, aber sehr flachen Fasern zusammen, die sich zu einem weitmaschigen Netze verbinden (s. Tafel 1, Fig. 8 Pv; Tafel 5, Fig. 6 Pv). Unmittelbar vor jener Stelle, wo die Retractores proboscidis ventrales das Receptaculum verlassen, spaltet sich der Protrusor ventralis in zwei Aeste, die eine Strecke weit dem Retractor receptaculi ventralis folgen (s. Tafel 1, Fig. 1 Pv), dann aber plötzlich nach dem Rücken umbiegen. Das dorsale Blatt — der Protrusor dorsalis — löst sich in 6 bis 8 cylindrische oder prismatische Muskelfasern auf (s. Tafel 1, Fig. 8 Pd; Tafel 5, Fig. 6 Pd). In der Höhe des Ganglions vereinigen sich sämmtliche Fasern zu zwei voluminösen Röhren (75—80 μ), die zu den Seiten des hervortretenden Retractor proboscidis dorsalis an dem Rüsselsacke sich anheften. Jede Röhre enthält in einer besonderen Anschwellung einen grossen länglich-ovalen Kern. Die Protrusores dorsales zertheilen sich dann wieder in drei oder vier Aeste (s. Tafel 1, Fig. 1 Pd), laufen im Bogen um das halbkugelförmige Ende des Receptaculum herum und vereinigen sich auf der Bauchseite mit den Fasern des Protrusor ventralis.

13*

Zu den Muskeln, die erst indirekt an der Bewegung des Rüssels sich betheiligen, gehören ferner die Retractores colli. Es sind dies zwei mächtige Längsmuskelsyncytien, die mit dem einen Ende an der Halsbasis, mit dem anderen aber 4 mm hinter derselben an dem Hautmuskelschlauche sich inseriren. Diese Syncytien bilden zwei halbcylinderartig gebogene Muskelplatten, die ihre Konkavität der Rüsseltasche zukehren. Am hinteren Ende sind sie tief bogenförmig ausgeschnitten, damit die Retinacula ungehindert auf und ab pendeln können. An jedem Halbcylinder lassen sich drei Theile unterscheiden, nämlich ein röhrenförmiges Mittelstück und zwei Seitenflügel. Die letzteren haben eine einfache Plattenform und enthalten je nach ihrer Breite 15 bis 40 zu einem gestreckten Maschennetze verwobene Fasern (s. Tafel 5, Fig. 6 Rc). Das Mittelstück hat die Form eines Hohlkegels, der in der Nähe der Halsbasis beginnend nach hinten allmählich an Weite zunimmt. Es bildet eigentlich nur den Anfangstheil eines mächtigen Schlauches, der das konisch sich einengende Ende des Lemniskus in sich aufnimmt. Die beiden hinteren Dritttheile des Lemniskus entbehren der muskulösen Umhüllung. Soweit der Lemniskenmantel frei in die Leibeshöhle hineinragt, unterscheidet er sich hinsichtlich seines feineren Baues kaum von dem eigentlichen Retractor colli. Das konische Anfangsstück dagegen besitzt verhältnissmässig sehr dünne Fasern, die dafür aber in überaus grosser Zahl (20 bis 120) vorhanden sind und sich zu einem sehr engmaschigen Netzwerke verbinden (s. Tafel 5, Fig. 6 Lm). In jedem der beiden Retractores colli findet man bei geschlechtsreifen Individuen zwei grosse kugelrunde Kerne. Sie liegen an den lateralen Rändern der Seitenflügel und zwar dort, wo selbige mit den Blätter des Compressor lemniscorum verschmelzen.

Die eigenartige Konfiguration des Rüsselapparates beeinflusst natürlicherweise auch die Gestaltung der Hautmuskulatur. Ich habe schon an einer früheren Stelle Gelegenheit gefunden, darauf hinzuweisen, dass bis zur dritten Hakenreihe herab an der Rüsselwand überhaupt keine Muskelfasern vorgefunden werden. Anders verhält es sich mit der hinteren Hälfte des Rüsselknopfes, die von der eigentlichen Rüsselhöhle durch den Sarkolemmaring geschieden ist und einen integrirenden Theil der allgemeinen Leibeshöhle darstellt. Hier sehen wir ein ansehnlich entwickeltes Ringmuskelsyncytium sich ausbreiten, das aus zwei, oberhalb der vierten Hakenreihe sogar aus drei Schichten verzweigter Muskelröhren sich aufbaut und an der Rückenfläche zwei symmetrisch gestellte Kerne enthält. Zweifellos ist dieser Muskel identisch mit den Querfasern, die nach Schneider[1]) die vordere Hälfte der ersten Längsmuskelzelle ausmachen sollen.

Die meiste Aehnlichkeit mit dem Rüsselapparate des Riesenkratzers zeigt der des *Echinorhynchus moniliformis*. Ich will im Folgenden versuchen, eine kurze Schilderung des Baues dieses so merkwürdigen Organes zu geben.

Betrachten wir zunächst einen Querschnitt, der ungefähr in der Höhe der Ganglionmitte geführt wurde, so erhalten wir ganz das nämliche Bild vom Receptaculum, wie bei *Echinorhynchus gigas*. Die Muskelmasse bildet eine nach der Bauchfläche hin weit klaffende Rinne, die durch eine die scharfen Ränder derselben verbindende dicke Sarkolemmamembran zu einem allseitig geschlossenen Hohlcylinder vervollständigt wird (s. Tafel 8, Fig. 34). Die kontraktile Rindensubstanz setzt sich aus zahlreichen dünnen, aber breiten, sichelförmig gekrümmten Fibrillenplatten zusammen, welche durch dünne Sarkolemmasepten an der derben äusseren Sarkolemmahülle befestigt sind. Auch die radiär einstrahlenden

---

[1]) Archiv für Anatomie und Physiologie, 1868, pg. 584.

sehr dünnen Sarkolemmabänder, die wir schon bei *Echinorhynchus gigas* kennen lernten, sind hier, wenngleich in weit geringerer Menge, vorhanden (s. Tafel 8, Fig. 34 f⁰). Der Markraum ist — wie bei *Echinorhynchus gigas* — in der Gegend des Nervenzentrum nur spärlich ausgebildet (s. Tafel 8, Fig. 34 M⁰). Dicht oberhalb des Ganglions verdickt er sich, und wir finden in ihm dann zwei grosse Kerne, die hinsichtlich der Form, Lage und Fixirungsweise vollständig mit den gleichen Bildungen im Receptaculum des Riesenkratzers übereinstimmen. Auch das Receptaculumende gleicht in seinem Baue dem des Riesenkratzers. Dicht hinter dem ganglionären Zellenhaufen wachsen die Ränder der Muskelrinne einander entgegen, bis sie schliesslich in der ventralen Medianlinie zusammenstossen und mit einander verschmelzen. Die Fibrillenplatten vertauschen hierbei allmählich ihre Sichelform mit der eines gleichmässig dickwandigen Ringes. Der Markraum erfüllt die von der kontraktilen Rinde begrenzte kegelförmige Höhlung des hinteren Receptaculumendes bis auf einen in dorsoventraler Richtung verlaufenden Spaltraum, den wir schon beim Riesenkratzer fanden und als den Beutelanhang der Retractores proboscidis in Anspruch nahmen. Ungefähr in der Mitte des den letzteren bildenden reticulären Protoplasma ruhen zwei bis drei länglich-ovale Kerne, in deren nächster Umgebung die Fäden in so reichlicher Menge sich anhäufen, dass wir von einer förmlichen Kernkapsel sprechen können. In gleicher Höhe mit diesen hinteren Retractorenkernen finden wir im Marke des Receptaculum, und zwar lateral der Bauchfläche etwas genähert, zwei grosse ovale Kerne, die gleichfalls von einer ähnlichen Fadenkapsel eingeschlossen sind.

Beim erwachsenen, geschlechtsreifen *Echinorhynchus gigas* sind die hinteren Kerne der Rüsselscheidenwand nicht mehr vorhanden. Dagegen lassen sie sich selbst noch bei Larven von 3—4 mm Länge leicht auffinden. Es scheint demnach, dass sie erst nach Uebertragung der Larven in den definitiven Wirt der Resorption anheimfallen.

Es sind dies jedoch nicht die einzigen Eigenthümlichkeiten, welche dem *Echinorhynchus moniliformis* und *Echinorhynchus gigas* in der gleichen Weise zukommen. Von besonderem Interesse mag es sein, dass auch bei *Echinorhynchus moniliformis* Längsmuskeln sich direkt am Aufbaue des Receptaculum betheiligen. Soweit nämlich das Receptaculum der sonst gewöhnlichen Röhrenform entbehrt und eine nach der Bauchfläche geöffnete Rinne vorstellt, sehen wir auf der Oberfläche jener derben Sarkolemmamembran, welche die Rüsselscheide und ventral auch die Retractores proboscidis nebst dem Ganglion scheidenartig umhüllt, zwei über einander gelagerte, platte Längsmuskeln entlang ziehen. Sie beginnen eine kurze Strecke hinter der aboralen Ganglionspitze mit einer ansehnlichen halbkugelförmigen Anschwellung. Hier liegen, umgeben von einer zarten Fadenkapsel, drei grosse Kerne, von denen einer in dem Marke der äusseren, zwei aber in dem der inneren Platte gefunden werden (s. Tafel 8, Fig. 34 M). Sie laufen, immer die Ventrallinie einhaltend, nach vorn bis zum oberen Rande des Ausschnittes. Hier verschmelzen beide Muskeln, indem die mittleren Fibrillenlamellen ausfallen, mit einander. Bald jedoch spalten sie sich in zwei Faserstränge, die ungefähr in der Mitte zwischen der ventralen Medianlinie und den Laterallinien das Receptaculum bedecken. Nach vorn zu werden diese beiden Platten immer dünner und dünner, bis sie schliesslich am Ende des ersten Drittheiles der Rüsselscheide gänzlich aufhören. Hinsichtlich des histologischen Baues stimmen diese medianen Muskelbänder mit den gleichen Bildungen des Riesenkratzers überein. Die Faserwand bildet eine allerorts gleichmässig dicke, aus dünnen Fibrillenplatten sich aufbauende Rinde. Aussen wird die Muskelröhre von einer derben Sarkolemmamembran umhüllt, die zumal da, wo sie dem Receptaculum aufliegt, eine ganz erstaunliche Dicke annehmen kann. Das Röhrenmark besteht wie gewöhnlich aus einem engmaschigen Plasmabalkengerüste, in dessen Lückenräumen die Muskelflüssigkeit zirkulirt. Nicht selten sieht man die Fibrillenrinde sich in Form von Falten erheben, oder auch nach innen einfache Fortsätze treiben, die dann den Markraum in eine entsprechende Anzahl einzelner Kammern zertheilen.

In höchst eigenartiger Form treten uns bei *Echinorhynchus moniliformis* jene Längsmuskelfasern entgegen, denen wir beim Riesenkratzer die Functionen der Protrusores receptaculi zuschreiben konnten. Sie bilden eine kontinuirliche Schicht spiralig aufgewundener Longitudinalfasern, die das ganze Receptaculum des *Echinorhynchus moniliformis* vom hinteren abgerundeten Ende aus bis hinauf zum Sarkolemmaringe mantelartig umhüllen. Was ihren histologischen Bau angeht, so lassen sie sich wohl am besten mit den Ringmuskelröhren des Riesenkratzers vergleichen. Die kontraktile Faserrinde setzt sich aus zwei gleich dicken, radial gestellten Seitenplatten zusammen, die aussen durch eine sehr dicke, innen aber durch eine nur aus wenigen Primitivfibrillen bestehende Kommissur verbunden werden (s. Tafel 8, Fig. 34 R'). Der Markraum ist gewöhnlich sehr eng und zeigt viele Ausstackungen, die zwischen die Fibrillenplatten hineingreifen (s. Tafel 8, Fig. 34 M'). Das Mark ist ziemlich dünnflüssig und erfüllt die weiten Maschen eines äusserst zarten Plasmafadengerüstes. Die Fasern sind nicht in ganzer Länge isolirt, sondern hängen auf die mannigfaltigste Weise unter sich zusammen. Zunächst sind die radial gestellten, stets abgeplatteten Flächen durch Sarkolemma auf das Innigste verbunden. Ferner aber sehen wir die Markräume der einzelnen Röhren unter sich kommuniziren, und zwar durch Oeffnungen, die theils einer Faserspaltung, theils dem stellenweisen Ausfalle der Faserwand ihre Entstehung verdanken. Daher kommt es auch, dass auf den verschiedenen Querschnitten die Zahl der Muskelfasern ziemlich beträchtlichen Schwankungen (9—15) unterworfen ist.

Am hinteren Rüsseltaschenende vereinigen sich sämmtliche Fasern zu drei mächtigen Röhren, welche mit drei halbkugelförmigen Auftreibungen endigen. In jeder derselben liegt umhüllt von feinsten Plasmafäden ein sehr grosser, länglich ovaler Kern, in dem man ausser dem grossen, runden Nucleolus noch einige kleinere randständige, spongiöse und weniger gefärbte Chromatinpartikelhäufchen erblickt. Nach dem Rüssel zu nehmen die Spiralfasern rasch an Durchmesser ab, was in letzter Instanz bedingt, dass die äusseren Konturen der Rüsselscheide eine mehr birnenähnliche Figur umschreiben. Die Muskelröhren sind, wie ich dies schon erwähnt habe, spiralig angeordnet und zwar gilt es als Regel, dass eine jede das Receptaculum ein und einhalbmal umkreist. Die Neigung der Fasern gegen die Körperlängsachse kann durchschnittlich auf 45° veranschlagt werden. In der Halsgegend heben die Protrusorfasern sich vom Receptaculum ab und mischen sich eine kurze Strecke hinter der letzten Stachelreihe den Längsfasern des Halses bei.

In der denkbar einfachsten Form treten uns bei *Echinorhynchus moniliformis* die Retractores proboscidis entgegen. Es sind dies zwei auf dem Querschnitte halbmondförmige Muskelcylinder, deren zugeschärfte Ränder in den beiden Medianlinien zusammenstossen. Sie füllen die cylindrische Höhlung der Rüsselscheide vollständig aus. In dem medianen Lückenraume, den diese beiden Retraktoren zwischen sich lassen, finden wir ein wenig retikuläres Plasma, in dem drei mächtige Nervenstämme zur Rüsselspitze emporziehen. Mit den vorderen Enden befestigen die Retractores proboscidis sich im Umkreise der bei dieser Spezies nicht sehr stark entwickelten ringförmigen, die Tastpapille einhüllenden Muskelplatte. Unmittelbar vor dem Ganglion cephalicum spalten sich die Retraktoren in vier Fasern. Die beiden dorsalen Fasern laufen vereint inmitten der Rückenfläche über den Nervenknoten hinweg (s. Tafel 8, Fig. 34 Rpd), durchbohren in kurzer Entfernung vom hinteren Ende die Muskelwand des Receptaculum und treten zwischen den beiden dorsalen Anschwellungen der Protrusores receptaculi mit dem unpaaren Retractor receptaculi dorsalis in Verbindung. Die ventralen Retractores proboscidis dagegen trennen sich schon oberhalb des Ganglions von einander (s. Tafel 8, Fig. 43 Rpv). Sie gleiten an den schrägen dachförmigen Flächen des Nervencentrum herab, durchbrechen dicht vor dem Schlusse der ventralen Rinne dicht neben den ventralen Längsmuskelbändern die Rüsselscheidenwand und vereinigen sich zu den Seiten der grossen ventralen Anschwellung der Protrusores receptaculi mit den beiden Retractores receptaculi ventrales. Ich kenne keinen zweiten Muskel bei den Echinorhynchen, der ein so grosses Ebenmaass in der Anordnung der kontraktilen Substanz erkennen liesse, wie gerade der Retractor proboscidis bei *Echinorhynchus moniliformis*. Die gleichmässig dicke Faserrinde besteht aus fast kongruenten, dünnen, prismatischen Fibrillenbündeln, die senkrecht zur Röhrenoberfläche gestellt sind. Die äussere Sarkolemmamembran entsendet in gleichen Abständen dünne Lamellen in die Fibrillenplatten hinein, wodurch selbige unter sich fest verbunden werden. Der Markraum ist sehr gross und von feinkörnigem Protoplasma erfüllt. Fäden und Balken lassen sich selten deutlich erkennen. Nur in der unmittelbaren Nähe der beiden grossen Kerne, die dicht über der vorderen Ganglionspitze gefunden werden, treten die Fäden zu einer lockeren Kapsel zusammen.

Auch die Retractores receptaculi zeigen einen sehr primitiven Bau. Sie stellen einfache, von einer gleichmässig dicken Fibrillenrinde umwandete, cylindrische Röhren vor. In der Achse des gewöhnlich sehr mächtigen Markraumes ruhen, gestützt durch zahlreiche dünne Fäden, die zugehörigen Kerne, ovale Bildungen, die in jeder Beziehung den früher beschriebenen Kernen der Retractores proboscidis gleichen. Solcher Retractores receptaculi besitzt *Echinorhynchus moniliformis* drei und zwar zwei, die der Bauchfläche angehören, und einen unpaaren dorsalen. Der Retractor receptaculi dorsalis ist der bei Weitem kräftigste Muskel; sein Volumen mag mindestens das Doppelte des der Ventralretraktoren betragen. Am Ende des ersten Drittheiles finden wir in ihm, und zwar dicht hinter einander, zwei grosse Kerne; es scheint demnach, dass auch er durch Verschmelzung zweier Muskelzellen seine Entstehung genommen hat. Jeder der beiden Retractores receptaculi ventrales ist das Aequivalent einer Muskelzelle.

Ein weiteres Moment, das von besonderem Interesse sein wird, sind die Beziehungen, die zwischen den Retractores receptaculi und dem Ligamentum suspensorium obwalten. Bei näherer Untersuchung findet man nämlich, dass die drei Retraktoren in ganzer Länge mit dem Ligamente, beziehentlich mit dem unpaaren blindsackähnlichen vorderen Ende desselben verwachsen sind. Meines Wissens ist ein derartiger Zusammenhang noch bei keinem zweiten Echinorhynchus beobachtet worden.

Sehr eigenartig ist ferner die Form der Retinacula. Sie bestehen aus zwei cylindrischen Muskelröhren von annähernd halbmondförmigem Querschnitte, die so gestellt sind, dass ihre ebenen Flächen nach innen gewandt, einander parallel verlaufen. Der parallelepipedische Lückenraum zwischen diesen beiden Muskelfasern wird von dem mächtigen Lateralnervenstamme, dessen einzelne Fasern sorgfältig in Sarkolemma verpackt sind, ausgefüllt. Nur die äusseren, gewölbten Flächen beider Röhren sind es, welche mit kontraktilen Fibrillenplatten ausgestattet sind. Der Markraum ist ziemlich voluminös und infolge der eigenartigen Vertheilung der kontraktilen Elemente excentrisch — und zwar an der dem Nervenstamme zugewandten Fläche — gelegen. Mit ihrem vorderen Ende durchbohren die Retinacula lateral die Muskelhülle der Protrusores receptaculi und dringen bis zur Sarkolemmascheide des Receptaculum vor. Hier lösen sich die Muskelfasern von dem Nervenstamme ab, biegen in sanftem Bogen nach der Rückenfläche um und endigen ungefähr in den dorsalen Submedianlinien je mit einer ansehnlichen, birnenförmigen Anschwellung. In den letzteren liegen die zugehörigen Kerne; es ist demnach auch bei *Echinorhynchus moniliformis* jedes der Retinacula das Aequivalent einer Zelle.

Die Retractores colli zeigen einen ziemlich kräftigen Bau, haben dagegen eine verhältnissmässig sehr geringe Länge. Sie besitzen die Gestalt eines abgestumpften Kegelmantels, der sich mit seiner schmalen Basis dicht hinter dem grossen Ringgefässe des Halses an der Längsfaserschicht des Hautmuskelschlauches inserirt. Es zerfällt durch die beiden Compressores lemniscorum in zwei Hälften, deren jede sich aus circa 9—15 dicken Längsmuskelröhren zusammensetzt. Die Fasern besitzen eine dicke Fibrillenrinde, die aussen wiederum von Sarkolemma umhüllt wird. Nicht selten nimmt diese offenbar als ein sekundäres Abscheidungsprodukt der Muskelfasern entstandene Sarkolemmakittmasse so überhand, dass alle Lückenräume und Vertiefungen zwischen den einzelnen Fasern ausgefüllt werden. Die lateral sich einschiebenden Compressores lemniscorum bestehen aus zwei dünnen, cylindrisch eingerollten Fasernetzstreifen, welche den sich einengenden Halstheil der Lemnisken zwischen sich nehmen. Sie endigen — wie wir dies bei den gleichen Organen des Riesenkratzers schon kennen lernten — nicht am hinteren Rande der Retractores colli, sondern setzen sich in Form einer cylindrischen, dem Lemniskus eng sich anschmiegenden mantelartigen Scheide bis in die Nähe der ersten grossen Kernblasen fort.

Die Muskulatur der Rüsselwand reduzirt sich auf ein feinmaschiges, zartes Ringfasernetz, welches, am Rüsselscheidenringe beginnend, ungefähr drei Viertheile der Rüsselhöhle auskleidet. Längsmuskelfasern fehlen hier vollständig. In der Halsgegend sehen wir auf der Innenfläche des wohl ausgebildeten Ringfasernetzes noch zahlreiche dünne, abgeplattete Längsmuskelröhren hinziehen. Diese Längsfasern endigen nicht an der Rüsselbasis, sondern setzen sich nach vorn bis zu jener Stelle fort, wo das Receptaculum an die Rüsselwand herantritt. Unter solchen Umständen kann es nicht verwundern, wenn man bei Untersuchung von Querschnitten an der Rüsselwand bis zur dritt- oder viertletzten Hakenreihe hinauf Längsmuskelröhren antrifft.

Die muskulösen Rüssel der übrigen hier in Betracht kommenden Arten unterscheiden sich von demjenigen des *Echinorhynchus gigas* und *Echinorhynchus moniliformis* nicht nur durch ihre geringere Ausbildung, sondern hauptsächlich dadurch, dass bald dieses, bald jenes Muskelpaar in Wegfall kommt. Es ist selbstverständlich, dass zur sicheren Befestigung eines so riesenhaften Wurmes wie des *Echinorhynchus gigas* Einrichtungen vorhanden sein müssen, die den kleinen Arten fehlen können, ohne dass der Gesammteffekt auch nur im geringsten geändert wird.

Wir wollen unser Augenmerk zunächst auf die beiden Spezies *Echinorhynchus angustatus* und *Echinorhynchus haeruca* richten.

Was zunächst das Receptaculum betrifft, so setzt sich dieses aus zwei schlauchartigen Stücken zusammen, die in ganzer Ausdehnung fest auf einander liegen (s. Tafel 5, Fig. 17 R¹, R²).[1]) Im Grossen

---

[1]) Das Receptaculum des *Echinorhynchus haeruca* erreicht eine Länge von 1,8 bis 2,3 mm bei einem Durchmesser von 0,27 bis 0,35 mm.

und Ganzen weisen sie dieselbe netzartige Struktur auf,[1] die wir an der Ringmuskulatur der Leibeswand kennen lernten. Die peripherische Fibrillenrinde besteht aus verhältnissmässig dicken, prismatischen Platten (bei *Echinorhynchus haeruca* 10 bis 13 μ Durchmesser), die in schräger Richtung um das Receptaculum herumziehen (s. Tafel 5, Fig. 16 R^1, R^2). Da es nun aber nie gelingt, das Ende einer solchen Fibrillenplatte aufzufinden, so liegt die Vermuthung sehr nahe, dass die kontraktilen Fasern zu einer enggewundenen Spirale aufgerollt sind. Dieser so merkwürdigen Anordnung des Muskelgewebes verdanken beide Spezies die Fähigkeit, den Fundus der Rüsseltasche um 180° zu drehen, ohne dass hiervon das vordere Ende in Mitleidenschaft gezogen wird.

Die feste, fast knorpelartige Beschaffenheit des Receptaculum inhärirt nicht, wie man leicht annehmen könnte, der fibrillären Substanz, sondern jenen derben Sarkolemmahäuten, die beide Cylinder auf ihrer Aussenfläche bekleiden. Sie bestehen aus einer farblosen, homogenen, oder nur wenig gefaserten Masse, die als kontinuirliche Membran die Fibrillenblätter zusammenhält und alle zwischen den letzteren befindlichen Lücken und Spalten ausfüllt. Nach innen entsendet das Sarkolemma Fäden und Bänder, welche die Fibrillenbündel einhüllen und nicht selten in den darunter liegenden Markraum eindringen. Letzterer ist von einem zähflüssigen, wenig gekörnten Plasma erfüllt, das zahlreiche, aber nur wenig konsistentere Fäden aufweist. Von dem Sarkolemmaringe bis zum hinteren Rüsseltaschenende herab breitet sich das Mark gleichmässig auf der Innenfläche der Fasereylinder aus (10 bis 13 μ). Nur da, wo die Kerne liegen, schwillt es zu einem ansehnlichen Hügel an und erreicht das Dreifache seines ursprünglichen Durchmessers (40 bis 45 μ). Die Kerne zeigen stets eine länglich ovale Form und enthalten ausser dem grossen, stark lichtbrechenden kugeligen Nucleolus ein oder mehrere Chromatinkörner, die bisweilen mit ersterem verwachsen oder wenigstens durch einen Faden verbunden sind.

Die Zahl und die Lage der Kerne ist für *Echinorhynchus haeruca* und *Echinorhynchus angustatus* die gleiche. Im Grunde des inneren Rüsselsackes liegen vier Nuclei, zwei neben dem Retractor receptaculi (s. Tafel 5, Fig. 17 Rne²), zwei dicht unterhalb der austretenden Nervi laterales posteriores.[2] Ein weiteres Kernpaar lässt sich an der Dorsalseite ungefähr in der Mitte des inneren Muskeleylinders auffinden (s. Tafel 5, Fig. 16 Rne²). Die äussere Rüsseltasche enthält nur zwei Kerne, die sehr nahe an das hintere Ende gerückt sind (s. Tafel 5, Fig. 17 Rne¹).

Mit dem Vorderrande reichen die Muskeleylinder des Receptaculum nicht bis an die Rüsselhaut heran. Die Verbindung vermitteln zwei schmale Sarkolemmaringe, die eine direkte Fortsetzung der Sarkolemmascheiden bilden und zwischen der dritt- und vorletzten, beziehentlich dicht hinter der letzten Hakenreihe sich inseriren. Wenngleich nun auch jene Membran fehlt, die im Verein mit dem Receptaculum bei *Echinorhynchus gigas* eine drehende Bewegung der Haken hervorzubringen im Stande ist, so findet sich dennoch an der Rüsselspitze eine wenn auch nur sehr kleine, ringförmige Muskelplatte vor. Ihr zentraler Markraum setzt sich nach hinten in einen axial gelegenen langen, schlauchartigen Markbeutel fort, der bei jugendlichen Individuen zwei grosse Kerne beherbergt.

---

[1] Nach Säfftigen sind die kontraktilen Fibrillen zu Ringfasern gruppirt, die einander parallel gesondert hinziehen; Anastomosen sind nicht vorhanden. Morphol. Jahrb. X. Bd. 1. Heft, pg. 16.

[2] Die beiden letzterwähnten Kerne sind wahrscheinlich identisch mit den Kernen, die Säfftigen auf Tafel 5 in Figur 5 mit nc⁴ bezeichnet; vergl. Morphol. Jahrbuch, X. Bd. pg. 17, 20.

Die Hautmuskulatur des Rüssels beschränkt sich auf ein weitmaschiges Querfasernetz, das von der soeben erwähnten Ringmuskelplatte bis zur Ansatzstelle des vorderen Sarkolemmaringes herabreicht. Alle Längsmuskeln, die an der Konstitution des Rüsselapparates theilnehmen, stehen nur an ihren Enden mit der Leibeswand, beziehentlich dem Receptaculum in Verbindung. Sie besitzen sammt und sonders eine exquisite Röhrenform. Die kontraktilen Prismen vereinigen sich zu dickwandigen Hohlcylindern, deren Lumen von einer feinkörnigen, von feinen Fäden durchsponnenen Markmasse erfüllt ist. Die Kerne liegen stets in der Achse der Cylinder. Ihre Anwesenheit giebt sich gewöhnlich in einer beträchtlichen Ausweitung der Röhre kund.

Aus der Zahl der hierher gehörenden Muskeln will ich die Retractores proboscidis zum Ausgangspunkte der Besprechung wählen.

Im Grunde des Receptaculum haben die Retractores proboscidis die Gestalt dreier konischer Zipfel, deren Spitzen in dünne Fibrillenbündel sich auflösen und mit drei gleichgeformten Faserpartien des Retractor receptaculi in Verbindung treten (s. Tafel 5, Fig. 17 Rrp*). Weiter nach vorn theilen sich die Retractores proboscidis in 20 bis 30 cylindrische Röhren, umfassen allseitig das Ganglion cephalicum (s. Tafel 5, Fig. 14 Rp) und verschmelzen oberhalb desselben zu vier mächtigen Schläuchen, deren jeder einen grossen ovalen Kern birgt (s. Tafel 5, Fig. 15 Rpnc). In der Höhe der inneren Rüsselscheidenkerne lösen sich die vier Retraktoren wiederum in 10 bis 20 cylindrische Fasern auf und durchziehen geraden Weges das Receptaculum und die Rüsselhöhle. Nachdem sie sich im Umkreise der Ringmuskelplatte befestigt haben, biegen sie nach aussen um, laufen parallel der Körperachse an der Rüsselwand herab und endigen unmittelbar vor dem Sarkolemmaringe der inneren Rüsselscheide. Es ist mir nie gelungen, in den rücklaufenden Retraktoren Kerne nachzuweisen.

Echinorhynchus haeruca und *Echinorhynchus angustatus* besitzen nur einen kräftigen Retractor receptaculi, der dem dorsalen Retraktor des Riesenkratzers entspricht. Selbiger setzt sich aus einer wechselnden Zahl (15 bis 35) dünner, oftmals gefalteter Röhren zusammen, die fest auf einander liegen und durch ihre Sarkolemmaumhüllung zu einem soliden Bündel (66 μ Durchmesser) verkleben. Aus der Längsmuskulatur der Körperwand tritt der Retractor receptaculi ungefähr 0,9 mm hinter der Halsbasis hervor und durchzieht hierauf in dorsoventraler Richtung den Leibesraum. Die Kerne liegen dicht bei einander, etwa in der Mitte des gesammten Muskels. Am Vorderende zerfällt seine Fasermasse in drei konische, marklose Fibrillenbündel, die völlig gesondert zunächst die äussere, dann aber auch die innere Rüsseltasche durchbrechen und auf die früher geschilderte Art mit den Retractores proboscidis sich vereinigen (s. Tafel 5, Fig. 17 Rrp*).

Die unter dem Namen Retinacula bekannten seitlichen Muskelbänder, welche die Hüllen zweier ansehnlicher Nervenbündel abgeben, sind auch bei *Echinorhynchus haeruca* und *Echinorhynchus angustatus* vorhanden. Mit dem einen Ende befestigen sie sich am Receptaculum neben den austretenden Retractores proboscidis, mit dem anderen an der Leibeswand und zwar so, dass bei vollkommen eingestülptem Halse die vier Ansatzpunkte in eine Ebene fallen. In diesem Zustande hängen die Retinacula schleifenartig herab, oder sie winden sich spiralförmig um das Receptaculum herum. Im Grunde genommen sind die Retinacula nichts anderes, als cylindrisch eingerollte Muskelplatten im Umkreis des in ihnen verlaufenden Nervenstranges. In ihrem feineren Baue können wir sie nicht ohne Weiteres den übrigen Muskelbändern, welche die Leibeshöhle durchkreuzen, an die Seite stellen. Wohl wird man in der nächsten Umgebung der

Kerne (s. Tafel 5, Fig. 12 Mrt) und auch noch an manchem anderen Orte Fasern antreffen, die mit einer gleichmässig dicken Rinde versehen sind; im allgemeinen gilt es jedoch als Regel, dass nach der Mitte des Faserrohres die fibrilläre Substanz an Mächtigkeit abnimmt. Trotz dieser Eigenthümlichkeit besitzen die Retinaculafasern doch eine exquisite Röhrenform. Auch hinsichtlich der Faserverbindung lässt sich eine auffallende Aehnlichkeit mit den Längsbändern nicht in Abrede stellen. Die Zahl der Muskelröhren ist an verschiedenen Orten beträchtlichen Schwankungen unterworfen. In der Nähe der Rüsseltasche zählt man selten mehr als 3 oder 6 Fibern (s. Tafel 5, Fig. 12 Mrt); je weiter man sich aber von derselben entfernt, desto schneller wächst ihre Menge, so dass schliesslich 10, ja bisweilen 12 zu einem Rohre verwobene Fasern vorgefunden werden. Die Retinacula des *Echinorhynchus haeruca* heften sich vermittelst radial auseinander strahlender Fibrillen an den Seiten des äusseren Rüsselsackes an. Unmittelbar vor diesem Faserkegel liegt ein länglich-ovaler Kern (s. Tafel 5, Fig. 12 Mrtnc). Bei *Echinorhynchus angustatus* durchbrechen dagegen die Retinacula, ohne dass hierdurch ihre Form auch nur im geringsten beeinflusst würde, die äussere Rüsseltasche, steigen sodann in sanftem Bogen aufwärts und inseriren sich unterhalb des Ganglions am inneren Muskelcylinder. In dem spitzen Winkel, den die austretenden Nervi laterales mit der Sarkolemmascheide bilden, liegen die beiden Kerne dieser Seitenbänder.

Die vier Retractores colli verwachsen bei *Echinorhynchus haeruca* und *Echinorhynchus angustatus* zu einem Kegelmantel, der mit dem schmäleren Vorderrande an der Halsbasis, mit dem breiten und lateral gespaltenen Hinterrande ungefähr 2 mm hinter der letzteren an der Leibeswand sich befestigt. Die Mantelfläche besteht aus einer einfachen Lage sehr regelmässiger Kreiscylinder, die sammt und sonders den gleichen Durchmesser (11—13 μ) aufweisen (s. Tafel 5, Fig. 18 Re). Nur an den beiden Seiten spaltet sich der Retraktor in zwei Blätter, deren Fibern sich durch ihre Dünne leicht von der Nachbarschaft unterscheiden lassen (s. Tafel 5, Fig. 18 Re*). Sie umgrenzen zwei flach cylindrische Hohlräume, in welche die beiden grossen Lemnisken hineinragen. Mit der muskulösen Hülle, die man allenfalls als Compressores lemniscorum bezeichnen mag, stehen sie in keinem Zusammenhange. Ich habe öfters gesehen, dass diese Organe sich innerhalb des äusserst elastischen und dehnbaren Fasernetzes gekrümmt oder faltenartig zusammengelegt hatten. Die Kerne sind in der Vierzahl vorhanden. Sie liegen in der Mitte der Retractores colli, da wo letztere in die Compressores lemniscorum übergehen (s. Tafel 5, Fig. 18 Rcnc).

Im Voranstehenden habe ich zwei Kratzertypen vorgeführt, die in dem Baue des Fixationsapparates, in der Zahl, der Anordnung der daran betheiligten Muskeln so zahlreiche und auffallende Unterschiede aufweisen, dass ein Vergleich sich eigentlich nur auf gröbere anatomische Merkmale erstrecken kann. So war denn auch in früherer Zeit, wo man ausser dem Riesenkratzer nur noch *Echinorhynchus proteus*, *Echinorhynchus polymorphus*, *Echinorhynchus tuberosus* und *Echinorhynchus acus* eingehender untersucht hatte, die Behauptung vollkommen berechtigt, dass *Echinorhynchus gigas*, ob seiner eigenartigen Organisation eine Sonderstellung verdiene. Heute können wir dieser Ansicht nicht mehr huldigen, weil Formen bekannt geworden sind — ich erinnere nur an *Echinorhynchus moniliformis* und an *Echinorhynchus clavaeceps* — die jene breite Kluft zwischen dem Riesenkratzer und den kleineren Arten überbrücken.

14*

Einen dritten Typus der Rüsselbildung werden wir bei *Echinorhynchus strumosus*, *Echinorhynchus porrigens* und *Echinorhynchus trichocephalus* kennen lernen. Zwar besitzen alle die genannten Arten ein doppelwandiges, schlauchförmiges Receptaculum, aber selbiges unterscheidet sich von dem des *Echinorhynchus angustatus*, insofern nämlich infolge des Auftretens medianer Suturen die Kontinuität der beiden Rüsselscheiden zerstört wird. Und zwar kann dies auf zweierlei Weise geschehen. Entweder nimmt die kontraktile Rindensubstanz nach der Bauchfläche des Receptaculum hin rasch ab, so dass die zugeschärften Ränder der cylindrisch eingerollten Muskelrinne in der ventralen Medianlinie sich kaum noch berühren (so bei *Echinorhynchus trichocephalus*), oder es verdicken sich die Seitentheile auf Kosten der medianen Partien, wodurch eine jede der beiden Rüsselscheiden zwei deutlich sichtbare mediane Suturen erhält (so bei *Echinorhynchus strumosus* und *Echinorhynchus porrigens*). Im letzteren Falle sind gewöhnlich die Ränder der halbcylinderförmig gebogenen Muskelplatten ziemlich dick und in mehr oder minder grosser Ausdehnung innig mit einander verwachsen.

Wir wollen zunächst unser Augenmerk auf den *Echinorhynchus strumosus* richten. Sein Receptaculum hat die Form eines nach der Bauchfläche stark gekrümmten, hinten halbkugelig abgerundeten, cylindrischen Zapfens, der von der Rüsselbasis aus in den weiten Leibesraum hineinragt. Seine Länge beträgt beim geschlechtsreifen Individuum 0,75—0,85 mm, sein grösster Durchmesser zirka 0,22—0,25 mm. Es setzt sich aus zwei gleich dicken, ineinander geschobenen Muskelcylindern zusammen, deren jeder wiederum aus zwei Muskelplatten von annähernd sichelförmigem Querschnitte besteht. Hinsichtlich des histologischen Baues zeigen diese vier Muskelplatten eine unverkennbare Aehnlichkeit mit dem Receptaculum des Riesenkratzers. Sie bauen sich aus einer grossen Anzahl dünner, übereinander geschichteter, sichelförmig gekrümmter, oder trichterartig sich einsenkender Ringfibrillenplatten auf, die aussen durch eine sehr derbe Sarkolemmamembran zusammengehalten werden. Der einzige Unterschied, der sich in dieser Hinsicht zwischen *Echinorhynchus strumosus* und *Echinorhynchus gigas* konstatiren lässt, ist der, dass bei ersterer Art die Platten eine weit geringere Krümmung und eine verhältnissmässig viel anschnlichere Dicke besitzen, als beim Riesenkratzer. Von der äusseren Sarkolemmagrenzmembran gehen ausser den Septen noch zahlreiche dünne Bänder aus, welche radial nicht nur die Fibrillenplatten in ihrer ganzen Dicke durchsetzen, sondern auch in den Markraum eindringen und mit dessen innerer Begrenzungsmembran sich vereinigen. Nur das hintere, abgerundete Ende der Rüsselscheide zeigt einen von obiger Schilderung etwas abweichenden Bau. Infolge der gleichmässigeren Vertheilung der kontraktilen Elemente verschwimmen, zumal beim inneren Receptaculum, die sonst sehr scharf gezeichneten Suturen, und die Fibrillenplatten nehmen einen mehr ringförmigen Habitus an. Das Mark breitet sich als gleichmässig dicke Schicht auf der Innenfläche der kontraktilen Rinde aus und zeigt — zumal deutlich auf Querschnitten — zahlreiche dicht neben einander gelegene papillöse Erhebungen. Von den Sarkolemmastreifen, welche in radialer Richtung den Markraum des äusseren Muskelcylinders durchziehen und augenscheinlicher Weise die unebene Oberfläche erzeugen, sieht man hier und dort dünne Fädchen abgehen und an der äusseren Sarkolemmagrenzmembran des inneren Receptaculum sich anheften. Unter solchen Umständen muss man wohl annehmen, dass die beiden das Receptaculum bildenden Muskelcylinder sich gegen einander nicht oder nur unerheblich verschieben können.

Eine jede der vier Muskelplatten, welche das Receptaculum des *Echinorhynchus strumosus* zusammensetzen, ist das Aequivalent einer Zelle. Die Kerne, die demnach in der Vierzahl vorhanden sein müssen, liegen im letzten Drittheile der Rüsselscheide. Und zwar findet man im äusseren Muskelcylinder zwei Nuclei dicht unter der Austrittsstelle der Retinacula, also lateral, jedoch der ventralen Medianlinie etwas genähert. Das andere Kernpaar liegt im Grunde der inneren Rüsseltasche inmitten zweier grosser Markhügel, welche aus den Seitentheilen des Markraumes hervorragen und das Rüsselscheidenlumen um mindestens ein Drittheil verengen. Die Fädenkapsel, die wohl lediglich dem Bedürfnisse, den Kern in unveränderter Lage zu erhalten, entsprang, hat auch hier eine ziemlich kräftige Ausbildung erhalten.

Eine weitere Eigenthümlichkeit des *Echinorhynchus strumosus*, die keiner der seither betrachteten Spezies zukommt, bildet die Existenz von vier grossen medianen Markröhren im Receptaculum. An jenen Stellen nämlich, wo die Kanten der vier Muskelzellplatten auf einander stossen, sieht man mehr oder minder luminöse, cylindrische Längsröhren herabziehen, die grossentheils frei in die Scheidenhöhle prominiren. Bei der äusseren Rüsseltasche fallen diese Medianröhren ihrer geringeren Grösse wegen nicht so leicht in die Augen, so dass sie bei oberflächlicher Betrachtung übersehen werden können. Dagegen nehmen die gleichnamigen Bildungen der inneren Rüsselscheide ganz erstaunliche Dimensionen an. Im letzten Drittheile des Receptaculum übertreffen sie durch ihren Durchmesser sogar die dicksten der Faserröhren des Musculus retractor proboscidis. Soweit diese Röhren über den Markraum hervorragen, werden sie von einer dünnen, kontinuirlichen und sehr elastischen Sarkolemmamembran umhüllt. Die seitliche Begrenzung aber liefert ein dünnes, von zahlreichen Oeffnungen, die das Röhrenmark mit dem allgemeinen Markraume kommuniciren lassen, durchbrochenes und nicht selten stark gefaltetes Häutchen. Das Röhrenmark zeigt im Grossen und Ganzen die nämliche Beschaffenheit wie das übrige Mark: es besteht aus einem feinmaschigen Balken- oder Wabengewebe, in dessen zahllosen Hohlräumen eine ziemlich dünnflüssige, fettkörnchenreiche Plasmamasse auf und ab schiebt.

Mit *Echinorhynchus gigas* theilt *Echinorhynchus strumosus* ferner die Eigenschaft, dass der Markraum das Receptaculum nicht an dessen vorderem, durch einen Sarkolemmaring gekennzeichneten Rande endigt, sondern in Form eines häutigen Beutels oder Sackes sich fortsetzt und bis zur Mitte der Rüsselhöhle hinaufreicht.

Die Höhlung des Receptaculum wird von den grossen Rüsselretraktoren völlig erfüllt. Selbige bestehen aus sieben cylindrischen Faserröhren, von denen die drei ventral gelegenen durch einen beträchtlicheren Umfang sich auszeichnen. Ungefähr in der Höhe der sechstletzten Hakenreihe vereinigen sich die Retraktorfasern zu vier mächtigen Röhren, deren jede so ziemlich einen Quadranten für sich in Anspruch nimmt. In der Mitte dieser Röhren finden wir, und zwar fast auf dem gleichen Querschnitte, vier sehr grosse länglich ovale Nuclei, die durch ein reich ausgebildetes Balkenwerk gestützt werden. Nach vorn zertheilen sich die Retraktorfasern wiederum in eine grössere Menge dünner Röhren. Nachdem selbige sich in der nächsten Umgebung der Gefühlspapille an der Rüsselspitze befestigt haben, biegen sie sofort wieder nach hinten um und laufen an der Rüsselwand bis zum oberen Rande des Receptaculummarkbeutels herab. Die rücklaufenden Retraktoren sind in ganzer Ausdehnung mit der die Auskleidung der Rüsselhöhle bildenden, aussergewöhnlich dicken Sarkolemmamembran auf das innigste verwachsen. Unmittelbar hinter dem Ende dieser rücklaufenden Retraktoren beginnt ein kräftiges Ringmuskelnetz, welches die Innenfläche des Rüssels bis zum Sarkolemmaringe der Rüsselscheide herab bedeckt.

Eine kurze Strecke vor dem grossen Ganglion cephalicum, welches merkwürdigerweise bei *Echinorhynchus strumosus* in der Mitte des Receptaculum gefunden wird, theilt sich der Retractor proboscidis in drei Faserstränge. Zwei derselben laufen zu den Seiten, der dritte aber, der sich aus den drei grossen ventralen Fasern zusammensetzt, an der Ventralfläche des Nervencentrum herab. Trotz dieser eigenartigen Vertheilung der Retraktorfasern behält doch das Ganglion seine axiale Lage bei, weil nämlich gerade in dieser Gegend das dorsale Markrohr des inneren Scheidencylinders einen Durchmesser erreicht, der dem der ventralen Retraktorfasern mindestens gleichkommt. Hinter dem Ganglion treten die drei Faserbündel nochmals zu einem soliden, cylindrischen Strange zusammen. Erst dort, wo die hintere, halbkugelförmige Abrundung des Receptaculum beginnt, spaltet sich die Fasermasse in zwei grössere Partien, von denen die dorsale, aus den vier dorsalen Röhren bestehende, unter einem schiefen Winkel nach der Rückenfläche umbiegt, die Wandung der Rüsselscheide durchbohrt und ausserhalb derselben mit dem mächtigen Retractor receptacululi dorsalis in Verbindung tritt. Der ventrale Ast behält eine kurze Strecke noch seinen axialen Verlauf bei. Dann wendet er sich ventralwärts, bricht durch die Muskelwände beider Rüsselscheiden hindurch und vereinigt sich mit den Fasern des ventralen Retractor receptaculi.

Die Retraktores receptaculi, die, wie ich dies schon erwähnte, in der Zweizahl vorhanden sind und sich hinsichtlich ihrer Abgangsstelle vom Receptaculum als vorderer (dorsaler) und hinterer (ventraler) Retraktor unterscheiden lassen, erreichen beim *Echinorhynchus strumosus* eine so ungewöhnlich kräftige Ausbildung, wie solche meines Wissens bei keiner anderen Spezies seither beobachtet wurde. Sie beginnen an der Rüsselscheide in Form zweier einfacher, voluminöser, aber stark gefalteter Röhren. Die Zahl der Längsfalten vermehrt sich in dem Maasse, als wir uns vom Receptaculum entfernen. Gleichzeitig aber werden die einzelnen Falten tiefer und tiefer; die gegenüber liegenden Falten beginnen einander entgegen zu wachsen und schliesslich erhalten wir ein Bündel von 6—12 röhrigen Muskelfasern, die auf die mannigfachste Art unter einander kommuniziren. In der Mitte seiner Länge zeigt sowohl der dorsale, wie der etwas kürzere ventrale Musculus retractor receptaculi einen Querschnitt, der an Flächeninhalt dem der Rüsselscheide gleichkommt. Die vordere Hälfte des dorsalen Retractor receptaculi ist in ganzer Ausdehnung mit dem Ligamentum suspensorium verwachsen. Die hinteren Enden beider Rückziehmuskeln spalten sich je in zwei Faserstränge, die zu den Seiten der dorsalen und ventralen Medianlinie der Längsmuskulatur der Leibeswand sich beimischen. Die Insertionsstelle fällt in beiden Geschlechtern ungefähr mit der Körpermitte zusammen. Hinsichtlich ihres feineren Baues stimmen die Retractores receptaculi mit den Retractores proboscidis vollkommen überein. Die kontraktile Substanz, die sich aus regelmässig radiär gestellten, schmalen prismatischen Fibrillenbündeln zusammensetzt, bildet einen gleichmässig dickwandigen Hohlcylinder, der aussen von einer dünnen, zahlreiche Septen nach innen entsendenden Sarkolemmascheide überkleidet wird. Das das geräumige Lumen der Röhre erfüllende Mark besteht aus einem spärlichen, wabenartigen Pasmafadengewebe und einer zahllose Körnchen mit sich führenden, wasserhellen Flüssigkeit. Nur in der nächsten Umgebung der grossen Kerne werden die Fäden häufiger und gewinnen an Dicke und Festigkeit.

Im Baue der Retinacula gleicht *Echinorhynchus strumosus* noch am meisten dem *Echinorhynchus haeruca*. Ein jedes derselben repräsentirt eine zu einem Kreiscylinder eingerollte Längsmuskelnetzplatte, deren Lumen von dem mächtigen Lateralnervenstamme vollständig ausgefüllt ist. Mit den äusseren Enden befestigen sich die Retinacula ungefähr in der Mitte zwischen den ventralen Submedianlinien und den Laterallinien an der Hautmuskulatur. Die inneren Enden aber durchbohren ungefähr in den

ventralen Submedianlinien die beiden Rüsselscheiden und endigen je mit einer ampullenähnlichen Auftreibung, welche dicht über den Kernen der äusseren Rüsseltasche in einer entsprechend gestalteten Aushöhlung des inneren Receptaculum ruht. Im Centrum der beiden ausgeweiteten Retinaculafasern-
endstücke finden wir zwei grosse, ellipsoidische Kerne, die ganz das Aussehen der Rüsselscheidenkerne haben.

Sehr merkwürdig ist ferner der Bau des Retractor colli. Selbiger beginnt dicht oberhalb des
grossen Ringgefässes der Halsbasis in Form eines geschlossenen Hohlcylinders. Bald aber spaltet er sich
in drei Faserpartien, eine ventrale mediane und zwei laterale, welche letztere in dorsoventraler Richtung,
also parallel der Medianebene, den weiten Leibesraum durchsetzen. Der ventrale Strang des Musculus
retractor colli zeichnet sich vor den beiden lateralen durch seinen Faserreichthum aus. Er bildet eine
dicke, fast ebene Platte, an deren Aufbaue sich nicht weniger als 70—90 zu zwei bis drei Schichten
angeordnete, unter sich durch zahlreiche Anastomosen verbundene, röhrenförmige Muskelfasern betheiligen.
Die Fasern des Retractor colli ventralis gleichen hinsichtlich ihres histologischen Baues vollkommen
denen der Retractores proboscidis, nur mit dem einen Unterschiede, dass bei ersteren das Sarkolemma
zwischen den einzelnen Röhren in sehr beträchtlicher Menge sich anhäuft, so die Fasern förmlich
in diese zähe Kittmasse eingebettet erscheinen.

Die beiden Seitenflügel des Retractor colli bestehen je aus einer einzigen Lage stark verzweigter
und unter sich anastomosirender Muskelröhren. In der Mitte der Muskelplatte mag man jederseits etwa
20—26 kreiscylindrische Fasern zählen. Nach hinten nimmt infolge wiederholter Faserspaltung die Zahl
der Muskelröhren und somit auch die Breite der Muskelplatten zu. Daher kommt es, dass durch einen
Querschnitt nur die der ventralen Muskelhälfte zukommenden Fasern genau quer, die dorsalen aber
mehr oder minder schräg getroffen werden. In der Höhe des Receptaculumgrundes spalten sich die
dorsalen Partien der beiden Retractores colli laterales, deren Fasern, wie wir sahen, in diagonaler
Richtung der Leibeswand zustreben, je in zwei divergirende Platten, von denen die äusseren ungefähr
in den Submedianlinien, die inneren aber so ziemlich in der Mitte zwischen diesen und der dorsalen
Medianlinie an der Rückenfläche der Leibeswand sich anheften.

In den fast parallelwandigen Lückenraum, der innen durch die lateralen Flügel des Retractor
colli, aussen durch die beiden früher beschriebenen seitlichen Längsmuskelzüge, die in dorsoventraler
Richtung verlaufen, begrenzt wird, hängen von der Halsbasis aus die beiden grossen scheibenförmigen
Lemnisken vollkommen frei hinein. Da nun, wie dies wohl aus obiger Schilderung ohne Weiteres hervorgeht, keine näheren Beziehungen zwischen den Lemnisken und den inneren Längsmuskelplatten
existiren, so würde es geradezu sinnwidrig sein, letztere hier als Compressores lemniscorum zu bezeichnen.

Echinorhynchus porrigens gleicht hinsichtlich der Bildung seines muskulösen Rüsselapparates in
auffälliger Weise dem *Echinorhynchus strumosus*.

Von der Rüsselbasis aus ragt ein dicker, plumper gekrümmter, doppelwandiger Zapfen in
das Lumen des kegelförmig aufgetriebenen Vorderkörpers hinein. Er besteht aus zwei cylindrisch gebogenen Muskelplatten, die durch halbkugelige Endstücke zu zwei allseitig geschlossenen Säcken vervollständigt werden. Eine jede dieser in einander geschobenen Rüsseltaschen setzt sich wiederum aus
zwei auf dem Querschnitte sichelförmig gebogenen Muskelplatten zusammen, die mit ihren zugeschärften
Rändern in der Medianebene sich berühren und hier in mehr oder minder grosser Ausdehnung mit

einander verwachsen. Die Suturen lassen sich als scharf konturirte Linien leicht inmitten der Bauch-
und Rückenfläche auffinden. Sie beginnen in der Nähe des Sarkolemmaringes und begleiten die Scheide
bis an ihr hinteres Ende. Die helle Färbung, die gewöhnlich diese Suturen auszeichnet, rührt von vier
voluminösen Markröhren her, die auf der Innenfläche der beiden Rüsselscheiden genau in den vier
Medianlinien herabziehen. Von den gleichen Bildungen des *Echinorhynchus strumosus* unterscheiden sie
sich zunächst durch ihren geringeren Durchmesser, dann aber vor allem dadurch, dass die innere, das
Mark begrenzende, stark gefaltete Membran direkt in den Sarkolemmabalg des allgemeinen Markraumes
übergeht. Es existirt demnach bei *Echinorhynchus porrigens* keine so scharfe Trennung des Röhren-
markes von dem des eigentlichen Muskelmarkes, wie wir es bei *Echinorhynchus strumosus* konstatiren konnten.
Der Inhalt der beiden Längsgefässstämme ist von ziemlich dünnflüssiger Beschaffenheit, und das Plasmageäder
nur spärlich entwickelt. Uebrigens möchte ich noch bemerken, dass nicht alle Markröhren zu einer gleichmässigen Entwickelung gelangen. Vor allen sind es die beiden Röhren des äusseren Receptaculum, und von
diesen wiederum besonders die dorsalen, welche sich durch einen ansehnlicheren Durchmesser von den übrigen
auszeichnen.

Die durch Verkittung unregelmässig verzweigter Ringfibrillen entstandenen Faserplatten sind in
verhältnissmässig nur geringer Zahl vorhanden, erreichen dafür aber eine ansehnliche Dicke. Ihre Gestalt
lässt sich leicht veranschaulichen, wenn man sich von den sichelförmig gekrümmten Fibrillenplatten des
Echinorhynchus gigas die zugeschärften Enden abgeschnitten und die Schnittflächen zweier solcher Platten
unter einem Winkel von 160° mit einander verwachsen denkt. Auf dem Querschnitte lassen sich diese
Verhältnisse nicht sehr leicht erkennen. Betrachtet man aber das frei präparirte Receptaculum von
Echinorhynchus porrigens von der Rücken- oder Bauchseite, so wird man in den medianen Suturen die
Fibrillenplatten dachartig aufeinander stossen sehen. Die Wandstärke des so gebildeten Ringes ist an der
Rückenfläche ungefähr um die Hälfte grösser, wie am Bauche. Einer besonderen Erwähnung bedarf nur
noch der Umstand, dass die äussere Scheide in ihrer Entwickelung stets hinter der inneren etwas
zurück bleibt [1].

Die umgekehrten Verhältnisse weist der Markraum auf; an der Rückenfläche ist es kaum möglich,
ihn deutlich wahrzunehmen, während sein Durchmesser an der Bauchseite oftmals dem der kontraktilen
Rinde gleichkommt. Eine Ausnahme bildet nur das vordere Drittel der inneren Rüsselscheide, woselbst
das feinkörnige, wenig geäderte Mark sich ganz gleichmässig auf der Innenfläche ausbreitet. Ungefähr
in der Mitte dieses Segments erblickt man zu den Seiten der Dorsallinie zwei längliche Kerne, deren
jeder im Centrum einer ansehnlichen, flaschenförmigen Markanschwellung ruht. Die eingeengten Hälse
dieser Kernbeutel verschmelzen mit einem langen keulenförmigen Schlauche, der, umgeben von einer
dünnen Sarkolemmahaut, frei in die Rüsselhöhle bis zur sechst- oder siebtletzten Hakenreihe hineinragt.
Offenbar ist dieses Gebilde das Analogon jener mächtigen Markmasse, die bei *Echinorhynchus gigas* den
Rüsselkopf ausfüllt und von Leuckart als „elastisches Polster" bezeichnet wurde [2].

---

[1] Genauere Messungen ergeben folgende Werthe:
Durchmesser des gesammten Receptaculums: 0,46—0,56—0,6 mm. Länge desselben in ausgestrecktem Zustande:
0,95—1,3 mm. Durchmesser der kontraktilen Rinde der inneren Scheide ventral: 42—55 μ; dorsal: 60—70 μ; der äusseren
Scheide ventral 38—42 μ; dorsal 55—60 μ.
[2] Die menschlichen Parasiten, 1876, pg. 762.

Zwei weitere Kernpaare findet man im Grunde des Receptaculum dicht neben den Wurzeln der Retractores receptaculi. Von ihnen gehört das hintere der inneren, das vordere aber der äusseren Scheide zu.

Das die beiden Rüsseltaschen umhüllende Sarkolemma hat bei *Echinorhynchus porrigens* eine ungewöhnliche Dicke und Festigkeit. Es bildet zwei vollkommen geschlossene Säcke, die nach innen zahlreiche Septen entsenden und am Vorderrande der Muskelcylinder zu einem sehr breiten, cylindrischen Ringe von fast chitinartiger Beschaffenheit verschmelzen. Letzterer vermittelt die Insertion des Receptaculum. Dicht hinter der drittletzten Hakenreihe tritt er an die Rüsselwand heran und geht ohne merkliche Grenze in die farblose Bindesubstanz über, die bekanntlich das Rostellum auskleidet und die Hakenwurzeln in sich aufnimmt. Nur an der Rüsselspitze wird die Kontinuität dieser Haut durch eine kleine kreisförmige Oeffnung unterbrochen, in der eine rudimentär entwickelte Ringfaserplatte ruht. Um so auffälliger muss es erscheinen, dass diesem unbedeutenden Muskel ein langer, mit zwei riesigen Kernen versehener Markbeutel anhängt. Bei genauer Betrachtung wird man jedoch wahrnehmen, dass letzterer mit den Hohlräumen der Ringfasern, welche als weitmaschiges Netz die Rüsselwand überspinnen, in einem direkten Zusammenhange steht. Durch diese Art der Muskelverschmelzung wird dem Nahrungsbedürfnisse der sonst kernlosen Rüsselwandmuskulatur hinreichend Sorge getragen.

Der Sarkolemmaring weist bei *Echinorhynchus porrigens* übrigens noch Eigenthümlichkeiten auf, die selbst dem *Echinorhynchus gigas* völlig fremd sind. Auf seiner Innenfläche breitet sich nämlich ein wohl entwickeltes engmaschiges Ringfasernetz aus, das weder mit der Muskulatur des Receptaculum, noch mit den Fibern der Rüsselwand direkt zusammenhängt.

Ob diesem sonst selbstständigen Muskelterritorium eigene Kerne zukommen, wage ich nicht mit Bestimmtheit zu behaupten, da ich nur bei einem einzigen, schlecht erhaltenen Exemplare kernartige Konglomerationen aufgefunden habe. Es scheint mir eine gewisse Rückhaltung um so mehr geboten, als es bei diesen Würmern öfters vorkommt, dass ganze durch die Verschmelzung verschiedener Muskelzellen entstandene Territorien durch einen einzigen Kern ernährt werden.

Auch hinsichtlich des Baues der Retractores proboscidis besitzt *Echinorhynchus porrigens* eine unverkennbare Aehnlichkeit mit dem *Echinorhynchus strumosus*. Er besteht aus sieben kräftigen Faserröhren, von denen die drei ventralen sich besonders durch eine beträchtliche Dicke auszeichnen. Sie besitzen eine wohlentwickelte Fibrillenrinde, verzweigen sich und bilden Anastomosen, ohne dass hierdurch ihre Zahl geändert wird. Die vier dorsalen Muskelröhren sind aus nur zwei Muskelzellen hervorgegangen, die ihre Spuren in zwei direkt vor dem Ganglion gelegenen Kernen hinterlassen haben.

Die ventrale Hälfte des Rüsseltaschenhohlraumes füllen drei voluminöse Röhren aus, die bei der Kontraktion sich in der Längsrichtung zusammenfalten und auf Querschnitten meist regelmässige, symmetrische Figuren bilden. Sie entsprechen ebenfalls zwei Muskelzellen, deren Kerne ungefähr in der der Mitte zwischen den früher erwähnten Dorsalkernen der inneren Muskelscheide und dem Ganglienzellenhaufen liegen.

An der Rüsselspitze biegen die Retractores proboscidis um und laufen an der Rüsselwand, beziehentlich der sie auskleidenden Ringfaserlage, bis zur Insertionsstelle des Sarkolemmaringes herab.

Vor dem Ganglion cephalicum trennen sich der ventrale und der dorsale Retractor proboscidis von einander. Ersterer, dessen Faserröhren durch wiederholte Spaltung sich auf 6—8 vermehrt haben, zieht am Rücken und an den Seitenflächen des Nervenzellenhaufen herab. Letzterer dagegen behält seine ursprüngliche Richtung bei und bedeckt die ventralen Partien des Ganglions. Unmittelbar hinter der unteren Ganglionspitze vereinigen sich die beiden Retraktoren wiederum zu einem cylindrischen Faserbündel, das sich bis zum Rüsselscheidengrunde verfolgen lässt. Hier findet die zweite Theilung des Retractor proboscidis in einen dorsalen und einen ventralen Faserstrang statt. Der dorsale Retraktor, der sich vornehmlich aus den vier, die dorsale Hälfte der Rüsselhöhle ausfüllenden Muskelröhren zusammensetzt, biegt unter einem Winkel von 45° nach der Rückenfläche um, bohrt sich durch die Muskelmasse der Rüsselscheidenwand hindurch und vereinigt sich mit dem Ende des Retractor receptaculi dorsalis. Der ventrale Retraktor proboscidis, der offenbar die direkte Fortsetzung der drei grossen ventralen Fasern der oberen Scheidenhälfte bildet, durchbricht axial den Boden der Rüsseltasche und verbindet sich mit den Fasern des etwas schwächeren Retractor receptaculi ventralis.

Der Retractor recept. dorsalis ist der weitaus kräftigste der die Rüsselscheide bewegenden Muskeln. In seiner Mitte erreicht er eine Dicke von $95—110 \mu$; er setzt sich aus 14—18 vielfach verzweigten und anastomosirenden, gefalteten, kreiscylindrischen Fasern zusammen. Sein hinteres Ende tritt genau in der dorsalen Medianlinie, und zwar eine kurze Strecke hinter dem Ende der kegelförmigen Auftreibung, an die Leibeswand heran und löst sich in einzelne Faserzüge auf, die sich nun den Längsfasern beimischen. Der Retractor receptaculi ventralis steht dem dorsalen Rückziehmuskel an Durchmesser um ein Beträchtliches nach. Sein Querschnitt geht selten über die Breite von $60—70 \mu$ hinaus. Die Zahl der Fasern mag in der Mitte des Muskels durchschnittlich 10—12 betragen. Sein hinteres Ende inserirt sich fast in gleicher Höhe mit dem des Retractor receptaculi dorsalis in der ventralen Medianlinie an dem Hautmuskelschlauche.

Die beiden Retinacula weisen im Grossen und Ganzen dieselben Strukturverhältnisse auf, die wir bei *Echinorhynchus gigas* kennen lernten. Sie treten etwas oberhalb der Seitenlinien aus der Ringfaserlage des konischen Vorderleibes hervor und befestigen sich mit ihrem anderen Ende dicht unterhalb des Ganglion cephalicum an dem Receptaculum. Man kann die einzelnen Fibern derselben bis zur inneren Rüsseltasche verfolgen. Freilich ist es nur ein kleiner Theil der Fasern, der auf solche Art sein Ende findet. Die übrigen biegen unter fast rechtem Winkel um, wachsen an beiden Seiten des Receptaculum herab und vereinigen sich in der Ventrallinie des letzteren mit einander. Die beiden Retinacula bilden also gewissermaassen einen kontinuirlichen Muskelstrang, der von den Seitentheilen der Rückenfläche in Form einer Schlinge herabhängt und in seiner Mitte das Endstück des Receptaculum trägt. L e u c k a r t [1]) hat diese Muskeln bei *Echinorhynchus porrigens* und *Echinorhynchus strumosus* gesehen und ihre Wirkungsweise richtig erkannt; der Identität mit den Retinacula wird dagegen nirgends Erwähnung gethan.

Wir konnten schon bei *Echinorhynchus strumosus* die höchst merkwürdige Thatsache konstatiren, dass der früher Compressor lemniscorum genannte Muskel zu den Lemnisken in gar keiner Beziehung steht. Das Gleiche gilt von dem Retractor colli des *Echinorhynchus porrigens*.

Die Lemnisken liegen vollkommen ausserhalb dieses hier sehr hoch entwickelten Muskels. Weder am eingeschnürten cylindrischen Halse, noch an irgend einer anderen Stelle ihrer Oberfläche lässt sich eine Spur einer muskulösen Umhüllung nachweisen. Die völlige Isolation der Hypodermisanhänge bringt natürlicherweise eine Verschiebung der Insertionsstelle des Retractor colli mit sich. Um aber

---

[1]) Die menschlichen Parasiten, 2. Bd., pg. 763.

einen klaren Einblick in diese Verhältnisse zu erlangen, erachte ich es für unbedingt nothwendig, vorerst die Gestalt dieses eigenartigen Rückziehmuskels kennen zu lernen.

Der Retractor colli liegt bei *Echinorhynchus porrigens* in dem Hohlraume, der einerseits von den septenartig einspringenden Transversalmuskeln, andererseits vom Receptaculum begrenzt wird, und setzt sich aus drei gesonderten Partien zusammen, die durch eine schmale dorsale und zwei breitere laterale Längs- (Radial-) spalten von einander geschieden werden. Das ventrale Muskelsegment hat die Form eines fast rechtwinkligen, etwas gekrümmten Parallelepipedons (von 1—1,3 mm Breite und 0,13—0,17 mm Dicke) und enthält nicht weniger als 280 bis 300 cylindrische Muskelröhren, die auf die mannigfachste Art unter einander in Verbindung stehen.

Die Fasern des Retractor colli zeichnen sich vor allen anderen Längsmuskelfibern durch ihre dicke Fibrillenrinde aus. Das Mark liegt in der Achse der Cylinder und ist so spärlich vorhanden, dass man es auf den ersten Blick leicht übersehen kann. Nur in der nächsten Umgebung der Kerne — deren Anzahl durchschnittlich 30 bis 35 betragen mag — sammeln sich grössere Mengen dieser feinkörnigen und spärlich geäderten Masse an und bewirken eine beträchtliche Ausweitung der Fibrillenrinde.

Auf der Innenfläche und den lateralen Rändern ist der Retractor colli ventralis scharf begrenzt. Von seiner Aussenfläche aber zweigen in ziemlich gleichen Intervallen dünne Fibrillenbündel ab, die in die Spalträume zwischen den Längsmuskelsepten eindringen, um sich an der Leibeswand, beziehentlich an deren Sarkolemma-Auskleidung zu befestigen (s. Taf. 1, Fig. 22 Rc. und Fig. 25 Rc′). Eine jede dieser Fasern besitzt eine kurze Strecke vor dem hinteren Ende eine knotenartige Anschwellung, die durch eine ringförmige Verdickung der fibrillären Substanz erzeugt wird (s. Taf. 1, Fig. 22 Rc′.).

Die beiden Retractores colli dorsales gleichen in ihrem feineren Baue dem Retractor ventralis, stehen aber, wie man dies wohl ohnehin aus der Configuration des Vorderleibes schliessen kann, in allen Dimensionen dem letzteren um ein Beträchtliches nach. Sie haben die Gestalt zweier congruenter Prismen von annähernd triangulärem Querschnitte und bestehen je aus circa 75—85 cylindrischen Faser-röhren. Die beiden nach innen gewandten Prismenflächen sind parallel der Median- und der Lateralebene gestellt; sie kreuzen sich demnach unter rechten Winkeln. Die äusseren Prismenflächen aber sind stark konvex gekrümmt, sodass der Lückenraum zwischen ihnen und der Körperwand fast allerorts der gleiche bleibt. Von diesen gewölbten Flächen der dorsalen Retraktoren gehen in gleichen Zwischenräumen, und zwar in diagonaler Richtung, dünne septenartige Faserlamellen ab, die an der Leibeswand in der früher geschilderten Weise sich inseriren. Die vorderen Enden der drei Retractores colli verschmelzen in der Höhe der Halsbasis zu einer sehr dicken, nach vorn aber allmählich dünner und dünner werdenden Ringplatte, die den Lückenraum zwischen der Ringmuskulatur des Halses und dem Sarkolemmaringe des Receptaculum ausfüllt. Die vordere Insertionsfläche des Retractor colli bildet die gesammte obere Hälfte der muskulösen Halsauskleidung.

In mancher Hinsicht steht *Echinorhynchus trichocephalus* dem *Echinorhynchus gigas* bedeutend näher als *Echinorhynchus porrigens*. Sein Receptaculum ist sehr schlank, vollkommen cylindrisch und je nach dem Kontraktionszustande mehr oder minder stark gekrümmt.

Zwar lässt sich bei dieser Spezies noch immer eine vollkommene Schichtung des Receptaculum nachweisen, aber der Unterschied von Bauch und Rücken ist weit evidenter als bei *Echinorhynchus porrigens*. Am meisten schliesst sich noch die innere Rüsseltasche an die früher geschilderten Verhältnisse an.

Sie stellt einen Ringfasercylinder vor, dessen Wandstärke an der Rückenfläche 40—46 μ, an der Bauchfläche aber nur 30—32 μ beträgt. Er setzt sich wiederum aus zwei halbcylindrisch eingerollten Muskelplatten zusammen, die in der ventralen und dorsalen Medianlinie auf das innigste mit einander verwachsen sind.

Das äussere Receptaculum erscheint auf Querschnitten als stark gekrümmte Sichel; es besitzt demnach die Form einer scharfrandigen Rinne, die sich nach der Bauchfläche hin öffnet. Der weit klaffende Spalt wird durch eine derbe Sarkolemmahaut geschlossen, die, wie man sich leicht überzeugen kann, eine direkte Fortsetzung des die Rüsseltasche einhüllenden Sarkolemma bildet. Trotz ihrer gewaltigen Dicke zeigt doch diese Schlussmembran keine faserige Struktur; vielmehr besitzt sie einen so hohen Grad der Pellucidität, dass man durch sie hindurch die dünnen, dachartig auf einander stossenden Fibrillenplatten der inneren Rüsseltasche deutlich zu erkennen vermag.

Auch hinsichtlich der Form der Fibrillenplatten und der Anordnung der sie bildenden dünnen Primitivfasern zeigt das äussere Receptaculum des *Echinorhynchus trichocephalus* eine unverkennbare Aehnlichkeit mit der einfachen Rüsseltasche des Riesenkratzers.

Während man bei den kleineren Arten (z. B. *Echinorhynchus haeruca*, *Echinorhynchus angustatus*) dicke, durch Zusammenhäufung der mannigfaltigst geformten Fibern entstandene Platten anzutreffen gewohnt ist, findet man bei *Echinorhynchus uncinatus* jene dünnen, lose übereinander geschichteten Fibrillenplatten, deren Bau ich bei *Echinorhynchus gigas* ausführlich geschildert habe, wieder.

Nur in der unmittelbaren Nähe der Kerne nimmt der Markraum an Dicke zu und bildet halbkugelförmige frei über die Innenfläche hervorragende Erhebungen. Im äusseren Receptaculum findet man konstant vier Kerne, und zwar zwei dorsal in der Höhe des Ganglions, also am Ende des ersten Rüsselscheidendrittheiles, zwei aber ventral von der Durchbruchsstelle der beiden Retinacula. Das Mark des inneren Receptaculum breitet sich zwar gleichfalls über die ganze Innenfläche der kontraktilen Rinde aus, sammelt sich aber hauptsächlich an der Rückenfläche in grösserer Menge an. Hier liegen in gleicher Höhe mit den vorderen Kernen des äusseren Receptaculum und dem Ganglion cephalicum zwei grosse, ovale Kernblasen. Ein weiteres Kernpaar findet man im Grunde der inneren Rüsselscheide lateral von der Austrittsstelle der grossen Rüsselretraktoren.

Der Markraum des inneren Receptaculum endigt nicht am vorderen Rande desselben, sondern setzt sich in Form eines mächtigen, häutigen Beutels fort, der die dorsale Hälfte der Rüsselhöhle ausfüllt und sich bis zu den grossen Aequatorialhaken hinauf verfolgen lässt.

Die Sarkolemmahüllen der beiden Rüsselscheiden gehen nach vorn in einen aussergewöhnlich breiten (130 μ), etwas konischen Ring über, der neben der fünftletzten Hakenreihe sich an die Rüsselwand anlegt. Man kann sich sehr leicht überzeugen, dass die auffallend dicke Sarkolemmaauskleidung des Rüsselzapfens nicht allein als Sekretionsprodukt der Hypodermiszellen entstanden sein kann, sondern dass zu deren Bildung auch jenes eigenartige Syncytium beigetragen hat, dem der ectodermale Theil des Rüsselzapfens seinen Ursprung verdankt. Der Unterschied, der hinsichtlich der fraglichen Gebilde zwischen *Echinorhynchus gigas* und den übrigen Arten obwaltet, beruht also darin, dass bei ersterem die von

Hypodermis und Rüsselanlage gelieferten Häute zeitlebens gesondert bleiben, während bei den letzteren schon frühzeitig eine Verschmelzung derselben in mehr oder minder grosser Ausdehnung eintritt.

Dem Markbeutel des Receptaculums liegt ventral gegenüber ein vielfach gefalteter Schlauch, der, wie man sich an Längsschnitten leicht überzeugen kann, mit den Markräumen der rücklaufenden Retraktoren kommunizirt. Diese letzteren endigen nämlich schon an den grossen Haken der Aequatorialzone, kleiden also nur die vordere Hälfte des Rostellums aus. An der Rüsselspitze, beziehentlich an der hier befindlichen kleinen Ringfaserplatte, biegen sie nach hinten um und treten zu dem eigentlichen Retractor proboscidis zusammen. Anfangs lassen sich an diesem mächtigen Einstülpmuskel zwei Partien unterscheiden, eine dorsale aus etwas dicken, bisweilen stark gefalteten Röhren bestehende, und eine ventrale, deren Fasern radial gestellt und so stark zusammengedrückt sind, dass ihr Lumen fast gänzlich schwindet. Je weiter man sich aber dem Centralnervensysteme nähert, umsomehr verwischen sich die Gestaltunterschiede.

Da merkwürdiger Weise bei *Echinorhynchus trichocephalus* das schlanke, fast linsenförmige Ganglion cephalicum eine dorsale Lage einnimmt, wird die Anordnung und die Gestalt der Retractorfasern durch seine Anwesenheit nicht merklich beeinflusst. Erst im Grunde der Rüsselscheide vereinigen sich sämmtliche Fasern des Retractor proboscidis zu vier marklosen Bündeln, von denen zwei die Muskelwände des Receptaculum in der Achse durchbrechen, zwei etwas mehr der Rückenfläche genähert. Die beiden axialen Faserbündel vereinigen sich mit dem Retractor receptaculi ventralis, die dorsalen aber mit den Enden des Retractor receptaculi dorsalis.

Die Zahl der Kerne, die auf den Retractor proboscidis kommen, beträgt für *Echinorhynchus trichocephalus* vier. Man findet sie sämmtlich in der Rüsselhöhle, und zwar das ventrale Paar in der Höhe der grossen Aequatorialhaken, das dorsale aber etwas über der Insertionsstelle des Receptaculum an der Rüsselwand.

Echinorhynchus trichocephalus besitzt, wie dies soeben erwähnt wurde, zwei Retractores receptaculi, einen dorsalen und einen ventralen, oder, um sie nach der Abgangsstelle vom Receptaculum zu benennen, einen vorderen und einen hinteren. Der dorsale dieser beiden Retraktoren ist der kräftigere. Er enthält 10—15 dicke, cylindrische, stark längsgefaltete Röhren und ist, wie dies das Vorhandensein zweier Kerne beweist, das Aequivalent zweier Muskelzellen. Der ventrale, schwächere Rückziehemuskel der Rüsselscheide setzt sich aus 6—8 dünnen Muskelröhren zusammen und enthält gleich dem dorsalen Retraktor zwei grosse Muskelkerne. Hinsichtlich ihres histologischen Baues stimmen die Retractores receptaculi und die Retractores proboscidis überein. Die Fasern besitzen eine gleichmässig dicke und allseitig geschlossene Fibrillenrinde, die nur in der Nähe der Kerne etwas dünner wird. Die einzelnen Fasern sind nicht in ganzer Länge isolirt, sondern anastomosiren auf die mannigfachste Weise untereinander. Als besonders bemerkenswerth muss ich hier anführen, dass die Retractores receptaculi bei *Echinorhynchus trichocephalus* erst hinter der ovoiden Körperanschwellung und zwar in der dorsalen und ventralen Medianlinie an der Muskulatur der Leibeswand sich inseriren; also bei völlig vorgestülptem Hakenapparate eine Länge von 3—3,5 mm erreichen.

Der Retractor colli beginnt bei *Echinorhynchus trichocephalus* an der Halsbasis in Form eines geschlossenen Hohlcylinders. Bald aber zerfällt er infolge des Auftretens zweier nach hinten sich rasch verbreiternder Spalten in zwei bandartige Streifen, die mit ihren hinteren Enden sich eine kurze Strecke vor der ovoiden Körper-Anschwellung an der Hautmuskulatur anheften. Lateral wird die Kontinuität dieser beiden Bänder durch die Compressores lemniscorum unterbrochen. Es sind dies zwei cylindrische Faserröhren, welche die mantelartige Hülle der Lemniscen abgeben. Sie bestehen aus zwei dünnen halbcylindrisch gebogenen Längsmuskelplatten, deren Ränder mit den lateralen Rändern der Retractores colli innig verwachsen sind. Die Fasern des Compressor lemnisci unterscheiden sich, abgesehen von der weit geringeren Dicke, kaum merklich von denen des Retractor colli oder Retractor receptaculi.

Die Retinacula von *Echinorhynchus trichocephalus* gleichen sowohl in ihrer Form, als auch hinsichtlich ihres feineren Baues vollkommen denen des *Echinorhynchus strumosus*. Sie repräsentiren zwei dicke, cylindrisch eingerollte und die beiden grossen, hinteren Lateralnervenstämme umhüllende Längsmuskelplatten. Die zugehörigen beiden Kerne liegen — wie bei *Echinorhynchus strumosus* — zwischen der äusseren und der inneren Rüsselscheide und zwar dicht oberhalb des hinteren Kernpaares der äusseren Rüsselscheide.

Angesichts der durch meine Untersuchungen gewonnenen Resultate ist es mir unmöglich, dem *Echinorhynchus gigas* in betreff seiner Rüsselbildung eine Sonderstellung einzuräumen. Wohl mag diese Art eine Summe von Eigenthümlichkeiten in sich vereinigen, die seinen Organsystemen ein sehr absonderliches Aussehen verleihen, aber unter allen diesen Merkmalen findet sich kein einziges, das dem Riesenkratzer allein zukäme. In der voranstehenden Darstellung habe ich zu wiederholten Malen die Gelegenheit ergriffen, auf diesen Punkt aufmerksam zu machen, und ich will hier nur noch einige Bemerkungen hinzufügen, die dazu dienen mögen, das Beweismaterial zu vervollständigen.

Von dem allgemeinen Typus, der durch *Echinorhynchus angustatus*, *Echinorhynchus haeruca*, *Echinorhynchus proteus*, *Echinorhynchus polymorphus* etc. vertreten wird, weichen noch am wenigsten die Receptacula von *Echinorhynchus strumosus* und *Echinorhynchus porrigens* ab. Zwar lässt es sich nicht wegleugnen, dass bei beiden Species die dorsalen Partien der Receptaculumwandungen sich auf Kosten der ventralen zu verdicken beginnen, aber die Unterschiede, die in dieser Hinsicht obwalten, sind noch so geringfügiger Art, dass durch sie der gesammte Habitus der Rüsselscheide nicht erheblich beeinflusst wird. Bei *Echinorhynchus trichocephalus* dagegen hat die Reduction der fibrillären Substanz an der Ventralfläche schon so beträchtliche Fortschritte gemacht, dass die äussere der beiden Rüsselscheiden das Aussehen einer nach dem Bauche hin weit klaffenden Rinne gewinnt. Da aber auch hier das mangelnde Schlussstück durch eine derbe Sarkolemmamembran ersetzt wird, so ist anzunehmen, dass wenigstens der Mechanismus der Rüsselscheide keinerlei tiefgreifende Aenderungen erlitten hat.

Gehen wir in der Reduktion der ventralen Partien der Rüsselscheidenwandung noch einen Schritt weiter, so erhalten wir Formen, wie sie z. B. das Receptaculum von *Echinorhynchus clavaeceps* darbietet. Nach Säfftigens[1]) Untersuchungen besitzt hier nämlich nur die innere Rüsselscheide die gewöhnliche Sackform. Die äussere Rüsselscheide repräsentirt eine halbcylindrisch gebogene Cirkulärfaserplatte, die mit der Rückenfläche des inneren Muskelcylinders innig verwachsen ist.

Schwindet nun noch dieser Rest des äusseren Muskelcylinders, von dem man mit aller Gewissheit annehmen darf, dass er zu der eigentlichen Funktion eines Receptaculums, der Hervorstülpung des Rüsselzapfens, in gar keiner Beziehung steht und, ohne dass der Gesammteffekt geschwächt wird, durch einen

— - - -

[1]) Morphologisches Jahrbuch. 10. Bd., 1. Heft, 1884. pg. 16. 17. Taf. 3. Fig. 4, 5.

anderen Muskel, z. B. einen an der Bauchseite entlang gleitenden Längsmuskel, ersetzt werden kann, so erhält man das einschichtige Receptaculum des *Echinorhynchus gigas*.

Protrusores receptaculi kenne ich aus eigener Anschauung nur von *Echinorhynchus gigas* und *Echinorhynchus moniliformis*. Dagegen lassen die vortrefflichen und sicherlich mit grösster Accuratesse ausgeführten Abbildungen Westrumb's keinen Zweifel aufkommen, dass die auf Tafel 2 in Fig. 18 und Fig. 20 gezeichneten vier vom hinteren Ende des Rüsselsackes des *Echinorhynchus spirula* nach der Rüsselbasis aufsteigenden Bändchen wirkliche Protrusores receptaculi vorstellen. Auch von Siebold giebt an, die gleichnamigen Muskeln bei *Echinorhynchus gibbosus* in der Vierzahl gefunden zu haben.

Von allen den zahlreichen Muskeln, die an der Bewegung des Rüssels theilnehmen, scheinen, soweit meine Erfahrungen reichen, nur drei es zu sein, die bei allen Spezies vorkommen, nämlich der Retractor proboscidis, der die Einstülpung des Rüssels besorgt, das Receptaculum proboscidis, das durch seine Kontraktion den eingezogenen Rüssel wieder hervortreibt, und endlich die Retractores receptaculi, die dazu bestimmt sind, das hintere Ende des Retractor proboscidis bei dessen Kontraktion zurückzuhalten, zu gleicher Zeit aber auch den Wurm in den Stand setzen, durch Vermittelung der Rüsselscheide sein Haftorgan in toto rückwärts zu bewegen.

Auf den Modus der Aus- und Einstülpung des Hakenrüssels brauche ich hier nicht einzugehen, weil diese Vorgänge in trefflicher Weise und völlig erschöpfend von Leuckart beschrieben worden sind. Dagegen will ich einige Resultate mittheilen, die entweder ohne Weiteres aus der vergleichenden Anatomie des Haftapparates, oder auch aus direkten Beobachtungen am lebenden Thiere sich ergaben.

Die primitivsten Organisationsverhältnisse weisen die Receptacula des *Echinorhynchus angustatus* und *Echinorhynchus haeruca* auf. Sie bestehen aus zwei cylindrischen, hinten geschlossenen Muskelsäcken. Auf der Aussenfläche eines jeden dieser Schläuche lagert eine derbe Sarkolemmamembran, die zahlreiche Septen in das darunter befindliche Muskelgewebe entsendet und so eine Befestigung der sonst losen ringförmigen Fibrillenplatten bewirkt. Wenngleich dieses Sarkolemma kein selbstständiges Gewebe vorstellt, so ist es doch für den Rüsselmechanismus von eminenter Bedeutung, insofern nämlich durch seine ausserordentliche Zähigkeit das Auseinanderweichen der einzelnen Faserblätter, und somit auch die Dehnung des Receptaculum in der Längsrichtung, auf das Minimum herabgesetzt wird. Natürlicherweise ist eine solche Einrichtung ausser Stande, die Streckung der Rüsselscheide bei einer Protrusion des Rüssels vollständig zu eliminiren, weil ja die Verkürzung der Fibrillen an und für sich eine Vergrösserung des Faserplattenquerschnittes mit sich bringt. Da nun aber beide Muskelscheiden die gleiche Gestalt haben und in ganzer Ausdehnung fest aufeinander liegen, so kann man wohl annehmen, dass ihre Wirkungen sich einfach summiren.

Eine wesentliche Modifikation hat das Receptaculum des *Echinorhynchus proteus* durch den Zerfall des äusseren Muskelsackes in eine ventrale und eine dorsale Platte erfahren.

Erfolgt eine gleichzeitige Kontraktion der beiden Deckmuskeln, so wird die Wirkung sich nicht im geringsten von der eines nahtlosen Muskelschlauches unterscheiden. Es ist aber ebenso leicht denkbar, dass nur die eine Hälfte des äusseren Receptaculum sich zusammenzieht. In diesem Falle wird zwar ebenfalls eine Verengung des Lumens, zu gleicher Zeit aber auch eine merkliche Verlängerung des sich kontrahirenden Theiles eintreten. Da der gegenüberliegende Halbcylinder seine ursprünglichen

Dimensionen beibehält, beide Platten aber durch Sarkolemma mit einander fest verbunden sind, so muss eine Krümmung des gesammten Receptaculum eintreten. Berücksichtigt man ferner, dass die Retractores receptaculi und die sogenannten Retinacula das hintere Ende der Rüsseltasche in unveränderter Lage zu erhalten vermögen, so wird man einsehen, dass durch diese Bewegung nur das vordere Ende, also die Ebene, welcher der Hakenrüssel eingepflanzt ist, in Mitleidenschaft gezogen werden kann. Und in der That lehrt die direkte Beobachtung, dass eine Kontraktion der dorsalen beziehentlich der ventralen Deckmuskelplatte dem Rüssel eine Neigung nach der Bauch- oder Rückenfläche verleiht.

Bei den übrigen von mir untersuchten Arten wird die Winkelstellung des Rüssels durch die ungleichmässige Vertheilung der kontraktilen Elemente in den Wandungen des Receptaculum bewirkt. Um jedoch einen klaren Einblick in diese Verhältnisse zu erhalten, müssen wir uns den histologischen Bau der Rüsseltasche in's Gedächtniss zurückrufen.

In einem früheren Kapitel habe ich dargethan, dass bei allen diesen Arten in einer jeden der das Receptaculum aufbauenden Faserplatte die Zahl der Fibrillen an der Rückenfläche grösser ist, als an den Seiten, und hier wiederum beträchtlicher als am Bauche. Bekanntlich ist aber die Kraftleistung eines Muskels, der sich aus gleich langen und gleich dicken Fibrillen zusammensetzt, proportional der Menge der Fibrillen und somit auch proportional der Grösse des Querschnittes. Es wird deshalb an der Rückenfläche eine verhältnissmässig viel energischere Kontraktion erzielt werden können, als an den Seiten oder gar am Bauche. Die Thatsache aber, dass bei einem jeden Muskel der Querschnitt sich in demselben Maasse vergrössert, wie seine Länge abnimmt, macht es ohne weiteres begreiflich, dass bei einer Kontraktion der Ringfibrillen die Dicke der einzelnen Platten und somit auch die Länge des Receptaculum an der dorsalen Fläche schneller zunimmt als an der gegenüberliegenden. Einer jeden Protrusion des Rüssels wird also auch hier eine Krümmung des Receptaculum und demnach auch eine Neigung der Rüsselachse nach dem Bauche vorausgehen.

Für die grösseren Spezies: *Echinorhynchus gigas* und *Echinorhynchus moniliformis* ist die einseitige Verdickung der Receptaculumwandung behufs Schrägstellung des Rüssels nicht ausreichend; es werden daher Komplikationen des Rüsselmechanismus zur unbedingten Nothwendigkeit. Zunächst sehen wir von der äusseren Sarkolemmahülle des Receptaculum zahllose dünne Sarkolemmabänder in radialer Richtung in die Fibrillenplatten eindringen. Zweifellos haben sie die Bestimmung, bei Kontraktion der cirkulären Fasern der Ausdehnung in radialer Richtung Widerstand zu leisten. Doch auch diese Einrichtung genügt nicht, um die erforderliche Krümmung der Rüsselscheide herbeizuführen. Zu diesem speziellen Zwecke ist auf der Aussenfläche des die Bauchwand der Scheide bildenden Sarkolemma jener breite und kräftige Längsmuskel angebracht, den wir vom Rüsselringe aus bis hinter das Centralnervensystem herabziehen sehen.

Ich bin in Vorstehendem von der Ansicht ausgegangen, dass den Sarkolemmahäuten, soweit sie die Umhüllung der Rüsseltasche bilden, eine aussergewöhnliche Festigkeit eigen ist. Die Richtigkeit dieser Annahme beweist zur Genüge die Thatsache, dass die Insertion des Receptaculum bei den meisten Arten durch einen breiten, der Muskulatur völlig entbehrenden Ring vermittelt wird, der ganz dieselben Eigenschaften, wie das Sarkolemma der Muskelcylinder aufweist und ohne merkliche Grenze in das letzere übergeht. Das Ringfasernetz, das bei *Echinorhynchus porrigens* auf der Innenfläche dieses Sarkolemmaringes sich ausbreitet, hat lediglich den Zweck, zu verhindern, dass durch die Kontraktionen der am oberen Ende des Ringes sich befestigenden Retractores colli die Wirkung des Receptaculum geschwächt wird.

In engster Beziehung zu der Winkelstellung des Rüssels stehen die unter dem Namen Retinacula bekannten seitlichen Muskelrohre. Man räumte ihnen seither eine sehr untergeordnete Stellung ein, indem man sie nur als Hüllen betrachtete, die bei dem Vor- und Rückwärtsgehen der Rüsseltasche die grossen Seitennervenbündel vor Zerrungen schützen sollten. Gegen eine derartige Auffassung spricht vor Allem der Umstand, dass in der Rüsselhöhle und im Leibesraume vollkommen frei verlaufende Nervenbündel vorkommen, die mit einem allerdings sehr dicken Sarkolemmaüberzuge, niemals aber mit einer Muskelscheide versehen sind. Für die grösseren Spezies, und zumal für solche, die den Darm der höheren Wirbelthiere bewohnen, bekommen die Retinacula eine hohe Bedeutung, indem sie durch das Emporheben des hinteren Receptaculumendes dem Rüssel eine viel stärkere Neigung zu verleihen im Stande sind, als dies etwa durch die Krümmung der Fasercylinder selbst möglich ist. Es treten dann die Retinacula nicht in den Seitenlinien, sondern oberhalb derselben aus der Leibeswand hervor und bilden eine einfache Schlinge, in deren Mitte die Rüsseltasche befestigt ist (z. B. *Echinorhynchus porrigens*).

Bei *Echinorhynchus angustatus* und *Echinorhynchus haeruca* sind die Muskelscheiden der hinteren Seitennerven verhältnissmässig viel geringer entwickelt, als bei den übrigen von mir besprochenen Arten. Sie haben eigentlich nur den Zweck, das Receptaculum bei seinen Bewegungen inmitten der Leibeshöhle zu erhalten, und verdienen deshalb mit vollem Rechte den ihnen zuertheilten Namen. Die zur Einbohrung erforderliche Neigung erhält der Rüssel durch eine Krümmung des Vorderleibes.

Es existiren aber auch Spezies, bei denen die Retinacula sehr stark rückgebildet (*Echinorhynchus proteus*), oder sogar gänzlich in Wegfall gekommen sind (*Echinorhynchus clavaeceps*). In diesen Fällen sind gewöhnlich am Receptaculum selbst Einrichtungen angebracht, die dem Rüssel eine Neigung nach dem Rücken und Bauche (*Echinorhynchus proteus*) oder wenigstens in der letzteren Richtung zu ertheilen vermögen (*Echinorhynchus clavaeceps*).

Es scheinen ferner noch zwei Muskelsysteme weit verbreitet zu sein, nämlich die sogenannten rücklaufenden Retraktoren und jenes weitmaschige Ringfasernetz, das zwischen den letzteren und der Rüsselhaut sich ausbreitet und besonders in der hinteren Rüsselhälfte eine beträchtliche Dicke erreicht. Die Wirkungsweise dieser Muskeln lässt sich leicht am lebenden Echinorhynchus studiren, wenn man ihm Gelegenheit giebt, sich von neuem in die Darmwand seines Wirthes einzubohren.

Gewöhnlich gelingt es nach einigen vergeblichen Protrusionen dem Wurme, eine der äquatorialen Hakenreihen, die sich bei vielen Arten durch sehr kräftige, krallenförmige Dornfortsätze auszeichnen, in das Darmepithel einzuschlagen. Durch wiederholtes Ein- und Ausstülpen wird das darüber liegende Gewebe zerrissen und eine Hakenreihe nach der anderen in der Darmwand vergraben. Hat die vordere Hälfte des Rüssels sich genügend befestigt, so gewahrt man die ersten Kontraktionen der rücklaufenden Retraktoren, wodurch der Hakenapparat sich um ungefähr ein Drittheil seiner Gesammtlänge verkürzt. Die vorderen Hakenreihen können, da der Zug in der Richtung der Dornfortsätze wirkt, ihren Ort nicht verlassen. Die Haken der hinteren Rüsselhälfte dagegen werden, falls sie schon in die Gewebe eingebohrt waren, heraus gehoben und vorwärts bewegt, falls sie aber noch ausserhalb der Wunde lagen, in selbige hineingezogen. Erschlaffen alsdann die rücklaufenden Retraktoren, so dringen die nach hinten gerichteten, als Widerhaken funktionirenden Stacheln in die umliegenden Gewebspartien ein. Jetzt kann der Wurm seinen Rüssel bis auf die letzten Reihen einstülpen und neue Bohrungen unternehmen, ohne Gefahr zu laufen, durch die andrängenden Kothmassen aus der Wunde herausgerissen zu werden.

Vorder- und Hinter-Rüssel unterscheiden sich demnach wesentlich hinsichtlich ihrer Funktionen: ersterer stellt das eigentliche Bohrwerkzeug, letzterer aber nur einen Fixationsapparat dar. Dementsprechend sind denn auch die Haken beider Regionen in Form und Grösse sehr verschieden. Die vordere Partie trägt grosse, kräftige Haken mit krallenartigen, stark zusammengebogenen Dornfortsätzen, die sehr geeignet sind, bei einer drehenden Bewegung ein Zerreissen des darüber befindlichen Gewebes herbeizuführen. Auf der hinteren Rüsselhälfte findet man kleinere Dornen mit geraden, meist unter einem Winkel von 45° nach hinten geneigten Stacheln, die bei jedem Zuge, der auf den Körper ausgeübt wird, mit grosser Leichtigkeit in das Darmgewebe einzudringen vermögen.

Die Thätigkeit der rücklaufenden Retraktoren wird gewissermassen durch die Kontraktion des Ringfasernetzes unterstützt, insofern nämlich durch die Zusammenschnürung das Ausheben der Haken und somit auch die Verkürzung des Rüssels erleichtert wird.

Man sieht hieraus, dass dieser Mechanismus, der von morphologischem Standpunkte aus eine sehr nebensächliche Rolle spielt, für die Existenz der Echinorhynchen von ganz enormer Bedeutung ist, da er sie in den Stand setzt, nicht nur aussergewöhnlich tief in die Darmwandungen einzudringen, sondern unter Umständen sogar den Darm zu verlassen und in der Leibeshöhle oder den angrenzenden Gewebspartien Wanderungen zu unternehmen. Dass in der That die eben ausgesprochene Behauptung vollkommen zutreffend ist, geht daraus hervor, dass der Ausfall der rücklaufenden Retraktoren eine völlige Umgestaltung des Rüsselapparates zur Folge hat. Das einzige, aber sehr typische Beispiel dieser Bildung liefert uns *Echinorhynchus gigas*.

Durch die eigenthümliche Insertion des Receptaculum an der dritten Hakenreihe zerfällt der Rüssel auch hier in zwei von einander unabhängig bewegliche Partien, von denen die vordere in der oben beschriebenen Weise als Bohrwerkzeug, die hintere als Fixationsapparat Verwendung findet.

Die vordere Rüsselhälfte umfasst circa 18 Haken, die in drei Spiralgängen alternirend übereinander stehen. Zur Aus- und Einstülpung dienen das Receptaculum und die Retractores proboscidis. Ausserdem aber können auch die Haken sich selbstständig bewegen, ohne dass die letztgenannten Muskeln in Mitleidenschaft gezogen werden. Es geschieht dies durch jene Ringfaserplatte an der Rüsselspitze, die ihre Wirkung vermittelst einer derben Sarkolemmamembran auf die Haken überträgt.

Bekanntlich ist *Echinorhynchus gigas* die einzige Spezies, deren Haken mit zwei wohl entwickelten Wurzelfortsätzen ausgestattet sind. Der vordere — dem Dorne gleichgerichtete — Wurzelast ist nur klein und vollständig in dem die Hypodermis begrenzenden Sarkolemma vergraben. Die hintere, schlank cylindrische Wurzel ragt frei über die innere Grenzfläche hervor und senkt sich mit ihrem Ende in die von der Ringfaserplatte herabhängende Sarkolemmamembran ein (s. Tafel 10, Fig. 11 Rr). Ein jeder Haken repräsentirt demnach einen zweiarmigen Hebel, der um den vorderen Wurzelast auf und abgedreht werden kann.

Durch die Kontraktion, beziehentlich die Elasticität der Ringfaserplatte wird die Sarkolemma-membran sammt den in ihr befestigten Wurzelenden emporgehoben. Die Dornfortsätze machen dabei eine Drehbewegung, infolge deren die nach vorn gekehrten Spitzen herabgedrückt werden. Auf diese Weise wird der halbkugelförmige Rüsselkopf zu einem Bohrwerkzeuge, mit dessen Hilfe *Echinorhynchus gigas* mindestens die gleichen Leistungen erzielen kann, wie die übrigen Arten mit ihren langen, zahlreiche Hakenreihen aufweisenden Rüsseln.

Die hinteren drei oder vier Hakenreihen dienen als Fixationsapparat. Da sie aber hinter dem Insertionsringe des Receptaculum liegen, so müsste eine jede Kontraktion der Retractores proboscidis, die, wie ich dies gelegentlich erwähnt habe, fast immer von einer Verkürzung der Retractores receptaculi begleitet ist, eine Einstülpung und somit auch eine Loslösung dieser letzten Hakenreihen zur Folge haben. Dieser schädliche Einfluss wird bei *Echinorhynchus gigas* vollständig eliminirt durch das Auftreten von vier kräftigen Längsmuskelbändern, die von der Rüsselbasis herabhängen und an dem hinteren Ende der Scheide sich anheften. Die Kontraktion dieser schon von Westrumb als Protrusores bezeichneten Muskeln wird das Receptaculum gleich einem Stempel nach vorn gegen den Scheitel des Haftorganes andrängen und ein Ausheben der letzten Hakenreihen verhindern.

Die Einstülpung der hinteren Rüsselhälfte besorgen bei *Echinorhynchus gigas* die Retractores receptaculi.

Unter allen denjenigen Muskeln, die den Rüsselapparat der Echinorhynchen zusammensetzen, sind wohl die Retractores colli die einzigen, die zu den verschiedensten Verrichtungen Verwendung finden.

Ihre Hauptbestimmung beruht zweifellos darin, den Hals zurückzuziehen und den Vorderkörper von der Halsbasis aus einzustülpen. Es ist dies für die meisten Arten um so nothwendiger, da selbige nicht nur mit dem Rüssel, sondern auch mit dem Halse und Vorderleibe in die Darmwandungen ihrer Wirthe einzudringen pflegen.

Ausserdem können aber die Retractores colli zu mancherlei anderen Dienstleistungen herangezogen werden. So sehen wir bei *Echinorhynchus angustatus* und *Echinorhynchus haeruca* sie an den Seiten in zwei Blätter zerfallen, welche die muskulöse Umhüllung der Lemnisken abgeben und die wohl als Compressor lemniscorum bezeichnet werden dürften. Da die Retractores colli in diagonaler Richtung zwischen der engeren Halsbasis und der Leibeswand sich ausspannen, so muss ein jeder Druck der zähen, gegen den Leib andrängenden Kothmassen eine Dehnung der Retractores colli und somit auch eine Verengerung der Compressores lemniscorum zur Folge haben. Der Druck des Lemniskenmantels theilt sich der die Gefässe erfüllenden Flüssigkeit mit, die in Folge dessen aus den halsartigen Vordertheile der Lemnisken in das grosse Ringgefäss an der Halsbasis überströmt. Von hier aus verbreitet sich die Flüssigkeit über das Gefässsystem des Halses und Rüssels und bewirkt ein Auseinanderweichen der beiden Wandungen, wodurch das, zwischen dem Hakenfortsatze und der Rüsselhaut befindliche Gewebe ein-geklemmt und hierdurch der Rüssel vor einer plötzlichen Loslösung von der Darmwand geschützt wird.

Bei der Mehrzahl der Arten stehen die Lemnisken in gar keiner näheren Beziehung zu den Retractores colli. Man beobachtet dann am Rüssel, am Halse oder auch am Vorderleibe eigenartige, je nach der Grösse des Wurmes bald grössere, bald kleinere Anschwellungen, die nach erfolgter Befestigung ein Ablösen des Thieres von der Darmwand völlig ausschliessen. Sehr verbreitet scheinen besonders die kugel-

16*

förmigen Rüssel mit darauf folgendem dünnen Halse zu sein[1]). Wenn aber ein derartiges Haftorgan zur vollen Geltung kommen soll, so darf natürlicherweise die durch die Einbohrung erzeugte Wunde nicht den Durchmesser des Rüsselkopfes erreichen. Deshalb findet man bei allen grösseren Spezies in der Aequatorialzone der Rüsselkugel eine kräftige Ringmuskulatur — bei *Echinorhynchus gigas* liegen die Fasern in drei Schichten über einander —, die bei den ersten Bohrungen sich zusammenzieht und dem Rüssel eine cylindrische oder wenigstens eine länglich ovale Gestalt verleiht. Erst später hin, wenn das Haftorgan sich bis zur erforderlichen Tiefe eingegraben hat, erschlaffen die Konstrictoren und der Rüssel nimmt wieder seine ursprüngliche Kugelgestalt an.

Nach einem sehr ähnlichen Prinzipe ist die mächtige Leibesanschwellung des *Echinorhynchus porrigens* gebaut[2]).

Unter der dicken, mit zahllosen Stacheln besetzten Hypodermis breitet sich hier ein wohl entwickeltes Ringfasernetz aus. Durch seine Kontraktion verwandelt es das kolbige Leibesende in eine schlanke Spindel, die ohne besondere Schwierigkeit dem Halse in die Darmwunde zu folgen vermag. Als Antagonisten dieser Ringfibern funktioniren die septenartig nach innen einspringenden Transversalmuskeln. Ihre Zusammenziehung gibt nach dem Erschlaffen der Ringfasern der Leibesanschwellung die kurze, gedrungene Kugelform wieder. Die hierdurch erzielte Fixation ist eine so zuverlässige, dass *Echinorhynchus porrigens* gar nicht nöthig hat, sich seines Rüssels als Widerhakenapparates zu bedienen. Bei der Mehrzahl der aus der Darmwand der Balaenoptera befreiten *Echinorhynchen* fand ich den Rüssel und den Hals vollkommen in der Ampulle verborgen.

Die einzige Art, der die Retractores colli fehlen, ist, soweit unsere heutigen Erfahrungen reichen, *Echinorhynchus proteus*. In seiner Jugend besitzt er einen vollkommen cylindrischen Hals. Erst dann, wenn er sich in die Darmhäute eingebohrt hat, beginnt der vorderste Halsabschnitt sich zu erweitern und allmählich zu einer Kugel anzuschwellen. In dem Hohlraume zwischen der dünnen Hypodermis und dem von der Rüsselbasis herabhängenden Receptaculum häuft sich eine körnige Exsudatmasse an, die mit zunehmendem Alter ziemlich zähe wird und die Einstülpungsfähigkeit des Hakenrüssels wesentlich beeinträchtigt. Natürlicherweise kann der geschlechtsreife *Echinorhynchus proteus* infolge des Auftretens dieser mächtigen starren Halskugel unter keinen Umständen seinen Rüssel aus der Darmwand wieder entfernen. Für ihn würden die Retractores colli völlig nutzlos und überflüssig sein.

---

[1]) Diesing führt in seinem Systema helminthum sechzehn Arten mit kugeligem Rüssel an. Vergl. 2. Bd. pg. 20 etc.

[2]) In älteren Werken (Rudolphi, Westrumb, Diesing etc.) findet man diese Anschwellung als Receptaculum, den darauf folgenden dünnen, cylindrischen, durch eine ringförmige Einschnürung von übrigen Körper abgesetzten und gewöhnlich in der Darmwand der Balaenoptera steckenden Vorderleib als „Hals" beschrieben.

Die Entwickelungsgeschichte des muskulösen Rüsselapparates.

Geschichtlicher Ueberblick.

Die Bildungsgeschichte des Receptaculum und der mit ihm in Zusammenhang stehenden Muskeln wurde uns durch die vortrefflichen Untersuchungen Leuckart's erschlossen, deren Resultate in drei Abhandlungen niedergelegt wird. Wir haben zunächst nur die erste derselben in das Auge zu fassen, die sich lediglich mit der Entwickelungsgeschichte des *Echinorhynchus proteus* im *Gammarus* pulex beschäftigt.[1]

Nach Leuckart zerfällt der aus dem Embryonalkerne entstandene längliche Zellhaufen in drei scharf gegen einander sich absetzende Segmente. Das vordere Ende des Ballens verwandelt sich frühzeitig durch Aufhellung im Innern in eine linsenförmige, von einer einfachen Zellschicht umhüllte Blase, aus der späterhin die Rüsselhöhle und die Retractores proboscidis hervorgehen. Nach hinten folgt auf dieses Gebilde ein ovaler, zweischichtiger Zellenhaufen. Die protoplasmatische Hülle ist das spätere Receptaculum, der von ihr umschlossene Kern aber die Anlage des Ganglion cephalicum. Die erste Andeutung der Retractores receptaculi (Retinacula?) nahm Leuckart bei Würmern von 0,4 bis 0,45 mm Länge wahr, also in einer Zeit, wo durch Abheben der Hautmuskulatur von den Geschlechtsorganen die Leibeshöhle ihren Ursprung nimmt.

Zwei Jahre später gelang es Greeff,[2] durch eine Reihe von Beobachtungen, die er an den ebenfalls in der Leibeshöhle des *Gammarus pulex* schmarotzenden Larven des *Echinorhynchus polymorphus* machte, die Richtigkeit der Leuckart'schen Befunde über allen Zweifel zu erheben. Ich halte es für unnöthig, auf die Entwickelungsgeschichte dieses Wurmes einzugehen, da selbige in allen hier in Betracht kommenden Punkten mit der des *Echinorhynchus proteus* übereinstimmt.

Auch v. Linstow[3] widmet eine Abhandlung dem gleichen Gegenstande, aber seine Angaben sind mit denen der beiden vorher genannten Forscher nicht in Einklang zu bringen. v. Linstow behauptet nämlich, dass die Rüsseltasche schon zu einer Zeit vorhanden sei, wo vom Ganglion cephalicum noch keine Spur wahrgenommen werden könne. Die Muskelwand des Receptaculum lässt v. Linstow von der Basis (wahrscheinlich dem Grunde der Scheide) aus sich bilden und von hier aus auch die Retractores proboscidis schlingenartig emporwachsen.

Die letzte Lieferung Leuckart's grossen Parasitenwerkes[4] enthält eine sehr ausführliche Schilderung der Rüsselentwickelung, die aber in mancher Hinsicht von der früheren Darstellung abweicht.

---

[1] Helminthologische Experimentaluntersuchungen, III. Ueber *Echinorhynchus*. Nachrichten der G. A. Universität und der Königl. Gesellschaft der Wissenschaften zu Göttingen. 1862, No. 22. pg. 440—442, 445.

[2] Untersuchungen über den Bau und die Naturgeschichte von *Echinorhynchus miliarius* Zenker (*Echinorhynchus polymorphus*). Archiv für Naturgeschichte, 30. Jahrgang, 1864, pg. 118—120. Taf. II, Fig. 1 A.

[3] Zur Anatomie und Entwicklungsgeschichte des *Echinorhynchus angustatus*. Archiv für Naturgeschichte, 38. Jahrgang, 1872. pg. 8—9.

[4] Acanthocephali, Kratzer. Die menschlichen Parasiten, 2. Bd., 1876, pg. 757, 826—828, 830, 833—834.

Hat der Embryonalkern eine Länge von etwa 0,06 mm erreicht, so gruppiren sich seine Zellen zu vier grösseren Ballen zusammen. Die vorletzte dieser Gruppen ist stets die grösseste und besteht von Anfang an aus einer peripherischen Schicht und einem davon umschlossenen Kerne. Diese peripherische Lage verlängert sich nach vorn und hinten und wächst in eine Hülle aus, welche die anderen Zellgruppen mit Ausnahme des vorderen Segmentes des ersten Ballens mantelartig überzieht. Späterhin löst sich die sackartige Aussenschicht in zwei Lagen auf, von denen die äussere zu dem Hautmuskelschlauche wird, während aus der inneren Receptaculum und Ligament hervorgehen. Es hängen demnach Ligament und Rüsseltasche in Röhrenform zusammen. Erst späterhin setzen sie sich gegen einander ab, indem die Röhrenwand zwischen dem Ganglienhaufen und den keimerzeugenden Geschlechtsdrüsen sich diaphragmenartig einfaltet. Hat die Innenfläche des Rüsselzapfens sich mit einer Lage scharf gezeichneter Zellen bedeckt, so spaltet sich die Muskelmasse des Receptaculums in zwei auf einander liegende Schichten und bewirkt durch seine Kontraktion die Umstülpung der Rüsselanlage.

Die Retractores proboscidis sah Leuckart aus vier Kernzellen hervorgehen, die bei *Echinorhynchus proteus* in dem Zwischenraume zwischen Ganglion und Rüsselzapfen, oder wo dieser fehlt (*Echinorhynchus angustatus*), im Umkreise des Rüsselzapfens liegen. Diese Zellen verwandeln sich zunächst in vier weite cylindrische Rohre, die späterhin sich in 18 bis 20 unter sich communicirende Fasern zerspleissen.

Eigene Beobachtungen.

Um die Entwickelung des muskulösen Rüsselapparates in ihren Anfängen zu verfolgen, müssen wir wiederum auf jenes Stadium zurückgreifen, auf dem nach Ablösung der beiden Syncytien, aus denen wir die Hypodermis und den ectodermalen Theil des Rüsselapparates hervorgehen sehen, ein centraler, abgerundeter Kernhaufen sich herausgebildet hat. Als erste Veränderung an diesem Ballen, den wir mit Leuckart als „embryonalen Kernhaufen" bezeichnen können, sahen wir das mächtige Syncytium sich ablösen, dem die Hautmuskulatur ihre Entstehung verdankt. (Vergl. pg. 79 ff.)

Um die Zeit nun, wo die randständigen Kerne des centralen Ballens in das seine hintere Hälfte mantelartig umhüllende feinkörnige Plasma einwandern, erfährt auch der übrige Theil des Embryonalkernes eine Auflockerung und zwar dadurch, dass zwischen die einzelnen Kerne sich ansehnliche Mengen Plasmas einschieben. Gleichzeitig aber zerfällt die gesammte centrale Körnermasse, infolge des Auftretens einer breiten Äquatorialspalte, in zwei aufeinander folgende Ballen, von denen der vordere und etwas kleinere die Anlage des späteren Ganglion cephalicum repräsentirt (s. Tafel 10, Fig. 4 Geph). Die Kerne der hinteren Ballenhälfte sind vorläufig noch eckige, unregelmässig geformte Körper von auffallend starker Färbbarkeit. Doch bald ändert sich ihr Aussehen. Durch Einlagerung von heller feinkörniger Plasmasubstanz blähen sie sich stark auf und verwandeln sich in grosse, durch dünne Häutchen umschlossene, sphärische Blasen. Inzwischen hat aber auch der runzelige Chromatinhaufen im Centrum des Kernes eine Auflockerung erfahren; aus dem ursprünglich zu einem eckigen Kerne zusammengeballten Chromosome ist ein dünner regelmässig aufgewundener oder zu einem wirren Knäuel zusammengeschlungener, dünner Faden hervorgegangen (s. Tafel 10, Fig. 4 nc^x).

Zwischen den einzelnen Windungen lassen sich die grossen linsen- oder kugelförmigen, aber meist schwach gefärbten Nucleoli deutlich erkennen. Ist der junge Muskelkern ungefähr auf das Doppelte seines ursprünglichen Volumens herangewachsen, so beginnen die Chromatinpartikel, die anfangs sich gleichmässig über die ganze Fadenlänge vertheilten, zu grösseren Ballen zusammenzutreten. Die Fadenoberfläche bekommt spitze Auszackungen, von denen man hier und dort dünne Verbindungsfäden ausgehen sieht. Je mehr nun die Chromatinballen an Umfang zunehmen, um so dünner und hinfälliger wird der ursprüngliche Chromosomenfaden. Schliesslich sieht man nur noch ein lockeres Netzwerk sehr dünner Fädchen und eine Anzahl eckiger, spongiöser, randständiger Chromatinpartikelhäufchen, die offenbar die Knotenpunkte des Plasmanetzes bilden. Die Nucleolen, die früher nur als sehr blasse linsenförmige Körper zu sehen waren, haben inzwischen nicht nur beträchtlich an Grösse zugenommen, sondern auch ihr Verhalten gegen farbige Reagentien geändert, insofern sie nämlich jetzt lebhafter sich tingiren, als alle übrigen Kerneinschlüsse. Diese Farbenkontraste nehmen mit der Zeit mehr und mehr zu, bis schliesslich die randständigen Chromatinhaufen nur noch als flockenartige Trübungen an der Kernperipherie sich wahrnehmen lassen.

Vergleichen wir die obige Darstellung mit der Bildungsgeschichte der Hypodermis- und Hautmuskelkerne, so ergiebt sich auf das Augenscheinlichste, dass die Umwandlungsvorgänge, welche nothwendig sind, um die eckigen Körner des Embryonalkernes zu den bläschenförmigen Kernen umzugestalten, im Principe bei allen Gewebsarten des jungen Larvenleibes die gleichen sind.

Während die Kernmetamorphose in der geschilderten Weise sich abspielt, hat auch die äussere Form des centralen Kernhaufens sich wesentlich geändert. Schon in der Periode, wo wir das Hautmuskelsyncytium über den Ganglienhaufen hinweg wachsen sehen, bildet sich vom Vorderrande des hinteren Ballens eine ringförmige Erhebung, die nach vorn sich mehr und mehr verlängert und schliesslich das ganze Ganglion umhüllt. Solange die Zellengrenzen noch nicht vorhanden sind, erfordert es ziemliche Mühe, die innere Ganglienhülle vom Hautmuskelsyncytium deutlich zu unterscheiden. Hat dagegen die Umwandelung in ein Konglomerat von Zellen stattgefunden, was in beiden Gewebspartien in der gleichen Periode des Larvenlebens zu geschehen pflegt, so hält es nicht mehr schwer, die Grenzen als scharf konturirte Linien aufzufinden. Zur nämlichen Zeit wird eine tiefe Ringfurche, welche ungefähr in der Mitte des Larvenkörpers um den centralen Körnerzapfen herumgreift, sichtbar. Aus dem vorderen, die innere Hülle des Ganglions bildenden Segmente des centralen Kernhaufens gehen die Wandungen, die Retractores, die Protrusoren und die Retinacula des Receptaculum hervor. (S. Tafel 10, Fig. 5.)

Nach diesen allgemeinen Betrachtungen haben wir noch den Bildungsgang der einzelnen Muskeln zu verfolgen.

Am vorderen Rande der inneren Ganglionscheide, also da, wo der Ganglienzellenhaufen mit dem Rüsselsyncytium zusammenstösst, liegen in einer Einkerbung des flachen Vorderrandes zwei Zellen, die durch die Form ihrer Nucleoli als echte Muskelzellen sich ausweisen. Zunächst findet man sie noch am Dorsalrande der Kontaktfläche, bald aber rücken sie weiter nach innen vor, bis sie endlich das Centrum derselben einnehmen (s. Tafel 2, Fig. 11 mp). Die sie begleitenden Plasmaballen haben sich inzwischen zu einem sehr flachen, mit einer axial gelegenen kreisförmigen Oeffnung versehenen Konus vereinigt, dessen Spitze, nach vorn gerichtet, sich etwas in die weiche Masse der Rüsselanlage eindrückt (s. Tafel 10,

Fig. 1 mp). Das so entstandene zweikernige Syncytium repräsentirt die Anlage jener merkwürdigen Ringfaserplatte, die beim erwachsenen *Echinorhynchus gigas* an der Rüsselspitze vorgefunden wird. Die nächsten Veränderungen bestehen darin, dass der hintere Theil dieser Platte einen schlanken cylindrischen Zapfen sich auszieht, dessen aufgetriebenes Ende die beiden Kerne beherbergt (s. Tafel 2, Fig. 1 mp; Fig. 3 mpnc). Der centrale Kanal ist auch in diesem eingeengten Abschnitte deutlich sichtbar und besitzt zumal bei sehr jungen Larven einen ansehnlichen Durchmesser. Erst dann, wenn der Fibrillenbildungsprocess begonnen hat, fällt der Protoplasmainhalt des Zapfens der Verflüssigung anheim, und es resultirt ein vielfach zusammengefalteter häutiger Kernbeutel.

In die Ringspalte, die infolge des Eindringens der Ringmuskelplattenkerne zwischen dem Ganglion und der Rüsselanlage entstanden ist, wandern zwei Muskelzellen ein, aus denen mit der Zeit die Seitenflügel der Retractores proboscidis hervorgehen (s. Tafel 2, Fig. 11 rp; Tafel 10, Fig. 1 rp). Die Kerne dieser beiden Zellen sind schon sehr frühzeitig vorhanden und lassen sich bei Larven von 0,16 bis 0,2 mm Länge ohne alle Schwierigkeit nachweisen. Sie liegen an dem oberen abgerundeten Rande des Ganglions in kleinen Aushöhlungen und sind vielleicht unter allen Muskelkernen die ersten, die sich mit einem Plasmamantel (Zellleib) umhüllen. Hat der Larvenkörper seinen Längsmesser auf 0,3—0,35 mm vergrössert, so findet man dieselbe schon zu den Seiten der Ringmuskelplatte. Bei ihrer Wanderung vertauschen sie ihre ursprüngliche Keilform mit der zweier dünner, aber breiter Platten, die parallel zur Medianebene bis zum Ganglion herabziehen (s. Tafel 2. Fig. 2 Rp; Fig. 3 Rp).

Im späteren Larvenleben verlängern sich die Retractores laterales nach vorn und hinten, und zwar weit schneller als die Körperwandungen; infolge dessen drücken sie gegen das Ende des jetzt mit zahlreichen kleinen Hakenkegeln besetzten Rüsselzapfens und bewirken eine successive Umstülpung desselben [1].

Bevor jedoch die Entfaltung des Rostellums eintritt, gesellen sich zu den seitlichen Retraktorplatten zwei dicke, aber schmale Muskelbänder, die dorsal und ventral an erstere so sich anlegen, dass ein vierkantiges, rechtwinkliges Hohlprisma hervorgeht (s. Taf. 5, Fig. 11 Rpl, Rpv, Rpd). Diese beiden medianen Muskelstreifen stammen von zwei Zellen ab, die ursprünglich in einer seichten Vertiefung des hinteren Ganglionrandes ruhen und von der angrenzenden Nervenzellmasse nur schwer zu trennen sind. Spielerhin rücken ihre Kerne an der Rückenfläche des Ganglions etwas nach vorn, und wachsen in zwei Bänder aus, die das Hirn umfassen und in der geschilderten Weise mit den Retractores laterales sich vereinigen. Der ventrale Retraktor spaltet sich vor dem Ganglion in zwei Aeste (s. Taf. 5, Fig. 10 Rpr), die aber oberhalb desselben wiederum zu einem Muskel zusammentreten (s. Taf. 5, Fig. 11 Rpv).

Während dies geschieht, sind auch zu den Seiten des grossen Ganglienzellhaufens die beiden lateralen Flügel des mächtigen Retractor proboscidis herabgewachsen (s. Taf. 5. Fig. 10 Rpl) und mit zwei grossen gleichfalls lateral gelegenen Zellen (s. Taf. 10, Fig. 5 Rp″) in Verbindung getreten.

Hat nun der junge *Echinorhynchus* seinen Hakenapparat vollkommen entfaltet, so findet eine Verschmelzung der hinter dem Ganglion gelegenen Partien der vier Retraktoren statt. Ein Theil der Kerne

---

[1] Die Thatsache, dass die Umstülpung der Rüsseltasche genau in derselben Weise geschieht, wie die Entfaltung des Rüssels beim ausgebildeten Wurme, veranlasste Leuckart zu der Annahme, dass die Rüsselscheide schon vor Abschluss ihrer histologischen Entwickelung funktionsfähig werde. (Die menschlichen Parasiten, 2. Bd. pg. 833.)

— und zwar scheinen es für gewöhnlich die beiden Kerne der medianen Retractores zu sein — geht zu Grunde, das Plasma erleidet eine theilweise Verflüssigung, und es resultirt jener eigenthümliche, runzelig gefaltete, centrale Markbeutel, dessen ich schon bei Besprechung des anatomischen Baues der Riesenkratzerscheide Erwähnung that (vgl. p. 95).

In dieser Periode des Larvenlebens bemerkt man die ersten fadenförmigen Primitivfibrillen, die entweder einzeln, oder zu dünnen Bündelchen vereint, an der Wand der soliden Plasmacylinder herabziehen. Anfangs sind es nur einige wenige Fibern, die sich deutlich erkennen lassen; aber ihre Zahl wächst sehr schnell, so dass schon nach verhältnissmässig kurzer Frist aus den dünnen Bündeln ansehnliche Prismen sich herausgebildet haben. Inzwischen hat aber auch die äussere Form der Retractoren eine tiefgreifende Veränderung erfahren. Zunächst sieht man die Retractores laterales nach dem Rücken und Bauche sich verbreitern und die Retractores ventrales und dorsales umhüllen. Gleichzeitig sprossen aus der Mitte der Innenfläche der Retractores laterales drei Längswülste hervor, von denen die beiden äusseren zu breiten Platten auswachsen und an die medianen Retraktoren sich anschmiegen, während die mittleren sehr klein bleiben und als einfache, oder gabelig gespaltene Zapfen in die Retraktorhöhle einspringen (s. Taf. 5, Fig. 1 Rpl, Fig. 2 Rpl, Fig. 3).

Auch die beiden medianen Retraktoren haben infolge der beginnenden Verfaserung eine Umformung erfahren. Von der äusseren und inneren Wand erheben sich zahlreiche Längsfalten, deren Wachsthum längere Zeit sehr gleichmässig fortschreitet (s. Taf. 5, Fig. 1 Rpv, Rpd; Fig. 2 Rpv, Rpd). Erst dann, wenn die Larve eine Länge von 1 bis 1,5 mm erreicht hat, verliert sich allmählich das Ebenmaass, und es bilden sich jene blattartigen Gestalten heraus, die für die Querschnitte der medianen Retraktoren des erwachsenen Riesenkratzers charakteristisch sind. Eine Spaltung der Falten und ein Zerfall der Muskelplatten in einzelne Röhren findet bei den Retractores proboscidis niemals statt.

Das Receptaculum verdankt vier Muskelzellen seine Entstehung. Zwei derselben findet man unmittelbar hinter den Bildungszellen der Retractores proboscidis laterales, also ungefähr in der Höhe der Ganglionmitte. Sie besitzen eine flache, kalottenähnliche Gestalt und bergen in ihren Aushöhlungen die Seitentheile des Nervencentrums (s. Taf. 10, Fig. 5 R'; Taf. 5, Fig. 10 Rnc).

Das Wachsthum dieser jugendlichen Zellen findet fast ausschliesslich an den der Rückenfläche zugewandten Rändern statt. Infolge dessen vertauschen sie sehr bald ihre Scheibenform mit der breiter Bänder, die allmählich bis an die Dorsallinie sich verlängern und hier mit einander verschmelzen (s. Taf. 5, Fig. 4 R).

Das zweite Rüsseltaschenzellpaar liegt hinter dem Ganglion und zwar unmittelbar unter den beiden Zellen, aus denen wir die Retractores dorsales und ventrales hervorgehen sahen. Sie bilden zusammen einen sehr flachen Protoplasmakegel, dessen Basis an das Hirn anstösst (s. Taf. 2, Fig. 11 Rnc").

Die ersten Veränderungen, die sich an den hinteren Rüsselscheidenzellen wahrnehmen lassen, betreffen ihre äussere Form. Sie breiten sich als gleichmässig dicke Schicht über die ganze hintere Ganglionhälfte aus und drängen sich hierbei zwischen die band- oder plattenförmigen vorderen Scheidenzellen und das Hirn, beziehentlich die selbiges bedeckenden Retractores proboscidis, hinein (s. Taf. 10, Fig. 1 R"; Taf. 5, Fig. 10 R"). Späterhin verlängert sich diese innere Ganglionhülle nach vorn und wächst in eine vollkommen kreiscylindrische Röhre aus, deren vorderer Rand mit dem Rüsselringe in Verbindung tritt.

Bevor jedoch die Verwachsung geschieht, hat auch die Gestalt der vorderen Rüsselscheidenzellen sich wesentlich geändert. Schon zu jener Zeit, wo wir die innere Scheide um das Ganglion herumwachsen sehen, beginnen die inzwischen in der Dorsallinie mit einander verschmolzenen, vorderen, äusseren Scheidenzellen nach vorn und hinten sich zu verlängern (s. Taf. 10, Fig. 1 R').

Auf diese Weise erhält die innere Rüsselscheide mit Ausnahme eines in der Höhe des Ganglions beginnenden und nach vorn sich mehr und mehr einengenden ventralen Ausschnittes, eine gleichmässig dicke, mantelartige Hülle, die sich in Folge ihres weit bedeutenderen Tinktionsvermögen sehr deutlich von ihrer Unterlage abhebt (s. Taf. 5, Fig. 10 R', Fig. 11 R). Im späteren Larvenleben verdickt sich die Wandung des inneren Scheidencylinders mehr und mehr, bis schliesslich sein feingeädertes Plasma den gesammten Hohlraum zwischen den axial verlaufenden grossen Rüsselretraktoren und der äusseren Scheide ausfüllt (s. Taf. 5, Fig. 11).

Das Receptaculum proboscidis wird demnach auch bei *Echinorhynchus gigas* ursprünglich in der Form zweier aufeinanderliegender Muskelsäcke angelegt. Erst späterhin geschieht infolge einer eigenartigen Metamorphose die Verschmelzung beider Hüllen zu der bekannten massigen Muskelrinne.

In der Periode des Larvenlebens, wo man die ersten Längsstreifen an den Retractores proboscidis erkennen kann, treten auch in der Peripherie des äusseren Receptaculum deutliche Ringfäserchen auf, die meist zu Paaren neben einanderliegen. Alle neu entstehenden Fibrillen fügen sich den früher gebildeten so an, dass Faser über Faser zu liegen kommt. Auf diese Weise wachsen die dünnen Fibrillenplatten von der Peripherie aus immer tiefer in das Plasma des äusseren Rüsselsackes hinein und verdrängen dieses allmählich vollständig (s. Taf. 5, Fig. 3 f⁰, Fig. 4 R, Fig. 7 R, Fig. 8 R). An der inneren Rüsselscheide wird niemals eine Fibrillenbildung beobachtet. Ihr hellfarbiges und feingeädertes Protoplasma fällt einer verflüssigenden Metamorphose anheim und nimmt die in Folge der Verfaserung des äusseren Receptaculum hervorgedrängten Rüsseltaschenkerne in sich auf (s. Taf. 5, Fig. 4 Rnc). Die beiden hinteren Rüsselscheidenkerne gehen in späterer Zeit, ohne Spuren zurückzulassen, zu Grunde.

Ich habe seither eines Gebildes noch nicht Erwähnung gethan, das vielleicht noch früher angelegt wird als die Retractores proboscidis und das Receptaculum. Es ist dies jener mächtige Sarcolemmaring, der beim erwachsenen *Echinorhynchus gigas* zwischen Rüsseltasche und Rüsselwand sich einschiebt, zugleich aber auch die drehende Bewegung der Haken vermittelt.

Nachdem Ganglion und Rüsselanlage sich von einander getrennt haben, bemerkt man am unteren Rande der letzteren einen Gürtel von sechs grossen Kernen, deren jeder im Centrum einer dicken Protoplasmahülle liegt (Taf. 2, Fig. 11 Rr; Taf. 10, Fig. 5 Rr). Nach dem Auftreten der ersten Häkchen sondern diese Zellen eine farblose, vollkommen homogene, zähe Masse ab, die nicht nur die einzelnen Kugeln kapselartig umgiebt, sondern selbige auch unter einander verbindet (s. Taf. 2, Fig. 3 Rr; Taf. 5, Fig. 2 Rr). Der auf diese Weise entstandene dicke, sechsseitig prismatische Ring spaltet sich in seiner vorderen Hälfte in zwei Membranen, von denen die innere das Rostellum von der dritten Hakenreihe bis zur Ringmuskelplatte überzieht, um späterhin die nach vorn gerichteten, längeren Wurzelfortsätze der Haken in sich aufzunehmen (s. Taf. 2, Fig. 1 Rr). Die äussere und schmälere Haut verbindet sich mit der Rüsselwand zwischen der dritten und vierten Hakenreihe. In dem Winkel, den sie mit der Hypodermis bildet, liegt ein mit zwei Kernen ausgestattetes, ringförmiges Syncytium, aus dem der Constrictor des Rüssels hervorgeht (s. Taf. 2, Fig. 1u). Inzwischen hat aber auch der hintere, die sechs Kerne enthaltende Abschnitt des Ringes sich verlängert und ist mit den Rändern der ihm entgegen wachsenden Receptacula in Verbindung getreten (s. Taf. 2, Fig. 1 Rr).

In einem der früheren Kapitel habe ich dargethan, dass hinsichtlich der histologischen Bildung zwischen den Sarcolemmamembranen der Rüsseltasche und dem Sarcolemmaringe keine tiefgreifenden Unterschiede obwalten. Anders verhält es sich aber, wenn wir die Genese der betreffenden Substanzen in das Auge fassen. Der Sarcolemmaring repräsentirt ein selbständiges Gewebe (Bindegewebe), dessen Bildungs- (Zell-) Elemente jedoch im Laufe der Entwickelung zu Grunde gehen. Die Sarcolemma-scheiden des Receptaculum sind nicht das Derivat besonderer Zellen, sondern nur ein secundäres Abscheidungsprodukt von Muskelzellen, das sich in keiner Beziehung von jenen Kittmassen unterscheidet, die wir überall da antreffen, wo Muskeln sich flächenartig ausbreiten.

Sehr merkwürdige Aufschlüsse lieferte mir die Untersuchung der Entwickelungsgeschichte jener ausserhalb des Receptaculum befindlichen Längsmuskeln.

Ich habe schon darauf hingewiesen, dass das Syncytium, aus dem die Ring- und Längsmuskulatur der Körperwand hervorgehen, anfangs sich auf die hintere Hälfte des centralen Kernballens beschränkt und erst späterhin zu der ringförmigen Hülle des Ganglions auswächst. Eine scheinbare Fortsetzung dieser sackartigen Hülle bildet ein kurzer Hohlcylinder, der aus einem zähflüssigen Protoplasma besteht und das vordere Ende des Ganglion, sowie die hintere Hälfte des Rüsselzapfens einschliesst.

Die ersten Veränderungen, die mit dem sich schnell verdickenden Mantel vorgehen, werden ver-ursacht durch das Auftreten einer schmalen Ringspalte. Anfangs ist diese Spalte nur sehr klein und kann als solche nur am hinteren Rande deutlich erkannt werden; bald aber verlängert sie sich nach vorn und führt so einen Zerfall der homogenen Plasmamasse in zwei aufeinander liegende Schichten herbei. Die äussere dieser beiden Lagen ist es nun, die zum Retractor colli wird (s. Taf. 5, Fig. 2 Rene.). Ihr hinterer Theil enthält zwei Kernpaare, die ursprünglich den Durchbruchstellen der grossen Lateralnervenstämme gegenüber liegen (s. Taf. 10, Fig. 1 Rc), dann aber weiter nach hinten rücken (s. Taf. 5, Fig. 8 Rc; Taf. 2, Fig. 11 Rene). Beim erwachsenen *Echinorhynchus gigas* sind diese Kerne noch in der Vierzahl vorhanden und an den Seiten der Compressores lemniscorum gelegen. Zwei weitere Kerne trifft man in der Höhe der vorderen Retraktorkerne an (s. Taf. 5, Fig. 3 Rene); sie gehen im späteren Larvenleben zu Grunde.

Um die Zeit, wo das zwischen dem Retractor colli und der Hypodermis emporwachsende Haut-muskelsyncytium die Rüsselanlage erreicht, treten am Hinterrande des Retractor colli, und zwar inmitten der Rücken- und Bauchfläche, zwei schlitzförmige Spalten auf, die immer tiefer und tiefer in die Plasma-masse eindringen und schliesslich den Zerfall in zwei Halbcylinder zur Folge haben (s. Taf. 5, Fig. 10 Rene). Inzwischen heben sich die Retractores colli von dem axialen, den Rüsselapparat liefernden Muskelzellkomplexe ab, und es entsteht zwischen beiden Gebilden ein weiter Lückenraum, die Leibes-höhle. Gleichzeitig bildet sich zwischen den Retractores colli und der Leibeswand eine Höhle, die aber anfangs mit der Leibeshöhle nicht in Verbindung steht, weil die Retraktoren vorn und hinten mit der muskulösen Auskleidung der Körperwand in Verbindung bleiben. Erst durch die Spaltung der Retra-ctores colli wird die Kommunikation beider Räume hergestellt (s. Taf. 5, Fig. 9 Rc). Ich halte den Retractor colli für ein weit geeigneteres Objekt, um die Verfaserung, die Zerspleissung und das Ent-

17*

stehen der röhrenförmigen Muskelfasern zu studiren, als die Muskulatur der Leibeswand selbst. Auf die einzelnen Details der Entwickelung, besonders auf die Art der Fibrillenbildung, brauche ich wohl nicht nochmals einzugehen. Dagegen muss ich der früheren Darstellung hinzufügen, dass bei den Retractores colli, ebenso bei den Retractores receptaculi und den Retinacula, die einzelnen Faserröhren nicht in der Substanz der Muskelzellplatten selbst entstehen, sondern vielmehr in Form von schlanken Längswülsten aus der Oberfläche derselben — und zwar ebensowohl aus der nach aussen gewandten, wie der inneren — hervorknospen (s. Taf. 5, Fig. 4 Rc, Fig. 8 Rc, Fig. 5 Rrpv, Rrpd). Je mehr nun diese erhabenen Längswülste, die auf die mannigfaltigste Art sich verzweigen und mit einander anastomosiren können, an Umfang zunehmen, um so hinfälliger werden die sie verbindenden Zwischenstücke. Schliesslich gehen letztere völlig zu Grunde, und wir erhalten die so charakteristischen, gestreckt maschigen Längsmuskelbänder.

Die Fibrillenbildung findet nicht an allen Stellen der mit Längswülsten reich bedeckten Muskelzellen in der gleichen Weise statt. Vielmehr sind es die nach aussen gewandten, meist cylindrisch erweiterten Partien der prominirenden Wülste, welche reichlicher mit kontraktiler Rindensubstanz ausgestattet sind (s. Taf. 10, Fig. 7 F). Erst späterhin, wenn die Abschnürung der Faserröhren sich vollzogen hat, vertheilt sich die fibrilläre Substanz gleichmässig über die gesammte Faserwandung.

Aber auch der innere von dem Retractor colli umschlossene Plasmahohlcylinder unterliegt bald einer Differenzirung, infolge deren er in eine Summe distinkter Gebilde zerfällt. Zunächst hebt sich aus der früheren gleichmässigen Masse ein platter Plasmastreifen ab, der an die Ventralfläche des Receptaculum sich anschmiegt (s. Taf. 5, Fig. 11 M^1 M^2). Am unteren Rande des Rüsselringes spaltet er sich in zwei dünne Aeste, die seitwärts umbiegen, in diagonaler Richtung aufsteigen und in den Laterallinien mit der Leibeswand in Verbindung treten (s. Taf. 5, Fig. 3 M^1). Aus diesem vielkernigen Syncytium gehen jene beiden mächtigen Muskelplatten hervor, die wir bei dem erwachsenen Riesenkratzer die Ventralfläche des Receptaculum bedecken und gewissermassen die weit klaffende Muskelrinne zu einer allseitig geschlossenen Röhre vervollständigen sehen. In der frühesten Jugend aber existiren keine näheren Beziehungen zwischen ihnen und der Muskulatur der Rüsseltasche. Vielmehr müssen wir, wenn wir die Art der Entstehung allein in das Auge fassen, sie zur nämlichen Kategorie rechnen, wie z. B. die Protrusoren und die Retractoren der Rüsselscheide.

Ursprünglich enthält das oben erwähnte Deckmuskelsyncytium nicht weniger als acht grosse Kernkugeln, die sammt und sonders in unmittelbarer Nähe des Ganglion gefunden werden (s. Taf. 5, Fig. 4 M^2, Fig. 7 M^2). Ihre Zahl reducirt sich aber noch vor Abschluss der Metamorphose um mehr als die Hälfte. Auch die vorderen bogenförmigen Commissuren gehen noch vor dem Hervorwachsen der Lemnisken zu Grunde.

Die nächsten Veränderungen, die an der restirenden Plasmamasse sich wahrnehmen lassen, bestehen wiederum in der Abtrennung zweier platter Plasmacylinder, die trotz ihrer plumpen Form doch schon als die Protrusores receptaculi laterales sich zu erkennen geben. Sie beginnen am hinteren Ende des Ganglion mit zwei grossen, kugelartigen Auftreibungen, in deren Centrum je ein länglich ovaler Kern ruht (s. Taf. 5, Fig. 4 Plnc), ziehen alsdann, stets die Laterallinien einhaltend, auf der Aussenfläche der Rüsselscheide herauf und endigen mit zwei halbkreisförmig gekrümmten Stücken, die ventral dicht neben dem Kernkranze des Sarcolemmaringes an der Leibeswand mit breiter Basis sich anheften (s. Taf. 5, Fig. 3 Pl). Die letzterwähnten Verbindungsstücke verschmelzen so vollständig mit der Längsmuskulatur, dass man schon bei Larven von 3 bis 3,5 mm Körperlänge nicht mehr im Stande ist, zwischen beiderlei Gebilden eine Grenze zu ziehen. Die übrig bleibenden, zwischen dem Retractor colli und den Protrusores laterales gelegenen Plasmapartien, aus denen, wie ich vorausschicken will, die medianen Protrusoren der Rüsselscheide hervorgehen, büssen infolge des Auftretens zweier breiter Lateralspalten schon frühzeitig ihre geschlossene Ringform ein (s. Taf. 5, Fig. 3 Pd, Pvnc). Späterhin lösen sie sich mit Ausschluss des vorderen Endes von der Körpermuskulatur, beziehentlich des noch zwischenliegenden Retractor colli ab, und bilden dann zwei wenig gekrümmte Platten, die dorsal und ventral von der Rüsselscheide herabziehen (s. Taf. 5, Fig. 4 Pv Pd, Fig. 7 Pv Pd, Fig. 8 Pv Pd, Fig. 10 Pd, Fig. 11 Pv Pd).

Die hinteren Enden der Protrusores receptaculi verwachsen schliesslich mit der Wandung des Receptaculum. Zu diesem Zwecke spaltet sich der ventrale Protrusor in zwei Aeste, die zu den Seiten der beiden austretenden Retractores proboscidis ventrales sich inseriren. Auch der dorsale Protrusor zertheilt sich in zwei dicke Röhren, die neben dem austretenden unpaaren dorsalen Retractor proboscidis herabziehen und erst an der ventralen Fläche des halbkugelig abgerundeten Receptaculum, also unmittelbar unter den ventralen Protrusoren, sich anheften.

Die Zahl der Kerne ist in beiden Protrusoren nicht die gleiche. Ausser den vier symmetrisch gestellten vorderen Kernen (s. Taf. 5, Fig. 3 Pvnc), von denen, wie dies die spätere Bildungsgeschichte lehrt, zwei dem dorsalen und zwei dem ventralen Protrusor zugehören, finden wir in den Protrusores dorsales und zwar in gleicher Höhe mit den Kernen der Protrusores laterales noch ein Kernpaar, das zumal im späteren Leben infolge seiner überraschenden Grösse sich auszeichnet (s. Taf. V, Fig. 10 Pd, Fig. 8 Pdnc).

Unmittelbar unter dem hinteren, ampullenähnlich angeschwollenen Ende der Protrusores dorsales erblickt man zwei grosse Kernkugeln, die von schmalen, keilförmigen Zellenleibern umschlossen sind. Zunächst breiten ihre Protoplasmahüllen sich kalottenartig auf der Oberfläche des hinteren Receptaculumendes aus. Bald aber ändern sich diese Verhältnisse, insofern nämlich das Wachsthum fast ausschliesslich in dorsoventraler Richtung vor sich geht. Infolge dessen wandeln sich die plumpen Kalotten in schmale Bänder um. Selbige zwängen sich zwischen den Retractores receptaculi, den Protrusores laterales und dem Retractor colli hindurch und schlagen sich um die grossen seitlichen Nervenstränge herum, wodurch schliesslich jene unter dem Namen Retinacula bekannten Nervenscheiden entstehen (s. Taf. 5, Fig. 7 Mrtnc). Das Wachsthum der Retinacula schreitet nur sehr langsam fort, so dass noch bei Larven, die ihr Rostellum vollständig hervorgestülpt haben, die Vereinigung mit der Leibeswand nicht geschehen ist.

Die Retractores receptaculi entstehen bei *Echinorhynchus gigas* aus einem vierkernigen Syncytiumringe, der den Spaltraum zwischen dem Receptaculum und dem Ligamente ausfüllt. Selbiger ist zwar schon zu der Zeit vorhanden, in der die Ablösung des Retractor colli beginnt, aber es ist auf diesem Entwickelungsstadium äusserst schwierig, ihn von den angrenzenden Muskelmassen zu unterscheiden. Erst dann, wenn er infolge des Emporwachsens der kubischen Zellen in zwei mediane Streifen zerfallen ist, lassen sich seine Begrenzungen deutlich erkennen. Die hinteren Enden der beiden Retractores receptaculi bleiben konstant mit der Hautmuskulatur in Zusammenhang. Die vorderen Ränder liegen vorläufig noch zwischen den Retractores colli und den medianen Protrusores. Bald aber ändern sich auch diese Verhältnisse. Das ventrale Blatt des Retractor spaltet sich in zwei Partien, die sich an die Seiten der Schliessmuskeln anlegen und dicht hinter dem Ganglion mit den beiden Enden des austretenden Retractor proboscidis ventralis verschmelzen (s. Taf. 5, Fig. 4 Rrpv, Fig. 7 Rrpv). Die beiden Kerne der ventralen Retractoren sind in die schmalen Ausläufer übergetreten (s. Taf. 5, Fig. 10 Rrpnc). Der dorsale Retractor receptaculi besitzt gleichfalls zwei grosse Kernblasen. die späterhin in gleicher Höhe mit denen der Retractores receptaculi ventrales gefunden werden (s. Taf. 5, Fig. 5 Rrpd). Er tritt, ohne vorher sich zu zerspleissen, mit dem dorsalen Aste des mächtigen Rüsselretractor in Verbindung. Die Verwachsung der Retraktoren ist eine so innige, dass man ohne Kenntniss der früheren Entwickelungsstadien die Retractores receptaculi für einfache Fortsetzungen der aus der Rüsseltasche hervorgetretenen Retractores proboscidis halten könnte.

Uebrigens muss ich hier nochmals hervorheben, dass die Darstellung, die ich voranstehend gegeben habe, zunächst nur für *Echinorhynchus gigas* in vollem Umfange Geltung hat. Ich will hiermit nicht sagen, dass die Bildung des muskulösen Rüsselapparates bei den übrigen Arten grundverschieden sei, so dass überhaupt keine Anknüpfungspunkte sich finden liessen. Im Gegentheile haben mich meine Untersuchungen in den Stand gesetzt, zu konstatiren, dass trotz der mannigfaltigen und tiefgreifenden Unterschiede, die in der Anatomie des betreffenden Organes obwalten, doch die Grundzüge der Entwickelung bei sämmtlichen von mir untersuchten Species übereinstimmen.

Das Receptaculum von *Echinorhynchus haeruca* und *Echinorhynchus angustatus* gleicht in seiner ersten Anlage vollkommen dem des Riesenkratzers. Auch bei ihnen findet man zwei übereinander gestülpte, dickwandige Plasmabeutel, welche die ganze hintere Hälfte des grossen Ganglion cephalicum umhüllen. Der innere Beutel enthält nicht weniger als sechs grosse Kerne: vier derselben liegen im Grunde dicht hinter dem Hirne, zwei am vorderen Rande der inneren Scheide dicht neben der dorsalen Medianlinie. Im äusseren Receptaculum lassen sich nur zwei Kerne auffinden. Hiermit hört aber zunächst die Uebereinstimmung dieser drei Arten auf. Denn während bei dem *Echinorhynchus gigas* die Plasmamassen des äusseren Schlauches zunächst nur an der Rückenfläche emporwachsen und von hier aus nach den Seiten übergreifen, ohne jedoch in der Ventrallinie mit einander sich zu vereinigen, sehen wir sie bei *Echinorhynchus angustatus* und *Echinorhynchus haeruca* in allen Radien vollkommen gleichmässig sich ausbreiten und so die geschlossene Cylinderform vorbereiten.

Ein weiterer sehr wichtiger Unterschied ist der, dass bei *Echinorhynchus angustatus* und *Echinorhynchus haeruca* beide Scheiden, nachdem sie über das Hirn hinweggewachsen und zu schlanken, cylindrischen Schläuchen geworden sind, an ihren Aussenflächen contractile Elemente entwickeln, dass also beide Rüsselscheiden in jeder Beziehung als gleichwerthig anzusehen sind.

Die den Hohlraum des Receptaculum vollkommen ausfüllenden Retractores proboscidis gehen aus vier Muskelzellen hervor, die anfangs neben dem Rüsselzapfen aufgefunden werden, späterhin aber in den zwischen dem Ganglion und dem letzteren entstandenen Lückenraum einwandern. Zunächst verwandeln sie sich, wie dies Leuckart schon richtig erkannte, in vier dicke cylindrische Säulen, deren Kerne nahezu in der gleichen Horizontalebene liegen. Durch ihr stetig fortschreitendes Längswachsthum bringen sie eine Hakenreihe nach der anderen zur Entfaltung, bis schliesslich das ganze Rostellum frei nach aussen hervorsteht. Bevor jedoch das letztere eintritt, sieht man in der Umgebung der Ringfaserplatte die Retraktoren sich zerspleissen, sodann ziemlich schnell über die Innenfläche des Rüsselzapfens sich ausbreiten und mit zwei kleinen Kernzellen sich vereinigen, die ursprünglich in dem Winkel zwischen Rüsselanlage und Leibeswand, also an der zukünftigen Rüsselbasis, zu sehen waren (s. Taf. 2, Fig. 4 Rp'). Die Kerne dieser den Hakenrüssel auskleidenden Längsfasern, die wohl zweifellos mit den in früheren Kapiteln von mir als rücklaufende Retractoren bezeichneten Muskeln identisch sind, gehen gewöhnlich noch vor dem Uebertritte der Larven in den definitiven Wirth zu Grunde. Nur ein einziges Mal fand ich sie noch vollkommen wohl erhalten bei einem kaum 6 mm langen Weibchen des *Echinorhynchus angustatus* vor, dessen Leibeshöhle ausser den frei schwimmenden Ovarien keine weiteren Entwickelungsstadien der Geschlechtsprodukte enthielt. Offenbar hatte ich es mit einem sehr jungen, noch unbefruchteten Individuum zu thun, das erst kurze Zeit vorher in den Darm des Barsches gelangt sein konnte.

Das Ringfasernetz, das bei *Echinorhynchus angustatus* und *Echinorhynchus haeruca* zwischen den rücklaufenden Retraktoren und der Hypodermis sich ausbreitet und als Constrictor des Rüssels aufzufassen ist, geht aus einer Muskelplatte hervor, die eine Zeit lang mit der Anlage jener mächtigen Ringfaserplatte, die bei *Echinorhynchus gigas* an der Rüsselspitze sich vorfindet, sowohl in der Lage wie in ihrer Form übereinstimmt (s. Taf. 2, Fig. 4 mp). Erst dann, wenn die Retractores proboscidis emporzuwachsen beginnen, breitet sich dieser Doppelkonus flächenhaft aus, drängt sich zwischen die rücklaufenden Retraktoren und die Rüsselhaut hinein und überzieht als sehr dünne, aber kontinuirliche Membran den gesammten Rüsselzapfen. Durch die Zerfaserung bildet sich aus ihr ein weitmaschiges Röhrennetz heraus, das aber konstant mit dem mächtigen, die beiden Kerne enthaltenden Markbeutel in Zusammenhang bleibt.

Die Bildung der grossen seitlichen Nervenscheiden — Retinacula — verläuft genau in der gleichen Weise wie bei *Echinorhynchus gigas*.

Die erste Anlage der Retractores receptaculi tritt uns in der Form eines dicken Prisma entgegen, das direct über dem Zellstrange des Ligamentes dahinläuft. Späterhin vereinigt sich sein vorderes Ende mit den aus dem Receptaculum hervortretenden Retractores proboscidis.

Auch in Betreff der Bildung der Retractores colli wüsste ich keine wesentlichen Differenzen anzuführen, die zu Gunsten einer Sonderstellung des Riesenkratzers sprechen könnten. Nur auf einen Punkt möchte ich nochmals zurückkommen, nämlich auf die Entwickelungsgeschichte des sogenannten Compressor lemnisci.

Schon zu jener Zeit, wo die Zerfaserung der Retractores colli ihren Anfang nimmt, unterscheiden sich die zwischen den Kernen gelegenen lateralen Muskelstreifen von den Seitenblättern (vergl. Taf. 5, Fig. 4[1]) Rc) durch die aussergewöhnlich zahlreichen und hohen Längsfalten. Späterhin löst sich dieser wirre Komplex in zwei dünne Bänder auf, die einen nahezu cylinderförmigen Raum umgrenzen (s. Taf. 5,

---

[1]) Querschnitt durch das Receptaculum einer Larve von *Echinorhynchus gigas* in der Höhe der Ganglionmitte.

Fig. 18 Rc*). Iu letzteren dringen von der Halsbasis aus die aus der Hypodermis hervorsprossenden Lemnisken ein. Da nun bei *Echinorhynchus angustatus* und *Echinorhynchus haeruca* das Wachsthum des Compressor mit der Verlängerung der Lemnisken gleichen Schritt hält, so ist es klar, dass letztere vollkommen in die Mantelfläche zu liegen kommen. Schreitet hingegen, wie dies bei *Echinorhynchus gigas* der Fall ist, das Wachsthum der Lemnisken schneller vorwärts, als das der Retractores colli, so müssen erstere sehr bald an dem hintern Rande der letzteren hervortreten.

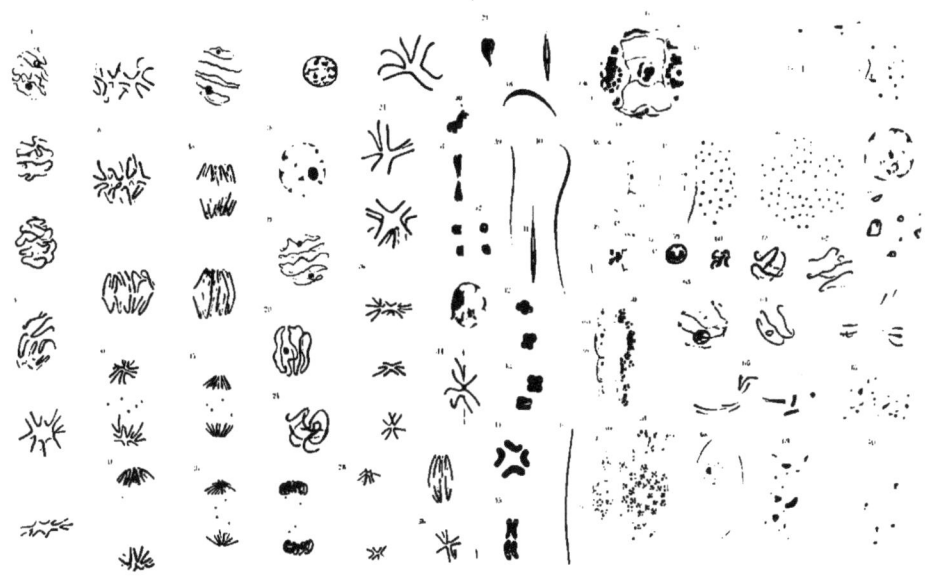

Zweiter Theil.

Das Nervensystem.

Es ist sehr schwierig, sich ein klares Bild von dem Bau des Nervensystemes bei den *Acantho-cephalen* zu entwerfen, und zwar hauptsächlich aus dem Grunde, weil die den peripherischen Theil des-selben ausmachenden Nervenfäden äusserst dünn und zart sind und nur unter Anwendung starker Ver-grösserung und färbender Reagentien auf längere Strecken verfolgt werden können. Berücksichtigen wir ferner, dass der centrale Theil des Nervensystemes, das Ganglion cephalicum, ziemlich versteckt zwischen der Fasermasse der grossen Rüsselretractoren liegt, so wird es nicht wunder nehmen, dass man selbst zu einer Zeit, wo das Nervensystem der übrigen Würmer bekannt war, die *Acanthocephalen* noch für nervenlose Helminthen hielt.

Zwar behaupteten seinerzeit schon de Blainville[1]) und Burow[2]), inmitten der Bauchfläche einen dünnen, von 4 oder 5 Knötchen unterbrochenen Nervenfaden gesehen zu haben: aber diese An-gaben haben sich in der Folgezeit als irrthümlich erwiesen.

Im Jahre 1840 fand Henle[3]) bei *Echinorhynchus nodulosus* an der Mündung der Geschlechts-wege ein faseriges Ringband, und an demselben jederseits ein ansehnliches Häufchen grosser, farbiger Kernzellen, die er mit vollem Rechte als Ganglienkugeln deutete.

Als den Entdecker des eigentlichen Centralnervensystemes müssen wir C. Th. v. Siebold[4]) bezeichnen. Derselbe sah in dem Grunde des Receptaculum, der niemals von den Retractores probo-scidis vollständig ausgefüllt wurde, einen dichten Haufen zellenförmiger Ganglienkugeln, die nach allen Richtungen hin eine Menge dünner Fäden entsandten. Von der Nervenmasse in der Umgebung der Geschlechtsöffnung konnte v. Siebold hingegen nichts wahrnehmen.

Einige Jahre früher als v. Siebold hat schon Dujardin[5]) das Ganglion cephalicum gesehen und in seiner Histoire naturelle des Helminthes auf Tafel 7 in Fig. D abgebildet, er ist aber noch im Zweifel, ob der rundliche Zellballen im Receptaculumgrunde als Drüsenkörper oder als Ganglion auf-zufassen sei.

Obgleich das centrale Nervensystem bei einer ganzen Anzahl von Arten schon bei geringem Druck durch die Muskelwände der Rüsseltasche hindurch deutlich als solches zu erkennen ist und über-

[1]) Dictionnaire des sciences naturelles, Artikel *„Echinorhynchus"*, Bd. 14, 1819, p. 206; Artikel „Vers", Bd. 57, 1828, p. 550; un cordon médian occupant la ligne médiane inférieure ou abdominale, avec des renflements ganglionnaires plus ou moins marqués, d'où sortent les filets qui se portent aux parties.
[2]) Echinorhynchi strumosi anatome, 1836, p. 18—19, Tafel, Fig. 9.
[3]) Archiv für Anatomie, Physiologie und wissenschaftliche Medicin von Joh. Müller, 1840, p. 318, Anmerkung 1.
[4]) Lehrbuch der vergleichenden Anatomie, Bd. 1, 1848, p. 125.
[5]) Histoire naturelle des Helminthes, 1845, p. 191, 495, Tafel 7, Fig. D 4.

dies von dem Entdecker selbst eine einfache, aber treffliche Methode angegeben war, um die ganze Ganglienmasse sammt den darin hängenden Nervenwurzeln zu isoliren, so haben trotz alledem doch einige Forscher die Richtigkeit der v. Siebold'schen Deutung in Zweifel gezogen. So kann Leydig[1] keine Aehnlichkeit des von v. Siebold bezeichneten Zellkörpers mit einem Nervensystem herausfinden; er glaubt, dass das vermeintliche Ganglion am Ende doch nur eine Drüse sei. Lindemann[2], der, wie ich dies schon erwähnt habe, den anatomischen Bau der Echinorhynchen in durchaus verkehrter Weise geschildert hat, stellt die Existenz eines Ganglion ganz in Abrede.

Weit grössere Schwierigkeiten stellten sich der Erforschung des peripherischen Theiles des Nervensystemes, der Nervenfasern, entgegen.

Pagenstecher[3] untersuchte das Nervensystem des *Echinorhynchus proteus* eingehender und fand, dass sein Centralorgan, ein nach vorn schender dreieckiger Haufen von Ganglienzellen, in einer bindegewebigen Scheide nahe dem Grunde des Receptaculum liegt. Von der vorderen Spitze desselben gehen zwei lange Nervenfäden geraden Wegs zum Rüsselkolben. Aus den anstossenden Seiten treten je sechs oder acht doppelt conturirte Fasern aus, die die Rüsselretractoren und das Receptaculum innerviren. Zwei dickere Nervenbündel verlassen an den hinteren Ecken das Ganglion cephalicum, durchbohren die Rüsseltasche und begeben sich zu den Lemnisken (Retinacula). Ausserdem existiren noch zwei dünne Bündel, die aus der Mitte der Basis hervortreten, ebenfalls das Receptaculum durchbohren und wahrscheinlich mit einigen im Ligamente befindlichen Ganglienzellen (Muskelkernen?) in Verbindung stehen.

Auch Greeff[4] schildert in anschaulicher Weise den Verlauf der aus dem Ganglion des *Echynorhynchus polymorphus* hervortretenden Nerven. Nach seinen Beobachtungen sind vier Hauptnervenstämme vorhanden, von denen zwei nach oben, zwei nach unten gehen. Jeder Hauptstamm setzt sich gewöhnlich aus zwei Bündelchen, deren jedes wiederum zwei Primitivfasern enthält, zusammen. Ausser den Hauptstämmen fand Greeff noch sechs Primitivbänder vom Ganglion direct ausgehend, und zwar eins nach oben und eins nach unten, dann jederseits eins in die Wandung der Rüsselscheide und ebenso eins in die Retractores receptaculi (Retinacula?). Ferner hat Greeff auch schon in der Mitte der Retinacula einen Strang wellenförmig verlaufender continuirlicher Längsfasern liegen und an seinem Anheftungspunkte an der Leibeswand in ein strahlenförmiges Büschel ausfahren sehen, ohne jedoch geahnt zu haben, dass selbige nur eine einfache Fortsetzung der in diese Röhren eintretenden Seitennerven sind (vergl. Taf. 3, Fig. 1 d).

Nach den Untersuchungen Jarzinsky's[5] entsendet das Ganglion des *Echinorhynchus angustatus* nach vorn drei Nerven und zwar einen mittleren, der zum Rüsselkolben hinaufsteigt, und zwei seitliche,

[1] Vom Bau des thierischen Körpers, Bd. 1, 1864, p. 133.
[2] Zur Anatomie der Acanthocephalen, Bulletin de la Société Impériale des Naturalistes de Moscou, 1865, Bd. 38, p. 490.
[3] Ueber einige Organisationsverhältnisse, besonders die weiblichen Geschlechtsorgane von *Echinorhynchus proteus*, 1858, p. 133. Zur Anatomie von *Echinorhynchus proteus*, 1863, p. 414, Tafel 23, Fig. 1.
[4] Untersuchungen über den Bau und die Naturgeschichte von *Echinorhynchus miliarius*, Archiv für Naturgeschichte, 30. Jahrg. Bd. 1, p. 129—130, Tafel 3, Fig. 1, 1864.
[5] Untersuchungen über das Nervensystem der *Echinorhynchen*, Arbeiten der ersten Versammlung der Russischen Naturforscher zu St. Petersburg, 1868, p. 298—310, 1 Tafel.

die mit zwei Wurzeln entspringen. Zwei aus vielen Fasern bestehende Bündel verlassen den Ganglion-haufen an seiner Basis, richten sich schräg abwärts, durchbrechen die Muskelwand der Rüsseltasche und dringen in die Retinacula ein, wo sie sich als wellig gebogene Fasern bis zur Leibeswand verfolgen lassen. In der Mitte zwischen den mächtigen Seitennerven liegt ein dünnes Faserbündel, das in das Ligamentum suspensorium übergeht. Bei *Echinorhynchus clavula* gesellen sich zu den genannten Nerven noch zwei hintere und bei *Echinorhynchus pachysomus* ausser diesen noch vier vordere Seitennerven. Jar-zinsky[1] behauptet ferner, unmittelbar vor jenen Stellen, wo die beiden Seitennervenstämme das Recept-aculum verlassen, ein Ganglion laterale[2] gesehen zu haben. Ausserdem soll sich im unteren Ende des Ligamentum suspensorium, das von der Uterusglocke vollständig umschlossen ist, ein Ganglion uterinum vorfinden.

Weit günstigere Resultate erzielte A. Schneider[3] durch das Studium der Anatomie des Riesenkratzers. Da diese treffliche Abhandlung uns eine sehr vollständige Uebersicht über den Verlauf und die Anordnung der peripherischen Nerven gibt, soll sie hier eine eingehendere Berücksichtigung erfahren.

Von der vorderen Spitze des Ganglions geht zwischen den Retractoren ein Nerv nach vorn zur Rüsselspitze. Er enthält Fasern, welche direct in der Rüsselspitze enden — wahrscheinlich sensible — und zwei Fasern, die sich unter der äussern Schicht der Rüsselspitze (?) in je zwei und dann in viele feinere Aeste spalten und für die grossen Retractoren bestimmt sind. Durch die mittlere Oeffnung der köcherförmigen Muskelplatte treten zwei Fasern hervor, welche sich schief nach oben und aussen wenden; sie verbinden sich mit einem Nervenbündel, welches jederseits am Rande der Platte heraus-tritt. Dieses grosse Nervenbündel läuft nach vorn, gibt Aeste an den äussern Rüsselsack (Protrusores receptaculi) ab, tritt dann theils in die lateral dicht hinter der letzten Stachelreihe gelegenen Papillen, theils versorgt es die Muskeln der ersten und vielleicht auch der zweiten Zone. Endlich geht von dem Hirn-ganglion seitlich und hinten jederseits das stärkste Bündel ab. Nachdem es den inneren Rüsselsack durchbohrt hat, wird es von einem Muskelrohre umhüllt, welches im Wesentlichen wie die übrigen Muskelplatten gebaut ist. Nach seinem Ansatze an der Leibeswand endet das Muskelrohr, die Nerven beginnen aber sich zu vertheilen. Ein Theil wendet sich nach vorn, die Muskeln der dritten und zweiten Zone zu versorgen. Ein anderer Theil wendet sich dorsal auf den Compressor lemnisci, geht dicht an den Hinterrand, versorgt dabei den Compressor selbst, aber auch die dorsalen Muskeln der dritten Zone. Ein anderer Theil der Fasern, und dies ist der Hauptstamm, läuft weiter rückwärts; er tritt unter die seitliche Kernschnur, aber nach innen von der Längsmuskelschicht, und lässt sich direct bis an das Schwanzende verfolgen. In diesem ganzen langen Laufe giebt er nur einmal einen queren, rechtwinklig abgehenden Ast in der Nähe des hintern Insertionspunktes der grossen Retractoren ab. Die Nervenfasern theilen sich aber wiederholt unter spitzen Winkeln, und andererseits endigen auch wieder Fasern, sodass die Zahl derselben immer ungefähr dieselbe, und zwar fünf, beträgt. Beim Weibchen theilt sich der Lateral-

---

[1] Material zur Kenntniss des Onegasee's und der Onega-Umgebung hauptsächlich in zoologischer Hinsicht. Ebendaselbst. Tafel 7, Fig. 1—4: *Echinorhynchus pachysomus*.

[2] Diese grossen lateral gelegenen Kerne mögen nichts anderes sein, als die Kerne der musculösen Reti-naculascheiden.

[3] Ueber den Bau der *Acanthocephalen*. Archiv für Anatomie und Physiologie. 1868. pg. 592—596.

1*

nervenstamm kurz vor der Schwanzspitze unter einem spitzen Winkel. Einige Fasern wenden sich dorsal und enden nach mehrfachen Verästelungen als zarte Spitzen an den Muskeln. Andere Fasern, und zwar jederseits zwei, wenden sich ventralwärts und bilden Anschwellungen. Die eine derselben liegt dicht an der Medianlinie und ist die grössere; sie scheint aber wegen ihrer mit Runzeln und Löchern bedeckten Fläche fast verkümmert zu sein. Die andere Anschwellung liegt lateralwärts von der anderen; sie ist länglich, von körnigem Inhalt und giebt einige kurze Aeste ab. Beide Anschwellungen enthalten übrigens keine Kerne.

Auch beim Männchen theilen sich die lateralen Stämme in zwei spitzwinklig auseinandergehende Aeste. Die ventralwärts verlaufenden bilden kurz hinter einander zwei auf der Bauchfläche anliegende Anastomosen. Ein anderer Theil der Fasern des lateralen Stammes bildet einen sehr complicirten Plexus, indem die Fasern sich vereinigen, und schliesslich geht ganz am Schwanz, lateral und bedeckt von den grossen seitlichen Retractoren der Scheide, eine Art kernloses Ganglion hervor, von welchem zwei starke Nervenfasern entspringen, die frei durch die Leibeshöhle nach vorn an das Hinterende der Scheide treten, da wo der Helmmuskel sich ansetzt. Dort schwellen sie zu kernhaltigen Ganglienkugeln an. Es treten noch eine grosse Anzahl Ganglienkugeln hinzu, und so entsteht jederseits ein grosser Nervenknoten. Die beiden Knoten verbinden sich, und zwar auf der Bauchseite durch eine aus mehreren Fasern bestehende Anastomose. Sowohl von den Nervenknoten, als von der Anastomose entspringen zahlreiche Nerven, die theils rückwärts an die Bursa laufen und hier in besonderen Papillen endigen, theils aber für Muskelzüge bestimmt sind, die sich von der Leibeswand nach der Scheide herüberschlagen. Endlich treten auch Fasern als Aeste der Anastomose nach vorn an die Scheide. Die Fasern der grossen Lateralstämme sind cylindrische Röhren, deren Wand aus einer homogenen, das Licht etwas stärker brechenden Substanz besteht, während die Höhle von einer Flüssigkeit erfüllt zu sein scheint. An anderen Stellen sind die Nerven feinstreifig, fast fibrillär, und wieder an anderen körnig. Die Fasern werden, sowie sie auf die Muskelzelle treten, ganz glatt und laufen lange Strecken darüber weg. Dabei geben sie in kurzen Zwischenräumen zu beiden Seiten längere, zum Verlauf der Hauptfaser etwa senkrechte Aeste ab, welche theils breit oder mit feinen Spitzen auf den Fibrillen endigen, theils auch selbst wieder in kleinere Aeste zerfallen können.

Leuckart's[1] Angaben stimmen im Grossen und Ganzen mit denen Jarzinsky's und Schneider's überein. Nur möchte ich darauf aufmerksam machen, dass nach Leuckart jene vordere Medianfaser, die zwischen den grossen Rüsselretractoren bis zur Rüsselspitze dahinläuft und hier mit einem scharf umschriebenen Grübchen — vermuthlich einer Gefühlspapille — in Verbindung steht, sowie die an der Innenwand des Rüsselkolbens emporsteigenden und an den Hakenwurzeln endigenden Fasern als sensitive Nerven aufzufassen sind. Ferner fand Leuckart am unteren Ende der weiblichen Scheide zwei Ganglien, die, abgesehen von ihrer geringeren Grösse, eine unverkennbare Aehnlichkeit mit den männlichen Genitalganglien zeigten.

Baltzer[2] hat bei *Echinorhynchus proteus* und *Echinorhynchus angustatus* vom Ganglion gleichfalls sechs Nervenstämme ausgehen sehen. Der vordere Mediannerv setzt sich aus vier Fasern zusammen.

---

[1] Die menschlichen Parasiten. Bd. 2. 1876. p. 764—768. Fig. 367 — Fig. 369.
[2] Zur Kenntniss der *Echinorhynchen*. Archiv für Naturgeschichte. 1880. p. 24—26.

von denen zwei aus weit nach unten gelegenen Ganglienzellen stammen. Er durchzieht den Rüssel und tritt an zwei Zellen heran, die wahrscheinlich mit einem hier localisirten Tastvermögen in Beziehung stehen. Die vorderen Seitennerven enthalten je fünf Fasern und entspringen aus Zellen des nächsten Bezirkes — unter diesen sind zwei bipolare Ganglienzellen. Die hinteren Seitennerven, die in den sogenannten Retinacula zur Körperwand herablaufen, werden von je sechs oder sieben Fasern gebildet.

Den hinteren Mediannerven, der nach verschiedenen Beobachtern in das Ligament oder die Retractores receptaculi eindringen, konnte Säfftigen[1] bei den drei von ihm untersuchten Arten nicht auffinden. Auch sonst weichen Säfftigen's Angaben über den Verlauf und die Zahl der Nervenfasern in mancher Beziehung von denen Leuckart's und Baltzer's ab. Der vordere Mediannerv — Baltzer's Median- und Seitennerv — ist bei *Echinorhynchus angustatus* ein einziger starker Stamm von mindestens 18 Fasern, der an der Dorsalseite der inneren Rüsselscheide hinzieht und gewöhnlich vermittelst dreier Wurzeln aus der vorderen Region des Ganglions seinen Ursprung nimmt. Während nun diese drei Stämme bei *Echinorhynchus angustatus* sich bald vereinigen, erfolgt solches bei *Echinorhynchus proteus* erst in der Bulbusregion. Am vorderen Rande des Bulbus theilen sich ihre Fasern in etwa 10 Partien, die auf einem Querschnitte über die ganze Peripherie vertheilt sind. Jedes Bündel enthält 8 bis 10 Fasern, so dass man in dieser Region bis 100 Nervenfaserquerschnitte zählt. Bei *Echinorhynchus claraceps* tritt der vordere Mediannerv in Gestalt einer einzigen Faser auf. Die vorderen Seitennerven konnten nur bei *Echinorhynchus proteus* und *Echinorhynchus claraceps* beobachtet werden. Bei ersterer Species sind es feine, höchstens aus drei Fasern bestehende Stämme; bei letzterer sind sie ebenso mächtig wie die hinteren Seitennerven. Die hinteren Seitennerven werden aus mindestens 16 Fasern zusammengesetzt. Das Genitalganglion liegt der Bursalmuskelkappe auf und umfasst den Ductus ejaculatorius. Seine Zellen sondern sich unvollständig zu zwei laterale Haufen, die durch eine dorsale und eine sehr faserreiche ventrale Commissur in Verbindung stehen. Vom Geschlechtsganglion nehmen sechs Nervenstämme ihren Ursprung. Das laterale vordere Nervenpaar innervirt die Geschlechtsorgane und wird auf Querschnitten beiderseits vom Vas deferens gefunden. Zwei dünne Stämmchen nähern sich der Medianlinie und scheinen die Bursalmuskelkappe zu innerviren. Das hinterste Nervenpaar ist das mächtigste, es begleitet die Muskelzüge, die als Fortsetzung der Körperlängsmuskulatur sich der Bursa anlegen. Diese Nerven vereinigen sich am Körperhinterende mit den beiden Nervenstämmen des Rumpfes und bringen auf diese Weise einen Zusammenhang zu Stande zwischen Hirn- und Geschlechtsganglion. Das von Leuckart angegebene Ganglion am hinteren Körperende der weiblichen *Echinorhynchen* kann Säfftigen nicht bestätigen.

R. Koehler[2] macht ferner einige Mittheilungen über den Bau des Nervensystemes von *Echinorhynchus gigas*, die jedoch nichts wesentlich Neues enthalten.

Nach Paul Knüpffer[3] sollen die Ganglienzellen des in die Fasern des inneren Sphinkters eingebetteten Hirns von *Echinorhynchus pseudosegmentatus* im ganzen Ganglion, von Fasermasse eingeschlossen, zerstreut umher liegen.

[1] Zur Organisation der *Echinorhynchen*. Morphologisches Jahrbuch. Bd. 10. 1884. p. 21—26.
[2] Documents pour servir à l'histoire des *Echinorhynques*. Journal de l'anatomie et de la physiologie. 23. Jahrg. 1887. p. 632. Taf. 29. Fig. 18 gl.
[3] Beitrag zur Anatomie des Ausführungsganges der weiblichen Geschlechtsproducte einiger *Acanthocephalen*. Mémoires de l'Académie des Sciences de St. Péterbourg, 7e Série, Bd. 36, No. 12, p. 13. Taf. 2. Fig. 34 (Ggl.)

Eigene Beobachtungen.

Das Nervencentrum der *Acanthocephalen* besteht aus einem mächtigen Ganglion cephalicum und liegt — wie wir dies seit v. Siebold's Untersuchungen wissen — zwischen den Retractores proboscidis in einer wechselnden Entfernung vom hinteren Ende der Rüsselscheide. Bei einigen Arten kann man es schon bei Anwendung eines geringen Druckes — z. B. durch Auflegen eines grösseren Deckgläschens — durch die Wandungen der Rüsseltasche erkennen. Um aber die Form und die Lage der zelligen Elemente und den Verlauf der aus letzteren hervortretenden Nervenfäden zu studiren, ist es unbedingt erforderlich, das Ganglion zu isoliren. Dies kann sehr leicht auf folgende Weise geschehen. Nach Oeffnung des Hautmuskelschlauches durchschneidet man die beiden Retinacula und den Retractor receptaculi möglichst nahe ihren vorderen Enden und das Receptaculum dicht unterhalb der Rüsselbasis. Hierauf zerzupft man vermittelst feiner Nadeln den vorderen Rand der Rüsseltasche, bis dass die wellig gebogenen Fasern der grossen Rüsselretraktoren hervorschauen. Die letzteren erfasst man mit den Spitzen einer kleinen Pincette und zieht sie, indem man mit einer Nadel die ausgefransten Ränder der Scheide zurückhält, aus letzterer hervor. Spaltet man nun den Muskelstumpf von der vorderen Schnittfläche beginnend, in seiner ganzen Länge, so wird das Ganglion sammt den von ihm ausgehenden Nerven herausfallen.

Das blossgelegte Ganglion hat bei allen Species eine länglich ovale Gestalt und ist in dorsoventraler Richtung mehr oder minder stark abgeplattet. Von den seitlichen Rändern gehen nach allen Richtungen hin scharf conturirte Fäserchen aus, die entweder isolirt bleiben oder mit einigen anderen Fasern zu Bündeln zusammentreten. Weder die Zahl der Ganglienkugeln, noch die Menge der austretenden Fasern ist bei den verschiedenen Arten die gleiche. So zähle ich bei *Echinorhynchus haeruca* nicht weniger als 54 Nervenzellen und ebensoviele Nervenfasern. Bei *Echinorhynchus gigas* hingegen ist die Menge der Ganglienkugeln um die Hälfte grösser als die der austretenden Nerven (86 : 56).

Auf Querschnitten lassen sich am Ganglion cephalicum zwei Schichten unterscheiden, und zwar eine äussere aus lauter polyedrischen Zellen zusammengesetzte Rinde und ein lediglich aus Fasern bestehender Kern (s. Tafel 5, Fig. 14 Geph; Fig. 24 Geph; Tafel 8, Fig. 34 Geph). Was zunächst die Ganglionrinde angeht, so besteht selbige aus einer einfachen, oder doppelten Lage schöner, grosser, durch die gegenseitige Berührung polyedrisch abgeplatteter Ganglionzellen. Die Grösse der einzelnen Zellen schwankt bei den verschiedenen Species zwischen 0,02—0,055 mm.[1]) Der Zellleib selbst ist im Leben ziemlich homogen und vollkommen farblos. Auf gut gefärbten Schnitten lässt sich jedoch ein wohl entwickeltes, granulirtes Plasmafadennetzwerk leicht nachweisen. Sehr intensiv tingirt erscheint stets das Chromatingerüst des Kernes, eines ovalen im Centrum des Plasmaleibes gelegenen Bläschens.

[1]) Messungen ergaben folgende Zahlen für die:

Länge der Ganglienzellen:	Länge.	Breite.	Dicke des Ganglions von:
Echinorhynchus gigas: 40—55 μ;	320—350 μ.	330—340 μ.	140—150 μ;
Echinorhynchus moniliformis: 15—27 μ;	150—170 μ,	130—135 μ,	100—105 μ;
Echinorhynchus angustatus: 20—25 μ;	120—130 μ.	90—95 μ,	65—70 μ;
Echinorhynchus haeruca: 20—33 μ;	145—155 μ,	100—105 μ,	80—85 μ;
Echinorhynchus porrigens: 25—30 μ;	185—195 μ,	98—105 μ,	46—50 μ;
Echinorhynchus uncinatus: 30—40 μ;	210—250 μ.	110—115 μ.	50—60 μ.

Bei Anwendung schwacher Vergrösserung könnte man die Chromatineinschlüsse des Nucleus für dicht aneinander gelagerte eckige Körner halten. Bei starker Vergrösserung lassen sich jedoch dünne Fäden, die die einzelnen Chromatinhäufchen unter einander verbinden, deutlich erkennen. Das Chromatingerüst des ruhenden Ganglienzellkernes hat also ebenfalls die uns bekannte Form: es besteht aus einem Netzwerke feiner Fäden, dessen Kreuzungspunkte durch Anhäufungen chromatischer Substanz gekennzeichnet sind. Die Zellen der Ganglionrinde entsenden nach aussen und innen Ausläufer, welche entweder die Zellen unter sich verbinden, oder das Ganglion verlassen und als sogenannte Nervenfasern nach den verschiedenen Organtheilen sich begeben. Um aber den Zusammenhang der Zellen mit den Ausläufern etwas genauer zu untersuchen, muss man entweder aus den einzelnen auf einander folgenden Schnittansichten sich ein Gesammtbild reconstruiren, oder, was weit einfacher ist, das frische Ganglion in physiologischer Kochsalzlösung zerzupfen und so die einzelnen Nervenzellen isoliren. Mag man nun den einen oder den anderen Weg einschlagen, stets wird man zu dem höchst interessanten Resultate gelangen, dass nicht sämmtliche Fasern eines austretenden Nerven aus Zellen der nächsten Umgebung entspringen.

Recht schön lässt sich die Richtigkeit dieser Behauptung für die beiden grossen hinteren Seitennerven von *Echinorhynchus angustatus* nachweisen. Von den 18 Fasern dieses mächtigen Nervenbündels endigen in den Zellen der hinteren Ganglionecke nur etwa 8 oder 10. Die übrigen dringen in das Innere des Ganglions ein, strahlen dann büschelförmig auseinander und treten mit den Zellen der gegenüberliegenden Wandungen in Verbindung. Die gleiche Beobachtung machte schon Baltzer an dem vorderen Mediannerven des *Echinorhynchus angustatus*. Es ist dies ein Strang von vier Nervenfasern, von denen zwei aus Zellen der oberen Ganglionspitze, zwei aber aus ziemlich weit nach unten gelegenen Zellen stammen. Es findet demnach im Inneren des Ganglions eine Kreuzung der Nervenfasern statt.

Ausser diesen austretenden meist einfach cylindrischen Nervenfasern existiren noch zahlreiche andere Fasern, gleichfalls Ausläufer evidenter Ganglienzellen, welche das Ganglion cephalicum überhaupt nicht verlassen, sondern lediglich die Verbindung der einzelnen Zellen vermitteln. Die Verbindung der Ganglien untereinander kann auf zweierlei Art bewerkstelligt werden, erstens durch Faserzerspleissung und zweitens dadurch, dass ein und dieselbe Zelle nach mehreren Richtungen hin Ausläufer treibt. Im ersteren Falle müssen wir die Ganglienzellen als unipolar, im letzteren als multipolar bezeichnen. Der vorwaltende Typus ist der erstere. Die ganze vordere Hälfte und die Seitentheile der Ganglionrinde bauen sich lediglich aus unipolaren Nervenzellen auf. Letztere haben meist die Gestalt einer Birne, die nach hinten in einem konisch sich einengenden Zapfen ausläuft. Dieser Zapfen zerfällt nun in Folge einer sich öfters wiederholenden Längsspaltung in mehrere Aeste, die nun mit Aesten anderer Ganglienzellen in Verbindung treten. Auf diese Weise entsteht ein äusserst complicirtes Flechtwerk von Nervenfasern, welches den Innenraum des Ganglion cephalicum vollständig ausfüllt. Vacuolen oder Reste von retikulärem Plasma, wie solche Säftigen bei dem Ganglion von *Echinorhynchus angustatus* gesehen haben will, konnte ich nirgends finden. Hinsichtlich des feineren Baues unterscheiden sich die im Inneren des Ganglion verlaufenden Verbindungsfasern wesentlich von den eigentlichen Nerven. Letztere besitzen nämlich eine sehr scharf conturirte, farblose Neurolemmascheide, welche in Form eines dünnen Häutchens der homogenen Substanz der Nervenfaser allerort dicht aufliegt. Diese Neurolemmascheiden endigen nicht an der Ganglionoberfläche, sondern lassen sich auch bei allen Fasern, welche im Innern des Hirnes entspringen, bis in die unmittelbare Nähe der Ganglienzelle verfolgen. Obwohl die Nerven-scheide, soweit sie den im Ganglioninneren gelegenen Theil der Faser umhüllt, sehr dünn und zart ist, so bewirkt sie doch eine sehr scharfe Konturirung der Faser. Die Verbindungsfasern, welche den bei weitem ansehnlichsten Theil des Hirnkernes ausmachen, entbehren der Sarkolemmascheiden und er-scheinen infolge dessen weniger scharf begrenzt als die austretenden Fasern.

Die Achsenstränge der austretenden Fasern, sowie die nackten Verbindungsfasern bilden sowohl hinsichtlich ihrer histologischen Struktur, wie auch der Entwickelungsgeschichte directe Ausläufer des Ganglienzellenleibes, und unterscheiden sich von den letzteren nur durch den Mangel des dünnfädigen Plasmabalkenwerkes. Sie bestehen demnach aus einer vollkommen homogenen gallertartigen Substanz, die mit farbigen Reagentien sich nur sehr wenig tingirt.

Weit seltener als die unipolaren Ganglienzellen sind die mit mehreren Ausläufern ausgestatteten. Ich habe sie und zwar in sehr beschränkter Anzahl nur in der Ganglionbasis, bei *Echinorhynchus gigas* auch in der Rückenfläche der Hirnrinde auffinden können. Sie haben die Form bauchiger Spindeln, deren beide Spitzen sich zu zwei Nervensträngen ausziehen. Ob die Nervenfasern, welche diese wenigen Ganglien aussenden, das Ganglion verlassen, konnte ich trotz der darauf verwandten Mühe nicht konstatiren.

Gehen wir nun zur Betrachtung des peripherischen Theiles des Nervensystems über.

In Anbetracht der so tiefgreifenden Unterschiede, die hinsichtlich des Baues des muskulösen Rüsselapparates zwischen dem Riesenkratzer und den kleineren Arten obwalten, wird es sicherlich nicht überraschen, wenn wir sehen, dass hier auch der peripherische Theil des Nervensystemes eine Reihe von Umänderungen und Complicationen erfahren hat.

Vom Ganglion des *Echinorhynchus gigas* nehmen nicht weniger als acht Nervenstämme ihren Ursprung. Es sind dies: ein vorderer Mediannerv und ein vorderer Ventralnerv, sodann zwei vordere, zwei mittlere und zwei hintere Seitennerven.

Der vordere Mediannerv entspringt aus den beiden die Spitze des Ganglion bildenden und zwei tiefer gelegenen, der Rückenfläche angehörenden Ganglienzellen. Er zieht zwischen den grossen Rüssel-retraktoren, und zwar in dem medianen Lückenraum zwischen den dorsalen und ventralen Flügeln der Retractores proboscidis laterale (s. Tafel 8, Fig. 33 Rpv, Rpd) nach vorn und lässt sich ohne Schwierigkeit bis zur Rüsselspitze verfolgen (s. Tafel 5, Fig. 13 nma; Tafel 8, Fig. 33 nma; Tafel 10, Fig. 11 nma). Anfangs enthält er vier, späterhin aber nur noch drei oder zwei Fasern. Die Zahl der Fasern vermehrt sich aber wieder, sodass im oberen Theile des Rüsselkopfes wiederum vier kreis-cylindrische Nerven vorgefunden werden. Am hinteren Rande der Ringmuskelplatte der Rüsselspitze angelangt, löst sich der vordere Mediannerv, infolge wiederholter Zerspleissung in zahlreiche dünnere Fasern auf, von denen der grössere Theil seitlich umbiegt, an den schrägen Flächen der centralen Muskelplatte emporzieht und an die Enden der Retractores proboscidis herantritt (s. Tafel 10, Fig. 11 nna). Offenbar sind dies motorische Nervenfasern, welche die grossen Rüsselretraktoren versorgen. Die übrigen Fasern, zwei an der Zahl, dringen von der Rückenfläche aus neben dem langen, die beiden Kerne enthaltenden Markbeutel in die centrale Durchbohrung der Muskelplatte hinein (s. Tafel 10, Fig. 11 nna). Die vorderen Enden der beiden letzterwähnten Nervenfasern winden sich zu einem dichten Knäuel auf, der die vordere Hälfte des cylindrischen Lumens der Ringmuskelplatte vollständig ausfüllt (s. Tafel 10. Fig. 11 nmaˣ). Vorn ragt der Knäuel sogar noch ein kleines Stück über die äussere Begrenzungsfläche der Muskelplatte hervor. Bei sorgfältiger Untersuchung dieser Stelle sieht man einen dunkler gefärbten Streifen, der eine minimale, grübchenförmige Einsenkung der Cuticula mit der Mitte des Nervenknäuels verbindet (s. Tafel 10, Fig. 11 cj).

Ueber die Bedeutung dieses eigenartig modificirten Endabschnittes des vorderen Mediannerven können wir wohl kaum einen Augenblick im Zweifel sein. Der Nervenknäuel repräsentirt nichts Anderes als eine Gefühlspapille. Infolge ihrer exponirten Stellung können Reize, vielleicht durch Vermittelung des letzterwähnten dunklen, stäbchenförmigen Streifens auf den Mediannerv übertragen und alsdann dem Gehirne mitgetheilt werden.

Unmittelbar unter dem Nervus medialis anterior verlässt ein mächtiges Nervenbündel, der Nervus ventralis anterior, das Hirn. Es entspringt vermittelst dreier kräftiger Wurzeln, und zwar aus den Zellen des dachartig abgeschrägten vorderen Randes des Ganglion, sowie aus denen der vorderen Bauchflächenhälfte (s. Taf. 5, Fig. 24), und besteht anfangs aus zwei enorm dicken, durch Verschmelzung mehrerer Ganglienausläufer entstandenen Bändern und zwei dünneren Fasern von der gewöhnlichen Cylinderform. Dieser ventrale Nerv begiebt sich schräg aufwärts zur Rüsseltaschenwand, durchbohrt selbige und die mit ihr auf's Innigste verwachsene innere Deckmuskelplatte (s. Tafel 1, Fig. 8 nva.) und spaltet sich sodann in zwei Aeste, die seitswärts auseinander weichen und später neben der eben erwähnten Deckplatte wieder gefunden werden (s. Tafel 1, Fig. 16 nva.). Auf dem letzten Stücke des Weges erleiden die dickeren Nervenbänder wiederholt eine dichotomische Theilung, sodass schliesslich am Rande der köcherförmigen Längsfaserplatte zwei Bündel von 10 bis 15 Fasern austreten (s. Tafel 1, Fig. 18 nva). Beide Nervenstränge halten sich beständig an den Seiten der inneren Schliessmuskelplatte und geben auf ihrem ganzen Verlaufe nur einmal eine Faser an die letztere ab. Ungefähr eine Ganglionlänge von dem hinteren Rande des Sarkolemmaringes entfernt, biegen beide Faserstränge plötzlich nach den Seiten um, gleiten auf der Aussenfläche der Scheide entlang und treten auf die Protrusores laterales über, um an deren Innenfläche zum Rüsselkolben emporzusteigen.

In der Höhe der fünften Hakenreihe theilen sich die Nervenbündel jederseits in zwei Stränge. Der eine derselben behält seine ursprüngliche Richtung vorläufig noch bei. Erst am vorderen Ende der Protrusores laterales beginnt seine Auflösung; die einzelnen Fasern biegen in weitem Bogen nach der Rücken- und Bauchfläche um und versorgen die mächtige Fasermasse des Rüsselconstrictor. Die Fasern des infolge der Theilung entstandenen zweiten Nervenstranges aber wenden sich sofort nach aussen und treten mit den beiden lateralen, dicht hinter der letzten Hakenreihe gelegenen Gefühlspapillen in Verbindung.

Im Principe stimmt der Bau dieser beiden Papillen, deren seiner Zeit schon Schneider Erwähnung that, vollkommen mit dem der evidenten Gefühlspapille der Rüsselspitze überein. Eine jede derselben besteht aus mehreren zu einem dichten Knäuel aufgewundenen Nervenfäden und ruht in einer geräumigen Aushöhlung des Hypodermisfasergewebes. In der Mitte der Papille ist die Wandschicht am dünnsten und reducirt sich auf die sogenannte Filzfaserzone (s. Tafel 10, Fig. 13). Gewöhnlich ist diese Stelle in ähnlicher Weise, wie bei der Papille der Rüsselspitze, durch einen sich dunkler färbenden Streifen, der offenbar infolge einer dichteren Anhäufung von Filzfaserfibern entstanden, ausgezeichnet. Innen wird die Papillenhöhle von einer dünnen Sarkolemmahaut ausgekleidet. Auch der drei in die

Ringmuskel-schicht hineinragende Theil des Nervenknäuels erhält eine derbe Sarkolemma-Umhüllung (s. Tafel 10, Fig. 13).

Obwohl die auffallende Uebereinstimmung, welche hinsichtlich des feineren Baues dieser Organe mit der evidenten Gefühlspapille der Rüsselspitze obwaltet, schon bei der ersten Betrachtung die Vermuthung nahe legen musste, dass diese lateralen Papillen gleichfalls Tastorgane darstellen, so blieb es doch ein Räthsel, in welcher Weise diese Bildungen functioniren sollten. Eine directe Berührung mit der Darmwand des Wirthes war, da diese Papillen dicht hinter der auf dem kugeligen Rüsselkopfe eingepflanzten und eine stark prominirende Stellung einnehmenden grossen Hakenkrallen liegen, von vorn herein ausgeschlossen. Da endlich fiel mir eine Thatsache auf, die bald Licht in diese dunkle Angelegenheit bringen sollte. Man findet nämlich alle diejenigen Riesenkratzer, welche sich spontan von der Darmwand ihrer Wirthe abgelöst haben, mit eingezogener Rüsselkugel, so dass also das vordere Leibesstück mit einem kurzen, nach vorn sich einengenden Konus (Hals und Rüsselbasis) endigt. Die Würmer strecken sich und ziehen sich wiederum zusammen, ohne jedoch wie die kleineren Species mit ihrem Bohrwerkzeuge zu manöveriren. Diese Bewegungen setzt der Wurm nun so lange fort, bis das vordere Ende des Kugelstumpfes gegen einen widerstandsfähigen Gegenstand, in diesem Falle gegen eine Darmzotte, stösst. Der Berührung folgt eine plötzliche Vorschleuderung des Rüssels auf dem Fusse. Untersucht man nun das vordere sich einengende Leibesende, so findet man, dass die Umbiegstelle, bis zu welcher der Rüsselkopf gewöhnlich eingestülpt ist, durch einen die beiden lateralen Gefühlspapillen treffenden Kreis bestimmt wird. Es liegen also in diesem Falle die Gefühlspapillen am vorderen, äusseren Rande des Rüsselstumpfes. Stösst letzterer mit der Darmwand des Wirthes zusammen, so wird ein Druck auf die Papillen ausgeübt werden. Der Reiz überträgt sich durch den Nervus ventralis anterior auf das Ganglion, was in letzter Instanz ein Hervorstülpen des Hakenrüssels zur Folge hat.

An die Protrusores laterales selbst geben die ventralen Nerven, beziehentlich deren seitlich verlaufende Aeste keine Fasern ab. Die Innervation geschieht vielmehr durch zwei besondere Nervenstränge, die man inmitten der Innenfläche an den Protrusores laterales leicht auffinden und bis an deren hintere Enden verfolgen kann (s. Taf. 1, Fig. 8 nla). Hier biegen sie plötzlich nach der entgegengesetzten Richtung um, ziehen eine kurze Strecke an der äusseren Scheidenwand empor und dringen zu den Seiten der köcherförmigen Muskelplatte in das Receptaculum ein. Es sind dies die nämlichen Nerven, welche ich oben vordere Seitennerven nannte. Sie enthalten je zwei dicke Fasern und nehmen ihren Ursprung aus Zellen des seitlichen, zugeschärften Ganglionrandes.

Die mittleren Seitennerven sind bei *Echinorhynchus gigas* sehr gering ausgebildet. Sie verlassen den Nervenzellenhaufen dicht unter den vorderen Seitennerven und endigen nach sehr kurzem Verlaufe zwischen den trichterförmig gebogenen Fibrillenscheiben der Rüsseltasche.

Die mächtigsten sämmtlicher Nervenstränge, die das Ganglion cephalicum entsendet, sind die hinteren Seitennerven. Von den unteren Ecken des Ganglions steigen sie zu dem Receptaculumgrunde herab, durchbohren hier die Muskelwand (s. Taf. 5, Fig. 6 Xlp), dringen in die Retinacula ein und lassen sich durch deren Muskelhüllen hindurch, je nach dem Contractionszustande der letzteren, als wellig gekrümmte oder gerade und einander parallele Fasern deutlich erkennen. Nach dem Hervortreten aus der Sarkolemmascheide der Rüsseltasche zweigen sich vom Hauptstamme zwei Fasern ab. Anfangs laufen sie umhüllt von einem dünnen Häutchen aus sarkolemmähnlicher Substanz frei durch die

Leibeshöhle. Bald aber schmiegen sie sich den lateralen Rändern der dorsalen Protrusoren (s. Taf. 5, Fig. 8 upd) an und begleiten sie bis zu ihrer Vereinigung mit den Protrusores ventrales. Hier trennen sich beide Fasern: die eine behält ihre Richtung bei und versorgt den Protrusor dorsalis (s. Taf. 4, Fig. 8 upd), die andere wendet sich nach der Bauchfläche hin und dient zur Innervation des ventralen Vorstossmuskels.

Die Hauptstämme der hinteren Seitennerven verlaufen aber in der Achse der Retinacula und bestehen je aus einem Bündel von mindestens 20—22 Fasern (s. Taf. 1, Fig. 1 Xlp) von sehr variabelm Querschnitte (3—10 μ Durchmesser). Nach der Insertion an der Leibeswand endigen die musculösen Umhüllungen und die Fasern beginnen sich zu vertheilen. Ein Strang von 4—5 Nerven begiebt sich auf der Innenfläche der Längsmuskulatur nach vorn und wird anfangs von den mächtigen Beuteln der seitlichen Kernschnüre vollkommen bedeckt. Nachdem aber die letzteren nach der Rückenfläche abgebogen sind, gleiten die einzelnen Fibern in mehr oder minder grossen Zwischenräumen auf den Longitudinalfasern hin und sind dann gewöhnlich an diesen in ganzer Ausdehnung vermittelst zarter Sarkolemmafäden befestigt. Diese Lateralnervenstämme geben zahlreiche dünne Fäden ab, die entweder nach den Seiten gehen und die Längsmuskelröhren versorgen, oder auch die Längsfaserschicht durchsetzen und an der Ringmuskulatur endigen.

Der bei weitem grösseste Theil der aus den Retinacula heraustretenden Nerven läuft aber zwischen den beiden Kernschnüren auf der Innenseite der Längsmuskulatur rückwärts zum Leibesende. Anfangs sind es nicht weniger als 16 bis 18 Fasern s. Taf. 2, Fig. 9 Xp, aber ihre Zahl vermindert sich allmählich, so dass man schliesslich auf Querschnitten durch das hintere Körperdrittheil nur noch deren 8 zählt. Sie bilden kein eigentliches Bündel, sondern vertheilen sich über die ganze, von den Kernbeutelhülsen begrenzte Fläche. Eine kurze Strecke hinter den Retinaculawurzeln lösen sich zwei Bündel von je 4 oder 5 Fasern ab, die nach den Seiten umbiegen, auf die zipfelförmigen Enden der Retractores colli übergehen und bald an deren Aussen-, bald aber an deren Innenfläche gesehen werden. Nachdem die Vereinigung der Retractores colli mit den beiden Blättern des Compressor lemnisci sich vollzogen hat, ordnen sich die Nervenfasern zu einem Bündel von triangulärem Querschnitte und halten sich beständig an den lateralen Rändern der Retractores colli (s. Taf. 5, Fig. 18 nrc). Ausserdem geben die grossen Lateralstämme eine kurze Strecke weiter nach abwärts zwei grössere Nervenbündel an die Retractores receptaculi ab.

Die Innervation des hinteren Körperendes ist infolge der höchst ungleichartigen Entwickelung der Genitalien bei beiden Geschlechtern sehr verschieden.

Beim Männchen theilen sich die grossen Lateralstämme in zwei Bündel, die unter spitzen Winkeln auseinander weichen und mit vier dicken vom Bursalsack herabkommenden Fasern in Verbindung treten. Die letzteren sind Ausläufer eines mächtigen Genitalnervencentrums. Selbiges besteht aus zwei grossen, fast birnenförmigen Ganglienhaufen (von 230 μ Breite und 150 μ Dicke), welche dem glockenartigen Bursalmuskel aufliegen und das unterste Stück des Ductus ejaculatorius umfassen.

Hinsichtlich ihres histologischen Baues gleichen die Genitalganglien vollkommen dem Ganglion cephalicum. Der Leib der meist etwas gestreckten, birn- oder spindelförmigen Ganglien-Zellen besteht aus einem zarten, feinmaschigen Plasmafadennetze und aus einer vollkommen farblosen Gallertsubstanz, welche letztere sich allein in die Nervenfäden fortsetzt. Die Kerne sind ziemlich gross, länglichoval und reichlich mit grösseren Chromatinkörnern ausgestattet. Das die letzteren verbindende Fadengewebe lässt sich auch hier ohne alle Schwierigkeit nachweisen.

Durch eine faserreiche ventrale und eine dünnere dorsale Commissur werden die beiden getrennten Hälften verbunden. Die Genitalganglien entsenden nicht weniger als 10 Nervenstämme. Vier derselben haben wir schon in den an dem Bursalsack herabsteigenden Nerven kennen gelernt. Sie bestehen je aus einer aussergewöhnlich dicken Faser und dienen wahrscheinlich zur Innervirung der Längsmuskulatur. Gleichzeitig aber bewerkstelligen sie eine Verbindung des Genitalnervencentrum mit dem Ganglion cephalicum.

Aus den inneren und äusseren Flächen der beiden Genitalganglien treten ferner mehrere Fasern hervor. Die äusseren beiden gehen auf die Protrusoren der Genitalscheide über; die inneren aber, 4—6 an der Zahl, dringen zwischen die Längsfasern der Samengangumgebung ein und werden dann zu den Seiten des Penis wieder gesehen. Alsdann biegen sie, nachdem sie zuvor noch einige Fasern an die mächtig entwickelten Copulationsorgane abgegeben haben, nach den Seiten um und treten mit sechs grossen Gefühlspapillen in Verbindung. Ich will hier auf den Bau der Gefühlspapillen nicht näher eingehen, da zum Verständnisse dieser Verhältnisse eine ausführliche Schilderung der Copulationsorgane nothwendig würde. Ich verweise deshalb auf das betreffende Kapitel, möchte aber hier noch hervorheben, dass im Grossen und Ganzen ihr Bau dem der drei Gefühlspapillen des Rüssels gleicht. Die faserreichsten Stämme laufen aber lateral auf der Aussenfläche der muskulösen Scheide empor (s. Taf. 3, Fig. 3 N) und können bis zum vorderen Ende derselben verfolgt werden. Nachdem sie zwei Fasern an die Retractoren des Ductus ejaculatorius abgegeben haben, wenden sie sich ventralwärts und vereinigen sich zu einem Bündel, das anfangs unter dem Vas deferens hinzieht, dann aber sich auflöst und die Längsmuskeln und den mächtigen Muskelbeutel versorgt.

Weit einfacher ist der Verlauf der Nerven im Leibesende des Weibchens. Die grossen lateralen Nervenstämme sehen wir ebenfalls in zwei Aeste zerfallen. Der eine derselben behält seine ursprüngliche Richtung bei und läuft in der Laterallinie zum Körperende herab. Auf seinem Wege giebt er mehrere Aeste ab, welche zur Ventralfläche herabsteigen und die Muskulatur der Leibeswand versorgen. Die dorsalen Aeste der Nervi laterales posteriores aber nähern sich mehr und mehr der dorsalen Medianlinie, bis sie schliesslich dicht neben derselben und einander parallel einherlaufen. Unmittelbar oberhalb der weiblichen Geschlechtsöffnung vereinigen sich die vier Nervenfasern, zu zwei kolossal dicken Nerven, von denen zwei dünnere Fibern auf die Vagina, beziehentlich auf die Sphinkteren derselben übertreten. Auch nach hinten entsenden diese Nervenanschwellungen, welche überdies in der Mitte eine Commissur besitzen, mehrere dünne Zweige, welche die dorsalen Partien der Muscularis versorgen.

Ueberdies muss ich hier erwähnen, dass A. Schneider diese kernlosen Anschwellungen des grossen Lateralnerven schon gesehen und im Wesentlichen richtig beschrieben hat.

Die Zahl der Nerven ist bei allen übrigen von mir untersuchten Species: *Echinorhynchus moniliformis*, *Echinorhynchus haeruca*, *Echinorhynchus angustatus*, *Echinorhynchus porrigens* und *Echinorhynchus trichocephalus* geringer wie bei dem Riesenkratzer.

Dem peripherischen Nervensysteme des *Echinorhynchus gigas* gleicht noch am meisten das von *Echinorhynchus moniliformis*. Die grossen vorderen Mediannerven bilden ein Bündel von vier sehr dicken Fasern und ziehen in dem medianen Lückenraum zwischen den beiden grossen Retraktorfasern zur

Rüsselspitze. Hier biegen zwei der Fasern nach beiden Seiten hin um und innerviren die Retractores proboscidis. Die beiden anderen Nervenfasern aber durchbohren die an der Rüsselspitze gelegene ringförmige Muskelplatte unmittelbar neben dem grossen, die beiden Kerne enthaltenden Markbeutel und endigen mit einer Gefühlspapille, die in ihrer Form und ihrem feineren Bau vollkommen mit derjenigen des Riesenkratzers übereinstimmt. Die dem Nervus ventralis anterior des *Echinorhynchus gigas* entsprechenden Nerven entspringen bei *Echinorhynchus moniliformis* mit zwei vollkommen getrennten Wurzeln aus den Seitentheilen und der Bauchfläche der Ganglionrinde. Diese beiden Nervenstämme, deren jeder anfangs 2 oder 3 Fasern enthält, wenden sich dicht oberhalb des Hirnes ventralwärts, durchbrechen sodann neben der medianen Längsmuskelplatte die die ventrale Wand des Receptaculum bildende, derbe Sarkolemmamembran und werden dann an den Seiten des Deckmuskels als zwei Bündel von je 4—6 Fasern gefunden. Ungefähr in der Mitte der Rüsselscheide geben diese beiden Nerven ihren ventralen Verlauf auf, steigen zur Rückenfläche ein Stück empor und ziehen dann, die Ventrallinien der Scheide einhaltend zur Rüsselbasis empor. Hier angelangt, biegen zwei Fasern unter fast rechtem Winkel nach aussen um durchbrechen die Muskelmasse des Protrusor, sowie die der Leibeswand und treten mit den beiden grossen, dicht hinter der letzteren Hakenreihe gelegenen Gefühlspapillen in Verbindung. Abgesehen von der weit mehr prominirenden Stellung gleichen diese Gefühlspapillen sowohl in der Form, als auch hinsichtlich ihrer Lage den gleichartigen Bildungen des Riesenkratzers, so dass ich es für völlig unnütz finde, nochmals ihren Bau vorzuführen. Die vorderen Seitennerven sind infolge der eigenartigen Umgestaltung des Protrusor receptaculi gänzlich in Wegfall gekommen. Die mittleren Seitennerven sind nur sehr kurz und schwach entwickelt; sie versorgen die Muskelwände der Rüsselscheide.

Die mächtigsten sämmtlicher das Ganglion verlassender Nervenstämme sind auch bei *Echinorhynchus moniliformis* die Nervi laterales posteriores. Sie enthalten je 12—15 Nervenfasern und nehmen theils aus den Zellen der beiden hinteren Ecken, theils aber aus Zellen der diametral gegenüberliegenden Fläche der Ganglionrinde ihre Entstehung. Die austretenden Nervenbündel wenden sich zunächst nach abwärts und lassen sich bis in den Grund der Rüsselscheide verfolgen. Hier biegen sie plötzlich nach aussen um und durchbrechen die Muskelwand des Receptaculum. Unmittelbar hinter der Durchbruchsstelle lösen sich vom Hauptnervenstrange einige wenige Fasern ab, welche die spiralig aufgewundenen, den Protrusores receptaculi des *Echinorhynchus gigas* entsprechenden Muskelröhren innerviren. Die beiden Nervi laterales posteriores treten zwischen dem ventralen und den beiden dorsal gelegenen Muskelbeuteln der Spiralmuskeln hervor und erhalten eine musculöse Scheide, die sie bis zur Leibeswand bekleidet. Die eigenartige Form und die Anordnung der die Retinacula bildenden Muskelröhren habe ich schon bei der Besprechung des musculösen Rüsselapparates eingehend geschildert. Die musculöse Umhüllung des Nervi laterales posteriores endigt an der Leibeswand, indem die einzelnen Muskelfasern sich der Längsfaserschicht beimischen. Der Nervenstrang aber durchsetzt die Längsfaserlage und theilt sich in zwei Aeste, welche zwischen der letzteren und der Circulärfaserlage hinziehen. Die vorderen Aeste, welche anfangs in den Laterallinien verlaufen, lösen sich bald in die einzelnen Fibern auf, welche auseinander strahlen und die Musculatur des Vorderleibes versorgen. Die hinteren Aeste, welche die Mehrzahl der Retinaculafasern aufnehmen, laufen, constant die Laterallinien einhaltend, zum hinteren Leibespole herab. Nach den Seiten hin geben sie nur zwei Mal grössere Aeste ab, und zwar je zwei an die Retractores colli, beziehentlich die Compressores lemniscorum, und zwei an die grossen Retractores colli,

Ausserdem gehen aber seitlich unter spitzen Winkeln zahlreiche dünne Fasern ab, welche bald an die Ring-, bald an die Längsfaserschicht herantreten.

Eine weitere Reduction der Zahl der Nerven hat bei den übrigen hier in Betracht kommenden Species: *Echinorhynchus trichocephalus, Echinorhynchus strumosus, Echinorhynchus porrigens, Echinorhynchus haeruca* und *Echinorhynchus angustatus* stattgefunden, insofern nämlich der Nervus medianus anterior mit dem Nervus ventralis anterior verschmolzen ist. Diese höchst merkwürdige Erscheinung wird wohl ohne Weiteres ihre Erklärung finden, wenn wir in Betracht ziehen, dass infolge der Ausschaltung der Protrusores der Rüssel nur noch als einheitliches Ganzes bewegt werden kann. Am einfachsten ist der Verlauf bei *Echinorhynchus trichocephalus* und *Echinorhynchus strumosus*, woselbst der nur aus wenigen dicken Fasern bestehende vordere Mediannerv zwischen den Fasern des Retractor proboscidis geraden Weges zum Rüsselkolben emporsteigt. Complicirter gestalten sich die Verhältnisse schon bei *Echinorhynchus porrigens*. Von den seitlichen Rändern des vorderen Ganglionrandes und der Ganglionspitze entspringen hier drei dicke Nerven (s. Tafel 10, Fig. 14 nma *, nma ʹ), welche man bis zum Ende des ersten Rüsselscheidendrittheiles zwischen den Fasern des grossen Retraktors erfolgen kann. Hier biegen sie plötzlich nach der Rückenfläche um und vereinigen sich zu einem Bündel von 6 bis 8 Fasern, das nun genau in der dorsalen Medianlinie an der Wand des Receptaculum emporzieht. Am oberen Rande der Scheide löst sich das Bündel auf, und die einzelnen Fasern werden alsdann theils zwischen den Retraktoren, theils an der Rüsselwand wieder gesehen.

Eine weit kräftigere Ausbildung erreicht der vordere Mediannerv bei *Echinorhynchus haeruca* und *Echinorhynchus angustatus*. Er nimmt vermittelst dreier Wurzeln aus der vorderen Region des Ganglion seine Entstehung. Die mittlere der drei Wurzeln, die durch ihre Lage an den Nervus medianus anterior des Riesenkratzers erinnert, besteht aus einem Bündel von 5—7 dicken Fasern, das zunächst eine kurze Strecke zwischen den Retractores proboscidis hinläuft (s. Tafel 5, Fig. 15 nma ʹ). In der Höhe der dorsalen Rüsseltaschenkerne biegt es plötzlich nach der Rückenfläche um. Die beiden lateralen Wurzeln des Nervus medianus anterior, die offenbar dem Nervus ventralis anterior des *Echinorhynchus gigas* homolog sind, kommen aus Zellen des dachförmig abgeschrägten Vorderrandes des Ganglion cephalicum hervor und setzen sich speciell bei *Echinorhynchus haeruca* je aus 8 fast gleich dicken cylindrischen Fasern zusammen (s. Tafel 5, Fig. 15 nla). In gleicher Höhe mit der Umbiegestelle des medianen Astes findet, nachdem zuvor sich die Faserzahl durch dichotomische Theilung verdoppelt hat, eine Spaltung beider Stämme statt. Drei bis vier Fasern begeben sich nach vorn und endigen zwischen den Retractores proboscidis (s. Tafel 5, Fig. 16 nla *). Die übrigen Fasern aber biegen nach rückwärts um und verschmelzen mit der mittleren Wurzel des vorderen Mediannerven zu einem sehr dicken Bündel, das sich beständig an der Dorsalwand des inneren Rüsselsackes hält (s. Tafel 5, Fig. 16 nda). Nachdem das Receptaculum sich an der Rüsselbasis angeheftet hat, strahlen die Fasern auseinander, vertheilen sich gleichmässig über die ganze Peripherie und versorgen die rücklaufenden Retraktoren. Nur zwei Fasern behalten ihren dorsalen Verlauf bei und lassen sich bis zur Rüsselspitze verfolgen. Hier angelangt, biegen sie nach unten um, dringen seitlich vom Markbeutel in die Ringmuskelplatte ein und endigen in Form einer schwach entwickelten Tastpapille.

Auch die vorderen Seitennerven, welche den Nervi laterales medii des *Echinorhynchus gigas* entsprechen, sind bei allen vier Species vorhanden und bisweilen sogar stärker entwickelt als bei

Echinorhynchus gigas. Man kann sie bei *Echinorhynchus angustatus* und *Echinorhynchus haeruca* schon durch die Körperdecken als Stränge von 4 bis 5 Fibern an den Seiten der inneren Scheide emporziehen sehen (s. Tafel 5, Fig. 16 nlm).

Bei *Echinorhynchus porrigens* treten die beiden kräftigen lateralen Nervenbündel dicht neben den grossen hinteren Seitennerven aus dem Ganglion cephalicum hervor (s. Tafel 10, Fig. 14 nla), laufen zunächst eine kurze Strecke zwischen den Fasern des Retraktor proboscidis nach vorn, biegen dann aber nach den Seiten um und gleiten, die Laterallinien einhaltend, an der Innenfläche des inneren Receptaculum zum Rüsselkolben empor.

Die hinteren Lateralnerven zeichnen sich auch bei den kleineren Arten durch ihren Faserreichthum aus. Bei *Echinorhynchus haeruca* zähle ich in jedem Retinaculum nicht weniger als 14 gleich dicke Fasern, während *Echinorhynchus angustatus* sogar deren 16 bis 18 aufweist. Die Fasern liegen dicht gedrängt neben einander und sind oft durch den gegenseitigen Druck etwas abgeplattet. Sie werden, gleich den übrigen Nervenfasern, von einer dünnen, festen Neurolemmascheide umhüllt, die sich mit Karmin intensiver färbt als die hyaline Gallertsubstanz des eigentlichen Nerven (s. Tafel 5, Fig. 12 Nlp). Die Nervi laterales posteriores entspringen nicht nur aus den die beiden hinteren Ecken des Ganglions bildenden Nervenzellen, sondern auch aus solchen der gegenüberliegenden Flächen (s. Tafel 5, Fig. 14 Nlp). Es findet also auch hier im Centrum des Hirnes eine Kreuzung der Nervenfasern statt. Nachdem nun die austretenden mächtigen Lateralnervenbündel sich durch die Muskelwände der Rüsselscheide hindurchgebohrt haben, erhalten sie einen muskulösen Ueberzug, der sie bis zu ihrer Insertion an der Leibeswand in Form eines geschlossenen Rohres umhüllt (s. Tafel 5, Fig. 12 Mrt, Mrtne). Das distale Ende der unter dem Namen Retinaculum bekannten Muskelscheide befestigt sich, indem seine Fasern sich den Longitudinalfibern der Leibesmuskulatur beimischen. Der Nervenstamm aber spaltet sich in zwei Aeste. Der vordere derselben enthält nur drei Fasern; er läuft auf der Innenfläche der Längsmuskulatur, und zwar genau in den Laterallinien, nach vorn und versorgt die Muskelwand des Vorderleibes. Der Hauptstamm aber gleitet, und zwar zwischen der Ring- und Längsfaserlage, bisweilen aber auch zwischen den Fasern der letzteren selbst, in entgegengesetzter Richtung abwärts, giebt grössere Aeste an die Retractores colli (s. Tafel 5, Fig. 18 urc) und an den Retractor receptaculi ab und lässt sich bei beiden Geschlechtern bis zur Schwanzspitze verfolgen. Der Verlauf der einzelnen Fasern, die überdies ohne ein Bündel zu bilden, in wechselnder Anzahl nebeneinander herziehen, ist eben so unregelmässig, wie wir dies schon bei den gleichen Bildungen des Riesenkratzers constatiren konnten. Ueberdies scheint es, dass die einzelnen Fasern nicht in ganzer Länge isolirt sind, sondern auf die mannigfachste Art unter sich zusammenhängen. Nach beiden Seiten zweigen dünne Fibern ab, welche theils sofort an die Ring- oder Längsfasern der Hautmuskulatur herantreten, theils aber mehr oder minder grosse Strecken zwischen den letzteren dahinlaufen. Daher kommt es, dass man auf Querschnitten an den verschiedensten Stellen der Muskulatur die Nervendurchschnitte vorfindet.

Bei dieser Gelegenheit möchte ich nochmals hervorheben, dass alle diese frei verlaufenden Nervenstämme, sowie die zahlreichen Zweige derselben eine dünne, aber scharf conturirte Neurolemmhülle besitzen. Diese Hülle tingirt sich mit den meisten Farbstoffen, besonders aber mit Säurekarmin und Boraxkarmin, viel intensiver als der gallertartige Inhalt. Und in der That müssen wir zugeben, dass es diese Farbencontraste allein sind, die uns in den Stand setzen, die einzelnen Nervenfasern zwischen den den Muskelröhren nachzuweisen.

Bei *Echinorhynchus trichocephalus* treten die hinteren Seitennerven der höheren Lage des Ganglions entsprechend ungefähr in der Mitte der Rüsselscheide hervor.

Bei *Echinorhynchus porrigens* liegen die Austrittsstellen sämmtlicher Nerven fast in einer Ebene. Die grossen hinteren Seitennerven bilden das letzte Paar und übertreffen an Faserreichthum alle übrigen Nerven. Sie laufen zunächst in S-förmigem Bogen zum Grunde der Rüsselscheide, durchbrechen hier die Wand der letzteren und dringen in die mächtig entwickelten Retinacula ein.

Das Genitalnervencentrum gelangt auch bei den männlichen Individuen von *Echinorhynchus angustatus* und *Echinorhynchus haeruca* zu einer hohen Ausbildung. Es umfasst das Endstück des Ductus ejaculatorius und besteht aus zwei grösseren Ganglienanhäufungen und zwei nahezu gleich dicken Fasercommissuren. Die Ganglienkugeln unterscheiden sich in keiner Beziehung von den Zellen des Hirnes. Dagegen sind sie nicht so vollkommen auf die Seiten localisirt wie bei *Echinorhynchus gigas*. Besonders ist es die ventrale Commissur, die ausser den Fibern noch zellige Elemente aufweist.

Die Innervation des männlichen Geschlechtsapparates geschieht im Grossen und Ganzen in der nämlichen Weise wie bei dem Riesenkratzer. Die stärksten Nervenbündel, welche aus den Genitalganglien ihren Ursprung nehmen, sind die hinteren Seitennerven. Sie laufen auf den, den Bursalsack auskleidenden Längsmuskeln herab und stehen am hinteren Körperpole mit den grossen Lateralstämmen der Leibeswand in Verbindung.

Das zweitkräftigste Bündel bilden die vorderen Seitennerven. Sie entspringen aus Zellen der vorderen Ganglionränder, gleiten auf der Oberfläche der musculösen Scheide nach vorn und scheinen am oberen Rande derselben zu endigen.

Ausserdem existiren noch zwei mittlere Nervenpaare, von denen das äussere die Protrusoren der Scheide, das innere aber den Penis und den glockenförmigen Bursalmuskel versorgt.

In der Umgebung der weiblichen Geschlechtsöffnung konnte ich bei *Echinorhynchus angustatus* *Echinorhynchus haeruca* und *Echinorhynchus proteus* keine Ganglienzellen entdecken.

Die Entwickelungsgeschichte des Nervensystems.

Geschichtlicher Ueberblick.

Ueber die Bildungsweise des Nervensystems existiren nur sehr spärliche Angaben. Nach Leuckart's Untersuchungen an *Echinorhynchus proteus*[1]) und *Echinorhynchus angustatus*[2] gehört die An-

---

[1] Helminthologische Experimentaluntersuchungen. Nachrichten der G. A. Universität zu Göttingen. 1862. pg. 141.
[2] Die menschlichen Parasiten. 2. Bd. 1876. pg. 826—828; 838.

lage des Ganglion cephalicum zu den ersten Veränderungen, die sich an dem embryonalen Zellenhaufen wahrnehmen lassen. Zu einer Zeit, wo der Embryonalkern etwa 0,06 mm misst, gruppiren sich die Zellen zu vier Haufen zusammen, die sich immer deutlicher gegen einander absetzen. Die zweite dieser Zellgruppen ist es nun, aus der das Ganglion cephalicum hervorgeht. Sie hat anfangs eine relativ sehr ansehnliche Grösse und besteht aus ziemlich grossen hellen Zellen mit scharf gezeichneten Kernen. Die Ganglien der männlichen Leitungswege sah Leuckart schon bei der ersten Anlage des Ductus ejaculatorius als zwei Zellhaufen oberhalb des Begattungsapparates verspringen.

Auch Greeff[1]) konnte bei 0.3 mm langen Larven des *Echinorhynchus polymorphus* das Hirn und die beiden grossen Seitennerven (Greeff's Retractores receptaculi) deutlich erkennen.

Nur v. Linstow[2]) ist etwas anderer Ansicht. Gestützt auf die Untersuchung einiger Entwicklungsstadien des *Echinorhynchus angustatus*, die er der Leibeshöhle spontan inficirter Aselln entnahm, spricht er die Behauptung aus, dass das Ganglion cephalicum erst nach der Anlage der Rüsselscheide entstehe und schon nach fünf Tagen seine vollkommene Ausbildung erreicht habe.

Eigene Beobachtungen.

Schon bei einer früheren Gelegenheit habe ich die Vermuthung ausgesprochen, dass auch bei den *Acanthocephalen* das Ganglion cephalicum, sowie die peripherischen Nerven ectodermalen Ursprungs seien. Ich stützte mich dabei auf eine Reihe von Beobachtungen, auf die ich jedoch an diesem Orte noch nicht näher eingehen kann, weil ich die Kenntniss der Embryonalentwickelung voraussetzen muss. Ich werde daher die Beweisführung für das letzte Capitel dieser Abhandlung: "Die Bildung des Embryo", aufsparen und zunächst, wie ich dies in den früheren Kapiteln gethan, nur jene Umwandlungen in das Auge fassen, welche mit der Uebertragung des fertigen Embryo in den Zwischenwirth beginnen.

Zu diesem Zwecke muss ich wiederum auf jenes Stadium zurückgreifen, wo nach Ablösen der Hypodermis sich ein centraler Kernhaufen herausgebildet hat. Die erste Differenzirung, die wir an dem übrig bleibenden Stück des Embryonalkernes wahrnehmen konnten, bestand in der Anlage des Rüsselzapfens. Zur nämlichen Zeit gewahrt man unmittelbar hinter dem eben erwähnten Syncytium eine grössere Anzahl von Kernen, die sich in der früher geschilderten Weise allmählich in grosse bläschenförmige Kerne umwandeln und zu einem rundlichen Haufen zusammentreten. Alle diese Kerne sind aussergewöhnlich klein (7—8 μ bei *Echinorhynchus gigas*[3]) und bestehen aus einem feinkörnigen farblosen Protoplasma und einer grösseren Anzahl dunkel gefärbter Chromatinpartikel, welche durch dünne Plasmafäden mit einander verbunden werden. Vom Nucleolus kann man auf diesem Entwickelungsstadium noch nichts sehen. Diese anfangs sehr kleinen Kernblasen werden mit der Zeit nicht nur grösser, sondern wandeln sich allmählich in polyedrisch begrenzte Zellen um. Ob die rasch fortschreitende Grössen-

---

[1]) Untersuchungen über den Bau und die Naturgeschichte von *Echinorhynchus polymorphus*. Archiv für Naturgeschichte, 1864, pg. 118—120, Tafel 2, Fig. 4, A.

[2]) Zur Anatomie und Entwicklungsgeschichte des *Echinorhynchus angustatus*. Archiv für Naturgeschichte, 1872. pg. 8—9.

[3]) Die Kerne der Leibesmuskulatur messen allein schon 12—16 μ.

3

zunahme, welche das Ganglion erfährt, einzig und allein durch diese Veränderungen bedingt wird, oder ob vielleicht eine Kernvermehrung im Inneren stattfindet, konnte ich der Kleinheit des Objectes wegen mit Sicherheit nicht feststellen. Soviel ist jedoch gewiss, dass bei Larven von *Echinorhynchus gigas*, die kaum die Länge eines halben Millimeters erreicht haben, schon gegen achtzig Kernzellen vorhanden sind (s. Tafel 10, Fig. 5, Geph.).

Während das Wachsthum des Ganglienhaufens stetig fortschreitet, sind auch im Innern desselben Veränderungen vorgegangen, die dem ganzen Organe ein anderes Aussehen verleihen.

Die Nervenzellen, welche Anfangs einen soliden Ballen bildeten, haben sich sammt und sonders von dem Centrum abgehoben und sind nun zu einer dicken Rindenschicht zusammengetreten, die ein längliches Plasmaellipsoid von sehr liquider Beschaffenheit umhüllt. In diesen centralen Raum wachsen nun in den verschiedensten Richtungen von der Ganglionrinde aus Nervenfäden hinein (s. Taf. 5, Fig. 10 Geph), wodurch der flüssige Inhalt allmählich gänzlich verdrängt wird (s. Taf. 10, Fig. 1 Geph.). Zur nämlichen Zeit sieht man an den hinteren Rändern des Ganglienhaufens zwei stumpfe, zapfenförmige Hervorragungen entstehen, die eine deutliche longitudinale Streifung erkennen lassen und bald sich als die Anlage der grossen hinteren Seitennerven ausweisen. In Folge des stetig fortschreitenden Längswachsthums verliert sich allmählich ihre plumpe Gestalt, und sie werden zu zwei schlanken, cylindrischen Strängen, die in schräger Richtung frei durch die neu entstandene Leibeshöhle hindurchwachsen. Nach der Insertion an der Leibeswand spalten sich die Lateralnerven in zwei Aeste und wachsen dann in den Seitenlinien, gleich Pilzfäden, nach vorn, beziehentlich zwischen der Muskelhaut und den kubischen Zellen dem hinteren Leibesende zu (s. Taf. 1, Fig. 10 Np.). Die musculöse Umhüllung (Retinacula) erhalten die Nervi laterales posteriores erst zu der Zeit, wo der junge Wurm seinen Hakenapparat nach aussen umzustülpen beginnt.

Gleichzeitig mit den hinteren Seitennerven wird bei *Echinorhynchus gigas* nur noch der mächtige vordere Ventralstamm angelegt. Die übrigen Nerven treten erst nach der Bildung der Rüsselscheide aus dem Ganglion cephalicum hervor.

Zu den letzten Neubildungen scheinen die Nerven der Retractores colli zu gehören. Wenigstens konnte ich sie erst dann auf Querschnitten deutlich erkennen, als die Lemnisken sich in die Höhle des Compressor einzustülpen begannen.

Die Anlage der Genitalganglien entsteht bei der männlichen Larve vollkommen unabhängig von der des Ganglion cephalicum, und zwar aus dem rundlichen Syncytium (s. Taf. 10, Fig. 4 Fz⁴), welches wir fast gleichzeitig mit der Rüsselanlage am aboralen Körperpole entstehen sehen. Wir werden in einem späteren Capitel erfahren, dass dieses Syncytium eine Reihe tief eingreifender Umwandlungen erleidet, in Folge deren es in einen aus mehreren Zellencomplexen bestehenden Axenstrang (s. Taf. 4, Fig. 1 Fz¹², Fz¹) und einen Zellenwulst (s. Taf. 4, Fig. 1 Fz³), welcher die mittlere Region des letzteren ringartig umgürtet, zerfällt. Aus diesem ringartigen Wulste geht unter anderem auch die Ganglienmasse der beiden Geschlechtsnervencentren hervor.

Zur Zeit, wo der Rüssel vollkommen ausgestülpt worden ist und als ansehnlicher Zapfen frei hervorragt, findet eine rege Vermehrung der den Ringwulst bildenden Zellen statt (s. Taf. 4, Fig. 7 Fz³). Die einzelnen Zellen werden kleiner und kleiner und gewinnen in Folge der gegenseitigen Berührung polyedrische Begrenzungen (s. Taf. 4, Fig. 10 Fz³). Da nun die Configuration der Leibeswand, bezichentlich die Anwesenheit der Protrusores bursae keine Ausbreitung in der Querrichtung gestattet, schieben diese Zellen sich allmählich über die Anlage der Bursa copulatrix hinweg, so dass schliesslich die vordersten Reihen derselben in die nächste Umgebung des Penis, beziehentlich des Endabschnittes des Ductus ejaculatorius zu liegen kommen. Diese vordersten Zellreihen des gürtelförmigen Ringwulstes sind es nun, die späterhin zu den Ganglia genitalia werden. Aus den übrig bleibenden Gürtelzellen werden wir den Bursalschlauch, der bekanntlich den unteren Rand der Bursalglocke mit der Geschlechts-öffnung verbindet, hervorgehen sehen (s. Taf. 4, Fig. 2 Fz³.)

Ich habe die Entwickelungsgeschichte der Genitalganglien etwas ausführlicher geschildert, um zu zeigen, dass auch sie rein ectodermalen Ursprunges sind, d. h. aus den nämlichen Zellen des Embryonal-leibes hervorgehen, aus denen noch andere evident ectodermale Bildungen, in diesem Falle die Hypo-dermiswandungen des Bursalschlauches, entstehen.

Wie schon erwähnt, stossen die beiden Ganglien Anfangs in der Medianebene aneinander und bilden demnach einen continuirlichen Ring. Durch das fortschreitende Dickenwachsthum des Ductus ejaculatorius aber werden sie mehr und mehr auseinander gedrängt, so dass schliesslich die Verbindung nur noch durch zwei Fasercommissuren vermittelt wird.

Der Genitalapparat der Acanthocephalen.
Die männlichen Geschlechtsorgane.

Geschichtlicher Ueberblick.

Die männlichen Geschlechtsorgane der Echinorhynchen hat O. F. Müller[1]) am *Echinorhynchus angustatus* aus dem Hechte entdeckt, ohne jedoch sich über die Bedeutung der einzelnen Theile klar geworden zu sein. Die Anordnung schildert er folgendermaassen: Der Darm (Ligamentum suspensorium) verliert sich über die Hälfte des Körpers in eine eiförmige grosse, helle Blase; in einer kleinen Ent-fernung von dieser liegt noch eine zweite von gleicher Grösse und Klarheit und endlich zwei kleine Kugeln von dickerem Wesen in einer schiefen Lage, die durch einen nach dem äussersten Ende des Schwanzes zu geschlängelten Canal verbunden werden.

---

[1]) Von Thieren in den Eingeweiden der Thiere, insonderheit von Kratzer im Hecht. Der Naturforscher. 12. St. 1778. pg. 190—191. Taf. 5. Fig. 1—5.

Zeder[1] wurde durch ein reichhaltiges, grossentheils von Goeze hinterlassenes Material in den Stand gesetzt, die Müller'schen Befunde nicht nur zu bestätigen, sondern denselben auch manche neue Beobachtung hinzuzufügen. So fand Zeder, dass die von Fr. v. Paula Schrank[2] entdeckte einziehbare Schwanzblase keineswegs eine Eigenthümlichkeit des *Echinorhynchus vesiculosus* sei, sondern dass sie auch bei den Männchen der anderen Arten vorkomme. Da die Schwanzblase nicht immer sichtbar war, so vermuthete Zeder, dass sie nur bei der Begattung zum Vorschein komme und zur Erleichterung derselben diene. Die heraushängenden Fäden hält er für Zeugungsglieder.

Rudolphi[3] deutete die von Müller und Zeder gesehenen retortenförmigen Körper (Kittdrüsen) als Hoden und behauptet, dass selbige mit der Schwanzblase auf das Innigste verwachsen seien und mit ihr kurz vor der Begattung nach aussen hervorgestülpt würden. Dementsprechend nimmt Rudolphi an, dass die Befruchtung der Eier ähnlich wie bei den Batrachiern und Fischen im Freien stattfinde.

Im Jahre 1818 veröffentlichte Nitzsch[4] in der allgemeinen Encyclopädie von Ersch und Gruber einen Aufsatz, der mit einem Male Licht über die gesammten Organisationsverhältnisse des Männchens verbreitete. Bei dem ausser ihm nur noch von Bloch beobachteten Männchen des *Echinorhynchus gigas* fand er zwei gurkenförmige, grosse Hoden, welche in einer kleinen Entfernung hinter einander, so dass der hintere ungefähr die Mitte der Länge des Wurmes einahm, an der inneren Muskelschicht durch Gefässfäden fest sassen. Von diesen Hoden gingen zwei dünne Fäden (Samengänge) in eine lang gestreckte, jederseits mit vier Lappen oder Divertikeln versehene Samenblase, welche sodann durch eine kurze, dicke, ebene Röhre (ductus ejaculatorius) mit einer erweiterten Blase am Hinterende des Wurmes endete. Diese erweiterte Blase ist unstreitig das Organ, welches bei dem Männchen öfters austritt, indem es sich vermuthlich umstülpt; es erscheint alsdann oft ordentlich sackartig und dient vielleicht zum Umfassen des meist spitzeren Hintertheils der weiblichen Individuen.

Obgleich Rudolphi[5] die Darstellung Nitzsche's vom Baue der männlichen Geschlechtsorgane in seiner Entozoorum synopsis recapitulirt, so hält er doch noch an seiner früher aufgestellten Thesis von der Befruchtung der Eier ausserhalb des weiblichen Körpers fest.

Bojanus[6] dagegen tritt mit aller Entschiedenheit für Nitzsche's Auffassung ein und sucht durch eine Reihe trefflicher Abbildungen deren Richtigkeit zu begründen. Bei dieser Gelegenheit erfahren wir, dass bei *Echinorhynchus gigas* neben den Männchen mit 8 Kittdrüsen (Samenblasen nach Bojanus) auch solche vorkommen, die nur deren 6 besitzen.

Fast gleichzeitig mit der letzterwähnten Abhandlung erschien Westrumb's grosse Monographie

---

[1] Erster Nachtrag zur Naturgeschichte der Eingeweidewürmer von E. Goeze, mit Zusätzen und Anmerkungen herausgegeben von G. H. Zeder, 1800. pg. 111—112, 140—141.
[2] Förtekning på några hittils obeskrifne Intestinal-Kräk. Kongliga Svenska Vetenskaps Academiens Nya Handlingar. 1790. pg. 124. No. 26.
[3] Entozoorum sive verminum intestinalium historia naturalis. Bd. I. 1808. pg. 290—293, tab. I, fig. 4 ff.
[4] Allgemeine Encyclopaedie der Wissenschaften von J. S. Ersch und J. G. Gruber, 1. Section. 1. Th. Artikel: Acanthocephala. pg. 242. 1818; 1. Section. 7. Th. Tafel: Acanthocephala. Fig. 2—3. 1821.
[5] Entozoorum synopsis cui accedunt mantissa duplex et indices locupletissimi. 1819. pg. 586—588.
[6] Enthelminthica. Oken's Isis. Jahrg. 1821. Bd. I. 2. Heft. pg. 180—182. Taf. 3, Fig. 36—10.

der *Acanthocephalen*[1]). Selbige enthält unter anderem eine kurze Schilderung des anatomischen Baues der männlichen Geschlechtsorgane von circa einem Dutzend Arten. Im Grossen und Ganzen erhebt sich Westrumb nicht über die Anschauungen Nitzsche's. Ein besonderes Interesse gewinnt die Abhandlung nur durch die zahlreichen und trefflichen Abbildungen, aus denen man meist mehr entnehmen kann, als aus dem zugehörigen Texte. Auch Westrumb nimmt an, dass die Befruchtung der Eier ausserhalb des mütterlichen Körpers stattfinde. Und zwar sollen die aus der am hinteren Leibesende des Weibchens befindlichen Geschlechtsöffnung hervortretenden Eier in die glockenförmige Bursa des Männchens gelangen und hier mit dem Sperma in Berührung kommen.

Cloquet[2] gibt eine ziemlich vollständige Beschreibung des männlichen Geschlechtsapparates von *Echinorhynchus gigas*, aus der Folgendes herauszuheben wäre. Die beiden hintereinander liegenden, cylindrischen, 6—7 Linien langen Hoden sind am hinteren Ende des Receptaculum vermittelst einer ligamentösen Scheide befestigt, die in ihrem unteren Theile als Vas deferens functionirt. Im letzten Dritttheile des Körpers vereinigen sich die beiden Vasa deferentia zu einem weiten häutigen Canale, der mit einer wechselnden Anzahl (5 oder 6) länglich ovaler, geräumiger Divertikel (Samenblasen) ausgestattet ist. Auf diesen Abschnitt der Leitungswege folgt ein 3—4 Linien langer, cylindrischer Penis (Ductus ejaculatorius) und ein konischer Zapfen, der nach aussen umgestülpt werden kann (Bursa copulatrix). Zur Bewegung des Penis dienen vier lange Muskeln, von denen zwei als Retractoren, zwei als Protrusoren Verwendung finden. Die beiden vorderen, lateralen Retractoren erreichen eine Länge von 7—8 Linien. Sie befestigen sich mit ihren Enden vorn am Penis, umfassen diesen, sowie den Anfangstheil des Samengefässes, und ziehen dann in diagonaler Richtung zur Leibeswand, um sich daselbst mit den Längsfasern zu vereinen. Die Protrusoren sind um vieles kürzer als die Retractoren. Sie heften sich dicht unterhalb der Retractoren an dem Ductus ejaculatorius an und mischen sich den Fasern der Leibesmuskulatur am Schwanzende bei. Der untere, nach aussen vorstülpbare Theil des Penis besteht aus zwei lose aufeinander liegenden Häuten. Die äussere derselben ist vollkommen weiss und stimmt in allen Eigenschaften mit der Körperhaut überein. Die innere Membran aber ist weich und lässt eine deutliche Querfaserung erkennen. Sie wird in ihrer Mitte von der männlichen Geschlechtsöffnung durchbohrt. Der äusserst glückliche Fund zweier in Begattung begriffener Individuen setzte Cloquet in den Stand, die von Nitzsche behauptete innere Befruchtung über allen Zweifel zu erheben. Ueber die Herkunft und den Zweck der meist bräunlich gefärbten Kittmasse, die in der Umgebung der Vulva des begatteten Weibchens gefunden wird, scheint Cloquet sich nicht vollkommen klar geworden zu sein.

Burow[3] schreibt mit Unrecht dem *Echinorhynchus strumosus* 4 Paare von Hoden zu, indem er die ähnlich gestalteten, regelmäsig zu Paaren angeordneten Kittdrüsen für Hoden hält. Die Hoden, die Kittdrüsen und die Leitungswege sind von einer ligamentösen Scheide umhüllt, die vom Receptaculum

---

[1] De helminthibus acanthocephalis. 1821. pg. 53—55, pg. 62—64; Taf. 2. Fig. 1—3; *Echinorhynchus gigas*; Fig. 11—13; *Ech. major*; Fig. 25; *Ech. porrigens*; Taf. 3, Fig. 1—2; *Ech. candatus*; 4—6; *Ech. Laureus*; Fig. 8; *Ech. polymorphus*; Fig. 16; *Ech. hystrix*; Fig. 18; *Ech. haeruca*; Fig. 22, 24, 28; *Ech. proteus*.

[2] Anatomie des vers intestinaux Ascaride lombricoide et Échinorhynque géant. 1824. pg. 89—94, 99—105; Taf. 6. Fig. 1—9; Taf. 8. Fig. 3—6. 13.

[3] Echinorhynchi strumosi anatome. Dissertatio zootomica. 1836. pg. 19—20, tab. fig. 7.

bis zur Bursa herabreicht. Letztere soll an ihrem unteren Rande mit zahlreichen Ausfranzungen versehen sein.

Im nämlichen Jahre entdeckte v. Siebold[1]) die Spermatozoen der Kratzer. Bei *Echinorhynchus angustatus* und vielen anderen Species bilden sie ziemlich langgestreckte haarförmige Körper, welche in den beiden halb durchsichtigen Hoden zu Büscheln zusammenhängen. An der Peripherie der Büschel sieht man die Haare, welche mit ihrem einen Ende lang und frei hervorragen, sich lebhaft hin und her schlängeln. Neben diesen Haarbüscheln befinden sich stets noch viele farblose Bläschen in den Hoden, von denen die meisten zu fünf bis zwanzig zusammenhängen und so viele Bläschenhäufchen bilden. Die sechs langgestreckten Blasen (Kittdrüsen) enthalten keine Spermatozoen, verdienen also keineswegs den ihnen seither beigelegten Namen Samenbläschen.

Eine weit vollständigere Darstellung des Baues der männlichen Zeugungsorgane giebt v. Siebold[2]) in der „Vergleichenden Anatomie der wirbellosen Thiere": Die männlichen Kratzer besitzen in der Regel zwei hintereinander liegende ovale oder längliche Hoden, welche sich am Ligamentum suspensorium befestigen. Von diesen beiden Hoden laufen zwei variköse Vasa deferentia nach dem Hinterleibsende hinab, wo sie, nachdem sie sich höchst wahrscheinlich mit dem Halse einer unpaarigen, länglichen Blase (Vesicula seminalis?) vereinigt, in das Begattungsorgan übergehen. Unterhalb der Hoden lehnen sich sechs birnförmige Köper an die Samenleiter an, deren sechs Ausführungsgänge nach und nach zusammenmünden und mit zwei gemeinschaftlichen Ausführungsgängen an das Begattungsglied herantreten. Diese sechs Drüsen sondern höchst wahrscheinlich den braunen, wachsartigen Kitt ab, der oft in der Umgebung der Vulva festklebend angetroffen wird.

Pagenstecher[3]) sucht durch ein gründliches Studium des *Echinorhynchus proteus* den Nachweis zu liefern, dass trotz der auffallenden Unterschiede, welche die ausgebildeten Hoden und Ovarien zeigen, doch eine principielle Homologie der keimbereiten Organe obwaltet. Die Hoden werden ebenso wie die Ovarien vollkommen von der zweischichtigen Haut des Ligamentum suspensorium umhüllt und sind wahrscheinlicher wie letztere aus deren innerer Lage entstanden. Der Unterschied zwischen der Bildung der Ovarien und der Hoden beschränkt sich bloss darauf, dass erstere an vielen Stellen des Ligamentes hervorsprossen und mit einander ohne jeden Zusammenhang bleiben, während letztere nur an zwei Stellen ihre Entstehung nehmen und schon frühzeitig zu zwei grossen Massen verschmelzen. Die Gleichheit der Umhüllungshaut zeigt sich auch darin, dass man in beiderlei Wandungen vereinzelte Ganglienzellen (Muskelkerne) antrifft. Die aus den rundlichen Samenzellen hervorgehenden Spermatozoen haben einen dicken kugeligen Kopf und einen kurzen, dünnen Schwanzfaden. Die Vasa deferentia erweitern sich, bevor sie mit einander verschmelzen, je zu einer varikösen Anschwellung oder Samenblase. Ausser den sechs birnförmigen Kittdrüsen findet man an den Ausleitungswegen noch eine mehr oder

[1]) Ferncre Beobachtungen über die Spermatozoen der wirbellosen Thiere: Die Spermatozoen der Helminthen. Archiv für Anatomie, Physiologie und wissensch. Medicin von Müller, 1836, pg. 232—233.
[2]) Lehrbuch der vergleichenden Anatomie der wirbellosen Thiere, 1848, pg. 148—150.
[3]) Ueber die Organisation und Entwickelung einiger freilebender und parasitischer Würmer, 3. Th. Ueber einige Organisationsverhältnisse, besonders die weiblichen Geschlechtsorgane von *Echinorhynchus proteus*. Amtlicher Bericht über die 34. Versammlung deutscher Naturforscher und Aerzte in Carlsruhe im September 1858, 1859, pg. 131.
Zur Anatomie von *Echinorhynchus proteus*. Zeitschrift für wissenschaftliche Zoologie, 13. Bd, 1863, pg. 415—420; Tafel 23, Fig. 24—28; Tafel 24, Fig. 3—5.

minder langgestreckte, muskulöse Blase, die aber niemals Samenfäden enthält. Die glockenförmige Bursa copulatrix ist mit zwei grossen neben dem Penis liegenden Saugscheiben ausgestattet, die offenbar bei der Begattung eine Rolle zu spielen haben. Die von Burow und v. Siebold beobachteten fingerförmigen Parenchymstreifen hat auch Pagenstecher gesehen und richtig abgebildet.

Die Untersuchung des *Echinorhynchus miliarius* lieferte Greeff[1] Resultate, die in mancher Beziehung von den Angaben Pagenstecher's abweichen. Die Hoden liegen in schräger Richtung neben einander und werden von dem an der Rüsselscheide in zwei Partien entspringenden Ligamentum suspensorium mehr oder minder eingehüllt. An jungen Entwicklungsstufen ist das Gefüge der Hoden ein maschiges, in das überall kleine Zellen mit einem oder mehreren das Licht stark brechenden Kernen eingelagert sind, welch letztere durch fortschreitende Theilung, ganz in ähnlicher Weise wie die Ovarialzellen sich vermehren und zuletzt die Zellen ganz erfüllen. Es scheint, dass jeder einzelne Kern in den Zellen sich zu einem Samenfaden umbildet. Nachdem das Ligament die Hoden verlassen hat, verdickt es sich zu einer cylindrischen, muskulösen Scheide, die ausser den geschlängelten Samengängen noch sechs langgestreckte, schlauchförmige Kittdrüsen einschliesst. Die Samengefässe vereinigen sich erst in der Nähe der grossen vier Kerne enthaltenden Samenblase (Muskelbeutel, und münden in der Mitte des lanzettförmigen Penis. Die Ausführungsgänge der Kittdrüsen endigen dicht neben der Ruthe. Das Kopulationsorgan besteht aus einem mit zwei seitlichen Muskeln versehenen glockenförmigen Saugapparate. Die seitlichen Muskeln umgreifen mit ihren Ausläufern die Saugglocke, die sich aus Längs- und Ringfasern zusammensetzt.

Lindemann[2] hat den anatomischen Bau der Echinorhynchen in durchaus verkehrter Weise geschildert. Als hauptsächlichstes Resultat seiner Beobachtungen an *Echinorhynchus roseus* und *Paradoxites* hebt er hervor, dass alle Acanthocephalen Zwitter sind. Ungeachtet ihres Hermaphroditismus funktioniren die Individuen aber doch als verschiedene Geschlechter, indem entweder die männlichen Organe eine vollständige Reife erlangen, die weiblichen aber in verkümmertem Zustande dastehen, oder umgekehrt. Die Geschlechtsöffnung liegt vor der Schwanzspitze und ist von einer ovalen, dicken gelbgefärbten Chitinplatte umgeben. Von ihr beginnt ein enger Kanal von chitinöser Beschaffenheit. Auf diesen als Vagina bezeichneten Abschnitt folgt ein weiter, mit drei Hörnern versehener Uterus, der mit einer einfachen Lage cylindrischer Epithelzellen ausgekleidet ist. Das mittlere Uterushorn erweitert sich nun bei den als Männchen funktionirenden Individuen zu einem dicken Schlauche, dem Hoden, der bis zum Receptaculum heraufreicht und in seinem Inneren die stecknadelförmigen Spermatozoen produzirt. Die seitlichen Hörner bilden die Enden der hier stark verkümmerten Eiergänge. Letztere ziehen unter den Seitenlinien des Körpers nach vorn und stehen mit zwei grossen bräunlichen Eiweissdrüsen (Lemnisken) in Verbindung. Auf der ganzen Länge des Oviduktes sitzen gestielte kleine ovale Bläschen (Ovarien), die aber bei den Männchen keine Eier enthalten. In den Endabschnitt der Vagina münden ferner noch die Ausführungsgänge einer lappigtraubenförmigen Drüse, die Prostata genannt wird.

---

[1] Untersuchungen über den Bau und die Naturgeschichte von *Echinorhynchus miliarius*. Archiv für Naturgeschichte, 30. Jahrg. 1864, pg. 134—157, Tafel 3, Fig. 3.

[2] Zur Anatomie der *Acanthocephalen*. Bulletin de la Société Impériale des naturalistes de Moscou, 1865, Bd. 38, 1. Th. pg. 485—196, Tafel 11, Fig. 1—9; Tafel 12, Fig. 1, 6.

A. Schneider[1]) konnte in dem von einem dicken Ringmuskelrohre umschlossenen Ductus ejaculatorius zwei vollkommen getrennte Kanäle erkennen, einen engeren, in den die Samengänge münden, und einen weiteren, in den höchstwahrscheinlich die acht Kittdrüsen ihr Sekret entleeren. Ein jeder dieser Kanäle wird von zwei Muskelplatten gebildet, die ungefähr wie die beiden Schalen einer Schote gestaltet sind. Nach hinten münden sie in eine muskulöse Spitze, die Penis genannt wird und inmitten einer mächtigen Ringfaserplatte liegt. Letztere hat die Gestalt eines am Scheitel durchbohrten Helmes, dessen Vorderrand mit dem unregelmässig gefalteten und von einer Umstülpung der äusseren Haut gebildeten Bursalkanäle verwachsen ist. Dieser Kanal kann nach aussen umgestülpt werden und stellt dann die sogenannte Bursa vor. Es geschieht dies durch zwei starke Retraktoren (Protusoren?), welche seitlich von der Schwanzspitze zur Scheide ausgespannt sind.

v. Linstow[2]) bestreitet, dass die Hoden des *Echinorhynchus angustatus* vom Ligamentum suspensorium vollständig umschlossen sind. Bei einem jugendlichen Exemplare fand er den ersten Hoden nicht hinter, sondern neben der Rüsselscheide, von deren Grunde einige Muskelbündel des Ligamentes sich zurückbogen, um sich von einer Seite her an dem Hoden zu befestigen. Die Bezeichnung Samenblase, welche bekanntlich Pagenstecher den ampullenartigen Anschwellungen der Vasa deferentia gegeben, erteilt er der mit einer starken Muskelwand versehenen und dicht oberhalb der Bursalmuskelkappe gelegenen mehrkernigen hellen Blase. Ueber die Entwickelung der Samenfäden äussert sich v. Linstow folgendermaassen: Aus dem Endothel der Hoden entstehen doppelt konturirte, gekernte Zellen, die sich allmählich unter Vereinfachung der Kontur vergrössern und zu Mütterzellen werden, indem sie in ihrem Innern als Tochterzellen die Bildungszellen der Spermatozoen entwickeln.

Wesentlich gefördert wurden unsere Kenntnisse über die Anatomie des männlichen Genitalapparates, aber erst durch die Untersuchungen Leuckart's an *Echinorhynchus gigas*, *Echinorhynchus proteus* und *Echinorhynchus angustatus*, deren Resultate in dem grossen Parasitenwerke niedergelegt sind.[3]) Die eben genannte Abhandlung ist für uns nicht nur von der grössten Bedeutung, weil sie so viele neue Thatsachen aufweist, sondern auch dadurch, dass in ihr eine gründliche Sichtung der früheren Angaben nach ihrem wissenschaftlichen Werthe vorgenommen wird. Ich kann aus diesen Gründen nicht umhin, auf den betreffenden Abschnitt dieses bahnbrechenden Werkes etwas näher einzugehen.

Die Untersuchung dünner Querschnitte ergab auf den ersten Blick, dass bei allen Arten die Hoden, die Kittdrüsen und deren Ausleitungswege vom Ligamentum suspensorium allseitig umschlossen werden Burow-Pagenstecher. Bei *Echinorhynchus gigas* speciell stellt das Ligament eine glashelle, derbe, völlig strukturlose Membran vor, die der Tunica propria der Hoden an den meisten Stellen dicht anliegt, hier und da aber auch in Falten und Divertikeln sich erhebt. Eine besonders mächtige Entwicklung erreichen diese Faltensysteme zwischen dem ersten und zweiten Hoden, woselbst sie zu einem aus zahlreichen Lamellen und Duplikaturen bestehenden strangartigen Polster zusammentreten. Einzelne

[1]) Ueber den Bau der Acanthocephalen. Archiv für Anatomie und Physiologie. 1868, pg. 591–592.
[2]) Zur Anatomie und Entwicklungsgeschichte des *Echinorhynchus angustatus*. Archiv für Naturgeschichte v. Troschel. 38. Jahrgang. 1872. I. Bd. pg. 11—13, Tafel 1. Fig. 18—25, 29—31.
[3]) Die menschlichen Parasiten und die von ihnen herrührenden Krankheiten. 2. Bd. 1876, pg. 769—785. Fig. 370—376.

Duplikaturen erstrecken sich bis zur Leibeswand und gehen dann nicht selten mit deren Peritoneal-bekleidung eine Verbindung ein. An solchen Stellen sieht man bald dickere, bald dünnere Längs-muskelfasern sich loslösen und dem Ligamente sich auflagern. Der Uebergang des Ligamentes von dem letzten Hoden auf die dünnen Samenleiter ist übrigens ein so plötzlicher, dass es, anstatt glatt anzu-liegen, sich mehrfach zusammenfaltet. Sehr konstant sind zwei Faltenpaare, die von den Seitentheilen der Scheide nach der Rücken- und Bauchfläche abgehen. Im weiteren Verlaufe verschmelzen ihre Ränder und es entsteht im Umkreise der Scheide eine neue Umhüllung. Infolge des Auftretens der acht grossen Kittdrüsen weitet sich die innere Scheide sehr beträchlich aus; die äussere Hülle tritt stellenweise mit der Leibeswand in Verbindung und nimmt von selbiger zahlreiche Längsmuskelfasern hinüber. Dicht hinter dem letzten Kittdrüsenpaare verengt sich die Scheide wiederum, und die säulen-artige Bindesubstanz tritt infolge der starken Vermehrung der Muskelfibrillen in den Hintergrund. Bei *Echinorhynchus angustus* und *Echinorhynchus proteus* sind diese Verhältnisse viel einfacher. Das Liga-mentum suspensorium zieht in Form einer einfachen, cylindrischen Röhre ohne alle Falten über die Hoden und Kittdrüsen hinweg. Auch ist dem Anschein nach die Muskelwand des Ductus ejaculatorius unabhängig von dem Ligamente. Sie scheint sich ganz nach Art des Compressor lemniscorum von der Leibeswand losgelöst zu haben.

Die Hoden bestehen nach Leuckart aus einer derben, aber völlig strukturlosen Tunica propria und einem wolkig getrübten Hodenparenchym. Vor der Einwanderung der Parasiten in den definitiven Träger findet sich an der Stelle des letzteren eine zusammenhängende Masse kleiner heller Kernzellen. Durch fortgesetzte Theilung oder auch durch endogene Bildung verwandelt sich eine jede dieser Zellen in einen Zellenhaufen von circa 0,08 mm Durchmesser. Die Entwickelung der Spermatozoen geschieht einfach dadurch, dass die gekernten Zellen des Haufens fadenartig auswachsen. Die ausgebildeten Samenfäden erscheinen als dünne Haare, an denen sich nur ein etwas dickeres Vorderende und ein dünner Schwanzfaden unterscheiden lassen. Die mit einem kugeligen Kopfe ausgestatteten Fäden, die Pagenstecher, Lindemann, Salensky [1]) gesehen haben wollen, sind nach Leuckart als un-reife Spermatozoen zu betrachten.

Die beiden Vasa deferentia stellen bei allen Arten dünnwandige, cylindrische Röhren vor, die mit einer trichterförmigen Erweiterung aus dem Hoden entspringen und meist schon nach kurzem Ver-laufe sich zu einem gemeinschaftlichen Samenleiter vereinigen. Neben ihnen sieht man gewöhnlich eine Anzahl Längsmuskelfasern herabziehen, die der Leibeswand entstammen und offenbar zur Fortleitung des Samens in den muskulösen Samengefässen dienen. Besonders auffallend sind bei dem Riesenkratzer zwei platte, wie die Schalen einer Schote geformte Bänder, die den spaltförmigen Samengang zwischen sich nehmen. Zwischen die beiden Scheiden des Ductus ejaculatorius schieben sich zwei helle Schläuche ein, die durch den Besitz eines deutlichen Kernes sich als einzellige Drüsen zu erkennen geben (nach v. Linstow Samenblasen). Die Einmündungsstelle in das Vas efferens konnte Leuckart nicht aus-findig machen. Wohl aber sah er eine Strecke weiter nach hinten, also dicht oberhalb des Begattungs-apparates eine sehr ähnliche Drüse vermittelst eines dünnen, aber langen und mehrfach gewundenen

---

[1]) Bemerkungen über die Organisation von *Echinorhynchus angustatus*. Schriften der naturforschenden Gesellschaft zu Kiew, 1870.

Ganges in den Samenleiter münden. Die Kittdrüsen sind in der Sechs- (*Echinorhynchus angustatus*, *Echinorhynchus proteus* etc.) oder Achtzahl vorhanden und gruppiren sich so, dass die kolbig angeschwollenen Endstücke alternirend hinter einander liegen. An ihnen unterscheidet man eine derbe, aber homogene Tunica propria und eine mehrfach geschichtete Körnermasse, die während des Lebens eine fast flüssige Beschaffenheit besitzen dürfte.

Die Einschlüsse des Genitalstranges vereinigen sich schliesslich alle mit dem Samenleiter, der die Achse des Penis durchbohrt und auf der Spitze mündet. Er ist von einer Muskelscheide umschlossen, welcher eine ziemlich dicke Bindesubstanzlage aufliegt. Dicht unter der nur zarten Aussenhaut sieht man noch eine dünne Lage ringförmiger Fibrillen um das Ganze herumlaufen.

Der Bursalsack hat ganz die histologische Beschaffenheit der Körperhaut. Muskelfasern sind aber nur in der oberen Hälfte nachweisbar, hier aber so eigenthümlich entwickelt, dass man den betreffenden Abschnitt mit Recht als ein besonderes Organ (Bursa copulatrix) betrachten kann. Die Bursa hat bei den meisten Arten eine einfache Kugelform, die nur durch ein Paar ansehnliche Aussackungen (Saugnäpfe) modifizirt ist. Letztere stimmen in histologischer Beziehung vollständig mit der Bursa überein. Die Grundlage der Bursa bildet ein mächtiger Muskel, der seiner Hauptmasse nach aus einem System radial verlaufender, verzweigter Fibrillen besteht. Die innere und äussere Begrenzungsflächen aber werden von dicht verpackten Fibrillen gebildet, die eine ringförmige Anordnung zeigen und zwei winklig gekreuzte Schichten — besonders deutlich bei *Echinorhynchus gigas* — erkennen lassen. Die der Leibeshöhle zugewandte Aussenfläche des Bursalmuskels trägt eine dünne und helle Peritonealbekleidung. Die Innenfläche der Bursa ist bei der Mehrzahl der Arten nicht vollkommen glatt, sondern mit einer Anzahl 16—30) fingerförmiger Längswülste besetzt. Die letzteren gehören nicht dem Muskel, sondern vielmehr der inneren Bekleidung der Bursa an und endigen mit glänzenden Knöpfchen, die zweifellos Gefühlspapillen darstellen.

Echinorhynchus gigas nimmt in Bezug auf den Bau seines Begattungsapparates eine Sonderstellung ein. Die Bursa besitzt die Form eines Helmes, indem sie unterhalb des dorsal gelegenen Penis in ganzer Länge offen bleibt. Der Bursalmuskel ist nicht mehr der Wand des Sackes eingelagert, sondern stellt ein vollkommen selbständiges Gebilde vor, das vom Grunde des Sackes frei in den Innenraum hineinhängt. Die Saugnäpfe sind dabei in Wegfall gekommen.

Die Umstülpung der Bursa geschieht vermittelst zweier Depressoren, die vom unteren Ende der Scheide abgehen und in der Hinterleibsspitze mit der allgemeinen Längsmuskulatur sich vereinigen (Schneider's Retractores). Bei dem Zurückziehen der Bursa aber wirken vermutlich jene Muskelfasern, die von der Leibeswand an die Scheide des Genitalstranges herantreten.

Die im Jahre 1882 erschienene Abhandlung Mégnin's über die Organisation und Entwickelungsgeschichte der *Echinorhynchen* enthält eine kurze und sehr oberflächliche Darstellung der Anatomie der männlichen Genitalien.[1]) Schon der Fundort des Materiales, an dem Mégnin seine Studien machte nämlich das Unterhaut-Bindegewebe eines Kampfstrandläufers, die Gewebe von zirka 20 aus der Sahara

---

[1]) Ueber die Organisation und Entwicklungsgeschichte von *Echinorhynchus*. Kosmos, herausgegeben v. Vetter, 7. Jahrg., 13. Bd. 1883, pg. 218—220. Note sur quelques points encore obscurs de l'organisation et du développement des Echinorhynques. Comptes rendus des séances de l'académie des sciences, T. 93, 1881, pg. 1031—1035. Recherches sur l'organisation et le développement des Echinorhynques. Bulletin de la Société Zoologique de France, 7. année, No 5. 1882.

stammenden Varanus-Eidechsen, die Aussenfläche des Darmes einiger Barben, zeugt davon, dass M é g n i n es mit längst abgestorbenen, im Laufe der Zeit stark veränderten Individuen zu thun hatte. Von dem Baue der männlichen Genitalien entwirft M é g n i n folgendes Bild. Alle *Echinorhynchen* haben zwei Hoden, die vermittelst zweier Faserstränge am Receptaculum hängen. Aus ihnen führen zwei Samengefässe heraus, die bei einigen Arten (*Echinorhynchus brevicollis* aus *Balaenoptera*) direkt in einen ungeförmigen Schlauch, den Harnsack (Bursalsack), einmünden, bei anderen Arten (*Echinorhynchus proteus* etc.) aber vorher zu einer wechselnden Zahl geräumiger Samenblasen (Kittdrüsen) anschwellen. Alles dies sind Ansichten, die schon vor einem halben Jahrhundert mit gewichtigen Gründen als irrthümlich bekämpft wurden.

S ä f f t i g e n [1] befasst sich ausschliesslich mit der Anatomie und Histologie von *Echinorhynchus angustatus*, *Echinorhynchus proteus* und *Echinorhynchus clavaeceps*. Seine mit grosser Sorgfalt ausgeführten Untersuchungen bestätigen mit nur wenigen Ausnahmen die L e u c k a r t'schen Befunde. Als neu sind folgende Beobachtungen anzuführen: Die beiden Vasa deferentia des *Echinorhynchus angustatus* und *Echinorhynchus proteus* zeigen je drei beutelförmige Anschwellungen (Samenblasen), die bei verschiedenen Individuen in ihren Dimensionen stark variiren, selten aber den Kittdrüsen an Umfang gleichkommen. Bei *Echinorhynchus clavaeceps* aber verschmelzen je zwei der gegenüber liegenden Vesiculae seminales zu einer grossen Blase, wodurch ihre Zahl sich auf die Hälfte reduzirt. Die sekretorischen Elemente der Kittdrüsen bilden zarte, membranlose Zellen, die je einen runden, mattglänzenden Kern aufweisen. Die Kittmasse scheint durch einen Degenerationsprozess dieser Zellen zu entstehen. Der Bau des Bursalmuskels stimmt mit dem allgemeinen Typus des Muskelgewebes überein, d. h. die Fibrillen treten zu Fasern zusammen, die ringförmig an den Aussenwänden verlaufen. Das Innere ist von einer Muskelflüssigkeit erfüllt und von einem spärlichen Protoplasmanetze durchzogen. Radiär verlaufende Muskelfasern sind nicht vorhanden. An ihrem Scheitel steht die Muskelkappe vermittelst eines hohlen Stieles in Zusammenhang mit einer grossen dünnwandigen, birnförmigen Blase. Letztere hat mit einer Drüse nicht die entfernteste Aehnlichkeit. Vielmehr stellt sie einen einfachen Markbeutel vor, in den bei allen Spezies zwei grosse Muskelkerne eingebettet sind. Der Aussenfläche dieses grossen Markbeutels liegt eine Muskelscheide eng an, die ebenso gebaut ist, wie die Genitalscheide und mit letzterer im Zusammenhang zu stehen scheint. Augenscheinlicherweise findet dieser eigenartige Apparat zur Ausstülpung der Bursaltaschen und vielleicht auch zur Erektion des Penis Verwendung.

Zu dem gleichen Resultat gelangte R. K ö h l e r [2] durch seine Studien am Riesenkratzer. Der Markbeutel liegt hier direkt unter dem Vas efferens. Er besteht aus einer dünnen Membran und einer feinkörnigen Masse, die in keiner Beziehung von dem Inhalte der röhrenförmigen Muskelfasern sich unterscheidet. Die übrige Darstellung K o c h l e r's enthält keine bemerkenswerten neuen Resultate.

---

[1] Zur Organisation der Echinorhynchen. Morphologisches Jahrbuch. 10. Bd., 1. Heft, 1884, pg. 37—42. Tafel 5. Fig. 4—11.

[2] Documents pour servir à l'histoire des Echinorhynques. Journal de l'anatomie et de la physiologie normales et pathologiques de l'homme et des animaux. 23. année, 1887. Déc. pg. 633—636. Tafel 29, Fig. 12; 15—17.

Eigene Beobachtungen.

Der männliche Genitalapparat der *Echinorhynchen* [1]) hat nicht im Entferntesten eine Aehnlichkeit mit dem der Nematoden. An Stelle des langen röhrenartig gebauten und von einer Rhachis durchzogenen Hodenschlauches der Nematoden findet man bei den Kratzern zwei cylindrische oder länglich ovale Keimdrüsen (A. a. O. Fig. 1 H.; Fig. 2 H.) vor, die sich sowohl gegen einander, als auch gegen die Leitungswege scharf absetzen. Der in ihnen erzeugte Samen gelangt zunächst in zwei häutige, mit etlichen sackartigen Ausbuchtungen versehene Kanäle, die Vasa deferentia (A. a. O. Fig. 1 V. def.; Fig. 2 Sr.), welche in mehr oder minder grosser Entfernung vom Hoden sich zu einem meist sehr geräumigen Vas efferens (A. a. O. Fig. 1 V. eff.; Fig. 2 V. eff.) vereinigen. Unmittelbar hinter den Hoden liegen alternirend in zwei Reihen sechs oder acht Drüsen, die auch bei den kleineren Arten schon dem unbewaffneten Auge infolge ihrer dunkelgelben oder bräunlichen Färbung auffallen (A. a. O. Fig. 1 Kd.; Fig. 2 Kd.). Sie scheiden eine zähflüssige, leicht erstarrende Masse ab, die nach vollzogener Begattung die weibliche Genitalöffnung verstopft und so das Austreten des gewaltsam hineingepressten Samens verhindert. Zur Befestigung der ebengenannten Drüsenkörper dient ein häutiger Schlauch, das Ligamentum suspensorium. Selbiges inserirt sich am hinteren Ende des Receptaculum probocidis unmittelbar neben der Durchbruchsstelle der grossen Retractores receptaculi und umhüllt als kontinuirliche Membran die beiden Hoden, die Kittdrüsen und deren Leitungswege (A. a. O. Fig. 1 Ls.; Fig. 2 Lg.). Die vordere Hälfte des Ligamentes ist vorwaltend sarkolemmatischer Natur; nur hier und da gewahrt man vereinzelte Längsmuskelfibrillen. Der hintere Abschnitt aber besteht der Hauptmasse nach aus muskulösen Elementen, die sich zu netzartig verwobenen Ringfasern zusammengruppiren. Am vorderen Rande dieser Ringmuskelscheide erblickt man jederseits ein sehr grosses, polsterartiges und blumenkohlartig verzweigtes Nephridium, welches frei in die Leibeshöhle hineinragt (A. a. O. Fig. 1 Nephr.). Alle Einschlüsse der Genitalscheide vereinigen sich schliesslich mit einander und münden in der Achse eines konischen Penis nach aussen. Bei allen Spezies liegt das Begattungsglied im Grunde einer halbkugel- oder lehnförmigen Bursa copulatrix, die nach aussen hervorgestülpt werden kann und dann zum Umfassen des weiblichen Leibesendes dient. Die Grundlage der Bursa bildet ein eigenartig gebauter Ringmuskel (A. a. O. Fig. 1 Bm.; Fig. 2 Bm.), der vermittelst eines dünnen Stieles mit einem mächtigen, von Ringfasern umgürteten Markbeutel in Verbindung steht. Die Portrusion und die Retraktion der Kopulationsorgane werden durch mehrere in diagonaler Richtung zwischen dem Muskelmantel des Ductus ejaculatorius und der Leibeswand sich ausspannende Längsmuskelstränge bewirkt.

Die Morphologie der männlichen Genitalien ist wohl für alle eingehender untersuchten Spezies hinreichend beschrieben. Ich werde deshalb mich hauptsächlich mit der Histologie und der Entwickelungsgeschichte der einzelnen Organtheile zu beschäftigen haben und die Morphologie nur dann, wenn sie zum allgemeinen Verständnisse erforderlich ist, andeutend berühren.

Soweit unsere Erfahrungen reichen, besitzen sämmtliche *Echinorhynchen* zwei Keimdrüsen von

---

[1]) Zur Erläuterung der topographischen Anatomie der männlichen Genitalien möge die 100ste der von Leuckart herausgegebenen „Zoologischen Wandtafeln" dienen, woselbst ich in Fig. 1 ein in ganzer Länge geöffnetes geschlechtsreifes Männchen von *Echinorhynchus gigas*, in Fig. 2 ein solches des Barschkratzers (*Echinorhynchus angustatus*) abgebildet habe.

sehr ansehnlicher Grösse. Bei der Mehrzahl der Arten sind selbige in der Längsachse des Leibes und zwar in kurzer Entfernung hintereinander angebracht. Hierbei soll jedoch der Fall nicht ausgeschlossen sein, wo die beiden Hoden so dicht aufeinander rücken, dass ihre Enden neben- oder übereinander zu liegen kommen (*Echinorhynchus trichocephalus*, *Echinorhynchus gigas*, *Echinorhynchus proteus* etc.). Die einzigen bekannten Ausnahmen bilden *Echinorhynchus strumosus* und *Echinorhynchus hystrix*, zwei durch einen kurzen, gedrungenen Körperbau ausgezeichnete Spezies. Bei ihnen werden die dicken, fast sphärischen Hoden in gleicher Höhe, also neben einander angetroffen.

Die Lage, welche die Hoden in der Leibeshöhle einnehmen, ist bei den verschiedenen näher untersuchten Arten keineswegs die gleiche; sie erregt umsomehr unser Interesse, als sie häufig in letzter Instanz die Gestalt und die Anordnung der Kittdrüsen influenzirt. Bei *Echinorhynchus gigas*, *Echinorhynchus angustatus*, *Echinorhynchus porrigens*, *Echinorhynchus proteus*, *Echinorhynchus moniliformis* etc., überhaupt bei der Mehrzahl der Arten findet man sie in der Körpermitte oder wenigstens unmittelbar vor derselben. Nur einige wenige Spezies machen hierin eine Ausnahme. Bei *Echinorhynchus trichocephalus*, einem sehr langen und äusserst dünnen, fadenartigen Kratzer, liegen die beiden eiförmigen Hoden in jener eigenartigen, ovoiden Auftreibung des Vorderleibes, mit der wir uns schon des aberranten Baues ihrer Wandung wegen eingehender beschäftigt haben. In der hinteren Leibeshälfte findet man die Geschlechtsdrüsen nur bei den Männchen von *Echinorhynchus haeruca* und *Echinorhynchus major*.

Weit mannigfaltiger sind die Unterschiede, die hinsichtlich der Grösse und der äusseren Gestalt obwalten. Was zunächst den ersten Punkt angeht, so verweise ich auf die unten aufgestellte Tabelle[1]. Lang gestreckte cylindrische oder gurkenähnlich gestaltete Hoden wurden nur bei einer sehr beschränkten Zahl von Kratzern vorgefunden. Zu ihnen gehören *Echinorhynchus gigas* und der von Westrumb an seinen anatomischen Bau untersuchte und abgebildete *Echinorhynchus major* aus dem Darme von *Erinaceus europaeus*. Eine weit grössere Verbreitung scheinen die mehr gedrungenen, eiförmigen oder sphäroiden Hoden zu haben. Wir finden sie bei *Echinorhynchus angustatus*, *Echinorhynchus haeruca*, *Echinorhynchus proteus*, *Echinorhynchus polymorphus*, *Echinorhynchus trichocephalus*, *Echinorhynchus porrigens*, *Echinorhynchus strumosus*, *Echinorhynchus hystrix* etc.

Gehen wir nun nach diesen einleitenden Bemerkungen zur Besprechung des anatomischen und histologischen Baues der männlichen Keimdrüsen über.

Wir wollen uns zunächst mit den Strukturverhältnissen, welche der Hoden des geschlechtsreifen *Echinorhynchus gigas* zur Schau trägt, etwas eingehender beschäftigen. Schon bei Anwendung schwacher Vergrösserung kann man eine dünne, scharf konturirte Membran erkennen, die auf der Oberfläche des dickflüssigen, zellenreichen Hodenparenchymes sich ausbreitet und dieses allseitig umhüllt (s. Tafel 3, Fig. 8 tp). Diese Tunica propria erscheint im Leben vollkommen homogen, glasartig durchsichtig und

[1] Länge des geschlechtsreifen Männchen von:

	Länge.	Breite der Hoden.
Echinorhynchus angustatus	7 mm,	0,85 mm, 0,51 mm.
Echinorhynchus haeruca	12 mm,	0,36 mm, 0,62 mm.
Echinorhynchus porrigens juv.	20 mm,	1,20 mm, 0,68 mm.
Echinorhynchus strumosus juv.	6 mm,	0,27 mm, 0,23 mm.
Echinorhynchus trichocephalus	46 mm,	0,68 mm, 0,52 mm.
Echinorhynchus gigas	95 mm,	13,00 mm, 1,35—1,58 mm.

zeichnet sich durch ein auffallend starkes Lichtbrechungsvermögen aus. Mit farbigen Reagentien — besonders mit Salzsäurekarmin und dem Kaliumsalze des Eosins — imprägnirt sie sich leicht und intensiv, ohne dass durch diese Procedur eine weitere, feinere Stukturirung erkenntlich würde. Mit der zweiten, um vieles dickeren Umhüllungshaut, welche der dorsale Schlauch des Ligamentum suspensorium abgiebt, steht sie, obwohl sie zumal in den mittleren Partien eines jeden Hodens der letzteren sich innig anschmiegt, in keinem direkten Zusammenhange (s. Tafel 3, Fig. 8 L'). Die Hoden liegen demgemäss vollkommen lose in dem dorsalen Ligamentschlauche und können sich nach vorn und hinten um ein weniges verschieben. Ausgiebigere Lageveränderungen werden lediglich dadurch verhindert, dass sowohl oberhalb, wie unterhalb der Hoden der Ligamentschlauch sich um ein beträchtliches einengt. Am hintern Ende der Hoden geht die Tunica propria direkt in das trichterförmig erweiterte, vordere Ende der Vasa deferentia über.

Das von der Tunica propria allseitig umhüllte Hodenparenchym setzt sich aus sehr differenten Gewebselementen zusammen. Die Grundsubstanz bildet eine farblose, zähflüssige Protoplasmamasse; darin eingebettet sind zahlreiche bald grössere, ovale, bald kleinere, und alsdann mehr rundliche Zellenkomplexe und ausserdem eigenartige, wolkig getrübte Stellen, die bei Anwendung starker Vergrösserung als Packete unreifer oder auch reifer Samenfäden sich answeisen.

Was zunächst die Grundsubstanz angeht, so besitzt selbige ungefähr die Konsistenz des Hühnereiweisses. Ausser zahlreichen Fäden und Schlieren, die aber nur am tingirten Schnittpräparate als solche erkannt werden, enthält sie noch eine Menge fettähnlicher Tröpfchen oder Kügelchen, die nach Behandlung mit der Flemming'schen Chromosmiumessigsäure vollkommen schwarz gefärbt erscheinen. Ferner aber entdeckt man eine bei verschieden alten Individuen verschieden grosse Anzahl von eigenartigen Bildungen, die von den übrigen Zellelementen des Hodenparenchyms nicht nur durch ihre weit beträchtlichere Grösse, sondern vor allem auch durch ihr ganzes Aussehen sich wesentlich unterscheiden.

Die kleinsten dieser Bildungen, die besonders an den zugespitzten Enden der Hoden in grösserer Menge sich vorfinden und die jüngsten Entwickelungsstadien repräsentiren, enthalten einen eckigen, oder auch mehr rundlichen grossen Chromatinhaufen (Nucleolus) und ausserdem eine wechselnde Anzahl mehr randständiger, unregelmässig konturirter Chromatinballen. Ausserdem aber findet man theils in dem zähren Protoplasmagerüst, theils in dem die Höhlungen des letzteren erfüllenden Kernsafte glänzende und das Licht stark brechende Tröpfchen, welche bei Anwendung von Osmiumsäure sich schwärzen und wohl als Fettsubstanz aufgefasst werden dürften. In den meisten Fällen treten diese Fetttröpfchen in so grosser Menge auf, dass die einzelnen Kerne vollkommen schwarz und undurchsichtig erscheinen.

Im Laufe der Zeit ändert sich das Aussehen dieser umfangreichen Kernkugeln. Infolge reichlicher Flüssigkeitsaufnahme werden sie bald grösser, und gleichzeitig vertauschen sie ihre sphärische Form mit der eines Rotationsellipsoides. Die randständigen Chromatinanhäufungen und der grosse excentrisch gelegene Nucleolus verlieren an Tinktionsvermögen und lassen sich bald nur noch als dunkle, undeutlich konturirte Flecken erkennen. Trotz alledem lassen sich diese Kerngebilde der restirenden Hüllen wegen noch längere Zeit hindurch unschwer auffinden. Ueberdies möchte ich hier noch einer Reaktion gedenken, vermöge deren die Kernblasen sich von allen übrigen Zellen des Hodenparenchymes leicht unterscheiden lassen. Behandelt man nämlich die auf dem Objektträger befestigten Schnitte mit alkoholischer

Eosinlösung und zieht hierauf mit verdünnter alkoholischer Essigsäure aus, so erscheinen die ovalen Kernblasen selbst dann noch intensiv roth gefärbt, wenn alle übrigen Kerne, und selbst deren Chromatinmassen, den Farbstoff vollständig abgegeben haben. Schliesslich aber gehen die Kernhüllen zu Grunde; die Plasmaleiber verschmelzen mit einander und liefern so jenes schlierenreiche Protoplasma, welches dem Hodenparenchyme die zähflüssige Consistenz verleiht.

Die in diesem zähflüssige Plasma eingebetteten Zellenpackete enthalten die verschiedensten Entwickelungsstadien des Spermatozoen. Eine gesetzmässige Anordnung nach dem Alter der Stadien ist, wie man dies wohl von vorn herein aus der flüssigen Beschaffenheit der Verpackungsmasse erwarten dürfte, nicht vorhanden. Dagegen gilt es als Regel, dass nur solche Zellen zu einem Packete zusammentreten, die auf der gleichen Entwickelungsstufe, ja meist sogar in derselben Entwickelungsphase stehen.

Wir wollen uns zunächst mit dem Baue und den Schicksalen der jüngsten Entwickelungsstadien des Samens, die im Hoden des vollkommen geschlechtsreifen Riesenkratzers sich vorfinden, den Ursamenzellen oder Spermatogonien befassen.

Es sind dies polyedrisch begrenzte, seltener kugel- oder eiförmige, grosse Zellen, die entweder einzeln oder zu Packeten vereinigt an den verschiedensten Stellen des reticulären Hodenparenchymes vorgefunden werden. Schon aus der Zahl der Zellen, die ein solches Packet bilden, lässt sich, zumal wenn man berücksichtigt, dass ein jedes der Packete einer einzigen Zelle des embryonalen Hodens seine Entstehung verdankt, vermuthen, dass zahlreiche Generationen solcher Ursamenzellen auf einander folgen. Die Vermuthung wird zur Gewissheit, sobald man die Grösse, die Form und das ganze Aussehen der einzelnen Elemente verschieden grosser Zellenhaufen vergleicht.

Die jüngsten Spermatogonien, welche man, wenngleich in nur sehr spärlicher Menge, beim geschlechtsreifen Tiere antrifft, und einzeln (übrig gebliebene Zellen des embryonalen Hodens) oder zu kleinen Häufchen von höchstens 12—14 Stück (Tochterzellen der ersteren) bei einander liegen sieht, besitzen einen Durchmesser von 10—14 μ, sind also die grössten Zellen des ganzen Hodeninhaltes. Ihre Kerne sind ziemlich gross (8—9 μ) und zeichnen sich durch eine vollkommene sphärische Gestalt aus s. Tafel 9, Fig. 33). Im Ruhezustande ordnet sich die chromatische Substanz, welche meist in reichlicher Menge vorhanden ist und den Einblick in das Kerninnere sehr erschwert, zu einem weitmaschigen Netzwerke an (s. Tafel 9, Fig. 33). Die Knotenpunkte des letzteren sind durch grössere, eckige, unregelmässig konturirte Chromatinhaufen gekennzeichnet. In den Maschen des Chromatingerüstes, dessen dünne Fäden gleichfalls mit kleinen Chromatinkörnchen reichlich ausgestattet sind, liegen mehrere (gewöhnlich wohl zwei) kleine Nucleolen, die in Folge ihrer eiförmigen Gestalt und der vollkommen glatten Oberfläche sich von den übrigen Chromatingebilden des Kernes leicht unterscheiden lassen. Gegen den Zellleib ist die Substanz des Kernes scharf abgegrenzt.

Was schliesslich den Zellleib selbst angeht, so besteht selbiger der Hauptmasse nach aus einem fadigen oder wabigen Protoplasma, einer die Hohlräume dieses Protoplasmagerüstes erfüllenden farblosen Flüssigkeit und einer wechselnden Zahl mit Bismarckbraun schwach sich tingirender, theils vereinzelter, theils zu kleinen Gruppen zusammengeballter Körnchen, die wohl als Dottersubstanz aufgefasst werden dürften.

Die ersten Veränderungen, welche die Zellvermehrung einleiten, bestehen darin, dass die als Dottersubstanz gedeuteten dunklen Körner verschwinden. Da nun aber der Kern in dieser Zeit zu wiederholten Malen seine sphäroide Form verliert, nach den verschiedensten Richtungen hin kurze pseudo-podienartige Hervorragungen treibt und diese dann wieder mehr oder minder langer Frist ein-zieht, so drängt sich unwillkürlich die Vermuthung auf, es möchte der Kern es sein, der die Dotter-partikel zum Verschwinden bringt, d. h. sie aufzehrt, um damit die bei der Theilung nothwendigen Ausgaben zu bestreiten.

Bald aber ändert sich auch das Aussehen des Kernes. Anfangs vollkommen dunkel, wird er nun heller und heller, indem sich zwischen die Chromatinkörnermassen eine helle Substanz, die vorwiegend dünnflüssiger Natur zu sein scheint, einlagert. In Folge dessen bläht der Kern sich auf, bis er schliess-lich einen Durchmesser von 10—11 μ erreicht (s. Tafel 9, Fig. 18).

Das nächste Entwickelungsstadium charakterisirt sich dadurch, dass die grossen randständigen Chromatinhaufen verschwinden, und die sie zusammensetzenden kleinen Partikel in der früher geschil-derten Weise (vergl. pg. 81) zu einem mehr oder minder regelmässig aufgewundenen, seltener wirr verschlungenen, dünnen Faden zusammenfliessen (s. Tafel 9, Fig. 19). Die Nucleoli sind auf diesem sogenannten Spiremstadium noch vorhanden und von dem früheren Aussehen. Doch bald ändern sich diese Verhältnisse. Nachdem der Faden sich verdickt und um ein entsprechendes Stück verkürzt hat (s. Tafel 9, Fig. 20), zerfällt er infolge einer sich mehrmals wiederholenden Quertheilung in mehrere, gleich lange Segmente, Chromosomen. Auf dieser Entwickelungsstufe geht die Kernmembran, die schon seit längerer Zeit nur noch als ein um ein wenig dunkeler wie der Zellleib gefärbter Randstreifen sichtbar war, gänzlich zu Grunde (s. Tafel 9, Fig. 21). Infolge dessen werden die Chromosomen im Plasma ziemlich weit zerstreut. Doch bald beginnen sie sich wiederum zu sammeln und, wohl infolge der Verkürzung der achromatischen Spindelfäden, welche bei manchen Präparaten schon jetzt ziemlich deutlich hervortreten, zur Aequatorialplatte zusammenzutreten. Betrachtet man die Kernfigur vom Pole der Spindel aus, so überzeugt man sich, dass eine jede der Chromosomen ein nahezu gleichmässig dickes Band mit abgerundeten Enden vorstellt (s. Tafel 9, Fig. 21). Vorläufig behalten die chromati-schen Elemente ihre ursprüngliche S-förmige oder auch spiralig aufgewundene Gestalt bei. Späterhin aber vertauschen sie selbige mit der von haarnadelähnlich geknickten Schleifen und stellen sich so ein, dass die Umbiegestellen nach dem Zentrum, die gleichlangen Schenkel aber nach der Peripherie zu liegen kommen. Die Zahl der Chromosomen lässt sich an günstig liegenden Zellen (s. Tafel 9, Fig. 23, 36) leicht bestimmen; sie beträgt konstant vier. Betrachten wir jetzt die Kernfigur von der Kante der Aequatorialplatte oder in etwas schräger Richtung (s. Tafel 9, Fig. 26), so erscheint uns die achro-matische Figur in Form einer gestreckten, die Zelle in drei Viertheilen ihrer Länge durchsetzenden Spindel. Die einzelnen Spindelfäden sind sehr blass und wenig scharf konturirt; sie verschwinden in Canada-balsampräparaten meist schon nach wenigen Wochen. Die Zahl der an jedes Chromosom herantreten-den Fäden oder Bänder konnte ich nicht bestimmen. Es mag dies weniger an der Kleinheit der Objekte, als vielmehr an der Seltenheit des betreffenden Stadium liegen. Während man das Stadium des Diaster sehr häufig erhält, sind die ungetheilten Figuren der Aequatorialplatte, der Monaster, höchst selten. Man wird wohl nicht irren, wenn man aus dieser Thatsache folgert, dass die Entwickelung in dem ersteren Stadium sich weit langsamer vollzieht als in dem letzteren. Centrosomen konnten als materiell differenzirte Punkte nirgend erkannt werden. Nur die Richtung der zu einer Spitze konvergirenden achromatischen Spindelfäden, sowie eine sehr geringe radiale Strahlung des Plasmas verräth ihre Lage.

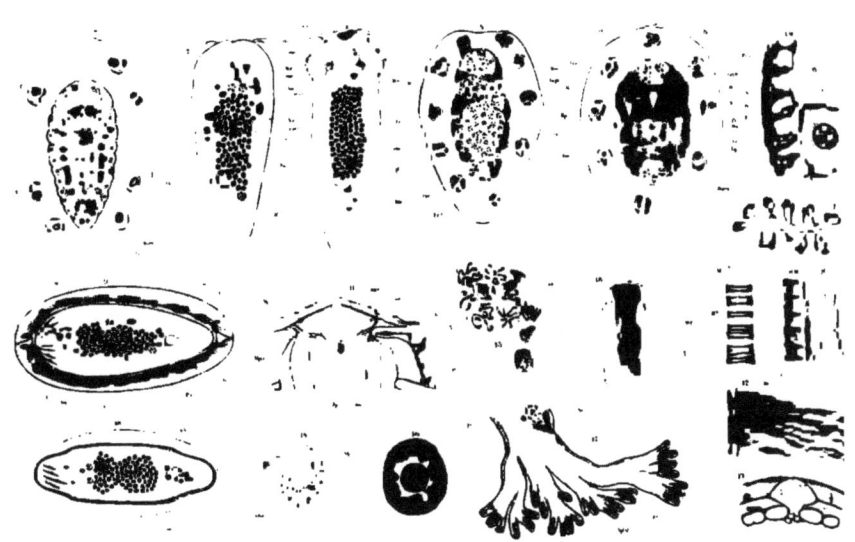

Das nächste Entwickelungsstadium ist das des Diaster. Die Chromosomen spalten sich in ihrer ganzen Länge, und die Theilstücke beginnen nun infolge der rasch fortschreitenden Verkürzung der achromatischen Spindelfäden mit der Knickstelle voran, nach den beiden Polen zu wandern. Ueberdies möchte ich eines merkwürdigen Umstandes, der leicht zu Irrthümern verleiten könnte, Erwähnung thun. Nicht selten findet man nämlich völlig unverletzte Zellen, bei denen mehr als 4 Chromosomen, vielleicht deren 5 bis 7, gesehen werden (s. Tafel 9, Fig. 25). Solche Zellen stehen gleichfalls im Stadium des Diaster; sie unterscheiden sich von den übrigen Zellen der gleichen Entwickelungsphase nur dadurch, dass einige der Schleifenpaare noch in ihrer ganzen Länge zusammenhängen, oder vielleicht nachträglich mit einander verklebt sind. Für die Richtigkeit dieser Annahme spricht vor allem die Thatsache, dass Schleifen mit drei Schenkeln (s. Tafel 9, Fig. 24) zu keiner Seltenheit gehören.

Sowie die Schleifen der Tochterplatten sich von einander entfernen, tritt zwischen den nach aussen gewandten Enden der Chromosomen die Substanz der Connectivfäden auf. Selbige scheinen der Fortbewegung der Schleifenenden, an denen sie sich anheften, einen erheblichen Widerstand entgegenzusetzen, wenigstens drehen bei der stetig fortschreitenden Verkürzung der achromatischen Spindelfäden die Schleifen allmählich sich so, dass ihre Schenkel in die Richtung der Spindelfäden zu liegen kommen. Auf diese Weise erhalten wir das sogenannte Tonnenstadium (s. Tafel 9, Fig. 35), die Zahl der Zellen, deren Kernfigur diese höchst charakteristische Form aufweist, ist eine sehr beschränkte, ein Beweis für die relativ sehr geringe Dauer des in dieser Zeit verlaufenden Umwandelungsprocesses.

Was nun die zwischen den Chromosomen sich ausspannenden Connectivfäden angeht, so unterscheiden selbige sich bei unseren Würmern nicht nur durch ihre weit schärfere Konturirung von den Fäden der achromatischen Spindel, sondern vor allen Dingen auch dadurch, dass sie mit den meisten farbigen Reagentien ein deutliches Kolorit annehmen (s Tafel 9, Fig. 26). Dieses eigenartige Verhalten legt die Vermuthung sehr nahe, dass die Fäden geringe Mengen Chromatin enthalten möchten. Indem nun die Chromatinschleifen den beiden Polen sich nähern, gehen die Verbindungsfäden allmählich verloren. Die ersten Veränderungen, die sich wahrnehmen lassen, bestehen darin, dass die anfänglich cylindrischen Faserbündel in den mittleren Partien sich taillenartig einschnüren und eine dem Stundenglase ähnliche Form annehmen (s. Tafel 9, Fig. 27). Fast zur nämlichen Zeit sieht man, und zwar genau in der Mitte zwischen den beiden Tochtersternen, eine seichte Furche entstehen, die sich bald nach den beiden Seiten hin ausbreitet und allmählich um den ganzen Aequator des jetzt eiförmigen Zellleibes herumgreift (s. Tafel 9, Fig. 28). Diese Ringfurche senkt sich im Laufe der Zeit immer tiefer und tiefer in das Innere der Zelle ein und bewirkt schliesslich einen Zerfall des Spermatogonium in zwei gleichgrosse Tochterzellen. Die Connectivfäden sind bis auf geringe Spuren in der unmittelbaren Nähe der Schleifen und einige dünne Strichel in der Aequatorialebene gänzlich verschwunden (s. Taf. 9, Fig. 28). Mit der gänzlichen Durchschnürung gehen auch diese letzten Ueberreste verloren. Die Chromatinschleifen sind inzwischen bis zu den Polen der achromatischen Spindel auseinander gerückt (s. Taf. 9, Fig. 27, 28). Auf diesem Wege erleiden die Chromatinschleifen eine Veränderung, insofern sie sich nämlich in ganz auffälliger Weise verkürzen, ohne dass ihr Durchmesser entsprechend viel wächst. Vorläufig zeigen sie noch ihre ursprüngliche Schleifenform; sie sind vollkommen homogen, glatt konturirt und haben den Farbstoff in weit grösserer Menge als früher aufgespeichert. Doch bald ändern sich diese Verhältnisse. Die Chromosomen verlieren ihre homogene Beschaffenheit und nehmen einen mehr

5

gewundenen Verlauf an. Bald beginnen sie kleine, spitze Fortsätze zu treiben und vermittelst dünner Fäden, die von diesen Protuberanzen ausgehen, mit einander in Verbindung zu treten. Die Zahl der Fäden nimmt rasch zu, und in demselben Maasse verlieren die Chromosomen an Selbständigkeit. Indem nämlich kleine Chromatinpartikel sich aus der Substanz der Chromosomen ablösen und zu kleinen Häufchen zusammentreten, verwandelt sich die Kernfigur allmählich in ein feinfädiges Netzwerk, dessen Knotenpunkte durch die eben erwähnten Chromatinhäufchen gekennzeichnet werden. Auf dieser Entwickelungsstufe treten die Nucleolen wieder sehr deutlich hervor. Sie bilden vollkommen kugelrunde oder auch mehr linsenartige Chromatinkörner, welche sich in Folge der glatten Oberfläche von der übrigen Chromatinbildung leicht unterscheiden lassen. Vorläufig sind die Tochterkerne noch vollständig hüllenlos. Bald jedoch wird eine etwas dunklere und mehr homogene Randschicht sichtbar, welche nun allmählich zur Kernmembran sich verdichtet.

Die so erhaltene zweite Generation von Spermatogonien (s. Tafel 9, Fig. 17) unterscheidet sich in vielen Punkten von den Mutterzellen. Zunächst muss hervorgehoben werden, dass die Grösse der Tochterzellen (8,5—9,6 μ) wesentlich hinter der der Mutterzellen (10—14 μ) zurückbleibt. Weit auffallender sind aber die relativen Grössendifferenzen, welche zwischen Kern und Zellenleib obwalten. Während bei den Spermatogonien (Spermatomeren van Beneden's) 1. Ordnung der Kerndurchmesser (ca. 9 μ) fast ⁴⁄₅ desjenigen der Zelle (ca. 12 μ) erreicht, beträgt er bei den Spermatogonien 2. Ordnung (4—4,6 μ) kaum noch die Hälfte des Zellendurchmessers (8,5—9,6 μ). Ein nicht minder leicht in die Augen springendes Merkmal ist die dunkle Färbung der Tochterkerne, deren Grund offenbar einzig und allein in der dichteren Anhäufung der chromatischen Substanz zu suchen ist (s. Tafel 9, Fig. 17).

Aber nicht nur die Form, sondern auch die gegenseitigen Lagerungsbeziehungen sind bei den verschiedenen Generationen nicht die gleichen. Wir sind gewöhnt, die Zellen der ersten Generation einzeln, oder in sehr kleinen, soliden Häufchen bei einander liegen zu sehen. Im letzteren Falle zeigen die Zellen in Folge der gegenseitigen Berührung mehr- oder minder regelmässige polyedrische Begrenzungen. Die Zellen der zweiten Generation dagegen reihen sich in einfacher Schicht aneinander und bilden die Rindenschicht rundlicher oder oval gestreckter Ballen. Der von ihnen umgrenzte Hohlraum wird von einem eigenartigen, retikulären Protoplasma erfüllt. Ueber die Herkunft dieser Zentralmasse sind meine Untersuchungen noch nicht vollständig abgeschlossen. Von den peripherisch gelegenen Samenzellen kann sie unmöglich gebildet sein, da erstens niemals bei dem Theilungsprozesse Plasmaausstossungen beobachtet werden, zweitens aber das Volumen dieser Bildungen im Laufe der Zeit eher ab- als zunimmt. Vergleichen wir nun aber die ovalen, durch Degeneration aus den grossen Kernen entstandenen Plasmaballen mit dem Zentrum der Samenzellenhaufen, so zeigt es sich, dass beide nicht nur in der Grösse, der retikulären Form des Protoplasmas, der Anordnung des gröberen und feineren Plasmagefässes übereinstimmen, sondern es finden sich auch jene körnigen Konglomerate wieder, die ich an einem früheren Orte als Ueberreste des Kerngerüstes gedeutet habe. Diese höchst merkwürdige Thatsache legt die Vermuthung sehr nahe, es möchten die kleinen Spermatogonien zweiter Ordnung, eines nach dem anderen, der Oberfläche der degenerirenden, ovalen Kernblasen sich anschmiegen, bis schliesslich letztere von einer kontinuirlichen Schicht solcher kleinen Zellen bedeckt ist. Wenn späterhin der zweiten Generation eine dritte folgt, so häufen sich die Samenzellen in doppelter oder dreifacher Lage an. Wächst nun aber die Menge der Spermazellen durch Hinzufügung immer neuer Generationen mehr und mehr, so werden neue Plasmaballen herangezogen und, gleich den ersten, von den Samenzellen eingehüllt. Auf diese Weise gehen jene höchst charakteristischen, traubenähnlichen Formen hervor, welche die älteren Entwickelungsstadien der männlichen Zeugungsstoffe kennzeichnen.

Über den physiologischen Werth dieser zentral gelegenen, retikularen Plasmamassen der Samenzellenhaufen können wir wohl kaum einen Augenblick im Unklaren sein. Sie entsprechen vollkommen den unter dem Namen Rhachis bekannten Bildungen, welche besonders bei einer Anzahl von Nematoden und Insekten eingehender untersucht und als Träger der Samen- und Eizellen erkannt wurden.

Wie ich dies schon oben erwähnt habe, folgen den Spermatogonien zweiter Ordnung noch mehrere Generationen. In Folge der sich öfters wiederholenden Theilung werden die Zellen kleiner und kleiner. Der Kerndurchmesser hat sich natürlicher Weise auch verringert, doch ist das relative Verhältniss zwischen ihm und dem Zellendurchmesser 1 : 2 das gleiche geblieben.

Als Endprodukt der Zellvermehrung erhalten wir kleine polyedrisch begrenzte oder mehr rundliche Zellen, welche sammt und sonders die gleiche Grösse besitzen und 6,6 μ messen. Die Kerne zeigen eine vollkommen sphärische Form und sind so vollständig mit Chromatin erfüllt, dass man sie, zumal auf unzureichend ausgezogenen Präparaten, leicht für solide Chromatinkörner halten könnte. Ihre Grösse beträgt durchschnittlich nur 3,2 μ. Nach ihrem Verhalten zu den Spermatozoen müssen wir diese kleinen Zellen als Samenmutterzellen oder, falls wir uns der in der Literatur am weitesten verbreiteten Terminologie von La Valette St. George bedienen wollen, als Spermatocyten bezeichnen.

Die ersten Veränderungen, die sich an den Spermatocyten (Spermatomeren Oskar Hertwig's) wahrnehmen lassen, bestehen darin, dass ihr Zellenkörper von einem Durchmesser von 6 μ auf einen solchen von 8—9 μ heranwächst. Das Protoplasma verliert seine Durchsichtigkeit und gewinnt, indem die Körnchen der dunkel tingirten Häufchen sich mehr zerstreuen, eine gleichmässig trübe Beschaffenheit Inzwischen hat aber auch der Kern sich zu einem dem Keimbläschen vergleichbaren Gebilde vergrössert. Infolge der Einlagerung einer dünnflüssigen Plasmamasse, Kernsaft, ist das Chromatingerüst aufgelockert worden, sodass man jetzt einen weit klareren Einblick in den Bau des Kerninneren gewinnt. Die Chromatinfäden sind nicht, wie wir dies bei sämmtlichen Spermatogonien zu finden gewöhnt waren, gleichmässig über den Kernraum vertheilt, sondern sie häufen sich an gewissen Punkten in grösseren Massen an und bilden dunkele, spongiöse Ballen, von denen nun die mit zahlreichen Zacken besetzten Arme ausgehen.

Schickt sich die Samenmutterzelle zur Theilung an, so ändert sich zunächst wieder das Aussehen des Kernes. Die gröberen und kleineren Chromatinpartikel des Ophiuren- ähnlichen Kerngerüstes fliessen zu dicken Strängen zusammen, die wir in einander geschlungen das Centrum der Kernblasen einnehmen. Doch auch diese Form der chromatischen Figur ist, wie dies die relative Seltenheit des Spiremstadium zur Genüge darthut, von keiner langen Dauer.

Aus dem wirren Knäuel gehen allmählich 4 haarnadelförmig gekrümmte Schleifen hervor. Da nun um diese Zeit die Kernmembran verschwindet, so werden zunächst die vier Chromosomen über das ganze Zellplasma zerstreut. Bald aber nähern sie sich wiederum — und zwar wahrscheinlich in Folge der stetig fortschreitenden Verkürzung der achromatischen Spindelfäden, von denen sich leider auf allen von mir hergestellten Präparaten nur sehr schwache Andeutungen nachweisen liessen — und treten schliesslich zur Aequatorialplatte zusammen s. Taf. 9, Fig. 36. Auch das Monasterstadium geht rasch

5*

vorüber. Die Schleifen spalten sich in ihrer ganzen Länge, und die hierdurch entstehenden Tochtersterne wandern nun den Polen des jetzt schlanken, spindelförmig gestreckten Samenmutterzellleibes zu. Auf diesem Wege verkürzen sich die Chromosomen in so beträchtlicher Weise, dass ihre Schenkel schliesslich kaum noch ein Drittheil ihrer ursprünglichen Länge besitzen (s. Taf. 9 Fig. 44). Je weiter die beiden Tochtersterne sich von einander entfernen, um so näher rücken die sie bildenden Schleifen an einander. Die Abstände werden schliesslich so gering, dass man die einzelnen Chromosomen als solche kaum noch zu unterscheiden vermag. Während diese Veränderungen sich abspielen, wird am Rande des Zellleibes, und zwar mitten zwischen den beiden Tochtersternen eine Ringfurche sichtbar, die ziemlich rasch in das Innere vordringt und schliesslich den Zellleib in zwei annähernd grosse Stücke zertheilt. Die auf diese Weise entstehenden Tochterzellen können wir mit La Valette St. George als Spermatiden I. Ordnung (Spermatocyten van Beneden) bezeichnen. Die Verkürzung der Chromosomen hat jetzt ihr Maximum erreicht. Die beiden Tochtersterne gleichen zwei rundlichen Chromatinballen, die in gleichen Abständen nach vier Richtungen hin kurze, abgerundete Ausläufer entsenden. Wollen wir trotz der geringen Grösse der betreffenden Objecte einen Einblick in den Bau der chromatischen Figur, so wie in deren Metamorphose gewinnen, so sind starke Vergrösserungen allein nicht hinreichend. Wir müssen vor allem unser Augenmerk darauf richten, sehr distinkt gefärbte Präparate zu erzielen. Die besten Resultate erhielt ich dadurch, dass ich sehr dünne, höchstens $1\frac{1}{2}-1\frac{3}{4}\,\mu$ dicke Schnitte in der Brutofentemperatur mindestens 48 Stunden mit alkalischer Safraninlösung färbte und darauf nach Anwendung der Gram'schen Methode mit völlig neutralem, absolutem Alkohole sorgfältig auszog. Bismarckbraun und Gentianaviolett in der gleichen Weise angewendet, lieferten mir keine sehr brauchbaren Objecte. Der Grund dieser merkwürdigen Thatsache scheint darin zu liegen, dass mit den beiden letztgenannten Farbstoffen die Chromosomen und die sie einhüllenden Liniumassen sich gleich intensiv imprägniren.

Auf solchen distinktgefärbten Safraninpräparaten erweist sich jeder Tochterstern aus zwei gesonderten Partien bestehend, deren jede ihrerseits wiederum aus zwei Chromosomen sich zusammensetzt. Die Chromosomen selbst haben eine kurze hantel- oder bisquitähnliche Form und sind so gestellt, dass sie der Längsachse der Mutterzelle ihre convexe Fläche zukehren. Bei schwächerer Vergrösserung scheint daher das Chromosomenbündel aus einem einfachen dicken Mittelstücke, das nach oben und unten sich in vier gekrümmte Fortsätze auflöst, zu bestehen. Die zu einem Paare gehörigen Chromosomen sind so dicht auf einander gerückt, dass ihre etwas abgeflachten convexen Flächen sich unmittelbar berühren.

Eine Zeit lang liegen die beiden Schleifenpaare mit parallelen Achsen noch dicht nebeneinander, sodass wenigstens vorläufig noch die ursprüngliche Sternform (Diaster) erhalten bleibt. Späterhin aber ändern sich die Verhältnisse: die Schleifenpaare trennen sich von einander, d. h. die aus den Spermatocyten entstandenen Spermatiden I. Ordnung schicken sich zu einer Theilung an, ohne dass jenes durch den grossen bläschenförmigen Kern mit weitmaschigem Chromatingerüst gekennzeichnete Ruhestadium eintritt. Es werden also die vier aus der ersten Theilung hervorgehenden Chromosomen direkt zur Bildung der zweiten Kernfigur verwandt. Die Veränderungen, die hierbei die Kernfigur erleidet, sind ziemlich komplizirter Art. Leider ist es mir nicht geglückt, diese Metamorphose in lückenloser Serie zur Anschauung zu bringen.

Die ersten Veränderungen, die die zweite Theilung einleiten, bestehen, wie schon erwähnt wurde, darin, dass die beiden Chromosomenpaare auseinanderrücken. Hierbei drehen sie sich um ihre Längsachse, sodass schliesslich alle vier Chromosomen in eine Ebene zu liegen kommen. Die Theilungsphasen folgen nunmehr in raschem Tempo auf einander. Die vier parallelachsigen Chromosomen erfahren paarweise eine Drehung in entgegengesetzter Richtung, bis ihre Längsachsen zu zwei und zwei in eine Linie und parallel zur ersten Theilungsebene zu liegen kommen. Das Endergebniss dieser merkwürdigen Umlagerung mögen die 30. Figur (Gentianaviolettfärbung) und die 31. Figur (Safraninfärbung) der 9. Tafel veranschaulichen. Zwischen den proximalen, in Spitzen auslaufenden Enden spannen sich ziemlich dicke Lininfäden aus, deren tinktionsfähige Substanz in demselben Masse schwindet, als die Chromosomen nach den als zwei helle Pünktchen erkennbaren Centrosomen hin auseinander weichen. Schliesslich gehen die Konnektivfäden gänzlich verloren, und nun beginnt der Zellleib in der Mitte zwischen den beiden, je aus zwei Chromosomen gebildeten Tochtersterne sich einzuschnüren (s. Taf. 9, Figur 32, 42). Das Endresultat bildet der Zerfall des Spermatidenleibes in zwei gleich grosse Plasmaballen.

Die im Zentrum dieser als Spermatiden 2. Ordnung zu bezeichnenden Zellen gelegenen Chromosomen haben sich inzwischen wieder abgerundet und sind dicht an einander gerückt (s. Tafel 9, Figur 32). Trotz alledem lassen sich die beiden Chromosomen doch noch gut unterscheiden. Sie sind ziemlich homogen und, wahrscheinlich in Folge einer inzwischen eingetretenen Verdichtung ihrer Substanz, viel intensiver gefärbt, als früher. Ihre Oberfläche ist vollkommen glatt und bietet den Plasmasträngen keine Angriffspunkte. Eine Kernhülle konnte ich nirgends mit Deutlichkeit nachweisen (s. Tafel 9, Fig. 32). Der Zellleib besteht nach wie vor aus dem bekannten engmaschigen Wabengerüste; er tingirt sich zwar schnell und stark mit den alkalischen Lösungen der Azofarbstoffe, giebt aber selbige ebenso rasch an den zur Auswaschung dienenden Alkohol wieder ab. Die äussere Begrenzung ist bei allen Spermatiden 2. Ordnung sehr scharf, ohne dass aber selbige einer besonderen substanziellen Schicht (Zellmembran) zuzuschreiben wäre.

Die Umwandlung der Spermatiden 2. Ordnung in die definitiven Spermatosomen lässt nun nicht mehr lange auf sich warten. Sie beginnt mit der Auflockerung der chromatischen Substanz. Die beiden eiförmigen Chromosomen wachsen um ungefähr die Hälfte ihrer ursprünglichen Grösse und treiben nach hinten zwei konisch sich einengende Zapfen, sodass nunmehr ihre äussere Gestalt sich wohl am besten mit der eines Apfelkernes vergleichen lässt (s. Tafel 9, Fig. 29). Während dieser Formenwandel vor sich geht, haben die Chromosomen ihre zentrale Lage aufgegeben und sind an die Zellenoberfläche herangetreten. Man findet sie jetzt unmittelbar unter der äusseren Begrenzung des wabigen Zellenprotoplasmas wieder. Nun beginnen auch die vorderen, noch abgerundeten Enden der apfelkernähnlichen Chromosomen in konisch sich zuspitzende Fortsätze auszuwachsen, die nun allmählich ganz das nämliche Aussehen gewinnen, wie die nach hinten gerichteten Ausläufer. Von oben gesehen gleicht die äussere Form der chromatischen Elemente in dieser Entwickelungsphase der einer dünnen, schlanken Spindel, welche axial von einem hellen Streifen (dem Lückenraum zwischen beiden Chromosomen) unterbrochen ist (s. Tafel 9, Fig. 37). Die Seitenansicht dagegen gestattet eine leichte Unterscheidung der beiden Enden. Die vorderen Partien der chromatischen Figur, aus denen wir späterhin das zugespitzte Kopfende des Spermatosomen hervorgehen sehen werden, krümmen sich während ihres Wachsthumes so, dass ihre äusseren Konturen sich mit denen der Zelle decken (s. Tafel 9, Fig. 38). Die hintere Hälfte der Chromatinspindel dagegen wächst in gerader Richtung fort, sodass ihre Achse schliesslich mit der in der Spindelmitte an die Zellkugel gelegten Tangente zusammenfällt. Da nun die beiden parallelen Chromosomen stetig an Länge zunehmen, so muss bald ein Zeitpunkt kommen, wo der durch die Zelle umgrenzte Raum sich nicht mehr als ausreichend erweist. Zunächst sehen wir das Zellplasma einen kegelförmigen Höcker treiben, der das zugespitzte hintere Ende der Chromatinfäden in sich aufnimmt (s. Tafel 9, Figur 37). Im Laufe der Zeit wird dieser konische Zapfen schlanker und schlanker, bis er schliesslich sich in ein dünnes, allmählich sich einengendes Rohr verwandelt (s. Taf. 9. Fig. 38, 41, 39). Das Lumen des Rohres ist anfangs von der chromatischen Substanz bis zur Spitze ausgefüllt. Bald aber schreitet das Wachsthum der hellen Zell-(Kern-)substanz viel rascher fort, als das der Chromosomen, was zur Folge hat, dass die zugespitzten Enden beider Theile bald um ein ansehnliches Stück von einander abstehen (s. Taf. 9. Fig. 40). Das Missverhältniss steigert sich schliesslich in dem Maasse, dass die chromatische Substanz nur noch ein Drittheil der ganzen fadenartigen Bildung ausmacht. Die Chromosomen sind inzwischen zu einer einheitlichen Masse verschmolzen (s. Tafel 9, Fig. 39, 40), und scheinen auch sonst eine Umwandlung erfahren zu haben, wenigstens besitzen sie jetzt weit weniger Neigung, Farbstoffe in grösserer Menge festzuhalten. Die veränderte Tinktionsfähigkeit bringt es mit sich, dass die Begrenzung der chromatischen Substanz gegen das helle Plasma an Schärfe und Deutlichkeit verliert.

Wir erhalten auf diese Art Bildungen, die sich von den reifen Spermatosomen, abgesehen von ihrer bescheideneren Länge, nur noch durch die Anwesenheit jenes mächtigen Beutelanhanges unterscheiden. Diese beutelähnlichen Plasmaballen, die, wie wir gesehen haben, nichts anderes als die Ueberreste des Spermatidenleibes vorstellen und das spätere Kopfende des Spermatozoon kennzeichnen, gehen schliesslich zu Grunde. Die Zellengrenzen, welche schon seit einiger Zeit sehr undeutlich geworden, verlieren sich jetzt gänzlich und die Plasmaleiber sämmtlicher Zellen eines Spermatidenkomplexes verschmelzen mit einander. Die so entstehende einheitliche Plasmamasse fällt einer verflüssigenden Metamorphose anheim, und es resultirt ein eigenthümliches, zähflüssiges, schleimartiges Substrat, in dem nunmehr ganze Bündel reifer Spermatozoen entweder ruhig und gestreckt, oder auch in langsamer, schlängelnder Bewegung vorgefunden werden.

Das vollkommen reife und zur Befruchtung befähigte Spermatosom hat eine äusserst feine Haarform (s. Tafel 9, Fig. 46). In der vorderen Hälfte, welche den sogenannten Kopftheil ausmacht, besitzt der Samenfaden eine kreiscylindrische Gestalt und erreicht hier das Maximum seiner Dicke (0,8 μ — 1 μ). Von der Mitte aus bis zum Schwanzende herab nimmt sein Durchmesser stetig ab, bis er schliesslich nur noch 0,45—0,52 μ beträgt. Die Länge der Spermatosomen ist in Anbetracht der minimalen Breite eine sehr ansehnliche und mag im Durchschnitt auf immerhin 68—76 μ zu veranschlagen sein. An jedem reifen Samenfaden lassen sich, wie ich dies im vorausgehenden Kapitel zu wiederholten Malen angedeutet habe, drei Abschnitte unterscheiden, nämlich ein kurzer mit konischer Spitze endigender, glasheller Kopfzapfen, sodann ein ziemlich langer von Chromatin vollständig erfüllter, cylindrischer Abschnitt, der eigentliche Kopf, und endlich der von chromatischer Substanz fast gänzlich freie nach hinten sich einengende Schwanzfaden (s. Tafel 9, Fig. 46). In wie weit sich Kern und Zellleib am Aufbau der verschiedenen Regionen des Spermatozoons betheiligen, konnte ich, der Kleinheit der Untersuchungsobjekte wegen mit Sicherheit nicht feststellen. An den Schlängelungen, welche man leicht an dem frisch zerzupften Hoden beobachten kann, nehmen Kopf und Schwanz der Spermatozoen niemals den gleichen Antheil. Zwar wird man wohl nicht ablengnen können, dass auch der lange, walzenförmige

Kopfabschnitt sich krümmt und wieder streckt, aber die Ausgiebigkeit der Bewegungen ist im Verhältnisse zu denen des weit längeren Schwanzfadens nur minimal.

Ich habe zu wiederholten Malen hervorgehoben, dass die voranstehende Schilderung der Spermatogenese in vollem Umfange nur für Echinorhynchus gigas Geltung hat. Doch auch bei Echinorhynchus angustatus, sowie bei Echinorhynchus haeruca ist, soweit ich aus den mit Sublimat gehärteten und mit Säurekarmin tingirten, ursprünglich nur für das Studium der Entwickelungsgeschichte bestimmten Schnittserien ersehen konnte, die Reihe der Umwandlungen, welche nothwendig sind, um aus den Spermatogonien das reife Samenfädchen hervorgehen zu lassen, ganz die nämliche, wie beim Riesenkratzer. Ehe ich jedoch in flüchtiger Besprechung diese Verhältnisse berühren kann, muss ich darauf hinweisen, dass trotz alledem doch der Hodeninhalt bei Echinorhynchus angustatus und Echinorhynchus haeruca ein ganz anderes Aussehen darbietet, wie bei Echinorhynchus gigas. Während wir bei der letzteren Spezies 5 bis 6 Generationen Spermatogonien, die Spermatocyten, die beiden Generationen der Spermatiden und ausserdem noch zahlreiche Packete reifer oder unreifer Spermatosomen bunt durcheinander verfinden, bilden bei den beiden erstgenannten Spezies schon die Spermatocyten das jüngste Entwickelungsstadium der das Hodenparenchym ausmachenden Samenzellen. Es kann nicht meine Absicht sein, hier nochmals alle die Veränderungen des Kernes bei der mitotischen Theilung bis in's Detail vorzuführen. Ich will mich darauf beschränken, die wesentlichen Unterschiede, die in der Form und der Anordnung der verschiedenen Samenzellentwickelungsstadien zwischen Echinorhynchus gigas einerseits und Echinorhynchus angustatus und Echinorhynchus haeruca andererseits obwalten, in kurzen Zügen zu skizziren.

Wollen wir, in ähnlicher Weise wie wir dies beim Riesenkratzer gethan, auch die Spermatogonien in das Bereich unserer Besprechung ziehen, so müssen wir auf ein ziemlich frühes Larvenstadium zurückgreifen. Ich wähle zu diesem Zwecke ein junges Männchen des Echinorhynchus angustatus, dessen Länge 1,88 mm, dessen Leibesdurchmesser 0,34 mm beträgt. Der Hakenapparat ist bis zu den vordersten Reihen vollendet und ragt als schlanker konischer Zapfen frei über die Leibesoberfläche hervor. Seine Subcuticularhülle trägt noch immer den ursprünglichen syncytialen Charakter zur Schau. Die Hautschicht der Leibeswand aber hat sich schon wesentlich verdünnt; die in ihr enthaltenen Kerne sind in reger Theilung begriffen, sodass man mit grosser Gewissheit eine baldige Umwandlung des Syncytium in die zellige Hypodermis prognostiziren kann. Die Hoden haben sich zu länglich ovalen Körpern abgerundet und besitzen jetzt eine Länge von 170—200 μ und einen Durchmesser von 120—140 μ. Unmittelbar unter der derben und stark tingirten Tunica propria gewahrt man kleine Häufchen runder, oder in Folge der gegenseitigen Berührung polyedrisch begrenzter Zellen 8—9,5 μ Durchmesser. Das Zellplasma dieser den Spermatogonien 1. Ordnung des Riesenkratzers homologen Zellen besitzt die uns bekannte spongiöse Beschaffenheit und zeigt eine geringe Neigung, sich mit Farbstoffen zu imprägniren. Die äussere Begrenzung bildet eine derbe, doppelt conturirte Zellhaut. Das Zentrum der Zelle nimmt der verhältnissmässig sehr grosse Kern (6—6,5 μ) ein; in ihm entdeckt man ausser dem ziemlich grossen, sphäroiden und vollkommen glatten Nucleolus, noch eine grössere Anzahl kleiner und durch ein lockeres Fadennetz verbundener, randständiger Chromatinhäufchen. Das Kernplasma scheint von zähflüssiger Natur zu sein, als das des Zelleibes und ist gegen letzteres sehr scharf abgegrenzt, ohne dass jedoch eine besondere Grenzmembran sich nachweisen liesse.

Untersuchen wir den Hoden einer um weniges älteren Larve von *Echinorhynchus angustatus*, ungefähr aus jener Zeit, wo die Verfaserung der Hypodermis ihren Anfang genommen hat, so finden wir an Stelle der grossen Spermatogonien kleine, ovale Zellenhaufen. In Folge wiederholter Theilung sind die einzelnen Elemente nicht nur kleiner geworden (4,5 μ breit und 6 μ lang), sondern es hat auch ihr Aussehen sich verändert, insofern sie nämlich ihre ursprüngliche rundliche, oder polyedrische Form mit der einer schlanken Pyramide vertauscht haben. Die Spitzen dieser Zellpyramiden sind sammt und sonders nach dem Zentrum der Ballen gerichtet, wodurch letztere einen regelmässigen, radiären Bau annehmen. Die dünn ausgezogenen Enden stehen mit einer eigenartigen, reticulären Plasmamasse in Verbindung, die den zentralen Hohlraum der Zellenpackete ausfüllt. Wir haben diese Masse, welche offenbar für die Samenzellen die Rolle einer Rhachis spielt, schon bei *Echinorhynchus gigas* kennen gelernt. Während sie aber bei der letztgenannten Spezies immerhin ¹⁄₁₂ bis ¹⁄₃ des Gesammtvolumens des Samenzellballens ausmacht, tritt sie bei *Echinorhynchus angustatus* und *Echinorhynchus haeruca* in Folge ihrer geringen Entwickelung ganz in den Hintergrund und lässt sich überhaupt nur auf genau durch die Mitte des Ballens geführten Schnitten als solche erkennen. Die nächsten Veränderungen, welche die Spermatocyten — wie man die vorliegenden keilförmigen Zellen nach ihrem Verhalten zu den Samenfäden nennen muss — erleiden, bestehen darin, dass ihr Zellleib mehr und mehr an Umfang zunimmt, bis sein Durchmesser schliesslich 9,8—10,6 μ beträgt. Gleichzeitig sieht man dunkel gefärbte Flecken auftreten, eine Erscheinung, die offenbar auf die Bildung von Dottersubstanz hinweist. Die Samenmutterzellen stapeln jetzt in sich reichlichere Mengen Nährsubstanzen auf, um damit die ausserordentlichen Ausgaben, welche die rasch auf einander folgenden beiden Theilungen erfordern, zu bestreiten. Die in Folge der ersten Theilung entstehenden Spermatiden 1. Ordnung messen durchschnittlich 5,2—6,8 μ. Sie bilden grosse, massive Zellenhaufen, die ihrer dichten Lage wegen meist unregelmässig polyedrische Begrenzungen aufweisen. Die einzelnen Zellen selbst sind kleine, eckige, sehr verschieden geformte und meist intensiv tingirte Plasmakörper, in denen man nur noch die kleinen sehr dunkel, ja bisweilen fast schwarz gefärbten Chromosomen zu erkennen vermag. Die Spermatiden 1. Ordnung theilen sich, ohne dass ein Ruhestadium mit bläschenförmigem Kerne sich einschöbe, sofort wieder, indem die in Folge der ersten Theilung entstandene Dyaster ohne Weiteres zur Bildung der zweiten Tochterfiguren verwandt wird. Wir erhalten so die Spermatiden 2. Ordnung, kleine 3,2 bis 3,5 μ messende Zellen, die sich von den übrigen Samenzellen schon durch ihr auffallend geringes Tinktionsvermögen leicht unterscheiden lassen.

Die Umwandlung der Spermatiden 2. Ordnung geht bei *Echinorhynchus angustatus* und *Echinorhynchus haeruca* ganz in der nämlichen Weise vor sich, wie bei *Echinorhynchus gigas*. Der Zellleib zieht sich in einen kurzen, konisch nach hinten sich einengenden Fortsatz aus, welcher nun die Enden der inzwischen an die Zelloberfläche heraufgerückten Chromosomen in sich aufnimmt. Je mehr nun dieses keilförmige Gebilde an Länge zunimmt, um so schlanker werden die inzwischen zu einem einheitlichen Strange verschmolzenen chromatischen Elemente. Wie bei *Echinorhynchus gigas*, so schreitet auch bei *Echinorhynchus angustatus* und *Echinorhynchus haeruca* das Wachsthum des helleren Theiles weit rascher fort, als dasjenige der chromatischen Substanz, wodurch schon sehr bald ein deutlicher Unterschied zwischen einem dunkel gefärbten Kopftheile und einem helleren Schwanze sich herausbildet.

Gewöhnlich wachsen alle aus ein und demselben Spermatogonienhäutchen hervorgegangenen Spermatiden nach derselben Richtung aus. In Folge dessen entstehen massive, konische Bündel, in denen die Kopfenden der Spermatosomen die breite und meist gewölbte Basis, die dünnen Schwanzfäden aber die Spitze bilden. Acht bis zwanzig solcher Samenfädenbündel sind wiederum zu einem grösseren Haufen vereinigt, und zwar in der Art, dass nur die dicken abgerundeten Kopfenden mit einander in Verbindung stehen, während die dünnen Fadenbüschel in radialer Richtung auseinander laufen. Die ersten selbstständigen Bewegungen sieht man an Samenfäden, die eine Länge von 60 μ haben. Durch das Hin- und Herschlagen des frei hervorragenden haarförmigen Schwanzes und durch die Schlängelungen und Krümmungen des Mittelstückes wird der Verband gelockert und der Zerfall des Spermatozoenbüschels herbeigeführt. Nach der Loslösung wandern die Samenfäden zwischen den Samenzellen umher, bis sie schliesslich in die Vasa deferentia gelangen.

Dabei möchte ich noch einer Art von Bildungen gedenken, welche wir auch beim Echinorhynchus gigas kennen lernten. Es sind dies grosse (18—25 μ) ovale oder auch sphärische Kerne mit einem fast 6 μ messenden Nucleolus. Im Zellplasma und zwar hauptsächlich in der peripherischen Schicht desselben, sieht man zahlreiche dunkel gefärbte Körnerhaufen (s. Taf. 10. Fig. 16). Diese Kernbildungen gehen im leeren Zustande späterhin zu Grunde und liefern wahrscheinlich jenes zähflüssige Plasma, welches die Grundsubstanz des Hodens beim geschlechtsreifen Individuum bildet.

Die beiden Samenleiter stellen dünnwandige, ziemlich enge Röhren vor, die an den Hoden mit einer trichterförmigen Erweiterung beginnen und meist erst im hinteren Körperabschnitte zu einem gemeinschaftlichen Vas efferens sich vereinigen. Die Wandung derselben besteht aus einer vollkommen farb- und strukturlosen, aber ziemlich festen und dehnbaren Membran. Sie stimmt histologisch völlig mit der Tunica propria der Hoden überein und geht auch ohne merkliche Grenze in die letztere über. Bei Echinorhynchus angustatus, Echinorhynchus haeruca, Echinorhynchus proteus und einer Reihe anderer Arten zeigen die Vasa deferentia in ihrer vorderen Hälfte drei, je nach der Füllung bald grössere, bald minder grosse Aussackungen, die man wohl mit Pagenstecher als Vesiculae seminales bezeichnen kann. Bei manchen Arten erreichen diese Samentäschchen erstaunliche Dimensionen und können bisweilen den Kittdrüsen an Umfang gleich kommen. Merkwürdig ist das Verhalten der Vesiculae seminales bei dem Echinorhynchus clavaceps. Nach der Darstellung von Saefftigen verschmelzen hier je zwei der paarigen und in gleicher Höhe liegenden Samentaschen beider Samenleiter zu einer geräumigen Blase, wodurch die Zahl der Aussackungen auf drei reduzirt wird.

Die Vereinigung der Vasa deferentia zu dem gemeinsamen Vas efferens geschieht bei den verschiedenen Arten nicht an dem gleichen Orte. Die Lage der Keimdrüsen beim Riesenkratzer bringt es mit sich, dass das aus dem vorderen Hoden entspringende Vas deferens nahezu die doppelte Länge des aus dem hinteren Hoden hervortretenden erreicht. Seltsamerweise verläuft dieses vordere Samengefäss nicht, wie bei den übrigen Arten, frei zwischen der Scheide und der Umhüllungshaut des zweiten Hodens, sondern es ist in ganzer Ausdehnung mit dem Ligamentum suspensorium, und zwar mit dem mittleren Blatte desselben, verwachsen (s. Tafel 3. Fig. 8 vd). Erst hinter dem zweiten Hoden löst es sich von seiner Unterlage ab, biegt nach der Rückenfläche um und verschmilzt mit dem anderen Samengange. Bei Echinorhynchus angustatus und Echinorhynchus haeruca erfolgt diese Vereinigung hinter dem letzten Kittdrüsenpaare, bei Echinorhynchus proteus im Anfangstheile des Ductus ejaculatorius und bei Echinorhynchus polymorphus erst kurz vor dem Uebergange in den Penis.

Die Samengefässe halten sich stets an der Dorsalwand der Genitalscheide. In ihrer nächsten Umgebung werden konstant mehrere Längsmuskelstränge gefunden. Selbige stehen mit den Längsmuskeln des Ductus ejaculatoris — die wir bald näher kennen lernen werden — in einem direkten Zusammenhange und scheinen auch denselben Zellen anzugehören. Sie ziehen ohne die Vasa deferentia zu berühren, neben oder unter den letzteren hin und befestigen sich mit ihrem vorderen Ende an der Dorsalwand des Ligamentum suspensorium und zwar dicht hinter dem letzten Hoden s. Taf. 3, Fig. 2 Lmo.

In ihrer histologischen Struktur ähneln sie wohl am meisten den Retractores receptaculi. Die kontraktile Substanz ist zu prismatischen Bündeln angeordnet und vollkommen gleichmässig über die ganze Peripherie vertheilt. Die Kerne liegen stets in der Achse des Rohres und sind von einem wohl entwickelten Protoplasmanetze umgeben.

Leuckart[1] räumt diesen Längsbündeln eine Rolle bei der Leitung und Fortbewegung des Samens ein. Ob dies freilich mit Recht geschieht, ist sehr fraglich. Ich für meinen Theil kann mir wenigstens keine klare Vorstellung machen, wie solche den Samengängen nirgends direkt auf liegende Muskeln einen Druck auf deren Inhalt ausüben könnten. Vielmehr glaube ich, dass durch das Anbringen dieser drei oder vier Längsbänder dem dringenden Bedürfnisse, die häutigen, der Muskulatur völlig baren Vasa deferentia gegen die hier unvermeidlichen Zerrungen die z. B. bei jeder Vorstülpung der Kopulationsorgane eintreten mussten zu schützen, auf die einfachste Art Rechnung getragen wird.

Direkt hinter den Hoden liegen die in ihrer äusseren Form sehr variabelen Kittdrüsen[2].

Eine paarige Anordnung derselben fand man seither nur bei *Echinorhynchus strumosus* und *Echinorhynchus hystrix*. Bei diesen beiden ziemlich kleinen Arten sind die Kittdrüsen kugelrund und gleichen den unmittelbar darüber befindlichen Hoden in dem Maasse, dass man beiderlei Gebilde leicht mit einander verwechseln kann. *Echinorhynchus angustatus*, *Echinorhynchus haeruca*, *Echinorhynchus claraceps* und *Echinorhynchus proteus* besitzen stets sechs länglich birnförmige Anhangsdrüsen. Selbige sind in der Art gruppirt, dass die kolbig aufgetriebenen Enden alternirend hinter einander liegen. Eine ähnliche Anordnung weisen ferner die nierenförmigen Kittdrüsen des Riesenkratzers, die man bald in der Sechs-, bald aber auch in der Achtzahl antrifft, auf. Gleichmässig dicke, cylindrische oder schlauchförmige Kittdrüsen entdeckte Greeff bei dem in dem Darme der Ente schmarotzenden *Echinorhynchus polymorphus*. Ich fand sie bei *Echinorhynchus porrigens* und *Echinorhynchus trichocephalus*, und zwar sind sie hier in der Sechszahl vorhanden und bilden drehrunde, nach hinten nur um ein weniges sich verdünnende Schläuche. Der Uebergang in den Kittgang ist ein so allmählicher, dass man das hintere Ende der Drüse kaum anzugeben im Stande ist. Bei *Echinorhynchus trichocephalus* und ebenso bei *Echinorhynchus porrigens* beginnt eine der Kittschläuche unmittelbar hinter dem zweiten Hoden, die

[1] Die menschlichen Parasiten. 2. Bd., pag. 774.
[2] Die Grössenverhältnisse sind durchschnittlich die folgenden:

Länge des untersuchten Wurmes:	Länge	Breite der Kittdrüsen:
Echinorhynchus gigas: 100 mm;	2,8—3,1 mm;	1,0—1,32 mm;
Echinorhynchus angustatus 5,5 mm;	0,29—0,32 „ :	0,23—0,25 „ :
Echinorhynchus haeruca: 9,6 mm;	0,48—0,56 „ :	0,36—0,42 „ :
Echinorhynchus trichocephalus: 48 mm;	36—38 „ :	0,036—0,053 „ :
Echinorhynchus porrigens juv.: 21 mm;	8—10 „ :	0,12—0,13 „ :
Echinorhynchus strumosus juv.: 6,2 mm;	0,21—0,26 „ :	0,18—0,24 „ :

übrigen aber eine kurze Strecke weiter abwärts. Die Kittdrüsen des *Echinorhynchus teichocephalus* sind ausserordentlich dünn (36—53 μ, erreichen dafür aber eine ganz erstaunliche Länge 36—38 mm. Sie liegen dicht gedrängt neben einander und bilden ein cylindrisches Bündel, das zumal in seiner hinteren Hälfte eine ähnliche regelmässige Anordnung der Schläuche zeigt wie z. B. der Endabschnitt der Kittgänge bei *Echinorhynchus gigas*.

Trotz dieser so mannigfachen Formdifferenzen ist jedoch die histologische Structur der Kittdrüsen überall die nämliche.

Die äussere Hülle bildet eine sehr dünne, structurlose, aber doch ziemlich resistente Tunica propria, die nach hinten sich in ein cylindrisches Rohr, die Wandung der Kittgänge, auszieht s. Taf. 3, Fig. 5, tp.). Unter ihr breitet sich eine fein granulirte, faserige Protoplasmaschicht aus, in der zahlreiche grosse, 17—20 μ messende Kerne eingebettet sind. Das Protoplasma der letzteren ist ziemlich dunkel gefärbt und enthält eine beträchtliche Menge bald kleiner, bald grösserer Körner. Die Folge hiervon ist, dass dass Fadennetzwerk wenig hervortritt (s. Tafel 3, Fig. 5 Kne. . Der Nucleolus, ein eckiger unregelmässig begrenzter Körper, ist verhältnissmässig sehr gross, merkwürdiger Weise aber niemals so intensiv gefärbt wie bei den Muskelkernen. Die mit Kernen reichlich ausgestattete Protoplasmamasse, die wir, da nirgends Zellgrenzen sich nachweisen lassen, als ein echtes Syncytium bezeichnen müssen, füllt den von der dünnen Hüllmembran umgrenzten Raum nicht vollständig aus. Sie bildet je nach dem Alter des betreffenden Individuums eine dicke oder weniger dicke Wandschicht und beschränkt sich auf die Seitentheile und das nach vorn gewandte, abgerundete und kolbenartig erweiterte Ende des Drüsenkörpers (s. Tafel 3, Fig. 5). Die restirende, mit dem Kittgange kommunizirende Höhlung enthält die Kittsubstanz, eine eigenthümliche, zähflüssige, gelblich, oder auch braun gefärbte Masse, die offenbar durch Degeneration aus dem Drüsensyncytium hervorgegangen ist s. Tafel 3, Fig. 5 Ks. . Ueber die Entstehung dieser Kittsubstanz wird uns die Entwickelungsgeschichte Aufschluss geben.

In jener Zeit, wo wir die ersten Spermamutterzellen sich bilden sehen, ist noch keine Spur der auf Dauerpräparaten sehr dunkel gefärbten und grobkörnigen Kittmasse vorhanden. Das vielkernige Syncytium bildet noch einen soliden Ballen (s. Tafel 4, Fig. 14. Die Grösse der Kerne ist ziemlich beträchtlichen Schwankungen unterworfen (6.6—14.5 μ. Es wird dies nicht Wunder nehmen, wenn wir berücksichtigen, dass die Kittdrüsen noch im Wachsen begriffen sind. Auch hat, wie man dies aus der Art der chromatischen Kernfiguren leicht ersehen kann, die mitotische Kernvermehrung noch nicht ihren Abschluss gefunden. Die ruhenden Kerne sind jetzt schärfer konturirt, und zeichnen sich durch eine distingirendere Färbung aus, als dies beim reifen Männchen der Fall ist. Der Grund dieser Erscheinung beruht darin, dass das Chromatingerüst des Kernes eine kräftigere Ausbildung erfahren hat. Es besteht aus zahlreichen grösseren, oder minder grossen, randständigen Körnerhaufen und einem wohl entwickelten Fadennetze, welches die Häufchen unter sich verbindet. Der Nucleolus erscheint vollkommen homogen. Sein Durchmesser schwank je nach der Grösse des Kernes zwischen 2,4 und 4.3 μ (s. Taf. 4, Fig. 14 Kne).

Die ersten Veränderungen, die an den jungen Kittdrüsen sich bemerkbar machen, bestehen darin, dass das kernlose Plasma der Kittgänge, das offenbar nur einen zapfenartigen Auswuchs der Drüse vorstellt, einer verflüssigenden Metamorphose anheimfällt. Es bleiben schliesslich nur noch die mit der Tunica propria histologisch vollkommen übereinstimmenden Wandungen bestehen.

Von dem trichterförmig erweiterten Ende des Kittganges aus greift der Umwandlungsprozess auf die eigentliche Drüse über. Zunächst ist es wiederum der protoplasmatische Theil, der eine Verflüssigung erleidet. Schliesslich treffen die Veränderungen aber auch die Kerne. Die randständigen Chromatinanhäufungen werden aufgezehrt, der Plasmainhalt nimmt eine liquide Beschaffenheit an und die äusseren Kerngrenzen schrumpfen zusammen. Endlich fallen auch diese letzten Ueberreste der Resorption anheim.

Die sogenannte Kittsubstanz ist demnach kein eigentliches Sekret, sondern das Degenerationsprodukt des Drüsenparenchyms selbst.

Eine zweite Hülle erhalten die Hoden und die Kittdrüsen durch das sogenannte Ligamentum suspensorium. An diesem eigenartigen Aufhängebande kann man drei aufeinanderfolgende Abschnitte unterscheiden, nämlich: einen häutigen cylinder- oder spindelförmigen Anfangstheil, ein kürzeres, grosstentheils aus Längsmuskelfasern gebildetes Mittelstück und den schon oft erwähnten Ringmuskelmantel des Ductus ejaculatorius. Keineswegs soll aber hiermit angedeutet werden, dass nur das vorderste Segment ligamentöser, die übrigen aber musculöser Natur seien. Es bestehen vielmehr alle drei Abschnitte ebensogut aus Sarkolemma, wie aus fibrillärer Substanz. Aber die Mengenverhältnisse und die Anordnung der Bestandtheile sind in den einzelnen Abschnitten so verschieden, dass wohl eine derartige Eintheilung gestattet ist.

Wir wollen zunächst den vordersten dieser Abschnitte, der bei den drei von mir auf diese Verhältnisse hin untersuchten Spezies vom Receptaculum bis zum Ende des zweiten Hodens reicht, in das Auge fassen.

Bei *Echinorhynchus angustatus* und *Echinorhynchus haeruca* tritt das Ligamentum suspensorium als ein vielfach gefaltetes Rohr an die Rüsselscheide heran und inserirt sich an deren Sarkolemmabekleidung zwischen den drei Wurzeln des Retractor receptaculi. Erst unmittelbar vor der ersten Keimdrüse weitet es sich zu einem fast cylindrischen Schlauche aus, der nun, der Tunica propria sich anschmiegend, ohne grössere Falten und Erhebungen über die Hoden hinwegzieht. Die einfache Wand des Ligamentes besteht der Hauptmasse nach aus einer homogenen, farblosen Substanz, die histologisch in jeder Beziehung mit dem Sarkolemma der Muskelzelle übereinstimmt.

Säfftigen behauptet zwar, dass die Grundsubstanz des Ligamentes als Muskelwerk anzusehen sei. Dieser Ansicht widerspricht aber nicht nur das optische Verhalten, sondern vor allen Dingen auch die Entwickelungsgeschichte.

In der Sarkolemmagrundsubstanz sind zahlreiche, aber sehr dünne und häufig anastomosirende Longitudinal- und Circulärmuskelfibrillen eingebettet. Die zugehörigen Kerne haben eine länglich ovale Form und bilden die Centra, von denen die Fibrillen auslaufen. Ihre aussergewöhnliche Grösse ist wahrscheinlich die Ursache gewesen, dass man sie in früherer Zeit als Ganglienzellen oder einzellige Drüsen beschrieben hat.

Wesentlich komplizirter ist der Bau des Ligamentum suspensorium bei *Echinorhynchus gigas*. Was zunächst das vordere, häutige Segment angeht, so besteht dieses aus einem dünnwandigen Hohlcylinder, der schon bei seiner Insertion ein ansehnliches Lumen aufweist. Mit der vorderen, fast kreisförmigen Oeffnung umfasst er das kuppelartig abgerundete Ende der Rüsselscheide und vereinigt sich mit dessen Sarkolemmaüberzuge.

Vom ersten Hoden geht das Ligament direkt auf den zweiten über. Da aber, wo die dünnen, zugespitzten Enden der Keimdrüsen zusammenstossen, entstehen in Folge der plötzlichen Massenabnahme der Einschlüsse zahlreiche Falten und Erhebungen (s. Tafel 3, Fig. 8 L¹). Ein ähnliches, aber weit ansehnlicher entwickeltes Faltensystem wird dicht hinter dem zweiten Hoden gefunden.

Leuckart hat die Faltenpolster gesehen und im Grossen und Ganzen richtig beschrieben. Nur mit einer Bemerkung kann ich mich nicht vollständig einverstanden erklären. Leuckart behauptet nämlich, dass einige der Falten bis an die Leibeswand heranreichen und mit deren Peritonealbekleidung eine Verbindung eingehen. In solchen Fällen sollen dann Fasern von der Längsmuskulatur abbiegen und dem Ligamente sich auflagern. Ein Zusammenhang des röhrenförmigen Ligamentes mit dem Hautmuskelschlauche kann schon aus dem Grunde nicht existiren, weil die Falten gar nicht konstant sind, sondern sich nur solange vorfinden, als die Kopulationsorgane im Innern der Leibeshöhle ruhen. Wird aber die Bursa copulatrix nach aussen hervorgestülpt, so verstreichen alle Falten und Runzeln, und das Ligament erscheint als völlig glatter, cylindrischer Schlauch.

Der Hohlraum des Ligamentum suspensorium wird von demselben Liquidum erfüllt, das sich auch sonst in der Leibeshöhle vorfindet und wohl als Blutflüssigkeit bezeichnet werden kann. Durch Sublimatlösung und Alkohol gerinnt es zu einer feinkörnigen, seltener gestreiften oder wolkig getrübten Masse. Im späteren Leben vertauscht dieses Coagulum nicht selten seine blasse Färbung mit einer mehr gelben oder bräunlichen. Dieser Farbenwechsel rührt von dem Auftreten zahlreicher kleiner unregelmässiger Körner her, die theils einzeln, theils zu grösseren Haufen zusammengeballt neben einander liegen. Man wird wohl nicht fehl gehen, wenn man diese Körnchen als Exkretstoffe betrachtet.

Mit der Ventralfläche des eben beschriebenen dorsalen Ligamentschlauches ist in ganzer Länge ein ebenes sehr breites Band verwachsen, dessen Ränder lateral an der Peritonealauskleidung der Leibeswand sich befestigen. Muskelfibern habe ich nirgends von der Längsfaserschicht sich loslösen und auf dieses Band übergehen sehen (s. Tafel 3, Fig. 8 L²).

Die Entwickelungsgeschichte lehrt, dass dieses ventrale Ligamentband das Rudiment eines zweiten Schlauches vorstellt und als Homologon des ventralen Ligamentschlauches der Weibchen betrachtet werden muss.

Histologisch stimmen beide Theile des Ligamentum suspensorium überein. Ungeachtet der ausserordentlichen Dünne lassen sich an ihm drei übereinander liegende und in ganzer Ausdehnung verwachsene Schichten unterscheiden. Die mittlere derselben übertrifft an Stärke die beiden äusseren um mehr als das Dreifache. Sie stellt eine blassgefärbte, fein granulirte, niemals aber gestreifte Membran vor (s. Tafel 3, Fig. 8 Ls.). Die beiden äusseren Schichten haben eine weniger zähe Beschaffenheit und imbibiren den Karminfarbstoff in solch hohem Maasse, dass sie auf Schnitten als blutrothe Linien erscheinen (s. Tafel 3 Fig. 8 Ls'. Ls'').

Der zweite Ligamentabschnitt lässt bei allen drei Arten im grossen und ganzen die gleichen Strukturverhältnisse erkennen und reicht bis zum Ende der letzten Kittdrüse. Er bildet einen dünnwandigen Hohlcylinder, dessen Gestalt freilich durch die Anwesenheit der riesigen Drüsenkörper manche Unregelmässigkeiten darbietet.

Die farblose, feingekörnte Grundsubstanz, welche offenbar eine direkte Fortsetzung der Sarkolemmmembran des vorderen Abschnittes ist, wird von zahlreichen, häufig anastomosirenden, abgeplatteten

Längsmuskelfasern durchsetzt s. Tafel 3, Fig. 2 S., denen sich noch eine geringere Menge einzeln verlaufender Zirkularfibrillen hinzugesellen. Die nur unvollkommen zu Platten oder Prismen gruppirten Längsfibrillen bilden in den beiden hinteren Drittheilen dieses Abschnittes eine gleichmässig dicke Rindenschicht s. Tafel 3, Fig. 2 Lhs.

Nur da, wo die grossen länglich ovalen und mit einem stark glänzenden Nucleolus versehenen Kerne ruhen, wird die Fibrillenrinde an der Innenseite der Faser unterbrochen, um den Markbeutel hervortreten zu lassen. Bei *Echinorhynchus gigas* fand ich vier, bei *Echinorhynchus angustatus* aber nur zwei solcher Kerne.

Am kräftigsten ist das Längsfasernetz am hinteren Ende ausgebildet. Nach vorn nimmt sowohl die Zahl, als auch die Dicke der Fasern ab, wodurch ein allmählicher Uebergang in den häutigen vorderen Ligamentabschnitt erzielt wird.

Leuckart[1] will bei dem Riesenkratzer zwei Umhüllungen, deren Bau zwar in den gröbsten Zügen übereinstimmte, gefunden haben. Die innere Hülle soll den Kittdrüsen direkt anliegen und selbige nebst den Vasa deferentia zu einem säulenartigen Körper vereinigen. Die äussere Hülle aber ist von der Samenleiterscheide durch einen so weiten Abstand getrennt, dass sie in der Nähe der Seitenwülste mit den Körperwänden in Berührung kommt und von letzteren Längsfasern Retractores bursae herübernimmt. Sie soll in ähnlicher Art wie die Tunica serosa bei den Amnioten durch das Zusammenschmelzen zweier seitlicher Faltenpaare entstanden sein.

Ich habe weder bei erwachsenen Individuen, noch bei Larven Verhältnisse angetroffen, die zu Gunsten einer derartigen Auffassung sprechen könnten.

Der letzte Abschnitt des Ligamentes hat seine ursprüngliche häutige Beschaffenheit gänzlich eingebüsst und sein Aussehen mit dem eines Ringmuskelrohres vertauscht. Die säulenförmige Sarkolemma-substanz ist in den Hintergrund getreten und findet nur noch zur Ausfüllung der Spalträume Verwendung.

Doch bevor wir zur Besprechung dieses letzten Ligamentabschnittes, des Ductus ejaculatorius, übergehen können, müssen wir eines Organpaares Erwähnung thun, das trotz seiner Grösse merkwürdigerweise sich seither der Beobachtung vollkommen entzogen hatte. Ich meine jene beiden mächtigen Polster oder Flockenbüschel, welche in der dorsalen Medianlinien dem oberen Rande des Constrictor ductus ejaculatori aufsitzen und frei in die Leibeshöhle hineinragen[2]. Ich habe in einer früheren Abhandlung[3] den Nachweis, dass diese merkwürdigen Bildungen nicht anderes als Exkretionsorgane, sogenannte Nephridien vorstellen, zu erbringen versucht.

Schon bei oberflächlicher Betrachtung lassen sich an ihnen zwei Theile unterscheiden, ein kurzer nach seinem distalen Ende hin sich stark verdickender Stiel und ein diesem aufsitzender aus lauter kurzen, dicht neben einander gestellten, dicken Cylindern gebildeter, schüsselartig geformter Körper. Die Entwickelungsgeschichte lehrt uns, dass jedes der blumenkohlartigen Polster durch mehrmals

---

[1] Die menschlichen Parasiten, 2. Bd. pg. 775—779.

[2] Vergleiche: Zoologische Wandtafel No. 100, Fig. 1. Nphr. Fig. 3 Nphr. Fig. 3a. Herausgegeben von R. Leuckart.

[3] Die Nephridien der Acanthocephalen. Centralblatt für Bakteriologie und Parasitenkunde. 1892, Bd. 11, pg. 44—49.

wiederholte di- oder trichotomische Verästelung aus drei Zellen, deren Kerne auch noch beim ausgebildeten Organe in dem distalen Ende des Stieles vorgefunden werden, entstanden ist. Alle Theile
dieser Flockenbüschel, mögen sie Stiel oder Verzweigungen erster, zweiter, dritter Ordnung heissen,
tragen einen unverkennbaren, röhrigen Bau zur Schau.

Die Flockenstiele, sowie die durch dendritische Verzweigung aus demselben entstandenen
gröberen Verästelungen besitzen eine kräftige Wandschicht. Selbige besteht aus einem feinkörnigen,
von zahllosen Faseren durchflochtenen Protoplasma, in dem eine Menge kleiner stark glänzender Tröpfchen
oder Kügelchen eingebettet ist. Diese Körnchen schwärzen sich mit Osmiumsäure und scheinen demnach
fettartiger Natur zu sein. Die Dicke der Wandschicht ist relativ allerorts die gleiche. Nur am distalen
Ende des Stieles, also an jenem Orte, wo die mächtigen Röhren erster Ordnung einmünden, häufen
sich reichlichere Mengen solchen Plasmas an. Es bilden sich drei grosse Erhebungen, welche sowohl in
das Lumen der Röhre, als auch über die äussere Oberfläche derselben hervorragen. Im Centrum dieser
drei Anschwellungen finden wir die drei grossen Kerne, ovale Bläschen mit schwach entwickeltem
Chromatingerüst (s. Tafel 10. Fig. 17 Nc). Die äussere Begrenzung der protoplasmatischen Röhrenwand
bildet ein dünnes deutlich konturirtes Sorkolemmahäutchen. Nach innen zu scheint das Plasma nicht
erheblich an Konsistenz zu gewinnen (s. Tafel 10, Fig. 17 Rb).

Weit komplizirter gestaltet sich der feinere Bau der letzten Verzweigungen der Zottenbäumchen
der Nephrostomen. Sie bilden kurze, gedrungene, am vorderen Ende halbkugelförmig abgerundete
Cylinder von 50—98 μ Länge und 22—30 μ Breite. Ihre Wandung hat eine Dicke von circa 4 μ und
zeigt ganz die nämliche Beschaffenheit wie die der weiteren Röhren. Als einziger Unterschied könnte
hervorgehoben werden, dass die innere Begrenzung um weniges deutlicher gezeichnet erscheint, als
dies sonst der Fall ist (s. Tafel 10, Fig. 18 γ). Am vorderen, distalen Ende der Nephrostomen verdickt sich die Röhrenwand zu einer Art nach innen vorspringenden Ringwulste (s. Tafel 10, Fig. 18 β),
an dessen äusseren abgerundeten Flächen die Ränder eines dünnen kuppelförmig gewölbten Häutchens
(s. Tafel 10, Fig 18 α) sich inseriren. Bei näherer Betrachtung kann man an dieser, die Oeffnung des
Nephrostom schliessende Membran eine deutliche, radiäre Streifung erkennen. Schon Leuckart hat
aus dem optischen Verhalten dieses fein punktirten Häutchens die Anwesenheit feiner Porenkanälchen
vermuthet. Die Resultate meiner Untersuchungen, die ich an vollkommen lebensfrischem Materiale anzu-
stellen im Stande war, bilden eine vollständige Bestätigung der Leuckart'schen Annahme.

Von der hinteren, konkaven Fläche dieses Porenhäutchens ragt eine schöne, breite Wimperflamme
in das Lumen des Nephridialkanales hinein. Die Wimperflamme, welche eine Länge von 40—50 μ
und eine Breite von 14—16 μ hat, setzt sich aus einer grossen Menge paralleler, äusserst dünner
Wimperhärchen zusammen, deren nach aussen gewandte, um weniges verdickte Enden an der inneren
Fläche des Porenhäutchens fest angewachsen sind (s. Tafel 10, Fig. 18 WH.). Am lebend frischen
Präparate und bei einer Temperatur von ungefähr 35° C. sind die Wimperhaarschweife in steter Undulation. Die Schwingungen beginnen am distalen Ende mit einer tiefen und kurzen Welle, die aber,
indem sie weiter nach dem proximalen, freien Ende des Schweifes fortschreitet, sich allmählich abflacht,
dafür jedoch entsprechend viel an Länge gewinnt.

Durch die lebhaften undulirenden, von aussen nach innen fortschreitenden Bewegungen, welche
die Wimperhaarschöpfe ausführen, werden die in Folge der Imbibition der Porenmembran in die

Nephrostomen gelangten Exkretstofflösungen allmählich herausgetrieben. Durch Vermittelung des Systemes der sich nach und nach erweiternden Röhren gelangen sie schliesslich in die geräumige Höhlung des Polsterstieles, um nun durch die im Ductus ejaculatorius verlaufenden Leitungswege aus dem Körper entfernt zu werden.

Den gröberen Bau der Genitalscheide hat schon Schneider ganz richtig erkannt[1]. Leuckart aber hält Bindesubstanz und Muskelscheide streng auseinander. Erstere bildet eine direkte Fortsetzung der inneren Ligamentscheide und schliesst die Samenleiter, die Ausführungsgänge der Anhangsdrüsen und eine wechselnde Zahl von Längsmuskelfasern in sich ein. Die aus Längsmuskelfasern bestehende cylindrische Muskelscheide aber ist davon vollkommen unabhängig und ganz nach Art des Lemniskenmantels durch Ablösung von der Leibeswand entstanden. Säfftigen hat Echinorhynchus angustatus, Echinorhynchus proteus und Echinorhynchus claviceps auf diese Verhältnisse hin eingehender untersucht und ist zu dem gleichen Resultate wie Schneider gekommen. Trotz alledem hält Säfftigen die Behauptung aufrecht, dass die Genitalscheide ähnlich wie der Lemniskenmantel von der Körperwand ihren Ursprung nähme, und zwar in Gestalt zweier von der Längsmuskulatur sich abzweigender Längsbänder, die sich mantelförmig um die Kittgänge und Samenleiter zu einer sich nach hinten erstreckenden cylindrischen Scheide vereinigen. Ob dies freilich mit Recht geschieht, ist mir höchst zweifelhaft. Ich für meinen Theil kann mir wenigstens nicht vorstellen, dass durch das einfache Zusammenwachsen zweier bandförmiger Längsmuskeln ein Ringfaserrohr entsteht.

Nach meinen eigenen Beobachtungen besteht die Genitalscheide aus häufig anastomosirenden und zu einem engmaschigen Netze verwobenen Ringmuskelröhren. Betrachten wir einen Längsschnitt durch den Ductus ejaculatorius, so treten uns die Durchnitte der stark abgeflachten Ringfasern in länglich ovaler Form entgegen (s. Tafel 3, Fig. 4 Lrm).

Obwohl es bei Echinorhynchus gigas als Regel gilt, dass die zu blatt- oder säulenförmigen Bündeln vereinigten Fibrillen sich gleichmässig über die gesammte Peripherie vertheilen, so findet man doch nicht selten auch solche Fasern, deren Rindenschicht an der Aussenfläche beträchtlich verdickt ist und an der gegenüber liegenden Wandung in demselben Verhältnisse abnimmt. Bei Echinorhynchus angustatus und Echinorhynchus haeruca entbehrt vielerorts das innere Segment der sehr flachen Faserbänder vollständig der fibrillären Struktur.

Die gesammte Ringmuskulatur des Ductus ejaculatorius bildet das Aequivalent von vier Zellen. Die zugehörigen Kerne findet man konstant an der Bauchfläche dicht neben der Medianlinie, und zwar zwei derselben eine kurze Strecke über dem Penis, zwei aber in der Höhe der beiden Bursalmarkbeutelkerne (s. Tafel 3, Fig. 1 Lrm; Tafel 3, Fig. 3 Lrm).

---

[1] Die Grössenverhältnisse des Ductus ejaculatorius sind für die von mir untersuchten Species die folgenden:

Länge des geschlechtsreifen Männchens:	Länge	Dicke
	des Ductus ejaculatorius:	
Echinorhynchus gigas 102 mm:	10—11 mm:	1,7—4,1 mm:
Echinorhynchus angustatus, 5,6 mm:	0,6—0,68 „ :	0,3—0,34 „ :
Echinorhynchus haeruca, 10,2 mm:	1,1—1,2 „ :	0,6—0,7 „ :
Echinorhynchus trichocephalus 16 mm:	2,01—2,09 „ :	0,4—0,45 „ :
Echinorhynchus porrigens juv. 22 mm:	1,9—2,2 „ :	0,4—0,5 „ :
Echinorhynchus strumosus juv. 5 mm:	0,6—0,68 „ :	0,1—0,15 „ :

Alle Querschnitte, die man durch den Ductus ejaculatorius legt, zeigen ein streng symmetrisches und äusserst zierliches Bild. An der Dorsalwand des von breiten Ringfasern gebildeten Hohlcylinders erblickt man den länglich ovalen (*Echinorhynchus angustatus*, *Echinorhynchus haeruca*: Tafel 3, Fig. 1 ve; Fig. 9 ve) oder auch regulär polygonalen (*Echinorhynchus gigas*: Tafel 3, Fig. 3 ve; Fig. 11 ve) Querschnitt des Vas efferens. Abgesehen von der beträchtlicheren Wandstärke zeigt es ganz die namliche Beschaffenheit wie die Vasa deferentia und scheint durch einfache Verwachsung aus der letzteren hervorgegangen zu sein. Die gleichmässig dicke Röhrenwand besteht aus einer derben, aber glasartig durchsichtigen Sarkolemmamembran. Nirgends lassen sich an ihr Spuren einer zelligen Struktur, die uns über ihre wahre Natur Aufschluss geben könnten, entdecken.

Bei *Echinorhynchus angustatus* und *Echinorhynchus haeruca* liegen zu den Seiten des Vas efferens, und zwar an der dorsalen Fläche desselben, zwei Längsmuskelrohre, die als geräumige Hohlprismen von fast triangulärem Querschnitte am oberen Rande des halbkugelförmigen Bursalmuskels beginnen und nach vorn allmählich an Dicke abnehmen (s. Tafel 3, Fig. 1 Lm, Fig. 9 Lm). Nachdem sie aus der vorderen Oeffnung der Genitalscheide hervorgetreten sind, zertheilen sie sich in mehrere Fasern, die nun in der früher geschilderten Weise die Vasa deferentia begleiten und am Ligamente dicht unter dem letzten Hoden sich befestigen (s. Tafel 3, Fig. 2 Lm.). Ein jedes dieser beiden Muskelbänder enthält einen grossen mit einem stark glänzenden Nucleolus versehenen Kern (s. Tafel 3, Fig. 9 Lm.) und ist demnach einer Zelle gleichwerthig.

Auch *Echinorhynchus gigas* besitzt in seiner frühesten Jugend zwei ähnlich gestaltete Muskelzellen. Im Laufe der Zeit aber verwandeln sich die einfachen Muskelschlauche in Folge einer wiederholten Faserspaltung in breite Netzstreifen, die nun in Form zweier Halbcylinder das Vas efferens umfassen und in den Medianlinien mit einander verschmelzen (s Tafel 3, Fig. 11 Lm[1]).

Hinsichtlich des histologischen Baues stimmen alle diese Muskelfasern, mögen sie als einfache Röhren oder als netzartig durchlöcherte Bänder auftreten, mit einander überein. Unter der ziemlich ansehnlichen Sarkolemmahülle breitet sich eine gleichmässig dicke Fibrillenrinde aus. Das Mark ist nur in geringer Menge vorhanden und besteht grossentheils aus einer wasserhellen Flüssigkeit: das Plasmageäder ist sehr schwach entwickelt. Nur in der nächsten Umgebung der Kerne häufen sich Protoplasmafäden in grösseren Mengen an, wodurch eine förmliche Kernkapsel sich bildet. In den engen Maschen dieses dichten Fadengeflechtes findet man überdies auf frischen und auf mit Osmiumsäure gehärteten Präparaten zahlreiche, kleine, stark lichtbrechende Fetttröpfchen. Die Nuclei haben eine ellipsoide Gestalt und liegen in der Achse des Muskelrohres. Man findet sie gewöhnlich auf dem gleichen Querschnitte mit den hinteren Genitalscheidenkernen.

Nachdem wir die Vertheilung der wichtigsten an der Bewegung des Samens und der Kittsubstanz betheiligten Muskel im Ductus ejaculatorius kennen gelernt haben, erübrigt es nur noch, einige Augenblicke uns mit den Funktionen der einzelnen Muskelgattungen zu beschäftigen.

Bekanntlich hatte Leuckart angenommen, dass die Längsmuskeln zur Fortbewegung des Samens dienen, also gewissermaassen einen Ersatz für die den Samenleitern fehlende Ringmuskulatur liefern sollten.

Bei *Echinorhynchus angustatus* und *Echinorhynchus haeruca* dürfte wohl schon die dorsale Lage der hier in Betracht kommenden beiden Muskelröhren eine derartige Wirkungsweise von vorn herein ausschliessen. Aber auch bei *Echinorhynchus gigas* spricht der Bau und die Anordnung der Längsfasern nicht zu Gunsten einer solchen Auffassung. Die abgeflachten, bandförmigen Muskelröhren liegen dicht gedrängt, ohne grössere Spalträume zwischen sich zu lassen, neben einander. Unter solchen Umständen ist man wohl berechtigt, anzunehmen, dass die Wirkungsweise des Muskelmantels sich nicht wesentlich von der eines dickwandigen Längsfaserhohlcylinders unterscheiden dürfte. Es lässt sich nun sehr leicht durch das Experiment (z. B. an einem elastischen Gummischlauche) und durch die mathematische Berechnung der Nachweis liefern, dass in jeder Kontraktionsphase der Querschnitt des Hohlcylinders umgekehrt proportional seiner Länge, der kubische Inhalt also konstant ist.

Aus den oben angestellten Erwägungen folgt, dass wir es hier mit ganz demselben Mechanismus zu thun haben, den wir schon in der Musculatur der Leibeswand kennen lernten. Die Zirkulärfasern der Scheide und die zu den Seiten des Vas efferens herabziehenden Längsmuskeln funktioniren als Antagonisten. Durch die Kontraktion der ersteren wird eine Zusammenschnürung, durch die Verkürzung der letzteren aber eine Ausweitung der Genitalscheide herbeigeführt. Man kann gemäss ihrer Wirkungsweise die Ringmuskelfasern als Constrictores, die Längsbänder aber als Dilatores bezeichnen.

Aus dem oben Gesagten ergiebt sich ferner, dass keines der beiden Muskelsysteme für sich allein im Stande ist, einen Druck auf die Inhaltsmassen der Samenleiter und der Kittgänge auszuüben, sondern dass hierzu das gleichzeitige Zusammenwirken der Ring- und Längsfasern unbedingt nothwendig ist.

Unter dem Vas efferens liegt, gleichfalls die Mediane einhaltend, der Markbeutel des Bursalmuskels, jenes eigenartige Organ, dessen wahrer Charakter erst von Sälftigen erkannt wurde. In früherer Zeit war man gewöhnt, ihn als Samenblase (Pagenstecher, Greeff, v. Linstow) anzusehen, oder als Drüsenkörper, dessen Sekret sich in den Samenleiter ergiessen sollte (Leuckart), in Anspruch zu nehmen.

Ueberdies muss ich hier, um etwaigen Irrthümern vorzubeugen, hervorheben, dass Leuckart[*] den Markbeutel und das Vas efferens bei *Echinorhynchus gigas* mit einander verwechselt hat. Denn jene, auf pag. 779 beschriebenen, in Fig. 375 abgebildeten zwei, wie die Schalen einer Schote geformten Muskelbänder sind in der That nichts anderes als die Kompressoren des Bursalmuskelbeutels und die dorsal davon gelegene helle Drüse, die durch einen gewundenen Gang in das vermeintliche, zwischen den Muskelschoten gelegene Samengefäss (Markbeutel) einmünden soll, das Vas efferens.

Zum Zwecke der Detailbeschreibung wollen wir uns an *Echinorhynchus angustatus* und *Echinorhynchus haeruca* halten, weil hier die Strukturverhältnisse der fraglichen Bildungen einfacher und besser verständlich sind als bei *Echinorhynchus gigas*.

Der Markbeutel hat die Gestalt einer schlanken Birne und mündet vermittelst eines dünnen, aber langen und hohlen Stieles unterhalb des Begattungsgliedes in den halbkugelförmigen Bursalmuskel ein. An ihm lassen sich zwei scharf gesonderte und vollkommen selbständige Theile unterscheiden, nämlich ein aus Ringfasern gebildeter Muskelmantel und der eigentliche Markbeutel.

[*] Die menschlichen Parasiten. Bd. 2. pag. 778—780.

Was zunächst den letzteren angeht, so zeigt derselbe die nämliche Beschaffenheit wie die häutigen Markbeutel, die wir an der Hautmuskulatur des Riesenkratzers und *Echinorhynchus porrigens* kennen lernten.

Die Umhüllung bildet eine derbe, aber strukturlose, meist sehr intensiv gefärbte Sarkolemmamembran (s. Tafel 3, Fig. 9 Mb). Der Inhalt besteht aus zahllosen, netzartig verwobenen Protoplasmafäden, welche die beiden grossen, länglichovalen Kerne kapselartig umgeben und offenbar dazu bestimmt sind, die letzteren in einer unveränderlichen Lage zu erhalten (s. Tafel 3, Fig. 1 Mb). In den Maschen und Hohlräumen des Netzwerkes zirkulirt die Muskelflüssigkeit, eine viele stark glänzende Körnchen enthaltende Lösung eiweissartiger Stoffe. Der Muskelmantel liegt dem Markbeutel überall direkt auf und erinnert in seinem feineren Baue an die Rüsselscheiden (s. Tafel 3, Fig. 9 Rmmb). Die zahlreichen, dünnen Zirkulärfibrillen gruppiren sich zu ringförmigen Platten, die in grosser Zahl über einander liegen und aussen von einer sehr dicken Sarkolemmagrenzschicht zusammengehalten werden. Auf der Innenfläche des dickwandigen Faserhohlcylinders breitet sich das Mark aus, das ähnliche papillöse Vorsprünge wie die Rüsselscheiden zeigt (s. Tafel 3, Fig. 1 Rmmb; Fig. 9 Rmmb). Die innere Begrenzung liefert wiederum ein dünnes Sarkolemmahäutchen. An der Uebergangstelle des Beutels in den Stiel weitet sich an der Dorsalfläche der Markraum des Constrictor beträchtlich aus und bildet zwei halbkugelförmige Kapseln, deren jede einen Kern umschliesst (s. Tafel 3, Fig. 1 Rmmb).

Die äussere Form des Markbeutels ist bei *Echinorhynchus gigas* eine andere, insofern nämlich seine Wandungen in Folge seitlicher Kompression sich stark abgeflacht haben und einen fast parallelepipedischen Raum umgrenzen. In Betreff der histologischen Bildung schliesst sich der Markbeutel des Riesenkratzers in allen wesentlichen Punkten an die oben geschilderten Verhältnisse an (s. Tafel 3, Fig. 3 Mb; Fig. 11 Mb).

Der Muskelmantel des Bursalmarkbeutels aber hat eine wesentliche Modifikation erfahren, indem er ganz nach Art der äusseren Rüsselscheide des *Echinorhynchus proteus* in zwei Halbcylinder sich zertheilt hat. Selbige stossen mit ihren zugeschärften Rändern in der Medianebene entweder direkt zusammen (s. Tafel 3, Fig. 11 Rmmb), oder sind durch zwei dicke Sarkolemmastreifen mit einander verbunden (s. Tafel 3, Fig. 3 Rmmb). Sie bestehen aus zahlreichen dünnen, sichelförmig gebogenen Fibrillenplatten, die mit ihren konvexen Rändern an der dicken Sarkolemmascheide befestigt sind (s. Tafel 3, Fig. 4 Rmmb). Auf die Fibrillenrinde folgt nach innen ein ansehnlicher Markraum, in dem gehalten durch das Netzwerk der Protoplasmafäden ein grosser, mit einem fettartig glänzenden Nucleolus versehener Kern gefunden wird (s. Tafel 3, Fig. 3 Rmm; Fig. 11 Rmm).

Symmetrisch zu den beiden Seiten des Vas efferens und des Bursalmarkbeutels liegen die Ausführungsgänge der Kittdrüsen, die bei *Echinorhynchus angustatus* und *Echinorhynchus haeruca* konstant in der Sechszahl, beim Riesenkratzer aber bald in der Sechszahl, bald aber auch in der Achtzahl vorhanden sind. Der histologische Bau derselben hat auch nach dem Eintreten in das Muskelrohr des Ductus ejaculatorius keine merkliche Veränderung erfahren. Ungefähr in der Mitte der Genitalscheide weiten die Kittgänge sich in dem Maasse aus, dass man geneigt sein könnte, sie als förmliche Kittreservoire zu betrachten. Die meist radial gestellten, durch die gegenseitige Berührung abgeflachten Wandungen scheinen bei *Echinorhynchus gigas* auf grössere Strecken mit einander verwachsen zu sein

7*

(s. Tafel 3, Fig. 3 Kg; Fig. 11 Kg). Wenigstens sah ich niemals eine der lose aufliegenden Längsfasern sich zwischen sie hinein drängen.

Was die letzt erwähnten Muskelfasern angeht, so bilden diese eine Eigenthümlichkeit des Riesenkratzers. Sie stammen von zwei Muskelzellen ab, die ihre Spuren in zwei grossen, ventral gelegenen Kernen hinterlassen haben. Durch wiederholte Faserspaltung sind aus den schlauchförmigen Muskelzellen zwei breite, netzartig durchlöcherte Bänder hervorgegangen, die bogenförmig die Kittgänge umfassen und bis an die Längsmuskeln in der Umgebung des Vas efferens heranreichen, ohne aber eine direkte Verbindung mit ihnen einzugehen (s. Tafel 3, Fig. 3; Fig. 11 Lm²). Offenbar kommen ihnen die gleichen Funktionen zu, wie dem das Samengefäss umhüllenden Längsmuskelmantel.

Die Kittgänge münden schliesslich, wie dies Leuckart schon vollkommen zutreffend geschildert hat, einzeln, aber dicht nebeneinander und in nahezu gleicher Höhe in das Vas efferens ein (s. Tafel 3, Fig. 4 Kg). Ein grösseres gemeinschaftliches Kittreservoir, das nach Säfftigen durch das Verschmelzen der sechs stark erweiterten Kittgänge entstehen und vermittelst einer einzigen Oeffnung seinen Inhalt in den Samenleiter entleeren soll, konnte ich bei keiner der mir zu Gebote stehenden Spezies nachweisen.

Auf das untere Ende der Kittgänge folgt eine bald längere (*Echinorhynchus angustatus, Echinorhynchus haeruca*), bald (*Echinorhynchus gigas*) kürzere Strecke, in welcher der Ductus ejaculatorius einen nur unbedeutenden Durchmesser besitzt. Die muskulöse Genitalscheide geht, ohne dass merkliche Veränderungen an ihr wahrzunehmen sind, auf den dünneren Theil über und scheint zu den Seiten des Penis an dem Bursalmuskel sich zu befestigen. Die einzigen Einschlüsse dieses vollkommen cylindrischen, bei eingezogener Bursa und stark verkürztem Leibe schlingenartig zusammengelegten Rohres bilden das Vas efferens, der konische Stiel des Bursalmuskelmarkbeutels und einige wenige Längsmuskelfasern.

Der Endabschnitt des Vas efferens hat seine ursprüngliche Beschaffenheit gänzlich verloren und könnte ohne Kenntniss seiner Bildungsweise leicht für ein vollkommen selbständiges Gebilde gehalten werden. Die Grundlage desselben bildet ein dickwandiges, strukturloses und vollkommen glasartig durchsichtiges Rohr, das nach vorn allmählich an Dicke abnehmend in das Vas efferens übergeht, mit seinem hinteren Ende aber bis zur Mitte in die axiale Durchbohrung des Penis hineinragt (s. Tafel 3, Fig. 4 Veff; Fig. 3 Veff). Die Innenfläche dieser Cylinderröhre trägt zahllose, sehr dünne, schräg nach abwärts gerichtete Wimperhärchen, die sehr weit in den Innenraum hineinragen und das Lumen auf einen triangulären Spalt reduziren (s. Tafel 3, Fig. 4 F; Fig. 3 F). Zweifellos bilden sie eine Art Reuse, die den Rücktritt des ejizirten Spermas unmöglich macht.

Die äussere Hülle des Samenleiters liefert ein engmaschiges Ringmuskelrohr (s. Tafel 3, Fig. 4 Veffrm). Säfftigen glaubt, dass letzteres eine einfache Fortsetzung der Genitalscheide sei und sich aus dem durch Zerspaltung entstandenen kleineren ventralen Segmente derselben herausgebildet habe. Diese Annahme ist aber nicht richtig. Das Ringfaserrohr des Vas efferens entsteht vollkommen unabhängig von der Genitalscheide und bewahrt bei manchen Arten, wie dies das Vorhandensein zweier grosser Kerne zur Genüge bezeugt (*Echinorhynchus gigas*), sogar zeitlebens seine Selbständigkeit. Die einzelnen Fibern dieses Ringmuskelrohres sind in radialer Richtung stark abgeplattet und anastomosiren häufig mit einander (s. Tafel 3, Fig. 4 Veffrm). Die fibrilläre Substanz vertheilt sich viel gleichmässiger über die gesammte Peripherie, als dies sonst bei den Fasern der Genitalscheide der Fall ist.

Die äussere Form des Penis ist bei den verschieden von mir untersuchten Arten sehr beträchtlichen Schwankungen unterworfen. Bei *Echinorhynchus angustatus* und *Echinorhynchus haeruca* bildet er eine schlanke Spindel, die fast zur Hälfte frei in die Höhlung der Bursa copulatrix hineinragt. Er ist rein musculärer Natur und gleicht in seinem feineren Bau den Muskelzellen, die wir im Grunde der Uterusglocke finden. Nur an der Aussenfläche kommt es zur Bildung feiner querverlaufender Fibrillenbündel, die zu einer dünnen Rindenschicht zusammentreten und zweifellos als Sphincteren funktioniren. Das Mark besteht grossentheils aus vielfach verflochtenen oder filzartig verwobenen dicken Protoplasmafäden und beherbergt zwei bis vier länglich ovale Kerne. In den meist sehr engen Hohl- und Spalträumen zirkulirt dieselbe Flüssigkeit, die auch sonst im Muskelmarke angetroffen wird.

Die axiale Durchbohrung des Begattungsgliedes wird zur Hälfte von dem Vas efferens, zur Hälfte aber von einer faserig strukturirten, derben Membran ausgekleidet. Letztere ist hypodermalen Ursprunges und bildet eine direkte Fortsetzung des die frei hervorschauende Fläche des Penis bedeckenden Hypodermisgewebes. Radiärmuskelfasern und Kerne habe ich in beiden Theilen niemals vorgefunden.

Das Begattungsglied des Riesenkratzers hat die Gestalt eines kurzen gedrungenen Kegelstumpfes und prominirt nur weniges über die Hautdecke der Bursa copulatrix (s. Tafel 3, Fig. 4 *P*). Der Hauptmasse nach besteht es aus jenem schwammigen, oder filzartigen Protoplasmabalkenwerke, in dem sich auch konstant vier grosse Kerne auffinden lassen (s. Tafel 3, Fig. 4 *P*). Dem vollständigen Mangel an kontraktilen Elementen wird durch das Vorhandensein eines wohl entwickelten, kräftigen Ringmuskelrohres abgeholfen (s. Tafel 3, Fig. 4 *Prm*). Selbiges spaltet sich am oberen Rande des Penis von der Muskelhülle des Vas efferens ab und überzieht allerorts, dem dicken Sarkolemmabelage sich anschmiegend, das Begattungsglied bis an sein vorderes Ende. Besondere Kerne kommen dem Penissphincter nicht zu.

Der Penis ist in einer mächtigen, glockenförmig gebogenen Muskelplatte eingefügt, die offenbar die Grundlage der Bursa copulatrix bildet. Für gewöhnlich ruht sie im Inneren der Leibeshöhle eine mehr oder minder ansehnliche Strecke vom Schwanzende entfernt. Die Verbindung mit dem letzteren vermittelt ein derber häutiger Schlauch, der ganz die nämlichen Eigenschaften wie die Leibeshaut aufweist und ohne Kenntniss seiner Entwickelungsgeschichte für eine einfache Hauteinstülpung gehalten werden müsste. Beim Austreten der Bursa copulatrix, das offenbar durch den Andrang des durch besondere Protrusoren herabgezogenen Ductus ejaculatorius veranlasst wird, stülpt sich der Bursalschlauch in ganzer Länge um und bildet dann die äussere Bekleidung des Kopulationsorganes (s. Tafel 3, Fig. 4 *Bs*).

Die innere und die äussere Wand des Bursalmuskels bestehen aus dicht verpackten, unregelmässig gestalteten Ringfibrillenbündeln, die sich wiederholt verzweigen und mit benachbarten Faser-strängen anastomosiren (s. Tafel 3, Fig. 4 *Bmf*). Auf der Aussenfläche werden sie von einer ausser-gewöhnlich dicken Membran, die in jeder Beziehung mit dem Sarkolemmabelage der Muskelfaser übereinstimmt, bedeckt. Nach innen entsendet letztere zahlreiche, blattartige Septen (s. Tafel 3, Fig. 4 *Bms*), welche die Fibrillenrinde durchbrechen und in meist radialer Richtung zwischen den beiden Wandungen sich ausspannen. Sie zertheilen den Markraum in eine Anzahl von Kammern, die aber sammt und sonders durch grössere oder kleinere Oeffnungen mit einander in Verbindung stehen (s. Tafel 3, Fig. 4 *Bmm*).

Der Penis ist bei keiner der von mir untersuchten Arten vollkommen zentrisch in den Bursalmuskel eingefügt, sondern stets der Rückenfläche genähert. Diese eigenthümliche Befestigung bringt es mit sich, dass das Kopulationsorgan nach seiner Entfaltung eine dorsale Lage annimmt.

Direkt unter der grossen, zur Aufnahme des Begattungsgliedes bestimmten Durchbohrung entdeckt man an der, der Leibeswand zugekehrten, konvexen Fläche der Bursalmuskelkappe eine kleine kreisförmige Oeffnung, welche die Kommunikation des Muskelmarkes mit dem des Bursalmarkbeutels ermöglicht (s. Tafel 3, Fig. 4 Rmm*). Der Sarkolemmaüberzug des Bursalmuskels setzt sich direkt in die Wand des Beutels fort.

Bei *Echinorhynchus angustatus* und *Echinorhynchus haeruca* bildet der Grund des mächtigen Bursalmuskels zwei ansehnliche Aussackungen, die gewöhnlich in Gestalt zweier Halbkugeln in die Leibeshöhle hineinragen. Sie liegen zu den Seiten des Begattungsgliedes und sind mit den früher als Saugscheiben bezeichneten Gebilden identisch. Die Weite der Oeffnung, vermöge der ihr Hohlraum mit der Bursa kommunizirt, ist von dem Contraktionszustande der Muskelkappe abhängig. Nach der Hervorstülpung des Kopulationsorganes erscheinen sie nur noch als flache, schüsselförmige Grübchen, die schliesslich beim Umfassen des weiblichen Schwanzendes gänzlich verstreichen.

Zum Bursalmuskel gesellen sich noch einige Muskelfasern hinzu, die gleichfalls an den Bewegungen der Bursa copulatrix sich betheiligen. Bei *Echinorhynchus gigas* treten sie in der Form eines engmaschigen Ringfasernetzes auf, das der konvexen Aussenfläche des Bursalmuskels sich eng anschmiegt und bis in die Nähe des Penis reicht (s. Tafel 3, Fig. 4 Bnrm). Die einzelnen Röhren sind in radialer Richtung stark abgeplattet und mit einer ziemlich dicken Fibrillenrinde ausgestattet. Bei völlig erwachsenen Individuen scheinen sie sich mit der musculösen Genitalscheide in einem direkten Zusammenhange zu befinden. Wenigstens habe ich niemals Kerne aufgefunden, die für die Ernährung des immerhin sehr ansehnlich entwickelten Muskelapparates sorgen könnten. Das Ringfasernetz endigt am unteren, völlig platten Rande der Muskelkappe.

Bei *Echinorhynchus angustatus* und *Echinorhynchus haeruca* fehlt dieser merkwürdige Muskelmantel. An seiner Stelle sieht man einzelne, dünne Längsfasern herabziehen und auch auf den Bursalschlauch übergehen (s. Tafel 4, Fig. 2 Bnhm). Die Entwickelungsgeschichte lehrt uns in ihnen Abkömmlinge der Leibesmuskulatur kennen.

Die Auskleidung der halbkugelförmigen Höhlung des Bursalmuskels liefert eine direkte Fortsetzung des hypodermalen Bursalschlauches. Was zunächst den letzteren angeht, so besteht dieser aus den nämlichen Schichten, wie die Haut der Leibeswand. Die äussere Begrenzung bildet eine dünne, vollkommen homogene und durchsichtige Cuticula (s. Tafel 3, Fig. 4 Bct). Unter ihr breitet sich das in Schichten gesonderte (*Echinorhynchus angustatus* und *Echinorhynchus haeruca*), oder auch aus wirr verwobenen Fasern bestehende Flechtwerk der Subcuticula aus (s. Tafel 3, Fig. 4 Bfl). Auf letzteres folgt die musculöse Radiärfaserzone mit ihren zahlreichen Gefässbahnen (s. Tafel 3, Fig. 4 Brmf). Kerne sind zumal in dem unteren Abschnitte des Bursalschlauches in grosser Zahl vorhanden, wenngleich auch ihr Durchmesser um ein Beträchtliches hinter dem der in der Subcuticula der Leibeswand befindlichen Nuclei zurückbleibt (s. Tafel 3, Fig. 4 Bnc).

Die Hypodermisauskleidung der Bursa stimmt hinsichtlich ihres feineren Baues so vollkommen mit dem Bursalschlauche überein, dass man über deren Zusammengehörigkeit wohl kaum einen Augenblick im Zweifel sein kann. Sie liegt der Sarkolemmawand des Bursalmuskels fest an und ist mit ihr durch zahllose dünne Sarkolemmafäden innig verbunden (s. Tafel 3, Fig. 4 Bs *.

Blickt man in die Höhlung der Bursa von *Echinorhynchus angustatus* oder *Echinorhynchus haeruca*, so gewahrt man eine wechselnde Anzahl eigenthümlicher, je nach dem Kontraktionszustande des Bursalmuskels bald mehr, bald minder stark hervorragender Längswülste. Sie beginnen in unmittelbarer Nähe des Penis, laufen in radialer Richtung auseinander und endigen mit einem stark glänzenden Knöpfchen. Ein zweiter Kranz von papillösen Erhebungen, die aber der wulstartigen Unterlage entbehren, erblickt man in der Höhe der Saugnapfmündungen (Greeff's freie Kerne).

Greeff [1] hat wohl zuerst den Bau dieser Längsstreifen eingehender studirt und ihnen, indem er sie als Haft- oder Klammerorgane bezeichnete, einen muskulösen Charakter zugeschrieben. Leuckart [2] dagegen behauptet, dass diese Wülste nicht der Muskulatur, sondern vielmehr der darüber hinziehenden hypodermalen Auskleidung der Bursa angehören. Die hellglänzenden Knötchen hält er, obwohl er sie niemals in einem direkten Zusammenhange mit einem Nerven gesehen hat, für Gefühlspapillen.

Meine eigenen Untersuchungen an den oben genannten Arten führten mich zu dem merkwürdigen Resultate, dass diese Streifen keineswegs als selbständige Bildungen, sondern nur als wulstartige Erhebungen der Sarkolemmagrenzmembran der Muskelkappe zu betrachten sind. Ihre flachen Hohlräume kommuniziren durch zahlreiche weite Spalten mit dem Marke des Bursalmuskels (s. Tafel 4, Fig. 2 stp). Die Ringfibrillen der Muskelwandung ziehen, ohne sich in die Vertiefungen einzusenken, über die Falten hinweg, woraus ohne weiteres folgt, dass eine jede Kontraktion derselben von einer Erhebung der Wülste begleitet sein muss. Bisweilen sah ich an der verdickten, auf Querschnitten sichelförmig gebogenen Wandung der Wülste vereinzelte dünne Muskelfibrillen hinziehen, die offenbar von den Ringfasern sich losgelöst hatten und nun selbige unter rechtem Winkel kreuzten. Die erhabenen Endknötchen entstehen in Folge einer plötzlichen Verdickung der Sarkolemmahülle und besitzen dasselbe stark glänzende Aussehen, das bekanntlich auch die Substanz der Rüsselhaken kennzeichnet. Da es mir niemals gelang, einen Nerven an diese Knöpfchen herantreten zu sehen, so muss ich Leuckart's Annahme, dass selbige Gefühlspapillen vorstellen, vorläufig noch negiren. Vielmehr glaube ich, dass diese Leisten mit ihren Endknoten, sowie die zwischen ihnen gelegenen Papillen einfache Haftorgane vorstellen, die beim Umfassen des weiblichen Schwanzendes sich in dessen weiche Haut eindrücken und so das Abgleiten der Bursa copulatrix verhindern.

Wesentlich anders verhält es sich mit jenen zahlreichen kleinen papillösen Erhebungen, die sich am unteren Rande der Bursa vorfinden und meines Wissens noch nicht näher beschrieben worden sind. Am lebenden Thiere sind sie kaum wahrnehmbar, da sie dieselbe Färbung und das gleiche Lichtbrechungsvermögen wie ihre Umgebung aufweisen. Auf Dauerpräparaten dagegen erscheinen sie stets dunkler tingirt als die Hypodermis und die soeben beschriebenen Leisten und Knötchen. Gewöhnlich haben sie die Form eines etwas zugespitzten Eies. Ihr Inneres ist vollkommen homogen und gleicht in jeder Hinsicht dem Nervenmarke (s. Tafel 4, Fig. 2 Gp). Von der sie umgebenden Hypodermis sind sie durch ein dünnes, aber scharf konturirtes Häutchen geschieden. An jedes dieser Knötchen tritt eine

[1] Untersuchungen über den Bau und die Naturgeschichte von *Echinorhynchus miliarius*. Archiv für Naturgeschichte, 1864, pg. 137.

[2] Die menschlichen Parasiten. 2. Bd., pg. 782—785.

dünne Nervenfaser heran, die am Rande der Bursalmuskelkappe umbiegt, sich mit etlichen benachbarten Fasern vereinigt und dann an der Aussenfläche der Bursa zum Genitalganglion heraufzieht (s. Tafel 4, Fig. 2 ns).

Echinorhynchus gigas besitzt nur sechs solcher Gefühlspapillen, die dafür aber eine erstaunlich hohe Entwickelung erreichen. Sie liegen dicht neben dem Penis und ragen nur wenig über die runzelige Oberfläche hervor, so dass man sie bei oberflächlicher Betrachtung leicht übersehen kann. Ihre äussere Gestalt gleicht der eines schlanken, oben halbkugelartig abgerundeten Cylinders. Sie werden aussen von einer dünnen Sarkolemmascheide (s. Tafel 3, Fig. 6 ns) umhüllt, die nur von der Filzfaserschicht der Subcuticula bedeckt wird (s. Tafel 3, Fig. 6 ff). Die Basis der Gefühlspapille liegt mit dem die Innenfläche der Hypodermis auskleidenden Sarkolemma in einer Ebene. Den Inhalt dieses säulenartigen Zapfens bildet ein einziger, sehr dicker spiralförmig aufgewundener, oder zu einem wirren Knäuel zusammengeschlungener Nerv (s. Tafel 3, Fig. 6 N). Er ist vollkommen homogen wie der Achsenstrang jener in der Leibeshöhle frei verlaufender Nervenfasern. Fast in der Mitte der Basis durchbohrt er die Sarkolemmascheide und die darauffolgende Muskellage (s. Tafel 3, Fig. 6 ns) und vereinigt sich mit zwei der benachbarten Fasern zu dem mächtigen Lateralnervenstamme, der von den Genitalganglien ausgehend, auf der Aussenfläche der Penisringmuskulatur herabgeleitet.

Der voranstehenden Schilderung, die sich ausschliesslich mit dem anatomischen Baue und der Histologie der männlichen Genitalien beschäftigt, möchte ich noch einige Worte über die Physiologie des so komplizirten Kopulationsapparates folgen lassen.

Die Wirkungsweise der Bursalmuskelringfasern ergibt sich ohne weiteres aus ihrer Anordnung: durch ihre Kontraktion wird der von ihnen umgrenzte halbkugelförmige Hohlraum eine Einengung erfahren. Es liegt klar auf der Hand, dass die Wirkung der die konvexe Aussenfläche des glockenförmigen Bursalmuskels bildenden Ringfasern nur dann voll zur Geltung kommen kann, wenn die von den konzentrischen Wandungen umschlossene Markmasse, beziehentlich die in ihren Hohlräumen befindliche Muskelflüssigkeit nach den Seiten auszuweichen gehindert wird. Diesem Bedürfnisse ist durch die Anbringung einer dicken kontinuirlichen Sarkolemmamembran auf der Aussenfläche der Fibrillenrinde in ausreichendem Maasse Rechnung getragen.

Ferner finden wir am Bursalmuskel eine Einrichtung, die den Wurm in den Stand setzt, sein mächtig entwickeltes Kopulationsorgan, dessen Durchmesser unter Umständen dem des Schwanzes gleichkommen kann, in den Leibesraum zurückzuziehen.

Unmittelbar unter der Penisdurchbohrung hatten wir eine kreisrunde Oeffnung gefunden, vermöge deren eine Kommunikation zwischen dem Markraume des Bursalmuskels und jenem früher ausführlich beschriebenen Bursalmarkbeutel hergestellt wird. Sollen nun die Begattungswerkzeuge zurückgezogen werden, so erschlaffen die Ringfasern des Markbeutels und die in dem Marke des Bursalmuskels zirkulirende Flüssigkeit tritt durch die Elastizität der Wandungen zum grösseren Theile in den Beutel ein. In Folge dessen verliert der Bursalmuskel seine pralle Füllung: die Wandungen runzeln sich und falten sich zusammen, und nun ist die Bursa copulatrix geeignet, durch die in Folge der Kontraktion des Dilatator zwar erweiterte, ohnehin aber doch verhältnissmässig sehr enge Leibesöffnung hindurchzugleiten.

Ich möchte hier nochmals hervorheben, dass ich mich der funktionellen Deutung der beiden zu den Seiten des Penis gelegenen ohrenförmigen Aussackungen (*Echinorhynchus angustatus*, *Echinorhynchus haeruca* als Saugorgane Pagenstecher, Leuckart) nicht anschliessen kann. Schon der Umstand, dass die muskulöse Grundlage dieser beutelförmigen Taschen nur eine Fortsetzung des Bursalmuskels bilde und keinerlei kontraktile Elemente enthält, die eine Erweiterung des Innenraumes herbeiführen könnten, muss von vornherein eine derartige Auffassung für sehr problematisch erscheinen lassen. Ich für meinen Theil erblicke in den seitlichen Aussackungen lediglich Falten, die den Zweck haben, der zurückgezogenen Bursa eine möglichst kompendiöse Form zu verleihen.

Bei der Entfaltung der Bursa copulatrix treten die Ringfasern des Bursalmarkbeutelmantels in Thätigkeit. Durch ihre Zusammenziehung wird ein Druck auf die Markmasse ausgeübt und die in letzterer enthaltene Flüssigkeit durch den hohlen Stiel in den Bursalmuskel hineingetrieben. Die Wandungen des letzteren weichen, soweit es die in radialer Richtung ausgespannten Septen gestatten, auseinander. Alle Falten und Runzeln verstreichen, die Oberfläche glättet sich und die Bursa breitet sich vollständig aus.

Obgleich beim Umfassen und Festhalten des in die Bursalhöhle eingesenkten, weiblichen Schwanzendes die Wirkung des Bursalmarkbeutelmantels mit der Zusammenziehung der Bursalmuskelringfasern stets zusammenfällt, so sind doch beide Muskelsysteme, vorausgesetzt, dass ein jedes unabhängig von dem anderen in Aktion tritt, als Antagonisten zu betrachten. Während die Striktion der Ringfasern des Bursalmuskels eine Einengung der Höhlung zur Folge hat, bedingt die Verkürzung der Ringmuskulatur des Markbeutels eine Erweiterung des Innenraumes und somit die Loslösung des Weibchens.

Die Ringfasern, welche wir bei *Echinorhynchus gigas* die Aussenfläche des Bursalmuskels umstricken sahen, unterstützen die darunter hinziehenden Ringfibrillen, während die bei *Echinorhynchus haeruca* und *Echinorhynchus angustatus* am gleichen Orte befindlichen Längsmuskelröhren dazu bestimmt zu sein scheinen, die Befestigung durch Oeffnen der Glocke zu lösen.

Was schliesslich den eigentlichen Akt der Hervorstülpung der männlichen Kopulationsorgane angeht, so lassen sich an ihm zwei Momente unterscheiden: erstens das Herabziehen der Bursa zum aboralen Leibespole und zweitens die eigentliche Hervorstülpung der letzteren.

Die Herabbewegung der Bursa copulatrix bis zum Genitalporus geschieht durch einen eigenthümlich geformten Muskelmantel, der das ganze Kopulationsorgan sammt dem sich daran anschliessenden Bursalschlauch allseitig umhüllt. Man kann sich seine äussere Gestalt wohl am leichtesten vergegenwärtigen, wenn man sich zwei Kegelstümpfe so aneinander gefügt denkt, dass ihre grossen Basen zusammenfallen. Der so gebildete Doppelkegel besitzt drei Insertionsflächen. Sein vorderes, eingeengtes Ende befestigt sich am unteren Rande des Constrictor ductus ejaculatorii. Der mittlere, stark hervorragende Rand steht mit der Längsmuskelschicht der Leibeswand in Verbindung, während das Ende des hinteren Kegelstumpfes in der unmittelbaren Umgebung des Genitalporus an der Leibeswand sich anheftet. Untersuchen wir diesen Muskelschlauch etwas näher, so zeigt es sich, dass er lediglich aus Längsfasern, die sich zwar verzweigen und mit benachbarten Aesten anastomosiren können, aufbaut.

Die Wirkungsweise dieses Muskels, beziehentlich der beiden Muskelsegmente, ergiebt sich ohne weiteres aus der Gestaltung. Der vordere Kegelmantel wirkt als Depressor bursae; wenn seine Fasern sich kontrahiren, wird das untere Ende des durch mächtige Muskelmassen gesteiften Ductus ejaculatorius nach abwärts bewegt. Hierbei drückt es gleich einem Stempel auf die Mitte der Bursa und schiebt selbige vor sich her, bis schliesslich seine beiden Insertionsflächen in eine Ebene zu liegen kommen.

Eine weit andere Wirkung hat die Kontraktion der Fasern, welche die untere gleichfalls konisch geformte Hälfte des Muskelmantels ausmachen. Da selbige sich in schräger Richtung zwischen dem Rande der Genitalöffnung und der Leibeswand ausspannen, so wird eine Verkürzung derselben eine Ausweitung der Genitalöffnung zur Folge haben. Die vom Depressor herabgeschobene Bursa copulatrix kann jetzt in den vom Dilatator stark erweiterten Genitalporus eintreten.

Es liegt aber auch, wenn man die Lage der mittleren Insertionsfläche im Auge behält, klar auf der Hand, dass der eben beschriebene Muskelapparat die eigentliche Hervorstülpung des Kopulationsorganes allein nicht bewerkstelligen kann. Zu diesem Zwecke sind zwei kräftige Muskeln, die Protrusores bursae, angebracht, welche ungefähr in der Mitte der Genitalscheide beginnen, die Leibeshöhle in diagonaler Richtung durchsetzen und schliesslich lateral in der Nähe des Depressor bursae an der Muskulatur der Schwanzspitze endigen. Sie zeigen den nämlichen Bau wie die Retraktoren des Receptaculum und enthalten je einen grossen länglich ovalen Kern, in dem sich ausser dem grossen eckigen Nucleolus noch einige kleinere, durch ein feines Maschenwerk verbundene Chromatinhäufchen deutlich unterscheiden lassen.

Bei allen diesen Betrachtungen darf jedoch nicht ausser Acht gelassen werden, dass auch die äusserst kräftige Muskulatur der Leibeswand an der Ausstülpung des Kopulationsorganes einen wesentlichen Antheil nehmen kann. Durch das gleichzeitige Zusammenwirken der Ring- und der Längsmuskulatur wird ein Druck auf die in der Leibeshöhle eingeschlossene Blutflüssigkeit ausgeübt, der seine Wirkung in der Richtung des geringsten Widerstandes, in diesem Falle also gegen die Bursa hin, entfalten muss.

Bei der Zurückziehung der Bursa kommen ausser dem Dilatator nur noch zwei Muskeln Retractores bursae in Betracht, die vom oberen Ende der Genitalscheide abgehen und neben den Seitentheilen des Ligamentum suspensorium hinziehen, bis sie in der Höhe der Keimdrüsen mit der Längsmuskulatur der Leibeswand sich vereinigen. Trotz ihrer gewaltigen Länge weisen diese Faserbänder doch nur je einen einzigen Kern auf.

— — — —

Die Entwickelungsgeschichte des männlichen Genitalapparates.

Geschichtlicher Ueberblick.

Den ersten Versuch, die Entwickelungsgeschichte des männlichen Geschlechtsapparates aufzuklären, verdankt die Wissenschaft R. Leuckart[1]. In der im Oktober des Jahres 1862 veröffentlichten höchst denkwürdigen Abhandlung: „Ueber *Echinorhynchus*" liefert er den strikten Nachweis, dass die Keimdrüsen nebst den Ausführungsgängen der Geschlechtsprodukte aus der hinteren Hälfte des als Embryonalkern bekannten Zellhaufens sich herausbilden:

Nachdem die Embryonen des *Echinorhynchus proteus* eine Länge von 0,7 mm erreicht haben, beginnt der Embryonalkern unter rascher Grössenzunahme sich zu strecken. Die einzelnen Zellen

---

Helminthologische Experimentaluntersuchungen. Nachrichten von der G. A. Universität zu Göttingen. 1862 No. 22, pag. 438—440, 442—445.

gruppiren sich zu Haufen, die immer schärfer sich gegen einander absetzen und immer bestimmter sich als die Anlagen der späteren Hauptorgane zu erkennen geben. Das erste Gebilde, das deutlich sich abhebt, ist das Ligamentum suspensorium. Sein vorderes Ende trägt zwei ovale Anschwellungen, die sich theilweise decken und die erste Anlage der männlichen Keimdrüsen darstellen. In einigem Abstande folgt darauf ein kurzes cylindrisches Stück, welches das untere Ende des Ligamentes scheidenförmig umfasst. Es zieht sich später in das Vas deferens mit der Samenblase aus. Nach hinten geht dieses unpaare Gebilde in das fast kugelige Endstück über, das jetzt freilich von der Muskelwand des Körpers fast vollständig umwachsen ist und immer deutlicher als Anlage des glockenförmigen Penis erkannt wird.

Zwei Jahre später veröffentlichte Greeff[1] einige Notizen über die Bildung des männlichen Genitalapparates bei *Echinorhynchus polymorphus*, die im grossen und ganzen Leuckart's Angaben bestätigen, sonst aber nichts wesentlich Neues enthalten.

Nach Schneider's[2] Beobachtungen legen sich die Geschlechtsdrüsen bei *Echinorhynchus gigas* als zwei aus je etwa vier Zellen bestehende Körper an. Sie stehen jeder durch einen aus einer Reihe von Zellen bestehenden Strang — den späteren Ausführungsgang — in Verbindung mit dem bekannten musculösen Vas deferens. Den feinkörnigen Strang, der vom Receptaculum aus in der Mitte der Leibeshöhle herabzieht und eine Anzahl schöner, grosser Kerne enthält, lässt Schneider nicht als Ligamentum suspensorium auf, sondern nimmt ihn als einen späterhin obliterirenden Darm in Anspruch.

Im darauffolgenden Jahre entdeckte v. Linstow[3], dass die sechs grossen Kittdrüsen, die zu den Seiten des Vas deferens liegen, aus je einer einzigen Zelle hervorgehen.

Weit vollständiger und eingehender, als dies jeher geschehen war, schildert Leuckart die gesammten Umwandlungsvorgänge, welche der Genitalapparat von seiner ersten Anlage als einfacher Zellenhaufen bis zur vollkommenen Ausbildung zu durchlaufen hat, in der letzten Lieferung des grossen Parasitenwerkes[4].

Die vorletzte der vier aus dem Embryonalkern entstandenen Zellengruppen zerfällt schon frühe in eine peripherische Schicht und einen davon umschlossenen Kern, der selbst wiederum von zwei neben einander liegenden Ballen (Hoden) gebildet wird. Die nächsten Veränderungen bestehen darin, dass die eben erwähnte peripherische Schicht nach vorn und hinten sich verlängert und in eine Hülle auswächst, welche die anderen Zellengruppen mantelartig überzieht. Nachdem der Embryonalkern um etwa das Doppelte seines Querdurchmessers sich verlängert hat, wird in der Aussenwand eine enge Längsspalte sichtbar, die zunächst auf der Höhe der Geschlechtsdrüsen ringförmig um die Achsenorgane herumgreift, dann aber ziemlich rasch nach vorn und hinten über die ganze Umhüllung mit Ausschluss nur der letzten Enden sich ausdehnt und dieselbe in zwei auf einander liegende Schichten auflöst. Die innere Lage verwandelt sich in die Rüsselscheide und das Ligament, die beide anfangs in Röhrenform

---

[1] Untersuchungen über den Bau und die Naturgeschichte von *Echinorhynchus miliarius*. Archiv für Naturgeschichte, 1864, pag. 118—120, Tafel 2, Fig. 4 A.

[2] Entwickelungsgeschichte des *Echinorhynchus gigas*. Sitzungsberichte der Oberhessischen Gesellschaft für Natur- und Heilkunde, 1871, pag. 2—3.

[3] Zur Anatomie und Entwickelungsgeschichte des *Echinorhynchus angustatus*. Archiv für Naturgeschichte, 1872, pag. 12—13.

[4] Die menschlichen Parasiten. 2. Bd. 1876, pag. 826—829, 831, 837—841, Fig. 354, 357, 397, 398.

zusammenhängen und erst dadurch gegen einander sich absetzen, dass die Röhrenwand zwischen Ganglion und Geschlechtsdrüsen diaphragmenartig sich einfaltet.

Die letzte Zellengruppe, welche die Anlage der Geschlechtswege darstellt, hat sich inzwischen nicht bloss beträchtlich gestreckt, sondern auch in drei auf einanderfolgende Abschnitte getheilt. Die obere dieser Abtheilungen liefert die Anhangsdrüsen mit dem Samenleiter. Die beiden unteren aber verwandeln sich in die Kopulationsorgane.

Zwischen die Begattungsorgane und die Keimdrüsen schiebt sich ein cylindrischer Strang (Ductus ejaculatorius) ein, der freilich erst spät, kurz vor der Umstülpung der Rüsseltasche, sich anlegt, aber dann rasch um ein Beträchtliches sich streckt. Dem Anscheine nach wird die Längszunahme dieses Abschnittes sehr wesentlich durch das rasche Wachsthum zweier heller Schläuche bedingt, die, ursprünglich in Gestalt bläschenförmiger Zellen, den betreffenden Strang durchziehen und die Muskelwände desselben über sich gewissermassen abformen.

Die erste Anlage des Begattungsapparates geht schon frühe eine weitere Differenzirung ein. Infolge derselben lassen sich zwei, dann drei Abschnitte unterscheiden, die der Reihe nach auf einander folgen und je durch eine besondere Anordnung ihrer Zellen sich auszeichnen. Der obere und untere dieser Abschnitte besteht seiner Hauptmasse nach aus einem runden Ballen von heller Beschaffenheit und ansehnlicher Grösse. Beide Ballen stossen in der Achse der Genitalanlage nahezu auf einander und werden in der Peripherie der Berührungsebene von dem mittleren Abschnitte umgürtet, der in Form eines Ringwulstes nach Aussen vorspringt. Auf einer gewissen Entwickelungsstufe lassen sich in jedem dieser Abschnitte vier grosse Zellen unterscheiden, die je einen Quadranten des Querschnittes einnehmen, aussen aber noch von einer gemeinschaftlichen Hülle überzogen sind und zu dieser sich in ähnlicher Weise zu verhalten scheinen, wie wir das von den Achsenschläuchen des Ductus ejaculatorius hervorgehoben haben.

Inzwischen hat das untere Ende des männlichen Leitungsapparates ein Achsengebilde geliefert, das sich trotz seiner ansehnlichen Grösse als Cirrus zu erkennen gibt. Es ist ein zapfenförmiger, ziemlich plumper Körper, der sich rasch verlängert und dabei zwischen die Zellen einsenkt, welche den oberen Theil des primitiven Begattungsapparates ausfüllen. Da gleichzeitig die Aussenwand dieses Abschnittes nicht unbeträchtlich sich verdickt, so gewinnt letzterer durch den in der Achse herabhängenden Cirrus ein fast glockenförmiges Aussehen.

Schon bei der ersten Anlage des Penis bilden sich neben dessen Basis zwei halbkugelförmige Auftreibungen, die ganz die Verhältnisse der früher beschriebenen Saugnäpfe wiederholen.

Unterhalb der Penisspitze entsteht durch Auseinanderweichen der Zellen ein blasenförmiger Raum, die erste Anlage der Bursalhöhle. Die an die Aussenwand gedrängten Zellen platten sich ab und werden zu einem körnerreichen Ueberzuge, der noch lange Zeit hindurch eine wulstige Beschaffenheit besitzt.

Die Zellen der zweiten und dritten Abtheilung rücken bei der Vergrösserung des Innenraumes immer mehr nach abwärts und liefern die Wände des Bursalsackes. Die äussere Geschlechtsöffnung entsteht erst spät, nachdem die Entwickelung der Begattungsorgane nahezu beendigt ist.

Eigene Beobachtungen.

Die Anlage des männlichen Genitalapparates fällt in die früheste Periode des postembryonalen Lebens. Schon zu der Zeit, wo die ersten Kernblasen der Hypodermis sichtbar werden und das sechskernige Syncytium des Rüsselzapfens, nebst dem daran stossenden, mächtigen, ovalen Ganglienkernhaufen vom „Embryonalkerne" sich deutlich abzugrenzen beginnen, sehen wir in der Nähe des späteren aboralen Leibespoles 6 bis 8 Kerne, die gleichfalls der peripherischen Zone angehören und augenscheinlicherweise des gleichen (ectodermalen) Ursprungs sind, hervortreten. Unter rasch fortschreitender Grössenzunahme rücken sie nach abwärts und umgeben sich mit einem gemeinsamen, hellen Plasmahofe. Noch ehe letzterer scharfe Conturen, die ihn gegen das Plasma des Hypodermissyncytium abgrenzen, annimmt, bilden sich aus den Seitentheilen zwei flache Hervorragungen, die sich allmählich verlängern und schliesslich in zwei kurze kahottenförmige Scheiben auswachsen. Die Gebilde, die auf diese Art ihren Ursprung genommen haben, sind nichts anderes als die Anlage der Ganglia genitalia, die zwar einstweilen mit dem Bildungssyncytium noch zusammenhängen.

Das eiförmige Syncytium, von dem die Ganglienanlage sich ablöste, liefert den häutigen Bursalsack und die Auskleidung der Bursa copulatrix (s. Tafel 4, Fig. 12 Fzs).

Inzwischen hat in der Aequatorialregion des allseitig vom Hypodermissyncytium umschlossenen Kernballens die Bildung einer zweiten Gürtelzone, der Hautmuskulatur, ihren Anfang genommen. Aber noch bevor die letztere in der Medianebene sich schliesst, erleidet der Achsenstrang eine weitere Differenzirung, in Folge deren er sich in mehrere rundliche Zellencomplexe auflöst.

An das mächtige Ganglion cephalicum, das bekanntlich auf diesem Entwickelungsstadium von der Muskulatur der Leibeswand noch nicht vollständig umhüllt wird, stösst ein kurzer, dicker, konischer Zapfen. Selbiger besteht aus einem körnig-fadigen, hellfarbigen Protoplasma und enthält ungefähr ein Dutzend schöner grosser Kernkugeln (s. Tafel 10, Fig. 5 Lg). Die sackartige Aussenschicht berührt er nur in der Rücken- und der Bauchfläche. An den Seiten aber schieben sich jederseits zwei grosse kubische Zellen ein, die ich schon an einer früheren Stelle erwähnt und Füllzellen genannt habe (s. Taf. 10, Fig. 5 Fz). Ihre Kerne erreichen eine aussergewöhnliche Grösse und enthalten eine beträchtliche Menge grosser Chromatinanhäufungen, die durch ein wohl entwickeltes Fadengeflecht unter einander verbunden sind. Das Chromatingerüst ist meist so dicht, dass man beim ruhenden Kerne die Nucleolen nicht auffinden kann.

Die Verbindung des konischen Zapfens mit dem ersterwähnten ectodermalen Endstücke vermittelt ein Plasmaballen, dessen äussere Form sich wohl am besten mit der eines in der Längsachse stark verkürzten Eies vergleichen lässt. Seine Kerne sind etwas kleiner als die des vorangehenden Abschnittes, dafür aber in weit beträchtlicherer Anzahl vorhanden (s. Taf. 10, Fig. 5 Gw). Die nächsten Veränderungen, die mit der Genitalanlage vor sich gehen, betreffen das mittlere der drei Achsenstücke. Jederseits treten drei grosse Kerne an die Oberfläche des Syncytium; sie umgeben sich mit hellen Plasmahöfen und lösen sich, indem die letzteren eine deutlich erkennbare Membran abscheiden, vom Ballen los. Nachdem diese jungen Zellen sich um etwa die Hälfte ihres ursprünglichen Durchmessers vergrössert haben, findet eine Translokation derselben statt. Das untere Zellpaar rückt nach abwärts und kommt schliesslich an die Seiten des ectodermalen Endzapfers zu liegen (s. Tafel 9, Fig. 14 Rm). Aus ihm geht bei *Echinorhynchus gigas* jener eigenartige doppelkegelförmig gestaltete Längsmuskelschlauch hervor, dessen obere Hälfte als Depressor bursae funktionirt, während die untere den Dilatator des Genitalporus bildet (s. Tafel 4, Fig. 7 Bmrn). Die beiden vorderen Zellenpaare haben ihre Lage nur wenig geändert. Sie liefern späterhin die Protrusoren (s. Tafel 4, Fig. 12, Lm² und die Retraktoren (s. Tafel 4, Fig. 12 Lm³) des Ductus ejaculatorius. Ueberdies muss ich noch erwähnen, dass man schon auf diesem Entwickelungsstadium in den stumpfen Winkel, welchen die beiden vorderen Zellenpaare bilden, und etwas der Rückenfläche genähert, zwei kleine Kernzellen erblickt. Es sind die Bildungszellen, denen bei *Echinorhynchus gigas* das Ringfasernetz des Bursalmuskels, bei *Echinorhynchus angustatus* und *Echinorhynchus haeruca* aber der Längsfaserbelag der Bursa copulatrix, beziehentlich des sich daran anschliessenden Bursalschlauches seine Entstehung verdankt (s. Tafel 4, Fig. 2 Bmln).

Noch bevor diese Umlagerung aber irgendwie merklich ist, hat der vordere, plumpe, konische Zapfen eine Umwandlung erfahren, in Folge deren sein Aussehen sich gänzlich verändert hat. Er ist nicht nur beträchtlich in die Länge gewachsen (s. Tafel 10, Fig. 1 Lg), sondern es sind auch an seiner Rückenfläche zwei kugelförmige Zellen entstanden, deren Kerne schon seit längerer Zeit durch die Anwesenheit reichlicher Mengen chromatischer Substanz sich auffallend von den übrigen Nuclei des Syncytiums unterscheiden (s. Tafel 10, Fig. 1 Ha). Wir werden sehen, dass aus diesen Zellkugeln die beiden Keimdrüsen hervorgehen.

Anfangs sind diese Zellen noch klein und vollständig in die Masse des Zapfens eingebettet. Ihre Zellleiber vergrössern sich aber ziemlich rasch und treten dann als halbkugelförmige Protuberanzen über die Oberfläche hervor. An ihren Kernen machen sich allmählich Veränderungen bemerkbar, die auf eine baldige Zellvermehrung schliessen lassen. Die kleinen Chromatinkörner des engmaschigen Kerngerüstes fliessen zu dicken Strängen zusammen, die, unregelmässig in einander geschlungen, einen wirren Knäuel bilden. Nachdem die Kernmembran verschwunden ist, vertauschen die inzwischen kürzer und dicker gewordenen Chromosomen ihre gewundene Form mit den haarnadelähnlich gestalteten Schleifen und treten zur Aequatorialplatte zusammen. Die nächsten Veränderungen bestehen darin, dass die beiden durch Längsspaltung der vier Schleifen entstandenen Tochtersterne sich von einander entfernen und den Polen der achromatischen Spindel zuwandern. Von jetzt ab folgen die Theilungsphasen in raschem Tempo aufeinander. Der Diaster verwandelt sich in das Dispirem und dieses in Folge der Auflösung der einzelnen Chromosomen allmählich wieder in das engmaschige Chromatingerüst, welches den ruhenden Kern charakteristisch auszeichnet (s. Tafel 4, Fig. 12, Ha). Wir sehen daraus, dass die mitotische Theilung der ersten Hodenzellen ganz in der nämlichen Weise sich vollzieht, wie bei den Spermatogonien. Das Endresultat bildet ein Zerfall der Mutterzelle in zwei gleich grosse und gleichgestaltete Tochterzellen.

Da nun aber der Vermehrungsprozess sich sogleich an den Tochterzellen wiederholt, so kann es nicht verwundern, dass man schon nach verhältnissmässig kurzer Frist an Stelle der einfachen Geschlechtszellen ansehnliche Zellballen vorfindet (s. Tafel 10, Fig. 1 Ha.; Tafel 3, Fig. 10 H¹; Tafel 4, Fig. 1 H; Fig. 7 H¹, H²; Fig. 10 H¹, H²). Nachdem die Vermehrung der Keimdrüsenzellen ihren Anfang genommen hat, geschieht auch die Anlage der Vasa deferentia. In der Nähe des unteren Endes eines jeden Hodens tritt eine Zelle, deren Aussehen vollkommen mit dem der Hodenzellen übereinstimmt, an die Oberfläche der Hodenanlage (s. Tafel 10, Fig. 15 vd). Nachdem sie sich in einen schlanken, cylindrischen Zapfen verwandelt und ihren Durchmesser etwas vergrössert hat, erleidet sie eine wiederholte Theilung. Da nun aber die Klüftungsebenen des Zellleibes konstant die Körperlängsachse unter rechten Winkeln kreuzen, so geht aus einer jeden dieser Zellen eine einfache Zellreihe, die zweifelsohne die Anlage der Samengefässe bildet, hervor (s. Tafel 10, Fig. 15 vd; Tafel 3, Fig. 10 vd; Tafel 4, Fig. 1 vd, Fig. 7 vd, Fig. 10 vd, Fig. 4 vd).

Die beiden von den auf dieser Entwickelungsstufe noch neben einander liegenden Hoden (s. Tafel 4, Fig. 7 H¹, H²) herabziehenden Vasa deferentia konvergiren nach hinten und stossen am aboralen Ende des konischen Ligamentzapfens auf einander (s. Tafel 4, Fig. 7 vd; Fig. 10 vd).

Während der voranstehend geschilderten Umwandlungen hat auch die Vermehrung der lateral gelegenen Füllzellen ihren Anfang genommen. Auf die Veränderungen, welche hierbei die Kernfigur und der Zellleib erleiden, brauche ich an dieser Stelle nicht einzugehen, da ich selbige schon in einem früheren Kapitel ausführlich geschildert habe (vergl. pag. 81—85).

Die Vermehrung der Füllzellen macht in der That erstaunliche Fortschritte. Aus jenen wenigen kubischen Zellen entstehen in kurzer Frist zwei lange, dreikantige, prismatische Zellkörper, die mit ihren breiten Flächen die Seitentheile des Hautmuskelsyncytiums, mit der gegenüber liegenden etwas abgestumpften Kante aber die Genitalanlage berühren.

Während die Bildung des Füllkörpers sich vollzieht, ist auch die Entwickelung der Geschlechtsorgane weiter fortgeschritten. Die obere der drei Abtheilungen ist nicht nur beträchtlich in die Länge gewachsen, sondern sie hat sich auch seitlich in vier dünne Lamellen ausgezogen, die dann, den schrägen Seiten der Füllzellprismen sich anschmiegend, der Leibeswand entgegen wachsen. Es bedarf wohl keiner weiteren Auseinandersetzung, dass diese vier in radialer Richtung auseinanderlaufenden Blätter nichts anderes sein können, als die Seitenflügel des Ligamentum suspensorium. Der sie verbindende Plasmakörper, der einstweilen noch eine ansehnliche Dicke und eine Anzahl schöner, grosser Kerne aufweist, wird zu dem mittleren Blatte des Ligamentes.

Inzwischen haben sich am unteren Ende dieses Zapfens einige Zellen gebildet, welche jetzt wie die Zellen der Vasa deferentia in zwei Strängen neben einander liegen. Anfangs besitzen diese Zellen, die in der Sechs- oder Achtzahl vorhanden sind, in Folge der gegenseitigen Berührung eine mehr oder minder ebenflächige, polyedrische Begrenzung (s. Tafel 4, Fig. 7 Kdr; Fig. 10 Kdr). Späterhin aber runden sie sich ab und nehmen, indem ihr hinteres Ende sich zapfenartig auszieht, die Gestalt schlanker Birnen an (s. Tafel 4, Fig. 4 Kdr). Wir haben es in diesen Zellen mit denselben Gebilden zu thun, die schon v. Linstow bei *Echinorhynchus angustatus* gesehen und vollkommen zutreffend als die Anlage der Kittdrüsen gedeutet hat.

Die bei Weitem tiefgreifendste Umwandlung hat aber der mittlere Abschnitt der Genitalanlage, von dem wir schon in einem früheren Studium etliche Muskelkerne sich ablösen sahen, erfahren. Das erste distinkte Gebilde, das sich deutlich von seiner Umgebung abhebt, ist ein eigenthümlicher, schlanker, spindelförmiger Plasmastrang, der mit dem etwas abgerundeten, vorderen Ende an die Vasa deferentia stösst, während seine hintere, konische Spitze bis zum Füllzellsyncytium herabreicht. Anfänglich enthält diese Plasmaspindel sechs grosse kugelförmige Kerne, die ausser dem eckigen, grossen Nucleolus gewöhnlich noch eine Anzahl kleiner, randständiger Chromatinkörnchenhäufchen einschliessen und in dieser Hinsicht den Kernen der Samengefässzellen gleichen. Nachdem durch wiederholte Zerklüftung, der stets die Bildung von mehr oder minder regelmässiger karyokinetischen Figuren vorausgeht, die Zahl der

Kerne sich verdoppelt hat, findet eine Quertheilung des Zapfens statt (s. Tafel 3, Fig. 10 Veff). Das untere, konisch zugespitzte Segment verwandelt sich in zwei Kernzellen (s. Tafel 4, Fig. 1 Veff*; aus ihm bildet sich im Laufe der Zeit der mit Wimperhärchen ausgekleidete Endabschnitt des Samengefässes. Das obere und grössere Theilstück des Zapfens aber behält noch lange seine syncytiale Natur bei (s. Tafel 4, Fig. 1 Veff; Fig. 4 ve, Veff; Fig. 10 ve. Veff und geht, nachdem es zuvor eine derbe, kontinuirliche Membran, die Wandung des Vas efferens, abgeschieden hat, zu Grunde.

Bevor die Trennung der Plasmamasse des zentralen Zapfens eintritt, löst sich von der Ventralfläche eine grosse mit einer ansehnlichen Protoplasmahülle versehene Kernkugel ab. Bald erleidet auch sie eine Zerklüftung, in Folge deren sie in vier Fragmente zerfällt. Bemerkenswerth ist bei diesem Theilungsvorgange, dass mit der Kerntheilung nicht auch zugleich eine Theilung des Zellleibes erfolgt. Anfangs besitzt das vierkernige Syncytium eine geringe Grösse und findet in der Spalte zwischen dem Muttersyncytium und der Ligamentanlage genügenden Raum. Bald aber ändern sich die Verhältnisse. Die kleine rundliche Plasmakugel wächst in einen ansehnlichen Zapfen aus und drängt sich zwischen das Vas efferens und die Kittdrüsen hinein. Letztere weichen gewöhnlich etwas auseinander, so dass man auf einem gewissen Entwickelungsstadium das vierkernige Syncytium zwischen den beiden Kittdrüsenzellreihen antrifft (s. Tafel 4, Fig. 7 Rumb). Die weiteren Schicksale dieses Syncytiums, aus dem wir späterhin den Bursalmuskel, den Markbeutel und die letzteren umgürtenden Ringfasern hervorgehen sehen werden, können erst dann Berücksichtigung finden, wenn wir die Umwandelungen, welche die übrigen Theile der Genitalanlage erfahren haben, kennen gelernt haben.

Gleichzeitig mit dem soeben beschriebenen rundlichen Kernballen sind zwei mächtige Syncytien entstanden, die in Form zweier halbkreisartig gebogener Platten den mittleren Abschnitt der Genitalanlage in der Bauch- und Rückenfläche bedecken, seitlich aber einstweilen noch durch die Zellen der Retractores und Protrusores bursae von einander getrennt werden. Die ventrale Platte enthält nicht weniger als sechs grosse, ovale Kerne, von denen zwei am oberen Rande, vier aber in der Höhe der beiden Samengefässzellkerne liegen. Die dorsale Platte weist nur vier Kerne auf, die hinsichtlich ihrer Lage den beiden vorderen Kernpaaren der ventralen Platte entsprechen (s. Tafel 4, Fig. 1 Lrm).

Die nächsten Veränderungen bestehen darin, dass die beiden Syncytien nach der Loslösung der Längsmuskelzellen in den Laterallinien mit einander verschmelzen. Der so entstandene Ringwulst verlängert sich nach vorn und hinten und wächst in eine Scheide aus, die allmählich die Kittdrüsen und das Vas efferens mantelartig überzieht und nur die Ligamentanlage unbedeckt lässt (s. Tafel 4, Fig. 7 Lrm). Ich brauche wohl kaum hinzuzufügen, dass es der Muskelmantel des Ductus ejaculatorius ist, der aus diesem Gebilde hervorgeht.

Gleichzeitig mit dem Auswachsen des Ringwulstes geschieht auch die Umwandlung des darunter befindlichen Syncytiumrestes in ein Aggregat schöner, grosser Kernzellen. Vorbereitet wird dieselbe aber schon in einer etwas früheren Periode, nämlich zu der Zeit, in der die Theilung der Samengefässanlage sich vollzieht. Um diese Zeit sieht man in der Umgebung des stark verdünnten Endabschnittes des Vas efferens einen Ringwulst entstehen, der sich aus sechs schlanken, spindelförmigen Kernzellen zusammensetzt (s. Tafel 3, Fig. 10 P; Tafel 4, Fig. 1 P). Späterhin gehen die deutlichen Zellconturen verloren, die Zellleiber verschmelzen mit einander und bilden dann eine zusammenhängende Masse (s. Tafel 4,

Fig. 7 P), aus der nun die eigenthümliche, schwammig cavernöse Muskelsubstanz des Begattungsgliedes hervorgeht.

Am oberen Rande dieses Zellringes findet man, und zwar stets der Bauchfläche genähert, zwei kleine aber scharf begrenzte Kernzellen, welche ihre primitive, eckige Form lange Zeit beibehalten (s. Tafel 4, Fig. 10 Prm. Erst dann, wenn die Bursalmuskelkappe den rundlichen Füllzellballen umwachsen hat, gehen weitere Veränderungen mit ihnen vor, die schliesslich zur Bildung des den Penis und das Vas efferens umstrickenden Ringfasernetzes führen.

Die vordere Hälfte des Syncytiums, von dem wir die konische Penisanlage sich ablösen sahen, hat inzwischen sich in ein Aggregat von acht grossen Kernzellen verwandelt, die sich ziemlich gleichmässig auf die vier Seiten des Samengefässes vertheilen (s. Tafel 3, Fig. 10 Lm; Tafel 4, Fig. 4 Lm; Fig 4 Lm. Sie wachsen allmählich in acht einfache, säulenförmige Schläuche aus s. Tafel 4, Fig. 10 Lm; Fig. 4 Lm. die späterhin das engmaschige Flechtwerk der Dilatatores ductus ejaculatorii liefern.

Nicht minder auffallend sind übrigens die Umwandlungen, die das ectodermale Endstück der männlichen Genitalanlage erfahren hat. Eingeleitet werden diese Veränderungen durch die Theilung des rundlichen Syncytiumballens in drei aufeinander folgende Abschnitte. Der vordere und der hintere Abschnitt haben die Form zweier dicker Kegelstümpfe und sind so gestellt, dass ihre schmalen Basen zusammenstossen. Ihr Protoplasma ist während des Lebens vollkommen homogen und farblos und enthält auf einer gewissen Entwickelungsstufe sechs grosse, ovale und scharf begrenzte Kernblasen s. Tafel 3, Fig. 10 Fz¹, ², Fz⁴.

Das mittlere Theilstück umgürtet in Form eines dicken Ringwulstes die beiden letzterwähnten Abschnitte (s. Tafel 3, Fig. 10 Fz³). Anfangs sind es nur einige wenige, fünf oder sechs Kerne, die sich in dem fast farblosen Plasmaleibe dieser Gürtelzone deutlich erkennen lassen. Durch wiederholte Theilung, der stets die Bildung von Kernspindel und Kernplatten vorausgeht, wächst die Menge sehr rasch, bis schliesslich die ganze Plasmamasse von kleinen ovalen Kernkugeln erfüllt ist. Erst nach Ablauf dieser Veränderungen findet die Zerklüftung des Syncytiumplasmas in eine der Menge der Kerne entsprechende Anzahl von Kugeln statt. Aus dem Syncytium geht ein mächtiger Haufen kleiner, aber scharf begrenzter Kernzellen hervor, die den Lückenraum zwischen der Leibeswandmuskulatur und dem Achsenstrange der ectodermalen Genitalanlage ausfüllen s. Tafel 4, Fig. 4 Fz³; Fig. 7 Fz³.

Inzwischen hat der vorderste der drei Abschnitte sich nicht nur beträchtlich vergrössert, sondern er ist auch in zwei aufeinander folgende vierkernige Syncytien zerfallen. Vorläufig sind diese beiden Platten noch vollkommen eben und bilden im Verein mit der eiförmigen Penisanlage und dem letzten der drei ectodermalen Abschnitte einen nahezu cylindrischen Körper s. Tafel 4, Fig. 7 Fz¹, Fz². Bald aber ändern sich diese Verhältnisse. Die ziemlich plumpe Anlage des Begattungsgliedes verlängert sich und wächst in einen schlanken, spindelförmigen Zapfen aus, dessen rundliche Spitze sich nun in die darunter befindlichen beiden Syncytiumplatten einsenkt. Infolge des auf das Zentrum der Platten ausgeübten Druckes weichen die Plasmamassen nach den Seiten aus, die Ränder wölben sich empor, und es resultiren zwei mächtige Ringwülste, welche die ganze untere Hälfte der Penisspindel umgürten.

Um die Zeit nun, wo der konische Peniszapfen die beiden Syncytien in der Achse vollständig durchbohrt hat und mit dem letzten, von dem Umwandlungsprozesse nur wenig berührten Abschnitte des männlichen Leitungsapparates in Berührung getreten ist, nimmt in dem äusseren der beiden Gürtelwülste die Kernvermehrung ihren Anfang. Aus den vier eiförmigen Nuclei bildet sich in der früher ausführlich geschilderten Weise ein Kranz von acht bis zehn grossen Kernblasen heraus. Merkwürdigerweise umfasst dieser Kernkranz bei *Echinorhynchus gigas*, für den die obige Darstellung eigentlich nur volle Geltung hat, nicht allseitig die Penisanlage, sondern beschränkt sich auf die Seiten und die Rückenfläche (s. Tafel 4, Fig. 11 Fz¹). Eine ähnliche Lage weisen auch die vier grossen Kerne des inneren Gürtels auf (s. Tafel 4, Fig. 11 Fz²). Die eigenthümliche Anordnung der Kerne hat nun aber auch eine ungleichmässige Vertheilung der protoplasmatischen Grundsubstanz zur Folge, indem nämlich letztere sich hauptsächlich in der Umgebung der Nuclei in grösseren Mengen anhäuft, während sie an der gegenüber liegenden, kernlosen Fläche in demselben Verhältniss abnimmt (s. Tafel 4, Fig. 11, Fz¹, Fz²). Wie dies schon erwähnt wurde, sind die Kerne beider Ringwülste aussergewöhnlich gross und auf ihrer Aussenfläche mit einer dicken, scharf conturirten Membran überzogen. Der Protoplasmainhalt scheint, abgesehen von dem Nucleolus und dem aus etwas zerfahrenen, körnigen und stark lichtbrechenden Chromatinhaufen bestehenden Kerngerüsten eine ziemlich liquide Beschaffenheit zu besitzen. Natürlicherweise hat die Vermehrung und das Wachsthum der Kerne wesentlich zur Vergrösserung des äusseren Ringwulstes beigetragen. Er bedeckt den inneren jetzt vollständig und bildet in Gemeinschaft mit diesem und der Penisanlage einen scharf umgrenzten Ballen, der nur noch durch das strangartige Samengefässsyncytium mit den übrigen Zellkomplexen in direkter Verbindung steht.

Gleichzeitig mit der Metamorphose der Ringwülste vollzieht sich die Zerklüftung jenes vierkernigen Syncytiums, das wir Anfangs zwischen den beiden Kittdrüsenreihen und dem Vas efferens liegen, späterhin aber in Folge des rapid fortschreitenden Längswachsthums der Genitalscheide nach abwärts rücken sahen.

Man unterscheidet jetzt eine dicke sackartige Aussenschicht und einen allseitig davon umhüllten Kern. Was zunächst den Letzteren betrifft, so verlängert selbiger sich zu einem schlanken, walzenförmigen Zapfen, der an der Ventralfläche des Vas efferens herabgeleitet (s. Tafel 4, Fig. 4 Mb). Nachdem er das vordere Ende des den Endabschnitt des Samengefässsyncytiums umfassenden Wulstkörpers erreicht hat, breitet er sich kalottenartig auf dessen Oberfläche aus und verwandelt sich in eine dickwandige Glocke, deren Höhlung die beiden Füllzellenwülste und die Penisanlage in sich aufnimmt (s. Tafel 4, Fig. 4 Bm; Fig. 9 Bm; Fig. 11 Bm). Es kann wohl kein Zweifel obwalten, dass der so entstandene helmförmige Körper die Anlage der Bursalmuskelkappe, die unseren Würmern seither fehlte, vorstellt, während der die beiden Kerne enthaltende Stiel zum Markbeutel wird.

Das Wachsthum der sackartigen Aussenschicht hält längere Zeit mit der Verlängerung des zentralen Zapfens gleichen Schritt (s. Tafel 4, Fig. 4 Rmmb; Fig. 3 Rmmb; Fig. 6 Rmmbnc; Fig. 5 Rmmb; Fig. 8 Rmmb). Aus ihr gehen die beiden Ringfaserplatten, die gleich den Schalen einer Schote den Markbeutel umfassen, hervor.

Ferner fällt auf diesem Entwickelungsstadium eine mächtige, fast halbcylinderförmig gebogene Plasmaplatte auf, die zwei grosse Kerne enthält und unter dem eigenartigen Doppelmuskel (s. Tafel 4, Fig. 4 Bmrm; Fig. 9 Bmrm), der als Depressor ductus ejaculatorii und als Dilatator der Genitalöffnung funktionirt, herabläuft und auf Schnitten oft eine Fortsetzung des Bursalmuskels (s. Tafel 4, Fig. 4) zu bilden scheint. Sie verdankt ihre Entstehung zwei kleinen Kernzellen, die nach den Retractores bursae von dem zentralen Muskelzellkomplexe sich loslösten, längere Zeit aber zwischen den übrigen

Zellkörpern sich versteckt hielten. Sie verwandeln sich später in das die Aussenfläche des mächtigen Bursalmuskels umstrickende Ringfasernetzwerk.

Das nächste Entwickelungsstadium kennzeichnet sich dadurch, dass die einzelnen Zellenkomplexe der Genitalanlage in Folge des rasch fortschreitenden Längswachsthumes des Ligamentum suspensorium, der Genitalscheide und der Dilatatores auseinanderrücken und der späteren Bildung entsprechend sich umgestalten.

Die Keimzellvermehrung hat in der That erstaunliche Fortschritte gemacht. Aus dem kleinen rundlichen Zellballen sind zwei lange, gurkenförmige Körper hervorgegangen, die jetzt in Folge des ungleichmässigen Wachsthums der beiden Ligamenthälften hintereinander zu liegen kommen (s. Tafel 4, Fig. 10 H¹, H²). Auf der vollkommen glatten Oberfläche wird jetzt ein dünnes, strukturloses Häutchen sichtbar, welches den Hoden allseitig umhüllt und ihn gegen das körnige Plasma des mittleren Ligamentstreitens scharf abgrenzt (s. Tafel 4, Fig. 13 tp). Da es mir nun niemals glückte, zellige Elemente, denen man die Bildung dieser Haut zuschreiben könnte, zu entdecken, so sehe ich mich vorläufig veranlasst, anzunehmen, dass diese Tunica propria ein sekundäres Abscheidungsprodukt der Geschlechtszellen vorstellt. Diese Annahme erhält eine gewisse Berechtigung durch die Thatsache, dass auch die dicke Wandung der Vasa deferentia, die beim erwachsenen Individuum eine direkte Fortsetzung der Tunica propria der Hoden bildet, als einfaches Sekretionsprodukt zweier Zellstränge entstanden ist (s. Tafel 4, Fig. 4 vd; Fig. 3 vd; Fig. 5 vd). Im späteren Leben verschmelzen die Zellleiber mit einander, die Protoplasmamassen bekommen ein spongiöses Aussehen und fallen sammt den noch vorhandenen Zellkernen der Resorption anheim. Das gleiche Schicksal theilt auch der ansehnliche spindelförmige Syncytiumzapfen, auf dessen Oberfläche sich die Wandung des luminösen Vas efferens mit ihrer Flimmerhaarauskleidung bildet (s. Tafel 4, Fig. 10 ve; Fig. 4 ve). Weit komplizirter gestaltet sich die Metamorphose der Ligamentanlage. Wir hatten selbige verlassen, als sie aus einem dicken Plasmaprisma, das überdies eine Reihe schöner, grosser Kernkugeln enthielt, und vier dünnen, zu Paaren von den schmäleren Seiten des letzteren ausgehenden Blättern bestand. Diese vier Blätter sehen wir nun ziemlich rasch an den schrägen Flächen der mächtigen Füllzellprismen herabwachsen und mit den auf dieser Entwickelungsstufe als vier Wülste von ansehnlicher Grösse in die Leibeshöhle prominirenden Längsmuskelröhren in Verbindung treten. Bis hierher stimmt die Entwickelung des männlichen Ligamentes mit der des weiblichen vollkommen überein.

Doch bald beginnen die spezifischen Geschlechtsunterschiede sich geltend zu machen. Während nämlich die beiden ventralen Blätter des Ligamentum suspensorium ihre ursprüngliche Gestalt beibehalten, wachsen die der Rückenfläche zugewandten Blätter an der Innenfläche des die Leibeswand auskleidenden Längsfasernetzes empor, bis schliesslich ihre Ränder in der dorsalen Medianlinie zusammen stossen und mit einander verschmelzen. Auf diese Weise entsteht eine cylindrische Röhre, die nicht nur die beiden gurkenförmigen Hoden, sondern auch die den letzteren sich anreihenden acht Kittdrüsen scheidenartig überzieht und zweifelsohne dem dorsalen Ligamentschlauche des Weibchens homolog ist. Die beiden ventralen Blätter aber dürften als Rudimente des im weiblichen Geschlechte sehr ansehnlich entwickelten ventralen Ligamentsackes zu betrachten sein.

Mit dem weiteren Wachsthume des Larvenkörpers kommt der seither axiale Ligamentschlauch sammt seinen Einschlüssen an die Rückenfläche der Leibeshöhle zu liegen. Der Grund zu dieser höchst eigenartigen Umlagerung dürfte wohl ausschliesslich in dem Umstande zu suchen sein, dass die ganze dorsale Hälfte des Ligamentschlauches schon frühzeitig mit der Leibeswand, beziehentlich deren Sarkolemmaauskleidung, eine innige Verbindung, die selbst bis in die spätesten Tage des Larvenlebens erhalten bleibt, eingeht.

Die beiden ventralen Blätter haben während dieser Umlagerung ihre Breite verdoppelt, sie liegen jetzt den Seitentheilen der Längsmuskulatur direkt auf.

Aber auch der mittlere, prismatische Protoplasmazapfen hat eine tiefgreifende Umgestaltung erfahren, in Folge deren sein Aussehen sich gänzlich geändert hat. Schon zu der Zeit, wo die seitlichen Ligamentblätter den schrägen Prismenflächen der Füllzellkörper noch aufliegen, sieht man sein Plasma mehr und mehr sich auf die mittleren Partien beschränken. Im Laufe der Zeit verbreitern sich die so entstehenden Seitenflügel des mittleren Blattes auf Kosten der Muttersyncytiums, die Plasmamassen des letzteren zehren sich nach und nach auf, die Kerne schrumpfen und gehen allmählich zu Grunde, und schliesslich bleibt nur noch eine resistente Membran, die sich in keiner Beziehung von den lateralen Flügeln unterscheidet, übrig (s. Tafel 4, Fig. 13 Lz, L³.

Während der voranstehend geschilderten Umwandlungen hat auch die Kittdrüsenentwickelung weitere Fortschritte gemacht, insofern nämlich die stummelförmigen hinteren Anhänge sich in schlanke dünne Cylinder, die nun äusserst regelmässig zu den Seiten des Vas efferens herabziehen und bis in die Nähe der Penisanlage sich unschwer verfolgen lassen, ausgezogen haben (s. Tafel 4, Fig. 4 Kg). Die sechs oder acht Fäden, welche auf diese Art ihren Ursprung genommen haben, sind nichts anderes als die Kittgänge, die zwar einstweilen diesen Namen noch nicht verdienen, weil noch kein Hohlraum vorhanden ist (s. Tafel 4, Fig. 3 Kg; Fig. 5 Kg; Fig. 6 Kg; Fig. 8 Kg). Erst dann, wenn die Kittdrüsen in Folge der Kernvermehrung um ungefähr das Zehnfache ihres ursprünglichen Durchmessers gewachsen sind, wird auf der Aussenfläche des Kittgangzapfens eine deutlich kontourirte Membran, die eigentliche Kittdrüsengangwandung, sichtbar.

Auf die Umbildung der Längs- und Ringmuskelzellen in das definitive Röhrengeflecht nochmals einzugehen, erachte ich für überflüssig, da der gesammte Prozess sich genau in derselben Art vollzieht, wie an den Zellen der Leibeswandmuskulatur.

Es bleibt demnach nur noch übrig, uns einige Augenblicke mit der Metamorphose des Begattungsapparates, und zwar hauptsächlich mit der des ectodermalen Theiles, der gleich den übrigen ectodermalen Gebilden ziemlich spät seine definitive Gestalt annimmt, zu beschäftigen.

Die ersten Veränderungen, die sich an dem Endabschnitte des männlichen Leitungsapparates mit Bestimmtheit erkennen lassen, fallen in die Periode, wo der Rüssel vollständig nach Aussen hervorgestülpt ist, sein Stachelbesatz aber die Cuticula noch nicht durchbrochen hat, und betreffen den mächtigen Zellenhaufen, der den Achsenstrang der Genitalanlage gürtelartig umfasst (s. Tafel 4, Fig. 10 Fz³; Fig. 4 Fz³). Nach dem, wie dies schon an einer früheren Stelle erwähnt wurde, die beiden Ganglia genitalia sich als kalottenförmige Zellenhaufen abgelöst haben, gehen die Zellkonturen des restirenden Ballens verloren, die einzelnen Zellleiber vereinigen sich mit einander und bilden in ihrer Gesammtheit einen vielkernigen Syncytiumring, dessen vorderer Rand mit der Bursalmuskelkappe zusammenstösst, während sein hinteres Ende nach wie vor die ganze vordere Hälfte des kegelstumpfförmigen, ectodermalen Endzapfens in sich aufnimmt (s. Tafel 3, Fig. 7 Fz³). Anfangs besitzt dieser Ring nur die Breite des 'ursprünglichen Zellwulstes. Bald aber streckt er sich um ein Beträchtliches und verwandelt sich in einen dünnwandigen, schlanken Hohlcylinder, der nun nicht mehr zellige Elemente, sondern nur noch eine körnchenreiche Flüssigkeit umschliesst. Es ist dies das nämliche Gebilde, das beim erwachsenen Männchen die Verbindung der Bursa copulatrix mit dem aboralen Leibespole vermittelt und gewöhnlich als Bursalschlauch bezeichnet wird (s. Tafel 4, Fig. 2 Fz³).

In derselben Zeit, wo der Hohlraum des Bursalschlauches (s. Tafel 4, Fig. 4 als linsenförmige Blase sichtbar wird, entsteht zwischen den beiden die Bursalmuskelglocke ausfüllenden Syncytiumwülsten eine Ringspalte, die erste Andeutung der späteren Bursalhöhle.

Anfangs von nur geringer Grösse und ausschliesslich auf Querschnitten deutlich sichtbar, vergrössert selbige sich in Folge des in der That rapid fortschreitenden Wachsthums des Bursalmuskels in verhältnissmässig kurzer Zeit um ein Beträchtliches. Dabei platten sich die Plasmamassen der Ringwülste ab und werden schliesslich zu einer gleichmässig dicken Schicht, die nun als scheinbar direkte Fortsetzung des Bursalschlauches die ganze Bursalmuskelkappenhöhlung auskleidet. Aus dem äusseren und grösseren Ringe geht demnach das Hypodermisfasergewebe der Bursa copulatrix (s. Tafel 4, Fig. 2 Fz¹), aus dem kleineren, inneren, vierkernigen Syncytium aber der Subcuticularbelag des Penis (s. Tafel 4, Fig. 2 Fz²) hervor.

Das kegelstumpfförmige Endzäpfchen, das dritte und letzte der drei Theilstücke der primitiven Leitungsapparatanlage, behält seine ursprüngliche Form und Grösse fast bis zum Abschlusse der Genitalmetamorphose unverändert bei. Erst dann, wenn die hohen Cylinderzellen der Hypodermis das komplizierte Fasergeflecht der Subcuticula abgeschieden haben, erleidet der Endzapfen eine Reihe tief eingreifender Umwandlungen, und fällt schliesslich der Resorption anheim (s. Tafel 4, Fig 2 Fz⁴). Das länglich ovale Loch, das auf die eben geschilderte Weise seine Entstehung nimmt, ist nichts anderes als die äussere Geschlechtsöffnung, die seither unseren Würmern noch vollständig fehlte.

Die obige Darstellung hat, wie dies zu wiederholten Malen ausdrücklich hervorgehoben wurde, nur für den Riesenkratzer volle Geltung. Keineswegs liegt es aber in meiner Absicht, hiermit andeuten zu wollen, dass die Verhältnisse bei den übrigen in Betracht kommenden Arten, dem *Echinorhynchus angustatus* und *Echinorhynchus haeruca*, im Wesentlichen andere wären. Im Gegentheile haben meine Untersuchungen mich belehrt, dass trotz der so mannigfaltigen und so auffallenden Unterschiede, die zwischen dem definitiven Geschlechtsapparate des Riesenkratzers und dem der kleineren Spezies obwalten, die ersten Anlagen doch in allen wesentlichen Punkten übereinstimmen.

Nur zwei Muskelsysteme sind es, die *Echinorhynchus haeruca* und *Echinorhynchus angustatus* von vorn herein gänzlich fehlen; erstens die beiden schlauchförmigen Muskelzellen, aus denen wir die breiten, durchlöcherten, die Kittgänge umfassenden Längsbänder hervorgehen sahen, und zweitens, die zwei Zellen des Bursalmuskelringfasernetzes. Die Längsfibern, die an Stelle der letzteren bei *Echinorhynchus haeruca* und *Echinorhynchus angustatus* auf der Aussenfläche des Bursalmuskels heraufziehen, sind keine selbständigen Bildungen, sondern einfache Ausläufer der Bursalschlauchmuskulatur und stammen gleich der letzteren von der Längsfaserschicht der Leibeswand ab (s. Tafel 3, Fig. 7 Bmlm; Tafel 4, Fig. 2 Bmlm).

Ferner kann ich nicht unerwähnt lassen, dass auch gewöhnlich die Zahl der Bildungszellen entsprechend der weit einfacheren Organisation, die der Genitalapparat der beiden kleinen Spezies zeigt, eine mehr oder minder starke Reduktion erfahren hat. Am auffälligsten tritt uns dies vielleicht bei den Dilatatores ductus ejaculatorii entgegen. An Stelle der sechs mächtigen Muskelzellen, die bei dem Riesenkratzer das weitmaschige Netzfaserrohr der Samengefässumgebung liefern, treffen wir bei *Echinorhynchus angustatus* und ebenso bei *Echinorhynchus haeruca* nur zwei schlanke Zellschläuche an.

Als besonders bemerkenswerth möchte ich schliesslich noch hervorheben, dass die beiden grossen Bursaltaschen, welche bei *Echinorhynchus angustatus* und *Echinorhynchus haeruca* zu den Seiten des Penis in die Leibeshöhle hineinragen und seither gewöhnlich als Saugscheiben bezeichnet wurden, erst geraume Zeit nach dem Bursalmuskel und zwar ohne besondere Bildungszellen als einfache Aussackungen des letzteren entstehen.

Eines Organsystemes habe ich in der voranstehenden Schilderung niemals Erwähnung gethan, obwohl es schon sehr frühzeitig angelegt wird und durch seine relative Grösse leicht in die Augen fällt. Es sind dies zwei Zellenhäufchen, welche dicht neben der dorsalen Medianlinie, und zwar in der Höhe des letzten Kittdrüsenpaares an dem, den Ductus ejaculatorius liefernden axialen Zellenstrang gefunden werden. Sie bestehen je aus drei grossen Kernzellen, die mit ihren fingerförmigen Ausläufern frei in die Leibeshöhle hineinragen s. Tafel 4, Fig. 3 Gg; Fig. 4 Gg. Aus ihnen gehen die beiden mächtigen, stark verzweigten Nephridien hervor.

Der weibliche Geschlechtsapparat.

Geschichtlicher Ueberblick.

Trotz der höchst unvollkommenen Hilfsmittel der damaligen Zeit hatten doch schon O. F. Müller[1] und E. Goeze[2] die Bestandtheile der Leibeshöhlenflüssigkeit vollkommen richtig erkannt. Die grossen plattgedrückten mehr oder minder runden Zellscheiben bilden die Ovaria. In ihnen sind jene kleinen ovalen, auf den verschiedensten Entwickelungsstufen die Leibeshöhle der weiblichen Kratzer erfüllenden Eier entstanden. Die hartschaligen, spindelförmigen „Haferkörner" des *Echinorhynchus candidus* enthalten bereits den fertigen Embryo, an dem sich überdies nicht selten die ersten Spuren des keimenden Rüssels erkennen lassen. Die Uterusglocke, ein Organ von so eigenartiger Bildung, wie es sonst nirgends weiter in der Thierwelt angetroffen wird, haben beide Forscher gänzlich übersehen. Da es ihnen gelang, durch starke Kompression des Vorderkörpers die Eier als milchig trübe Flüssigkeit aus der Rüsselspitze hervorzutreiben, so nehmen sie an, dass der Rüssel den natürlichen Weg für die Eientleerung bilde.

Nach Zeder[3] flottiren Eier und lose Ovarien nicht unmittelbar in der Leibeshöhle, sondern vielmehr in einem dünnwandigen Eisacke, dessen Haut sehr leicht zerreist und deshalb wohl in den meisten Fällen übersehen wird. *Echinorhynchus gigas* macht hierin eine Ausnahme, insofern er nämlich

---

[1] Von Thieren in den Eingeweiden der Thiere, insonderheit vom Kratzer im Hecht: Der Naturforscher. 12 St. 1778, pag. 193—194. Tab. 5, Fig. 1—5.

[2] Versuch einer Naturgeschichte der Eingeweidewürmer thierischer Körper. 1782, pg. 146—148. Tab. 10, Fig. 6; pg. 156, Tab. 12, Fig. 3.

[3] Erster Nachtrag zur Naturgeschichte der Eingeweidewürmer von Ephr. Goeze. 1800, pg. 104, 110.

zwei weite, etwas abgeplattete, cylindrische Eischläuche besitzt, welche die ganze Leibeshöhle bis auf zwei laterale Spalträume ausfüllen und am oberen und unteren Ende vermittelst weiter Oeffnungen mit einander kommuniziren.

Rudolphi[1] (und ebenso Westrumb) bestreitet die Richtigkeit der Goeze'schen Deutung in betreff der grossen ovalen Zellscheiben. Nach seiner Ansicht können diese Körper nur einfache Cotyledonen sein, in denen die Eier bis zu ihrer völligen Reife ernährt werden.

Nitzsch[2] bekämpft zum ersten Male die irrige Ansicht, dass die Eier durch den Rüssel entleert werden, indem er auf einen häutigen, keilförmigen Oviduct am hinteren Leibesende hinweist.

Bojanus[3] beschreibt dieses Ausleitungsorgan für *Echinorhynchus gigas* folgendermassen. Das zugespitzte Ende der Ligamentsäcke senkt sich zwischen zwei kugelige, durchsichtige und hart aneinander hängende Erhabenheiten (Muskelzellen im Grunde der Uterusglocke) ein, an welchen, aufwärts gerichtet, ein Paar flockige Büschel und zwei längliche Beutel hängen, abwärts aber eine keilförmig zulaufende Scheide befindlich ist, die mit zugespitztem Ende zur Oeffnung des Schwanzes geht. Die Büschelkörper sind halb durchsichtig, haben mehr lappige als faserige Aeste und hängen an den runden Erhabenheiten oder Bläschen mittelst je eines ziemlich langen Stieles. Beide Theile, die Büschel und die Bläschen, waren beständig leer von Eiern, die sich dagegen im Unterende des Eierganges, in den zwei länglichen Beuteln und in der Endscheide des ganzen Apparates häufig fanden, und selbst vermittelst angebrachten Druckes aus der Spitze des letzten ausgetrieben werden konnten.

Cloquet[4] hat die grossen ovalen Zellscheiben irrthümlicherweise als reife Eier beschrieben und dementsprechend ganz unrichtig abgebildet. Die beiden cylindrischen, dicht über einander hinziehenden Ligamentschläuche des Riesenkratzers werden Ovarien genannt. Sie sollen mit einer gelatinösen Substanz, in welche die Eikeime eingebettet sind, vollständig erfüllt sein.

Weit wichtiger ist die im Jahre 1836 publizirte Abhandlung Burow's[5] über *Echinorhynchus strumosus* aus dem Darme des Seehundes. Wenngleich auch die Beschreibung des anatomischen Baues ziemlich unvollständig und nach unserer heutigen Kenntniss in vielen Punkten irrthümlich ist, so sind doch gerade die Formverhältnisse des weiblichen Genitalapparates im grossen und ganzen richtig aufgefasst worden. Die Eier und die von einer dreifachen Hülle umgebenen Embryonen flottiren, ohne von einem besonderen Ovarialschlauche umhüllt zu sein, frei in der Blutflüssigkeit der Leibeshöhle. Das Ligamentum suspensorium bildet einen dünnen Faden, der schlingenartig vom Ende des Receptaculum herabhängt und mit seinem anderen Ende am Rande der Uterusglocke sich anheftet. Dieses eigenartige Ausleitungsorgan, dessen hier zum ersten Male Erwähnung gethan wird, hat bei *Echinorhynchus strumosus* die Form einer schlanken Glocke, die ihre weite Oeffnung nach vorn kehrt. Ihr unteres, engeres Ende

[1] Entozoorum sive vermium intestinalium historia naturalis. 1808, 1. Bd. pg. 295, 252. Entozoorum synopsis cui accedunt mantissa duplex et indices locupletissimi. 1819.

[2] Acanthocephalus; Allgemeine Encyclopaedie der Wissenschaften und Künste, v. Ersch und Gruber. 1. Sect. 7. Th. 1818, p. 242 und 1. Sect. 7. Th. 1821. Tafel Acanthocephala.

[3] *Euthelminthica. Echinorhynchus gigas.* Isis von Oken. 1821, Heft 2, pg. 179—183, Tafel 3, Fig. 35, 12—14.

[4] Anatomie des vers intestinaux ascaride lombricoïde et échinorhynque géant. 1824, pg. 97—99, Pl. 5, fig. 3; pl. 8, fig. 8—12.

[5] Echinorhynchi strumosi anatome. 1836.

ist fest auf dem Eileiter aufgewachsen und trägt zwei vorspringende rundliche Divertikel. Der Eileiter ist ein langgestrecktes, cylindrisches Rohr, das mit einigen Anschwellungen an dem hinteren Körperpole nach aussen mundet.

Als zweiter Beobachter der Uterusglocke ist v. Siebold[1] zu nennen, der in unübertrefflicher Weise den höchst interessanten Vorgang der Einaufnahme und die selbigen bedingenden Schluckbewegungen schilderte. Oberhalb der Burow'schen Glockendivertikel entdeckte er die hintere Glockenöffnung, einen halbmondförmigen Querschlitz, durch welchen die von der Glocke geschluckten unreifen Eier und Ovarien wieder zurück in die Leibeshöhle gelangen. Das Ligamentum suspensorium tritt mitten in das glockenförmige Organ von oben hinein, um sich im Grunde desselben mit dem Eiergange zu verbinden, ohne dabei die Wandung der Glocke zu berühren (*Echinorhynchus proteus, Echinorhynchus angustatus*). Bei manchen Arten stellt es fast nur einen dünnen Faden vor. Bei *Echinorhynchus proteus* etc. ist es breiter und mit Längsfalten versehen. Bei *Echinorhynchus tereticollis* bildet es sogar eine Röhre, die oftmals ganz mit losen Ovarien angefüllt ist, während die Leibeshöhle keine enthält. Wahrscheinlich hat die Ligamentröhre irgendwo kleine Oeffnungen oder Schlitze, durch welche die Eier in die Leibeshöhle schlüpfen können. Das Parenchym der „losen Ovarien", die gleichfalls durch die peristaltischen Bewegungen der Leibeswand auf und nieder getrieben werden, ist zwar scharf begrenzt, aber von keiner deutlichen Hülle umgeben. Es besteht aus einer durchsichtigen, blasig-körnigen Masse, in der man einzelne grosse Blasen von runder oder ovaler Gestalt (unreife Eier) wahrnimmt. Die reifen Eier, die sich von den freischwimmenden Ovarien losgelöst haben, sind langgestreckt oval, haben nur eine einzige Eihülle und enthalten eine theils blasige, theils sehr feinkörnige Masse ohne Spur eines Keimbläschens[2].

Dujardin[3] liefert in seinem Parasitenwerke eine kurze Beschreibung und einige Abbildungen von der Uterusglocke, die v. Siebold's Beobachtungen in den Hauptzügen bestätigen.

Besonders schön und mit der grössten Sorgfalt sind von Guido Wagener[4] die Abbildungen der Uterusglocke ausgeführt worden.

Die Uterusglocke des *Echinorhynchus acus* lässt sich wohl am besten mit einem zugespitzten Hohlkegel vergleichen, dessen weite Oeffnung nach vorn gerichtet frei in die Leibeshöhle hineinragt, während der faserige, häufig durch Körnchen ganz verdunkelte Stiel (7) vom Eileiter allseitig umfasst wird. Die ventrale untere, von v. Siebold entdeckte Glockenöffnung ist auffallend gross und mit lippenartig aufgewulsteten Rändern versehen (16). Seitlich und oberhalb dieser Oeffnung bildet die Uterusglocke zwei taschenartige Aussackungen (8), deren Hohlräume mit der Glocke kommuniziren. Die Glockenwand und die ohrenförmigen Glockentaschen bestehen aus deutlichen Muskelfasern. Die untere Hälfte des hinteren, quergestellten Glockenmundes begrenzen vier, in ihrem Innern je eine klare Zelle (Kern) enthaltende Wülste von bis jetzt unbekannter Bedeutung (6^2, 6^3), von denen besonders die

---

[1] Bericht über die Leistungen im Gebiete der Helminthologie, b) Acanthocephala. Archiv für Naturgeschichte 3. Jahrg. 2. Bd. 1837. pg. 258—260.

[2] Die Physiologie als Erfahrungswissenschaft v. Burdach. 2. Auflage, 2. Bd. 1837. pg. 195, 200.

[3] Lehrbuch der vergleichenden Anatomie der wirbellosen Thiere. 1848. pg. 148—149.

[4] Histoire naturelle des Helminthes. 1845. pg. 495 Tafel 7, Fig. D 4—5.

[5] Helminthologische Bemerkungen aus einem Sendschreiben an C. Th. v. Siebold. Zeitschrift für wissenschaftliche Zoologie, 9. Bd. 1858. pg. 80—83, Tafel 6, Fig. 20—23.

beiden unteren (6³) durch ihre mächtige Entwickelung auffallen. In gleicher Höhe mit den letztgenannten Wülsten findet man an der gegenüberliegenden dorsalen Fläche des Glockengrundes zwei ähnliche Zellenwulstpaare (15), die gleichfalls in ihrem Inneren je eine helle Zelle enthalten. Der trianguläre Raum, der einerseits von den vier Dorsalwülsten, andererseits aber von den mächtigen Glockentaschen begrenzt ist, wird von drei wulstartigen Erhebungen, von denen die mittlere die bedeutendste ist, ausgefüllt (6¹¹).

Das Ligamentum suspensorium tritt in Form einer dünnwandigen Röhre durch die vordere grosse Glockenöffnung ein und lässt sich durch den Innenraum hindurch bis in die Nähe des Grundes verfolgen. Hier spaltet es sich in zwei Halbkanäle (5⁴) und befestigt sich zu den Seiten zweier mit der Innenfläche der dorsalen Glockenwand verwachsener, sehr grosser Zellenwülste (6¹).

Der dünne röhrenförmige Eileiter (10) besitzt eine sehr ansehnliche Länge und ist rein muskulöser Natur. Sein hinteres Ende zeigt wiederum eine komplizirtere Bildung: Die innere Auskleidung des Kanales liefert eine faserige, meist mit Körnchen durchsetzte Masse (11), die an der Geschlechtsöffnung mit einigen helle Zellen enthaltenden Anschwellungen (6) endigt. Dieser meist etwas dunkler gefärbte Kanal wird von drei ringwulstartigen Anschwellungen des Eileiters (12, 13, 14), von denen die vorderste vier grosse helle Zellen enthält, umgürtet.

A. Pagenstecher[1] stellt die Existenz einer besonderen Uterusglocke in Abrede. Ursprünglich hat auch das Weibchen des *Echinorhynchus proteus* paarige Ausführungsgänge, welche vollkommen symmetrisch vom Ligamente entstehen und nach kurzem Verlaufe in die Scheide münden. Nach der Begattung bleibt ein Eileiter mehr und mehr in der Entwickelung zurück, und der andere allein übernimmt die Ausführung von Eiern. In ihm kommen die auch in dem verkümmerten angelegten einzelligen Drüsen zu kolossaler Entwickelung. Nach Verkümmerung des anderen Ganges erscheint er als das obere Ende der zunächst noch mit dem Ligamente kontinuirlich verbundenen Scheide und kann die Eier aus dem Hohlraume des Ligamentes direkt aufnehmen. Später löst sich diese Verbindung und dann besteht eine einfache abdominale Mündung des Eileiters.

Ueberhaupt bezweifelt Pagenstecher, dass alle Eier auf dem gewöhnlichen Wege geboren werden. Vielmehr soll später der energielose von Eiern überfüllte weibliche Körper vom Rüssel abgerissen und nur noch die Funktion eines Eisackes verrichten, durch dessen Zerstörung dann die Eier frei werden.

Die frei in der Leibeshöhlenflüssigkeit umherschwimmenden Zellscheiben können durchaus nicht als Organe der Echinorhynchen (Ovaria) bezeichnet werden, sie sind Haufen unreifer mit einander zusammenhängender Eizellen. Ihr andauerndes Wachsthum findet zuerst noch seine Begründung in der andauernden Vermehrung der Eizellen, dann in der Vergrösserung der letzteren und deren Entwickelung zu eigentlichen Eiern. Es bildet sich dabei ein Hohlraum in dem Zellenhaufen, welcher reichlich mit Molekülen erfüllte Flüssigkeit enthält, wodurch der Contour der Oberfläche oft unregelmässig wird und die Eizellen mehr in die Peripherie gedrängt erscheinen. In jeder Eizelle bildet sich nun der Kern zum Keimbläschen mit einfachem Keimfleck um. Um diese Zeit ist der betreffende Haufen junger Ei-

---

[1] Zur Anatomie von *Echinorhynchus proteus*. Zeitschrift für wissenschaftliche Zoologie. Bd. 13, 1863, pg. 415—449, Tafel 23.

zellen der Befruchtung fähig, die Samenfäden umspielen ihn und scheinen zwischen die Eizellen einzudringen.

Schon im darauffolgenden Jahre widerlegte R. Greeff[1] in einer vortrefflichen Abhandlung
über die Uterusglocke und das Ovarium die irrigen Angaben Pagenstecher's über den doppelten Eileiter
der Echinorhynchen.

Die von der Rüsselscheide entspringenden Ligamenttheile umschliessen ein selbständiges Ovarium.
Die Form des letzteren ist entweder ein einfaches mehr oder minder länglich ovales Blatt, wie es bei
Echinorhynchus polymorphus und *Echinorhynchus gibbosus* zu sein scheint, oder es ist ein geschlossener
Schlauch, an den sich das Ligament eng anlegt. Bei *Echinorhynchus protens* spaltet sich das Ligament-
ende in zwei solide Stränge, deren jeder mit einer kugeligen, einzelligen Drüse (Muskelkern) versehen
ist. Der ventrale Strang heftet sich unterhalb der hinteren, quergestellten Glockenöffnung an der Aussenfläche des Glockenschlundes an und geht direkt in die Wandung des Uterusrohres über. An der
Insertionsstelle liegen zwei langgestreckte einzellige Drüsen (Muskelzellen). Der dorsale Strang aber
tritt durch die obere Glockenöffnung ein und befestigt sich an zwei mit der dorsalen Fläche des
Uterusglockengrundes verwachsenen, grossen, spindelförmigen Drüsen (Muskelzellen). Dicht oberhalb
dieser in die Glockenhöhle stark einspringenden Körper liegen in der Glockenwand selbst zwei länglich
ovale Blasen (Kerne), die Greeff gleichfalls als einzellige Drüsen deutet. Zwischen dem unteren
Ligamentende und den beiden ventralen Drüsenkörpern findet sich ein Trichter, dessen weite vordere
Oeffnung die aus dem hinteren Glockenmunde hervorkommenden Eier aufnimmt und in den Uterus
befördert.

Die Glocke selbst besteht, wie dies Leydig[2] schon früher angegeben, aus quergestreifter
Muskulatur. Eine ähnliche Struktur zeigt übrigens auch die Wandung des Uterus.

Einen grellen Kontrast zu diesen exakten Untersuchungen bildet Lindemann's[3] Abhandlung
über die Anatomie der Acanthocephalen. Ich habe schon bei Besprechung der männlichen Genitalien
auf diese höchst flüchtig verfasste und von Beobachtungsfehlern und Irrthümern strotzende Arbeit hingewiesen und will darauf verzichten, hier nochmals sie näher einzugehen.

Der Ansicht Pagenstecher's, dass nicht alle Eier auf dem gewöhnlichen Wege den mütterlichen
Körper verlassen, huldigt auch v. Linstow[4]. Er giebt an, dass von dem im Darme von *Strix flammea*
wohnenden und oft nur einem Eiersacke gleichenden Weibchen des *Echinorhynchus tuba* durch ringförmige Einschnürungen der Haut Glieder nach Art der Tänien sich losstossen.

Nach A. Schneider[5] besteht das Ligamentum suspensorium bei *Echinorhynchus gigas* aus
feinen Häuten, die zwei dorsal und ventral an den Leib angewachsene Säcke begrenzen, und welche in

[1] Untersuchungen über den Bau und die Naturgeschichte von *Echinorhynchus miliarius*. Archiv für Naturgeschichte, 1864, pg. 131. Ueber die Uterusglocke und das Ovarium der Echinorhynchen, ebenda pg. 369—374, Tafel 6,
Fig. 1—8.
[2] Lehrbuch der Histologie des Menschen und der Thiere, 1857, pg. 135.
[3] Zur Anatomie der Acanthocephalen. Bulletin de la Société impériale des naturalistes de Moscou, 1865,
Bd. 38, pg. 184.
[4] Zur Anatomie und Entwickelungsgeschichte des *Echinorhynchus angustatus*. Archiv für Naturgeschichte, 1872,
pg. 44—45.
[5] Entwickelungsgeschichte des *Echinorhynchus gigas*. Sitzungsberichte der Oberhessischen Gesellschaft für Natur-
und Heilkunde, 1871, pg. 2, 3.

der Mitte sich berühren und verwachsen. Vorn kommuniziren beide Säcke, und ihre Membranen heben sich ganz von der Wand ab, sie bilden einen Zipfel wie eine Schlafmütze, welche schliesslich an das Receptaculum herantritt. Nach hinten ist das Verhältniss komplizirter, es ist aber eine Vorrichtung getroffen, dass beide Säcke mit der Uterusglocke kommuniziren. Da wo die beiden Säcke in der Mitte des Körpers verwachsen, liegt ein feinkörniger Strang, der im Jugendzustande eine Reihe schöner, grosser Kerne enthält, und zweifellos dem Darme entspricht. Bei *Echinorhynchus gigas* obliteriren die Kerne des Stranges später vollständig, während sie bei anderen Spezies erhalten bleiben.

Eine weit ausführlichere Schilderung vom Baue der Uterusglocke gibt R. Leuckart[1]) in der letzten Lieferung seines berühmten Parasitenwerkes. Zum Ausgangspunkte der Detailbeschreibung wählt er den *Echinorhynchus angustatus* aus dem Darme des Barsches. Bei dieser Art hat die Uterusglocke die Form einer langgestreckten und schlanken Flasche mit kurzem Halse und weiter Oeffnung. Die dicke Glockenwand wird von einem Maschenwerke gebildet, dessen Fibrillen und Spalten in der Querrichtung verlaufen. Der unteren Oeffnung gegenüber, wo die Wandungen eine grössere Dicke besitzen, sind schöne Muskelkerne in das Gewebe eingelagert. Dicht oberhalb der unteren Oeffnung, die in Form einer halbmondförmigen Querspalte fast den halben Umfang des Glockengrundes in Anspruch nimmt, stülpt sich die Wand in zwei rundliche Taschen aus. Bei *Echinorhynchus proteus* fehlen diese Taschen. Auf der Höhe der unteren Oeffnung verändert die Glockenwand plötzlich ihre frühere Beschaffenheit. Während sie bis dahin aus einer zusammenhängenden Muskelplatte gebildet war, unterscheidet man daran jetzt eine Anzahl säulenartiger Zellen, die freilich immer noch zu einer Röhre zusammengruppirt sind, aber so stark nach Innen hinein vorspringen, so dass das Lumen der Röhre dadurch auf einen engen Kanal reduzirt ist. Nach ihrer Anordnung lassen sich diese Zellen in zwei Gruppen vertheilen, von denen die eine die peripherischen Zellen in sich fasst, welche die Aussenwand bilden, während die anderen im Innern gelegen sind und in Form eines breiten Ringwulstes den engen Zentralkanal in sich einschliessen. Die ersteren sind mit Ausnahme einer einzigen, die der unteren Spaltöffnung schräg gegenüber liegt, entschieden muskulöser Natur. Sie enthalten ganz deutliche Muskelkerne und umschliessen ein Protoplasma, in dem man deutliche Fibrillenzüge unterscheiden kann. Solcher Muskelzellen zählt man sechs. Zwei derselben liegen unterhalb der queren Austrittsöffnung des Glockengrundes, den sie lippenartig begrenzen. Auf sie folgen nach hinten zwei säulenartige Zellen. Die beiden anderen gehören der Seitenwand an und greifen soweit herum, dass der dazwischen übrig bleibende Raum von einer einzigen keulenförmigen Zelle gefüllt wird, die einen grobkörnigen Inhalt in sich einschliesst und sich ganz zweifellos dadurch als eine Drüsenzelle zu erkennen gibt. Die Zellen der zweiten Gruppe sind in der Vierzahl vorhanden. Sie umschliessen einen feinkörnigen ziemlich hellen Inhalt und sind wahrscheinlich als elastische Polster zu betrachten.

Auch die Glocke enthält zwei feinkörnige Zellen von ähnlichem Aussehen. Sie liegen in der Innenhälfte des Ligamentes und ziehen nach hinten sich je in einen cylindrischen Strang aus, der neben dem unteren Ende der unpaaren Drüsenzelle sich bis zur Einmündung in den Uterus verfolgen lässt. Diese Gebilde sind zweifellos als einzellige Drüsen zu betrachten.

Bei *Echinorhynchus gigas* ist der vordere Rand der Uterusglocke mit dem einen der beiden Ovarialsäcke verwachsen. Der ventrale Ligamentsack setzt sich nach hinten fort und verwächst mit

[1]) Die menschlichen Parasiten. 2. Bd. 1876, pg. 791—801. Fig. 378—381.

den Lippenrändern der ventralen Glockenöffnung. Auch die von Bojanus entdeckten seitlichen scheiben-förmigen Polster hat Leuckart gesehen und glaubt, dass sie dazu dienen aus der Leibeshöhle gewisse Stoffe zu absorbiren und diese dem Leitungsapparate zuzuführen.

Der Uterus stellt ein einfaches Rohr mit dicken und kräftigen Muskelwandungen dar, die wesentlich wiederum aus netzförmig zusammenhängenden Ringfasern gebildet werden.

Die Scheide, der Endabschnitt des weiblichen Leitungsapparates, besteht aus zwei in einander gelagerten Sphinkteren. Der äussere der beiden Ringwülste besteht durch seine ganze Dicke hindurch aus quer verlaufenden Fibrillen und enthält vier grosse blasenartige Kerne. Der innere, weit heller gefärbte Sphinkter ist viel kleiner und nur mit einer dünnen Lage sich kreuzender Fibrillen bedeckt. Die innere Auskleidung des erweiterten oberen und unteren Theiles der Scheide bilden je vier neben einander liegende Zellenwülste, die ganz wie die inneren Zellen des Glockenschlundes vorspringen und das Lumen auf einen engen Zentralkanal beschränken.

Die Zellscheiben, denen man seit v. Siebold gewöhnlich den Namen „lose Ovarien" beizulegen pflegte, dürfen nach Leuckart[1] keineswegs den Ovarien der übrigen Thiere gleichgestellt werden; sie repräsentiren vielmehr die früheren Entwickelungstufen der Eier selbst, d. h. Bildungen, wie sie sonst gewöhnlich im Inneren der Ovarien gefunden werden. Diese rundlichen oder nierenförmigen Keimballen sind von einer dünnen, aber scharf gezeichneten Hülle bekleidet, welche die Zellen, die nichts anderes als junge Eier sind, zusammenhält. Der kernhaltige Protoplasmaballen, der diese letzteren bildet, hat eine helle Beschaffenheit, die erst bei zunehmender Grösse einem mehr trüben Aussehen Platz macht. Gleich-zeitig verändert die Zelle ihre Form, indem die eine Durchmesser immer mehr sich streckt, bis nahezu die Gestalt des späteren Eies erreicht ist. Auf diesem Entwickelungsstadium verlässt das Ei den Keim-ballen, indem es durch die Umhüllungshaut desselben hindurchbricht.

Eine ausführliche und sehr sorgfältige Beschreibung der weiblichen Genitalien des Riesenkratzers verdanken wir A. Andres[2], der übrigens seine Untersuchungen auf Anregung Leuckarts und unter dessen Leitung ausführte. Das Ligamentum suspensorium wird von einer dünnen vollständig strukturlosen Membran gebildet und besteht aus einem mittleren Blatte, dessen Ränder sich mit den seitlichen Rändern zweier röhrenartig zusammengebogener Blätter verbinden, wodurch zwei übereinander liegende mit einer gemeinschaftlichen Wand ausgestattete Säcke entstehen. Am Aufbaue der Glocken-wand betheiligen sich nicht weniger als vier Häute: eine äussere sehr dünne Hülle, eine zweite, wohl entwickelte, ringfaserige, eine bindegewebig schwammige dritte, die nach innen zu dichter wird, und endlich eine vierte mit wenigen Längsfasern ausgestattete Membran.

In der Dorsalwand der Glocke verläuft ein T-förmiger Kanal, dessen Hohlraum mit dem der beiden scheibenförmigen Polster kommunizirt und wahrscheinlich den Ausführungsgang dieser Glocken-büschel bildet. Diese letzteren bestehen aus einer gestielten, dreikernigen, verästelten Masse. Die letzten Verästelungen sind kurze dicke Cylinder, die von einem aus äusserst dünnen, bald kontinuirlichen, bald unterbrochenen Kanälchen zusammengesetzten Bündel erfüllt sind.

---

[1] Jahresbericht über die wissenschaftlichen Leistungen in der Naturgeschichte der niederen Thiere. 1857, pg. 17, 1861, pg. 29.
[2] Ueber den weiblichen Geschlechtsapparat des *Echinorhynchus gigas*. Morphologisches Jahrbuch 4. Bd. 1878, pg. 581—591, Tafel 31.

Die beiden seitlichen Taschen, welche offenbar eine besondere Einrichtung sind, um die reifen Eier in den Uterusmund zu treiben, besitzen eine beträchtliche Grösse und bestehen je aus einer Zelle, deren Kern immer deutlich sichtbar ist. Hinter den Taschen schnürt sich die Glocke zu einer Art Hals ein. Hier ist die ventrale Oeffnung zu sehen, welche in den ventralen Sack führt; sie ist kahnförmig, quergestellt und von dicken Rändern begrenzt, die an ihren Winkeln zwei deutliche Kerne zeigen.

Im Inneren der Glocke erhebt sich auf dem Grunde eine rundliche Masse, welche aus vier grossen, dicht aneinander stossenden, um die Längsachse gruppirten, zelligen Wülsten besteht. Auf sie folgen zwei andere, birnförmige Zellen, die sich auf die hinteren Lippen der ventralen Glockenöffnung stützen. Von diesen sechs Zellen geht ein doppelter, aus zwei Zellen gebildeter und dunkle Substanz enthaltender Strang ab, welcher in der Glocke frei nach vorn verläuft und sich bald mit dem mittleren Ligamentblatte vereinigt. Am Halse der Glocke findet man noch vier zellige Wülste, und zwar zwei an der Basis der birnförmigen Zellen und zwei frei an den Seiten, unterhalb der Taschen. Der Uterusmund bildet einen Y-förmigen Gang, welcher sich in der Glocke mit zwei, in den Uterus mit einem einzigen Loche öffnet. Von den zehn Zellwülsten umgeben fünf die eine, fünf die andere der oberen Oeffnungen. Der untere Arm der Kommunikationsöffnung zwischen Glocke und Uterus setzt sich frei in der dorsalen Uteruswand fort und mündet nach kurzem Verlaufe. Jede der beiden oberen Oeffnungen ist einer Tasche gegenübergestellt. Die Wand das Uterusrohres besteht aus drei Häuten, einer äusseren, strukturlosen Membran, einer mittleren ringfaserigen, die sich leicht in zwei Schichten zerlegen lässt und das eigenthümlich gewulstete Aussehen des Uterus verursacht, und einer dritten bindegewebigen Schicht, in der konstant drei Nuclei sich finden. Die Vagina setzt sich aus drei deutlichen Segmenten zusammen. Das vordere und das mittlere Segment sind muskulös, sphinkterartig; jedes besteht aus einer Zelle. Das hintere Segment aber ist eine ringförmige, fein granulirte mit einem Kerne versehene Masse, die derjenigen des Körperintegumentes ähnlich ist. Nach vorn schiebt sie sich zwischen die beiden Sphincteren und das röhrenartige, stark eingeengte Endstück des Uterus ein.

Baltzer[1] untersuchte die Uterusglocken von *Echinorhynchus proteus* und *Echinorhynchus angustatus* und gelangte zu Resultaten, die sich eher mit den Abbildungen Greeff's als mit der Darstellung Leuckarts in Einklang bringen lassen. In die Bildung des gesammten dem Uterus aufsitzenden Apparates gehen 15 Zellen ein, die sich folgendermaassen vertheilen: Aus zwei Zellen geht die Uterusglocke hervor, die Kerne liegen dicht neben der Dorsallinie. Zwei Kernzellen bilden den breiten Muskelring, der sich zwischen die Glocke und den Glockenmund einschiebt. Ventralwärts von dem Glockengrunde liegen zwei lange Zellen, an denen sich das ventrale Theilstück des Ligamentum suspensorium befestigt. Den beiden hinter der Glocke befindlichen Zellen legen sich auf der unteren Innenseite, gerade der hinteren Oeffnung der Glocke gegenüber, zwei stark gewölbte Zellen an. Mit diesen beiden Zellen verbindet sich auf jeder Seite eine grosse, im oberen Theile nach aussen stark aufgewulstete, im unteren verschmälerte und lang ausgezogene Muskelzelle (Seitenzelle). Selbige fügen sich vorn einem maschenreichen, von Muskelfibrillen gebildeten Gewebe an, dem zwei Kerne eingebettet sind. Auf der Vorderseite schliesst dieses Maschenwerk eine langgestreckte Zelle ab, welche gleich den beiden im Ligamentstrange gelegenen Zellen drüsiger Natur zu sein scheint. Die beiden Seitenzellen krümmen

---

[1] Zur Kenntniss der Echinorhynchen. Archiv für Naturgeschichte, 1880, pg. 26—36, Tafel 1, 2.

sich nierenförmig zusammen, ohne dass aber, wie dies Greeff abbildet, ihre Ränder sich berühren. Der Innenraum wird von dem durch die dorsal gelegene unpaare Drüsenzelle begrenzten Maschenwerke, dessen enge Lückenräume nur die langgestreckten, spindelförmigen Eier passiren lassen, erfüllt. Die Vagina des *Echinorhynchus proteus* besitzt einen komplizirteren Bau wie die des *Echinorhynchus angustatus*. Sie setzt sich aus einem äusseren und einem inneren Sphinkter und einer dunkel pigmentirten, das Lumen der Ausmündungsröhre begrenzenden Masse zusammen. Der äussere einem Kegelstumpfe im Umrisse ähnliche Sphinkter enthält vier Kerne und umfasst den inneren kleinen Constrictor, der aus drei Theilen, von denen der mittlere zwei Kerne enthält, besteht. Der dunkelpigmentirte Körper beherbergt nicht weniger als acht grosse Kernkugeln. Bei *Echinorhynchus angustatus* finden sich alle diese Zellen, mit Ausnahme der zwei ventral von der Glocke gelegenen, wieder. Der Glocke aber sitzen über der hinteren Oeffnung zwei blasenartige Taschen auf, welche dem *Echinorhynchus proteus* fehlen.

Auch Sägfftigen[1] zählt 15 Muskelzellen, die bei *Echinorhynchus angustatus* am Aufbaue des Schluckapparates Theil nehmen. Die Hauptunterschiede, welche zwischen seiner und Baltzer's Darstellung obwalten, sind folgende: die beiden Taschen, welche oberhalb der ventralen Glockenöffnung liegen und ebenso dem *Echinorhynchus proteus* zukommen, wie dem *Echinorhynchus angustatus*, sind nicht als Aussackungen der Glockenwand zu betrachten, sondern gehören dem auf letztere folgenden kurzen, mit zwei Kernen ausgestatteten Muskelrohre an. Dicht hinter dieser ventralen Glockenöffnung bildet sich bei *Echinorhynchus angustatus* eine kleinere dorsale Oeffnung, die aber bei *Echinorhynchus proteus* und *Echinorhynchus clavaeceps* entschieden fehlt. Ferner besitzen alle Kratzer zwei Eileiter. Selbige entstehen dadurch, dass eine jede der zwei unmittelbar unter dem ventralen Glockenmunde gelegenen Zellen sich mit einer der beiden Seitenzellen zu einem nach hinten ziehenden, lateral liegenden Rohre vereinigt. Bei *Echinorhynchus clavaeceps* befestigt sich das Ligamentum suspensorium in seinem ganzen Umfange an dem vorderen Rande der Uterusglocke. Die beiden grossen Taschen sind noch ausgebildeter als bei *Echinorhynchus angustatus*; an ihrem freien dorsalen Rande nehmen zwei laterale Längsmuskeln ihren Ursprung, die nach hinten divergirend über den ganzen Uterus hinweglaufen und dicht neben einander an der Dorsalseite des die Scheide umhüllenden Muskelüberzuges sich inseriren. Der aus zwölf Zellen bestehende Schluckapparat lässt sich mit dem der übrigen Arten schwer vergleichen. Die Eileiter sind sehr kurz und an der unversehrten Glocke kaum zu erblicken. Die Gewebe des Uterus stimmen in ihren histologischen Details mit denen der Glocke überein. Man findet stets zwei Kerne in den auf dem Querschnitte papillenartig in das Lumen vorspringenden Partien der Marksubstanz. Die Vagina setzt sich aus einem inneren, schwächeren und einem äusseren, stärkeren Sphinkter zusammen. Der äussere Sphinkter besteht aus spiralig verlaufenden Fasern und umfasst das hintere Ende des Uterus kranzartig. Der innere Sphinkter wird durch eine Ringfurche in zwei verschmolzene Ringe zertheilt, die gleich dem äusseren Sphinkter zwei Kerne enthalten. Das verhältnissmässig enge Lumen des inneren Sphinkters wird erfüllt von dem mittleren Theile eines stundenglasförmigen Gebildes, dessen vordere Kugel im Uterus liegt, die hintere unmittelbar an die Subcuticula angrenzt. Man findet in diesem Theile bei *Echinorhynchus clavaeceps* 8, bei *Echinorhynchus proteus* und *Echinorhynchus angustatus* aber nur 4 Kerne.

---

[1] Zur Organisation der Echinorhynchen. Morphologisches Jahrbuch. 10. Bd. 1. Heft 1884, pag. 27—37, Tafel 4 F. 2—8; 13; Tafel 5, Fig. 1—3.

Im Jahre 1888 veröffentlichte Paul Knüpffer[1] eine Abhandlung, in der er den anatomischen und histologischen Bau der Uterusglocke von fünf Species eingehender schildert. Die Abbildungen sind meist nach schlecht konservirten Präparaten verfertigt, doch lassen sich die morphologischen Verhältnisse in ihren Hauptzügen deutlich erkennen. Die Darstellung, welche die Erklärung dieser Figuren bildet, ist wenig vollständig und enthält überdies manchen groben Irrthum. So wird man kaum begreifen können, wie Knüpffer, nachdem er die ausführliche Schilderung, welche Säfftigen vom Baue der Uterusglocke giebt, mit dessen Abbildungen verglichen, die wenig begrenzte Markschicht der Glockenwand für ein Längsmuskelnetz und die periphische fibrilläre Substanz für einen besonderen Sphincter tubae halten konnte. Auch sonst finden sich, wie dies aus dem Folgenden hervorgehen wird, mancherlei irrthümliche Angaben. Bei *Echinorhynchus haeruca* umfasst der Endzipfel des Ligamentum suspensorium zwei langgestreckte Zellenpaare, die der dorsalen inneren Glockenwand anliegen. Das innere Paar reicht weit nach vorn, endigt aber schon an der Basis der Glocke, während das äussere bis zum Fundus der Glocke reicht und an der Bildung der Glockenschlundgänge sich betheiligt. Der Glockenschlund wird von 9 Zellen gebildet. Ventral liegt eine grosse unpaare Zelle Kernbeutel der Glockenmuskulatur. Zu den beiden Seiten derselben findet man je eine Zelle den Taschenringmuskel, an welche in dorsaler Richtung je eine zweite Zelle Tafel 1, Fig. 2, Fig. 3 Taschenzellen, Fig. 4 Oviduktzellen sich anschliesst. Dorsal werden diese Zellen durch ein in der Medianebene aneinander stossendes Zellenpaar vereinigt (Lippenzellen). Die mediane Scheidewand geben die oben erwähnten vom Ligamentum suspensorium umfassten Zellen ab. Nach hinten setzen sich die so gebildeten beiden Schlundgänge in den Eileiter (Uterus) fort. Ventral legt sich an die verbindende Muskelsubstanz, in der überdies 2 Kerne auftreten, noch eine unpaare Zelle an.

Bei *Echinorhynchus polymorphus* theilt das Ligamentum suspensorium, indem es sich rechts und links der Innenwand der Glocke anheftet, den Hohlraum in zwei Räume, einen kleineren dorsalen und einen grösseren ventralen. Die mit der dorsalen Wand der Glocke verbundenen beiden Zellenpaare reichen bis zu den Glockenschlundgängen. Hier stossen sie mit den in der Medianebene verbundenen Zellen (Lippenzellen) zusammen. Seitlich von ihnen findet man zwei näpfförmig ausgehöhlte Zellen, Taschen oder Eierreservoire, deren hintere Ränder jederseits vermittelst einer grossen Zelle (Oviduktzelle) mit den ventralen Rändern der Glocke verbunden werden. Eine direkte Fortsetzung der medianen Ligamentzellen bilden zwei grosse Zellen (der Muskelbeutel der Glockenwand), welche in ihrem vorderen Abschnitte dorsalwärts an eine die Oviduktzellen verbindende Substanz stossen, etwas weiter nach hinten aber von derselben durch eine breite, flache Zelle geschieden werden. Dorsal wird der Leitungsapparat an dieser Stelle durch ein Zellenpaar (vordere Kerne der Uteruswand?) abgeschlossen. Bei *Echinorhynchus globulosus* spaltet sich das Ligamentum suspensorium in zwei Zipfel, deren jeder eine schlanke Zelle umfasst, und inserirt sich an einem zapfenartigen, weit in das Glockenlumen hineinragenden Vorsprung der Tubenwandung. Zwischen den beiden Ligamentzipfeln sind ferner zwei breite, mediane Zellen angebracht, welche die Glockenhöhle in zwei Kanäle zertheilen. Von den Seiten des Glockenzapfens gehen zwei gebogene Zellen aus, die aus Zirkulärfasern zu bestehen scheinen (Glockentaschen). Die

---

[1] Beitrag zur Anatomie des Ausführungsganges der weiblichen Geschlechtsprodukte einiger Acanthocephalen. Mémoires de l'Académie Impériale des Sciences de St. Pétersbourg. 7. Série, Tome 36, No. 12, 1888, 17 pag. und 2 Tafeln.

mediane Begrenzung der Glockenschlundgänge bildet ein breites, abgeflachtes Zellenpaar, dem nach hinten ein zweites medianes Zellenpaar folgt. Die Oviduktrohre entstehen dadurch, dass die lateralen (Taschen-) Zellen mit den letzterwähnten medianen Zellen zu einem Rohre verschmelzen. Ausserdem schiebt sich dorsal eine Zelle ein, welcher noch eine unpaare Zelle angelagert ist (Lippenzellen?). Die Glockenschlundgänge sind in ihrem hintersten Abschnitte von Längsmuskulatur (Markraum des Uterus) umgeben, welche auf ihrer Aussenfläche von einem kräftigen Zirkulärfaserrohre (Fibrillenschicht der Uteruswandung) umfasst wird.

Auch die Uterusglocke von *Echinorhynchus strumosus* besteht nach Knüpffer aus Längsmuskelfasern und wird aussen von einem dünnen Sphinkter umhüllt. Im Grunde der Glocke finden wir vier, grösstentheils verschmolzene Zellen, an denen das Ligamentum suspensorium sich anheftet. Zu ihnen gesellen sich dorsalwärts zwei mediane, sehr grosse Zellen (Lippenzellen), an denen die Ränder zweier weit ausgebauchter Zellen (Taschenzellen) sich befestigen. Ventral reicht der hintere Glockenrand weiter nach hinten als dorsal, und wird durch ein Zellenpaar (Kerne der Glockenwand) abgeschlossen. Zwischen dem letzteren liegt eine unpaare lang ausgezogene Zelle. Eine Fortsetzung der ausgebauchten Taschen-(-)Zellen bildet ein Zellenpaar (Oviduktzellen), welches dorsal und ventral mit den medianen Zellen zu zwei Röhren verschmilzt. Dorsal schliesst sich an die Schlundzellen noch ein in der Medianebene verschmolzenes Zellenpaar (?) an. In der oberen Hälfte werden beide Glockenschlundgänge durch ein schwammiges Gewebe verbunden. Nach unten nimmt selbiges so sehr überhand, dass die Oviduktröhren schliesslich vollständig umhüllt werden. Der Eileiter (Uterus) besteht lediglich aus ringförmig verlaufenden Fasern; demnach scheint die Markschicht, Knüpffer's Längsmuskulatur, vollständig zu fehlen?!).

In ganz verkehrter Weise hat Knüpffer den Bau der Uterusglocke von *Echinorhynchus pseudosegmentatus* geschildert. Trotz der eingehenden Untersuchung des anatomischen und histologischen Baues, welche Knüpffer an dieser neuen (?) Spezies vornahm, ist ihm doch völlig entgangen, dass *Echinorhynchus pseudosegmentatus* gleich dem *Echinorhynchus gigas* mit zwei zeitlebens persistirenden Ligamentschläuchen ausgestattet ist. Auch scheint Knüpffer die Arbeiten Leuckart's und Andres' bei Weitem nicht in der gebührenden Weise studirt zu haben, sonst würde er wohl sicherlich zur Einsicht gekommen sein, dass der Bau des Ligamentschlauches von dem der Längsmuskulatur der Leibeswand doch merklich abweicht. Nach Knüpffer's Beschreibung existirt bei *Echinorhynchus pseudosegmentatus* eine besondere Uterusglocke überhaupt nicht. Das Organ, welches als solche funktionirt, wird von Muskelröhren gebildet, die sich von der Längsfaserschicht der Leibesmuskulatur ablösen und zu einer Art Schlauch zusammentreten. Auch das hintere Ende der Glocke hängt mit der Leibeswand vermittelst zahlreicher Längsfaserzüge (offenbar Theile des ventralen Ligamentschlauches) zusammen. Im Grunde dieser, aus Längsfasern gebildeten Glocke findet man vier grosse Zellen, die sowohl mit der ventralen, wie mit der dorsalen Glockenwand in Verbindung treten, so dass nur zwei schmale, laterale Lückenräume übrig bleiben. Zwischen die beiden dorsalen Zellen, die überdies sehr bald endigen, schieben sich zwei langgestreckte Zellen (Lippenzellen) ein, welche in Gemeinschaft mit den schaalenförmig gekrümmten hinteren, dorsalen Zellen (den Oviduktzellen) die Wandung der Schlundgänge bilden. Die Längsmuskulatur der Glocke geht direkt in die des Eileiters (Markraum der Uterusringmuskulatur) über.

Eigene Beobachtungen.

Schon bei der ersten Betrachtung eines weiblichen Kratzers tritt uns die überraschende That sache entgegen, dass Ovarien in der gedrungenen zusammenhängenden Form, wie wir sie wohl sonst zu finden gewohnt sind, den Acanthocephalen gänzlich fehlen. Zwar werden wir bei eingehender Untersuchung bald kleine oder grössere, länglich ovale Zellenscheiben, die, wie ich dies im Folgenden zeigen werde, den Ovarien, bezichentlich den einzelnen Ovarialsegmenten Eiröhren vollkommen homolog sind, in reichlicher Menge finden, aber alle diese Gebilde stehen zu keinem der Organe in näherer Beziehung, sondern werden gleich den zahllosen reifen Eiern und den hart beschalten Embryonen in der Leibeshöhlenflüssigkeit schwimmend durch die peristaltischen Bewegungen des Hautmuskelschlauches, sowie vor allen durch die Schluckthätigkeit der Uterusglocke auf und nieder getrieben.

Eine Ausnahme machen nur *Echinorhynchus gigas* und *Echinorhynchus moniliformis*, insofern nämlich bei beiden Arten die Eikeime, da die häutigen Ligamentschläuche zeitlebens persistiren, niemals in die Leibeshöhle gelangen.

Die Grösse und die Gestalt der freischwimmenden Zellenhaufen, welche schon v. Siebold als „lose Ovarien" bezeichnete, lassen nicht nur in der Reihe der Arten [1], sondern auch unter Umständen sogar bei einem und demselben Individuum beträchtliche Differenzen erkennen. Die grössten Ovarien besitzt, wie sich dies wohl schon von vorn herein vermuthen lässt, *Echinorhynchus gigas*; sie haben eine länglich ovale, oder eiförmige und in der Mitte etwas abgeplattete Gestalt und erreichen eine Länge von ¼ mm bei einem Quermesser von cirka ⅒ mm. Sehr ähnlich geformt, aber wesentlich kleiner sind die losen Ovarien von *Echinorhynchus moniliformis*. Die Ovarien des *Echinorhynchus haeruca* kommen an Länge denen des Riesenkratzers fast gleich; ihre Breite dagegen ist eine um Vieles geringere. Ueberdies lassen sie sich in Folge ihrer stark abgeplatteten, schlanken, bandähnlichen Form leicht von den Ovarien der übrigen von mir untersuchten Spezies unterscheiden.

Aber auch die Längsachse der Ovarialscheiben kann eine Verkürzung erfahren, wodurch wir Formen erhalten, die allmählich zu den sphäroideen überleiten. Solche gedrungene, ellipsoide Ovarialscheiben finden wir bei *Echinorhynchus trichocephalus* und *Echinorhynchus angustatus*. Während bei der ersteren Form das Verhältniss des Längsmessers zur Breite immerhin noch 2:1 beträgt, gleicht selbiges sich bei *Echinorhynchus angustatus* zu 3:2 aus. Auch die Dicke der Ovarial-scheiben ist bei *Echinorhynchus angustatus* weit beträchtlicher als bei *Echinorhynchus trichocephalus* und mag durchschnittlich die Hälfte der Breite ausmachen. Sphärisch, oder wenigstens eiförmig gestaltete, drehrunde

Ovarien von:	Länge:	Breite:	Kernhaltiges Plasmazentrum		Grösse der Kerne des letzteren		Unreife Eier. Durchmesser der		des	Reife Eier. Länge des	Grösse des
			Länge:	Breite:			Zelle:	Kernes:		Zellleibes:	Kernes:
Echin. gigas:	190—280 µ;	95—110 µ;	120—210 µ;	46—53 µ;	6—7 µ;	13—28 µ;		30—35 µ;	11—12 µ.		
Echin. moniliformis:	120—180 µ;	80—110 µ;	53— 66 µ;	30—40 µ;	5—7 µ;	10—26 µ;	6,1—8 µ;	26—30 µ;	9—12 µ.		
Echin. trichocephalus:	120—130 µ;	50— 55 µ;	60— 70 µ;	33—40 µ;	4—4,8 µ;	7—16 µ;	5—5,5 µ;	17—20 µ;	6— 7 µ.		
Echin. bipeuis:	80— 90 µ;	70— 80 µ;	35— 40 µ;	35—40 µ;	2,8—3 µ;	6—15 µ;	4,2—4,6 µ;	15—16 µ;	4,5— 5 µ.		
Echin. angustatus:	90—120 µ;	66— 80 µ;	60— 90 µ;	26—30 µ;	3—5 µ;	9—15 µ;	5—7 µ;	11—17 µ;	6— 8 µ.		
Echin. haeruca:	150—250 µ;	53— 70 µ;	120—180 µ;	20—30 µ;	3—5 µ;	7—14 µ;	6,5—6,8 µ;	11—18 µ;	6— 7 µ.		

Ovarien fand ich nur bei *Echinorhynchus bipennis*, einer neuen Art, die in verschiedenen Thymallus-Species Argentiniens häufig gefunden wurde.

Um einen klaren Einblick in den feineren Bau dieser freischwimmenden Ovarialscheiber zu erhalten, genügt es nicht, sie in toto mit Anilinfarben zu durchtränken und dann mit starker Vergrösserung zu betrachten. In diesem Falle wird man, wie dies die Vergangenheit lehrt, zweifellos zu der irrigen Ansicht gelangen, dass diese Bildungen nichts anderes, als solide Eizellballen vorstellen. Wählen wir dagegen z. B. einen sehr dünnen Schnitt durch eines der fast sphärischen Ovarien von *Echinorhynchus bipennis*, an dem die Strukturverhältnisse in besonders instruktiver Weise sich darbieten, so zeigt es sich schon bei mässiger Vergrösserung, dass an dem anscheinend soliden Zellenballen zwei Theile sich unterscheiden lassen und zwar eine aus wechselnd grossen Zellen zusammengesetzte Hüllschicht und ein davon allseitig umschlossener Kern von syncytialer Natur. Was zunächst den letzteren angeht, so besteht selbiger aus einem feingekörnten und von zahllosen Fäserchen, die offenbar den Ausdruck des Wabengerüstes bilden, durchzogenen Plasmaballen und einer ansehnlichen Menge darin eingebetteter, fast gleich grosser Kerne (2.8—3.1 μ). Das Chromatingerüst dieser Kernkugeln ist reich entwickelt und setzt sich aus grösseren, randständigen Chromatinpartikelhäufchen und einem diese verbindenden, dünnen Fadennetzwerke zusammen. Diese Kerne vertheilen sich so ziemlich gleichmässig über den ganzen Plasmakern (s. Tafel 9, Fig. 51 Ov"). Bei Ovarien, in deren Mantelschicht schon zahlreiche Eizellen zu reifen Eiern herangewachsen sind, glückt es häufig, die Umwandlung der peripherisch gelegenen Randpartien des centralen Syncytium in eine Zellenschicht direkt zu beobachten. Man sieht alsdann am Rande, und zwar in der Mitte zwischen je zwei benachbarten Kernen, seichte Furchen entstehen, die bald tiefer und tiefer eindringen und allmählich die Kerne allseitig umgebend Plasmaballen herausschneiden; s. Tafel 9, Fig. 51 Ov". *Echinorhynchus bipennis* ist die einzige der von mir untersuchten Spezies, bei der der eben geschilderte Umwandlungsprocess in allen Theilen der peripheren Zone des Syncytiumkernes zur nämlichen Zeit sich vollzieht. Dies mag wohl auch der Grund sein, dass bei dieser Art das centrale Syncytium sich so scharf gegen die es umgebende Zellenschicht abgrenzt (s. Tafel 9, Fig. 51 OpI).

Der auf diese Art entstehende Zellenbelag des syncytialen Ovarialcentrums tritt späterhin, wenn der grössere Theil der die peripherische Mantelschicht bildenden Eizellen gereift und ausgestossen ist, an die Oberfläche heran, um nun in der gleichen Weise wie die erste Zellenlage reife Eier zu liefern. Die Entwickelungsgeschichte lehrt uns, dass diese Zellen des Ovarialcentrum der letzten Generation der Spermatogonien entsprechen. Die Metamorphose, welche sie durchmachen müssen, um zu den reifen Eiern zu werden, ist ganz die nämliche, wie die, welche aus den Spermatogonien die Samenmutterzellen hervorgehen lässt.

Die Mantelschicht der Ovarien, welche bei *Echinorhynchus bipennis* durch eine dünne Lage hellfarbigen Plasmas (s. Tafel 9, Fig. 51 OpI) getrennt wird, bildet ein Conglomerat von mannigfaltigst geformten, meist aber infolge der dichten Lage polyedrisch begrenzten Kernzellen, welche nun die verschiedenen Entwickelungsstadien der Eier repräsentiren. Bei der Mehrzahl der von mir untersuchten Arten ist die Anordnung dieser Zellen derartig, dass die kleinsten derselben dem Plasmakern unmittelbar aufliegen, während die grösseren und in der Reife weiter fortschrittenen die peripherischen Schichten bilden. Bei *Echinorhynchus bipennis* aber, wo die Dicke der Mantelschicht kaum mehr als der Durchmesser eines einzigen reifen Eies beträgt, findet man die jüngeren Entwickelungsstadien der Eier meist in kleinen Packeten bei einander liegend, die Lückenräume zwischen den reifen Eikapseln ausfüllend (s. Tafel 9, Fig. 51 Ov¹).

Die jüngeren Eizellen beginnen nun successive sich zu Eiern umzuwandeln. Die ersten Veränderungen erleidet der Kern, in dem das im Ruhestadium sehr dichte Chromatingerüst infolge der Einlagerung einer hellen Substanz sich mehr und mehr auflockert. Gleichzeitig lösen sich von den meist randständigen Chromatinhaufen kleine Partikel ab, die nun zu neuen Knotenpunkten des Chromatinfadennetzes werden. Der Nucleolus ist jetzt wieder deutlich sichtbar: er liegt am Rande des Kernes ausserhalb des Kernnetzes. Er lässt sich von den Chromatinpartikeln leicht unterscheiden, da seine Oberfläche vollkommen glatt ist und den Fäden keine pseudopodienähnlichen Ansatzflächen darbietet. Natürlicherweise hat infolge der Einlagerung der hellen Substanz das Volumen des Kernes sich auch wesentlich vergrössert (von 2,8 μ auf 4,6 μ). Da nun chromatische Substanz von Neuem nicht gebildet wird, die grösseren Chromatinhaufen sich aber in kleinere zertheilt haben, so erscheinen jetzt die Kerne um vieles blasser gefärbt, als dies früher der Fall war (s. Tafel 9, Fig. 51 Ov¹). Inzwischen hat aber auch der Zellenleib nicht nur an Volumen beträchtlich zugenommen, sondern auch sein Aussehen gänzlich verändert. Das Anfangs vollkommen wasserhelle und durchsichtige Protoplasma trübt sich infolge der Bildung zahlreicher kleiner, opaker Körnchen, die theils einzelne, theils in kleinen Häufchen bei einander liegen. Späterhin vermehren sich diese kleinen Körnchen, die offenbar nichts anderes als Dottersubstanz vorstellen, in dem Maasse, dass sie schliesslich den Einblick in das Innere der Eizelle gänzlich verhindern.

Haben nun die Eizellen ihren Durchmesser auf 15—16 μ vergrössert, so hebt sich der fein granulirte Plasmaleib von den dicken Zellwandungen in ganzer Ausdehnung ab (s. Tafel 9, Fig. 50 Ovf). Das so entstandene kugel- oder ovoidförmige, frei in der Eikapselflüssigkeit flottirende Gebilde ist nichts anderes als das reife Ei; es erscheint als ein vorläufig noch hüllenloser Plasmaballen von so opaker Beschaffenheit, dass man das Keimbläschen nur noch als hellen Fleck durchschimmern sieht (s. Tafel 9, Fig. 51 Ov). Infolge der überreichen Vermehrung der das Eichen allseitig umgebenden wässerigen Flüssigkeit reisst schliesslich die äussere Wand der Zellkapsel ein, und das Ei wird aus dem Ovarium ausgestossen, um nun nach erfolgter Befruchtung in der Leibeshöhlenflüssigkeit sich zum hart beschalten Embryo zu entwickeln.

Unter Umständen kann es auch vorkommen, dass das Ei im Ovarium selbst einen Theil seiner weiteren Entwickelung durchläuft. Bei älteren Kratzerweibchen findet man nicht selten neben den mit einem reifen Ei erfüllten Eikapseln solche, die schon seit längerer Zeit sich ihres Inhaltes entledigt haben, ohne dass von neuem jüngere Zellen in diesen Lückenraum eingetreten wären. In einem solchen Falle kann es sich nun leicht ereignen, dass durch den sich stetig steigernden Druck, den die eingeschlossene wässerige Flüssigkeit auf die Kapselwand ausübt, nicht wie unter normalen Verhältnissen die äussere, sondern eine der seitlichen Wandungen zerreisst, und so innerhalb der Ovarialscheibe selbst die für die Weiterentwicklung des Eies zum Embryo erforderliche Raumvergrösserung geschaffen wird.

Leere Eikapseln (s. Tafel 9, Fig. 51 F) bleiben in der Regel nicht sehr lange bestehen. Gewöhnlich wandern unmittelbar nach der Eiausstossung etliche der darunter befindlichen jüngeren Eizellen in die so entstandenen Lückenräume ein, um nach Resorption der Ueberreste der alten Kapselwandungen in der voranstehend geschilderten Weise sich zu reifen Eiern auszubilden.

Bei den Ovarien der übrigen von mir untersuchten Species ist die Trennung der Mantelschicht von dem syncytialen Kerne nirgends so typisch durchgeführt, wie bei Echinorhynchus bipennis. Den Ovarien von Echinorhynchus bipennis ähneln noch am meisten diejenigen von Echinorhynchus gigas und Echinorhynchus moniliformis. Bei beiden Arten lassen sich noch auf den ersten Blick zwei Schichten unterscheiden, eine äussere aus mehreren Zellenlagen gebildete ziemlich dicke Hülle und ein davon allseitig umschlossener syncytialer Kern. Zwar finden wir in allen Theilen des central gelegenen feinwabigen Protoplasma Kerne, aber sie zeigen die Tendenz, an der Peripherie des Ballens in grösserer Anzahl sich anzuhäufen. Bei den Ovarialscheiben von Echinorhynchus angustatus und Echinorhynchus trichocephalus ist die Trennung beider Schichten eine um vieles undeutlichere, als bei den letztgenannten beiden Species, was wohl seinen Grund darin haben mag, dass hier die Zellenbildung nicht ausschliesslich in der Peripherie des centralen Ballens, sondern auch in tiefer liegenden Partien desselben stattfindet. Die Vertheilung der Kerne ist noch die gleiche wie bei Echinorhynchus gigas und Echinorhynchus moniliformis. Bei Echinorhynchus haeruca setzen sich die beiden Ovarialschichten kaum noch gegen einander ab. Die äussere Hülle bildet eine einfache Schicht grosser reifer Eier (s. Tafel 9, Fig. 50 Ov., deren Continuität nur hier und da durch eine kleine Gruppe unreifer Eizellen unterbrochen wird. Die Kerne des von diesem Zellmantel allseitig bedeckten Syncytium sind sammt und sonders an die Peripherie gerückt und bilden eine einfache — seltener doppelte — Lage, die sich der Innenfläche der Eizellen dicht anschmiegt (s. Tafel 9, Fig. 50 Ov''). Die centralen Partien sind voll kommen kernfrei (s. Tafel 9, Fig. 50 Opl.).

Schon seit langer Zeit ist es bekannt, dass bei Echinorhynchus gigas die Eientwickelung nicht wie bei Echinorhynchus angustatus, Echinorhynchus haeruca, überhaupt wohl der Mehrzahl der Arten, unmittelbar in der Leibeshöhle sich vollzieht, sondern dass hier die weiblichen Zeugungsstoffe zeitlebens in den beiden Ligamentschläuchen eingeschlossen bleiben. Ganz ähnliche Verhältnisse treffen wir, wie ich dies hier nur beiläufig erwähnen will, auch bei Echinorhynchus moniliformis und bei dem der letzterwähnten Species augenscheinlicherweise sehr nahe verwandten Echinorhynchus pseudosegmentatus.

Das Ligamentum suspensorium des Riesenkratzers besteht aus einem mittleren, fast ebenen Blatte und aus zwei cylinderartig zusammengerollten Blättern, deren Ränder mit den lateralen Rändern des mittleren Blattes innig verwachsen sind. Auf diese Weise entstehen zwei, mit einer gemeinschaftlichen Wand ausgestattete Schläuche, die übereinander hinziehen und den Leibesraum bis auf zwei schmale laterale, triangulär prismatisch gestaltete Lücken ausfüllen. Diese beiden seitlichen Spalträume stellen nun die eigentliche Leibeshöhle des Riesenkratzerweibchens vor; in ihnen findet man vorn die vielfach gekrümmten oder geschlängelten Lemnisken und hinten die beiden mächtigen, scheiben- oder flockenartigen, gestielten Nephridien. Der nach aussen gekehrte Theil der Schlauchwand ist mit dem Sarkolemmabelage der Hautmuskulatur auf das innigste verwachsen und ahmt die höchst unregelmässige, wellige, innere Begrenzung der letzteren nach (s. Tafel 2, Fig. 16 L).

Der vorderste Abschnitt des Ligamentes zieht sich in einen schlanken Kegelstumpf aus, löst sich dabei vollständig von der Leibeswand los und befestigt sich, indem es das schmälere Endstück des abgerundeten Receptaculum umfasst, an dem Sarkolemmabelage desselben. Hier findet man in dem mittleren, gemeinschaftlichen Blatte eine grosse längsgestellte Oeffnung, welche die Kommunikation der beiden Ligamentsäcke bewerkstelligt. Auch am aboralen Körperpole ist in ähnlicher Weise für eine Kommunikation gesorgt. Der dorsale Schlauch mündet von vorn in die Uterusglocke ein und zwar der Art, dass er sich mit dem vorderen Rande der Glockenwand in ganzer Ausdehnung verbindet. Der ventrale Schlauch setzt sich unter der Uterusglocke und dem Uterus fort und endigt blind in der Nähe des Geschlechtsporus. Auch er besitzt eine grosse Oeffnung, welche dadurch entsteht, dass seine Wandung mit den aufgewulsteten, lippenartigen Rändern des hinteren, ventralen und quergestellten Glockenmundes verwächst.

Histologisch stimmt das weibliche Ligament vollkommen mit dem vorderen Abschnitte des männlichen Ligamentes überein. Trotz seiner exquisiten Dünne setzt es sich doch aus drei in ganzer Länge auf das innigste mit einander verwachsenen Häuten zusammen. Die mittlere dieser drei Häute ist die am kräftigsten ausgebildete. Nach innen und aussen ist sie scharf begrenzt. Sie besteht aus einer fein granulirten, wabig strukturirten und wenig tinktionsfähigen Masse, die weder eine deutliche Streifung, die auf die Anwesenheit feiner Muskelfibrillen hinweisen könnte, noch eine Schichtung erkennen lässt. Besonders muss hervorgehoben werden, dass von den Kernen und den Plasmamassen, welche bei den Larven des Riesenkratzers den im Centrum des mittleren Ligamentblattes gelegenen Strang (s. Tafel 9, Fig. 47 Lz, Fig. 48 Lz, Fig. 49 Lz, Fig. 52 Lz, Fig. 54 Lz) bilden, beim völlig geschlechtsreifen Weibchen keine Spur übrig geblieben ist. Die beiden diese mittlere Haut aussen und innen bekleidenden Membranen des Ligamentum suspensorium sind um vieles dünner und stimmen in ihrem Aussehen vollkommen überein. Gleich dem Sarkolemma der Muskelfasern färben sie sich mit Karmin ziemlich intensiv, scheinen aber weniger resistent zu sein als das erstere.

Dort, wo der ventrale Schlauch mit den Lippen der hinteren, ventralen Glockenöffnung zusammenhängt, ist in die Wand des Ligamentschlauches eine eigenthümliche Muskelsubstanz eingelagert. Sie besteht aus einem feinkörnigen, etwas faserigen und von kleinen Vacuolen erfüllten Plasma, auf dessen Oberfläche sich spärliche Fibrillen differenziren. Dicht neben der Glockenöffnung erblickt man in dieser Masse zwei kleine rundliche Kerne, die von einer Art Plasmafadennetz umgeben sind und von diesem in ihrer Lage erhalten werden (s. Tafel 1, Fig. 10 Lv, Fig. 11 Lv). Sie sind offenbar die Analoga der von Baltzer[1] bei *Echinorhynchus proteus* in dem ventralen Ligamentstrange dicht unterhalb der hinteren Glockenöffnung gefundenen beiden Kernzellen.

Auch bei *Echinorhynchus moniliformis* tritt das Ligamentum suspensorium in Gestalt eines mittleren Blattes auf, dessen seitliche Ränder sich mit den Rändern zweier weiterer, cylindrisch eingerollter Blätter zu zwei longitudinalen, mit einer gemeinsamen Wand ausgestatteten Schläuchen verbinden. Der dorsale Ligamentschlauch, dessen hinteres Ende in ganz derselben Weise wie beim Riesenkratzer mit dem vorderen Rande der Uterusglocke verwachsen ist, übertrifft an Volumen den darunter hinziehenden ventralen Schlauch um mehr als das Doppelte. Er schmiegt sich der Leibeswand nicht so innig an, wie dies die Ligamentschläuche des Riesenkratzers thun, sondern berührt selbige nur in den dorsalen Submedianlinien, woselbst er sich an der Aussenfläche der hier verlaufenden stark prominirenden Muskelröhren (s. Tafel 8, Fig. 9 L) inserirt. Die gemeinschaftliche Wand, welche offenbar dem mittleren Ligamentblatte des *Echinorhynchus gigas* entspricht, fällt infolge der mächtigen Ausbildung des

---

[1] Zur Kenntniss der Echinorhynchen. Archiv für Naturgeschichte 1880, pg. 30. Tafel 1, Fig. 9 l, Fig. 10 l.

dorsalen Schlauches fast mit der durch die beiden ventralen Submedianlängsmuskelröhren gelegten Ebene zusammen. Im hinteren, unsegmentirten Leibesabschnitte ändern sich diese Verhältnisse etwas, insofern nämlich die beiden dorsalen Submedianröhren der dorsalen Medianlinie sich mehr und mehr nähern vergleiche pg. 73. Der dorsale Schlauch hat alsdann nur noch drei Insertionsflächen, eine unpaare dorsale und zwei seitliche, welche die ventralen Submedianlinien bilden. Der ventrale Ligamentschlauch füllt den von dem mittleren Ligamentblatte, den Submedianröhren und der Leibeswand begrenzten Raum vollständig aus. Er erstreckt sich viel weiter nach hinten als der dorsale Schlauch und endigt mit einem konisch sich einengenden, blindsackartigen Zipfel in der Nähe der Geschlechtsöffnung. Mit der Glockenhöhlung kommunizirt er vermittelst eines breiten, quergestellten halbmondförmigen Spaltes, dessen Ränder mit denen des ventralen Glockenmundes innig verwachsen sind (s. Tafel 8, Fig. 27 Lv, Fig. 29 Lv). Entsprechend der viel geringeren Grösse des Wurmes zeigt auch das Ligamentum suspensorium von *Echinorhynchus moniliformis* einen weit einfacheren histologischen Bau, wie das des *Echinorhynchus gigas*. Die Schlauchwand besteht aus einer einfachen dünnen Lage farblosen Sarkolemmes, in der sich nirgends eine Faserung oder Spuren von Kernen nachweisen lassen. Nur dort, wo der ventrale Ligamentschlauch mit den ventralen Wänden der Uterusglocke und des vorderen Uterusendes verwachsen ist, lagert sich in die Ligamentwand eine eigenthümliche, spongiös strukturirte Muskelsubstanz ein, auf deren Oberfläche sich je eine dünne Lage von Fibrillen differenzirt hat (s. Tafel 8, Fig. 27 Lv, Fig. 28 Lv, Fig. 24 Lv, Fig. 29 Lv, Fig. 35 Lv, Fig. 38 Lv).

Die eigenthümliche, nach dem Kopfende des Wurmes hin sich stark verjüngende Gestalt des Ligamentum suspensorium bringt es mit sich, dass der Inhalt der beiden Schläuche nicht der gleiche ist. Es wird zur Genüge bekannt sein, dass durch die peristaltischen Schluckbewegungen der Uterusglocke eine Strömung erzeugt wird, welche im dorsalen Schlauche den Einhalt von vorn nach hinten, im ventralen Schlauche aber in der entgegengesetzten Richtung mit sich fortreisst. Da nun aber durch die beiden engen, cylindrischen, lateralen Eingänge nur die dünnen spindelförmigen Eier und Embryonen, nicht aber die grossen plumpen Ovarialscheiben hindurchzuschlüpfen im Stande sind, so können natürlicherweise auch nur Eier und Embryonen durch die hintere Glockenöffnung in den ventralen Ligamentschlauch gelangen. Ziehen wir ferner in Betracht, dass die zweite Kommunikationsöffnung in dem vorderen dünnen zipfelartigen Ende des Ligamentes liegt, wo infolge der beträchtlichen Volumenverminderung eine ziemlich starke Strömung stattfindet, so liegt es klar auf der Hand, dass auch auf diesem Wege keine Ovarialscheiben in den ventralen Ligamentschlauch übertreten können. So kommt es, dass die Ovarien bei *Echinorhynchus moniliformis* zeitlebens im dorsalen Ligamentschlauche, der überdies die ursprüngliche Bildungsstätte dieser eigenthümlichen Organe repräsentirt, verharren.

Das Ligamentum suspensorium des *Echinorhynchus angustatus* und *Echinorhynchus haeruca* bildet einen schlanken, mit zahlreichen Längsfalten ausgestatteten Hohlcylinder, dessen Lumen jedoch nur in der vorderen Hälfte auf Querschnitten deutlich zu erkennen ist. Das konisch zugespitzte vordere Ligamentende senkt sich in die Masse des mächtigen Retractor receptaculi ein und inserirt sich zwischen den drei Wurzeln des letzteren an der Sarkolemmawand des Rüsselsackes. Nach hinten zieht es sich in einen dünnen, soliden Strang aus, der in die vordere Glockenöffnung eintritt, sodann ohne die eigentliche Wand zu berühren herabläuft und an den im Grunde befindlichen Muskelzellwülsten sich befestigt.

Aus obiger Darstellung geht ohne weiteres hervor, dass bei den genannten Arten die Eier niemals durch Vermittlung des Ligamentes in die Glocke gelangen können.

Der histologische Bau stimmt im Prinzipe mit dem des männlichen Ligamentes überein. Die Grundsubstanz bildet eine farblose, wenig resistente, dem Muskelsarkolemma täuschend ähnliche Masse, in der wir einige bald mehr, bald minder lange Lücken oder Spalten, die offenbar infolge des Austrittes der Ovarialscheiben entstanden sind, erkennen können. In dieser Grundsubstanz sind nun zahlreiche vereinzelt dahin ziehende, oder auch zu kleinen Bündeln vereinigte Längs- und Ringmuskelfibrillen eingebettet. Die zugehörigen Kerne, vier bis fünf an der Zahl, besitzen die Form einer Kugel oder die eines Eies und enthalten ausser dem Nucleolus noch mehrere kleinere das Licht gleichfalls stark brechende Chromatinkörnerhäufchen. Sie besitzen ausnahmslos eine relativ sehr beträchtliche Grösse, was wohl die Ursache gewesen sein mag, dass man sie in früherer Zeit irrthümlicher Weise als Ganglien- oder Drüsenzellen beschrieben hat. Der Hohlraum des Ligamentes wird von der nämlichen farblosen und zahllose kleine Fetttröpfchen enthaltenden Flüssigkeit erfüllt wie die Leibeshöhle. Auch findet man bei den meisten Individuen noch einige Ovarialscheiben, bisweilen aber auch in der Entwickelung mehr oder minder weit fortgeschrittene Embryonen vor.

Ehe ich nun aber zur detaillirten Beschreibung des höchst merkwürdigen Eisortirapparates, der sogenannten Uterusglocke, übergehe, möchte ich noch kurz die Frage berühren: Sind die Ausleitungswege der weiblichen Geschlechtsprodukte bei den Acanthocephalen als modifizirte Nephridien aufzufassen, oder haben wir in diesem eigenartigen Apparate ein besonderes Organ vor uns, das nach Art der Geschlechtsausführgänge der oligochäten Borstenwürmer völlig unabhängig von den Segmentalorganen entstanden ist?

Ziehen wir lediglich die morphologischen Verhältnisse, die sich durch die Untersuchung der kleineren Arten ergeben, in Betracht, so müssten wir wohl der ersteren Ansicht uns zuneigen. Die Aehnlichkeit spricht sich namentlich darin aus, dass die Uterusglocke gleich den trichterartigen Erweiterungen an den Segmentalorganen der polychäten Borstenwürmer frei in die Leibeshöhle hineinragt und daraus vermittelst seiner weiten Oeffnung die frei umherschwimmenden Eier aufnimmt. Fassen wir dagegen den Bau der weiblichen Leitungswege vom Riesenkratzer näher in das Auge, so werden wir bald auf Thatsachen stossen, die mit obiger Auffassung sich nicht mehr in Einklang bringen lassen. Zunächst ist in dieser Hinsicht hervorzuheben, dass hier die abdominale Uterusglockenöffnung gänzlich in Wegfall gekommen ist. Die Glocke bildet gewissermaassen das umgewandelte und peristaltischer Bewegungen fähige untere Endstück des Ovarialschlauches. Ferner aber existirt bei *Echinorhynchus gigas* ein Organ, das zwar hinsichtlich seines anatomischen Baues zu wiederholten Malen beschrieben wurde, dessen Funktion jedoch bis heute räthselhaft geblieben ist. Ich meine jene beiden Flocken oder Polster, die an den Seitentheilen der Uterusglocke unmittelbar hinter deren oberem Rande angebracht sind und frei in die Leibeshöhle hineinragen. Ihre äussere Form lässt sich wohl am besten mit der einer flachgewölbten Schüssel vergleichen, welche vermittelst eines kurzen konischen Stieles der Muskelwand der Glocke aufsitzt. Der Schüsselrand und die ausgehöhlte Fläche sind mit einer grossen Zahl lappenartiger Anhängsel versehen, die sich wiederum bi- oder trichotomisch verästeln. Hinsichtlich des feineren Baues, welchen die Zottenbäumchen, sowie das gröbere und feinere Röhrensystem der Scheibe zur Schau tragen, stimmen die weiblichen Nephridien so vollkommen mit den gleichnamigen Organen des Männchens oberen, dass ich es für völlig überflüssig erachte, nochmals auf diese Verhältnisse einzugehen. Nur eines muss ich hier hervorheben, nämlich dass nicht nur die Grösse des ganzen Organes 560—650 μ), sondern auch die Zahl der flimmernden Nephrostomen beim Weibchen eine bei weitem beträchtlichere ist, als beim Männchen. Während einem jeden der Nephridien des letzteren etwa 250—320 solcher Nephrostomen zukommen, zählte ich bei den weiblichen Organen gegen 500—600 flimmernder Endröhren [1]. Ein jedes dieser Glockenpolster (Leuckart) ist das Aequivalent von drei Zellen, die ihre Spuren in drei grossen ovalen Kernen hinterlassen haben. Man findet diese Kerne am distalen Ende des Polsterstieles, also an jener Stelle, wo die grossen Gefässtämme erster Ordnung der Scheibe sich in die Höhlung des Nephridienstieles öffnen. Sie ruhen in wohl entwickelten Plasmafädenkapseln und besitzen selbst auf Dauerpräparaten ein ziemlich homogenes Aussehen. Das Chromatingerüst ist sehr schwach ausgebildet; nur der Nucleolus tritt infolge seines starken Lichtbrechungsvermögens deutlich hervor. Die Fetttröpfchen, die in der nächsten Umgebung der Kerne in beträchtlicher Anzahl sich vorfinden, lassen sich nur an mit Osmiumsäure fixirten Präparaten zur Anschauung bringen.

Die beiden geräumigen, die konischen Stiele des Polsters axial durchbohrenden Kanäle münden nicht, wie dies Leuckart seiner Zeit angab, direkt in die Uterusglockenhöhlung ein, sondern kommuniziren mit zwei weiten Röhren, welche am oberen (vorderen) Rande der Glocke zur Rückenfläche emporziehen. Sie sind in die Substanz der Glockenwand eingebettet und besitzen keine besondere Umhüllung. In der dorsalen Medianlinie vereinigen sie sich mit einem in seinem oberen Theile keulenartig aufgetriebenen Längsrohre, das, konstant die Dorsallinie einhaltend, gleichfalls in der Wand der Tuba herabzieht (s. Tafel 7, Fig. 13 Cd) und sich ohne alle Schwierigkeit bis in die Nähe der im Glockengrunde befindlichen Divertikel (s. Tafel 7, Fig. 13 lgd) verfolgen lässt. Schon A. Andres hat diese der Glockenwand eingebetteten Röhren gesehen und ihren Verlauf im Wesentlichen richtig beschrieben. Dagegen irrt Andres, wenn er behauptet, dass der mediane Kanal zwischen der dorsalen Glockenwand und den darin enthaltenen grossen Zellen blind endige. Es lässt sich vielmehr an einem günstig geführten Längsschnitte leicht nachweisen, dass das Rückengefäss (s. Tafel 7, Fig. 13 Cd) die Wand der Glocke an jener Stelle, wo selbige infolge des Auftretens der vier grossen Ligamentzellen eine Aufwulstung (s. Tafel 7, Fig. 13 T*) erfährt, verlässt, sodann sich zwischen den beiden grossen, dorsalen Zellen (s. Tafel 7, Fig. 13 lgd, lgd*) hindurchdrängt (s. Tafel 7, Fig. 13 Cd*) und unterhalb derselben in den unpaaren Abschnitt der Oviducte einmündet.

Der röhrige Bau der Ausleitungswege, die zahlreiche mit stetig undulirenden Wimperflammen ausgestatteten Endröhrchen und die eigenthümliche Lage der Polster lassen kaum einen Zweifel aufkommen, dass wir es in diesem sonderbaren Apparate mit einem Paare ächter Exkretionsorgane, sogenannter Nephridien, zu thun haben, die nach Art der Segmentalorgane der oligochäten Borstenwürmer die infolge der Lebensthätigkeit entstandenen harnähnlichen Substanzen aus der Leibeshöhle nach aussen zu befördern bestimmt sind. Die Uterusglocke, welche beim Riesenkratzer ausschliesslich zur Eileitung Verwendung findet, müsste unter solchen Umständen wohl den Oviducten der oligochäten Borstenwürmer homologisirt werden. Berücksichtigen wir ferner die schon seit langer Zeit für eine

[1] Vergleiche übrigens meine Abhandlung über: Die Nephridien der Acanthocephalen. Centralblatt für Bakteriologie und Parasitenkunde, 11. Bd. No. 2, 16. Januar 1892, pg. 44—49.

grosse Reihe von Würmern bewiesene Thatsache, dass das Exkretionsorgansystem und die Ausleitungswege der Geschlechtsprodukte, da sie beide die Funktion haben, Stoffe aus dem Leibesinneren nach
aussen zu schaffen, sich vertreten können, so wird es nicht schwer fallen, auch für die exceptionelle
Stellung der kleineren Spezies eine genügende Erklärung zu finden. Infolge des Loslösens des vorderen
Glockenrandes vom Ligamentschlauche und der hierdurch bedingten Bildung einer freien, abdominalen
Oeffnung der weiblichen Leitungswege hat der Unterschied zwischen Leibeshöhle und Ovarialschlauch
gänzlich aufgehört. Bei *Echinorhynchus angustatus, Echinorhynchus haeruca, Echinorhynchus trichocephalus,*
Echinorhynchus globocaudatus, Echinorhynchus strumosus, Echinorhynchus porrigens, sowie bei der Mehrzahl
der kleineren Spezies können die Exkretionsorgane, ohne dass irgendwelche schädliche Rückwirkungen
auf die übrigen Organsysteme zu befürchten wären, vollständig fehlen, weil hier die Eikeime in der
nämlichen Flüssigkeit schwimmen, welche auch die Exkretstoffe in gelöstem Zustande enthalten. Wie
bei den polychäten Borstenwürmern zur Zeit der Geschlechtsreife die Segmentalorgane ausser der
Exkretentleerung die Ausleitung der Geschlechtsprodukte übernehmen, so kann hier umgekehrt die
Uterusglocke neben den Embryonen auch Exkretstoffe nach aussen befördern.

Mit ganz anderen Verhältnissen müssen wir bei *Echinorhynchus gigas* rechnen. Die Kommunikation des Glockenhohlraumes mit der Leibeshöhle ist hier infolge der eigenartigen Verbindung der
Ligamentschläuche mit den beiden Glockenöffnungen vollkommen abgeschnitten. Es müssten demnach die in
der Blutflüssigkeit der Leibeshöhle enthaltenen Exkretstoffe zuvörderst durch die dicke Wand der Ligamentsäcke diffundiren, also einen Umweg einschlagen, der in Anbetracht der gewaltigen Länge des Riesenkratzerweibchens sicherlich Störungen der Organernährung zur Folge haben würde, wenn nicht durch
die Existenz besonderer Exkretionsorgane, Nephridien, für eine direkte Ausleitung der harnartigen
Substanzen aus der Leibeshöhle gesorgt wäre.

Nach diesen Abschweifungen wollen wir wiederum zur Beschreibung des anatomischen Baues
der Uterusglocke, des eigenthümlichsten Organes des ganzen Acanthocephalenkörpers zurückkehren.

Schon bei oberflächlicher Betrachtung mit schwacher Vergrösserung lassen sich an diesem, wohl
am meisten den Infundibulum der fallopischen Röhren der höheren Wirbelthiere ähnelnden Organe drei
Abschnitte unterscheiden: erstens ein annähernd glockenartiges, aus Ringmuskelfibrillen gebildetes
Stück, die eigentliche Glocke; zweitens ein schmaler, meist schräg abgeschnittener Muskelring, der den
Hals der Glocke sphinkterartig umfasst und an der Ventralfläche gewöhnlich zwei ansehnliche Taschen
bildet; und drittens die beiden von eigenthümlichen spongiös strukturirten Muskelzellwülsten umgebenen
Ovidukte.

Wenden wir zunächst unsere Aufmerksamkeit dem Baue des vordersten Segmentes, der eigentlichen Uterusglocke zu.

Die äussere Form der Uterusglocke des *Echinorhynchus angustatus* und *Echinorhynchus haeruca*
lässt sich wohl am besten mit der einer schlanken, in dorsoventraler Richtung etwas gekrümmten Vase
(s. Tafel 7, Fig. 15, 16 *Echinorhynchus angustatus* und Fig. 11, 12 *Echinorhynchus haeruca* vergleichen.
Ihre Länge beträgt vom vorderen Glockenrande aus bis zum Anfange der beiden Ovidukte gemessen
für *Echinorhynchus haeruca* 500—530 μ, für *Echinorhynchus angustatus* aber nur 420—440 μ, während
ihre Breite für ersteren im Durchschnitte auf 170—190 μ, für letzteren aber nur auf circa 105—105 μ
veranschlagt werden kann. Die Tuben der den beiden eben angeführten Spezies hinsichtlich des Baues

ihrer weiblichen Ausleitungswege wohl am nächsten verwandten drei Arten: *Echinorhynchus trichocephalus*, *Echinorhynchus strumosus* und *Echinorhynchus porrigens*, tragen einen mehr gedrungenen Bau zur Schau. Sie gleichen schlanken, je nach dem Kontraktionszustande der Muskelwandung geraden oder wenig gekrümmten Bechern, dere obere (vordere) Ränder schräg abgeschnitten sind, und zwar der Art, dass man bei *Echinorhynchus trichocephalus* (s. Tafel 8, Fig. 23) bei Betrachtung der Tuba von der ventralen Fläche aus, bei *Echinorhynchus strumosus* (s. Tafel 8, Fig. 2) und *Echinorhynchus porrigens* (s. Tafel 8, Fig. 37) aber von der Rückenfläche aus in die Glockenhöhle hineinblicken kann.

Die bei allen diesen fünf Spezies ziemlich dicke und durchaus muskulöse Wand der Uterusglocke ist in ganzer Länge kräftiger, von vorn nach hinten fortschreitender Bewegungen fähig, vermöge deren ihre weite nach vorn gekehrte Oeffnung den losen Inhalt der Leibeshöhle aufzuschlucken und den Oviduktin, beziehentlich der den letzteren gegenüber gestellten hinteren, ventralen Glockenöffnung zuzuführen vermag. Man kann sie sich aus zwei halbcylinderartig eingebogenen und mit den Rändern auf das innigste verwachsenen Muskelplatten, deren Suturen schon in der frühesten Jugend verloren gegangen sind, entstanden denken. Im Grossen und Ganzen gleicht der feinere Bau der Glockenwand dem der beiden Rüsselscheiden. Die äussere Umhüllung bildet eine dicke, sonst aber völlig strukturlose und in ihrem Aussehen mit dem hyalinen Sarkolemma der Muskelfaser vollkommen übereinstimmende Membran, die nach innen zahlreiche lamellöse Septen entsendet (s. Tafel 7, Fig. 5 Ts). Unter ihr breitet sich eine dicke Ringfaserlage aus, deren dünne Fibrillen zu vielfach verzweigten und mit einander anastomosirenden Cylindern oder Prismen vereinigt sind (s. Tafel 7, Fig. 5 Trm; Fig. 6 Trm). Auf diese muskulöse Schicht folgt das Mark, eine fein granulirte, von einem wohl entwickelten Balkenwerke durchzogene Plasmamasse, welche innen wiederum von einer dünnen Sarkolemmahaut begrenzt ist und zahlreiche papillöse Erhebungen zeigt (s. Tafel 7, Fig. 5 Tm; Fig. 6 Tm).

Im hinteren Drittheile schwillt die Dorsalwand der Glocke mächtig an und bildet einen fast bis zur Mitte der Höhlung vorspringenden Längswulst (*Echinorhynchus angustatus*: s. Tafel 7, Fig 15 Tm', Fig.16; Fig. 6 Tm'; Tafel 8, Fig. 25 Tm'. *Echinorhynchus haeruca*: Tafel 7, Fig. 11 Tne, Fig. 12 Tf; Tafel 1, Fig. 9 Tm', Fig. 2 Tm. *Echinorhynchus porrigens*: Tafel 8, Fig. 37. *Echinorhynchus strumosus*: Tafel 8, Fig. 2. *Echinorhynchus trichocephalus*: Tafel 8, Fig. 23), der sich über den hinteren Rand der Glocke in Form eines konisch zugespitzten Zapfens fortsetzt und entweder zwischen die Muskelzellen der Schlundgänge sich einsenkt (*Echinorhynchus angustatus*: Tafel 7, Fig. 15 Tm¹, Fig. 16; Tafel 8, Fig. 32 Tm¹. *Echinorhynchus haeruca*: Tafel 7, Fig. 11, Fig. 12; Tafel 1, Fig. 3 T. *Echinorhynchus porrigens*: Tafel 8, Fig. 37), oder oberflächlich auf *Echinorhynchus strumosus*: Tafel 8, Fig. 4 Tm, Fig. 5 Tm) oder zwischen (*Echinorhynchus trichocephalus*: Tafel 8, Fig. 11 T, Fig. 12 T) den medianen Kanten der Taschenmuskeln herabläuft. In dieser, der Hauptmasse nach aus feinkörniger Marksubstanz gebildeten wulstartigen Erhebung liegen dicht neben oder in schräger Richtung hintereinander die beiden Zellplatten zugehörenden Nuclei (s. Tafel 7, Fig. 15 Tm', Fig. 6 Tm'. — Tafel 7, Fig. 11 Tnc; Tafel 1, Fig. 2 Tm. — Tafel 8, Fig. 37. — Tafel 8, Fig. 2; Fig. 5 Tm. — Tafel 8, Fig. 11 T). Selbige besitzen eine länglich ovale Form und ruhen in zwei aussergewöhnlich kräftig entwickelten Protoplasmafadenkapseln. Säfftigen gibt an, ausser den zirkulären Fasern noch longitudinale und schräge Muskelfibrillen die Markschicht der Glocke durchziehen gesehen zu haben. Dass die betreffenden Fäden in der That existiren, kann man wohl kaum bezweifeln. Dagegen wüsste ich nicht ein einziges Merkmal anzuführen, das für eine etwaige musklöse Natur dieser Bildungen sprechen könnte. Im Gegentheile fand ich, dass diese Fäden in ihrem Aussehen und ihrem Verhalten gegen farbige Reagentien den benachbarten Protoplasmafäden vollkommen gleichen und auch ohne merkliche Grenzen in letztere übergehen.

Von der prominirenden Kante des Längswulstes zieht bei *Echinorhynchus angustatus*, *Echinorhynchus haeruca* und *Echinorhynchus porrigens* genau in der Medianebene ein dickes Muskelblatt zur gegenüberliegenden Glockenwand, um sich an deren Sarkolemmaauskleidung zu befestigen (s. Tafel 7, Fig. 16 lgv; Fig. 12 lgv. Tafel 8, Fig. 37). Es theilt das untere Drittheil des Glockenhohlraumes in zwei gleichweite Kanäle, die so gestellt sind, dass ihre Achsen die direkte Verlängerung der beiden Oviduktröhren bilden. Bei *Echinorhynchus angustatus* besteht diese Scheidewand aus zwei mit ihren breiten Flächen verwachsenen, annähernd prismatischen Platten von quadratischen oder triangulären Querschnitten (s. Tafel 7, Fig. 6 lgv; Tafel 8, Fig. 25 lgv; Fig. 32 lgv), deren jede einen grossen Kern besitzt und hierdurch sich als das Aequivalent einer Zelle ausweist. Sie endigen dicht oberhalb der grossen Schlundzellen; sie betheiligen sich demnach nicht an der Bildung der Oviduktwandung (s. Tafel 7, Fig. 16 lgv). Bei *Echinorhynchus haeruca* sind beide Platten kräftiger ausgebildet (s. Tafel 1, Fig. 13 lgv) und in ihrer unteren Hälfte mit weit vorspringenden Randwülsten versehen, wodurch ihr Querschnitt eine T-förmige Gestalt annimmt (s. Tafel 1, Fig. 9 lgv). Die wulstartigen Randerhebungen endigen an der oberen Lippe des ventralen Glockenmundes, so dass also der Endabschnitt der medianen Platten, der sich bis an das hintere Ende des Taschenmuskels verfolgen lässt und hier die mediane Wand der Ovidukte abgiebt (s. Tafel 7, Fig. 11 lgv; Tafel 1, Fig. 3 lgv, Fig. 4 lgv, Fig. 5 lgv), wiederum seine ursprüngliche, prismatische Form gewinnt (s. Tafel 1, Fig. 2 lgv). Auch diese beiden Platten enthalten je einen grossen Kern, der gewöhnlich in dem vorderen zapfenartig ausgezogenen und mit der Ventralfläche der Uterusglockenwand fest verbundenen Ende aufgefunden wird (s. Tafel 7, Fig. 11 lgv; Tafel 1, Fig. 13 lgv). An diesen Medianplatten sind ferner zwei lange, halbcylinderförmige Plasmazapfen befestigt, die das Lumen der Kanäle auf zwei enge Spalten von sichelartigem Querschnitte reduziren. Bei *Echinorhynchus haeruca* laufen selbige von dem unteren Rande der Glocke aus konstant die Achse der Tuba einhaltend nach vorn und endigen ungefähr in der Mitte der Glocke mit einer halbkugelförmigen Abrundung (s. Tafel 7, Fig. 11 lgd). Da nun aber die vorderen Enden der beiden medianen Platten schräg abgeschnitten sind, so kommen hier die Seitenstränge direkt aufeinander zu liegen. In Gemeinschaft mit den beiden zapfenartigen und mit der Glockenwand verwachsenen Endstücken der Medianplatten bilden sie einen prismatischen Körper von fast rechteckigem Querschnitte (s. Tafel 1, Fig. 13 lgd). Bei *Echinorhynchus angustatus* aber haben die halbcylindrisch geformten Seitenwülste (s. Tafel 7, Fig. 6 lgd) einen S-förmigen Verlauf (s. Tafel 7, Fig. 15 lgd). Sie überragen vorn die mediane Wand um fast die Hälfte ihrer ganzen Länge (s. Tafel 7, Fig. 16 lgd), ohne dass jedoch die freien Enden mit einander verwächsen (s. Tafel 7, Fig. 5 lgd).

Das hintere Ende der seitlichen Glockenwülste liegt bei beiden Spezies ungefähr in der Höhe des vorderen Randes der Taschenhöhlung (s. Tafel 7, Fig. 11 lgd, Fig. 15 lgd). Hinsichtlich ihres feineren Baues zeigen diese beiden Plattenpaare eine unverkennbare Aehnlichkeit mit denjenigen Muskelzellwülsten, welche die dicken Wandungen der Ovidukte bilden. Sie bestehen aus einer feinkörnigen, von zahlreichen Strängen und Fäden durchzogenen, hellen Protoplasmamasse, auf deren Oberfläche sich vereinzelte, dünne Muskelfibrillen nachweisen lassen. Die äussere Sarkolemmaumhüllung ist sehr dünn und nur auf Querschnitten als dunkelgefärbte Linie zu erkennen.

Die letzterwähnten seitlichen Plasmacylinder dienen zur Befestigung des Ligamentum suspensorium. Dieses letztere tritt in Form eines vielfach gefalteten, sehr engen Schlauches zur vorderen Glockenöffnung ein und zieht sodann, ohne die Wandung selbst zu berühren, bis zur Mitte der Glocke herab (s. Tafel 7, Fig. 11 L, Fig. 12 L, Fig. 15 L). Hier spaltet es sich in zwei Halbkanäle, die nun die beiden soliden Plasmazapfen in sich aufnehmen und sie mit einer bis zur Mitte der medianen Scheidewand reichenden Hülle versehen (s. Tafel 7, Fig. 5 L, Fig. 6 L [*]). Es ist demnach nicht vollkommen richtig, wenn Saefftigen behauptet, der Glockenhohlraum könne mit dem Ligamente nicht kommuniziren, weil der Ligamentstrang in seinem grössten Theile solid sei.

Diese Betrachtungen führen uns zu der Frage, ob zwischen dem Ligamentraume und der Glockenhöhlung ein direkter Zusammenhang existirt. Greeff hat diese Frage entschieden verneint, indem er nachwies, dass bei *Echinorhynchus polymorphus* der in die Uterusglocke eintretende Zipfel des Ligamentes vollkommen solid ist. Leuckart hingegen hält es selbst bei *Echinorhynchus angustatus* für möglich, dass die Eier auch durch Vermittlung des Ligamentum suspensorium, das er als hohles Rohr eintreten sah, in die Uterusglocke gelangen können.

Wenngleich ich auch fest überzeugt bin, dass bei einer ganzen Reihe von Spezies — ich führe hier nur *Echinorhynchus claraeceps*, *Echinorhynchus gigas* und *Echinorhynchus moniliformis* an — der Ligamentraum mit der Glockenhöhlung direkt kommunizirt, so muss ich doch gerade für *Echinorhynchus angustatus*, *Echinorhynchus haeruca*, *Echinorhynchus porrigens*, *Echinorhynchus strumosus* und *Echinorhynchus trichocephalus* die Möglichkeit einer derartigen direkten Ueberleitung mit aller Entschiedenheit in Abrede stellen, da hier das untere Ende des Ligamentes infolge der Einfügung der beiden massiven Plasmazapfen für jeden festen Körper unwegsam geworden ist.

Die Form der die mediane Glockenscheidewand bildenden beiden Zellenpaare ist bei *Echinorhynchus porrigens* (s. Tafel 8, Fig. 37) im Grossen und Ganzen die gleiche, wie bei *Echinorhynchus angustatus*, während *Echinorhynchus strumosus* (s. Tafel 8, Fig. 2) in dieser Hinsicht Verhältnisse aufweist, die eher an *Echinorhynchus haeruca* erinnern. Nur im Grunde der Glocke ist die Anordnung der betreffenden Bildungen eine etwas andere. Legen wir einen Schnitt durch diese Gegend, so tritt uns die mediane Scheidewand in Form eines Rechteckes, das wiederum aus vier fast gleich grossen Rechtecken sich zusammensetzt, entgegen [1]). Die Glockenhöhle beschränkt sich auf zwei ziemlich schmale laterale Gänge. Die dorsalen Zellen verschmelzen mit einander und bilden einen Zapfen (s. Tafel 8, Fig. 4 lgv), dessen seitliche Flächen den Taschenmuskelzellen zur Insertion dienen. Das ventrale Zellenpaar behält seine ursprüngliche prismatische Form bis zu seinem hinteren Ende bei. Die beiden zugehörigen Kerne findet man ungefähr in der Mitte des ventralen Glockenmundes (s. Tafel 8, Fig. 4 gv, Fig. 5 gv). Ferner muss ich noch hervorheben, dass vom Ligamentum suspensorium des *Echinorhynchus strumosus* dicht oberhalb des vorderen Glockenrandes ein dünnes Band sich ablöst, das in der ventralen Medianlinie der Innenwand der Uterusglocke sich anheftet (s. Tafel 8, Fig. 2).

---

[1]) Denken wir uns, dass die vier prismatischen Zellen der Scheidewand auf Kosten ihrer Länge an Umfang zunehmen, so gewinnt der Tubengrund ganz das nämliche Aussehen, wie die gleiche Partie der Riesenkratzerglocke.

Eigenartig ist die Form der Glockenscheidewand beim *Echinorhynchus trichocephalus*. Das mediane Zellenpaar beginnt eine kurze Strecke vor dem oberen Rande des Taschenmuskels, und zwar in Form zweier schmaler Platten, die sich in der ventralen Medianlinie an der Glockenwand anheften. Verfolgen wir sie auf lückenlosen Schnittserien weiter abwärts, so sehen wir sie sich zunächst von der Bauchwand der Tuba ablösen, dann in schräger Richtung die Glockenhöhle durchsetzen und schliesslich mit der dorsalen Fläche der Glockenwand in Verbindung treten. An dieser Stelle zeigen beide Medianbänder grosse, ovoide Anschwellungen, in deren Zentrum je ein sphäroider Kern ruht (s. Tafel 8, Fig. 11 lgv). Das Endstück dieser medianen Scheidewandzellen zieht sich in einen dünnen Strang aus, der sich bis zur Mitte der Oviduktzellen verfolgen lässt (s. Tafel 8, Fig. 12 lgv, Fig. 16 lgv, Fig. 17 lgv). Die beiden anderen Scheidewandzellen besitzen eine sehr flache Bandform. Sie reichen mit ihren vorderen Enden bis zur Mitte der Glocke, wo sie sich an deren innerem Sarkolemmabelage anheften. In ihrem weiteren Verlaufe schmiegen sie sich den lateralen Wänden der medianen Zellen eng an (s. Tafel 8, Fig. 11 lgd). Unmittelbar unter jener Stelle, wo wir in dem medianen Zellenpaare die Kerne vorfanden, schwellen auch die lateralen Glockenstränge zu zwei mächtigen Kernbeuteln (s. Taf. 8, Fig. 12 lgd, Fig. 16 gv, Fig. 17 gv) an, deren hintere Ränder bis zu den Lippenzellen herabreichen. Weiter abwärts nehmen die lateralen Zellen wiederum eine breite, dünne Bandform an (s. Tafel 8, Fig. 16, Fig. 17 lgd), und verbinden nun die grossen Kernbeutel der lateralen Scheidewandzellen mit den Taschenmuskelzellen.

Die Uterusglocke des *Echinorhynchus gigas* stellt einen mächtigen Ringfaserschlauch von annähernd glockenähnlicher Gestalt vor, dessen vorderer Rand in seinem ganzen Umkreise mit der Wand des dorsalen Ligamentschlauches verwachsen ist. Die Uterusglocke bildet also gewissermaassen die direkte Fortsetzung der Ligamentwandung und müsste wohl ohne Kenntniss der Entwickelungsgeschichte als ein differenzirter Theil der letzteren betrachtet werden. Sie erreicht beim völlig ausgewachsenen Riesenkratzerweibchen eine Länge von 3—3,2 mm bei einem Durchmesser von circa 1 mm. Ihre äussere Form ist entsprechend dem Kontraktionszustande der sie bildenden Ringmuskulatur sehr beträchtlicher Veränderungen fähig. Obgleich nun auch Glocke und Ligament ein kontinuirliches Ganzes bilden, so lassen sich doch beiderlei Gebilde scharf von einander abgrenzen, weil nämlich in den oberen aufgewulsteten Glockenrändern die beiden Röhren entlang ziehen, die mit den in die Leibeshöhle frei hineinragenden flockigen Aufsaugscheiben des Exkretionsapparates, den Nephridien, in Verbindung stehen und oben als deren Ausführungsgänge bezeichnet wurden.

In histologischer Hinsicht gleicht die Uterusglocke des Riesenkratzers (s. Tafel 7, Fig. 13 T) trotz ihrer enormen Grösse doch vollkommen der Tuba der beiden kleineren Spezies. Wie letztere, so ist auch sie das Aequivalent zweier Zellen, die ihre Spuren in zwei grossen, ovalen Kernen hinterlassen haben. Es sind dies die grössten Kerne des ganzen Leitungsapparates. Merkwürdigerweise findet man sie nicht wie bei *Echinorhynchus angustatus* oder *Echinorhynchus haeruca* in der Rückenfläche, sondern in der Mitte der beiden Seitentheile. Sie ruhen in zwei mächtigen, weit in die Glockenhöhle einspringenden Markanschwellungen, die in jeder Hinsicht mit den gleichnamigen Bildungen an den Muskelfasern der Leibeswand übereinstimmen.

Der hintere Rand der Uterusglocke ist an der Bauchseite tief bogenförmig ausgeschnitten und mit den oberen stark aufgewulsteten Lippen der ventralen Ligamentschlauchöffnung verwachsen

(s. Tafel 1, Fig. 10 Lv, Fig. 11 Lv, Fig. 12 Lv, Fig. 17 Lv). Der breite, fast ein Drittheil des Gesammtumfanges einnehmende Spalt, den der Glockenrand mit der unteren am Uterus befestigten Lippe des ventralen Ligamentschlauches bildet, repräsentirt den hinteren Glockenmund. Seitlich von dieser Oeffnung zeigt die Glocke zwei weitere, halbmondförmige, aber wesentlich kleinere Ausschnitte, vermöge deren ihr Hohlraum mit dem der beiden grossen seitlichen Glockentaschen kommunizirt (s. Tafel 7, Fig. 13 Btm). Die Rückenfläche der Uterusglocke läuft in einen ansehnlichen, zungenförmigen Zapfen aus, der bis zum Uterus herabreicht und an dessen oberem abgerundeten Ende sich befestigt (s. Tafel 7, Fig. 13 T*; Tafel 1, Fig. 10 T*). Mit der Innenfläche dieses in seinem feineren Baue vollkommen mit der Glockenwand übereinstimmenden Zapfens ist ein mächtiger Wulstkörper von fast kugeliger Gestalt verwachsen, der zweifelsohne als das Homologon der beiden, die Scheidewand bildenden Zellenpaare bei *Echinorhynchus strumosus* betrachtet werden muss (s. Tafel 7, Fig. 13 lgv, lgd, lgd*). Er besteht aus vier grossen zu Paaren neben und hinter einander liegenden Zellen von eigenartigem Aussehen (s. Tafel 1, Fig. 12 lgv, lgd; Fig. 11 lgv, lgd). Ihre äussere Hülle bildet eine ziemlich dicke und anscheinend sehr resistente Sarkolemmamembran. Unter ihr findet man vereinzelte dünne Muskelfibrillen. Das Protoplasmabalkenflechtwerk des Markes beschränkt sich nicht wie gewöhnlich auf die nächste Umgebung der Kerne, sondern ist hier ziemlich gleichmässig über die ganze Masse vertheilt. In einem jeden dieser vier Wulstkörper findet man einen grossen Kern, der einen stark gefärbten, ovalen Nucleolus und ein nur schwach entwickeltes Chromatingerüst in sich einschliesst. Zwischen den beiden Dorsalwülsten, deren Rückenflächen in ganzer Ausdehnung mit dem Glockenzapfen verwachsen sind (s. Tafel 1, Fig. 12 lgd; Fig. 11 lgd; Tafel 7, Fig. 13 lgd*), läuft ein besonderer Wandung entbehrender Kanal herab, der die direkte Fortsetzung des grossen Exkretionsgefässes bildet (s. Tafel 7, Fig. 13 Cd, Cd*; Tafel 1, Fig. 12 Cd, Fig. 11 Cd). Auf der Bauchfläche legen sich an den Wulstkörper die spitzen Ausläufer zweier birnenförmiger Zellen an, die mit ihrem unteren kolbenartig angeschwollenen Ende theilweise in den ventralen Glockenmund hineinragen (s. Tafel 1, Fig. 11 gv, Fig. 10 gv). Selbige gehören aber, wie wir sehen werden, den Ovidukten an und entsprechen den sogenannten Lippenzellen der kleineren Arten.

Von dem oberen Rande der breiten medianen Verwachsungsfläche aus gehen zwei unpaare Plasmastreifen in diagonaler Richtung durch den Glockenraum hindurch und befestigen sich dicht oberhalb des vorderen Glockenrandes an der Ventralfläche des dorsalen Ligamentschlauches (s. Tafel 1, Fig. 12 λ; Tafel 7, Fig. 13 Lst. Sie bestehen aus einer grobkörnigen protoplasmatischen Substanz, die selbst während des Lebens infolge ihrer bräunlichen Färbung leicht von den übrigen Organtheilen sich unterscheiden lässt. Ein jeder dieser Medianstränge besitzt einen Kern und ist demnach einer Zelle gleichwerthig.

Die Uterusglocke des *Echinorhynchus moniliformis* stimmt hinsichtlich ihre Form und ihres feineren Baues vollkommen mit der des Riesenkratzers überein. Auch sie bildet ein dickwandiges Rohr von annähernd flaschenförmiger Gestalt, dessen vorderer Rand in ganzer Ausdehnung mit dem dorsalen Ligamentschlauche verwachsen ist. Die beiden zugehörigen Kerne liegen, wie bei den kleineren Spezies, in der Rückenfläche der Glockenwand, und zwar fast in gleicher Höhe mit den Kernen der Wulstzellen (s. Tafel 8, Fig. 24 T). Soweit der hintere Rand der Tuba an der Begrenzung des ventralen Glockenmundes Theil nimmt, ist er mit den stark aufgewulsteten, musculösen Lippen des ventralen Ligamentschlauches auf das innigste verwachsen (s. Tafel 8, Fig. 24 Lv, Fig. 27 Lv, Fig. 28 Lv, Fig. 29 Lv). Die das Lumen des Glockengrundes auf zwei schmale laterale Gänge reduzirenden, grossem zelligen Wülste sind auch beim *Echinorhynchus moniliformis* in der Vierzahl vorhanden (s. Tafel 8, Fig. 24 lgv, lgd, lgd; Fig. 29 lgv, lgd). Sie bilden in ihrer Gesammtheit einen Körper von ovoider Gestalt, dessen abgeflachte Basis auf den Zellen der Ovidukte ruht. Zwischen die beiden, ventralen Zellenwülste (Tafel 8, Fig. 29 lgv, Fig. 27 lgv) schieben sich von unten aus zwei ursprünglich den Schlundgängen angehörende Zellenplatten (s. Tafel 8, Fig. 29 gv, Fig. 27 gv) ein, die wir auch schon bei *Echinorhynchus gigas* kennen lernten. Das Gewebe der Wulstzellen trägt, wie die gleichnamige Bildung des Riesenkratzers, eine eigenthümliche spongiöse Struktur zur Schau. Es bildet ein dichtes, vacuolenreiches Protoplasmanetz, welches nur an der Peripherie sich zu feinen Muskelfibrillen differenzirt hat, und ähnelt in dieser Hinsicht jener Muskelmasse, die nach Säfftigen die Eileiter des *Echinorhynchus proteus* umhüllt und den voluminösesten Theil der Schlundgänge ausmacht.

Das halsartig eingeschnürte hintere Ende der Uterusglocke wird bei *Echinorhynchus angustatus*, *Echinorhynchus haeruca* und *Echinorhynchus porrigens* (s. Tafel 8, Fig. 37) sphinkterartig von einem zweiten, hinsichtlich der kontraktilen Elemente weit kräftiger ausgebildeten Muskelrohre, das bei allen drei Spezies eine Breite von ungefähr 80—85 µ erreicht, umhüllt. Seine äussere Gestalt gleicht der eines schräg abgeschnittenen Hohlcylinders, der, wie dies das Vorhandensein zweier lateral gelegener Kerne bezeugt, aus der medianen Verschmelzung zweier grosser Muskelplatten hervorgegangen ist (s. Tafel 7, Fig. 15 Btm, Fig. 16 Btm; Fig. 11 Btm, Fig. 12 Btm). Die innere und äussere Wand bestehen je aus einer dicken Lage vielfach verzweigter und unter einander anastomosirender Ringfibrillenbündel (s. Tafel 8, Fig. 25 Btrm; Tafel 1, Fig. 2 Btm). Merkwürdigerweise verlaufen selbige nicht genau in der Querebene, sondern kreuzen letztere unter einem Winkel von fast 30°. Die den zwischen beiden Faserlagen befindlichen Hohlraum ausfüllende Marksubstanz gleicht in ihrem feineren Baue vollkommen der Markschicht der Glockenmuskulatur und enthält auch die beiden kugelrunden, von einer wohl entwickelten Plasmafädenkapsel umhüllten Kerne.

An der Bauchfläche bildet dieser sphinkterartige Muskelring zwei ansehnliche Aussackungen, die von der ventralen Medianlinie bis zu den Seitenlinien der Glocke herumreichen, demnach den beiden trichterförmigen Mündungen der Oviduktröhren genau gegenüber gestellt sind (s. Tafel 8, Fig. 37; Tafel 7, Fig. 15 Btm, Fig. 12 Btm; Tafel 8, Fig. 25 Btrm). Diese nach unten sich öffnenden Glockentaschen repräsentiren keineswegs, wie man dies in früherer Zeit anzunehmen pflegte, Eibehälter, sondern bilden in Gemeinschaft mit dem sphinkterartigen Muskelringe den eigentlichen Sortirapparat der Eier. Bevor wir jedoch auf diese physiologischen Verhältnisse näher eingehen können, müssen wir noch den Bau der beiden Ovidukte kennen lernen.

Auch *Echinorhynchus strumosus* und *Echinorhynchus trichocephalus* besitzen einen mit zwei ventralen Aussackungen versehenen Taschenmuskel (s. Tafel 8, Fig. 2; Fig. 23), der jedoch nicht mehr einen kontinuirlichen Ring vorstellt und durch dieses Verhalten gewissermassen die Uebergangsform zu den Glockentaschen des Riesenkratzers bildet. Die Form der Taschen und ihre Stellung zu den beiden Oviduktrichtern ist zwar dieselbe geblieben wie z. B. bei *Echinorhynchus angustatus*. Dagegen finden wir, dass die dorsalen Ränder der beiden Taschenmuskelzellenplatten in der Medianebene nicht mehr zusammenstossen. Bei *Echinorhynchus strumosus* werden sie durch das mediane Zellenpaar der Glockenscheidewand verbunden (s. Tafel 8, Fig. 4 Btm) und ausserdem in der mittleren Partie von dem breiten zungenförmig gestalteten Fortsatz der Glockenwand (s. Tafel 8, Fig. 4 Tm) bedeckt. Bei *Echinorhynchus tricuocephalus* ist der mediane Spaltraum viel breiter geworden, wie bei *Echinorhynchus strumosus*, so dass hier die Taschenmuskeln (s. Taf. 8, Fig. 11 Btm, Fig. 12 Btm) eigentlich nur noch der Bauchfläche und den Seitentheilen der Glocke aufliegen. Das mangelnde Schlussstück liefert der nach hinten konisch sich einengende mediane Glockenzapfen (s. Tafel 8, Fig 11 T; Fig. 12 T).

Als Homologon des mächtigen Muskelringes der kleineren Spezies finden wir bei *Echinorhynchus gigas* und ebenfalls bei dem *Echinorhynchus moniliformis* die beiden lateralen Glockentaschen. Die ventralen und dorsalen Verbindungsstücke fehlen vollständig; dafür erreichen aber die Glockentaschen eine ganz enorme Grösse. Sie bilden zwei mächtige Halbkugeln, die mit ihrer weiten Oeffnung der Glocke aufsitzen und beim geschlechtsreifen Weibchen des Riesenkratzers eine Länge von 700—800 μ erreichen können. Eine jede dieser Taschen besteht nur aus einer einzigen becherförmig zusammengebogenen Muskelzellenplatte, deren oberer, sehr breiter Rand so innig der Uterusglockenwand aufgewachsen ist, dass späterhin die Grenze nicht mehr aufgefunden werden kann (s. Tafel 7, Fig. 13 Btm; Tafel 8, Fig. 24 Btm; Fig. 29 T). Der untere Rand der Taschenwandung aber befestigt sich zwischen den lateral gelegenen Oviduktzellen und dem oberen Ende des Uterus (*Echinorhynchus gigas* s. Tafel 7, Fig. 13 Btm), bezichentlich an den unteren Flächen der Oviduktzellen und des dorsalen Paares der Zellenwülste (*Echinorhynchus moniliformis* s. Tafel 8, Fig. 27 T, Fig. 28 ov). In ihrem feineren Baue ähneln die Taschen mehr der Uterusglocke als dem sphinkterartigen Muskelringe der kleineren Arten. Unter der derben äusseren Sarkolemmahülle breitet sich eine wohl entwickelte Ringfaserschicht aus, welche zumal in der unteren Partie fast ein Drittheil der Dicke der gesammten Taschenwand erreicht (s. Tafel 8, Fig. 24 Btm, Fig. 27 T, Fig. 28, Fig. 29 T). Auf selbige folgt die von zahlreichen Septen der äusseren Sarkolemmahaut durchsetzte und innen wiederum von einer nur weit dünneren Sarkolemmamembran begrenzte Markschicht, in der man denn auch die beiden unverhältnissmässig kleinen Kerne findet. Das Protoplasmabalkenwerk ist auch hier in grossen Mengen vorhanden und erreicht besonders in der unmittelbaren Nähe der Kerne eine kräftige Ausbildung. Bei der Eisortirung tritt nur der untere der rundlichen Oberfläche der Oviduktzellwülste parallel verlaufende Theil der Taschenwand in Aktion. Die oberen frei in die Leibeshöhle ragenden sack- oder ohrenähnlichen Partien funktioniren nur noch als Eibehälter.

Auch bei *Echinorhynchus angustatus*, *Echinorhynchus haeruca* und *Echinorhynchus porrigens* ist der vordere Rand des schräg abgeschnittenen Ringmuskels mit der Glockenwand auf das innigste verbunden und nur in Folge seiner dunkleren Färbung und des Vorhandenseins reichlicher Mengen kontraktiler Substanz von letzterer deutlich zu unterscheiden. Sein hinterer Rand ist nur in zwei Drittheilen seines Umfanges mit den Ovidukten verwachsen. Das ventrale, mit den beiden taschenförmigen Aussackungen versehene Drittheil ist vollkommen frei und bildet in Gemeinschaft mit den Lippen- und Seitenzellen der Ovidukte den hinteren, quergestellten, halbmondförmigen Glockenmund (s. Tafel 7, Fig. 15 Btm, Fig. 16 Btm; Fig. 11 Btm, Fig. 12 Btm; Tafel 1, Fig. 2 Btm, Fig. 3 Btm). Die Existenz einer dritten dorsalen Glockenöffnung, die nach Sälftigen[1]) bei *Echinorhynchus angustatus*

Zur Organisation der Echinorhynchen, Morphologisches Jahrbuch 1881, 10. Bd., 1. Heft, pg. 30.

Verlagsbuchhandlung
in BERLIN N.,

von Julius Springer
Monbijouplatz 3.

November 1892.

Im unterzeichneten Verlage erscheint vom Januar 1893 ab:

Zeitschrift für praktische Geologie

mit besonderer Berücksichtigung der Lagerstättenkunde.

In Verbindung mit einer Reihe namhafter Fachmänner des In- und Auslandes

herausgegeben

von

Max Krahmann.

Monatlich ein Heft von etwa 40 Seiten mit Uebersichtskarten, Profiltafeln u. s. w.

Preis des Jahrgangs von 12 Heften M. 18.—.

Die gewaltige Entwickelung der industriellen Bedürfnisse und des Verkehrs in unserer Zeit lenkt die Aufmerksamkeit der Praktiker wie der Gelehrten, des Geschäftsmannes wie des Nationalökonomen immer dringender auf das Studium der natürlichen Verhältnisse der Erdoberfläche und der äusseren Erdrinde. Die einsichtigen Regierungen fast aller Länder der alten wie der neuen Welt haben deshalb Kommissionen eingesetzt oder Institute begründet mit der Aufgabe, das betreffende Land geologisch zu durchforschen und zu kartiren, und ein äusserst reges Leben und Streben nach geologischer Erkenntniss pulsirt in allen Welttheilen, bald von wissenschaftlichem, bald von geschäftlichem Thatendrange beseelt. Selbst in den scheinbar längst genügend erforschten Kulturländern stellen die fortschreitende Bergbautechnik, die Bedürfnisse der chemischen Grossindustrie, der Bau neuer Verkehrswege, die Wasserversorgung der Städte, die Quellen- und Bädertechnik, der intensivere Ackerbau, das Meliorationswesen und die Gefahren der Hochfluthen dem Geologen immer neue, höchst praktische Aufgaben und führen auf sehr interessante wissenschaftliche Fragen, — und in den — nicht immer fernen! — kulturlosen Gebieten sind es die ersten, gleichsam noch offen zu Tage ausgehenden Erscheinungen, welche eine mächtige Anziehungskraft auf den Geologen und den Bergmann ausüben.

Und die Resultate dieses eifrigen Forschens, das gegenwärtig reger denn je ist, wo sind sie niedergelegt? Wo kann sie der Geschäftsmann, der Ingenieur und der Gelehrte finden? Wer leitet den Suchenden und wo ist die vergleichende, wissenschaftliche Kritik, die sein Urtheil unterstützt und ihn vor einem Griff nach dem Falschen bewahrt??

Jene praktisch so wichtigen und theoretisch so interessanten Ergebnisse sind nur zu einem Theil veröffentlicht, zum andern Theil ruhen sie — namentlich die vieler Gutachten von scheinbar zu lokalem Interesse, — mangels genügender, allgemein interessanter Bearbeitung oder eines passenden Publikationsortes unter grossen Aktenbeständen vergraben und harren einer neuen Aufschürfung. Der veröffentlichte Theil ist entweder in umfangreichen amtlichen Publikationen zu finden oder in den verschiedensten, schwer zu überblickenden Zeit-, Gesellschafts- und Vereinsschriften. Das Verstreutsein, die Seltenheit, die Vielsprachigkeit und der Umfang all' dieser Originalwerke machen es nur wenigen, günstig wohnenden und an Musse reichen Gelehrten möglich, mit diesem Materiale zu arbeiten; für den meist abgelegen wohnenden Bergmann, für den Ingenieur und den Geschäftsmann aber sind diese Werke fast unzugänglich, und die wichtigen Resultate in ihnen kommen der Praxis gar nicht oder nur ganz gelegentlich zu gute.

Aus diesen Originalen sickert nun zwar mancher Tropfen in die technischen Journale; weil aber keine der bestehenden Zeitschriften deutscher Sprache sich mit der angewandten Geologie allein beschäftigt, weil ihrer eine grosse Zahl mit den mannigfachsten Lokal- oder Vereins-Tendenzen ist, und weil es eben nur einzelne Tropfen ohne Zusammenhang sind, die hier geboten werden können: darum befriedigt keine der vorhandenen berg- und hüttenmännischen, chemischen, technischen oder sonstigen naturwissenschaftlichen Zeitschriften den auf dem Gebiete der angewandten Geologie nach Rath oder Belehrung Suchenden.

Daher die grossen Schwierigkeiten bei allen Betheiligten, sobald es sich um praktisch-geologische Gutachten handelt! Der Finanzmann muss sich blindlings auf das Gutachten des Ingenieurs verlassen, der Ingenieur muss nach wenigen, einseitigen Erfahrungen urtheilen, oder er muss die Hülfe des Gelehrten anrufen, dessen Urtheil aber wieder der nothwendigen praktischen Gesichtspunkte entbehrt.

Und die Wissenschaft selbst, von der die Praxis mit Recht die so nöthige theoretische Leitung und Befruchtung fordert, steht auf dem Gebiete der praktischen Geologie, besonders der Lagerstättenkunde, rathlos vor den wichtigsten Problemen oder fördert einseitige Theorien zu Tage, weil das einschlägige Material nicht gesammelt und gesichtet ist und selbst von dem Gelehrten nicht mehr so allseitig überblickt und beherrscht werden kann, wie es unbedingt erforderlich ist, wenn wir von der Kenntniss der Natur zu ihrer Erkenntniss fortschreiten wollen.

Hier nun will die neue

Zeitschrift für praktische Geologie
mit besonderer Berücksichtigung der Lagerstättenkunde

mit Rath und Hülfe eintreten! Sie will ein wissenschaftlicher Centralpunkt für alle die verschiedenen Interessen werden, deren Ausgangs- oder Mittelpunkt die Erdkruste mit ihren Schätzen ist; sie will die für das wirthschaftliche Leben wichtigen Resultate der geologischen Landesdurchforschungen sammeln, kritisch vergleichen, ordnen und einem grösseren Leserkreise zugänglich machen; sie möchte in durchaus wissenschaftlicher Haltung zwar, doch in allgemein verständlicher Form zwischen Lehre und Leben, zwischen Intelligenz und Kapital vermitteln, der Praxis ein Führer sein und der Wissenschaft neues Beobachtungsmaterial zuführen.

Dieser Aufgabe entsprechend wird sich der Inhalt der einzelnen Monatshefte folgendermassen zusammensetzen:

1. **Berichte über die Fortschritte und die Resultate der geologischen Landesaufnahmen und Kartenkommissionen aller Länder** nebst geschichtlichen Skizzen und Rückblicken auf die bisherigen Arbeiten derselben, sodass schon die ersten Jahrgänge der Zeitschrift ein werthvolles Handbuch der geologischen Aufnahmen aller Länder darstellen werden.

2. **Erörterungen über praktische Aufgaben und über Methoden der geologischen Forschung,** z. B. über die Aufsuchung und Erschliessung nutzbarer Lagerstätten, über die genetischen Verhältnisse derselben und über ihre Beziehungen zu den einschliessenden Gesteinsschichten, über das Problem der ungleichen Erzvertheilung und der wechselnden Mineralführung, über die Wärmevertheilung innerhalb der Erdkruste, über die Wasserführung der einzelnen Gesteinsschichten, über ihre Verwitterbarkeit zu mehr oder minder fruchtbaren Ackerböden, über ihre chemischen und physikalischen Eigenschaften mit Rücksicht auf ihre Verwendung als Bau- und Ornamentmaterial und auf den Widerstand bei Durchbohrungen u. s. w., ferner über geologisches Kartiren und über die Konstruktion möglichst zuverlässiger, auch für die Praxis brauchbarer Profile, über die Sammlung und wissenschaftliche Verwerthung von Bohrproben, Bohrresultaten, markscheiderischen Grubenaufnahmen u. dergl., über die Anlage technisch-geologischer Sammlungen, über Methoden und Apparate der Experimentalgeologie u. s. w.

3. **Beschreibungen von Lagerstätten nutzbarer Mineralien,** mit besonderer Berücksichtigung der jeweiligen Bauwürdigkeit und der Absatzverhältnisse. Auch früher schon beschriebene Lagerstätten bieten infolge jüngerer Aufschlüsse immer wieder neue Erscheinungen dar und gewähren infolge veränderter Verkehrs- und Marktverhältnisse andere Aussichten, die eine Berichtigung der älteren Beobachtungen und Ansichten nothwendig machen. Einer objektiven und sachgemässen illustrativen Ausstattung der Lagerstättenbeschreibungen wird die grösste Aufmerksamkeit gewidmet werden.

4. **Referate und Litteraturberichte** über die einschlägigen neuen Erscheinungen wie auch über ältere Werke von grundlegender Bedeutung, wodurch mit der Zeit, namentlich in Verbindung mit sorgfältigen jährlichen Sachregistern, ein zuverlässiges Repertorium der praktischen Geologie geschaffen werden soll.

5. **Kleinere Mittheilungen und Notizen**, die sich besonders auf neue Lagerstättenaufschlüsse und auf Fragen von aktueller Bedeutung beziehen werden. Zuverlässige Berichterstatter in den wichtigsten Bergbaubezirken der Erde werden über alle bedeutenderen montan-geologischen Ereignisse Mittheilung machen.

6. **Vereins- und Personennachrichten**, die den Verkehr der Fachgenossen untereinander erleichtern, die Berufung der geeignetsten Gutachter und Rathgeber ermöglichen und ein harmonisches Zusammenarbeiten gleichstrebender Kräfte vermitteln sollen.

7. **Redaktions-Korrespondenzen** u. s. w.

Ausser andern, meist mitten in der Staats- oder Privatpraxis stehenden Fachleuten haben schon jetzt nachstehende Herren Beiträge oder sonstige Mitwirkung durch Rath und That zugesagt:

Prof. Dr. A. Arzruni in Aachen.
Dr. R. Beck, Sectionsgeolog in Leipzig.
Dr. Fr. Beyschlag, Landesgeolog in Berlin.
Bergingen. Th. Breidenbach in Freute Ovejuna, Spanien.
Prof. Dr. Bücking in Strassburg i. E.
Bergingenieur Paul Büttgenbach in Düsseldorf.
August Brunlechner, Prof. d. Bergschule zu Klagenfurt.
Dr. Richard Canaval in Klagenfurt.
Bergingenieur F. Cirkel in East-Templeton, Canada.
Geh. Bergrath Prof. Dr. H. Credner in Leipzig.
Dr. E. Dathe, Landesgeolog in Berlin.
Bergingenieur K. Eichhorn in Berlin.
S. F. Emmons in Washington, D. C.
Heinrich Freiherr von Foullon in Wien.
Prof. Dr. Eugen Geinitz in Rostock.
Bergrath Alexander Gesell, Montanchefgeolog in Budapest.
Ingenieur Ad. Görz in Johannisburg, Süd-Afrika.
Prof. Dr. P. Groth in München.
Dr. Georg Gürich, Privatdocent in Breslau.
Geh. Ober-Bergrath Dr. Hauchecorne in Berlin.
Bergingenieur R. Helmhacker.
Bergingenieur R. C. Hills in Denver, Colorado.
Prof. Dr. Julius Hirschwald in Charlottenburg.
Prof. Dr. A. Hofmann in Pribram.
Prof. Dr. E. Holzapfel in Aachen.
Dr. E. Hussak, Staatsgeolog in Brasilien.

Prof. Dr. Jentzsch in Königsberg i. Pr.
Felix Karrer in Wien.
Prof. Dr. Klockmann in Clausthal.
Prof. Dr. Kloos in Braunschweig.
Bergrath Köbrich, Kgl. Bohrinspector in Schönebeck.
Baurath Dr. Langsdorff in Clausthal.
Dr. A. Leppla in Berlin.
Prof. Dr. R. Lepsius in Darmstadt.
Oberbergrath Hermann Müller in Freiberg i. S.
Dr. Carl Ochsenius, Consul a. D. in Marburg i. H.
Prof. Dr. Oebbecke in Erlangen.
Bergrath Prof. Posepny in Wien.
Dr. Theodor Posewitz, Staatsgeolog in Budapest.
Dr. H. Potonié in Berlin.
Oberbergrath Riemann, Dir. d. norw. Landesunters. in Kristiania.
Geh. Bergrath Riemann in Wetzlar.
Dr. Carl Riemann in Görlitz.
Prof. Dr. F. von Sandberger in Würzburg.
Iw. A. Schenck, Privatdocent in Halle.
Prof. Dr. A. Schmidt in Heidelberg.
Dr. F. M. Stapff, Ingenieur in Weissensee b. Berlin.
Bergrath Prof. Dr. A. W. Stelzner in Freiberg i. S.
Bergrath Th. Tecklenburg in Darmstadt.
Prof. J. H. L. Vogt in Kristiania.
Prof. Dr. F. Wahnschaffe, Landesgeolog in Berlin.
Bergwerksdirector Fr. Würfler, Bergingenieur in Wetzlar.

Die ersten Hefte werden u. A. folgende Originalarbeiten enthalten:

1. Die geologischen Specialaufnahmen der Neuzeit. Von Fr. Beyschlag in Berlin.
   Die Arbeiten der Königl. Preussischen geologischen Landesanstalt. (Mit Uebersichtstableau.) Von Fr. Beyschlag in Berlin.
   Die geologische Landesuntersuchung des Königreichs Sachsen. (Mit Uebersichtskarte der Sectionseintheilung.) Von H. Credner in Leipzig.
   u. s. w.

2. Ueber die Geologie der norwegischen Erzlagerstättengruppen. Ein Beitrag zur theoretischen Kenntniss der Erzlagerstätten. Von J. H. L. Vogt in Kristiania.
   Die neuere Entwickelung der Anschauungen von der Entstehung der Erzgänge. Von Adolf Schmidt in Heidelberg.
   Bedeutung des orographischen Elementes „Barro" in Hinsicht auf Bildungen und Veränderungen von Lagerstätten und Gesteinen. Von Carl Ochsenius in Marburg i. Hessen.
   Ueber den Aufbau des Westharzes. Von W. Langsdorff in Clausthal.
   Geologie und Ackerbau. Von F. Wahnschaffe in Berlin.
   Ueber die zur landwirthschaftlichen Melioration geeigneten geologischen Bildungen des norddeutschen Flachlandes. Von F. Wahnschaffe in Berlin.
   Die Beziehungen der älteren Formationen in Schlesien zur Land- und Forstwirthschaft. Von E. Dathe in Berlin.
   Ueber die Abhängigkeit zwischen Bodenbeschaffenheit und Krankheits-Epidemien, mit besonderen Beispielen. Von A. Leppla in Berlin.
   Statistische Angaben über Leistungen und Kosten bei maschinellen Bohrungen in verschiedenen Gesteinen. Von Th. Breidenbach.
   Wie lässt sich aus der mikroskopischen Gesteinsuntersuchung ein Schluss auf die Zug- und Druckfestigkeit der Gesteine (Bau- und Pflastermaterial) ableiten? Von A. Leppla in Berlin.

Bericht über einleitende Arbeiten am unteren Griudelwaldgletscher zur empirischen Bestimmung der Eiserosion. Von A. Baltzer in Bern.

Ueber den Gebrauch geologischer Karten als Unterrichtsgegenstand. Von A. Jentzsch in Königsberg i. Pr.

3. Das Goldvorkommen im nördlichen Spanien. (Mit Uebersichtskarte.) Von Th. Breidenbach.

Das Goldvorkommen auf der Serra dos Pyraeneos, Brasilien. Von E. Hussak.

Erzvorkommen in der Pfalz von neuen Gesichtspunkten betrachtet. Von A. Leppla in Berlin.

Das Quecksilbervorkommen zu Dellach in Kärnten. Von Richard Canaval in Klagenfurt.

Ueber die sächsischen Zinnsteinvorkommen. Von Carl Riemann.

Die Erzgänge des Schwarzwaldes und des Odenwaldes. Von C. Blömeke in Aachen.

Die Erzlagerstätten des Spessart. (Mit Uebersichtskarte und Profilen.) Von H. Bücking in Strassburg i. E.

Ueber neuere Erzgangaufschlüsse zwischen Lahn und Taunus. Von Fr. Würfler in Wetzlar.

Ueber die Form der Eisenerzlager in Hüttenberg (Kärnten). Von A. Brunlechner in Klagenfurt.

Die Magnesit-Lagerstätten des Staates S. Paulo, Brasilien. Von E. Hussak.

Das Vorkommen von Asbest in Canada. Von F. Cirkel.

Die in der Braunschweiger Gegend zur Ziegelfabrikation benutzten Materialien und ihr geologisches Vorkommen. Von J. H. Kloos in Braunschweig.

Ueber die Ausdehnung des Kohlen-Gebirges an der Saar. Von A. Leppla in Berlin.

Ueber die neueste Darstellung des Steinkohlenbeckens im Plauenschen Grunde durch die Königl. Sächsische geologische Landesuntersuchung. (Mit Profilen.) Von R. Beck in Leipzig.

Mineralkohlen von Russisch-Asien. Von R. Helmhacker.

Fayol's Theorie des Deltas und die Formation des Beckens von Commentry. (Mit Profilen.) Von R. Beck in Leipzig.

Ueber das Vorkommen der natürlichen Quellen in den Nord-Vogesen. Von A. Leppla in Berlin.

Ueber das Spaltensystem der Ober-Salzbrunner und Alt-Reichenauer Mineralquellen. Von E. Dathe in Berlin.

Die Wasserversorgung von Braunschweig und Wolfenbüttel. Von J. H. Kloos in Braunschweig.

Das Grundwasser im Becken von Klagenfurt. Von A. Brunlechner.

Die Trinkwasserversorgung der Stadt Klagenfurt. Von A. Brunlechner.

Beiträge werden gut honorirt und wie alle für die Redaktion bestimmten Mittheilungen, Sonderabdrücke, Recensionsexemplare u. s. w. unter der Adresse des Herausgebers

Herrn Bergingenieur Max Krahmann in Wetzlar (Rheinland)

erbeten.

Bestellungen auf die „Zeitschrift für praktische Geologie" nehmen alle Buchhandlungen, Postanstalten und die unterzeichnete Verlagshandlung zum Preise von M. 18,— für den Jahrgang von 12 Heften entgegen.

Verlagsbuchhandlung von Julius Springer

in Berlin N., Monbijouplatz 3.

Bestellschein.

D.. Unterzeichnete   bestell .. und wünsch   Zusendung

durch

Expl. **Zeitschrift für praktische Geologie.**

Herausgegeben von Max Krahmann. 1893.

Preis für den Jahrgang von 12 Heften M. 18,—.

(Verlag von Julius Springer in Berlin N.)

Ort und Datum: Name:

Das *erste* Heft (Januar 1893) steht auf Verlangen gratis und franko zu Diensten.

Inserate werden zum Preise von 50 Pf. für die einmal gespaltene Petitzeile aufgenommen.

Bei Wiederholungen entsprechende Ermässigung.

in gleicher Höhe mit der ventralen Oeffnung sich finden soll, muss ich entschieden in Abrede stellen. Ich glaube, dass die auffallend helle Färbung des dorsalen Glockenzapfens Säfftigen zu diesem Irrthume verleitet hat.

Nach den Erfahrungen, die wir seither auf dem Gebiete der Anatomie der Acanthocephalen gesammelt haben, können wir wohl mit ziemlicher Sicherheit prognostiziren, dass allen Spezies zwei Ovidukte oder Glockenschlundgänge zukommen. Gewöhnlich treten selbige in der Form konisch auslaufender Röhren (Oviduktzellen) auf, die entweder in eine eigenartige, syncytiale Masse von muskulöser Natur eingebettet sind, oder wenigstens durch selbige in der Medianebene zusammengehalten werden. Ausserdem betheiligt sich an der Konstitution der Ovidukte, beziehentlich der Eitrichter, noch eine wechselnde Zahl von Muskelzellen, von denen besonders zwei, die sogenannten Lippenzellen, mit ziemlicher Konstanz angetroffen werden.

Was zunächst die syncytiale Hüllmasse angeht, so bildet selbige bei *Echinorhynchus haeruca* die direkte Fortsetzung der Glockenscheidewand, also jener beiden plattenförmigen Zellstränge, welche nicht, wie bei den übrigen Arten, vornehmlich *Echinorhynchus angustatus*, am hinteren Glockenrand endigen, sondern sich zwischen die beiden Oviduktröhren hineindrängen und auch an der Bildung der Eitrichter theilnehmen (s. Tafel 7, Fig. 11 gm, Fig. 12 gm; Tafel 1, Fig. 6 gm, Fig. 7 gm). Die Glockenscheidewand des *Echinorhynchus angustatus* und *Echinorhynchus porrigens* ist für gewöhnlich von diesem Syncytium durch eine ansehnliche Lücke getrennt (s. Tafel 7, Fig. 16 lgv. gm; Fig. 15 gm). Nur dann, wenn der sphinkterartige Muskelring behufs der Eiausführung sich stark kontrahirt, stossen die freien Enden beider Muskelmassen auf einander, und wir erhalten alsdann Formverhältnisse, die denen des *Echinorhynchus haeruca* täuschend ähnlich sind. In allen drei Fällen stellt das vordere Drittheil der syncytialen Hüllmasse eine fast ebene, rechteckige Plasmaplatte vor. Weiter abwärts aber erheben sich von den dorsalen und ventralen Rändern mächtige Wülste (s. Tafel 1, Fig. 6 gm), die bogenförmig einander entgegenwachsen und schliesslich in den Laterallinien mit einander verschmelzen (s. Tafel 7, Fig. 12 gm; Tafel 1, Fig. 7 gm; Tafel 7, Fig. 15 gm, Fig. 10 gm, Fig. 4 gm; Tafel 8, Fig. 30 gm). Auf diese Art entstehen zwei einander parallele und mit einer gemeinschaftlichen Wand ausgestattete, nach hinten konisch sich zuspitzende Röhren (vgl. Tafel 8, Fig. 37). Bei *Echinorhynchus strumosus* fehlt die mediane Scheidewand im vorderen Abschnitte gänzlich. Das Hüllsyncytium tritt in Form eines breiten, in gebogene, zugeschärfte Ränder auslaufenden Blattes auf, das sich zwischen den Tubenzapfen und die Oviduktzellen einschiebt (s. Tafel 8, Fig. 5 gm). Es beginnt ungefähr am hinteren dorsalen Rande des Taschenmuskels. Verfolgen wir dieses Muskelband auf Schnittserien weiter abwärts, so sehen wir aus seiner Mitte einen zugeschärften Wulst hervorknospen, der, je weiter wir uns von der ventralen Glockenöffnung entfernen, um so tiefer zwischen die Oviduktzellen eindringt. Da nun auch die lateralen Ränder des Hüllsyncytiums allmählich um die Oviduktzellen herumwachsen, so erhalten wir schliesslich ganz ähnliche Bilder, wie bei *Echinorhynchus angustatus* (s. Tafel 8, Fig. 6 gm, Fig. 10 gm, Fig. 15 gm). Bei *Echinorhynchus trichocephalus* gesellt sich zu diesem dorsalen und hier von einer unpaaren Zelle (s. Tafel 8, Fig. 13 gd) bedeckten Blatte noch ein zweites gleichfalls mit einer Mittelrippe versehenes, ventrales Blatt (s. Tafel 8, Fig. 13 gm, gm), dessen drei Kanten nun denen des dorsalen Blattes entgegenwachsen und ungefähr in der Mitte der Schlundgänge mit jenen verschmelzen (s. Tafel 8, Fig. 18 gm, Fig. 26 gm).

13

Wie schon angedeutet wurde, gleicht dieses mit drei, seltener mit vier Kernen versehene Muskelsyncytium hinsichtlich seines histologisches Baues vollkommen den darüber liegenden Zellen der medianen Glockenscheidewand. Die Grundsubstanz bildet ein feinkörniges, blassgefärbtes, von einem wohl entwickelten Plasmabalkenwerke durchzogenes Protoplasma, dessen Oberfläche von einem engmaschigen Ringmuskelfibrillennetze umstrickt wird. Nur eine schmale ringförmige Zone dieses Hüll-syncytiums steht mit der Uteruswand in einem direkten Zusammenhange (s. Tafel 7, Fig. 15 gm, Fig. 16 gm; Fig. 11 gm, Fig. 12 gm). Die konisch auslaufende Spitze aber ragt frei in den Innenraum des cylinderförmigen Uterusschlauches hinein und bildet ein Absperrventil, welches das Zurücktreten der hartbeschalten Embryonen in den Glockenraum bei der Kontraktion der muskulösen Uteruswand zu verhindern bestimmt ist.

In jeder dieser beiden lateralen Röhren steckt eine tütenförmig zusammengerollte, dünne, plattenartige Muskelzelle, deren Verwachsungssutur sich noch deutlich an der inneren, der medianen Scheidewand zugekehrten Fläche erkennen lässt (s. Tafel 7, Fig. 4 gl, Fig. 10 gl; Tafel 1, Fig. 6 gl, Fig. 7 gl; Tafel 8, Fig. 6 gl, Fig. 7 gl; Tafel 8, Fig. 18 gl, Fig. 26 gl). Am vorderen Rande des Hüllkegels angelangt, lösen sich die anfangs durch eine Naht verbundenen Ränder der eingerollten Oviduktwandung von einander los und die konische Röhre wandelt sich in eine innen klaffende, nach vorn aber trichterartig sich erweiternde Rinne um (s. Tafel 8, Fig. 30 gl, Fig. 32 gl; Tafel 1, Fig. 5 gl, Fig. 4 gl; Tafel 8, Fig. 5 gl; Tafel 8, Fig. 16 gl, Fig. 17 gl, Fig. 18 gl). Die äussere Rinnenwand ist sehr dick und lässt sich schon bei oberflächlicher Betrachtung des Glockenapparates als mandelkernartige Erhebung (Baltzer's Seitenzellen) leicht auffinden (s. Tafel 8, Fig. 2, Fig. 37, Fig. 23). In der Mitte dieses Wulstkörpers ruht der zugehörige Zellkern, ein länglich ovales Gebilde, das nur durch einige wenige zähere Protoplasmafäden in unveränderlicher Lage erhalten wird.

Mit den medianen Rändern der Oviduktzellrinne sind bei *Echinorhynchus angustatus* zwei in der ventralen Medianlinie sich berührende Zellen, welche gewöhnlich als Lippenzellen bezeichnet werden, verwachsen. Es sind dies zwei gekrümmte, plattenförmige Muskelzellen, deren obere stark aufgewulstete Ränder, die schon von Wagener und Leuckart richtig abgebildet, weit vorspringende untere Lippe (s. Tafel 7, Fig. 15 gv, Fig. 16 gv) des Glockenmundes (s. Tafel 8, Fig. 30 gv; Tafel 7, Fig. 10 gv) bilden. Da nun aber die nach innen laufenden, gekrümmten Partien gleichfalls die Form einer nach hinten konisch sich einengenden Rinne besitzen und ihre Konkavität nach aussen kehren, so ergänzen sie gewissermassen die klaffende Rinne der Oviduktzellen zu einem geschlossenen Trichterrohre (s. Tafel 8, Fig. 30 gv, gl).

Bei *Echinorhynchus haeruca* betheiligen sich die Lippenzellen nur in sehr beschränktem Maasse an der Bildung des Eitrichters (s. Tafel 1, Fig. 3 gv). Einen Ersatz für das mangelnde Schlussstück liefert hier das zapfenartige Ende der beiden medianen Glockenscheidewandzellen (s. Tafel 1, Fig. 3 lgv., Fig. 4 lgv).

Bei *Echinorhynchus strumosus* und *Echinorhynchus trichocephalus* ist der Einfluss der Lippenzellen auf die Gestaltung der Ovidukte ganz untergeordneter Art. Sie haben bei beiden Spezies die Form ziemlich breiter, aber flacher, in der Medianebene zusammenstossender Zellenplatten, deren oberer Rand stark aufgewulstet ist und die untere stark prominirende Lippe des ventralen Glockenmundes bilden (s. Tafel 8, Fig. 6 gv, Fig. 10 gv, Fig. 13 gv, Fig. 18 gv, Fig. 26 gv). Ihre inneren Kanten sind merkwürdigerweise trotzdem in ähnlicher Art, wie bei *Echinorhynchus haeruca*, mit dem ventralen Zellenpaare der Glockenwand innig verwachsen und kaum von ihnen zu unterscheiden.

Ferner trifft man bei allen den fünf zuletzt besprochenen Arten eine unpaare Muskelzelle an, welche der Rückenfläche der Ovidukte aufliegt, dicht hinter dem sphinkterartigen Ringmuskel mit einer Anschwellung beginnt und bis zu der Mitte oder dem Ende des zweiten Drittheiles der Eileiter herabreicht (s. Tafel 7, Fig. 15 gd, Fig. 16 gd; Tafel 8, Fig. 30 gd; Tafel 7, Fig. 10 gd, Fig. 4 gd — *Echinorhynchus angustatus*. — Tafel 7, Fig. 11 gd, Fig. 12 gd; Tafel 1, Fig. 6 gd, Fig. 7 gd — *Echinorhynchus haeruca*. — Tafel 8, Fig. 37 — *Echinorhynchus porrigens*. — Tafel 8, Fig. 2, Fig. 6 gd, Fig. 10 gd, Fig. 15 gd — *Echinorhynchus strumosus*. — Tafel 8, Fig. 16 gd, Fig. 17 gd, Fig. 18 gd. Fig. 26 gd) — *Echinorhynchus trichocephalus*.

Mit Ausnahme der letzt erwähnten unpaaren dorsalen Zelle finden wir bei *Echinorhynchus gigas* und *Echinorhynchus moniliformis* alle diejenigen Muskelzellenwülste wieder, die wir an der Oviduktbildung bei den letztbesprochenen fünf Arten theilnehmen sahen. Um die Homologie der einzelnen Zellen richtig beurtheilen zu können, müssen wir vor allem in Rechnung ziehen, dass bei beiden Spezies die Ovidukte nicht wie bei den kleineren Arten der Körperachse parallel laufen, sondern selbige unter einem spitzen Winkel kreuzen. *Echinorhynchus moniliformis* steht den kleineren von mir untersuchten Spezies noch am nächsten, weil hier wenigstens die Ovidukte die durch die beiden Laterallinien gelegte Frontalebene nicht verlassen.

In ganz der nämlichen Weise wie bei *Echinorhynchus haeruca*, *Echinorhynchus strumosus* und *Echinorhynchus trichocephalus*, so sind auch bei *Echinorhynchus gigas* und *Echinorhynchus moniliformis* die ventralen Lippenzellen ohne wesentlichen Einfluss auf die Gestaltung der Eitrichter. Sie stellen beim Riesenkratzer zwei schlanke birnförmige Zellkörper vor, deren obere, konisch sich einengende Enden in der Medianebene mit dem Wulstkörper des Glockengrundes innig verwachsen sind. Die kolbenartig angeschwollenen und die beiden Kerne enthaltenden unteren Enden ragen zur Hälfte in die ventrale Glockenöffnung hinein, während ihre Rückenflächen mit dem die Oviduktumhüllung bildenden medianen Syncytium eine Verbindung eingehen (s. Tafel 1, Fig. 11 gv, Fig. 10 gv). Weit kräftiger sind die Lippenzellen bei *Echinorhynchus moniliformis* ausgebildet. Sie haben die Form breiter, prismatischer Platten, die von unten her zwischen die beiden ventralen Wulstzellen bis ungefähr zu deren Mitte sich einschieben (s. Tafel 8, Fig. 29 gv). Die hinteren, in die Glockenöffnung stark hineinragenden Partien dieser Lippenzellen sind zu ansehnlichen Plasmabeuteln angeschwollen und enthalten die zugehörigen beiden grossen Kerne (s. Tafel 8, Fig. 27 gv; Fig. 28 gv). Die Seiten- oder Oviduktzellen sind bei *Echinorhynchus gigas* und *Echinorhynchus moniliformis* aussergewöhnlich gross und besitzen die Form zweier Halbkugeln, die je mit einer nach hinten sich trichterartig einengenden und bis zur Zellmitte reichenden Einkerbung versehen sind (s. Tafel 1, Fig. 10 gl, ov; Tafel 7, Fig. 13 gl; Tafel 8, Fig. 27 gl, Fig. 28 gl, ov). Die innere, beziehentlich untere Begrenzung dieser als Eitrichter funktionirenden Rinne liefert bei *Echinorhynchus gigas* im vorderen Theile das der Glockenscheidewand des *Echinorhynchus haeruca* analoge, ventrale Paar der Wulstzellen, weiter abwärts aber jenes eben erwähnte, mediane, mehrkernige Syncytium (s. Tafel 1, Fig. 10 gm, Fig. 17 gm).

Bei *Echinorhynchus moniliformis* betheiligen sich an der Bildung der Eigänge ausser den lateralen Oviduktzellen noch die hinteren Enden der Lippenzellen (s. Tafel 8, Fig. 28 gv, sowie die drei oder

13*

auch nur zwei kleine Kerne enthaltende Plasmamasse (s. Tafel 8, Fig. 35 gm), welche die direkte Fortsetzung der beiden ventralen Wulstzellen bildet und augenscheinlicherweise dem Hüllsyncytium der kleineren Spezies entspricht.

Merkwürdigerweise fehlen den Seitenzellen des Riesenkratzers und des *Echinorhynchus moniliformis* die chrakteristischen dünnwandigen Röhrenanhänge, die wir bei *Echinorhynchus angustatus* und *Echinorhynchus haeruca* die Eileiter auskleiden sahen.

Das mediane bei *Echinorhynchus gigas* und *Echinorhynchus moniliformis* ausschliesslich die Wandung der eigentlichen Oviduktröhren abgebende Hüllsyncytium besteht aus einer feinkörnigen Grundsubstanz von ziemlich flüssiger Beschaffenheit und einem aussergewöhnlich kräftig entwickelten Balkennetzwerke, in dessen grossen vakuolenähnlichen Maschen drei, seltener vier kleine, meist kugelige, blasse Kerne gefunden werden (s. Tafel 1, Fig. 17 gm; Tafel 7, Fig. 13 gm, gm *). Hinsichtlich seines histologischen Baues lässt es sich wohl am besten mit der ihm offenbar homologen Hüllmasse vergleichen, in welche nach Säfftigen die beiden Oviduktedes *Echinorhynchus proteus* eingebettet sind. Mit seinem vorderen Rande stösst dass Oviduktsyncytium auch beim *Echinorhynchus gigas* mit den beiden Wulstzellpaaren des Glockengrundes zusammen. Das hintere, keilförmig zugeschärfte Ende aber durchbricht die Muskulatur der Uteruswandung und verbindet sich mit der farblosen, homogenen, inneren Auskleidung desselben. Die beiden nach hinten convergirenden S-förmig gekrümmten und fast horizontal verlaufenden Eileiter des Riesenkratzers, sowie die vollkommen geraden Ovidukte des *Echinorhynchus moniliformis* münden schliesslich vermittelst einer einzigen, an der Rückenfläche gelegenen, ovalen Oeffnung in den Uterus ein (s. Tafel 7, Fig. 13). Die innere Begrenzungsfläche dieser ziemlich weiten Oeffnung bildet beim *Echinorhynchus gigas* eine Art Lippe, die bei der Kontraktion der Uteruswandungen sich an die gegenüberliegende Fläche anlegt und so die Oviduktkanäle verschliesst (s. Tafel 7, Fig. 13 gm *). Bei *Echinorhynchus moniliformis* gestalten sich diese Verhältnisse dadurch etwas einfacher, dass hier die Oviduktröhren überhaupt nicht aus der Frontalebene heraustreten, und dementsprechend auch inmitten des kuppelförmig gewölbten oberen Uterusendes sich öffnen (s. Tafel 8, Fig. 35 ov).

Nachdem wir so den Bau der Uterusglocke eingehend kennen gelernt haben, wird es nicht schwer fallen, uns eine klare Vorstellung von der Wirkungsweise dieses so merkwürdigen und in dem ganzen Thierreiche einzig dastehenden Ausleitungsapparates zu verschaffen.

Schon v. Siebold, der erste Beobachter der peristaltischen Bewegungen der Glockenwand, machte die höchst interessante Entdeckung, dass nur ein sehr kleiner Theil der von dem vorderen Glockenmunde aufgeschluckten Einmassen, und zwar ausschliesslich die einen Embryo enthaltenden, schlanken, spindelförmigen Eier, in den Uterus gelangen, während die unreifen Eier und die freien Ovarien wiederum durch die hintere, ventrale Glockenöffnung in die Leibeshöhle zurückgestossen werden. Ueber den komplizirten Mechanismus aber, der eine solche Eianslese ermöglichte, konnte v. Siebold keine nähere Auskunft geben. Den ersten Versuch, die Eisortirung durch den anatomischen Bau des weiblichen Geschlechtsapparates selbst zu erklären, verdanken wir R. Leuckart. Seine ausführlichen Untersuchungen der weiblichen Genitalien des *Echinorhynchus angustatus* führten ihn zu dem Resultate, dass schon die eigenartige, schlanke Spindelform der mit harter Schale versehenen Embryonen an und für sich einen genügenden Erklärungsgrund liefere. Die Argumente, welche Leuckart[1] in dieser Hin-

[1] Die menschlichen Parasiten, 2. Bd. 1876, pg. 792.

sicht anführt, sind kurz folgende: „Auf der Höhe der hinteren, quergestellten Glockenöffnung angelangt, finden die Eimassen an den vorspringenden Zellenköpfen ein Hinderniss, das die Weiterbewegung hemmt und die grössere Menge zwingt, von der früheren Bewegungs-richtung abzulenken. Nur diejenigen werden den Weg nach abwärts weiter fortzusetzen im Stande sein, welche in die etwas trichterförmig erweiterte Oeffnung des zentralen Kanales eintreten und eine zum Durchschlüpfen geeignete Form besitzen. Und das sind vornehmlich die reifen Eier, die nicht bloss bei fast allen Kratzern eine langgestreckte Spindelform zeigen, also nicht bloss keilförmig sich zuspitzen und einen nur geringen Querschnitt haben, sondern auch weiter durch die Glätte ihrer äusseren Schaale zur Fortbewegung unter den hier vorliegenden Verhältnissen besonders befähigt erscheinen.

Ich kann mich jedoch mit dieser Auffassung nicht sonderlich befreunden. Zunächst will ich hier bemerken, dass bei allen lebenden Weibchen, die ich auf diese Verhältnisse hin untersuchte, die Oviduktwandungen so dicht aufeinander lagen, dass es meist sehr schwer fiel, den eigentlichen Eikanal deutlich zu erkennen. In diesen Fällen ist es von vorn herein völlig ausgeschlossen, dass die Eier ohne eine besondere Einschiebevorrichtung in die Ovidukte gelangen können. Aber auch selbst dann, wenn man den Ovidukten die Fähigkeit, nach dem Erschlaffen der peripherischen Ringfibrillen durch die Elastizität ihrer Wandungen sich kanalartig zu erweitern, einräumt, ist doch eine Auslese der reifen Eier in der Art, wie sie Leuckart annimmt, nicht denkbar.

Leuckart legt, und zwar mit vollem Rechte, grosses Gewicht darauf, dass die schlanken, spindelförmigen Eier die geeignetste Form besitzen, um in einen engen, mit einer trichterartigen Erweiterung beginnenden Eikanal hineinzuschlüpfen. Dagegen trifft die Behauptung, dass vornehmlich die mit harter Schale umgebenen reifen Embryonen es seien, welche eine solche schlanke Spindelform besitzen, nicht zu.

Stellen wir genaue Messungen an, so zeigt es sich, dass bei allen Eiern, mit Ausnahme der jüngsten Entwickelungsstadien, das Verhältniss des Durchmessers zur Länge annähernd konstant ist. Unter solchen Umständen müssten wohl die halbreifen Eier ihres geringeren Durchmessers wegen, weit mehr Chancen haben, in den Eikanal zu gelangen, als die fast doppelt so dicken und mit einer ziemlich zähen, lederartigen Haut ausgestatteten reifen Embryonen.

Die Schluckbewegungen der Uterusglocke kann man sehr schön zur Anschauung bringen, wenn man das der Leibeshöhle des lebenden Thieres ohne Zerrungen entnommene Organ in frisches, mit einer genügenden Menge von Eiermaterial versehenes Hühnereiweiss überträgt. Sorgt man ferner dafür, dass der Druck des Deckgläschens nicht direkt auf der Glocke lastet, so wird man selbst mit stärkeren Vergrösserungen die Schluck- und Sortirthätigkeit ungefähr 30—45 Minuten lang, und zwar ohne alle Schwierigkeit, verfolgen können. Anfangs sind die peristaltischen Bewegungen zwar sehr heftig und zum Studium sehr wenig geeignet, doch schon nach Verlauf von 5 bis 6 Minuten tritt eine Verzögerung ein, welche nun einen klaren Einblick in jeden einzelnen Thätigkeitsakt gestattet.

Die von der vorderen, in die Leibeshöhle frei hineinragenden weiten Glockenöffnungen eingeschluckten Eimassen werden durch die von vorn nach hinten fortschreitenden peristaltischen Bewegungen der Glockenwand mit ziemlicher Schnelligkeit zum Glockengrunde herabgetrieben. Auf diesem Wege richten sich die Eier, da die Glockenhöhle durch die Ligamentstränge und die dicke mediane Scheidewand auf zwei enge Kanäle reduzirt ist, parallel der Körperlängsachse. Im Glockengrunde angelangt, biegt der Flüssigkeitsstrom plötzlich um und reisst den bei weitem grösseren Theil der Eimassen zur ventralen Glockenöffnung mit sich fort. Einige Eier aber, welche in der Nähe der lateralen Wandungen der Glocke herabschwammen, stossen bei dieser Bewegung in die trichterförmige Aushöhlung der Eileiter. Da nun aber die unteren Enden durch die vorspringenden Ränder der Eitrichter an der Weiterbewegung gehindert werden, so müssen sich die Eier, deren oberer Theil durch den die Körperachse jetzt rechtwinklig kreuzenden Flüssigkeitsstrom weiter getrieben wird, nach Art eines am unteren Ende unterstützten einarmigen Hebels sich bewegen. Hierbei gelangen die vorderen zugespitzten Enden in die dorsal weit klaffenden, nach der Bauchfläche zu sich allmählich einengenden Taschen des sphinkterartigen Muskelringes. Die reifsten Eier, die sich vor allen übrigen durch ihre beträchtlichere Länge auszeichnen, stossen bei dieser Drehbewegung an der ventralen, weit herabreichenden Taschenwand an, und bleiben, da jetzt beide Enden fest gehalten werden, in schräger Richtung liegen. Die kürzeren und jüngeren Eier aber setzen, da ihre Länge geringer ist als die Entfernung des unteren Taschenrandes von dem Oviducttrichtergrunde, ihre Drehbewegung fort und gelangen gleich den übrigen Eiern durch die hintere, ventrale Glockenöffnung in die Leibeshöhle zurück. Nachdem nun die Uterusglocke die frei beweglichen Eimassen ausgestossen hat und sich anschickt, durch die Erschlaffung der Ringmuskelfibrillen ihr Lumen zu vergrössern, so sehen wir plötzlich die in schräger Richtung verlaufenden Fasern des sphinkterartigen Muskelringes sich kräftig kontrahiren. Die Entfernung des Taschengrundes von den Oviducten vermindert sich um mehr als die Hälfte, die eingeklemmten Eier werden in die Eiröhren hineingeschoben (s. Tafel 7, Fig. 15, Fig. 12) und gelangen in Folge der von oben nach unten fortschreitenden peristaltischen Bewegungen der Seitenzellen, beziehentlich des sie einhüllenden Syncytiums, allmählich in den Uterus hinein.

Bei *Echinorhynchus gigas* hat der Sortirapparat, wie dies schon von vorn herein die abweichende ovale Gestalt der hartschaligen Embryonen vermuthen liess, eine wesentliche Abänderung erfahren. Durch die peristaltischen Bewegungen der Glockenwand wird ein kräftiger Strom erzeugt, der aus dem dorsalen Ligamentschlauche hervorkommt und die Eimassen zum Glockengrunde herabführt. Hier findet er an dem hier vorspringenden Wulstkörper ein Hinderniss, das ihn zwingt, sich in die drei vorhandenen Oeffnungen entsprechend in drei Partialströme zu zertheilen. Der Hauptstrom lenkt am wenigsten von seiner früheren Bewegungsrichtung ab. Sein Weg ist ihm durch den Lückenraum zwischen dem Wulstkörper, beziehentlich den Lippenzellen und der Glockenwand, vorgeschrieben. Er treibt also die Eier direkt durch die hintere Glockenöffnung in den ventralen Ligamentschlauch hinein. Die beiden Nebenströme aber biegen fast rechtwinkelig nach den Seiten ab und treten durch die beiden hier befindlichen halbmondförmigen Oeffnungen in die Glockentaschen ein.

Haben sich nun diese beiden mächtigen Reservoire mit der die Eier führenden Flüssigkeit vollständig gefüllt, so kontrahiren sich ihre muskulösen Wandungen, und ihr Inhalt fliesst theils an den Seiten des Wulstkörpers vorbei zur ventralen Glockenöffnung, theils aber durch den eigentlichen Sortirapparat hindurch.

Dieser Sortirapparat bildet das untere Ende der Glockentaschenhöhlung, ein kugelschalenförmiger Raum, der innen von den stark gewölbten, die Oviducte umschliessenden Seitenzellen, aussen aber durch das der gekrümmten Oberfläche der letzteren in einem bestimmten Abstande parallel laufende untere Taschenwandende begrenzt wird. Die jungen, durch den Flüssigkeitsstrom getriebenen Eier können, begünstigt durch ihre schlanke Spindelform und ihre glatte Oberfläche, ohne alle Schwierigkeit zwischen den parallelen Wandungen dieses Kanales zur hinteren Glockenöffnung hindurchschlüpfen. Die mit einer harten Schale umgebenen reifen Embryonen aber gerathen infolge der Berührung ihrer sehr rauhen Oberfläche mit der Kanalwand in eine in der Stromrichtung langsam fortschreitende, drehende Bewegung und bleiben, falls sie sich quer einzustellen versuchen, stecken.

Nachdem die Strömung aufgehört hat, kontrahirt sich die äussere Kanalwand und schiebt die eingeklemmten Eier in den trichterförmig erweiterten Anfangstheil der Oviducte hinein. Die Weiterbeförderung der Eier geschieht in der gleichen Weise wie bei Echinorhynchus angustatus und Echinorhynchus haeruca durch die Thätigkeit der muskulösen Eileiterwandung.

Gehen wir nach diesen Betrachtungen zur Beschreibung der beiden letzten Abschnitte des weiblichen Genitalapparates, die man gewöhnlich als Uterus und Vagina bezeichnet, über.

Die Länge des Uterus ist selbst in der Reihe der kleineren Species ziemlich beträchtlichen Schwankungen unterworfen. Während er bei Echinorhynchus angustatus, Echinorhynchus haeruca und Echinorhynchus porrigens juv. circa 0,7–0,9 mm misst, erreicht er bei Echinorhynchus trichocephalus eine Länge von 2,2—2,6 mm. Seine äussere Form ist so ziemlich bei allen 5 Species die gleiche. Er bildet ein cylindrisches, nach hinten sich allmählich einengendes und ausserordentlich erweiterungsfähiges Rohr, dessen feinerer Bau im Wesentlichen mit dem der beiden Rüsselscheiden übereinstimmt. Die äussere Hülle liefert auch hier eine sehr dicke, aber vollkommen structurlose Sarkolemmahaut, die zur Befestigung der Fibrillenbündel nach innen zahlreiche dünne, blattförmige Septen entsendet (s. Tafel 7, Fig. 10 Us; Fig. 11 Us). Unter ihr breitet sich die mächtige Ringfaserlage aus (s. Tafel 7, Fig. 15 Urmf; Fig. 11 Urmf; Fig. 12 Urmf), deren dünne, genau in der Querrichtung verlaufende Fibrillen sich zu ziemlich dicken, neben einander hinziehenden und häufig anastomosirenden, massiven Prismen gruppiren. Die Markschicht ist den Fibrillenplatten innen aufgelagert und zeigt eine grosse Anzahl je nach dem Kontraktionszustande der Uteruswand mehr oder minder weit vorspringender Längswülste. Die Mächtigkeit dieser Schicht ist wohl an allen Orten die gleiche. Nur am vorderen Ende der Ventralfläche bildet sich ein ansehnlicher Markhügel, welcher die beiden, dicht hinter einander gelegenen, länglich ovalen und von einer kräftigen Kernkapsel umhüllten Nuclei einschliesst (s. Tafel 7, Fig. 10 Um; Fig. 15 Unc; Fig. 12 Um; Fig. 11 Um). Merkwürdiger Weise reiht sich auch Echinorhynchus moniliformis in Betreff seiner Uterusbildung den fünf letztbesprochenen Species an. Die einzigen Unterschiede, die in dieser Hinsicht angeführt werden könnten, bestehen in einer kräftigeren Ausbildung der Ringfibrillenschicht (s. Tafel 8, Fig. 38 Um), sowie in der reichlicheren Ausstattung mit Muskelmark (s. Tafel 8, Fig. 38 M). Die eigenartigen Anhänge, welche der Bauchfläche des Uterus anhaften und ihn an der Leibeswand befestigen, gehören der Wandung des ventralen Ligamentschlauches an (s. Tafel 8, Fig. 38 Lv). Sie bilden eine directe Fortsetzung jener uns schon bekannten Muskelmassen, welche in der nächsten Umgebung der hinteren Glockenöffnung in die Substanz des ventralen Ligamentschlauches eingelagert sind (s. Tafel 8, Fig. 27 Lv; Fig. 28 Lv; Fig. 35 Lv).

Wesentlich andere histologische Details zeigen die Gewebe der Uteruswand bei Echinorhynchus gigas. Die äussere Hülle des schlanken, beim erwachsenen Weibchen 2,7—3,5 mm messenden, nach hinten in eine Spitze auslaufenden eiförmigen Uterusrohres bildet ein kräftiges Ringfasernetz. Betrachten wir einen Längsschnitt durch die Uteruswand, so treten uns die Querschnitte der zirkulären Röhren in länglich ovaler Form entgegen. Die fibrilläre Substanz häuft sich besonders an der äusseren Wand der Faser an. Nach den Seiten hin nimmt sie an Mächtigkeit sehr schnell ab, so dass die innere Fläche oder wenigstens deren mittlere Partien völlig faserlos werden (s. Tafel 7, Fig. 13 Urmf). Die Dicke der einzelnen Röhren verringert sich in demselben Maasse, als wir uns dem hinteren Ende des Uterus nähern. Die letzten Ringfasern, die dicht vor den Scheidensphinkteren liegen, besitzen nur noch den achten Theil des Durchmessers der das vordere abgerundete Uterusende einhüllenden Muskelröhren. In letzteren findet man auch die beiden sehr umfangreichen ovalen Kerne (s. Tafel 7, Fig. 13 Urm.). Die Sarkolemmamembran, welche für gewöhnlich die Fasern bedeckt und mit einer schützenden Hülle versieht, füllt hier alle Lückenräume zwischen den Muskelröhren sorgfältig aus.

Auf die Ringfaserschicht folgt nach innen eine zweite, beim lebenden Thiere vollkommen homogene, auf Dauerpräparaten aber sehr feinkörnige, geronnene Substanzschicht, deren Dicke ungefähr ein Drittel des Durchmessers der darüber hinziehenden Faserröhren beträgt. Ihre äussere Fläche ist mit der Sarkolemmauskleidung des Ringfaserrohres innig verwachsen und ahmt die höchst unregelmässigen Konturen des letzteren nach (s. Tafel 7, Fig. 13 U ˣ). Die innere Begrenzungsfläche ist dagegen vollkommen glatt oder nur leicht gewellt. Obwohl diese eigenartige Substanzschicht nirgends eine Schichtung oder Faserung erkennen lässt, so stellt sie doch, wie dies das Vorhandensein zweier kleiner Kerne bezeugt, ein selbstständiges Gewebe vor. Ueber ihre wahre Natur kann erst die Entwickelungsgeschichte einen Aufschluss geben.

In dem Endabschnitte des weiblichen Genitalapparates stossen wir wiederum auf ein Organ von sehr eigenartiger Bildung. Leuckart gebührt entschieden das Verdienst, nicht nur die Formverhältnisse, sondern auch die Natur der konkurrirenden Gewebstheile im Grossen und Ganzen richtig erkannt zu haben. Obwohl Leuckart und Sämtigen die Form und die Struktur ziemlich eingehend geschildert haben, so fühle ich mich dennoch veranlasst, nochmals auf diese Verhältnisse kurz einzugehen, weil meine Untersuchungen, die ich an einer ganzen Reihe von Spezies anstellte, mir doch mancherlei Resultate lieferten, die sich mit denen der beiden genannten Forscher nicht vollkommen decken. Am Aufbaue der Scheide betheiligen sich ein System von zwei einander geschalteten Sphinkteren und ferner ein aus vier Zellen bestehender Füllkörper.

Die Form des äusseren Sphinkters lässt sich wohl am besten mit der eines bauchigen Fasses vergleichen. Bei *Echinorhynchus angustatus*, *Echinorhynchus haeruca*, *Echinorhynchus clavaceps* und *Echinorhynchus moniliformis* ist sein vorderer Rand mit dem Uterusende fest verwachsen. Bei *Echinorhynchus trichocephalus* hingegen steckt das zugespitzte Ende des Uterus in einer entsprechend gestalteten Aushöhlung des äusseren Sphinkteren. Das Gewebe dieses Sphinkters stimmt nur in seinen mittleren Partien hinsichtlich seiner histologischen Details mit dem des Uterus vollkommen überein. Die kontraktile Substanz sammelt sich ausschliesslich an der äusseren Begrenzungsfläche an und bildet dicke, oftmals verzweigte und anastomosirende Ringfibrilenplatten, welche hier nur durch die dünnen Septen der Sarkolemmahülle von einander geschieden werden. Die Marksubstanz macht den bei weitem grösseren Theil der ganzen Muskelmasse aus. Die Fäden ihres verworrenen Plasmanetzes sind sehr dick und treten in der Nähe des vorderen Endes des massiven Sphinkttertheiles zu zwei mächtigen Kernkapseln zusammen. Die eingeschlossenen Kerne, welche in der Zwei- oder Vierzahl vorhanden, sind etwas kleiner als die der Uteruswand und enthalten ausser dem grossen linsenförmigen Nucleolus noch mehrere kleinere durch ein feines Fadennetz verbundene Chromatinhäufchen.

Die übrige Masse des äusseren Sphinkters besteht aus dicht an einander liegenden, zirkulär verlaufenden Muskelfasern, deren Markräume in mehr oder minder grosser Ausdehnung unter sich verwachsen sind. Das untere Ende des äusseren Sphinkters löst sich in zahlreiche in radialer Richtung auseinander laufende Franzen auf, die sich an der Muskulatur der Leibeswand befestigen. An der Uebergangsstelle findet man übrigens noch einige grosse Kernkugeln, die gleichfalls in einer wohl entwickelten Plasmafadenkapsel eingeschlossen sind.

In seiner Achse zeigt der äussere Sphinkter eine oder mehrere auf einander folgende sphäroide oder ellipsoide Aushöhlungen, welche bis auf einen engen Zentralkanal von der Muskelmasse der inneren Sphinkteren ausgefüllt werden. Bei *Echinorhynchus angustatus* und *Echinorhynchus haeruca* existirt nur ein solcher innerer Sphinkter, der hier eine mehr kugelförmige Gestalt besitzt. Wenngleich er auch hinsichtlich seiner Dimensionen dem äusseren Ringe um ein Beträchtliches nachsteht, so darf man doch seine Kraftleistung nicht unterschätzen. Eine eingehendere Untersuchung seines Baues belehrt uns nämlich, dass nicht nur die äussere, sondern auch die gegenüber liegende innere, den Ausleitungskanal umfassende Wand mit einer sehr dicken Ringfibrillenschicht ausgestattet ist. Der Markraum reduzirt sich unter solchen Umständen auf eine enge Ringspalte, die sich nur dort etwas erweitert, wo die beiden kleinen rundlichen Kerne ruhen. Säfftigen hat irrthümlicher Weise die in radialer Richtung zwischen den beiden Wänden sich ausspannenden Sarkolemmsepten für Radialmuskelfibrillen gehalten und will aus diesem Grunde den inneren Sphinkter als Antagonist des äusseren betrachtet wissen.

Bei *Echinorhynchus trichocephalus* und *Echinorhynchus moniliformis* finden wir zwei dicht hinter einander liegende, durch eine Substanzbrücke verbundene innere Sphinkteren, die in vollständigem organischen Zusammenhange stehen. Ihre äussere Form und ihr feinerer Bau sind ganz die nämlichen, wie bei den letztbeschriebenen Arten. In der ringförmigen Einschnürung, welche beide Sphinkteren von einander trennt, liegt das hintere Kernpaar des äusseren Sphinkters.

Die Auskleidung des anfangs trichterartig sich eineugenden und erst hinter den inneren Sphinkteren sich wieder erweiternden axialen Hohlraumes der Scheide liefern die mittleren Partien eines stundenglasförmigen Zellkörpers. Selbiger setzt sich bei *Echinorhynchus angustatus*, *Echinorhynchus haeruca*, *Echinorhynchus porrigens* aus vier neben einander liegenden, sehr langen und an beiden Enden kolbenartig angeschwollenen Zellen zusammen, welche sehr weit vorspringen und das Lumen der Scheide auf einen sehr engen Zentralkanal reduziren. Nur in der vorderen, kleineren Kugel, die in die Uterushöhle hineinragt, erweitert sich dieser Achsenkanal zu einer trichterförmigen Oeffnung. Die hintere, fast doppelt so grosse und die vier zugehörigen Kerne enthaltende Kugel befestigt sich mit ihrem etwas abgeflachten Ende an der Hypodermis der Leibeswand.

Auch bei *Echinorhynchus trichocephalus* und *Echinorhynchus moniliformis* macht der hintere, der Hypodermis aufgewachsene kugelförmige Theil die Hauptmasse der ganzen Scheidenauskleidung aus. Der dünne Verbindungsstrang, vermittelst dessen der trichterförmig ausgehöhlte, bis an das Uterusende reichende Theil mit der Endkugel verbunden wird, zeigt an jener Stelle, wo die beiden inneren Sphinkteren sich berühren, eine kleine flache ampullenartige Auftreibung. Die Scheidenauskleidung besitzt nicht weniger als 8 grosse Kerne, von denen 4 im vorderen Trichter, 4 aber in dem kugligen Endabschnitte gefunden werden.

Ueber die Natur der Scheidenauskleidung gehen die Ansichten der verschiedenen Forscher weit auseinander. Balzer schreibt ihr einen musculosen Charakter zu und erblickt in ihr den Antagonisten der beiden mächtigen Sphinkteren. Leuckart und Sälftigen aber räumen ihr eine sekretorische Thätigkeit ein, wenngleich auch Letzterer eine eventuelle Kontraktilität nicht absolut leugnen möchte. Ich kann mich Leuckart's Ansicht anschliessen. Die Anwesenheit der zahlreichen, mit Tinktionsflüssigkeiten absolut nicht färbbaren Längsstreifen, das trübkörnige Aussehen und die dunkelgelbe oder bräunliche Färbung, welche die Plasmamassen beim lebenden Thiere zeigen, sind Merkmale, die ich niemals bei ächten Muskelzellen beobachtet habe.

Bei *Echinorhynchus gigas* umhüllt der äussere Sphinkter zwei ringförmige und dicht hinter einander liegende kleinere Sphinkteren, die in ihrem feineren Baue mit dem inneren Sphinkter des *Echinorhynchus angustatus* völlig übereinstimmen und gleich dem letzteren auch je zwei Kerne enthalten. Der äussere Sphinkter dagegen besteht aus einem engmaschigen Ringmuskelrohrnetze, dessen schlitzförmige Spalten durch Sarkolemma vollständig ausgefüllt sind. Die vorderste Faser weitet sich an der Rückenfläche sehr stark aus und bildet einen weit vorspringenden, mächtigen Beutelanhang. In letzterem liegen die beiden sehr grossen runden Zellkerne. Die schlanken Drüsenzellen fehlen der Vagina des Riesenkratzers vollständig. Die innere Wand des Scheidenkanales bildet hier eine Fortsetzung der farblosen, hyalinen, die Uterushöhle auskleidenden Plasmaschicht.

Es wird wohl hier der passende Ort sein, um die Frage, welche Bedeutung jener dunkelgelben oder bräunlichen Masse, die man dem Schwanzende des frisch begatteten Weibchens in Form einer rundlichen Kappe aufsitzen sieht, beizumessen ist, einer endgültigen Entscheidung entgegen zu führen. v. Siebold erkannte in dieser Anhangsmasse das erhärtete Sekret der sechs accessorischen Drüsen des Männchens und betrachtet selbige als eine Kittmasse zur besseren Vereinigung der beiden Geschlechter bei der Begattung. Wagener machte die höchst interessante Beobachtung, dass beim Abreissen der kappenförmigen Anhangsmasse ein Spermastrom aus der weiblichen Geschlechtsöffnung herausfliesse, und zieht daraus den vollkommen berechtigten Schluss, dass diese Substanz wohl eher einer Stopfmasse zu vergleichen sei. Leuckart hält endlich die Deutung als Spermatophore für ebenso berechtigt, wie die als Stopfmasse.

Legen wir zum Zwecke einer eingehenderen Untersuchung der Formverhältnisse einen Längsschnitt durch das Schwanzende eines frisch begatteten Weibchens, so zeigt es sich, dass die gelblich braune Masse nicht nur das Hinterleibsende inkrustirt, sondern auch den stark ausgeweiteten Vaginalkanal und dessen vordere trichterförmig erweiterte Mündung vollständig ausfüllt. Aus dieser einzigen Beobachtung geht schon auf das unzweideutigste hervor, dass die fragliche Substanz nichts anderes sein kann, als eine ächte Stopfmasse. Mit ihr verschliesst das Männchen nach vollzogener Begattung, aber noch bevor seine Bursa copulatrix das weibliche Schwanzende loslässt, die Vulva, und verhindert hierdurch, dass die eingeführten Spermamassen, denen überdies das Eindringen in den Glockenraum durch die ventilartigen Eileiterenden sehr erschwert wird, infolge der Kontraktion der stark ausgeweiteten Uteruswandung wiederum nach aussen getrieben werden.

Die Entwickelungsgeschichte der weiblichen Genitalien.

Geschichtlicher Ueberblick.

Im Folgenden haben wir zwei Gegenstände zu behandeln, nämlich die Entwickelungsgeschichte der weiblichen Ausleitungswege und die der sogenannten frei schwimmenden Ovarien. Ueber den erstgenannten Gegenstand existiren ausser den vortrefflichen Leuckart'schen Arbeiten nur noch wenige Angaben von ziemlich untergeordneter Bedeutung. Dagegen hat die Entstehungsart der Ovarien zu wiederholten Malen das Objekt eingehender Erörterungen gebildet. Wir wollen zunächst den Arbeiten, welche mit dem letzteren Thema sich beschäftigen, unsere Aufmerksamkeit widmen.

Als ersten Forscher, dessen Bestrebungen darauf hinaus gingen, den Mutterboden, auf dem jene länglich ovalen Ovarialscheiben entstehen, ausfindig zu machen, müssen wir A. H. Westrumb[1] nennen. Selbiger fand bei *Echinorhynchus porrigens* zahlreiche flaschenförmige Bläschen (Markbeutel), welche vermittelst sehr dünner Stiele an der Innenfläche der Leibesmuskulatur befestigt waren und zahllose rundliche oder ovale Körperchen (Eier) enthielten. In letzteren glaubt Westrumb die frühesten Entwickelungsstadien der in der Leibeshöhle oder in den Ligamentsäcken flottirenden Placentulae entdeckt zu haben. Wie Westrumb zu dieser allerdings irrigen Ansicht gelangen konnte, wird wohl jedem, der sich mit der Untersuchung des *Echinorhynchus porrigens* nie selbst befasst hat, völlig räthselhaft erscheinen. Und doch war in der damaligen Zeit, in Anbetracht der dürftigen optischen Hülfsmittel, eine derartige Auffassung leicht möglich. Breitet man nämlich den in ganzer Länge aufgeschnittenen und sorgfältig ausgespülten Hautmuskelschlauch aus, so bleiben doch noch zwischen den Hälsen der fast die ganze Fläche bedeckenden Markbeutel reichliche Mengen von Eiern und Ovarien hängen. Bedenkt man ferner, dass diese Markbeutel vollkommen durchsichtig sind, so wird es wohl begreiflich, wie Westrumb zu dieser Annahme sich verleiten lassen konnte.

v. Siebold[2] sah bei *Echinorhynchus gibbosus* einen grossen Theil des Ligamentum suspensorium mit grossen körnigen Kugeln besetzt, während er in der Leibeshöhle lose Ovarien und Eier vermisste. Er vermuthet daher, dass dieses Ligament der Boden ist, aus welchem die Ovarien in Kugelform hervorsprossen, und dass sich dieselben späterhin ablösen und in der Ernährungsflüssigkeit der Leibeshöhle flottirend sich weiter entwickeln.

Dujardin[3] verwirft auf Grund seiner Beobachtungen am *Echinorhynchus agilis* das Ligamentum suspensorium als Boden für die Eibildung und sucht den Nachweis zu liefern, dass die Ovarien ähnlich wie die Echinococcenbrut auf der Innenfläche des gesammten Hautmuskelschlauches hervorknospen (vergl. Westrumb), um auf einem gewissen Entwickelungsstadium abzufallen und dann in der bekannten Weise sich weiter zu entwickeln.

G. Wagener[4] nimmt zu dieser Frage eine mehr vermittelnde Stellung ein. Einerseits erkennt

---

[1] De helminthibus acanthocephalis. 1821, pag. 57, Tab. 2, Fig. 30, 31.
[2] Die Physiologie als Erfahrungswissenschaft v. K. Fr. Burdach. 2. Aufl. 2. Bd., 1837, pag. 195—200, Lehrbuch der vergleichenden Anatomie der wirbellosen Thiere. 1848. 5. Buch. Die Helminthen, pag. 149.
[3] Histoire naturelle des Helminthes. 1845, pag. 536, 493.
[4] Helminthologische Bemerkungen aus einem Sendschreiben an C. Th. v. Siebold. Zeitschrift für wissenschaftliche Zoologie. 9. Bd., 1858, pag. 81—83.

er die Richtigkeit der Angaben v. Siebold's an, indem er zugibt, dass die Ovarien zu gewissen Jahreszeiten auf der Innenfläche des häutigen Ligamentes in Form schöner grosser Zellen mit doppelt konturirter Haut, Kern und Kernkörperchen hervorsprossen; andererseits aber spricht er auch den Schlüssen Dujardin's eine gewisse Berechtigung zu, insofern nämlich nach seinen Befunden das Ligamentum bei einigen Kratzern, vornehmlich bei *Echinorhynchus gigas*, den Körperwänden so fest verbunden sei, dass es nur mit Gewalt von ihnen sich trennen lasse.

Ueber die Entstehung der losen Ovarien macht Pagenstecher[1] folgende Angaben: Auf der Innenwand des Ligamentes, das ursprünglich aus zwei Schichten sich aufbaut, bilden sich keulenförmige Hervorragungen, in welchen eine in Vermehrung begriffene Zelle liegt. In der Hülle der Mutterzelle entsteht so ein Haufen von Tochterzellen. Die Vermehrung der Brut geht rascher voran, als das Wachsthum der Mutterzelle, so dass diese, wenn sie 0,06—0,08 mm gross geworden ist, prall ausgefüllt als ein fester Zellenhaufen erscheint. Die Umhüllung, welche über die Membran der Mutterzelle sich hinüberziehend diese an der Innenwand des Ligamentes befestigt, reisst beim weiteren Wachsthume, der Zellenhaufen fällt in den Hohlraum des röhrenartigen Ligamentes und bildet nun ein sogenanntes Ovarium. Selbiges kann demnach durchaus nicht als Organ des *Echinorhynchus* bezeichnet werden, es ist ein Haufen unreifer, mit einander zusammenhängender Eizellen. Das Organ aber, in welchem sie gebildet wurden, der Boden, auf welchem sie wuchsen, muss als Ovarium bezeichnet werden; demnach funktionirt die Innenwand, beziehentlich die innere Schicht des Ligamentum suspensorium als Eierstock.

Auch Greeff[2] nimmt die Existenz eines besonderen Ovariums an. Bei jüngeren Larven des *Echinorhynchus polymorphus*, die noch im Zwischenträger der Uebertragung in den Darm eines für sie passenden Wohnthieres harren, lässt sich das eigentliche Ovarium ohne alle Schwierigkeit vom Ligamentum suspensorium isoliren. Seine Form ist entweder die eines einfachen, mehr oder minder länglich ovalen Blattes, an dem ausserlich die Eier hervorsprossen (*Echinorhynchus polymorphus*), oder es stellt einen geschlossenen Schlauch (Pagenstecher's innere Ligamentschicht) vor, an den sich das Ligament eng anlegt, und wo dann die Eier auf der Innenseite hervorknospen.

A. Schneider[3] sah bei den in der Leibeshöhle der Engerlinge schmarotzenden Larven des *Echinorhynchus gigas* die Ovarien (?) ausserordentlich frühe und zwar in Form zweier aus je etwa vier Zellen bestehender Körper sich bilden. Die beiden Ovarialzellhäufchen liegen gleich den Hoden dicht neben einander und sind stets an einem dicken, feinkörnigen, mit einer wechselnden Anzahl schöner grosser Kernkugeln ausgestatteten Plasmastrange, der die Mitte der Leibeshöhle einhaltend gewissermassen das Verbindungsstück der beiden grossen Ligamentsäcke abgibt, befestigt. Späterhin fallen die Ovarien, die ziemlich unverändert ihre primitive Form beibehalten, ab und die Kerne des Plasmastreifens obliteriren. Schneider erblickt in diesem Zellenstrange das Homologon des Nematodendarmes.

[1] Zur Anatomie von *Echinorhynchus proteus*; Zeitschrift für wissenschaftliche Zoologie. 13. Bd. 1863, pag. 115 bis 117. Tab. 23, Fig. 2, Fig. 7—11.

[2] Untersuchungen über den Bau und die Naturgeschichte von *Echinorhynchus miliarius*. Archiv für Naturgeschichte, 30. Jahrg. 1. Bd. 1864, pag. 131—132; Tafel 3, Fig. 2; Ueber die Uterusglocke und das Ovarium der Echinorhynchen; ebendaselbst, pag. 366—371, Tafel 6, Fig. 1—9.

[3] Entwicklungsgeschichte des *Echinorhynchus gigas*. Sitzungsberichte der Oberhessischen Gesellschaft für Natur- und Heilkunde, 1871, pag. 2—3.

v. Linstow[1] untersuchte die Ovarienentwickelung bei den Larven des *Echinorhynchus angustatus* und gelangte zu Resultaten, die sich mit denen Pagensteecher's vollständig decken.

R. Leuckart[2] fand die wahren Eierstöcke nur in den jüngeren Larvenzuständen. Sie bilden alsdann zwei Zellenhaufen von ansehnlicher Grösse, die, ganz wie die beiden Hoden, den Innenraum des Ligamentes ausfüllen und sich höchstens durch eine mehr gestreckte Form von jenen unterscheiden. Sie zerfallen späterhin in einzelne Zellengruppen, die durch fortgesetzte Theilung zu rundlichen Zellenhaufen werden und in diesem Zustande verharren, bis der Parasit nach der Einwanderung in einen anderen Träger zur Geschlechtsreife kommt. Durch den Druck der sich stetig vermehrenden Zellenmassen wird die Eierstockhaut und alsdann auch das die letztere umhüllende Ligamentum suspensorium in mehr oder minder grosser Ausdehnung gesprengt, und die Zeugungsprodukte treten in die Leibeshöhle über, in der dann auch die successive Reifung der Eier vor sich geht.

Sägffigen[3] führt an, auch bei vollständig entwickelten Echinorhynchen Zellen aus dem Ligamente hervorsprossend gesehen zu haben, die sich durch nichts von den jungen Eizellen unterschieden. Gewöhnlich lagen sie in trichter- oder muldenförmigen Nestern zusammen, deren Spitze sich in zahlreiche Fibrillen, vermöge deren sie an der Innenfläche des Ligamentum suspensorium befestigt waren, auflöste.

Ueber die Bildungsweise der weiblichen Ausleitungswege macht R. Leuckart[4] folgende Mittheilungen: Der letzte der vier Zellenhaufen, welche sich aus dem Embryonalkernhäuten herausbilden, geht schon frühzeitig eine weitere Differenzirung ein, infolge deren zunächst drei, späterhin aber vier Abtheilungen sich deutlich unterscheiden lassen. Die obere, erste Abtheilung, aus der beim Manne die Kittdrüsen und die Vasa deferentia hervorgehen, wird beim Weibe zu der Uterusglocke und den beiden Eibitern. Sie entfernt sich späterhin von den übrigen, ein ziemlich geschlossenes Ganzes bildenden Ballen, und zwar durch Einschiebung eines cylindrischen Stranges, der freilich erst spät, kurz vor der Umstülpung der Rüsseltasche sich anlegt, aber rasch sich streckt. Aus ihm geht beim Männchen der Ductus ejaculatorius, beim Weibchen der Uterus hervor. Der zweite und vierte Abschnitt besteht seiner Hauptmasse nach aus vier grossen Zellen, die je einen Quadranten des Querschnittes einnehmen und in der Achse der Genitalanlage auf einander stossen. Es sind dies dieselben Zellen, die bei den erwachsenen Weibchen den Innenraum der Scheide bis auf einen engen Achsenkanal ausfüllen. Beide Ballen werden in der Peripherie der Berührungsebene von dem dritten Abschnitte umgürtet. Aus ihm entsteht der innere Sphinkter. Der äussere Sphinkter bildet sich aber aus jener Plasmaschicht, die sich zur Zeit der Theilung als gemeinschaftliche Hülle von den drei letzten Abschnitten loslöst.

[1] Zur Anatomie und Entwicklungs-geschichte des *Echinorhynchus angustatus*. Archiv für Naturgeschichte. 38. Jahrg. 1. Bd. 1872, pag. 14.

[2] Helminthologische Experimentaluntersuchungen. Nachrichten von der G. A. Universität zu Göttingen. 1862. pag. 441—442.

Die menschlichen Parasiten. 2. Bd. 1876. pag. 786, 831, 837—838.

[3] Zur Organisation der Echinorhynchen. Morphologisches Jahrbuch. 10. Bd. 1. Heft. pag. 27—28. 1884.

[4] Helminthologische Experimentaluntersuchungen. Nachrichten von der G. A. Universität zu Göttingen. 1862. Nr. 22. pag. 442—443.

Die menschlichen Parasiten. 2. Bd. 1876. pag. 827. 831, 838—841.

Ausser dieser umfassenden Abhandlung Leuckart's liegen nur noch die spärlichen Mittheilungen vor, welche R. Greeff[1] über die erste Anlage der weiblichen Leitungswege und das Ligamentum suspensorium bei *Echinorhynchus polymorphus* machte. Sie liefern eine vollständige Bestätigung der schon zwei Jahre früher von Leuckart veröffentlichten Befunde an *Echinorhynchus proteus*.

Eigene Beobachtungen.

Wie ich dies schon in der geschichtlichen Einleitung gethan habe, so will ich auch hier zunächst die Ovarienentwickelung besprechen und dieser dann erst die Bildungsgeschichte der weiblichen Leitungswege folgen lassen.

Bei *Echinorhynchus gigas*, den wir zunächst auf diese Verhältnisse näher untersuchen wollen, zeigt das weibliche Ligament in der frühesten Jugend ganz das nämliche Aussehen, wie das männliche. Eine mächtige, mit einer wechselnden Anzahl grosser Kernkugeln ausgestattete Plasmasäule von rechteckigem Querschnitte (s. Tafel 9, Fig. 47) zieht mitten durch den Leibesraum und entsendet von seinen vier lateralen Kanten vier dünne Blätter, welche zwar anfangs nur die schrägen Seiten der triangulären Füllzellprismen bedecken, bald aber, der Innenwand des Hautmuskelschlauches sich eng anschmiegend, zu Paaren nach der dorsalen und ventralen Fläche emporwachsen. Soweit die häutige Wand der auf diese Art entstehenden beiden Ligamentsäcke der Musculatur der Leibeswand anliegt, geht sie mit deren Sarkolemmabelage eine innige Verbindung ein, die auch zeitlebens erhalten bleibt (s. Tafel 9, Fig. 47, L^1 L^{11}).

In der Periode der postembryonalen Entwickelung, wo der Rüssel sich vollständig entfaltet hat und als rundlicher Zapfen am oralen Leibespole hervorschaut, verwandeln sich einige der hellen, grossen Ligamentkerne, welche inzwischen an die dorsale Fläche des zentralen Plasmaprisma getreten sind, in grosse kugelförmige Zellen, die nun in demselben Maasse, als sie an Umfang zunehmen, über die Oberfläche des Plasmaprisma hervortreten. Zur nämlichen Zeit aber gehen auch im Kerninneren Veränderungen vor sich, die uns den Beginn der Kerntheilung anzeigen. Die feinen staubartigen Chromatinpartikel des Kerngerüstes fliessen zu dicken Strängen zusammen, von deren zackiger Oberfläche nun zahlreiche sehr dünne Konnektivfäden ausgehen. Indem nun diese Fäden sich mehr und mehr verkürzen und zu einem spiraligen Knäuel aufrollen, erhalten wir das uns bekannte Spiremstadium der Mitosichis. Die nächste Veränderung, die nun die Kernfigur erleidet, besteht in der Bildung der Aequatorialplatte. Nachdem nämlich das dünne Spiralband sich in eine Anzahl gleich langer Stücke zertheilt hat, biegen selbige sich zu haarnadelähnlichen Schlingen zusammen, die nun sich so anordnen, dass ihre Umbiegstellen nach dem Zentrum der Zelle, die Schenkel aber in eine Ebene, die sogenannte Aequatorialebene, zu liegen kommen.

Infolge einer Längsspaltung, die sich an sämmtlichen Chromosomen gleichzeitig vollzieht (s. Tafel 9, Fig. 55), geht der Aster in dem Dyaster über. Die achromatische Spindelfigur ist hier weit besser sichtbar, wie bei den um vieles kleineren Spermatogonien. Die Kernmembran ist inzwischen gänzlich verschwunden. Die beiden Tochtersterne weichen mehr und mehr aus einander, und in der

---

[1] Untersuchungen über den Bau und die Naturgeschichte von *Echinorhynchus miliarius* (Zenker). Archiv für Naturgeschichte. 30. Jahrg. 1. Bd, pag. 117—130. 1864.

Mitte zwischen ihnen beginnt der Zellleib sich einzuschnüren. Das Endergebniss dieses Umwandlungs-prozesses bildet der Zerfall der Mutterzelle in zwei gleichgrosse Tochterzellen. Da nun aber die Theilung sich auch an den Tochterzellen wiederholt, so kommt es, dass wir schon nach kurzer Frist an den Orten, wo ursprünglich die grossen Kernkugeln ruhten, kleine rosettenförmige Zellenhäufchen finden, welche zum grössten Theile frei in das Lumen des dorsalen Ligamentschlauches hineinragen (s. Tafel 9, Fig. 49 Ovm. Fig. 55).

Inzwischen hat sich aber auch die Form des Ligamentum suspensorium wesentlich geändert. Schon von jener Zeit an, wo man die ersten Kerntheilungsfiguren auftreten sieht, kann man beobachten, dass das Wachsthum der zentralen Säule mit der Ausweitung des Hautmuskelschlauches nicht gleichen Schritt hält. Infolge dessen heben sich die lateralen Ligamentblätter von ihrer Unterlage, den schrägen Flächen der Füllzellprismen, ab und es entstehen zwei lange, laterale, prismatische Spalträume von triangulärem Querschnitte, in denen wir beim erwachsenen Weibchen die eigentliche Leibeshöhle kennen lernten (s. Tafel 9, Fig. 47 L.¹ L.¹¹). Hand in Hand mit diesen allgemeinen Wachsthumserscheinungen geht die Ovarialentwickelung vor sich. Hat nun die Zahl der kleinen Zellen, welche je eines der dem Ligamentzapfen aufgewachsenen rosettenförmigen Ovarialzellenhäufchen bilden, auf ungefähr 35—40 sich vermehrt, so beginnt ein neuer Theilungsmodus, insofern nämlich in ähnlicher Weise, wie wir dies bei den Spermatogonien des reifen Riesenkratzers beobachtet haben, von jetzt ab alle aus derselben Mutter-zelle hervorgehenden Tochter- und Enkelzellen in einem kontinuirlichen Zusammenhange bleiben (s. Tafel 9, Fig. 53). Wir erhalten auf diese Art kleine apfelkernähnlich gestaltete Scheiben, welche vermittelst einer feinkörnigen, zartgefaserten Konnektivmasse (s. Tafel 9, Fig. 53 Co) unter sich wie mit dem mittleren Blatte des Ligamentes verbunden werden. Inzwischen hat aber auch das Aussehen des Ligamentes sich wesentlich verändert. Der ursprünglich sehr breite prismatische Strang (s. Tafel 9, Fig. 48 Lz) ist stark zusammengeschrumpft und bildet jetzt einen dünnen Zapfen, dessen Durchmesser kaum noch das Doppelte der Kerngrösse beträgt (s. Tafel 9, Fig. 52 Lz). Unmittelbar hinter dem ab-gerundeten Ende der Rüsselscheide spaltet er sich in zwei dünne Stränge, wodurch die vordere grosse Kommunikationsöffnung der Ligamentschläuche entsteht (s. Tafel 9, Fig. 54 Lz).

Die weiteren Schicksale der zentralen Protoplasmasäule sind beim Männchen und Weibchen dieselben. Die Kerne schrumpfen und fallen der Resorption anheim; die feinkörnigen Plasmamassen werden allmählich aufgezehrt, und schliesslich resultirt eine dünne Platte, die sich von den seitlichen Ligamentflügeln kaum merklich unterscheidet und ohne Kenntniss der Bildungsgeschichte sicherlich für eine direkte Fortsetzung der letzteren gehalten werden müsste.

Schneider hat den bei beiden Geschlechtern in der Achse des Körpers herablaufenden Plasma-strang gesehen und ihn irrthümlicherweise als Darmradiment in Anspruch genommen. Meines Erachtens hätte schon die dem genannten Autor längst bekannte Thatsache, dass dieses vielkernige Syncytium in beiden Geschlechtern den Mutterboden, auf dem die Keimdrüsenentwickelung sich vollzieht, abgiebt, ihn von der Unhaltbarkeit dieser Hypothese überzeugen müssen.

Wenngleich sich auch gewisse innige Beziehungen zur Keimdrüsenentwickelung nicht ablengnen lassen, so glaube ich doch wohl kaum fehl zu gehen, wenn ich die Hauptaufgabe dieser Syncytiumsäule in der Bildung der beiden grossen der zelligen Struktur völlig entbehrenden Ligamentsäcke erblicke. Uebrigens steht der Fall, dass die Bildungszellen eines Organtheiles im Laufe der Entwickelung gänzlich verschwinden, nicht so vereinzelt da, wie dies wohl auf den ersten Blick erscheinen möchte. Ich weise hier nur auf die beiden langen Zellenreihen hin, auf deren Oberfläche die häutigen Wände der Samenleiter entstehen, und von denen sich beim völlig erwachsenen Männchen nicht die geringsten Spuren auffinden lassen.

Während nun das Ligamentum suspensorium die eben geschilderte Metamorphose erleidet, hat auch die Entwickelung der Keimdrüsen weitere Fortschritte gemacht. Aus den kleinen apfelkernähnlichen Scheiben sind grosse Zellenkomplexe von fast eiförmiger Gestalt (s. Tafel 9, Fig. 56) hervorgegangen, die zwar vom mittleren Ligamentblatte sich abgelöst, seltsamerweise aber ihren gegenseitigen Verband (Tafel 9, Fig. 56 Co) nicht aufgegeben haben. Sie bilden jetzt sehr grosse rosettenähnliche Ovarienhaufen, welche das Lumen des ganzen dorsalen Ligamentschlauches ausfüllen. Der Zerfall der Rosetten in die einzelnen Ovarialscheiben gehört zu den letzten Vorgängen der postembryonalen Entwickelung. Er beginnt gewöhnlich dann, wenn in den schlanken Cylinderzellen der Hypodermis die ersten Radiärmuskelfibrillen sichtbar werden.

Um die letzten Veränderungen kennen zu lernen, welche den Ovarien des Riesenkratzers ihre definitive Gestalt verleihen, würden wir, da selbige nicht mehr in die Zeit des Larvenlebens fällen, ein frisch in den definitiven Träger eingewandertes Weibchen wählen müssen. Ich ziehe es vor, die betreffenden Verhältnisse lieber so, wie sie sich bei *Echinorhynchus haeruca* darbieten, zu schildern, weil hier die Ovarialentwickelung noch in dem Zwischenwirthe ihren definitiven Abschluss findet. Mit dem Zerfalle der Ovarialrosetten und dem Austreten der jungen Ovarien aus der Ligamenthöhle hat die Zellenvermehrung im Inneren der Ovarien bei Weitem nicht ihr Ende erreicht. Vielmehr zeigt es sich, dass gerade in dieser Lebensperiode die Theilungsphasen in äusserst raschem Tempo aufeinander folgen. Durch die oftmals wiederholte Theilung werden die einzelnen Kerne nicht nur wesentlich kleiner, sondern es tritt jetzt auch augenfälliger die merkwürdige Thatsache hervor, dass im Centrum der Ovarialscheibe die Kernvermehrung ungestört fortschreitet, obwohl nirgends mehr Zellengrenzen gebildet werden [1]. Der zentrale Ovarialkern stellt jetzt also ein Syncytium vor, dessen Kerne sich fast gleichmässig über das körnig-fädige Plasma vertheilen. Doch bald ändert sich auch diese Anordnung, insofern nämlich die Kerne wahrscheinlich der besseren Ernährung wegen sich in der Peripherie des zentral gelegenen Syncytiums, also dicht unter der äusseren Zellenschicht, in grösserer Menge anhäufen.

Zu Anfang dieses Kapitels habe ich hervorgehoben, dass die vorhergehende Schilderung nur für *Echinorhynchus gigas* volle Geltung habe. Es lag keineswegs in meiner Absicht, hierdurch andeuten zu wollen, dass die Ovarialbildung bei den anderen Spezies in ganz anderer Weise wie beim Riesenkratzer sich vollziehe. Im Gegentheile gelangte ich durch meine Untersuchungen des postembryonalen Lebens des *Echinorhynchus angustatus* und *Echinorhynchus haeruca* zu der Ueberzeugung, dass die Unterschiede sich nur auf Vorgänge erstrecken, die, so bedeutungsvoll sie auch für die späteren Schicksale der weiblichen Keimstoffe sein mögen, doch vom morphologischen Standpunkte aus betrachtet eine sehr untergeordnete Rolle spielen.

---

[1] Ueberdies möchte ich hier erwähnen, dass auch an den Spermatogonien die Theilung sich drei- bis viermal wiederholen kann, ohne dass der Zellleib in eine entsprechend grosse Anzahl von Segmenten zerfällt. Durch solche Bilder kann man sich leicht verleiten lassen, eine sogenannte maulbeerförmige Theilung anzunehmen.

Auch bei *Echinorhynchus angustatus* und *Echinorhynchus haeruca* entstehen, wie dies Leuckart schon richtig erkannte, die Ovarien im Inneren des Ligamentschlauches, der ursprünglich gleichfalls mit der Leibeswand zusammenhängt, merkwürdigerweise aber schon sehr frühe von letzterer sich ablöst. In jener Periode aber, in der wir die Mutterzellen der Ovarialscheiben sich theilen und die mächtigen rosettenförmigen Zellenaggregate entstehen sehen, kann der nur langsam wachsende Ligamentschlauch, obwohl derb und sehr elastisch, doch dem starken Drucke der eingeschlossenen Zeugungsprodukte auf die Dauer nicht widerstehen; er wird in mehr oder minder grosser Ausdehnung gesprengt, und sein Inhalt tritt in die Leibeshöhle über, um hier seine weitere Entwickelung zu durchlaufen.

Gehen wir nun zum zweiten Kapitel, der Entwickelung des Uterusglockenapparates über.

Die Ausleitungswege der weiblichen Zeugungsstoffe gleichen in ihrer ersten Anlage denen des Männchens. Zur Zeit, wo die Hautmuskulatur über das Ganglion hinweg zu wachsen beginnt, stellt die Anlage der weiblichen Geschlechtswege einen schlanken Zapfen vor, an dem wir schon frühzeitig zwei in der Körperachse auf einander stossende Abschnitte unterscheiden können. Der untere und wesentlich kleinere Ballen hat eine flache, ovale (*Echinorhynchus gigas*) oder apfelkernähnliche (*Echinorhynchus angustatus* und *Echinorhynchus haeruca*) Form und besteht aus einer hellfarbigen, auf Dauerpräparaten feingekörnten Protoplasmamasse, in der sich stets vier kleine Kerne auffinden lassen. Selbige haben sich gleichzeitig mit den Hypodermiskernen vom hinteren Ende des embryonalen Kernhaufens abgelöst und sind zweifellos gleich den letzteren ektodermalen Ursprungs. Die äussere Gestalt des fast doppelt so langen vorderen Ballens lässt sich wohl am besten mit der eines in den mittleren Partien etwas bauchig aufgetriebenen Cylinders vergleichen, der das hintere Ende des prismatischen Ligamentzapfens mit dem ektodermalen Endstücke verbindet. In einer früheren Periode sehen wir ihn mit den seitlichen Muskelsyncytien zusammenhängen und in Gemeinschaft mit letzteren das Mesoderm des jungen Wurmes bilden. Er enthält mehrere Dutzende von Kernen, die entweder einzeln oder in kleinen Gruppen beisammen liegen, aber noch keine charakteristische Anordnung zeigen.

Die ersten Veränderungen, die sich mit Bestimmtheit erkennen lassen, betreffen den vorderen Kernballen, und bestehen darin, dass dieser nach hinten in einen Hohlcylinder auswächst, der bald den ganzen ektodermalen Endzapfen bis an dessen hintere flache Basis scheidenartig umhüllt. Von den sechs Kernen, die in diese Mantelschicht übertreten, rücken lateral vier bis zur Mitte des Ballens herab. Die beiden anderen aber bleiben an der Ventralfläche des vorderen Randes liegen, woselbst die vom Muttersyncytium sich allmählich schärfer abgrenzende Plasmahülle ein rundliches, stark prominirendes Zäpfchen bildet. Nachdem nun die Vermehrung der die beiden lateralen Füllprismen bildenden kubischen Zellen ihren Anfang genommen hat, zerspaltet sich das den ektodermalen Endzapfen umgürtende Syncytium in zwei konzentrisch über einander gelagerte Schichten, von denen die äussere die beiden ventralen, die innere aber die vier lateralen Kerne in sich aufnimmt.

Ueber die Natur der auf diese Art entstandenen Gebilde können wir wohl kaum einen Augenblick in Zweifel sein. Die äussere, zweikernige Gürtelzone, augenscheinlicherweise das Analogon des männlichen Bursalmuskels, ist nichts anderes als die erste Anlage des äusseren Sphinkters der Vagina (s. Tafel 7, Fig. 14 Sph¹, Tafel 4, Fig. 15 Sph^IV). Der innere Ring aber, der bei dem Riesenkratzer später in zwei aufeinander folgende Ringe sich zerlegt, repräsentirt den inneren Sphinkter, und entspricht höchst wahrscheinlich der Ringmuskelhülle des Penis (s. Tafel 7, Fig. 14 Sph², Tafel 4, Fig. 15 Sph³).

Der von den beiden Sphinkteren umschlossene ektodermale Zapfen aber verwandelt sich bei *Echinorhynchus angustatus* und *Echinorhynchus haeruca* in die vier, das Lumen der weiblichen Scheide auf einen engen Achsenkanal reduzirenden Drüsenzellen (s. Tafel 7, Fig. 14 Vz). Die weiteren Schicksale, die das fragliche, die Scheide des Riesenkratzers erfüllende Syncytium erleidet, können erst bei einer späteren Gelegenheit aber näher von mir berücksichtigt werden. Noch bevor diese Zerspaltung in die Sphinkteren irgendwie merklich ist, hat das vordere mesodermale Syncytium sich nicht nur um ein Beträchtliches gestreckt, sondern sich auch in vier aufeinanderfolgende Ballen zertheilt. Der letzte dieser Kernballen, der dem ektodermalen Endzapfen am nächsten liegt, ist mindestens doppelt so lang, als jeder der drei vorangehenden und von diesen verschieden, insofern er sich schon frühzeitig in eine peripherische Schicht und einen davon umschlossenen Kern auflöst. Die Mantelschicht enthält bei *Echinorhynchus angustatus* und *Echinorhynchus haeruca* zwei (s. Tafel 7, Fig. 14 U), bei *Echinorhynchus gigas* aber vier ziemlich grosse Kerne, die nicht weit vom vorderen Rande entfernt in ansehnlichen, nach innen vorspringenden Wülsten ruhen (s. Tafel 7, Fig. 7 Unc², Fig. 8 Unc¹). Ich brauche wohl kaum hinzuzufügen, dass es die Muskelwand des Uterus ist, die aus diesem Gebilde hervorgeht.

In dem vom Uterusrohre umschlossenen, meist sehr hellfarbigen und durchsichtigen Achsenstrange des Riesenkratzers sind vier, seltener sechs Kerne vorhanden (s. Tafel 7, Fig. 7 Uˣ), die sich gleichmässig auf die vordere und hintere Hälfte vertheilen. Seltsamerweise fällt schon nach kurzer Frist die Grenzmembran, die den Uterusstrang von dem ektodermalen Zapfen trennte, der Resorption anheim. Infolgedessen verschmelzen die Plasmaleiber beider Syncytien zu einer einheitlichen Masse (s. Tafel 4, Fig. 15 Uˣ, Fz), die späterhin jene dicke feinkörnige Substanzschicht liefert, die wir den Uterus des erwachsenen Weibchens auskleiden sahen.

Bei *Echinorhynchus haeruca* und *Echinorhynchus angustatus* setzt sich der Achsenstrang des Uterusschlauches aus zwei nicht scharf gegen einander abgegrenzten Abschnitten zusammen. Der vordere derselben zieht sich in einen dünnen Cylinder aus und bereitet dadurch die Bildung des für beide Arten charakteristischen schlanken Uterusrohres vor (s. Tafel 7, Fig. 14 Ufz¹). Das hintere, sehr kurze Segment dagegen besitzt die Form eines Eies und senkt sich zur Hälfte in die Masse des darunter liegenden Drüsenkörpers der Vagina ein, wodurch es der vorderen Oeffnung ihre eigenartige Trichtergestalt verleiht (s. Tafel 7, Fig. 14 Ufz²). Beide Syncytien enthalten trotz der beträchtlichen Grössendifferenzen doch je zwei Kerne. Sie repräsentiren echte Füllkörper und fallen, nachdem das über ihrer Oberfläche sich formende Organ seine definitive Gestaltung angenommen hat, der Resorption anheim.

Während der voranstehend geschilderten Veränderungen haben die drei vorderen Syncytiumplatten eine weitere Differenzierung erfahren, infolge deren drei Zellgruppen entstanden sind, die sich ganz zwanglos auf den späteren Bau der Uterusglocke zurückführen lassen.

Wir wollen zunächst die letzte der drei Platten in das Auge fassen. Die Mitte derselben nimmt ein keilförmig nach der Rückenfläche sich zu schärfendes Prisma ein. Selbiges besteht aus einer sehr feinkörnigen Protoplasmasubstanz und drei, seltener vier Kernkugeln (s. Tafel 7, Fig. 9 gm, Fig. 8 gm, Fig. 14 gm). Die untere der beiden parallelen Flächen liegt direkt dem medianen Füllkörper des Uterus auf. Mit den beiden nach der Rückenfläche konvergierenden Keilseiten sind die Ränder zweier halbcylinderförmig gebogenen Muskelzellen, der späteren Seitenzellen, verwachsen (s. Tafel 4, Fig. 15 gl;

Tafel 7, Fig. 9 gd; Fig. 11 gl). In den auf diese Art gebildeten, nach hinten sich einengenden beiden lateralen Kanälen, die zweifellos später zu den Eitrichtern werden, stecken zwei birnförmige Zellkörper (s. Tafel 7, Fig. 1 Ovfz), die nicht nur dunkeler gefärbt sind als die Lateralzellen, sondern sich auch von den letzteren dadurch unterscheiden, dass sie frühzeitig in dünne Fäden auswachsen (s. Tafel 7, Fig. 14 Ovfz). Letztere ziehen an den konvergierenden Flächen des medianen Syncytiumkeiles in schräger Richtung zum unteren Ende der dorsalen Kante hinab und treten hier mit zwei neben einander angebrachten sehr kleinen trübkörnigen Zellen (s. Tafel , Fig. 14 Ovfz ... in Verbindung (s. Tafel 7, Fig. 8 Ovfz², Fig. 9 Ovfz, Fig. 1 Ovfz). Anfangs liegen die Ausläufer der Eitrichterfüllzellen und das hintere Zellpaar vollkommen frei; bald aber erheben sich von den Rändern des medianen Prisma dicke, parallele Wülste, welche allmählich einander entgegenwachsen und schliesslich die beiden Füllzellstränge allseitig einhüllen. Auch diese vier Füllzellen werden späterhin resorbirt, und es resultiren die beiden nach unten konisch sich einengenden Oviduktkanäle. Ferner sieht man der schmalen Rückenfläche des medianen Keiles eine apfelkernähnlich geformte Zelle anliegen, die bei *Echinorhynchus gigas* mit der Uteruswand vollständig verschmilzt (s. Tafel 4, Fig. 15 gd), bei den anderen Arten aber später zu der unpaaren Dorsalzelle wird (s. Tafel 7, Fig. 14 gd). Der zweiten, mittleren Schicht gehören nicht weniger als acht Zellen an. Direkt über dem Oviduktsyncytium trifft man einen rundlichen Komplex von vier sehr grossen Kernzellen. Beim Riesenkratzer (s. Tafel 4, Fig. 15 lgd; Tafel 7, Fig. 1 lgd; Fig. 2 lgv, lgd) ändert selbiger im Laufe der Entwickelung nur wenig seine Form und entspricht dem Wulstkörper, der das Lumen des Glockengrundes auf zwei enge laterale Kanäle reduzirt. Bei *Echinorhynchus angustatus* und *Echinorhynchus haeruca* (s. Tafel 7, Fig. 14 lgv, lgd) dagegen wächst diese Zellengruppe ziemlich rasch in die Länge und bildet einen Cylinder, über dem die Uterusglocke sich formt. Nachdem letztere infolge des rapid fortschreitenden Wachsthumes ihrer Wandungen sich abgehoben hat, verwandelt sich der Achsenstrang in die mediane Glockenscheidewand und die beiden lateralen Wulstzellen.

Eine direkte Fortsetzung der Seitenzellen scheinen zwei einkernige, halbcylinderförmig gekrümmte Plasmaplatten zu bilden. Sie bedecken ursprünglich nur die oberen, frei hervorschauenden Enden der Eitrichterfüllzellen (s. Tafel 7, Fig. 14 Btm). Späterhin aber wachsen sie in zwei schmale Ringsmuskelplatten aus, die das hintere Ende der Glocke umfassen und sich durch die in der Ventralfläche angebrachten zwei Ausbuchtungen als Eisortirapparat kennzeichnen. Bei dem Riesenkratzer gehen aus diesen Zellen die beiden mächtigen Glockentaschen hervor (s. Tafel 7, Fig. 1 Btm; Fig. 2 Btm). Die beiden kleinen Zellen, welche die Bauchfläche des zentralen Füllkörpers bedecken, liefern bei allen drei Arten die sogenannten Lippenzellen (s. Tafel 4, Fig. 15 gv; Tafel 7, Fig. 1 gv; Fig. 2 gv; Fig. 14 gv). Uebrigens muss ich hier bemerken, dass bei *Echinorhynchus gigas* ventralwärts von dem Glockenapparate ein solider Plasmastreifen herabzieht, der offenbar das untere Ende des ventralen Ligamentschlauches bildet. Er enthält vier Kerne, von denen zwei in der Höhe der Lippenzellen, zwei aber am unteren Ende gefunden werden (s. Tafel 4, Fig. 15 Lnc).

Ueber der peripherischen Zellgruppe der mittleren Zone liegen zwei halbcylindrisch gebogene Muskelplatten, die trotz ihrer Grösse je nur einen Kern beherbergen und sich bald als die Anlage der Uterusglockenwand zu erkennen geben (s. Tafel 4, Fig. 15 Tm; Tafel 7, Fig. 3 Tnc; Tafel 7, Fig. 14 Tnc). Nur bei *Echinorhynchus angustatus* und *Echinorhynchus haeruca* stossen die Ränder beiderseits aufeinander. Bei *Echinorhynchus gigas* aber schiebt sich an der Rückenfläche ein cylindrischer Zapfen (s. Tafel 7, Fig. 3 Cdfz) ein, der nur einen Kern aufweist und hinsichtlich seines Aussehens vollkommen mit den Füllzellen der Oviducte übereinstimmt. Er bildet in Gemeinschaft mit den seitlichen Muskelblättern einen dickwandigen Ring, dessen Höhlung von zwei einkernigen Plasmasäulen erfüllt ist (s. Tafel 7, Fig. 3 Lstr). Diese letzteren funktioniren als Füllzellen, indem sie gewissermassen die Muskelwand der Uterusglocke über sich abformen. Sie schrumpfen späterhin sehr stark zusammen und sind dann den beiden vom vorderen Rande des Wulstkörpers zum mittleren Ligamentblatte aufsteigenden körnigen Strängen identisch.

In dem dorsalen, theilweise in der Glockenwand selbst verlaufenden Strange haben wir es wiederum mit einer ächten Füllzelle zu thun (s. Tafel 7, Fig. 3 Cdfz). Der durch ihre Zerstörung sich bildende Kanal repräsentirt den gemeinsamen Ausführungsgang der beiden am oberen Rande der Glocke angebrachten Nephridien. Die Entwickelungsgeschichte dieser beiden Exkretionsorgane konnte ich leider nicht bis zu den frühesten Stadien verfolgen. Zur Zeit, wo die Ligamentblätter sich von den seitlichen Füllzellprismen ablösen, erblickt man dicht oberhalb der Uterusglockenanlage jederseits einen Komplex von drei grossen Kernzellen, die nach aussen eine Anzahl kurzer, fingerförmiger Ausläufer entsenden (s. Tafel 7, Fig. 3 Sgm). Vermöge ihrer etwas abgeflachten, breiten Basis sitzen sie der Aussenfläche des dorsalen Ligamentschlauches auf und liegen demnach in jenen beiden triangulärprismatischen Spalträumen, die wir beim erwachsenen Weibchen als Leibeshöhle definirt haben.

Die Embryonalentwickelung.

Geschichtlicher Ueberblick.

Schon Goeze[1] behauptet bei einigen der haferförmigen Körperchen, die er aus der Leibeshöhle des *Echinorhynchus conditus* hervorpressen konnte und mit vollem Rechte für hart beschalte Embryonen hielt, die Spuren des keimenden Rüssels bemerkt zu haben. Ich bin fest überzeugt, dass die Goeze zu Gebote stehenden Instrumente nicht ausreichend waren, um jene kleinen Häkchen, welche das vordere Körperende des Embryo bewaffnen, zu erkennen. Vielleicht ist das Organ, in dem Goeze den keimenden Rüssel erblickt, mit den weit vorragenden, zapfenförmigen Ausläufern der mittleren Eihülle identisch.

Weit wichtiger ist die im Jahre 1836 von Burow[2] publicirte Abhandlung über die Anatomie des *Echinorhynchus strumosus* aus dem Dünndarme des Seehundes. In selbiger erfahren wir, dass die länglich ovalen, vollkommen „reifen Eier" drei scharf gezeichnete Eihäute haben, von denen jedoch nur die innerste dem Embryo unmittelbar aufliegt. Der Embryo selbst besteht aus einer farblosen Substanz, in deren Zentrum eine grössere Anzahl stark lichtbrechender Körnchen sich deutlich unterscheiden lassen.

[1] Versuch einer Naturgeschichte der Eingeweidewürmer thierischer Körper. 1782. pg. 118. Tab. 10. Fig. 6; pg. 156. Tab. 12. Fig. 3.

[2] *Echinorhynchi strumosi anatome.* 1836. pg. 21; Fig. 1.

v. Siebold[1]) konnte die Richtigkeit dieser Angaben durch eine Reihe schöner Beobachtungen bestätigen. Er fand, dass die drei Eihüllen sich nur in der Gegend des schmalsten Durchmessers des Eies berühren, während in der Richtung der Längsachse die beiden äusseren Eihäute die Länge der innersten Eihülle nach oben und unten hin um vieles überragen. Bei *Echinorhynchus angustatus* und *Echinorhynchus haeruca* zeigt die mittlere Eihaut überdies noch vor ihren beiden schmalen Endigungen eine halbförmige Verschmächtigung. Die äussere Eihaut löst sich beim Zermalmen in feine, elastische Fäden auf. Die Eier des Riesenkratzes sind nicht so beträchtlich in die Länge gezogen. Die Eihäute umgeben die Dottermasse überall in gleichmässiger Entfernung, und die mittlere derselben ist mit einer zahllosen Menge kleiner stumpfer Stacheln bedeckt. Sie ist sehr fest und springt beim Zerdrücken mit knisterndem Geräusch auf. Der hervortretende Embryo besitzt vier Hornhäkchen, die in ihrer Lage und Gestalt an dieselben Waffen der Bandwurmembryonen erinnern.

Dujardin[2]) entdeckte noch vor v. Siebold die Kopfbewaffnung des Embryo bei *Echinorhynchus transversus* und *Echinorhynchus globocaudatus*. Er beschreibt selbige folgendermassen: Les embryons montrent à l'extrémité antérieure des indices de crochets. La surface paraît striée transversalement et obliquement en deux directions, et couverte de petites dépressions régulières en quinconce.

Eine weit ausführlichere Beschreibung der Gestalt des Embryonalleibes und dessen Bewaffnung giebt Wagener[3]) in seiner 1857 erschienenen Preisschrift. Die Kopfbewaffnung der Embryonen ist bei den verschiedenen Spezies eine verschiedene: *Echinorhynchus gigas* und *Echinorhynchus polymorphus* besitzen jederseits am Kopfporus ein paar grosse Haken. Bei *Echinorhynchus angustatus*, *Echinorhynchus haeruca* etc. ist der Kopf schräg abgestutzt und mit einem nicht in der Thierachse liegenden Schlitze versehen. Rechts und links davon findet man nur einen grösseren Haken. *Echinorhynchus filicollis* hat die Kopfstachelreihen ohne die grossen Haken; *Echinorhynchus tuberosus* und *Echinorhynchus transversus* besitzen ausser den, bei allen Spezies den Leib bedeckenden kleinen Stachelreihen keine besonders ausgezeichneten Haken. Am vorderen Ende, zwischen den grossen Haken, findet man eine schlitzförmige Grube, welche mit einem rundlichen Sacke in Verbindung steht. Unter dem Sacke findet sich der von v. Siebold als Dotterrest bezeichnete Körnerklumpen. Neben diesem Sacke sieht man bei *Echinorhynchus filicollis* zwei aus Körnern bestehende lange Körper, welche lebhaft an die Lemnisken der erwachsenen Kratzer erinnern. An den aus den Ovarialscheiben abgefallenen länglich ovalen Eiern konnte Wagener einen Kern und ein Kernkörperchen erkennen. Der feinkörnige, sehr schwach lichtbrechende Dotter theilt sich nach der Befruchtung in zwei, dann in vier Theile. Zwischen ihm und der ursprünglichen Haut lagert eine anfangs weiche, verschwimmende kontinuirliche Haut sich ab. Diese wird zur zweiten Haut, welcher bald die dritte (bei *Echinorhynchus gigas* eine vierte) folgt. Zuletzt besteht der Embryo ganz aus Bläschen, seine Organe werden sichtbar.

[1]) Die Physiologie als Erfahrungswissenschaft v. K. Fr. Burdach, 2. Aufl., 2. Bd. 1837 pg. 195—200
Lehrbuch der vergleichenden Anatomie der wirbellosen Thiere, 1848, pg. 156.
[2]) Histoire naturelle des Helminthes, 1845 pg. 507, Tafel 7, Fig. B₄, B₅, C₅.
[3]) Beiträge zur Entwicklungsgeschichte der Eingeweidewürmer, 1855 gekrönte Preisschrift. Natuurkundige Verhandelingen van de Hollandsche Maatschappy der Wetenschappen te Haarlem, 1857, pg. 79—84. Vergl. auch Helminthologische Bemerkungen aus einem Sendschreiben an C. Th. v. Siebold. Zeitschrift für wissenschaftliche Zoologie, 1858, Bd. 9, pg. 77—78, Tafel 6, Fig. 13—16.

Nach van Beneden[1] trägt der im Eie bewegliche Embryo des *Echinorhynchus strumosus* sechs Haken von verschiedener Grösse. Zwei von ihnen übertreffen die übrigen sowohl durch ihre Länge, als durch ihre weit kräftigere Ausbildung. Unter diesem Stachelbesatze fand sich ein Bulbus, der stark an das Rostellum der Cestoïden erinnerte.

Schon im daraufolgenden Jahre konnte Leuckart[2] auf Grund seiner entwickelungsgeschichtlichen Studien an den in der Leibeshöhle des *Gammarus pulex* parasitirenden Larven von *Echinorhynchus proteus* die irrthümlichen Ansichten Wagener's, der bekanntlich behauptete, schon am Embryo die wesentlichsten Organisationsverhältnisse des ausgebildeten Thieres erkennen zu können, erfolgreich bekämpfen und die höchst überraschende Thatsache konstatiren, dass es einer langen Reihe tiefgreifender Umwandlungen bedürfe, um den Embryo in den definitiven Zustand überzuführen.

Nach Pagenstecher[3] haben die reifen Eier des *Echinorhynchus proteus* eine vierfache Hülle. Die innerste und die äusserste sind einfache, elastische, structurlose Schalen. Die zweite ist spindelförmig, viel länger als die innerste. Ihre beiden ausgezogenen Enden sind kolbig eingeengt und mit einem langen Fadenanhange versehen. Die dritte Hülle ist eine gallertartige oder eiweissige, durchsichtige Schicht, welche die Faden in der Aufrollung um die mittlere Schale erhält. Bei starker Vergrösserung konnte Pagenstecher hinter dem sogenannten Embryonalkerne eine Art Caudalblase erkennen.

Cobbold[4] fand bei den Eiern des *Echinorhynchus anthuris* eine feinkörnige Masse, die sich zwischen die Eihaut und die äussere Hülle einschiebt. Wenngleich auch Cobbold diese feinkörnige Substanz nicht direct als den Dotter bezeichnet, so nimmt er doch wenigstens an, dass sie sich von letzterem abgelöst habe und als Reservenahrungsmaterial funktionire.

Ch. Lespés[5] sucht durch eine Reihe von Beobachtungen an den Embryonen des *Echinorhynchus claraeceps* die Richtigkeit der Wagener'schen Angaben zu beweisen. Auch bei dieser vollkommen hakenlosen Art sollen sich ein durch eine deutlich konturirte Membran begrenzter Magensack und ein etwas schräg gestelltes Mundrohr auffinden lassen.

Das Verdienst, die Entwickelungsgeschichte des Embryonalkörpers bis zu den frühesten Anfängen verfolgt zu haben, gebührt unstreitig R. Leuckart.[6] Die Resultate seiner äusserst bedeutungsvollen Experimentaluntersuchungen, die er theils in dem Leipziger Dekanatsprogramme vom Jahre 1873, theils aber in der im Jahre 1876 erschienenen letzten Lieferung seines grossen, zweibändigen Parasitenwerkes niederlegte, sind kurz folgende: Der aus seinen Hüllen ausgeschlüpfte Embryo hat die Gestalt eines

[1] Mémoire sur les vers intestinaux Supplément aux Comptes rendus hebdomadaires des Séances de l'Académie des Sciences. Bd. 2. 1861. pg. 286.

[2] Helminthologische Experimentaluntersuchungen. Nachrichten von der G. A. Universität zu Göttingen. 1862. No. 22, pg. 434—439.

[3] Zur Anatomie des *Echinorhynchus proteus*. Zeitschrift für wissenschaftliche Zoologie, 13 Bd. 1863, pg. 118—119, Tafel 23, Fig. 15—21.

[4] Entozoa: An introduction to the study of helminthology with reference, more particularly, to the internal parasites of man. 1861. pag. 100.

[5] Sur quelques points de l'organisation des Échinorhynques. Extrait de la Revue des Sociétés Savantes; 1864. pg. 370 ff. Journal de l'Anatomie et de la Physiologie, M. Charles Robin. 1864 pg. 683—686.

[6] De statu et embryonali et larvali Echinorhynchorum eorumque metamorphosi, 1873, pg. 6—19, 29.
Die menschlichen Parasiten. 2. Bd. 1876, pg. 805—812.

schlanken Kegels, dessen vorderes Ende schräg nach der Bauchfläche zu abgestutzt ist. Die so gebildete Scheitelfläche trägt den bilateral entwickelten Stachelapparat, der jederseits aus 5 oder 6 stiletförmigen Borsten besteht. Zwischen beiden Hälften des Hakenapparates ziehen zwei dünne Leisten, die blosse Verdickungen der Cuticula sind, hin. Die ganze Scheitelfläche kann mit den darauf befindlichen Leisten und Haken tutenförmig nach innen eingezogen werden, und zwar mit Hülfe zweier zarter Muskelfasern, die in diagonaler Richtung nach hinten laufen und sich in einiger Entfernung vom Vorderrande an der Chitinbedeckung des Rückens befestigen. Zwischen die Stachelscheibe und den embryonalen Körnerhaufen schiebt sich ein elastisches Polster ein, welches als Antagonist der Rückziehmuskeln zu wirken hat und die nach Innen eingezogene Kopfscheibe wieder hervortreibt.

Ueber die Entstehungsweise der Embryonen macht Leuckart die folgenden Angaben. Nach der Befruchtung schwindet das Keimbläschen und der Dotter beginnt sich zu theilen. Die erste Furchungsebene trennt den Dotter in zwei sehr ungleiche Hälften, von denen sich zunächst wieder die grössere theilt. Der Dreitheilung folgt eine Vier- und Fünftheilung. Bis dahin verlaufen die Furchungsebenen ziemlich senkrecht zur Längsachse. Später aber beginnen die einzelnen Dotterballen auch durch Längstheilung zu zerfallen und zwar an dem einen Ende des Eies meist früher, als an dem anderen. Die Zahl der Dotterballen ist allmählich gewachsen. Gleichzeitig hat auch die Grösse derselben um ein Beträchtliches abgenommen. Nach Verlust der früher ebenen Begrenzungsflächen erweisen sich dieselben jetzt als runde Protoplasmaballen, die immer mehr sich verkleinern und neben ihrem Kerne nicht selten noch einige glänzende Körnchen in sich einschliessen. Die Zahl der körnchenhaltenden Ballen steigt immer mehr, je mehr die Dottertheilung fortschreitet. Sie häufen sich namentlich in der Mitte des Embryonalkörpers an und liefern hier durch Zusammenschmelzen schliesslich den oben erwähnten zentralen Körnerhaufen. In der Rindenschicht lassen sich die Ballen noch eine längere Zeit hindurch unterscheiden, aber später beginnen auch hier die Grenzen zu schwinden, bis der frühere Zellenbau nirgends mehr nachweisbar ist. Um diese Zeit erkennt man auch die ersten Spuren des embryonalen Hakenapparates. Wenn die Zahl der Dotterballen etwa ein Dutzend beträgt, wird eine scharf gezeichnete, feste Hülle abgeschieden. Am deutlichsten ist sie an den Eipolen. Die nachfolgenden Veränderungen lassen keinen Zweifel, dass es die spätere mittlere Eihaut ist, die auf diese Weise ihren Ursprung nimmt. Noch bevor dieselbe übrigens als solche erkannt wird, bedeckt sie sich mit einem hellen, weichen Ueberzuge, der sich gleichfalls zuerst an den Enden des Eies bemerkbar macht. Bei den Arten mit spindelförmigen Eiern bleiben diese Enden auch später noch der Sitz eines regen Wachsthumes, in Folge dessen dieselben immer weiter über den Dotter hinausschieben und zu zwei konischen Fortsätzen werden. Anfangs haben beide Eihäute an der Bildung dieser Endzapfen einen gleichen Antheil, aber später gestaltet sich das anders, indem die untere derselben, die inzwischen auch nicht unbeträchtlich verdickt ist und immer deutlicher sich als die eben beschriebene Schale zu erkennen giebt, ringförmig hinter den Enden des Dotters sich einschnürt und damit die charakteristische Bildung des Eies vollendet, zumal inzwischen auch die innerste Eihülle sich in Form einer dünnen Cuticula von der Dotteroberfläche abgehoben hat.

Eigene Beobachtungen.

Der Plasmaleib der jüngeren, noch in den Follikeln befindlichen Eier, ist am frischen Präparate wasserhell und vollkommen homogen. Nach Behandlung mit Chromosmiumessigsäure und Saffranin tritt eine körnige oder mehr streifige Struktur deutlich hervor, in der wir wohl den optischen Ausdruck eines Wabengerüstes vor uns haben. Im ruhenden Zustande ist der Kern ein kugeliger Körper von starker Tinktionsfähigkeit. Er enthält eine grössere Zahl dunkler, eckiger Körnerhaufen, welche die Knotenpunkte eines feinfädigen Netzwerkes bilden. Der Nucleolus, der an mit Pikrinessigsäure gehärteten und mit Fuchsin gefärbten Präparaten besonders deutlich hervortritt, ist ziemlich gross und liegt am Kernrande ausserhalb des Chromatinfädennetzes. Er besitzt eine vollkommen glatte Oberfläche und bietet den Netzfäden keine Ansatzpunkte. Die nächsten Veränderungen, die das junge Ei erleidet, bestehen darin, dass sein Plasmaleib beträchtlich an Masse zunimmt. Das Maschenwerk wird deutlicher und zugleich gröber, und in den Maschen sehen wir kleine Körperchen auftreten, die bald das Aussehen von Dottersubstanz gewinnen. Die Zahl dieser Körner nimmt rasch zu, wodurch die Eizelle die charakteristische, trübkörnige Beschaffenheit gewinnt, welche den Einblick in ihr Inneres so ungemein erschwert. Nach aussen ist jetzt der Eidotter von einer dünnen, aber scharf gezeichneten Membran, der Dotterhaut, begrenzt. Inzwischen hat sich aber auch der Kern nicht unerheblich vergrössert, und zwar dadurch, dass eine helle farblose Substanz sich zwischen die Chromatinkörner eingelagert hat. Das Kerngerüst besteht jetzt aus grossen, meist randständigen, eckigen oder mehr rundlichen Chromatinhäufchen, welche im allgemeinen ziemlich gleichweit von einander abstehen, und einem diese letzteren verbindenden und aus staubfeinen Partikeln gebildeten Fadennetze. Der Nucleolus hat sein Aussehen nicht verändert und liegt nach wie vor am Rande des Kernes. Die auf diese Art entstandene Zellkugel ist nichts anderes als das reife Ei.

Im vollkommen ausgebildeten Zustande hat das Akanthocephalenei eine sphärische Gestalt. Seine Grösse schwankt je nach der Spezies, der wir es entnehmen, zwischen 15 μ (*Echinorhynchus bipennis, Echinorhynchus angustatus, Echinorhynchus haeruca*) und 35 μ (*Echinorhynchus gigas*). Gewöhnlich in der Mitte des opaken Dotters ruht der grosse, kugelrunde Kern, dessen Durchmesser 5 μ (*Echinorhynchus bipennis*) bis 12 μ (*Echinorhynchus gigas*) beträgt. Im Leben ist seine Substanz homogen, milchigweiss und scheint eine zähflüssigere Beschaffenheit als der ihn umhüllende Dotter zu besitzen. Wenigstens sieht man beim Zerdrücken des Eies den Dotter schnell zerlaufen, den Kern aber unverletzt aus der zersprengten Hülle hervortreten. Obwohl das Keimbläschen nach aussen hin eine scharfe Begrenzung aufweist, so ist es mir doch niemals gelungen, eine besondere substanzielle Schicht d. h. eine Kernmembran nachzuweisen.

In der milchigweissen Grundsubstanz des Keimbläschens scheint nur ein einziges fettähnliches Gebilde eingelagert zu sein, welches infolge seiner Pellucidität als heller Flecken, der sogenannte Keimflecken, dem Auge sich darbietet. Das feinfädige Kerngerüst kann man erst durch Zusatz von Chromessigosmiumsäure zur Anschauung bringen.

Die nächsten Veränderungen, die sich nach der Ausstossung aus der Ovarialkapsel an dem reifen Ei wahrnehmen lassen, betreffen die äussere Gestalt desselben. Das Ei zieht sich zu einer schlanken Spindel aus, ohne jedoch sein Volumen wesentlich zu vergrössern, und umgiebt sich mit einer dünnen, glashellen Membran. Die bis dahin deutlich sichtbaren Keimflecke verschwinden, das Keimbläschen verliert seine scharfe Begrenzung. Alle diese Umwandlungen müssten sich zweifellos der

Beobachtung gänzlich entziehen, wenn nicht auch gleichzeitig der Plasmakörper der Eizelle eine tief greifende Veränderung erlitten hätte. Die kleinen Dotterpartikel — denn nichts anderes sind die zahlreichen den Zellleib trübenden Körnchen — werden eingeschmolzen oder vielleicht auch vom Kerne aufgebraucht. Zu Gunsten der letzteren Ansicht spricht vor allem die Thatsache, dass gerade in dieser Zeit die Kernoberfläche äusserst lebhafte amöboide Bewegungen zeigt, die auch auf eine sehr energische Thätigkeit im Inneren schliessen lassen. Die unregelmässigen, welligen Kernkonturen runden sich wieder ab, während die in der jetzt farblosen, mattglänzenden Kernsubstanz auftretenden stark lichtbrechenden Chromatinkörner zu dünnen Fäden und Schleifen sich vereinigen. Nun werden auch die Fäden der achromatischen Spindel sichtbar. Das Endresultat der Mitosischis, welche ich leider nicht durch alle Phasen hindurch verfolgen konnte, bildet die Ausstossung eines grossen Richtungskörperchen. Der Bildung des ersten Körperchen folgt, ohne dass der Kern in das sogenannte Ruhestadium eintritt, die des zweiten auf dem Fusse. Beide Richtungskörperchen liegen dicht bei einander an dem einen Pole des Eies, und zwar unmittelbar unter der dünnen, glasartig durchsichtigen Eihülle.

Auf diesem Entwickelungsstadium findet nun die Befruchtung durch die in der Leibeshöhlenflüssigkeit sich schlängelnd fortbewegenden, fadenförmigen Spermatozoen statt.

Der Bildung der karyolytischen Figuren folgt bald die Zertheilung des Kernes. Die beiden Tochterkerne rücken in der Richtung der beiden Eipole etwas auseinander, und zwischen ihnen bildet sich vom Eirande aus eine ringförmige Einschnürung, die immer tiefer und tiefer in das Innere vorrückt.

Der mitotische Furchungsprozess hat nicht nur den Zerfall des Eies in zwei Blastomeren von ungleichem Volumen, sondern auch eine tief eingreifende morphologische Differenzirung zur Folge, insofern nämlich aus der kleineren, die Richtungskörper tragenden, der epithelartige Epiblast, aus der grösseren aber die rundlichen Hypoblastzellen hervorgehen.

Das Dotterfurchungsschema, welches Halle[1]) für die Nematoden entworfen hat, kann, wie aus dem Folgenden hervorgeht, auf die Acanthocephalen keine Anwendung finden.

Die Kerntheilung und die Dotterfurchung wiederholen sich zunächst nur an der kleineren Blastomere, sodass wir also jetzt drei auf einander folgende Ballen, von denen natürlicherweise der ungetheilte entodermale der grösste ist, erhalten. Die beiden nächsten Furchungsebenen verlaufen bei *Echinorhynchus angustatus* und *Echinorhynchus haeruca* den beiden ersten parallel und verdoppeln die Zahl der Epiblastkugeln. Bei *Echinorhynchus gigas* aber theilt sich der mittlere und dann auch der am Eipole liegende vordere Ballen senkrecht zu den übrigen. Diese sich mehrmals wiederholende Klüftung parallel zur Längsachse scheint auch der Grund zu sein, weshalb die Eier des Riesenkratzers schon frühzeitig ihre schlanke Spindelform mit der eines Ellipsoides vertauschen. Ich möchte gleich hier hervorheben, dass die Theilungsebenen, zumal bei den Eiern von *Echinorhynchus angustus* und *Echinorhynchus haeruca*, meistentheils nicht senkrecht, bezichentlich parallel zur Längsachse der Eier liegen, sondern selbige unter schiefen Winkeln kreuzen. Unter solchen Umständen dürfen natürlicherweise „Längs- und Quertheilung" nicht im strengsten Sinne des Wortes aufgefasst werden.

[1]) Recherches sur l'embryogénie et sur les conditions du développement de quelques Nématodes. Paris 1885.

Die entodermale Blastomere hat noch immer keine Veränderung erfahren und übertrifft jetzt an Grösse die übrigen um mehr als das Dreifache. Leuckart hat also vollkommen Recht, wenn er sagt: „Dass die Dotterballenvermehrung an dem einen Ende des Eies früher beginne als an dem anderen, so dass vielleicht die eine Hälfte die Zahl ihrer Ballen bereits verdoppelt hat, während die gegenüberliegende noch die frühere Bildung aufweist.“

Uebrigens möchte ich gleich hier hervorheben, dass die Klüftung von nun an nicht mehr in der gewohnt regelmässigen Weise fortschreitet. Bei der Fünftheilung tritt dies schon recht deutlich hervor. Für gewöhnlich ist es der grosse Hypoblastballen, der durch eine Querebene sich in zwei in der Längsachse aufeinander stossende Furchungskugeln zerlegt. Manchmal geschieht es aber, dass dieser Zerklüftung die Theilung eines oder mehrerer der Ektodermballen in der Längs- oder Querrichtung vorausgeht. Bei der Sechs- und Siebentheilung treten schon so viele Variationen auf, dass es mir unmöglich ist, auf sie hier näher einzugehen.

Eine nothwendige Folge der hier sehr typisch ausgeprägten inäqualen Furchung ist es, dass die sehr rasch sich vermehrenden und dabei beträchtlich an Grösse abnehmenden Ektodermzellen über die weit umfangreicheren Entodermzellen hinwegwachsen und sich als einfache, epithelartige Zellenschicht auf ihnen ausbreiten. Zunächst ist es zwar nur die eine Fläche — ob Rücken- oder Bauchfläche lässt sich bei dem vollkommen radiären Baue des Acanthocephaleneies nicht angeben —, die eine solche Deckschicht erhält. Bald aber sehen wir die Ränder der Ektodermkappe nach der gegenüberliegenden Fläche sich umschlagen, sodass schliesslich nur noch ein schmaler, medianer Spalt, der Blastoporus oder Gastrulamund, zurückbleibt. An der so entstandenen epibolischen Gastrula lassen sich die beiden Keimblätter sehr leicht unterscheiden. Die Zellen des Epiblastes sind ziemlich klein und flach, aber sehr regelmässig polyedrisch begrenzt. Die Dotterpartikel, die früher in grosser Menge vorhanden waren und den Einblick erschwerten, sind infolge des eminenten Stoffverbrauches während des Furchungsprocesses gänzlich aufgezehrt worden. Die Hypoblastzellen dagegen sind mindestens doppelt so gross, von mehr rundlicher Form und zeigen noch das ursprüngliche, milchig trübe Aussehen.

Das Prostoma, das anfangs mehr als zwei Drittel der Medianlinie einnahm, schliesst durch Entgegenwachsen seiner Ränder zu der Zeit, wo die Zellen des Hypoblastes sich in rascherem Tempo zu vermehren beginnen. Zunächst sind es die hinteren Hypoblastzellen, welche sich wiederholt theilen und allmählich einen ansehnlichen Haufen kleiner Kernzellen hervorgehen lassen. Wollen wir bei dem Echinorhynchusembryonen von einem Mesoderme sprechen, so können es meines Erachtens nur die neugebildeten Zellen sein, die hierbei in Betracht kommen.

Auf dieser Entwickelungsstufe lassen sich die drei Keimblätter des Embryonalleibes sehr leicht unterscheiden. Das äusserste derselben bildet den aus kleinen abgeflachten und polyedrisch begrenzten Zellen bestehenden Epiblast. Es umschreibt einen eiförmigen Hohlraum, dessen vordere Hälfte bis auf eine enge gürtel- oder ringförmige Spalte von den grossen Hypoblastzellen ausgefüllt wird. Die hintere Hälfte nehmen die um vieles kleineren Mesoblasten ein. Der gürtelförmige Spaltraum, der besonders deutlich am vorderen Leibesende hervortritt, bildet die primäre Leibeshöhle. Mit fortschreitender Vermehrung der Blastomeren ändert sich wiederum das Aussehen des ganzen Embryonalleibes. Die Veranlassung hierzu bieten die grossen Hypoblastzellen. Sie vermehren sich in derselben Weise, wie die ursprünglich am hinteren Ende des Hypoblastzapfens gelegenen Zellen und lassen schliesslich kleine

Kernzellen hervorgehen, welche in jeder Hinsicht den Mesoblasten gleichen und zweifelsohne auch ihnen zugerechnet werden müssen. Da nun der ganze Hypoblast in der Bildung der Mesoblasten aufgeht, so resultirt schliesslich wiederum ein zweischichtiger Embryo, bestehend aus der einfachen Lage kleiner, epithelartiger Ektodermzellen und den etwas grösseren, mehr rundlichen Zellen des Mesodermes.

Schneider[1] denkt darüber freilich anders, indem er bei den Larven von *Echinorhynchus gigas* die Existenz einer Darmanlage annimmt. Das Gebilde, welches er als Darm bezeichnet, ist jener im späteren Leben vollständig obliterirende, mit grossen Kernen ausgestattete Plasmastrang, der vom hinteren Receptaculumende zu den Zellen der Genitalwege herabläuft. Ich kann mich nicht sonderlich mit dieser Hypothese befreunden, weil alle meine Untersuchungen, die ich über die Entwickelungsgeschichte der Echinorhynchen anstellte, nicht ein einziges Resultat lieferten, welche zu Gunsten einer solchen Annahme spräche. Würden wir Schneider beistimmen, so müssten wir schliesslich auch zugeben, dass das Ligamentum suspensorium — die Eiröhre der Acanthocephalen — die Keimdrüsen in beiden Geschlechtern, die Nephridien aus, beziehentlich in der Darmanlage ihre Entstehung nehmen.

Gleichzeitig mit den Mesoblasten proliferiren auch die Ektodermzellen des oralen Leibespoles, und es resultirt ein rundlicher, nach innen einspringender Wulst, der sich leicht von seiner Umgebung unterscheiden lässt, als in ihm schon frühe die Zellenkonturen verloren gehen. Ein ähnliches, aber viel kleineres Zäpfchen wird zur nämlichen Zeit am Schwanzende sichtbar.

Die Zellenkomplexe des zweischichtigen Embryos lassen sich, zumal unter Zuhilfenahme desjenigen Larvenstadiums (s. Tafel 10, Fig. 4), welches ich stets zum Ausgangspunkte der organogenetischen Besprechungen wählte, auf den Bau des späteren Wurmes ganz ungezwungen zurückführen. Die epithelartige Ektodermzellenschicht liefert die Cuticula und das komplizirte Fasergeflecht der Hypodermis. Der vordere ektodermale Syncytiumzapfen giebt dem Zentralnervensysteme, vielleicht auch dem cuticularen Theile des Rüssels seine Entstehung. Der kleine, aborale Zapfen verwandelt sich später in die häutige Auskleidung der Kopulationswerkzeuge. Aus dem Mesoderme gehen das Ligamentum suspensorium nebst den Keimdrüsen und die gesammte Muskulatur hervor, und zwar aus den seitlichen Flügeln der Hautmuskulatur und der muskulöse Rüssel, aus den centralen Partien aber die Muskulatur des Genitalapparates.

Während der voranstehend geschilderten Veränderungen hat auch die Entwickelung der Embryonalhäute sehr wesentliche Fortschritte gemacht. Das dünne Häutchen, welches wir schon zur Zeit der ersten Furchungen vom Dotter sich abheben sahen, hat, indem sich auf seiner Innenfläche eine farblose, gelatinöse Masse ablagerte, seine Selbständigkeit eingebüsst. Bei *Echinorhynchus gigas* und *Echinorhynchus moniliformis* vertheilt sich diese hyaline Substanz ziemlich gleichmässig auf die ganze Fläche. Bei *Echinorhynchus angustatus* und *Echinorhynchus haeruca* dagegen häuft sie sich hauptsächlich an den Eipolen an und bereitet so die für die äussere Embryonalhülle charakteristische Spindelform vor. Bei Beginn der Epibolie der ektodermalen Furchungskugeln umgiebt der Embryo sich mit einer zweiten, weit festeren und widerstandsfähigeren Hülle, die sich in Folge ihres auffallend starken Lichtbrechungsvermögens und der scharfen Konturen von der äusseren Haut leicht unterscheiden lässt. Beim Riesenkratzer ahmt sie die eiförmige Gestalt des Embryonalleibes nach; bei *Echinorhynchus angustatus* und

---

[1] Entwicklungsgeschichte des *Echinorhynchus gigas*. Sitzungsberichte der Oberhessischen Gesellschaft für Natur- und Heilkunde. Giessen, 8. März 1871, pg. 3—4.

Echinorhynchus haeruca aber schiebt sie sich immer weiter und weiter über die Enden des Dotters hinweg und zieht sich in zwei lange, hohle konische Ausläufer aus, die späterhin dicht oberhalb der Eipole sich ringförmig einschnüren. Die dritte und letzte Embryonalhülle erhält der Embryo zur Zeit der Mesodermentwickelung. Sie ist die dünnste und wahrscheinlich auch die vergänglichste aller Eihäute und sicherlich nur zum Schutze des Embryonalstachelkleides vorhanden.

Fast gleichzeitig mit dieser dritten Hülle werden auch die ersten Spuren des embryonalen Hakenapparates sichtbar. Jedesmal da, wo drei, beziehentlich vier der cylindrischen Epiblastzellen zusammenstossen, bildet sich ein kleines konisches Zäpfchen, welches bald zu einem grossen Krallenhaken, bald aber auch nur zu einem dornähnlichen Stachel sich auszieht. Die Embryonalhaken sind demnach keineswegs das Produkt einer Zellenmetamorphose, sondern lediglich einfache Cuticularbildungen der Epiblastzellen.

Während das Stachelkleid seiner Vollendung entgegengeht, erleidet der Embryonalleib eine höchst wunderbare und meines Wissens in der gesammten Thierreihe noch niemals beobachtete histolytische Metamorphose. Sie beginnt damit, dass die Zellen ihre ursprünglichen, sehr deutlichen Begrenzungen verlieren und zur Bildung eines vielkernigen Syneytiums zusammentreten. Aber auch die Kerne haben in der Zeit, wo diese histolytischen Vorgänge sich abspielen, ihr Aussehen gänzlich verändert. Die im Ruhezustand regellos zerstreuten und durch dünne Fäden verbundenen Chromatinkörnchenhäufchen nehmen rasch an Masse zu. Die kleinen, theils in die Substanz der Fäden eingebetteten, theils im Kernplasma auftretenden kleinen Chromatinpartikel fliessen zu dicken, mit zackiger Oberfläche ausgestatteten Strängen zusammen. Da nun aber, wie sich aus dem Schrumpfen der Kernmembran folgern lässt, gleichzeitig mit der Chromatinvermehrung auch eine Verdichtung des Kernplasmas selbst sich vollzieht, so gewinnen die Nuclei bald das Aussehen solider, unregelmässig huckelig begrenzter Chromatinballen. Zunächst sind es die Kerne des Embryocentrums, also Mesoblasten, welche diese Umwandlung erfahren. Doch bald greift dieser Process auch auf die mehr peripherisch gelegenen Kerne und schliesslich auch auf diejenigen des ursprünglichen Epiblastes über.

In der Zeit nun, wo die Kernmetamorphose in so eigenthümlicher Weise sich vollzieht, hat auch die Anordnung der Kerne und somit das ganze Aussehen des Embryonalkörpers sich wesentlich verändert. Noch in jener Periode des Embryonallebens, wo die Zellengrenzen verschwanden, ist die Lage der Nuclei die ursprüngliche, d. h. sie vertheilen sich so ziemlich gleichmässig über den Plasmaleib des jungen Wurmes. Weit anders aber gestaltet sich das Bild in der Zeit, wo die Kernmetamorphose ihren Abschluss gefunden hat. Die peripherischen Schichten des Embryos sind vollständig kernlos, während im Zentrum sich ein ansehnlicher, dichter Kernhaufen, Leuckart's „Embryonalkern", gebildet hat (s. Tafel 10, Fig. 3 pl; Fig. 9 pl. Pnc; Fig. 10 pl. Pnc).

Unsere nächste Aufgabe wäre die, zu eruiren, auf welche Weise der Embryonalkern seine Entstehung genommen hat. A priori sind drei Möglichkeiten gegeben:

Erstens können die im Zentrum des Embryonalleibes gelegenen Kerne in Folge mehrmals wiederholter mitotischer Theilung rasch sich vermehren, während die Kerne der peripherischen Zone und diejenigen des früheren Epiblastes resorbirt werden. In diesem Falle lassen sich die grossen Kernkugeln der Larvenhypodermis nicht direkt an eine frühere Zellen-, beziehentlich Kerngeneration anknüpfen.

Zweitens aber könnten ausschliesslich die Mesoblasten es sein, welche grössere Mengen von chromatischer Substanz — auf Kosten der peripherischen Kerne — in sich aufstapeln. Um die dichte Lage und die grosse Anzahl der den Embryonalkern bildenden Nuclei zu erklären, müssen wir auch in diesem Falle eine rege Kernvermehrung zur Zeit der Chromatinaufspeicherung annehmen. Die Hypodermiskerne der späteren Larvenhaut würden unter obigen Voraussetzungen aus den blassen, bei dem freien oder hartbeschalten Embryo nicht erkennbaren Epiblastkernen ihre Entstehung nehmen.

Drittens aber können wir uns denken, dass sämmtliche Kerne des Embryonalleibes an der Bildung des zentral gelegenen Kernhaufens betheiligen, wenn wir nur voraussetzen, dass mit der stetig fortschreitenden Chromatinbereicherung ein Zusammenrücken der Kerne nach dem Embryocentrum gleichen Schritt hält. Im letzteren Falle würden selbstverständlicherweise sämmtliche Organe der Larve mit Einschluss der mächtigen Hypodermis aus dem Embryonalkerne hervorgehen.

Die erste, hauptsächlich von Leuckart[1] vertretene Hypothese, nach der die Kerne der larvalen Hypodermis, ohne an eine frühere Zellengeneration anzuknüpfen, frei in den Körperwänden entstehen, ist nach den Erfahrungen, die wir im Laufe der Zeit über das Zellleben und die Zellvermehrung gesammelt haben, nicht mehr haltbar. Der Schluss Omnis nucleus ex nucleo ist nach dem heutigen Stande der Wissenschaft ebenso berechtigt, wie der weit ältere Omnis cellula ex cellula.

Nicht minder gewichtige Gründe scheinen mir gegen die zweite dieser Hypothesen zu sprechen. Schon der Umstand, dass trotz Anwendung sehr gut auflösender Immersionen und auf das sorgfältigste und nach den neuesten bewährten Tinktionsmethoden behandelten Präparate es mir nie glückte, Kerne in der äussersten, durch die primäre Leibeshöhle deutlich begrenzten Schicht aufzufinden, liess mir eine solche Annahme sehr problematisch erscheinen. Ferner aber hält es nicht schwer, an der Hand der Kernfiguren den Nachweis zu erbringen, dass zu jener Zeit, wo die Nuclei mit chromatischer Substanz sich anfüllen, nirgends Zelltheilungen wahrgenommen werden können. Endlich aber sprechen alle Resultate, welche mir das Studium der Entwickelungsgeschichte lieferte, gegen die Richtigkeit der obigen Annahme. Auf einer gewissen Bildungsstufe, welche Fig. 2 auf Tafel 10 veranschaulichen soll, treffen wir nämlich die Kerne (hier), die sich späterhin successive in die grossen Hypodermisblasen umwandeln, noch in der Substanz des mächtigen, den Embryonalkern einhüllenden, Plasmazapfens an. Es ist unter solchen Umständen von vornherein ausgeschlossen, dass die Hypodermiskerne in der durch die primäre Leibeshöhle von dem centralen Zapfen scharf getrennten Plasmahülle entstanden sein könnten.

Aus den voranstehenden Erörterungen geht auf das bestimmteste hervor, dass wir in Berücksichtigung der Resultate, welche uns die directe Beobachtung am lebenden Embryo, sowie das Studium der Entwickelungsgeschichte liefern, von der Bildungsweise des Embryonalkernes uns nur dann eine klare Vorstellung zu machen im Stande sind, wenn wir annehmen, dass sämmtliche Kerne des Embryoleibes in der früher geschilderten Art chromatische Substanz in sich aufnehmen, zugleich aber nach dem Centrum des Embryos zusammenrücken.

Die obige Schilderung wird wohl zur Genüge darthun, dass wir den centralen Kernhaufen nicht als ein embryonales Organ auffassen und mit Leuckart einem rudimentären Darmkanale vergleichen dürfen. Er enthält die Bildungselemente aller Gewebsarten und giebt dementsprechend nicht nur, wie

[1] Die menschlichen Parasiten. Bd. 2. 1876. pg. 820.

dies Leuckart annahm, der Muskulatur und den Genitalien, sondern auch der Hypodermis und ihren complizirten Fasergeweben den Ursprung.

Mit der Ausbildung dieses Centralkörpers hat übrigens die Embryonalentwickelung noch nicht ihren Abschluss gefunden. Vielmehr sehen wir noch eine Reihe von Bildungen entstehen, die für die Existenz des Embryos von der grössten Bedeutung sind. Schon in jener Periode, wo im Centrum des Embryos die ersten dunkelen Kerne anzutreffen sind, erleiden die peripherischen Schichten des fein granulirten Plasmaleibes eine Umwandlung, infolge deren sie eine mehr homogene und wesentlich zähere Beschaffenheit gewinnen. Anfänglich ist diese Schicht, die sich direkt unter der mit kleinen Stacheln bedeckten embryonalen Cuticula ausbreitet, zwar noch ziemlich dünn; doch sie nimmt an Stärke rasch zu, so dass auf dem Stadium, wo die Bildung des Embryonalkernes sich vollzogen hat, ihre Dicke circa ⅙ des gesammten Leibesdurchmessers beträgt. Die deutlichen Konturen, welche um diese Zeit die zähe Randschicht von den weicheren Kerne abgrenzen, werden nicht, wie man dies wohl von vornherein vermuthen könnte, durch eine besondere, konsistentere, substanzielle Schicht (Membran) erzeugt, sondern haben ihren Grund in dem Auftreten einer schmalen Ringspalte, der primären Leibeshöhle. Dieser ringförmige Spaltraum ist zunächst nur in den vorderen Partien, dem Kopftheile des Embryos, deutlich sichtbar, und reicht mit seinem vorderen Ende bis in die Nähe der retractilen Kopfscheibe. Aber bald verlängert er sich nach hinten und schneidet allmählich einen schlanken, hinten sphäroïdal abgerundeten, konisch sich einengenden Zapfen heraus, der mit seiner breiten Basis dem Hakenapparate aufsitzt und in seiner Mitte den grossen, mehr oder minder dichten Kernhaufen trägt (s. Tafel 10, Fig. 3 pl; Fig. 9 Pnc; Fig. 10 pb. Die Leibeshöhle (s. Tafel 10, Fig. 3 coc, Fig. 9 coc) ist im Leben mit einer zahlreiche Fetttröpfchen enthaltenden, liquiden Flüssigkeit erfüllt.

Zur nämlichen Zeit, wo die primäre Leibeshöhle als solche deutlich sichtbar wird, tritt auch im vorderen Leibesende ein zart längsgestreiftes Band hervor, welches sich in der Mitte des Rostellums anheftet, dann in diagonaler Richtung zur dorsalen Medianlinie emporsteigt (s. Tafel 10, Fig. 3 mrr) und in einiger Entfernung vom vorderen Ende an der zähen Körperhülle sich inserirt (s. Tafel 10, Fig. 3 mrr¹. Seiner Funktion nach müssen wir dieses Längsband als Musculus retractor rostelli bezeichnen[1]).

In der voranstehenden Schilderung habe ich nur auf die Genesis des Embryonalkörpers, nicht aber auch auf seine Gestalts- und Grössenverhältnisse, sowie auf die Art der Umhüllung Rücksicht genommen. Und ich will das Fehlende hier nachholen.

Bei allen von mir untersuchten Arten fand ich den der Uebertragung in den Zwischenwirth harrenden reifen Embryo von drei Hüllen umgeben, von denen besonders die äussere durch ihre ungewöhnlich kräftige Ausbildung auffällt und wohl mit vollem Rechte den ihr ertheilten Namen „Schale" verdient. Die Gestalt der Embryonalhüllen richtet sich ganz nach der des Embryonalkörpers. Bei *Echinorhynchus gigas*, *Echinorhynchus moniliformis*, *Echinorhynchus trichocephalus*, *Echinorhynchus strumosus*, *Echinorhynchus bipennis* haben die Embryonen eine bald mehr, bald minder gedrungene Form; ihre drei Hüllen liegen dementsprechend in concentrischer Schichtung über einander. Bei den übrigen Species: *Echinorhynchus porrigens*, *Echinorhynchus proteus*, *Echinorhynchus polymorphus*, *Echinorhynchus*

---

[1] Ueberdies möchte ich hervorheben, dass schon R. Leuckart in seinem grossen Parasitenwerke pg. 809 und pg. 810 die mit Flüssigkeit erfüllte Leibeshöhle und den Retractor im Wesentlichen richtig beschrieben hat.

haeruca. Echinorhynchus *angustatus* aber berühren sich die drei Eihäute nur in der Aequatorialregion. An den Polen dagegen liegt nur die innerste dem schlanken, spindelförmigen Embryo direct auf; die beiden anderen aber ziehen sich in zwei konische Zapfen aus, die vorn und hinten über die innere Hülle um ein Beträchtliches hervorragen.

Trotz der ansehnlichen Volumenvermehrung, die der Embryo durch das Auftreten dieser dicken Beschalung erfährt, besitzen doch die sog. „reifen Eier" der Acanthocephalen eine relativ sehr unbedeutende Grösse. In folgender Tabelle habe ich die hauptsächlichsten Maasse für die Eier und die Embryonen einer Reihe verschiedener Species zusammengestellt:

A. Ovoide Eier:	Länge und Breite des Embryos.	Länge und Breite der äussersten Hülle.
Echinorhynchus gigas:	65 μ, 35 μ;	98 μ, 62 μ.
Echinorhynchus moniliformis:	45 μ, 26 μ;	62 μ, 42 μ
Echinorhynchus trichocephalus:	54 μ, 22 μ;	79 μ, 31 μ.
Echinorhynchus strumosus:	79 μ, 25 μ;	96 μ, 40 μ.
Echinorhynchus bipennis:	38 μ, 13,5 μ;	42 μ, 20 μ.
B. Spindelförmige Eier:		
Echinorhynchus porrigens:	62 μ, 20 μ;	128 μ, 28 μ.
Echinorhynchus proteus:	48 μ, 12 μ;	91 μ, 14 μ.
Echinorhynchus polymorphus:	61 μ, 11 μ;	110 μ, 18 μ.
Echinorhynchus haeruca:	68 μ, 11 μ;	125 μ, 16 μ.
Echinorhynchus angustatus:	72 μ, 10 μ;	128 μ, 15 μ.

Die innerste der drei Embryonalhäute besitzt bei allen Species eine sehr geringe Dicke, die selbst bei *Echinorhynchus gigas* nicht über 1 μ hinausgeht, bei *Echinorhynchus angustatus* und *Echinorhynchus spinosus* aber auf 0,6—0,5 μ herabsinken kann. Sie schmiegt sich allerorten dem Embryonalleibe eng an und nimmt die zahlreichen kleinen Häkchen, die in eng gewundener Spirale ihn bedecken, in sich auf. Nach aussen scheint sie an Consistenz zu gewinnen, wenigstens zeigt sie hier eine scharfe und glatte Begrenzung. Weit kräftiger und von einem festeren Gefüge ist die mittlere Embryonalhaut. Zwischen ihr und der inneren Hülle findet sich mit ziemlicher Constanz ein enger Spaltraum, der dem Embryo, wenngleich in beschränktem Masse, sich zu bewegen gestattet. Die mittlere Eihaut erreicht nahezu die doppelte Stärke der inneren (*Echinorhynchus gigas* 2 μ, *Echinorhynchus haeruca* 0,9 μ, *Echinorhynchus trichocephalus* 0,7 μ). Sie ist vollkommen farblos, innen und aussen scharf conturirt und zeichnet sich vor den übrigen Eihäuten durch ihr hohes Lichtbrechungsvermögen aus. Bei den Species mit spindelförmigen Eiern bildet sie zwei lange, hohle, kolbenartige Zapfen, welche vorn und hinten den Embryo um fast ein Drittheil seines Längsmessers (*Echinorhynchus haeruca*: 22 μ) überragen.

Ausser den beiden Embryonalhäuten im engeren Sinne haben alle mir näher bekannten Arten noch eine sehr dicke Schale, die, je nachdem die aus dem mütterlichen Leibe entleerten Eier im Wasser oder auf dem trockenen Erdreiche längere Zeit der Uebertragung in den Zwischenwirth harren, bald eine weiche, elastische, bald aber eine eigenartig harte oder spröde Beschaffenheit aufweist. In der frühesten Jugend sind diese so leicht in die Augen fallenden Unterschiede noch nicht vorhanden. Selbst dann noch, wenn der Embryo das Gastrulastadium repräsentirt, lassen sich drei deutlich getrennte Schichten unterscheiden, und zwar zwei scharf conturirte Grenzmembranen und eine bald weiche und faserig structurirte, bald körnige harte Masse, welche den von den beiden Membranen begrenzten

Hohlraum vollständig ausfüllt. Bei *Echinorhynchus angustatus*[1], *Echinorhynchus haeruca*, überhaupt bei der Mehrzahl derjenigen Arten, die ihre Eier in das Wasser ablegen, behält die Schale ihre ursprüngliche, gallertartig zähe Beschaffenheit bei.

Betrachtet man die Schale eines solchen direct aus dem Mutterleibe entnommenen Eies, so wird man zunächst selbst bei Anwendung gut auflösender Immersionssysteme kaum eine weitere Differenzirung erkennen können; die Schale erscheint als vollkommen durchsichtige Gallerthülle, die der äusseren der beiden Embryonalhäute direct aufliegt. Setzt man die Eier aber längere Zeit hindurch der Einwirkung von Wasser aus, so wird zunächst auf ihrer Oberfläche eine dünne Membran sichtbar, die jedoch sehr bald wieder verschwindet. Allmählich aber nimmt auch die übrige Masse eine eigenthümliche, spiralige Streifung an, deren Linien in demselben Masse deutlicher werden, als die Gallerte aufquillt. Schliesslich löst sich die Schale in eine Anzahl korkzieherähnlich zusammengerollter dünner Fäden auf, deren dicke Enden aber mit der äusseren Embryonalhaut in Verbindung bleiben.

Weit schneller vollzieht sich die Auflösung der Gallerthülle in den Darmsäften des definitiven Wirthes, der in diesem Falle wahrscheinlich ausschliesslich in der Reihe der Fische zu suchen sein dürfte. Mit ihren Spiralfäden umschlingen die Eier die Speiseüberreste, die sich in den Fäkalmassen der Fische noch vorfinden, und gelangen mit ihnen auf den Grund der Flüsse und Bäche. Es liegt nun klar auf der Hand, dass die Anheftung der Acanthocephaleneier an solche putrescirende, animalische Stoffe, die mit grosser Vorliebe von den Zwischenwirthen — in den beiden hier in Betracht kommenden Fällen also von den Asseln — verzehrt werden, der denkbar einfachste und sicherste Weg ist, um die spontane Infection des Zwischenwirthes herbeizuführen.

Weit anderen Ansprüchen muss die Embryonalschale von *Echinorhynchus gigas* genügen. Bekanntlich lebt diese Art in dem Dünndarme unseres gemeinen Hausschweines. Seine Eier gelangen mit den Kothmassen nach aussen und werden auf dem Boden verstreut. Hier liegen sie Wochen, ja oft Monate lang, den Unbilden der Witterung ausgesetzt, bis endlich sie von den die Exkremente durchwühlenden Engerlingen der Cetonia aurata und Lachnosterna arcuata[2] mit der Nahrung aufgenommen werden. Dementsprechend hat die Schale eine ganz andere Beschaffenheit angenommen. Sie stellt eine derbe, chitinartig harte, mit zahlreichen schüsselförmigen Vertiefungen bedeckte Hülle dar[3], an der sich selbst im vollkommen ausgebildeten Zustande noch die drei Schichten erkennen lassen. Die äussere und die innerste dieser drei Hüllen sind sehr dünn, völlig farblos und mit der eigentlichen Schalensubstanz innig verwachsen. Die letztere macht den Haupttheil der Schale aus und verdankt ihre Festigkeit dem Umstande, dass in der ursprünglich weichen Grundsubstanz sich grosse Mengen einer gelblich oder braun gefärbten Körnermaterie von ziemlicher Härte abgelagert haben. Gegen Druck ist sie nur bis zu einem gewissen Grade nachgiebig. Ueberschreitet man diese Grenze, so springt sie mit knisterndem Geräusche nach Art einer Walnuss auf, und aus der Rissstelle, die stets von einer am oralen Körperpole befindlichen trichterförmigen Vertiefung ausgeht, tritt der von seinen beiden inneren Eihäuten umhüllte Embryo hervor.

[1] Vergl. Fig. 9 der von mir gezeichneten 100. Leuckart'schen Zoologischen Wandtafeln.
[2] W. Stiles: Notes sur les parasites. III. Sur l'hôte intermédiaire de l'Echinorhynchus gigas en Amérique. Bulletin de la Société Zoologique de France. Tome 16, pg. 240. 1891.
[3] Vergl. Leuckart's Zoologische Wandtafeln. No. 100. Fig. 8.

Trotz der hohen Pellucidität der Embryonalhäute bei den kleineren Species wird man doch an dem in der Schale befindlichen Embryo ausser dem Hakenkleide kaum weitere Einzelheiten erkennen können. Zum Zwecke eingehenderer Untersuchungen müssen wir den Embryo aus seinen Hüllen befreien. Da uns nun aber die Präparationsmethoden in Folge der leichten Vergänglichkeit des Embryonalleibes im Stiche lassen, so bleibt uns nichts anderes übrig, als zur Verfütterung der Eier an den Zwischenwirth (Asellus aquaticus, Cetonia aurata etc.) unsere Zuflucht zu nehmen. Schon nach Verlauf weniger Tage trifft man im Darme frei bewegliche Embryonen an, die ihre Hüllen durchbrochen haben und jetzt sich bemühen, mit Hülfe ihres Hakenapparates in die Darmwand sich einzubohren.

Beim Herausschlüpfen aus den Eihüllen nimmt der Embryo Flüssigkeit auf und vertauscht seine ursprüngliche, länglich ovale oder spindelartige Gestalt mit der einer bauchigen Flasche. Sein Kopfende, das stets mit dem Flaschenboden zusammenfällt, ist flach abgerundet (*Echinorhynchus gigas*, s. Tafel 8, Fig. 36), oder unter einem Winkel von 30—40° schräg abgestutzt *Echinorhynchus angustatus*, *Echinorhynchus haeruca*, s. Tafel 8, Fig. 31), das Schwanzende dagegen in einen schlanken Kegel ausgezogen. Die gleichmässig dünne Cuticula, welche als farbloses Häutchen das Leibesparenchym überzieht, trägt zahllose kleine, dornenförmige, nach hinten gekrümmte Häkchen, die alternirend in Reihen über einander stehen und nach der Körpermitte, sich mehr und mehr verkleinernd, in ein förmliches Stachelkleid übergehen. Die Länge der einzelnen Häkchen variirt zwischen 3 μ in der Schwanz- und Kopfregion und 0,7 μ in der Aequatorialregion.

Bei *Echinorhynchus angustatus* und *Echinorhynchus haeruca* verdickt sich die Cuticula am Kopfende zu einer dünnen linsenförmig gewölbten Scheibe, die nun der aus 10 bis 12 grossen Haken bestehenden Kopfbewaffnung zur Befestigung dient.

Diese Kopfhaken unterscheiden sich von den übrigen Körperstacheln nicht nur durch ihre weit beträchtlichere Grösse, sondern sie weisen auch ganz andere Formverhältnisse auf. Gewöhnlich bilden sie dünne, schmale Leisten, welche der Cuticula aufliegen, in radialer Richtung von der durch eine seichte Rinne (*Echinorhynchus gigas*) oder durch zwei dicht nebeneinander vorspringende, mediane Wülste (*Echinorhynchus angustatus*, *Echinorhynchus haeruca*) gekennzeichneten Mitte der Kopfscheibe nach deren Rande herabziehen und hier in Form krallenartig gebogener, kurzer, aber fester und zum Einreissen sehr geeigneter Spitzen endigen. Die Grösse der einzelnen Haken ist nicht die gleiche, sondern nimmt nach der Rücken- und Bauchfläche hin ab. Gewöhnlich sind es fünf Haken, die durch eine besonders kräftige Entwickelung sich auszeichnen und schon an dem von der dreifachen Hülle umschlossenen Embryo sich deutlich erkennen lassen. Sie stehen stets senkrecht zu den Chitinleisten und vertheilen sich so, dass drei auf die rechte, zwei auf die linke Hälfte der durch die Medianrinne getheilten Scheitelfläche kommen (s. Tafel 8, Fig. 36). Bei *Echinorhynchus gigas* messen diese Haken 17—18 μ; während ihre Länge bei *Echinorhynchus angustatus* und *Echinorhynchus haeruca* auf 5—6 μ veranschlagt werden kann.

Bei *Echinorhynchus angustatus* und *Echinorhynchus haeruca* bildet die mediane Rinne gewissermassen ein Gelenk, um welches die beiden Hälften der Stachelscheibe eine scharnierartige Drehbewegung auszuführen im Stande sind. Bei der Einstülpung des embryonalen Bohrapparates, welche durch die Contraction des Musculus retractor rostelli herbeigeführt wird, senkt sich nämlich diese Rinne ein und die seitlichen halbkreisförmigen Stachelscheibenhälften legen sich so aneinander, dass nur noch die äussersten Spitzen der Haken über das kugelförmig abgerundete Kopfende hervorschauen. Bei *Echinorhynchus gigas* sind diese Verhältnisse etwas andere, insofern nämlich die linsenförmige Cuticularverdickung und die Medianrinne fehlen. Da nun gleichfalls der Retractor rostelli sich in der Mitte der mit grossen radial gestellten Stacheln besetzten Kopfscheibe anheftet, so wird bei jeder Contraction dieses Muskels letztere tutenförmig nach innen eingezogen, bis schliesslich nur noch ein kleiner Kranz von Hakenspitzen inmitten des Kopfes sichtbar ist.

Die Structur des eigentlichen Embryonalleibes erscheint ziemlich einfach. Der central gelegene embryonale Kernhaufen, die beiden durch die primäre Leibeshöhle getrennten Plasmaschichten des Musculus retractor colli sind die einzigen distincten Bildungen, die ich zu unterscheiden vermochte.

Das Vorhandensein eines opaken, nach L e u c k a r t als Antagonist der Rückziehmuskeln wirkenden elastischen Polsters, sowie die Existenz besonderer dicht unter der embryonalen Cuticula hinziehender Muskelfasern muss ich auf Grund meiner Beobachtungen entschieden in Abrede stellen. Die Streckungen und die Verkürzungen, die der sehr agile Embryonalleib ausführt, ebenso die Ausstülpung der Stachelscheibe sind Effecte, welche lediglich durch die Contraction der peripherischen Plasmaschicht hervorgebracht werden.

Die peripherische Schicht besteht aus einem vollkommen farblosen, aber ziemlich zähen, wabig structurirten Protoplasma, das sich bei *Echinorhynchus angustatus* und *Echinorhynchus haeruca* als gleichmässig dicke Lage unter der dünnen Cuticularhülle ausbreitet und bis zum Stachelrande der Kopfscheibe reicht. Bei *Echinorhynchus gigas*, ebenso bei *Echinorhynchus moniliformis* reducirt sich die contractile Plasmahülle sich im Kopfabschnitte auf den dritten Theil ihrer ursprünglichen Dicke (s. Tafel 10, Fig. 5 Cv, Fig. 9 Cv), so dass nur noch ein verhältnissmässig dünner Belag die Verbindung mit dem Rostellum vermittelt.

Die Consistenz dieser peripherischen Plasmaschicht nimmt von aussen nach innen allmählich ab, so dass man sie sicherlich, wenn die Leibeshöhle in Wegfall käme, nicht vom centralen Plasmakerne scharf abzugrenzen im Stande wäre. Die ursprüngliche Zusammengehörigkeit beider Leibesschichten giebt sich überdies in der Anwesenheit zarter Verbindungsfäden kund, die zumal häufig bei den noch in ihren Hüllen ruhenden Embryonen von *Echinorhynchus gigas* und *Echinorhynchus moniliformis* (s. Tafel 10, Fig. 9 Cr), und in weniger grosser Menge bei den beschalten Embryonen von *Echinorhynchus angustatus*, *Echinorhynchus haeruca* und *Echinorhynchus bipennis* vorgefunden werden.

Besondere faserige Differenzirungen, welche auf die Anwesenheit von zarten Muskelfibrillen schliessen liessen, habe ich trotz sorgfältigster Behandlung der Präparate und Anwendung gut auflösender Immersionen von Zeiss und Seibert niemals erkennen können.

Ein etwas anderes Ansehen trägt die innere Medullarsubstanz, die den Embryonalkern umschliesst, zur Schau. Sie ist offenbar weit weniger consistent als die äussere Schicht und von letzterer insofern verschieden, als sie eine grosse Menge fettartig glänzender Tröpfchen oder Körnchen enthält, die bei jeder Contraction sich verschieben. Nicht zu verwechseln sind diese Körnchen mit den meist etwas grösseren Fettkugeln, die in beträchtlicher Menge in der Leibeshöhlenflüssigkeit suspendirt sind und bei den Bewegungen des Embryos sehr rasch auf und nieder wandern. Die äussere Form der centralen Plasmamasse ist wohl bei allen Species nahezu die gleiche. Sie bildet einen nach hinten sich conisch einengenden Zapfen, dessen Basis mit der Stachelscheibe verwachsen ist (s. Tafel 10, Fig 3 pl, Fig. 9

pl, Fig. 10 pl). Seine Dicke bedingt die Geräumigkeit der Leibeshöhle. Bei *Echinorhynchus gigas* und *Echinorhynchus moniliformis* mag der Durchmesser dieses mit einer eiweisshaltigen Flüssigkeit erfüllten ringförmigen Hohlraumes durchschnittlich die Hälfte der Dicke der peripherischen, contractilen Plasmahülle betragen (s. Tafel 10, Fig. 3 coe, Fig. 9 coe). Bei *Echinorhynchus angustatus*, *Echinorhynchus haeruca* und vor allem bei *Echinorhynchus bipennis* ist dagegen das Lumen ein verhältnissmässig viel geringeres (s. Tafel 10, Fig. 10).

Der Embryonalkern, der, wie ich dies an einer früheren Stelle eingehend erörtert habe, aus den Kernen der Furchungskugel sich zusammensetzt, liegt ungefähr in der Mitte und besitzt einen so ansehnlichen Durchmesser, dass nur noch eine dünne Hüllschicht die Verbindung des bis zur Stachelscheibe reichenden Kopftheiles der zähflüssigen Medullarsubstanz mit dem conisch auslaufenden Schwanzkernstücke bewerkstelligt. Bei den Contractionen der musculösen Hüllschicht verändert der embryonale Kernhaufen nicht nur seine Lage, sondern, wenngleich in weit geringerem Masse, auch seine äussere Gestalt. Bei dieser Gelegenheit möchte ich darauf hinweisen, dass bei den meisten von mir untersuchten Species der sogenannte Embryonalkern keinen scharf umschriebenen Kernhaufen vorstellt. Es hat dies seinen Grund darin, dass die Nuclei der peripheren Zone nicht nur durch grössere Intervalle von einander getrennt sind, als diejenigen des Ballencentrums, sondern vor allen Dingen, dass Kerne um oftmals mehr als doppelte Kernlänge vom Ballen entfernt aufgefunden werden. Auch bei *Echinorhynchus gigas*, *Echinorhynchus moniliformis*, *Echinorhynchus bipennis* (seltener bisweilen auch bei *Echinorhynchus haeruca* und *Echinorhynchus angustatus*) lösen sich schon in der Periode, wo der Embryo von seiner dreifachen Hülle eingeschlossen im mütterlichen Körper flottirt, vom centralen Kernhaufen einzelne der Peripherie angehörende Nuclei ab. Diese behalten aber nicht, wie bei der kleineren Art, ihre gedrungene Form bei, sondern verwandeln sich in der früher eingehend geschilderten Weise in grosse bläschenförmige Kerne um (s. Tafel 10, Fig. 3 hne, 9 hne, 10 hne). Wir sehen daraus, dass die Auflockerung des Embryonalkernes, beziehentlich die Ablösung einzelner Theile desselben kein neues Phänomen ist, sondern einfach uns den Beginn der Hypodermisentwickelung anzeigt.

Dass es in der That die peripherische Schicht ist, welche den Sitz der Contractilität abgiebt, geht ohne Weiteres aus der Art der Bewegung hervor. Der Embryo ist nicht nur im Stande, durch die Constrictionen und die Relaxationen seiner Leibeswand seinen Körper zu strecken und wiederum zu verkürzen, sondern er vermag auch nach der Rücken- oder der Bauchfläche hin sich zu krümmen. Die letztere Fähigkeit kommt ihm nicht nur bei seiner kriechenden Fortbewegung, sondern, wie wir sehen werden, vor allem bei seiner bohrenden Thätigkeit sehr zu statten.

Will der aus den Eihäuten hervorgeschlüpfte Embryo in die Darmwand seines Zwischenwirthes eindringen, so zieht er zunächst seine Kopfbewaffnung mit Hülfe des Retractor rostelli ein, so dass nur noch die Spitzen des bestachelten Scheibenrandes inmitten der abgerundeten Kopffläche hervorragen. Durch Zusammenkrümmen nach der einen oder der anderen Richtung sucht er nun sich gleichzeitig mit den Stacheln des Kopf- und Schwanzendes gegen die Darmwand einzustemmen. Ist ihm nach mehreren vergeblichen Versuchen eine derartige Fixation gelungen, so beginnt die contractile peripherische Parenchymschicht in lebhaftere Action zu treten. Zunächst ist es das conisch auslaufende Schwanzende, welches eine Strictur erfährt. Infolge dessen wächst sein Längsmesser um ein ansehnliches Stück, und die am oralen und aboralen Körperpole in entgegengesetzter Richtung angebrachten Stacheln dringen in die Chitinauskleidung

17*

des Darmes ein. Die Kontraktionen der muskulösen Aussenschicht schreiten nun allmählich vom Schwanze nach dem Kopfende fort. Die Körnermasse der Medullarsubstanz schiebt sich nach vorn und sammelt sich direkt hinter der noch immer eingesenkten Stachelscheibe an und treibt den Kopftheil, dessen Wand noch schlaff ist, zu einer Kugel auf. Der ursprünglich länglich ovale embryonale Kernhaufen ist gleichfalls nach vorn gerückt und hat jetzt eine mehr rundliche Form angenommen. Schliesslich schnüren sich auch die Kopfwandungen zusammen, und die Stachelscheibe wird, indem die allseitig eingeengte Medullarsubstanz nach Art eines Stempels gegen ihre Mitte vordrängt, mit ziemlicher Kraft und Schnelligkeit nach aussen hervorgeschleudert. Die Haken machen dabei eine Drehbewegung und zwar derart, dass die früher nach oben gekehrten Spitzen zunächst nach auswärts und dann nach hinten schlagen und die neben und über ihnen befindlichen Gewebspartien zerreissen.

Nachdem nun der Embryo vermittelst der jetzt schräg abwärts gerichteten Kopfstacheln sich in der Wunde genügend befestigt hat, so erschlafft seine Muskelhülle. Der Embryo verliert seine schlanke Gestalt und kehrt allmählich zu seiner ursprünglichen Flaschenform zurück. Da nun infolgedessen der Längsmesser sich um eine immerhin ansehnliche Strecke verkürzt, das vordere Leibesende aber, der nach hinten gerichteten grossen Kopfhaken wegen, in der Wunde festgehalten wird, so heben sich die grossen Stacheln des aboralen Leibespoles aus der Chitinbedeckung des Darmes heraus und das Schwanzende wird frei. Um nun die Entfernung zwischen dem Kopf (dem Bohrapparate) und dem Schwanze (dem Stützpunkte) möglichst zu verringern, krümmt der Embryo sich wiederum bogenförmig zusammen, drückt seine spitzen abwärts gerichteten Schwanzstacheln ein entsprechendes Stück oberhalb des ersten Stützpunktes in die Darmwandung ein. Streckt nun der Embryo sich wiederum gerade aus, so wird sein Kopf fest in die Wunde hineingedrückt und nun kann das Rostellum von neuem seine Bohrthätigkeit beginnen, ohne dass der junge Wurm Gefahr läuft, durch den stetig sich bewegenden Darminhalt mit fortgerissen zu werden.

Das Schauspiel der Hervorschleuderung des Rostellum wiederholt sich viele Male; der Embryo dringt infolge dessen immer tiefer und tiefer in die Wandung des Darmes ein, bis er schliesslich einen für seine Ernährung passenden Ort findet und hier zur Ruhe kommt.

Die ersten Anfänge der postembryonalen Entwickelung.

Geschichtlicher Ueberblick.

Rudolf Leuckart[1]) machte im Jahre 1857 einen äusserst interessanten Fund. Bei der Untersuchung des mit dem Detritus einer grossen Anzahl durch die Verdauungssäfte zerstörter Gammarinen erfüllten Magens von *Gadus lota* entdeckte er einige kleine Kratzerlarven, die in ihrer Rüsselbildung den im Darme befindlichen geschlechtsreifen Echinorhynchen sehr nahe standen, und schliesst daraus,

[1] Bericht über die wissenschaftlichen Leistungen in der Naturgeschichte der niederen Thiere. Archiv für Naturgeschichte. 23. Jahrg. 1857. pg. 192.

dass *Gadus lota* der definitive Wirth einer in dem *Gammarus pulex* eine Zeit lang lebenden Kratzerlarve sei.

Die gleiche Beobachtung machte van Beneden[1] an einer Scholle — *Pleuronectes platessa* —, die er im Monate April an der Küste gefangen hatte. Der Darm war von einer grossen Menge von Echinorhynchen auf den verschiedensten Entwickelungsstufen vollgepfropft, während der Magen noch die Ueberreste der Kruster, welche diese Echinorhynchen eingeführt hatten, enthielt.

Schon im darauffolgenden Jahre gelang es Leuckart[2] auf experimentellem Wege den Nachweis zu liefern, dass *Echinorhynchus proteus* seine erste Entwickelung in der Leibeshöhle des gemeinen Flohkrebses durchläuft. Die mit der Nahrung aufgenommenen Embryonen verlassen die durch die Einwirkung der Verdauungssäfte erweichten Hüllen und durchbohren die Wand des Darmkanales. Schon nach Verlauf einiger Tage sieht man sie frei in der Leibeshöhle der Gammarinen zwischen den Eingeweiden und den Muskelsträngen umherkriechen. Diese Wanderungen dauern mehrere Wochen, während welcher Zeit der Embryo ohne wesentlich sich zu verändern auf 0,6—0,7 mm heranwächst. Die Weiterentwickelung knüpft an den nucleusartigen Körper, der schon im Eie sichtbar war, an. Anfangs ein Ballen von anscheinend körniger Beschaffenheit, nimmt er allmählich eine deutliche zellige Struktur an. Unter rascher Grössenzunahme beginnt er sich zu strecken und durch bestimmte Gruppirung seiner Elemente sich in einen Organcomplex zu verwandeln, den man nach einiger Zeit als den jungen *Echinorhynchus* erkennt. Die Schnelligkeit, mit der sich der junge *Echinorhynchus* vergrössert, ist so beträchtlich, dass er bei Beginn der vierten Woche bereits den ganzen Larvenkörper, der jetzt 1 mm misst, durchwachsen hat. Der *Echinorhynchus* hat allmählich das Uebergewicht bekommen und den Embryonalleib in eine mantelartige Hülle verwandelt. Inzwischen haben aber auch die äusseren Gestaltsverhältnisse sich geändert. Das bis dahin immer noch dickere Kopfende bleibt gegen den stärker sich auftreibenden Mittelkörper zurück, bis schliesslich die frühere, conische Leibesform mit einer spindelförmigen vertauscht ist. Diese Gestalt behält der Embryo bis zur Abstreifung der Embryonalhaut, was gewöhnlich bei einer Länge von etwa 1.3 mm eintritt. Hat nun die als ein conischer Zapfen hervorschauende Rüsselanlage ihre definitive Hakenbewaffnung erhalten, so zieht sie sich durch Einstülpung in den Körper zurück. Die gesammte Entwickelung vom ausschlüpfenden Embryo bis zum fertigen, eirunden, der Uebertragung in den definitiven Wirth harrenden Echinorhynchus, nimmt einen Zeitraum von 8 bis 10 Wochen in Anspruch.

Greeff[3] züchtete aus den orange-rothen Echinorhynchuslarven, welche in der Flussgarneele der Bonner Umgebung häufig gefunden und von Zenker[4] als zwei verschiedene Species: *Echinorhynchus miliarius* und *Echinorhynchus diffluens* beschrieben wurden, indem er sie an zwei junge Enten verfütterte, den geschlechtsreifen *Echinorhynchus polymorphus*. Da Greeff keine Infectionsversuche an den

---

[1] Mémoire sur les Vers Intestinaux. Supplément aux Comptes rendus hebdomadaires des Séances de l'Académie des Sciences. 1861. pg. 286.

[2] Helminthologische Experimentaluntersuchungen. III. Ueber *Echinorhynchus*. Nachrichten von der G. A. Universität und der Königl. Gesellschaft der Wissenschaften zu Göttingen. 1862. Nr. 22, pg. 433—417.

[3] Untersuchungen über den Bau und die Naturgeschichte von *Echinorhynchus miliarius*. Archiv für Naturgeschichte. 1864. pg. 98—140.

[4] Commentatio de Gammari pulicis historia naturali. Jenae. 1832. pg. 18.

Gammarinen vornahm, so war er lediglich auf die zufälligen Funde in den frisch gefangenen Garneelen angewiesen. Was er über die entwickelungsgeschichtlichen Vorgänge uns mittheilt, bestätigt vollkommen die Leuckart'schen Befunde. In der noch im nämlichen Jahre publizirten Abhandlung über die Uterusglocke und das Ovarium[1] lernen wir den Zwischenwirth des *Echinorhynchus angustatus* in der gemeinen Wasserassel (*Asellus aquaticus*) kennen.

Ein negatives Resultat lieferten die Fütterungsversuche, welche Lespès[2] mit den Eiern von *Echinorhynchus clavaeceps* und *Echinorhynchus gigas* vornahm. Zwar sah er einige wenige Embryonen im Darme von *Helix pomatia*, *Helix hortensis*, *Limax maximus* und *Arion rufus* die Eihäute durchbrechen, aber der bei weitem grössere Theil der Eier wurde schnell entleert. Nur einziges Mal fand er in der Leber einer Helix einen jungen Echinorhynchus, dessen Bau er aber nicht weiter untersuchte.

Kessler[3] behauptet auf Grund der ähnlichen Kopfbewaffnung, dass der in *Osmerus* gefundene, eingekapselte und noch nicht geschlechtsreife *Echinorhynchus eperlani* Rud. die Jugendform von *Echinorhynchus pachysomus* Crpl. sei.

Schneider[4] inficirte die Larven von *Melolontha vulgaris* mit den Eiern des *Echinorhynchus gigas*. Die Embryonen durchbrechen die Darmwand und bleiben einige Tage hindurch beweglich und unverändert in der Leibeshöhle. Späterhin werden sie starr, nehmen eine ovale Gestalt an und umgeben sich mit einer Cystenlage, welche von dem Bindegewebe des Engerlinges gebildet wird. Die Haut des Embryos mit ihrem Stachelkranze am vorderen Ende bleibt zunächst die Haut der wachsenden Larve; erst später, wenn die Bildung der Haken beginnt, wird dieselbe abgeworfen, und es bildet sich nun eine neue Cystenhülle.

v. Linstow[5] verfütterte die Eier von *Echinorhynchus angustatus* an *Asellus aquaticus* und fand fünf Tage später schon fünf Millimeter lange Echinorhynchen, bei denen alle Organe bereits ausgebildet waren. Da er ferner in der Leibeshöhle der Wasserasseln auch jüngere Stadien antraf, so schliesst er auf eine ganz aussergewöhnlich rasche Entwickelung.

Schon im darauffolgenden Jahre konnte R. Leuckart[6] den strikten Nachweis liefern, dass die Entwickelung des *Echinorhynchus angustatus* in Wirklichkeit, wie diejenige des *Echinorhynchus proteus* acht bis zehn Wochen in Anspruch nimmt, und dass v. Linstow das Opfer eines Irrthumes geworden ist, insofern er zu seinen Fütterungsexperimenten Versuchsthiere verwandte, die bereits anderweitig sich inficirt hatten.

---

[1] Ueber die Uterusglocke und das Ovarium der Echinorhynchen. Archiv für Naturgeschichte. 30. Jahrg. 1864. pg. 370.

[2] Sur quelques points de l'organisation des Échinorhynques. Extrait de la Revue des Sociétés Savantes. Journal de l'Anatomie et de la Physiologie. 1864. pg. 685—686.

[3] Material zur Kenntniss des Onegasees und der Onegaumgebung hauptsächlich in zoologischer Hinsicht. Arbeiten der ersten Versammlung russischer Naturforscher zu St. Petersburg. 1868.

[4] Entwicklungsgeschichte von *Echinorhynchus gigas*. Sitzungsberichte der Oberhessischen Gesellschaft für Natur- und Heilkunde. 1871. pg. 1—4.

[5] Zur Anatomie und Entwicklungsgeschichte von *Echinorhynchus angustatus*. Archiv für Naturgeschichte. 38. Jahrg. 1872. pg. 6.

[6] De statu et embryonali et larvali Echinorhynchorum eorumque metamorphosi. Decanatsprogramm. 1873. pg. 28—37. Die menschlichen Parasiten. 2. Bd. 1876. pg. 818—841.

Die aus den durch den Verdauungsprocess mazerirten Eihüllen hervorschlüpfenden Embryonen des *Echinorhynchus angustatus* durchbohren die Chitinhaut des Darmes und kommen — in dieser Beziehung abweichend von dem Verhalten des *Echinorhynchus proteus* — schon in der darüber liegenden, anschnlich entwickelten Drüsenschicht zur Ruhe. Man stösst auf Versuchsthiere, deren Darmwand an bestimmten Stellen mit eingewanderten Embryonen förmlich gestopft ist. Sie haben die Kopfscheibe ausgestreckt, sind bewegungslos und etwas grösser als früher. Sehr bald verlieren sie ihre schlanke Form, insofern nämlich das Mittelstück in Folge der Umwandlung, die der centrale embryonale Kernhaufen erfährt, buckelförmig nach dem Bauche oder dem Rücken sich aufbläht. In den Larven tritt uns jetzt ein kugelförmiger Körper entgegen, der noch zwei einander gegenüberstehende kurze Zapfen, die wenig veränderten Endstücke des früheren Embryonalleibes, trägt. Bis zu dieser Entwickelungsstufe verharrt die Larve zwischen den Darmhäuten ihres Trägers. Von da an aber beginnt sie dieselben zu verlassen, und zwar bei dem Mangel jeder selbstständigen Beweglichkeit in Folge gewisser pathologischer Veränderungen, die durch den immerfort wachsenden und drückenden Larvenkörper in der Darmwand selbst verursacht werden. In der Regel ist es die hintere Hälfte des Chylusmagens, an dem dieser Durchbruch geschieht. Nach dem Uebertritte in die Leibeshöhle wird die Auftreibung, die den Larven eine ziemlich regelmässige Kugelform gab, höher und wächst allmählich in einen schlanken Cylinder aus, der den Längsdurchmesser des Embryonalleibes unter nahezu einem rechten Winkel kreuzt. Nachdem der Embryonalkern, beziehentlich der aus ihm hervorgegangene Organcomplex den Larvenleib durchwachsen hat, wird die alte Cuticula und mit ihr die Embryonalbewaffnung abgelegt.

Selbst nach der Entwicklung des definitiven Hakenapparates, die bei Thieren von etwa drei Millimeter Länge zur Beobachtung kommt, macht das Wachsthum noch weitere Fortschritte, so dass unsere Parasiten schliesslich so lang werden, wie ihre Träger, und einen sehr beträchtlichen Theil der Leibeshöhle derselben ausfüllen.

Ferner hat M. A. Villot[1] eine sehr dürftige Darstellung der Anatomie von einigen aus den Larven von *Sialis niger* stammenden Kratzern veröffentlicht, welche darthun soll, dass die gefundenen unreifen Echinorhynchen die jüngeren Entwickelungsstadien des den Darmkanal der Barbe bewohnenden *Echinorhynchus claraeceps* bilden.

In neuester Zeit ist von B. Grassi und S. Calandruccio[2] der Zwischenwirth des *Echinorhynchus moniliformis*, jener merkwürdigen Art, die gewöhnlich in dem Darme von *Mus decumanus* und *Myoxus quercinus* vorkommt, unter Umständen aber auch auf den Menschen übertragen werden kann, in den Larven von *Blaps mucronata* entdeckt worden.

Eigene Beobachtungen.

Ich habe — dem Rathe und Beispiele meines hochverehrten Lehrers folgend — die Fütterungsversuche mit den beschalten Embryonen des *Echinorhynchus angustatus* in der nämlichen Weise, wie dies Leuckart gethan, wiederholt, und kann auf Grund meiner Erfahrungen dessen Angaben, so-

---

[1] *Echinorhynchus claraeceps*. Note sur son organisation et son développement. Bulletin de la Société des Sciences Naturelles du Sud-Est. Tome 3. pg. 52. 1884.

[2] Ueber einen *Echinorhynchus*, welcher auch im Menschen parasitirt und dessen Zwischenwirth ein *Blaps* ist. Centralblatt für Bakteriologie und Parasitenkunde. 1888. 2. Jahrg. pg. 521—525.

weit selbige die morphologischen Verhältnisse betreffen, in vollem Umfange bestätigen. Gleichzeitig ist es mir durch die Infection mit den Eiern von *Echinorhynchus haeruca*, von dem wir wiederum durch die Untersuchungen Leuckart's[1] wissen, dass er seinen Jugendzustand gleichfalls in der gemeinen Wasserassel (*Asellus aquaticus*) durchlebt, gelungen, eine Reihe von Entwickelungsstadien zu züchten und dadurch den Nachweis zu liefern, dass nicht nur die Vorgänge der eigentlichen *Echinorhynchus*-entwickelung — die wohl in allen wesentlichen Punkten bei den verschiedenen Species die gleichen sind —, sondern auch die der Gestaltmetamorphose bei *Echinorhynchus angustatus* und *Echinorhynchus haeruca* bis in die Details übereinstimmen.

Um die Wasserasseln mit den Eiern des *Echinorhynchus haeruca* zu inficiren, vermischte ich den gesammten Einhalt von fünfzehn erwachsenen Weibchen mit den Kothmassen, die ich in dem Endabschnitte des Froschdarmes und der Kloake vorfand. Dieses Gemengsel verfütterte ich in der Weise, dass ich es in hirsekorngrosse Stücke zertheilte und auf dem Boden der Zuchtaquarien verstreute. Schon nach Verlauf zweier Tage fand ich zu meiner Freude im Darme der Asseln zahlreiche frei bewegliche Embryonen. Mehrmals ist es mir auch geglückt, Embryonen aus den Eihüllen herausschlüpfen zu sehen. Von den Schalenüberresten und den Spiralfäden waren keine Spuren mehr zu sehen. Die mittlere Hülle, die ich früher als äussere Embryonalhaut bezeichnet habe, war stark aufgequollen und hatte die ihr eigenthümliche schlanke Form mit der einer geräumigen Spindel, in der sich der Embryo ganz frei bewegen konnte, vertauscht. Die musculöse Leibeswand war in reger Thätigkeit; die Stachelscheibe wurde hervorgeschleudert und wiederum zurückgezogen, kurz der Embryo gab sich die grösste Mühe, die Eischale mit seinen Dornen zu zerreissen. Gewöhnlich war es jene Stelle, die ehedem sich durch eine tiefe ringförmige Einschnürung auszeichnete, an der dieser Durchbruch geschah. Durch die peristaltischen, von vorn nach hinten fortschreitenden Stricturen schiebt der Embryo eine Stachelreihe nach der anderen durch die immerhin ziemlich enge Rissspalte hindurch und wandert dann kriechend an der Darmwand auf und ab, bis er für seine Bohrbewegung hinreichende Fixationspunkte findet. In der unmittelbaren Nähe des hinteren Magenendes durchbricht er die Chitinauskleidung und die darunter befindliche Drüsenschicht und gelangt in der äusseren Darmmuskelhaut zur Ruhe.

Die ersten Veränderungen nach der Einwanderung betreffen weniger seine äussere Form als seine Grösse: er wächst so rasch, dass schon am vierten Tage nach der Infection sein Volumen sich verdoppelt hat. Zur gleichen Zeit hat aber auch in seinem Innern die Metamorphose des embryonalen Kernhaufens ihren Anfang genommen. Leider entziehen sich bei *Echinorhynchus haeruca* diese Vorgänge der directen Beobachtung, weil in dem gleichförmigen Körperparenchyme grosse Mengen fettähnlicher Körnchen oder Tröpfchen abgeschieden werden.

Zum Zwecke des eingehenderen Studiums der Organogenie kann man zwei verschiedene Wege einschlagen. Entweder zersprengt man durch Auflegen eines Deckgläschens auf den sorgfältig isolirten Embryo die ihn umhüllende, zarte Membran und untersucht den zwischen der rasch auseinander fliessenden Körnersubstanz und den grossen Hypodermiskernen sichtbar werdenden Embryonalkern in einer

---

[1] De statu et embryonali et larvali Echinorhynchorum corumque metamorphosi. Decanatsprogramm. 1873, pg. 28. Anm.

indifferenten Flüssigkeit, oder man härtet das ganze, die Embryonen beherbergende Darmstück und verfertigt sich daraus Längs- und Flächenschnitte. Die letztere Methode verdient unbedingt den Vorzug.[1]

In Folge der rasch fortschreitenden Auflockerung des centralen Kernhautens und der Umwandlung der kleinen chromatinerfüllten, randständigen Nuclei in die grossen bläschenförmigen Hypodermiskerne geht die schlanke konische Form unserer Kratzerembryonen bald verloren.

Die mittlere Region des Leibes schwillt mächtig auf und bildet einen ansehnlichen, nach dem Rücken, dem Bauche oder einer der Seitenflächen hervorragenden Buckel, der sich schliesslich in einen schlanken, vorn abgerundeten Cylinder auszieht[2]. Die Enden des früheren Embryonalleibes sind noch immer als kleine Zäpfchen an der einen Fläche sichtbar und an den Stachelüberresten kenntlich. Die Längsachse der Larve kreuzt jetzt den Embryo unter einem rechten Winkel.

Sind die Larven auf 0,1 mm herangewachsen, so erhalten sie vom Zwischenwirthe einen bindegewebigen Ueberzug und gelangen in Folge gewisser pathologischer Veränderungen in der gereizten Darmwand in die Leibeshöhle ihrer Träger. Eine Häutung nach dem Uebertritte habe ich niemals beobachtet. Vielmehr sah ich die einzelnen Fetzen der ursprünglichen Embryonalhaut und der die letztere umhüllenden, bindegewebigen Cyste bis zum Ablaufe der Metamorphose der definitiven Cuticula anhaften.

Der gesammte Entwickelungsprocess nimmt je nach der mehr oder minder warmen Jahreszeit bei *Echinorhynchus angustatus* und *Echinorhynchus laevis* neun bis fünfzehn Wochen in Anspruch. Die vollkommen ausgewachsenen Larven erreichen eine Länge von vier bis fünf Millimeter. Man findet sie mit eingestülptem Rüssel, aber sonst völlig ausgestreckt, neben oder unter dem Darmkanale und sieht sie als weisslichgelbe Streifen durch die halb durchsichtigen Körperhüllen des Asellus deutlich hindurchschimmern.

Ueberdies kann ich hier nicht unerwähnt lassen, dass die Infection vielen Aseln den Tod bringt. Während von den nicht inficirten Versuchsthieren wöchentlich durchschnittlich nur $8^0/_0$ zu Grunde gingen, steigerte sich die Sterblichkeit in Folge der Einbohrung der Parasiten in den ersten drei Wochen auf 30—40$^0/_0$, nahm in den vier darauf folgenden Wochen aber dann allmählich wieder auf 10$^0/_0$ ab. Bis zum Abschluss der Metamorphose ihrer Parasiten konnte ich jedoch höchstens 1$^0/_0$ der verwandten Versuchsthiere am Leben erhalten.

Umgekehrt gehen aber auch viele der Embryonen, welche in die Darmwände des Zwischenwirthes eingewandert sind, zu Grunde. Die Umwandlungen, die hierbei der Embryonalleib erleidet, sind sehr eigenthümlicher Art und können leicht zu allerlei Irrthümern Veranlassung geben. Durchmustern wir ein Stück des stark inficirten Aseldarmes, so werden wir bald einzelne Individuen entdecken, deren Körperparenchym von einer grossen Menge kleiner und auffallend chromatinarmer Kerne

---

[1] Wenn Leuckart die Einzelheiten der organologischen Entwickelung bei seinen Untersuchungen nicht erkannte, auch hin und wieder über die Natur der dabei in Betracht kommenden Vorgänge sich irrte, so ist das vorzugsweise wohl die Folge des Umstandes, dass er die damals erst wenig ausgebildete Schnittmethode nur in sehr beschränktem Masse zur Anwendung zu bringen im Stande war. War doch eben erst das erste einigermassen brauchbare Schienenmikrotom, das sogenannte Leyser'sche, aus dem Leuckart'schen Laboratorium hervorgegangen. Vergl. Archiv für mikroskopische Anatomie. Bd. VII. pg. 175.

[2] Vergleiche Fig. 11, Fig. 13, Fig. 14, Fig. 16 der von mir ausgeführten 100. Leuckart'schen Zoologischen Wandtafel.

erfüllt ist. Dass diese Kerne, welche in der gleichen Weise bei *Echinorhynchus angustatus*. *Echinorhynchus haeruca*. *Echinorhynchus gigas* gefunden werden, den embryonalen Geweben selbst nicht zugehören können, geht schon ohne eingehendes Studium des Chromatingerüstes allein aus der enormen Anzahl, in der sie auftreten, hervor. Untersuchen wir den Bau des Chromatingerüstes, welches in Folge seiner dünnfädigen Ausbildung sich sehr leicht von dem der jungen Hypodermiskerne unterscheiden lässt, etwas genauer, so ergiebt sich, dass die fraglichen Bildungen vollständig mit den besonders in den bindegewebigen Schichten des Asseldarmes in grosser Menge sich vorfindenden Kernen übereinstimmen und zweifelsohne auch von den letzteren abstammen. Aus der eben angestellten Erörterung entnehmen wir, dass die eingewanderten Embryonen von den Geweben des Darmes gleich eingedrungenen Fremdkörpern behandelt werden. Besitzt der Embryo die genügende Kraft, um dem Vordringen dieser sogenannten Granulakerne Widerstand zu bieten, so wird er encystirt und kann nun, geschützt von der bindegewebigen Hülle, seine weitere Entwickelung durchlaufen. Ist jedoch der Embryo dem Andrange der Granulakerne nicht gewachsen, so wird sein Parenchym durch letztere einfach aufgezehrt. Am längsten widerstehen der verdauenden Thätigkeit der Granulakerne, wie sich dies wohl schon von vorn herein vermuthen lässt, die cuticulare Körperbedeckung, sowie die Kopfbewaffnung des Embryos. Schliesslich fallen aber auch sie der Resorption anheim.

Auf weit grössere Schwierigkeiten stiess ich bei dem Versuche, die Larven des *Echinorhynchus gigas* zu züchten. Nach dem Vorgange A. Schneider's wählte ich die Larven von *Melolontha vulgaris* zu den Versuchsthieren.

Ich mengte etwa zwei Cubikdecimeter guter Gartenerde mit den Eimassen von sechs erwachsenen Riesenkratzerweibchen und brachte in selbige gegen 40 Engerlinge, die erst kurze Zeit zuvor ausgegraben worden waren. Als ich nach Verlauf von vier Tagen eines dieser Thiere öffnete, fand ich in der Darmwand und auch in der Leibeshöhle mehrere frei umherkriechende und noch unveränderte Kratzerembryonen. Am sechsten Tage aber machte ich die betrübende Entdeckung, dass schon mehr als die Hälfte des von mir inficirten Materiales durch den Tod abgegangen war. Auch die diesmalige Untersuchung ergab mir ähnliche Resultate wie die erste. Nur muss erwähnt werden, dass einige der in der Darmhaut befindlichen Larven bereits ihre ursprüngliche, schlanke Flaschenform mit der eines Eies vertauscht hatten. Auch liessen sich in dem hellen, farblosen Parenchyme des Larvenleibes einige kleine helle Kugeln, die den Beginn der Hypodermisentwickelung anzeigten, deutlich erkennen.

Da nun aber die nicht inficirten Engerlinge noch munter waren, so lag es klar auf der Hand, dass einzig und allein die sich einbohrenden Kratzerembryonen die Ursache des so frühzeitigen Todes sein konnten. Und ich hatte mich mit dieser Annahme nicht im geringsten getäuscht. Schon nach acht Tagen nahm die Sterblichkeit in höchst bedenklichem Masse zu, und am zehnten Tage war die ganze Colonie ausgestorben.

Nach den am *Asellus aquaticus* gemachten Erfahrungen musste ich vermuthen, dass nur die Masseneinwanderung der Embryonen den Misserfolg verschulde. Ich wiederholte deshalb die Infection mit mehr Vorsicht. Ich liess die mir noch übrig bleibenden 27 Engerlinge nur 24 Stunden in dem mit Eiern reichlich versorgten Zuchttopfe und führte sie dann in frische Gartenerde über. Leider erhielt ich auch diesmal ein negatives Resultat: 22 Engerlinge starben innerhalb 14 Tage, und bei den fünf überlebenden konnte ich nicht einen einzigen Kratzerembryo entdecken.

Da nun der Winter näher rückte und das Material immer spärlicher wurde, so fasste ich den Entschluss, mich nach anderen Versuchsthieren umzusehen. Mein Augenmerk richtete sich auf die Larven der *Cetonia aurata*, die bekanntlich in den Ameisenhaufen und der mulmigen Erde an dem Fusse alter Eichen leben. Da ich jedoch trotz meiner Bemühungen vorläufig keine erhalten konnte, so machte ich zunächst einen Versuch mit den Larven von *Oryctes nasicornis*, die in den Lohbeeten der hiesigen Gerber ziemlich häufig vorkommen. Zwar nahmen selbige die Eier des Riesenkratzers in reichlicher Menge auf, gingen aber zu meinem Bedauern gleich den Engerlingen nach wenigen Wochen zu Grunde. Endlich Ende November kam ich in den Besitz von 38 Larven der *Cetonia aurata*, die beim Umschaufeln eines Composthaufens gefunden worden waren. Ich brachte sie sogleich in die inficirte Erde, die übrigens inzwischen mehrmals vollständig ausgetrocknet war. Am sechsten Tage nach der Infection tödtete ich eine Cetonienlarve, fand aber zu meinem Erstaunen nicht einen einzigen beweglichen Embryo in der Leibeshöhle. Als ich nun im Begriff war, den Darm zu öffnen, um mich zu überzeugen, ob überhaupt Embryonen die Eihäute verlassen hätten, sah ich auf dessen Oberfläche einige opake, milchigweisse, sehr kleine Körperchen, die anscheinend nur lose mit ihm zusammen hingen. Ich brachte sie unter das Mikroskop, und meine Freude war nicht gering, als ich in ihnen junge Kratzerlarven erkannte. Als ich nun auch den Darm aufschlitzte und ausgebreitet sorgfältig betrachtete, fand ich, dass er von Kratzerlarven der verschiedensten Altersstufen förmlich vollgestopft war. An manchen Stellen lagen sie so dicht beisammen, dass sie in Folge der gegenseitigen Berührung polyedrische Gestalt angenommen hatten. Ich entfernte sofort sämmtliche Cetonienlarven aus dem Zuchttopfe und brachte sie in frische Gartenerde, woselbst ich sie mit wenigen Ausnahmen bis in den siebenten Monat am Leben erhalten konnte.

Späterhin wiederholte ich die Infectionsversuche in etwas abgeänderter Form. Ich liess in der Grimmaer Umgegend eine grössere Anzahl von Ameisenhaufen umschaufeln und setzte mich hierdurch in den Besitz einer kopfreichen Colonie von Cetonienlarven. Um nun die immerhin sehr beträchtliche Sterblichkeit der inficirten Versuchsthiere, welcher selbstverständlicherweise durch die veränderte Lebensart nicht unbeträchtlich Vorschub geleistet wurde, nach Möglichkeit herabzusetzen, brachte ich die Larven in die mit Kratzerembryonen beschickte und an organischen Ueberresten äusserst reiche Erde der Ameisenhaufen selbst. Ich war jetzt im Stande, an den reichlich inficirten Cetonienengerlingen die Entwickelung der Kratzerlarven bis in den elften Monat hinein zu verfolgen.

Durch diese Experimente ist der Beweis geliefert, dass die Engerlinge von *Melolontha vulgaris* und *Oryctes nasicornis* weit weniger zur Aufzucht der Larven von *Echinorhynchus gigas* geeignet sind, als diejenigen von *Cetonia aurata*. Wohl sind auch die Darmsäfte der Larven der beiden erstgenannten Lamellicornier geeignet, die Eischalen soweit zu erweichen, dass der Kratzerembryo mit Hülfe seiner Bohrstacheln aus ihnen sich herausarbeiten kann. Da nun aber die Darmwand die zu seiner Existenz, beziehentlich seiner Weiterentwickelung nothwendigen Nährstoffe nicht zu liefern vermag, so wird der junge Wurm gezwungen, in die Leibeshöhle auszuwandern. Und diese Wanderungen, resp. die Verletzungen, welche selbige mit sich bringen, scheinen die Ursache des frühzeitigen Todes der Zwischenwirthe zu sein.

In jüngster Zeit ist es Ch. W. Stiles, welcher von seiner Leipziger Studienzeit her mit meinen Untersuchungen vollkommen vertraut war, geglückt, einen neuen zur Aufzucht von *Echinorhynchus gigas* äusserst geeigneten Zwischenwirth in *Lachnosterna*, einem der *Melolontha* sehr nahe verwandten Lamellicornier, ausfindig zu machen. Nach seiner Rückkehr nach den Vereinigten Staaten von Nordamerika, bemühte er sich, da man festgestellt hatte, dass in der Umgebung von Washington die Schweine sehr gewöhnlich den *Echinorhynchus gigas* beherbergen, das amerikanische Insect ausfindig zu machen, welches wohl die spontane Infection der Schweine mit Kratzerlarven verursachte. Da die Cetonien in den Vereinigten Staaten sehr selten und eigentlich nur durch das Genus *Euphoria* vertreten werden, so fielen seine Blicke auf die weissen Larven von *Lachnosterna*. Und in der That hatte Stiles einen sehr glücklichen Griff gethan, denn schon 45 Tage nach der Infection fand er in einer einzigen Lachnosternalarve gegen 300 wohl entwickelter Kratzerlarven. Ziehen wir ferner die Verhältnisse, unter denen die Lachnosternalarven im Freien gefunden werden, in Betracht, so kann wohl kein Zweifel aufkommen, dass sie den wirklichen Zwischenwirth für Nordamerika repräsentiren. Dagegen befindet sich Stiles im Irrthum, wenn er glaubt, dass ich den Larven von *Melolontha vulgaris* ihrer phytophagen Lebensweise wegen die Aufzucht von Kratzerlarven abspreche. Die Larven von *Cetonia aurata* und der übrigen hier in Betracht kommenden Blumenkäferarten sind ebenso phytophag wie der Engerling des Maikäfers. Dass die erstgenannte Species sich mit Vorliebe in Ameisenhaufen[1]) aufhält, kann keineswegs als widersprechendes Criterium aufgefasst werden; wissen wir doch zur Genüge, dass in grösseren Laubwaldungen die Larven von *Cetonia aurata* in morschen Baumstümpfen und in dem lockeren Mulme an dem Fusse älterer Eichbäume in grösserer Menge vorgefunden werden. Die massgebenden Factoren, welche vorläufig noch gegen die Zwischenwirthnatur des gemeinen Engerlings sprechen, bilden erstens die Thatsache, dass die Engerlinge schon kurze Frist nach erfolgter Infection mit dem Tode abgehen, dann aber vor allen Dingen auch die ganz veränderten Verhältnisse, unter denen sich die Entwickelung der Echinorhynchenembryonen vollzieht. Während bei den Larven der Cetoniiden die Embryonen sich in den Darm einbohren und hier bald zur Ruhe kommen, durchbrechen sie bei den Engerlingen, ohne ihre Form zu verändern, die Darmwände und treten Wanderungen an, welche offenbar die Gesundheit des Trägers in so hohem Masse schädigen. Meines Erachtens nach sind wir nur dann berechtigt, ein Thier als den wirklichen Zwischenwirth eines Echinorhynchus aufzufassen, wenn durch die directe Beobachtung oder auf experimentellem Wege der Nachweis sich erbringen lässt, dass nicht nur der Parasit im Wirthe die erforderlichen Bedingungen zur Weiterentwickelung vorfindet, sondern dass auch der Parasitismus die Gesundheit und die Existenz des Trägers nicht in dem Masse untergräbt, dass er noch vor Ablauf der Metamorphose seiner Helminthen durch den Tod abgeht.

Diesen Bedingungen genügen, so weit unsere jetzigen Erfahrungen reichen, nur die Larven der Cetoniiden und diejenigen der *Lachnosterna*.

Ueberdies hält es nicht schwer, sich ein klares Bild über den Gang der Infection zu entwerfen. Zunächst muss ich vorausschicken, dass *Echinorhynchus gigas* nur bei solchen Schweinen, welche in grossen Heerden in die Wälder zur Eichelmast getrieben werden, niemals aber bei unseren Hausschweinen gefunden wird. Diese höchst räthselhafte Erscheinung wird wohl in den folgenden Erörterungen leicht ihre Erklärung finden.

---

[1]) Dass überdies die Larven von *Cetonia aurata* gelegentlich Excremente aufsuchen, beweist die Thatsache, dass in der Dresdener Umgebung bei Umschaufelung eines Dunghaufens, welcher im Garten aufgestellt war, gegen 50 Stück Cetonienlarven gefunden wurden.

Die Echinorhynchen gehören unstreitbar zu den fruchtbarsten sämmtlicher Helminthen. Die Zahl der Eier, die ein einziges Weibchen des Riesenkratzers zu produciren vermag, beläuft sich auf viele Millionen. Mit den Kothmassen der Schweine gelangen die Eier auf den Waldboden, woselbst sie nun von den Rosenkäferlarven sammt den in den durch Regen ausgewaschenen Excrementen vorhandenen pflanzlichen Ueberresten gefressen werden. Die am Ende des Chylusmagens frei werdenden Embryonen bohren sich in die Darmwandung ein und gelangen in die Leibeshöhle ihrer Träger, um dann zu den geschlechtlich unreifen Larven sich zu entwickeln.

Es ist nun eine längst bekannte Thatsache, dass das omnivore Schwein mit einer gewissen Vorliebe gerade thierische Substanzen zu sich nimmt. Gestattet man also den Schweinen, schlammige Stellen, wie solche sich am Fusse grosser Eichen vorfinden, zu durchwühlen, so werden von ihnen die darin befindlichen inficirten Cetonienlarven gefressen. Die Verdauungssäfte des Magens und des Darmes zerstören den Leib des Zwischenwirthes; die jungen Kratzer werden frei, sie stülpen ihren Rüssel aus und befestigen sich an der Darmwand, um hier zu den geschlechtsreifen Würmern heranzuwachsen.

Unter der grossen Zahl der Kratzer bieten vielleicht *Echinorhynchus angustatus* und *Echinorhynchus haeruca* hinsichtlich der postembryonalen Entwickelung und der damit verbundenen Metamorphose die meisten Anklänge an *Echinorhynchus gigas*.

Die aus den Eiern hervorschlüpfenden Embryonen des *Echinorhynchus gigas* bohren sich in die Darmwand ein und kommen nach einer kurzen Wanderung in der äusseren Muskelhaut derselben zur Ruhe. Sie nehmen ziemlich rasch an Grösse zu und vertauschen dabei ihre schlanke Flaschenform mit der eines länglichen Ellipsoides. Das Bindegewebe der Darmwand beginnt mächtig zu wuchern und bildet eine Art Cyste, welche die Kratzerlarve allseitig umhüllt (s. Tafel 1, Fig. 20 *bg*). Gleichzeitig aber weichen in Folge gewisser pathologischer Veränderungen, die durch den stetig wachsenden und drückenden Larvenkörper hervorgerufen werden, die darüber hinziehenden Muskelfasern auseinander, und der encystirte Larvenkörper tritt mehr und mehr über die Darmoberfläche hervor, bis er schliesslich in die Leibeshöhle seines Trägers abfällt. Da nun späterhin das Wachsthum des jungen Wurmes in Folge der Bildung des Rüsselapparates und der Geschlechtswege hauptsächlich in der Längsrichtung fortschreitet, so verliert selbiger seine ursprünglich plumpe, ovoide Gestalt und wird zu einem schlanken, an den beiden Enden abgerundeten Cylinder. Die Längsachse des Larvenkörpers fällt also bei *Echinorhynchus gigas* mit der des Embryos zusammen.

Die ältesten Larven, die ich züchten konnte, besassen eine Länge von 4,8 mm. Ob das Wachsthum auch nach der Einstülpung des Rüssels in ähnlicher Weise wie bei *Echinorhynchus haeruca* noch fortschreitet, vermag ich nicht anzugeben.

Anhang.

Fast gleichzeitig mit dem ersten Hefte des vorliegenden Werkes erschien gegen Neujahr 1891 im Buchhandel eine grössere Abhandlung von O. Hamann[1]) über die Anatomie und die Entwickelungsgeschichte einiger Echinorhynchen. Da selbige in den drei ersten Heften meines Werkes des begonnenen Druckes wegen nicht Berücksichtigung finden konnte, so beschloss ich, um die einheitliche Darstellung nicht zu stören, auch in den übrigen Kapiteln auf sie nicht näher einzugehen, sondern die darin niedergelegten Beobachtungen am Schlusse meiner Monographie im Zusammenhange zu besprechen. Es kann selbstverständlicher Weise nicht meine Absicht sein, an dieser Stelle den Vergleich beider Abhandlungen bis in's Detail durchzuführen, um hierdurch zu constatiren, in wieweit die gewonnenen Resultate sich decken. Vielmehr will ich mich darauf beschränken, diejenigen Punkte herauszugreifen, welche entweder ganz neu sind oder sich mit meiner Darstellung nicht in Einklang bringen lassen.

Hamann konnte bei *Echinorhynchus acus*, dessen Ei ein auffallend grosses Keimbläschen besitzt, die Bildung der beiden Richtungskörperchen sehr schön beobachten. Haben die Eizellen die Spindelform angenommen, so rückt das Keimbläschen aus der Mitte nach einem der Pole. Gleichzeitig tritt, indem es an Deutlichkeit verschwindet, an seiner Stelle eine Spindel auf. Die achromatische Figur war sehr deutlich sichtbar, während die Chromosomen sich nur schwer erkennen liessen. Nachdem sich nun zwei ziemlich grosse Richtungskörperchen gebildet haben, ist an Stelle des Keimbläschens und seines Keimfleckes ein grosser Eikern getreten, welcher ein deutliches Netzwerk im Zellsaft erkennen lässt, während der Keimfleck fehlt. Ueber den Zeitpunkt, in dem die Befruchtung des Acanthocephaleneies stattfindet, ist Hamann noch im Zweifel. In Anbetracht der Kleinheit des Untersuchungsobjectes wird es wohl schwer fallen, dieses Moment durch directe Beobachtung zu bestimmen. Dagegen ist mir die Lösung dieser Frage auf einem ganz anderen Wege geglückt. In dem Darme eines aus Ungarn stammenden Schweines fand ich eine ziemlich beträchtliche Menge von Riesenkratzerweibchen, welche, da sich nirgends ein Männchen entdecken liess, und auch jedwedes Zeichen einer stattgefundenen Begattung fehlte, offenbar nicht befruchtet sein konnten. Ich öffnete die Ovarialschläuche verschieden grosser (9—28 cm langer) Individuen und brachte den Inhalt unter das Mikroskop. Zu meinem Erstaunen fand ich ausser den Ovarialscheiben nur noch spindelförmige, sogenannte reife Eier vor, deren Menge mit der Grösse, beziehentlich mit dem Alter der Individuen nahezu im directen Verhältniss zu-

---

[1]) Die Nemathelminthen. Beiträge zur Kenntnis ihrer Entwickelung, ihres Baues und ihrer Lebensgeschichte. 1. Heft: Monographie der Acanthocephalen (Echinorhynchen). Ihre Entwickelung, Histogenie, Anatomie, nebst Beiträgen zur Systematik und Biologie. 1. Theil mit 10 lithogr. Tafeln. Jenaische Zeitschrift für Naturwissenschaft. 25. Bd. N. F. 18. Bd. 1891.

zunehmen schien. Theilungsstadien konnten nirgends beobachtet werden. Dieser Fund giebt uns über drei wichtige Punkte Aufschluss. Zunächst ist eine Vermehrung der Kratzer auf parthenogenetischem Wege von vornherein ausgeschlossen. Die Eier müssen von den in der Ovarialschläuchen, beziehentlich in der Leibeshöhle sich schlängelnd fortbewegenden Spermatozoen, und zwar, da sie sich nur bis zum Stadium der spindelförmigen Zelle entwickeln können, in dieser Bildungsphase befruchtet werden. Schliesslich aber erfahren wir, dass unter normalen Verhältnissen die Eier erst von den Ovarialscheiben sich ablösen, ehe sie befruchtet werden.

Hinsichtlich der weiteren Umbildungen, die der Embryo erfährt, sowie der ersten Zelltheilungen, stimmt Hamann's Darstellung im Wesentlichen mit meinen Beobachtungen überein. Dagegen gehen unsere Ansichten über das sogenannte Gastrulastadium weit auseinander. Während ich in dem vorliegenden Werke ein ziemlich junges Stadium, in dem die Zahl der Blastomeren noch eine geringe ist, als Gastrula in Anspruch nehme, repräsentirt nach Hamann erst der fertige, den mütterlichen Leib verlassende, hart beschalte Embryo das Gastrulastadium.

Nach Hamann besteht in dieser Entwickelungsphase der Kratzerembryo aus zwei scharf gesonderten Schichten: einem central gelegenen Zellenhaufen mit chromatinreichen Zellkernen und aus mehreren peripheren Zellenlagen, welche sich durch ihre chromatinarmen Zellkerne auszeichnen (s. Tafel 1. Fig. 21, 22, 30, 31). Ferner beschreibt er genau, wie die Kerne der centralen Zellen sich mit Chromatin bereichern, und die äusseren an Chromatin ärmer werden. Nach Anwendung der einfachsten Tinktionsmethoden, wie z. B. Methylgrün oder Vesuvin, behauptet er, selbst durch die das Licht stark dispergirenden Hüllen des Embryo hindurch die äusserst blassen Kerne, ja sogar die Zellengrenzen des Ectoblastes deutlich gesehen zu haben. Nur eines mag den aufmerksamen Leser befremden: Ueber alle diese difficilen histologischen Details, deren Analyse die höchsten Ansprüche an mikroskopische Technik und die Leistungsfähigkeit der optischen Instrumente stellt, entscheidet Hamann mit einer grossen Sicherheit, dagegen ist es ihm nicht gelungen, verhältnissmässig grobe, anatomische Structuren, ja ganze Organe wieder zu erkennen. Der grosse, von der Mitte des Hakenapparates zur Rückenfläche emporziehende Musculus retractor rostelli, die beiden Schichten der Leibeswand, die primäre Leibeshöhle, also Dinge, welche Leuckart schon im Jahre 1862, beziehentlich 1872 mit sehr primitiven Hilfsmitteln nachzuweisen im Stande war, sind Hamann trotz seiner gründlichen Beobachtung einer so grossen Anzahl von Arten, wie sie für histologische Untersuchungen bisher keinem Forscher zur Verfügung standen, gänzlich übersehen worden. Hätte Hamann sich nicht damit begnügt, den Bau des hartbeschalten Embryos zu studiren, sondern, dem Beispiele Leuckart's folgend, nur ein einziges Mal einen freibeweglichen Embryo bei seiner Bohrthätigkeit beobachtet, so würde er wohl zu der Ueberzeugung gekommen sein, dass die dem Embryonalleibe vindicirte rein zellige Structur mit den sich vor seinen Augen vollziehenden Lagerungsveränderungen sich absolut nicht in Einklang bringen lässt, es müsste denn sein, dass Hamann das Zellengefüge für ein so loses hält, dass einzelne Zellen oder Zellenreihen gleich Flüssigkeitsströmen auf- und abwandern könnten. Aber dies ist nicht die einzige Schwierigkeit, über die Hamann sich hinwegsetzt. Da der Bau der Larvenhypodermis absolut keine Aehnlichkeit mit dem des Ectoblastes darbietet, greift Hamann, um ihre Entstehung plausibel zu machen, zu einer sehr gewagten Hypothese: Die grossen Riesenkerne im Ectoderm der Larve bilden sich durch Verschmelzung der kleinen Ectoblastzellenkerne. Den Beweis für die Richtigkeit dieser Behauptung ist

Hamann, obwohl ihm alle Entwickelungsstadien bei *Echinorhynchus acus* vorlagen, uns doch schuldig geblieben. Die eigenartigen Gestaltveränderungen, welche der Vermehrung der Hypodermiskerne vorausgehen, und die Theilungsvorgänge hat Hamann im Grossen und Ganzen richtig geschildert. Ueber die Bildung der Fasergewebe aber macht er nur äusserst spärliche Mittheilungen. Zur Zeit, wo bei *Echinorhynchus proteus* die Riesenkerne sich vermehren, lässt die Larvenhaut eine dunklere äussere Schicht, in der die Kerne ruhen, und eine hellere Innenschicht erkennen, in der nun durch Verflüssigung des Syncytiums an einzelnen Stellen die Gefässe entstehen. Nachdem nun die grossen zerlappten Kerne sich zertheilt haben, treten auch die Fasersysteme und die Parallelfaserschicht deutlich hervor. Eine Verwandlung des Hypodermissyncytiums in eine epithelartige Zellenschicht hat Hamann weder bei *Echinorhynchus proteus* noch bei *Echinorhynchus polymorphus* gesehen. Ich für meinen Theil lege auf diesen Punkt kein grosses Gewicht und bin fest überzeugt, dass bei allen den Arten, wo nur wenige, dafür aber sehr umfangreiche Hypodermiskerne vorkommen, die Umwandlung nicht stattfindet, sondern dass hier die Hypodermis ihren syncytialen Charakter beibehält. Es kann dies um so weniger überraschen, als wir doch wissen, dass die gleiche Erscheinung auch sonst häufig, z. B. bei den Ovarialscheiben und den Ausleitungswegen der Geschlechtsproducte, beobachtet wird.

Obwohl Hamann über die Entwickelungsgeschichte der Hautfaserschichten so wenig Positives zu sagen weiss, ist er doch der festen Ueberzeugung, dass er die Entwickelung der Haut von ihrem ersten Entstehen an beobachten konnte und auf Grund der gewonnenen wichtigen Resultate die gang und gäbe irrige Anschauung über die Natur der Hypodermis reformiren müsse. Nach Hamann treten nämlich ausser den concentrischen Fasern (der Filzfaserschicht) noch radiär durchziehende Fasern von gröberem Bau auf, welche nicht, wie Schneider, Leuckart, Baltzer und Sälftigen dies behaupten, musculöser, sondern vielmehr elastischer Natur sind. Ferner liegen diese Fasern in einer Grundsubstanz, die eine gallertartige Consistenz besitzt, und an der sich wiederum eine helle Substanz unterscheiden lässt von einer körnigen oder, wie man sie nennen könnte, eine Interfilar- von einer Filarsubstanz. Und selbst dann, wenn Hamann's Ansicht über den Bau der Subcuticula die richtige wäre, was berechtigt ihn, die musculöse Natur der Radiärfasern in Zweifel zu ziehen? Hat er ein einziges Moment angeführt, welches zu Gunsten seiner Behauptung sprechen könnte? Jedoch Hamann geht noch weiter. Er wirft Sälftigen vor, dass selbiger nicht mehr Species untersucht habe, sonst würde er sich von der vollständigen Unhaltbarkeit seiner übrigens auch physiologisch ?) unhaltbaren Ansicht überzeugt haben. Dieser Vorwurf fällt aber auf Hamann zurück, wenn wir in Erwägung ziehen, dass gerade Hamann gegen obige Anforderung am meisten gefehlt. Würde Hamann, ehe er an die Beurtheilung solcher principieller Fragen herangetreten wäre, seine Untersuchungen nicht auf die sehr ähnlich gebauten kleineren Arten beschränkt, sondern sich auch mit der Anatomie und Histologie von *Echinorhynchus gigas* vertraut gemacht haben — was überdies um so eher zu erwarten war, als Hamann zu Anfang seines Acanthocephalenwerkes eine eingehende Abhandlung über die Anatomie der grösseren, geringelten Echinorhynchusarten ankündigt —, so würde er wohl manchem Irrthume aus dem Wege gegangen sein. Jeder Längs- und Querschnitt durch den *Echinorhynchus gigas* zeigt, dass das Fasergewebe der Hypodermis von Tausenden feiner oder gröberer Spalträume durchsetzt und mit derselben körnchenreichen, eiweisshaltigen Flüssigkeit durchtränkt ist, welche wir auch in den grossen Gefässen circuliren sehen. Zwar sind die Radiärfasern nicht in ganzer Ausdehnung isolirt, aber jene hyaline

Substanz, welche sie zu kleinen oder grösseren Bündeln unter sich verbindet und die eben erwähnten zahlreichen Spaltöffnungen zeigt, stimmt in jeder Hinsicht mit dem Sarkolemma der Muskelfaser überein.

Einen nicht minder grossen Fehlgriff hat Hamann mit der Aufstellung seiner Epithelmuskelzellentheorie begangen. Zwar bin ich weit davon entfernt, die epithelartige Anordnung auf einem gewissen Entwickelungsstadium zu leugnen, da ich selbst ähnliche Bilder bei *Echinorhynchus angustatus* und *Echinorhynchus haeruca* erhielt. Aber die Bedingungen, unter denen solche Bilder entstehen, sind ganz andere, als Hamann annimmt. Bei *Echinorhynchus angustatus* und *Echinorhynchus haeruca* zerfällt nämlich das vielkernige Syncytium, welches sich in Folge des Auftretens des Coeloms von centralen Ballen ablöste, in zwei einfache Lagen breiter bandförmiger Zellen. Da nun die Kernbeutel dieser Plasmaplatten weit über die inneren Begrenzungsflächen hervorragen und so angeordnet sind, dass die Ringmuskelkernbeutel die Lückenräume zwischen den Längsmuskelkernbeuteln ausfüllen, so kommt es, dass wir die Kerne in fast gleicher Höhe und in epithelartiger Anordnung antreffen. Die dichte Lage der Markbeutel bedingt die polyedrischen Begrenzungen. Weit anders sind diese Verhältnisse bei den Larven des *Echinorhynchus gigas*. Die Ringmuskelkernbeutel beschränken sich auf die Seiten des jungen Wurmes und bilden zwei ansehnliche solide Zellprismen, während die Längsmuskelkerne sich nach einem bestimmten Gesetze über die ganze Leibeswand vertheilen. Wir sehen daraus, dass die epithelartige Anordnung der Kernbeutel der Muskularis eine rein zufällige ist und keineswegs eine principielle Bedeutung hat.

Wie schnell überhaupt Hamann mit der Aufstellung von Hypothesen bei der Hand ist, und wie wenig kritisch er dabei zu Werke geht, mag folgender Fall zeigen. Nach Hamann ist der Bau der Haut bei *Echinorhynchus claviceps* viel einfacher, als bei den übrigen Arten, indem die peripherischen Fasersysteme nur schwach entwickelt sind. Säfftigen dagegen führt an, dass die Subcuticularfasern in ähnlicher Weise wie beim *Echinorhynchus gigas* wirr durch einander geschlungen sind, und es liegt die Vermuthung sehr nahe, dass Hamann dieses filzartige Fasergewirr der Grundsubstanz zugerechnet hat. Auch die Radiärfasern sollen — im Widerspruch zu seinen Abbildungen und zu Säfftigen's Schilderung — sehr schwer zu sehen und hinfälliger Natur sein. Das Gefässnetz und die Parallelfaserschicht dagegen sind wohl ausgebildet. Die Hypodermiskerne sind nur in geringer Anzahl vorhanden, erreichen dafür aber eine exquisite Grösse. Die Lemnisken, deren Fasersysteme kräftiger entwickelt sind, wie die der Haut, stellen, da nur ein einziger, central gelegener Hauptcanal vorhanden ist, sackartige Organe vor, die immer denselben Durchmesser besitzen und nur zwei sehr grosse Kerne enthalten. Auch die Muskulatur zeigt nach Hamann eine auffallend einfache Structur. Die Ringfaserschicht besteht — in ähnlicher Weise wie bei *Echinorhynchus angustatus* und einer grossen Menge anderer kleiner Species — aus breiten Muskelzellenbändern, welche nur auf ihrer äusseren Fläche Fibrillen differenziren. Die Längsmuskelschicht ist — wie bei *Echinorhynchus strumosus* etc. — durch grosse Lücken unterbrochen, beschränkt sich also auf einzelne Faserzüge.

Der Umstand, dass die Zahl der Kerne der Hypodermis nicht wesentlich grösser ist als bei der Larve, sowie die schwache Ausbildung der beiden Muskelhäute, der einfache Bau der Rüsselscheide, der kurze, gering entwickelte Rüssel bilden die wichtigen Argumente für Hamann's Hypothese: dass wir in *Echinorhynchus clavaceps* einen Fall von Paedogenesis vor uns haben, der sich anreiht an den Cestoden *Archigetes Sieboldi* Leuck.

Hinsichtlich der Entwickelung der Muskulatur der Leibeswand möchte ich noch einen Punkt erwähnen. Nach Hamann ist selbst bei Larven von *Echinorhynchus polymorphus*, wo der Rüssel sich deutlich erkennen lässt, noch keine Längsmuskulatur vorhanden. Selbige bildet sich erst später, und zwar dadurch, dass einzelne Cölomepithelzellen, welche sich an der Bildung der Ringmuskelfaserschicht nicht betheiligt hatten, aus dem Epithelverbande ausscheiden. Als besonders bedeutungsvoll hebt Hamann ferner bei Besprechung der Hautmuskulatur von *Echinorhynchus haeruca* hervor, dass die Muskelzellen in den Maschen ihrer nicht zu Fibrillen umgewandelten Substanz sich mit Osmium schwärzende Fetttröpfchen führen.

Bevor ich zum Rüsselapparate übergehe, möchte ich noch hervorheben, dass Hamann nicht, dem Vorbilde Leuckart's folgend, die Umwandlungsvorgänge, welche die einzelnen Organe erfahren, an einer möglichst lückenlosen Reihe von Entwickelungsstadien verfolgt hat, sondern in ähnlicher Weise wie Greeff sich mit den Bildungsstufen begnügte, die ihm der Zufall in die Hände führte. Daher kommt es auch, dass Hamann von der gesammten Entwickelung ein nur lückenreiches Bild entwirft. Er schildert uns die Gestaltung und den feineren Bau der Organe und Organtheile auf diesem und jenem Stadium peinlich genau, ohne jedoch zu untersuchen, in welcher Weise wohl diese Umwandlungen sich vollzogen haben. Ferner muss ich noch betonen, dass Hamann sehr junge Larven, bei denen die Organcomplexe sich erst anlegen, wie selbige schon Leuckart, so gut es die damaligen Hilfsmittel gestatteten, untersucht hat, überhaupt nicht zu Gesicht bekommen hat.

Nach Hamann entsteht der Rüssel entodermal. Zur Zeit, wo die Riesenkerne der Haut ihre vielverästelte Form angenommen haben, lässt sich im Innern der noch soliden Rüsselanlage die erste Bildung des die Haken erzeugenden Gewebes erkennen. Letzteres besteht aus einer äusseren dünnen Schicht, auf welche nach innen zu eigenthümlich geformte, eiförmige Gebilde folgen, die concentrisch eine dunkle, gekörnte, die Achse einnehmende Masse umstehen. Die äussere Schicht ist die Bildungsschicht der Hakenwurzeln. Die innere gekörnte Schicht geht bei der Hervorstülpung vermuthlich in das Hautparenchym über. Die kleinen Zapfen, welche die Anlage der kleinen Haken darstellen, werden länger und länger und durchbrechen nach vollständiger Hervorstülpung des Rüssels die Haut. Zu gleicher Zeit wird auf dem freien Ende der Hakenanlage ein dünner, aber fester, chitinartiger Belag, der eigentliche Haken, abgeschieden.

Das nach Hamann entodermal entstehende Ganglion cephalicum besteht aus zwei Schichten, einer Ganglienrinde und einer grossen Menge nach dem Centrum zu ausstrahlender Fortsätze der einzelnen peripheren Ganglienzellen. Die Ganglienzellen selbst sind hüllenlos; in ihrer Zellsubstanz lässt sich ein Netzwerk, aus feinsten Körnchen bestehend, erkennen, das in einer sich schwächer färbenden Grundsubstanz eingebettet ist. Die austretende Nervenfaser wird nur von der Grundsubstanz, nicht aber auch von den körnigen Massen des Ganglienzellleibes, dem Mitom, gebildet. In einiger Entfernung von der Zelle erhält die Nervenfaser einen festen Ueberzug, das Neurolemm.

Das erste Auftreten des Ligamentum suspensorium fand Hamann bei den Larven von *Echinorhynchus proteus* zur Zeit, wo noch in der Haut die Riesenkerne vorhanden sind. Es stellte eine feine, glasighelle Membran vor, welche wie ein Cylinder die paarigen Keimdrüsen umhüllt und eine Anzahl grosser Zellen erkennen lässt. Es entsteht also dadurch, dass 6—10 grosse Zellen flächenartig auswachsen und sich mit einander vereinigen. Erst zur Zeit, wo die Larven in ihren definitiven Wirth gelangt sind, trifft man in der Grundsubstanz des Ligamentes Differenzirungen in Form längs- und querverlaufender Fasern an. Die Hodenanlagen treten sehr frühzeitig auf. Sobald das Ganglion als kugelige Zellmasse durch Haut und Leibeshöhlenepithel hindurch erkennbar ist, werden sie als zwei kugelige Zellengruppen sichtbar. Weiter unten schliessen sich Zellen an, welche die Kittdrüsen und deren Ausführgänge bilden. Die Vasa deferentia treten als zwei aus kleinen Zellen gebildete Stränge auf, in denen ein Hohlraum fehlt. Die sechs Kittdrüsen entstehen, wie dies v. Linstow früher angegeben, je aus einer Zelle. — Den Markbeutel der *Bursa copulatrix* hält Hamann für zwei mit einander verschmolzene Bildungszellen, welche sich peripher mit contractiler Substanz in Form von ringförmig verlaufenden Fasern umgeben haben, und glaubt, dass durch ihre wechselnde Contraction und die darauf folgende Ausdehnung die Substanz der Kittdrüsen weiter befördert werde.

Die Ovarien werden in Gestalt paariger Zellmassen angelegt. Ein jeder der ovalen Zellenhaufen besteht aus polygonalen Zellen, in denen je ein Kern vorhanden ist. Das Ligament umhüllt in Form eines dünnwandigen Cylinders beide Ovarien und lässt sich schon sehr frühe erkennen. Die Weiterentwickelung der Keimzellen ist sehr einfach. Sie wachsen sehr rasch und das ganze Ovarium zerfällt in eine Anzahl von einzelnen Zellpacketen. Anfangs sind es gegen 10 solcher Zellenballen, die sich deutlich unterscheiden lassen; ihre Zahl wächst aber sehr rasch, so dass wir bei der ausgewachsenen Larve eine grosse Menge solcher Keimzellballen antreffen. Sie sind sämmtlich gleich gross und bestehen je aus etwa zwanzig Urkeimzellen. Die Zellgrenzen lassen sich stets sehr deutlich erkennen. Einige Tage nach der Verfütterung des jungen *Echinorhynchus proteus* an seinen definitiven Wirth beginnen die Zellen sich zu theilen, während bei anderen sich die Zellsubstanz trübt. Diese letzteren werden zu Eizellen, indem sie wachsen und der Kern sich vergrössert, bis er zum Keimbläschen wird. Die reifenden Eizellen liegen an der Peripherie der Keimzellenballen, während die Mitte von den indifferenten sich theilenden Zellen erfüllt ist, die wohl als Nahrung mit verbraucht werden. Von einem syncytialen Ovarialscheibencentrum kann nirgends die Rede sein. Ueber die Uterusglocke von *Echinorhynchus haeruca* macht Hamann folgende Angaben: Die Glocke besteht aus zwei Zellen, die miteinander verschmolzen, einen Cylinder bilden, auf dessen Aussenfläche Muskelfibrillen ringförmig verlaufen. Die Basis der Glocke wird von zwei Zellen umfasst, von denen jede halbkreisförmig gestaltete Räume umschliesst. Dadurch, dass diese Zellen auf der Dorsalseite nicht miteinander verschmolzen sind, entsteht eine Oeffnung, die eine Verbindung zwischen Glockenhöhle und Leibesraum herstellt. Unterhalb der Seitentaschenzellen liegen vier säulenförmige Zellen, die nur im Anfangstheil frei, zu je zwei miteinander verschmolzen sind und so die beiden Eileiter herstellen. Zu diesen Zellen kommt noch eine unpaare Zelle, die aussen den beiden Eileitern aufliegt. Die Scheide setzt sich aus acht Drüsenzellen und zwei Sphincteren zusammen. Die vier oberen Drüsenzellen sind kolbenartig, die vier unteren mehr kugelig angeschwollen. Sie stehen untereinander durch das schmale Verbindungsstück, welches von den beiden Sphincteren umfasst wird, in Zusammenhang.

Litteratur-Verzeichniss.

Abildgaard, P. C. Almindelige Betragtninger over Indvolde-Orme. Bemaerkninger ved Hundsteilens Baendelorm og Beskrivelse med Figurer af nogle nye Baendelorme. Skrifter af naturhistorie Selskabet. 1. Bd. 1. Heft. pg. 26—61. Tab. 5. Kjøbenhavn 1790.

Acharius, Erik. Om en besynnerlig mask, *Acanthrus sipunculoides* som finnes hos vissa fiskar. Mit 1. Tafel Kongliga Svenska Vetenskaps-Academiens Nya Handlingar, Tom. 1. 1780, pg. 49—55, Tafel 2, Fig. 1, 2.

Ahrens, Aug. Abhandlung über Würmer, welche in einer Erdschnecke entdeckt worden sind. Magazin der Gesellschaft naturforschender Freunde zu Berlin. 4. Jahrg. 1810. pg. 292—296. 1 Tafel.

Andres, Angelo. Ueber den weiblichen Geschlechtsapparat des *Echinorhynchus gigas* Rud. Ein Beitrag zur Anatomie der Acanthocephalen. Morphologisches Jahrbuch, 4. Bd. 4. Heft. pg. 584—591. Tafel 31.

Baird, W. Catalogue of the species of Entozoa, or intestinal worms, contained in the collection of the British Museum 1853.

Baltzer, C. Zur Kenntniss der Echinorhynchen. Inauguraldissertation. Archiv für Naturgeschichte 1880. 2 Tafeln. Separat Abdruck.

Bellingham. Catalogue of Irisch Entozoa with observations. The Annals and Magazine of Natural History. Vol 13. 1844. pg. 254—260.

Beneden, van. Note sur le développement des Tetrarhynques. Annales des Sciences Naturelles. Troisième série. Zoologie. 1. 11, pg. 18. 1849.

— —. Mémoire sur les vers intestinaux. Supplément aux Comptes rendus hebdomadaires des séances de l'Académie des Sciences. 2. Bd. 1861. pg. 279, 284—287, 332—349.

— —. et P. Gervais. Zoologie médicale. 2. vol. 1859.

Blainville, de. Dictionnaire des Sciences Naturelles. 14. Bd. Artikel: *Echinorhynchus*. pg. 205, 206. 1819. Artikel: Vers. 57. Bd. pg. 515, 530, 550. 1828.

Blanchard, M. É. Recherches sur l'organisation des Vers. Annales des Sciences Naturelles. Troisième série. Zoologie. tome 8. 1847. pg. 119—136; tome 12, pg. 9—27, 59—68. 1849.

Blanchart, R. Pseudoparasites. Dictionnaire Encyclopaed. Sc. Méd. Tome 17. pg. 702—709. 1889.

Bloch. M. E. Beytrag zur Naturgeschichte der Würmer, welche in anderen Thieren leben. Beschäftigungen der Berlinischen Gesellschaft naturforschender Freunde. 4. Bd. 1779. pg. 543—544.

— —. Abhandlung von der Erzeugung der Eingeweidewürmer und den Mitteln wider dieselben. Berlin 1782. pg. 26—28. Tafel 7, Fig. 1—11.

Blumenbach, J. Fr. Handbuch der Naturgeschichte. 1779.

Bojanus, L. Enthelminthica. Isis von Oken, Jahrg. 1821. 1. Bd. 2. Heft pg. 178—184. Tafel 3. Fig. 34—45.

Bosc, L. Histoire Naturelle des Vers, contenant leur description et leurs moeurs, avec des figures dessinées d'après nature. 1802.

Brandt. Anatomisch-histologische Untersuchungen über Sipunculus nudus. Mémoires de l'Académie Impériale des Sciences de St. Pétersbourg. 7. Série. Tome 14. Nr. 8. 1870.

Bremser, J. G. Notitia insignis vermium intestinalium collectionis vindobonensis. Viennae 1821.

— —, Icones helminthum systema Rudolphii entozoologicum illustrantes. Vienna. 1824. Tafel 6, Fig. 1—22, Tafel 7, Fig. 1—23.

Bruguière, M. Tableau encyclopédique et méthodique des trois règnes de la nature. Helminthologie. 1791 pg. 85 -131.

Burow, C. H. A. Echinorhynchi strumosi anatome. Dissertio zootomica, 1836. 1 Tafel.

Carus, Peters, Gerstäcker. Handbuch der Zoologie. 1864.

Carus, J. V. Prodromus Faunae Mediterraneae sive descriptio animalium maris mediterranei incolarum etc. Pars I. Vermes. 1884.

Carpenter, W. B. Principles of physiology, general and comparative. 3. edition. 1851.

Claus, C. Grundzüge der Zoologie, Marburg. 1866—1868.

— —. Organismus der Phronimiden. Arbeiten aus dem zoologischen Institut der Universität Wien und der zoolog. Station in Triest. 2. Bd. 1. Heft pg. 78. 1879.

Cloquet, Jules. Anatomie des vers intestinaux Ascaride lombricoïde et Échinorhynque géant. 1824, pg. 63—130. Tab. 5—8.

Cobbold, F. Spencer. Entozoa: An introduction to the study of helminthology with reference, more particularly, to the internal parasites of man. London, 1864. pg. 97—103. Tafel 8.

Craigie, Dav. Hakenwürmer aus den Lungen der Phocaena. Notizen aus dem Gebiete der Natur- und Heilkunde v. Froriep. 1833. Bd. 36, pg. 122.

Creplin. Observationes de Entozois. Gryphiswaldiae. 1825.

— —, Novae observationes de Entozois. Berolini, 1829. Oken's Isis. 1831, 2, pg. 166—171.

— —. Echinorhynchus: Allgemeine Encyclopaedie der Wissenschaften und Künste von Ersch und Gruber. 1. Section. 30. Th. 1838, pg. 373—393. Enthelminthologie. 1. Section 35. Th. pg. 76—83. 1841.

— —. Nachträge zu Gurlt's Verzeichniss der Thiere, bei welchen Entozoen gefunden worden sind. Archiv für Naturgeschichte. 11. Jahrg. 1845. pg. 325—336.

— —. Nachträge zu Gurlt's Verzeichniss der Thiere, in welchen Entozoen gefunden worden sind. Zweiter Nachtrag Archiv für Naturgeschichte. 12. Jahrg. 1. Bd. 1846 pg. 129 ff. 13. Jahrg. 1. Bd. 1847. pg. 289 ff.

— —. Ueber Echinorhynchus Tuba. Archiv für Naturgeschichte. 14. Jahrg. 1848. pg. 163—165.

Cuvier, G. Tableau élémentaire de l'histoire naturelle des animaux. Paris, 1798.

— —. Le Règne Animal distribué d'après son organisation pour servir de base à l'histoire naturelle des animaux et l'introduction à l'anatomie comparée. 1849. Les Zoophytes.

Davaine, C. Traité des entozoaires. 1860.

Diesing, K. M. Neue Gattungen von Binnenwürmern nebst einem Nachtrage zur Monographie der Amphistomeen Annalen des Wiener Museums der Naturgeschichte. 1840. 2. Bd. pg. 222—227.

— —. Systema Helminthum 2. Bd. 1851.

— —. Beschreibung eines neuen Kratzers aus dem Lootsenfische. Sitzungsberichte der mathematisch-naturwissenschaftlichen Classe der Kaiserlichen Akademie der Wissenschaften zu Wien. 12. Bd. 1854. pg. 681.

— —. Zwölf Arten von Acanthocephalen. Denkschriften der Kaiserlichen Akademie der Wissenschaften; mathematisch-naturwissenschaftliche Classe. Bd. 11. 1856. pg. 275—290. 3 Tafeln.

— —. Revision der Rhyngodeen. Sitzungsberichte der K. K. Akademie der Wissenschaften zu Wien. 37. Bd. 1859. pg. 719—752. 782.

Drummond, J. L. Observations on Echinorhynchus hystrix and filicollis. The Annals and Magazine of Natural History including Zoologie, Botany, Mineralogie, Geology and Meteorology. Vol. 3. 1839. pg. 63 — 71.

Dujardin, F. Histoire naturelle des Helminthes. 1845. pg. 183—535. Tafel 7.

Duvernoy, G. L. Sur les lemnisci des Echinorhynques. L'Institut. Journal Général des Sociétés et Travaux Scientifiques de la France et de l'Étrangé. Sect. 1 Bd. 4. Nr. 174. 1836. pg. 298.

Fabricius, O. Fauna Groenlandica, systematice sistens animalia Groenlandiae occidentalis hactenus indigata. Kopenhagen 1780. pg. 452.

Faurment, L. Observations sur l'enkystement de l'*Echinorhynchus polymorphus*. Bulletin de la Société Philomathique de Paris: Tome 7, pg. 53—55, 1882.

Fraipont, J. Nouveaux vers parasites de l'*Urosactis acanthicurus*. Bulletin de l'Académie Royale des Sciences, des Lettres et des Beaux Arts de Belgique. Tome 3 pg. 102. Fig.

Frisch, J. L. Observationes ad anatomiam lumbricorum in visceribus pertinentes ad confirmandam hypothesin, lumbricos in visceribus esse larvas, seu ut vocant Nymphas taeniarum. 1738. pg. 46 - 48.

— —. De Taeniis, quae in jecore piscium inveniuntur, imprimis vero in Lucio pisce. 1710. pg. 129.

Fröhlich, J. A. Beschreibung einiger neuer Eingeweidewürmer. Der Naturforsch r. 24. St. 1789. pg. 105.

—, Beyträge zur Naturgeschichte der Eingeweidewürmer. Der Naturforscher. 25. St. 1791. pg. 100—104.

—, Beyträge zur Naturgeschichte der Eingeweidewürmer. Der Naturforscher. 29. Stück. 1802. pg. 63—75. Tafel Fig 12—16.

Gegenbaur, C. Grundzüge der vergleichenden Anatomie. Leipzig. 1859.

Gmelin. Siehe Linne.

Goeze, J. A. E. Versuch einer Naturgeschichte der Eingeweidewürmer thierischer Körper. Blankenburg. 1782. pg. 139—167. tab. 10—13.

Grassi, B. und **Calandruccio, S.** Ueber einen Echinorhynchus, welcher auch im Menschen parasitirt und dessen Zwischenwirth eine Blaps ist. Centralblatt für Bakteriologie und Parasitenkunde. 2. Jahrg. 1888. 3. Bd. Nr. 17. pg. 521—525 mit 7 Abbildungen.

Greeff, Richard. Untersuchungen über den Bau und die Naturgeschichte von *Echinorhynchus miliarius* Zenker *Echinorhynchus polymorphus*. Archiv für Naturgeschichte. 1. Bd. 30. Jahrg. 1864. pg. 98—140. Tafel 2—3.

— —. Ueber die Uterusglocke und das Ovarium der Echinorhynchen. Archiv für Naturgeschichte 30. Jahrg. 1. Bd. 1864. pg. 361—375. Tafel 6.

Grenacher, H. Zur Anatomie der Gattung Gordius. Zeitschrift für wissenschaftliche Zoologie. 18. Bd. 1868. pg. 322-344. Tafel 23 - 24.

Grimm. Nachrichten der G. A.-Universität und der Königl. Gesellschaft der Wissenschaften zu Göttingen. 1872. pg. 246.

Gurlt. Verzeichniss der Thiere, bei welchen Entozoen gefunden worden sind. Archiv für Naturgeschichte. 11. Jahrg. 1. Bd. pg. 223—325. 1845.

Haeckel. Generelle Morphologie der Organismen. Berlin. 1866.

— —, Natürliche Schöpfungsgeschichte. Berlin. 1868.

Hamann, Otto. Zur Kenntniss des Baues der Nemathelminthen. Sitzungsberichte der Königl. Preussischen Akademie der Wissenschaften zu Berlin. 1891.

— —, Die Nemathelminthen. Beiträge zur Kenntniss ihrer Entwicklung, ihres Baues und ihrer Lebensgeschichte. 1. Heft. Monographie der Acanthocephalen (Echinorhynchen). Ihre Entwickelung. Histogenie. Anatomie, nebst Beiträgen zur Systematik und Biologie. Jenaische Zeitschrift für Naturwissenschaft. 25. Bd. N. F. 18. Bd. 1891.

— —, Die Lemnisken der Nematoden. Zoologischer Anzeiger. 10. Jahrg., 1890.

Henle. Archiv für Anatomie, Physiologie und wissenschaftliche Medicin v. Müller. 1840 pg 318. Anm. 1.

— —, Notizen aus dem Gebiete der Natur- und Heilkunde, herausgegeben v. Froriep und Schleiden. Nr. 285. pg. 330. 1844.

Hermann, J. Helminthologische Bemerkungen. Der Naturforscher. 17. Stück. 1782. pg. 172—179. Tafel 4. Fig. 8—12.

Holten, H. S. Om tvende i *Trichiurus gladius* fundne Individer orme (Echinorhynchus og Diplasia Trichiuri. Skrivter af Naturhistorie-Selskabet. Kjöbenhavn 1802. Bd. 5. pg. 26—28.

Huber, J. Ch. Ueber Piesbergens Fischpsorospermien. Centralblatt für Bakteriologie und Parasitenkunde. 3. Bd. pg. 663 - 664.

Jackson. A descriptive Catalogue of the anatomical Museum of the Boston Society for Medical improvement. Boston. 1847. pg. 317 ff.

Jarzinsky, Th. Untersuchungen über das Nervensystem der Echinorhynchen. Arbeiten der ersten Versammlung der Russischen Naturforscher zu St. Petersburg. 1868 (67) pg. 298—310 mit einer Tafel (in russischer Sprache).

Jassoy. De Echinorhyncho polymorpho Bremseri. Dissertatio inauguralis. Herbipoli, 1820.

Kaiser, Joh. Über die Entwicklung des *Echinorhynchus gigas*. Zoologischer Anzeiger 1887, No. 257 und No. 258.

— —, Die Nephridien der Acanthocephalen. Centralblatt für Bakteriologie und Parasitenkunde. 1892, 11. Bd. No. 2 pg. 44—49.

Kessler, K. Material zur Kenntniss des Onegasees und der Onegaumgebung hauptsächlich in zoologischer Hinsicht. Arbeiten der ersten Versammlung Russischer Naturforscher zu St. Petersburg. 1868 (67). Tafel 7. Fig. 1—4. (in russischer Sprache).

Knüpffer, P. Beitrag zur Anatomie des Ausführungsganges der weiblichen Geschlechtsprodukte einiger Acanthocephalen. Mémoires de l'Académie Impériale des Sciences de St. Pétersbourg. 7. Série. Bd. 36. N. 12. 1888.

Kocourek. Oesterreichische Monatsschrift für Thierheilkunde. Bd. 2. 1876, pg. 89.

Koelreuter, J. T. Descriptio Cyprini rutili, quem Halawel Russi vocant, historico-anatomica. Novi Commentarii Academiae Scientiarum Imperialis Petropolitanae. T. 15. pg. 499—500. Tafel 26, Fig. 25. 1770.

Köhler, R. Recherches sur la structure et le développement des kystes de l'*Echinorhynchus angustatus* et de l'*Echinorhynchus proteus*. Comptes rendus des Séances de l'Académie des Sciences. Tome 104, Nr. 10. 1887. pg. 710—712.

— —, Recherches sur les fibres musculaires de l'*Echinorhynchus gigas* et de l'*Echinorhynchus haeruca*. ibid. Tome 104. Nr. 17. 1887. pg. 1192—1194.

— —, Sur la morphologie des fibres musculaires chez les Echinorhynques. ibid. Tome 104, Nr. 23. pg. 1634—1636.

— —, Documents pour servir à l'histoire des *Echinorhynques*. Journal de l'Anatomie et de la Physiologie. 23. Jahrg. 1887. pg. 612—659. tab. 28—29.

Kolenati, F. A. Epizoa der Nycteribien. Wiener entomologische Monatsschrift. Bd. 1. 1857. Nr. 3. pg. 66—69.

Lambl, W. Mikroskopische Untersuchung der Darm-Excrete. Beitrag zur Pathologie des Darms und zur Diagnostik am Krankenbette. Vierteljahrsschrift für die praktische Heilkunde. 16. Jahrg. 1859. 61 Bd. pg. 45—49, Tafel 1, Fig. 12, A-D.

Lamarck, J. B. Histoire naturelle des animaux sans vertèbres. Tome 3, 1816. pg. 146—147. 196—200.

Lankaster, Ray-. Notes on the embryology and classification of the animal kingdom. The Quaterly Journal of Microscopical Science. Vol. 17. 1877. pg. 399—454.

Leeuwenhoek, A. v. Arcana naturae detecta. Delphis Batavorum. 1695. Epistola 75, pg. 311—312, tab. Fig. 1—5.

Lehmann, Otto. Beiträge zur Frage von der Homologie der Segmentalorgane und Ausführungsgänge der Geschlechtsprodukte bei den Oligochaeten. Jena. 1887.

Leidy, Jos. Contributions to Helminthology. Proceedings of the Academy of Natural Sciences of Philadelphia. Vol. 5, pg. 207. 1851.

— —, A Synopsis of Entozoa and some of their Ecto-congeners observed by the Author. Vol. 8. 1856. pg. 48.

— —, Notice of some parasitic worms. Proceedings of the American Philosophical Society, held at Philadelphia. 1887, pg. 20—24.

— —, Entozoa of the Terrapin. ibid. 1888 pg. 127—128.

— —, Parasites of the striped Bass. ibid. pg. 125.

— —, Parasites of the Rock Fish. ibid. pg. 166.

Lespès, Ch. Sur quelques points de l'organisation des Echinorhynques. Extrait de la Revue des Sociétés Savantes. Paris 1861. pg. 370. Journal de l'Anatomie et de la Physiologie. 1864. pg. 683—686.

Leuckart, Fr. Sigismund. Versuch einer naturgemässen Eintheilung der Helminthen. Heidelberg 1827.

Leuckart, Rudolf. Bericht über die wissenschaftlichen Leistungen in der Naturgeschichte der niederen Thiere. Archiv für Naturgeschichte. 23. Jahrg. 2. Bd. pg. 192. 1857.

Leuckart, Rudolf. Helminthologische Experimentaluntersuchungen. 3. Ueber Echinorhynchus. Nachrichten von der G. A.-Universität und der Königl. Gesellschaft der Wissenschaften zu Göttingen. 1862, Nr. 22. pg. 433—447.

— —. De statu et embryonali et larvali Echinorhynchorum eorumque metamorphosi. Decanatsprogramm. 1873. pg. 1—37.

— —. Die menschlichen Parasiten und die von ihnen herrührenden Krankheiten. Ein Hand- und Lehrbuch für Naturforscher und Aerzte. 2. Bd. 1876. pg. 725—844.

— —. Neue Beiträge zur Kenntniss des Baues und der Lebensgeschichte der Nematoden. Abhandlungen der mathematisch-physischen Klasse der Königl. Sächs. Gesellschaft der Wissenschaften. Leipzig. Bd. 13. pg. 575 ff.

Leydig. Lehrbuch der Histologie des Menschen und der Thiere. 1857. pg. 135.

— —. Vom Baue des thierischen Körpers; Handbuch der vergleichenden Anatomie. 1. Bd. 1864. pg. 434.

van Lidth de Jeude. Recueil de figures des vers intestinaux. Leide. 1829.

Lindemann, Karl. Zur Anatomie der Acanthocephalen. Bulletin de la Société Impériale des Naturalistes de Moscou. 1865. tome 38. Nr. 2. pg. 483—498. Tafel 10—12.

— —. Archiv für gerichtliche Medicin. 1867.

Linné, Caroli a. Systema Naturae cura J. Fr. Gmelin. 1789—1790. Tom. 1. Pars 6. pg. 3041.

Linstow, O. von. Zur Anatomie und Entwicklungsgeschichte des *Echinorhynchus angustatus* Rud. Archiv für Naturgeschichte 38. Jahrg. 1. Bd. 1872. pg. 6—15. Tafel 1, Fig. 1—33.

— —. Helminthologische Beobachtungen. 21. Jahrg. 1. Bd. 1876. pg. 2. Tafel 1, Fig. 3.

— —. Compendium der Helminthologie. Hannover. 1878.

— —. Helminthologische Untersuchungen. Jahreshefte des Vereines für vaterländische Naturkunde in Würtemberg. Jahrg. 35. 1879. pg. 537.

— —. Helminthologische Studien. Archiv für Naturgeschichte. 48. Jahrg. 1882. 1. Bd. pg. 1—25, Tafel 2. Fig. 22a. b.

— —. Nematoden, Trematoden und Acanthocephalen gesammelt von Prof. Fedtschenko in Turkestan. Archiv für Naturgeschichte 49. Jahrg. 1883. pg. 304—305 nebst Abbildung.

— —. Helminthologisches. Archiv für Naturgeschichte. 50. Jahrg. pg. 125—145. 1884.

— —. Report on the Entozoa collected by H. M. S. Challenger during the years 1873—1876. Report of Challenger. Vol. 23 part 71.

— —. Helminthologisches. Archiv für Naturgeschichte 54. Jahrg. pg. 235—246. 1886.

— —. Beobachtungen an Helminthenlarven. Archiv für mikroskopische Anatomie. Bd. 39. 330—334.

— —. Helminthen von Süd-Georgien. Nach der Ausbeute der Deutschen Station von 1882—1883. Jahrbuch der Hamburgischen Wissenschaftlichen Anstalten. 9. 2. 1892.

Linton, E. Notes on Entozoa of Marine Fishes of New England, with descriptions of several new species. Annual Report of the Commissioner of Fish and Fisheries for 1886. 1889.

Martin, Ant. Om en särdeles mask, som liknar sprutor, och gör Hydatides eller Vattnblåsor i Norsens inälfor. Kongliga Svenska Vetenskaps Academiens Nya Handlingar. Tom 1. 1780. pg. 41—49.

Mégnin, P. Note sur quelques points encore obscurs de l'organisation et du développement des Echinorhynques. Comptes rendus des Séances de l'Académie des Sciences. 1881. Vol. 93. pg. 1034—1036.

— —. Recherches sur l'organisation et le développement des Echinorhynques. Bulletin de la Société Zoologique de France. Tome 7. Nr. 5. 1882. pg. 326—346.

— —. Note sur les helminthes rapportés des côtes de la Lapponie par M. le Prof. Pouchet. Bulletin de la Société Zoologique de France. Tome 8. pg. 153—156. pl. 7.

— —. Ueber die Organisation und die Entwicklungsgeschichte von Echinorhynchus. Kosmos v. Vetter. 7. Jahrg. 13. Bd. 1883. pg. 218—220

Mehlis. Oken's Isis 1831, Heft 1. pg. 82, Anm. Heft 2. pg. 166—171.

Modéer, Ad. Inledning til Kunskapen om Maskkräken i allmänhet. Kongliga Svenska Vetenskaps Academiens Nya Handlingar 1792. pg. 243—252.

Molin, R. Prospectus helminthum, quae in prodromo faunae helminthologicae Venetiae continentur. Sitzungsberichte der math.-naturw. Classe der Kaiserlichen Academie der Wissenschaften zu Wien. 30. Bd. 1858. Nr. 14. pg. 141—144.

Molin, R. Prospectus helminthum, quae in parte secunda prodromi faunae helminthologicae Venetia continentur. 33. Bd. 1858. Nr. 26. pg. 291–296.

— —, Cephalocotylea e Nematoidea raccolti ed illustrati del R. Molin. 38. Bd. 1859, Nr. 23. pg. 14–16.

Monticelli, F. S. Osservazioni intorno ad alcune specie di Acantocefali. Bolletino della Società di Naturalisti in Napoli. Vol. 1. pg. 19–29. 6 Fig.

Müller, O. F. Vermium terrestrium et fluviatilium seu animalium infusoriorum, helminthicorum et testaceorum non marinorum succincta historia. 1774, vol. 1, ps. 2.

Zoologiae danicae prodromus, seu animalium Daniae et Norvegiae indigenarum characteres, nomina et synonyma imprimis popularium. Havniae, 1776, pg. 211–215. Nr. 2599–2601.

— Zoologiae danicae seu animalium Daniae et Norvegiae rariorum ac minus notorum icones. 1777. pg. 45–48. Tafel 37. Fig. 1–14. 2. Bd. 1788. pg. 38–40. Tafel 69. Fig. 1–11. Tafel 64. Fig. 1–8. pg. 27–28. Von Thieren in den Eingeweiden der Thiere, insonderheit vom Kratzer im Hecht. Der Naturforscher. 12. St. 1778. pg. 178–196. Tafel 5. Fig. 1–5

— —, Unterbrochene Bemühungen bey den Intestinalwürmern. Schriften der Berlinischen Gesellschaft naturforschender Freunde. 1780. 1. Bd. pg. 202–218.

— Verzeichniss der bisher entdeckten Eingeweidewürmer der Thiere, in welchen sie gefunden worden, und der besten Schriften, die derselben erwähnen. Der Naturforscher. 22. St. 1787. pg. 56–63.

Nitzsch. Acanthocephalus. Allgemeine Encyclopaedie der Wissenschaften v. Ersch und Gruber. 1. Section. 1. Th. pg. 241–243, 1818. 1 Section, 7. Th. Tafel Acanthocephala, Fig. 2–3. 1821.

Oken. Allgemeine Naturgeschichte für alle Stände. Stuttgart. 5 Bd. 2. Abth. 1835.

Owen. Lectures on the comparative anatomy and physiologie of the invertebrate animals, delivered at the Royal College of surgeons. 1843. pg. 42.

Pachinger, Alajos. Echinorhynchus haeruca Eredeti adatok az Acanthocephalac tern rajzahoz, Kolĕsvär 1885. Bericht über die wissenschaftlichen Leistungen in der Naturgeschichte der Helminthen 1885. (Linstow). Archiv für Naturgeschichte.

Pagenstecher, H. A. Ueber einige Organisationsverhältnisse, besonders die weiblichen Geschlechtsorgane von *Echinorhynchus proteus*. Amtlicher Bericht über die 34. Versammlung deutscher Naturforscher und Aerzte in Carlsruhe. 1859. pg. 133–134.

— —, Zur Anatomie von *Echinorhynchus proteus*. Zeitschrift für wissenschaftliche Zoologie. 13 Bd. 1863. pg. 413–424. Tafel 23–24.

Pallas, P. S. Dissertatio medica inauguralis de infestis viventibus intra viventia. Lugdunum Batavorum 1760. pg. 52.

— , Taenia hirudinacea. Novi Commentarii Academiae Scientiarum Imperialis Petropolitanae, Tom. 19. pg. 202. tab. 2, Fig. 3.

— —, Elenchus zoophytorum, Hagae 1766. pg. 415.

— , Bemerkungen über die Bandwürmer in Menschen und Thieren. Neue nordische Beyträge zur physikalischen und geographischen Erd- und Völkerbeschreibung, Naturgeschichte und Oekonomie. 1781. pg. 106–111. tab. 3. Fig. 36–38.

Parona C. Elmintologia Sarda. Contribuzione allo studio dei vermi parassiti in animali di Sardegna. Annali del Museo Civico di Storia Naturale di Genova. Vol. 4. pg. 275–384. 3 Tafeln.

— , Elmintologia italiana. Bollettino Scientifico. Pavia. Anno 11.

Phipps. A voyage toward the North-Pole. London 1774. pg. 103. tab. 7. Fig. A-C.

Rathke, J. Jagttagelser henhoerende til Indvoldorms og Bloeddyrenes Naturhistorie. Skrivter af Naturhistorie-Selskabet. Bd. 5. Heft 1. pg. 61–148. tab. 2. 3.

Redi, Franc. Osservazioni intorno agli animali viventi che si trovano negli animali viventi. Firenze, 1684.

Renier, St. Andr. Tavole per servire alla classificazione e conoscenza degli animali. 1807. tab. 6.

Roederer, J. G. Animadversiones de Taenia. Göttingische Anzeigen von gelehrten Sachen unter Aufsicht der Königl. Gesellschaft der Wissenschaften. 1762.

Rohde, E. Beiträge zur Kenntniss der Anatomie der Nematoden. Zoologische Beiträge, herausgegeben von A. Schneider. 1883, Heft 1, pg. 1—26.

Rohde, E. Die Muskulatur der Chaetopoden Ebenda 1885, pg. 1—31.

Rolandsson. Kongliga Svenska Vetenskaps Academiens Nya Handlingar. 1780, pg. 44—49.

Rudolphi, K. A. Observationes circa vermes intestinales. Gryphiae 1793, pg. 21.

— —, Observationes circa vermes intestinales, pars II, 1795, pg. 20, 21.

— —, Beobachtungen über die Eingeweidewürmer. Archiv für Zoologie und Zootomie von Wiedemann, 2. Bd. 1801, 1. St. pg. 5—18.

— —, Fortsetzung der Beobachtungen über die Eingeweidewürmer. 2. Bd. 2. St. pg. 45—65, 1802.

— —, Entozoorum sive verminum intestinalium historia naturalis. Bd. 1. 1808, pg. 221—313, Bd. 2. 1809.

— —, Erster Nachtrag zu meiner Naturgeschichte der Eingeweidewürmer. Die Gesellschaft Naturforschender Freunde zu Berlin Magazin für die neuesten Entdeckungen in der gesammten Naturkunde, 6. Jahrg. 1812, pg. 95—98.

— —, Entozoorum Synopsis cui accedunt mantissa duplex et indices locupletissimi. 1819, pg. 65—81, 309—336, 572—600, 665—674.

Sälfligen, A. Zur Organisation der Echinorhynchen. Morphologisches Jahrbuch, 10. Bd. 1. Heft, 1884.

Salensky. Bemerkungen über die Organisation von *Echinorhynchus angustatus*. Schriften der naturforschenden Gesellschaft zu Kiew. 1870 in russischer Sprache.

Schmalz. Tabulae anatomiam Entozoorum illustrantes. Tab. 11. Fig. 5.

Schneider, Anton. Monographie der Nematoden. Berlin 1866, pg. 325—337.

— —, Ueber den Bau der Acanthocephalen. Archiv für Anatomie und Physiologie, 1868, pg. 583—596.

— —, Entwicklungsgeschichte des *Echinorhynchus gigas*. Sitzungsberichte der Oberhessischen Gesellschaft für Natur- und Heilkunde. 1871, pg. 4—1. Fig. 7.

— —, Noch ein Wort über die Muskeln der Nematoden. Zeitschrift für wissenschaftliche Zoologie. 19. Bd. 2. Heft, pg. 286.

— —, Untersuchungen über Plathelminthen. Giessen, 1873.

Schrank, Fr. von Paula. Zoologische Beobachtungen. Der Naturforscher, 18. St. 1782, pg. 83—85, Tafel 3, D—H. Verzeichniss der bisher hinlänglich bekannten Eingeweidewürmer, 1788.

— —, Förteckning på nagra hittils obeskrifne Intestinal-Kräk. Kongliga Svenska Vetenskaps Academiens Nya Handlingar 1790, pg. 118—126.

Siebold, C. Th. von. Fernere Beobachtungen über die Spermatozoen der wirbellosen Thiere. Archiv für Anatomie, Physiologie und wissenschaftliche Medicin. 1836, pg. 232—233.

— —, Bericht über die Leistungen im Gebiete der Helminthologie. b.) Acanthocephala. Archiv für Naturgeschichte, 3. Jahrg. 2. Bd. 1837, pg. 258—260.

— —, Die Physiologie als Erfahrungswissenschaft v. K. Fr. Burdach. 2. Aufl. 2. Bd. 1837, pg. 195—200.

— —, Parasiten: Handwörterbuch der Physiologie von Rud. Wagner. Bd. 2. pg. 644, 1844.

— —, Lehrbuch der vergleichenden Anatomie der wirbellosen Thiere. 1. Th. des Lehrbuches der vergleichenden Anatomie von v. Siebold und Stannius. 5. Buch. Die Helminthen, pg. 111—160.

Sonsino, P. Studi e notizie elmintologiche. Atti della Società Toscana di Scienze Naturali. Pisa. vol. 6, pg. 224—237.

Steenstrup. Ueber den Generationswechsel oder die Fortpflanzung und Entwicklung durch abwechselnde Generationen, eine eigenthümliche Form der Brutpflege in den niederen Thierklassen. Copenhagen, 1842, pg. 111.

Stein, F. Vergleichende Anatomie und Physiologie der Insekten. 1. Die weiblichen Geschlechtsorgane der Käfer Berlin, 1847, pg. 108.

Stein. Icones zootomicae, herausgegeben von V. Carus. Leipzig, 1857.

Stiles, Ch. W. Sur l'hôte intermédiaire de l'*Echinorhynchus gigas* en Amérique. Bulletin de la Société Zoologique de France. Tome 16, pg. 240, 1891.

Stossich, M. Prospetto della fauna del mare Adriatico. Parte 4. Boll. Soc. Adriat. Sc. Nat. Trieste Vol. 7, pg. 168—242, 1882.

— —, Brani di Elmintologia tergestina. Serie 4. Boll. Soc. Adriat. Sc. Nat. Trieste Vol. 10, 11, 12, 1887.

— —, Vermi parassiti in animali della Croazia. Soc. H. N. Croatica IV, pg. 181—185.

Strubell, Ad. Untersuchungen über den Bau und die Entwicklung des Rübennematoden Heterodera Schachtii. 1888. Bibliotheca Zoologica, herausgegeben von Leuckart und Chun. 2. Heft.

Treutler, F. A. Quaedam de Echinorhynchorum natura. Lipsiae 1791, pg. 1—16, Tafel mit 5 Figuren.

Vejdovský, Franz. Zur Morphologie der Gordiiden. Zeitschrift für wissenschaftliche Zoologie. 1886, 3. Heft, pg. 386—395.

Villot. Sur l'état larvaire et l'hôte intermédiaire de l'*Echinorhynchus claveceps*, Zeder. Zoologischer Anzeiger von V. Carus. 8. Jahrg. Nr. 185, pg. 19—22. 1885.

— —, *Echinorhynchus claveceps*. Note sur son organisation et son développement. Bulletin de la Société des Sciences naturelles du Sud-Est. Tome 3, pg. 52. 1884.

Wagener, Guido. Beiträge zur Entwicklungsgeschichte der Eingeweidewürmer. 1855 gekrönte Preisschrift. Naturkundige Verhandelingen van de Hollandsche Maatschappy de Wetenschappen te Haarlem 1857. pg. 79—84.

— —. Helminthologische Bemerkungen aus einem Sendschreiben an C. Th. v. Siebold. Zeitschrift für wissenschaftliche Zoologie. 9. Bd. 1858. pg. 77—83, Tafel 6.

Wedl. Zur Ovologie und Embryologie der Helminthen. Sitzungsberichte der Kaiserlichen Academie der Wissenschaften zu Wien. 16. Bd. 1855. pg. 402—407, Tafel 2b, Fig. 10 a—c, Fig. 11 a—d.

— Zur Helminthenfauna Aegyptens. II. Acanthocephala. 44. Bd. 1861. pg. 232—239, Tafel 2, Fig. 17—32.

Welch, F. H. The presence of an encysted Echinorhynchus in man. The Lancet, a Journal of British and Foreign Medicine. Jahrg. 1872, Vol. 2. Nr. 20. pg. 703—705. Mit 4 Figuren.

Weinland, D. F. On the digestive apparatus of the Acanthocephala. Proceedings of the American Association for the Advancement of Science. 1856, pg. 197—201.

Westrumb, A. H. L. De helminthibus acanthocephalis. Hannoverae. 1821.

Wymau. Proceedings of the Boston society of natural history, Vol. 1, pg. 95. 1843.

Zeder, J. G. H. Erster Nachtrag zur Naturgeschichte der Eingeweidewürmer von J. E. Goeze, 1800. pg. 103—143.

— —. Anleitung zur Naturgeschichte der Eingeweidewürmer. Bamberg, 1803.

Zenker, J. C. Commentatio de Gammari pulicis historia naturali. Jenae, 1832, pg. 18.

Zschokke, Fritz. Recherches sur l'organisation et la distribution zoologique des vers parasites des poissons d'eau douce. 1884, pg. 58—63.

— —. Erster Beitrag zur Parasitenfauna von *Trutta salar*. Verhandlungen der schweizerischen naturforschenden Gesellschaft. Basel. 8. Th. pg. 761—795, 1888.

Erklärung der Abbildungen.

Bedeutung der Buchstaben.

Anc	Kerne des embryonalen Kernhaufens, aus denen das Ganglion cephalicum hervorgeht.
B	Bursa copulatrix.
Bct	Cuticula der Bursa copulatrix.
Bgf	Filzfaserschicht der Bursa copulatrix.
bg	Bindegewebscyste des Embryo.
Bm	Bursalmuskel.
Bmt	Bursalmuskeltaschen.
Bmf	Ringfibrillen des Bursalmuskels.
Balm	Längsmuskeln auf der Oberfläche des Bursalmuskels.
Bmm	Markraum des Bursalmuskels.
Bmrm	Ringfasernetz auf der Oberfläche des Bursalmuskels.
Bms	Sarkolemmasepten des Bursalmuskels.
Bnc	Kerne der Hypodermis des Bursalmuskelschlauches.
Brmf	Radiärmuskelfasern des Bursalmuskelschlauches.
Bs	Bursalschlauch.
Bsr	Sarkolemmaauskleidung des Bursalschlauches.
Btm	Glockentaschenzellen.
Btrm	Die beiden Ringfibrillenlagen der Glockentaschenzellen.
Cd	Canalis dorsalis tubae (*Echinorhynchus gigas*).
Cdfz	Füllzellen des Canalis dorsalis tubae.
Co	Connectivbündel.
Coe	Definitive Leibeshöhle.
coc	Primäre Leibeshöhle.
Cr	Plasma der peripheren Schicht des Embryo.
ct	Cuticula.
ct'	Cuticularfalte in der Umgebung der Haken.
ctk	Cuticularkappe der Haken.
ctrf	Cuticularringfalte.
dg	Dorsalgefäss der Hypodermis (*Echinorhynchus gigas*).
dk	Dorsalkanal der Ringmuskulatur (*Echinorhynchus gigas*).
Eh	Grosse Embryonalhaken.
eh	Kleine Embryonalhaken.
EH'	Mittlere Embryonalhülle.
EH''	Innere Embryonalhülle.
F	Flimmerhaare im Vas efferens.
f	Fibrilläre Substanz der Muskelfasern.
f'	Fibrillenplatten des Receptaculum (*Echinorhynchus gigas*).
g	Filzfaserschicht der Hypodermis.
Fg	Reticuläres Füllprotoplasma.
fp	Fibrillenplatten der Muskelfasern.
Fz	Zellen der lateralen Kernschnüre.
Fznc	Kerne der letzteren.
Fz', Fz²	Füllzellen der Bursalhöhle.
Fz³	Zellen des Bursalschlauches.
Fz⁴	Füllzellen der Genitalöffnung.
G⁰	Hauptkanäle der Hypodermis.
g	Kleinere Kanäle der Hypodermis.
g'	Kanäle im Inneren der Faserbündel.
Geph	Ganglion cephalicum.
gd	Dorsale, unpaare, den Oviidukten aufliegende Zelle.
gl	Laterale Oviiduktzellen.
gm	Mediane Oviiduktzellen.
Gp	Gefühlpapille der Bursalhöhle.
gr	Ventrale Lippenzellen.
Gw	Zellencomplex, aus dem die Geschlechtswerkzeuge hervorgehen.

h Haken, hᵃ äussere, hⁱ innere Hakensubstanz.
H¹, H² Erster, zweiter Hoden.
ha Hakenanlage.
Ha Hodenanlage.
hue, Hue Hypodermiskerne.
hsy Hypodermissyncytium.
Hw Hakenwurzel.
Kdr Kittdrüsen.
Kg Kittgänge.
Kuc Kerne der Kittdrüsensubstanz.
Ks Kittsubstanz.
L¹ L¹¹ Ventraler, dorsaler Ligamentschlauch.
l. Ligamentum suspensorium.
lf¹, lf² Longitudinalfasern des Subcuticulargewebes.
lfb¹, lfb² Faserbögen der Longitudinalfasern.
Lg Ligamentzapfen.
lgd Dorsale Ligamentzelle der Uterusglocke.
lge Ventrale Ligamentzelle der Tuba.
lh Larvenhaut.
Lm¹ Compressor lemnisci.
Lm Längsmuskeln des Ductus ejaculatorius.
LM Längsmuskulatur der Leibeswand.
Lmuc Kerne der Längsmuskulatur der Leibeswand.
luc Lemniskenkerne.
Luc Kerne des Ligamentzapfens.
Lma Muskelmantel des Ductus ejaculatorius.
Lst Ligamentstränge.
lsy Lemniskensyncytium.
Lv Ventraler Ligamentschlauch.
Lz Ligamentzapfen.
M Markraum.
M¹, M² Aeusserer, innerer Deckmuskel des Receptaculum.
M* Markraum der Rüsselscheide (Echinorhynchus gigas).
Mb Markbeutel des Bursalmuskels.
Mbuc Kerne dieses Markbeutels.
mp, Mp Ringmuskelplatte an der Rüsselspitze.
Mpm Markraum dieser Ringmuskelplatte.
Mpuc Kerne der Ringmuskelplatte.
Mrp Markbeutel des Receptaculum.
mcr Musculus retractor rostelli.
Mruc Kerne der Retinaculummuskelhülle.
Ms Muskelsyncytium.
Mz Muskelzellen.
n Nervus.
N Nervus lateralis ductus ejaculatorii.
n* Nerven in der Wand des Markbeutels des Receptaculum.

uc Nucleus.
ucᵇ Nucleus des Receptaculum.
ucl Nucleolus.
nda Nervus dorsalis anterior.
nl Lateralnerven der Leibeswand.
nla Nervus lateralis anterior.
nlm Nervus lateralis medius.
Nlp Nervus lateralis posterior.
nma¹, nma³ Die drei Aeste des Nervus medialis anterior.
Np Nervus lateralis posterior.
npd Nervus dorsalis posterior.
nva Nervus ventralis anterior.
or Ovidukt.
Or Reifes Ei aus dem Ovarium.
Or' Unreife Eier aus der Peripherie des Ovarium.
Or'' Eikeime aus dem Inneren des Ovarium.
Oefz¹, Oefz² Erstes, zweites Paar der Oviduktfüllzellen.
Orpd Ovarialplasmakern.
Orm Ovarialanlage.
P Penis.
PB Protrusor bursae.
Pd Protrusor receptaculi dorsalis.
Pduc Kerne der dorsalen Protrusoren.
pf Parallelfaserschicht der Hypodermis.
Pfg Subcuticularauskleidung des Penis.
Pl Protrusor receptaculi lateralis.
Pluc Kerne der lateralen Protrusoren.
pl Der den Embryonalkern umhüllende Plasmazapfen.
Pm Protrusor.
Puc Kerne des embryonalen Kernhaufens.
Pmu Ringmuskulatur des Penis.
Pv Protrusor receptaculi ventralis.
Pvuc Kerne der ventralen Protrusoren.
R Receptaculum.
R', R'' Aeussere, innere Rüsselscheide.
RB, Rh Retractor bursae.
Re Retractor colli.
Reuc Kerne des Retractor colli.
Rept Receptaculum.
rf¹, rf², rf³ Zirkulärfasern des Subcuticulargewebes.
rfb¹, rfb² Faserbögen dieser Zirkulärfasern.
Rg Ringgefäss der Halsbasis.
RM, Rm Ringmuskulatur der Leibeswand.
Rmuc Ringmuskelkerne.
rm Ringmuskulatur der Larve.
rmf Radiärmuskelfasern der Hypodermis.
Rmmb Ringmuskelmantel des Bursalmarkbeutels.

Rmm Markraum dieses Muskelmantels.
Rmmkr Kerne des letzteren.
rmz Ringmuskelzelle.
Rac Kerne des Receptaculum.
Rsc¹, Rsc² Kerne der äusseren, der inneren Rüsselscheide.
Rp Retractor proboscidis.
Rpd Retractor proboscidis dorsalis.
Rpl Retractor proboscidis lateralis.
Rpld Retractor proboscidis lateralis pars dorsalis.
Rplv Retractor proboscidis lateralis pars ventralis.
Rpv Retractor proboscidis ventralis.
Rr Sarkolemmaring der Rüsselscheide.
Rrpd Retractor receptaculi dorsalis.
Rrpv Retractor receptaculi ventralis.
Rt Retinaculum.
rz Rüsselzapfen.
rza Rüsselzapfenanlage.
rzkr Rüsselzapfenkerne.
s Sarkolemma.
s¹ Innere Sarkolemmahülle der Muskelfibrillenschicht.
s² Sarkolemmabindesubstanz.
s³ Sarkolemmahüllmembran des Receptaculum.
s⁴ Innere Sarkolemmahülle der Hakenwurzel.
s⁵ Aeussere Sarkolemmahülle der Hakenwurzel.
sch¹, sch², sch³ Die drei Schichten der Embryonalschale.
sct Hypodermis.
sctkr Kerne derselben.
sctsy Hypodermissyncytium.
Sph¹, Sph² Aeusserer, innerer Sphinkter der Vagina.

ss Sarkolemmasepten.
T Tuba.
Tˢ Hinteres, zapfenförmig verlängertes Ende der Uterusglocke.
Tm Markraum der Glockenmuskulatur.
Tm' Markraum des Glockenzapfens.
Tmˢ Kernbeutel der Uterusglocke.
Tuc Kerne der Uterusglocke.
tp Tunica propria.
Trm Ringfaserlage der Glockenwand.
Ts Sarkolemmagrenzmembran der Tubamuskulatur.
U Uterus.
Us Sarkolemmatische Substanz, welche die Auskleidung des Uterus bei Echinorhynchus gigas bildet.
Uz¹, Uz² Füllzellen des Uterus.
Um Markraum der Uterusmuskulatur.
Uuc¹, Uuc² Kerne der Uterusmuskulatur.
Urmf Ringfibrillenschicht der Uteruswandung.
Us Sarkolemmahülle des Uterus.
vd Vas deferens.
ve Vas efferens.
Vefl Der mit Flimmerhaaren ausgestattete Theil des Vas efferens.
Veflrn Das den Endabschnitt des Vas efferens umhüllende Ringfasernetz.
Vz Hypodermale Auskleidung der Vagina.
x Die beiden, starkverdünnten Stellen der Embryonalschale.

Figuren-Erklärung.

Tafel 1.

Fig. 1. Querschnitt durch das kuppelförmig abgerundete, hintere Ende des Receptaculum von *Echinorhynchus gigas*.
 Mrt Kernbeutel der Retinaculummuskulatur.

Fig. 2—7. 9. 13. Querschnitte durch die Uterusglocke von *Echinorhynchus haeruca*.
 Tw Kernbeutel der Uterusglockenmuskulatur.

Fig. 8. Querschnitt durch das Receptaculum von *Echinorhynchus gigas* in der Höhe der Austrittsstelle des Nervus ventralis anterior.

Fig. 10—12. 17. Querschnitte durch die Uterusglocke von *Echinorhynchus gigas*.
 T Zapfenförmiger, hinterer Glockenanhang

Fig. 14. Längsschnitt durch die Halsgegend einer Larve von *Echinorhynchus haeruca* zur Zeit der Lemniskenbildung.
 s Erste Anlage des Sarkolemmaringes.

Fig. 15. Querschnitt durch eine Längsfaser des Hautmuskelschlauches von *Echinorhynchus haeruca*.

Fig. 16. 18. Die beiden Deckmuskelplatten der Rüsselscheide von *Echinorhynchus gigas*.

Fig. 19. Querschnitt durch die laterale Kernschnur einer Riesenkratzerlarve von 0,96 mm Länge.
 Np Nervus lateralis posterior.

Fig. 20. Längsschnitt durch die Larve von *Echinorhynchus gigas* von 126 μ Länge und 70 μ Breite.
 rsa Rüsselanlage.
 Ms Syncytium der Hautmuskulatur, *Mk*, *Mk'* Kerne der letzteren.

Fig. 21. Querschnitt durch die Halsgegend von *Echinorhynchus spinosus*.
 Hw Wurzeln der kleinen Halsstacheln.

Fig. 22. Längsschnitt durch die kegelförmige Leibesanschwellung von *Echinorhynchus porrigens*.
 Re Ampullenförmige Anschwellung des Retractor colli.

Fig. 23. Querschnitt durch die Ringmuskulatur der ovoiden Leibesantreibung von *Echinorhynchus trichocephalus*.

Fig. 24. Längsschnitt durch die Leibeswand einer 0,29 mm langen Larve von *Echinorhynchus gigas*.
 fp' Fibrillenplatten der Ringmuskelzelle *rm*.
 fp² Fibrillenplatten der Längsmuskelzelle *lmz*.

Fig. 25. Querschnitt durch die kegelförmige Leibesanschwellung von *Echinorhynchus porrigens*
 FM Transversalmuskeln.
 Re' Ausläufer des Retractor colli, vermittelst derer die Insertion an der Leibeswand geschieht.

Tafel 2.

Fig. 1. Längsschnitt durch den Kopf einer 1,81 mm langen Larve von *Echinorhynchus gigas*.
  μ Anlage der Ringmuskulatur hinter der dritten Hakenreihe.

Fig. 2. Sagittalschnitt durch den Kopftheil einer Riesenkratzerlarve von 0,48 mm Länge.

Fig. 3. Längsschnitt durch den Kopf einer 0,85 mm langen Larve von *Echinorhynchus gigas*.
  mpne Kerne der Ringmuskelplatte *mp*.

Fig. 4. Längsschnitt durch den Vorderkörper einer Larve von *Echinorhynchus haeruca* zur Zeit der Rüsselausstülpung (1,71 mm Länge).
  Rp' Rücklaufender Theil der Retractores proboscidis.

Fig. 5. Dorsale Partie eines Querschnittes durch den Hautmuskelschlauch eines erwachsenen Riesenkratzermännchens.
  s' Perforirte Sarkolemmamembran zwischen den Ringmuskelfibern.
  dk Dorsalkanal.

Fig. 6. Ein durch das Hautgewebe der Halsbasis von *Echinorhynchus haeruca* gelegter Längsschnitt.
  cf Cuticularfalte.
  cr Cuticularring.

Fig. 7. Querschnitt durch das Hautgewebe eines erwachsenen *Echinorhynchus gigas*.
  Lg Eines der grossen Längsgefässe.

Fig. 8. Lemniscus von *Echinorhynchus gigas*.
  ne¹, ne², ne³, ne⁴, ne⁵ Die fünf grossen Lemniskenkerne.
  G' Die beiden durch Theilung des Hauptgefässes *G* entstehenden Gefässe.

Fig. 9. Querschnitt durch die Seitenlinien (Kernschnur) von *Echinorhynchus gigas*.
  s' Aeussere Sarkolemmagrenzmembran ⎫
  f' Mittlere Muskelhaut ⎬ des Markbeutels.
  s'' Innere Sarkolemmagrenzmembran ⎭
  M', M'' Die beiden Markbeutel.
  x Oeffnung behufs Kommunikation des Markes der Beutel *M'' M'* mit dem der Ringfaser *RM*.
  Sp Spalträume zwischen den Fibrillenbündeln.
  Np Nervus lateralis posterior.

Fig. 10. Querschnitt durch die Hautdecke des *Echinorhynchus angustatus*.

Fig. 11. Optischer Längsschnitt durch den Kopf einer 0,2 mm langen Larve von *Echinorhynchus gigas*.
  Rrnc Kerne des Retractor receptaculi.

Fig. 12. Querschnitt durch den Lemniskus von *Echinorhynchus moniliformis*.

Fig. 13. Schnitt durch eine Ringmuskelfaser von *Echinorhynchus gigas*.
  ss Sarkolemmasepten.
  s Sarkolemmagrenzmembran.
  ms Muskelsäulchen.

Fig. 14. Querschnitt durch die Ringmuskulatur von *Echinorhynchus angustatus*.

Fig. 15. Querschnitt durch die Ringmuskulatur von *Echinorhynchus haeruca*.

Fig. 16. Querschnitt durch eine der submedianen, beutelförmig erweiterten Längsmuskelfasern von *Echinorhynchus gigas*.
  M' Markraum des peritonealen Segmentes.
  s' Sarkolemmagrenzmembran ⎫
  f' Fibrillenlage ⎬ des Markbeutels.
  L Wand des dorsalen Ligamentschlauches.

Fig. 17. Querschnitt durch die Hautdecken der ovoiden Körperanschwellung von *Echinorhynchus trichocephalus*.

21*

Tafel 3.

Fig. 1, 2, 9. Querschnitte durch die männlichen Leitungswege von *Echinorhynchus angustatus*.

Fig. 3, 11. Querschnitte durch den Ductus ejaculatorius von *Echinorhynchus gigas*.

Fig. 4. Medianschnitt durch die Bursa copulatrix von *Echinorhynchus gigas*.

  Rms Einmündungsstelle des Markbeutels *Rm* in den Hehnmuskel.

Fig. 5. Kittdrüse von *Echinorhynchus angustatus* im Längsschnitte.

  Kn Degenerirender Kern.

Fig. 6. Längsschnitt durch eine der Gefühlspapillen aus der Bursa copulatrix von *Echinorhynchus gigas*.

  ns Die eintretende Nervenfaser.

  k Der spiralig aufgewundene Theil dieser Faser.

  us Das die Papille umhüllende Sarkolemma.

Fig. 7. Längsschnitt durch die männlichen Leitungswege und die Kopulationsorgane einer halb erwachsenen Larve von *Echinorhynchus angustatus*.

  Gg Die beiden Genitalganglienhaufen.

  Py Kerne der Penisanlage.

  st Leisten der Bursalhöhle.

  Mu Muskelkern.

Fig. 8. Querschnitt durch die Mitte des zweiten Hodens von *Echinorhynchus gigas*.

  L¹ Dorsaler, *L²* ventraler Ligamentschlauch.

  Ls, Ls', Ls'' Die drei Schichten der Ligamentwandung.

  ∧ Das dunkelfarbige, körnige Gerinsel.

  Hp Hodenparenchym.

Fig. 10. Längsschnitt durch das Leibesende einer männlichen Larve von *Echinorhynchus gigas* (circa 380 μ lang).

Tafel 4.

Fig. 1. Längsschnitt durch das hintere Körperende einer männlichen Larve des *Echinorhynchus gigas* von 420 μ Länge.

Fig. 2. Sagittalschnitt durch die männlichen Kopulationsorgane einer Larve des *Echinorhynchus angustatus*.

  stp Leisten der Bursalhöhle.

  p Papillenartige Erhebungen in der Bursalhöhle.

  ns Gefühlspapillen.

Fig. 3, 5, 6, 8, 9, 11. Querschnitte durch den Ductus ejaculatorius und die Kopulationsorgane einer 1.5 mm langen Larve von *Echinorhynchus gigas*.

  Gg Nephridien.

  F³ Genitalganglienhaufen.

  Bmm Depressores bursae und Dilatatores fissurae genitalis.

Fig. 4. Sagittalschnitt durch die männlichen Leitungswege einer Riesenkratzerlarve von 1.2 mm Länge.

  Bmm Depressor bursae und Dilatator fissurae genitalis.

  Gg Nephridien.

Fig. 7. Längsschnitt durch den männlichen Genitalapparat einer 0.52 mm langen Larve von *Echinorhynchus gigas*.

  Bmm Depressor bursae und Dilatator fissurae genitalis.

  F³ Füllzellen, aus denen die Genitalganglien und der Bursalschlauch hervorgehen.

Fig. 10. Männlicher Genitalapparat einer 0.76 mm langen Larve von *Echinorhynchus gigas* im Längsschnitt.

  F³ Zellen der beiden Ganglia genitalia.

  F²³ Zellen des Bursalschlauches.

Fig. 12. Längsschnitt durch das Leibesende einer 0.26 mm langen Riesenkratzerlarve zur Zeit der Hodenanlage.
    Po Penisanlage.
    Fs Füllzellsyncytium.
    Ect Embryonale Cuticula.

Fig. 13. Querschnitt durch den zweiten Hoden einer 2.4 mm langen Larve von *Echinorhynchus gigas*.
    L: Ligamentzapfen.
    L₁ Mittleres   ⎫
    L₂ Ventrales   ⎬ Blatt des Ligamentum suspensorium.
    L₃ Dorsales   ⎭

Fig. 14. Längsschnitt durch die Kittdrüse einer ausgebildeten Larve von *Echinorhynchus haeruca*.
    tp Tunica propria des Kittganges.
    tp' Tunica propria der Kittdrüse.

Fig. 15. Weibliche Genitalanlage einer Riesenkratzerlarve von 0.9 mm Länge im Sagittalschnitt.
    Us Füllsyncytium der Uterushöhle.

Tafel 5.

Fig. 1. 2, 3, 4. 5. 7. 8. Querschnitte durch den muskulösen Rüsselapparat einer 1,5 mm langen Larve von *Echinorhynchus gigas*.
    Pf Vorderes Ende der Protrusores receptaculi laterales.

Fig. 6. 13, 19, 24. Querschnitte durch den muskulösen Rüsselapparat eines erwachsenen Riesenkratzers.
    L Lemniskus.

Fig. 9. Längsschnitt durch die Halsgegend einer 1.8 mm langen Riesenkratzerlarve.
    sehy Hypodermissyncytium.
    sehe Kerne des letzteren.
    Msy Muskelsyncytium.

Fig. 10. 11. Querschnitte durch das Receptaculum einer 0,7 mm langen Larve von *Echinorhynchus gigas*.

Fig. 12. Querschnitt durch das Retinaculum von *Echinorhynchus haeruca*.
    Mrtue Kernbeutel der Muskelhülle *Mrt*.

Fig. 14—16. Querschnitte durch das Receptaculum proboscidis eines geschlechtsreifen *Echinorhynchus haeruca*.
    nma' Mittlere Wurzel   ⎫
    nla Laterale Wurzel   ⎬ des Nervus medianus anterior.
    nla' Zwischen den Retractoren endigende Fasern des *nla*.

Fig. 17. Längsschnitt durch das Receptaculum von *Echinorhynchus haeruca*.
    Rrp Schräg durchschnittene Wurzel der Retractores receptaculi.
    M¹, M² Markräume der inneren und äusseren Rüsselscheide.

Fig. 18. Querschnitt durch den Retractor colli von *Echinorhynchus haeruca*.
    Rc Compressor lemniscorum.
    Rcuc Kerne des Retractor colli.
    nrc Nerven des Retractor colli.

Fig. 20. Querschnitt durch eine Ringmuskelfaser von *Echinorhynchus gigas*.

Fig. 21. Längsschnitt durch die zellige Hypodermis einer Larve von *Echinorhynchus angustatus* zur Zeit der Filzfaserbildung.
    sehz Epithelartige Hypodermiszellen.
    lfa Longitudinalfaserschicht.

Fig. 22. Querschnitt durch die Haut einer Larve von *Echinorhynchus haeruca*.

setae Die sich theilenden Hypodermiskerne.

ct Neu gebildete Cuticula.

lh Larvenhaut.

bgc Bindegewebscyste.

bgnc Kerne der letzteren.

Fig. 23. Längsschnitt durch die Hautschichten einer Larve von *Echinorhynchus haeruca* zur Zeit der Radialmuskelfaser bildung.

lfu Longitudinalfasern der Filzfaserschicht.

Tafel 6.

Fig. 1—4. Haken von *Echinorhynchus angustatus*.

Fig. 1 Haken der 3.letzten, Fig. 2 der 5.letzten, Fig. 3 der 7.letzten, Fig. 4 der letzten Hakenquerreihe.

Fig. 5—8. Rüsselhaken von *Echinorhynchus haeruca*.

Fig. 5 Haken der 3.letzten, Fig. 6 der 5.letzten, Fig. 7 der 7.letzten, Fig. 8 der letzten Hakenquerreihe.

Fig. 9, 10. Rüsselhaken von *Echinorhynchus gigas*.

Fig. 9 Haken der letzten, Fig. 10 der zweiten Hakenquerreihe.

Fig. 11—15. Rüsselhaken von *Echinorhynchus uncinatus* nov. sp.

Fig. 11—13 Haken der vorderen Rüsselhälfte, und zwar: Fig. 11 Grösster Rüsselhaken von der ventralen Fläche der Aequatorialregion, Fig. 12 Haken der 3.letzten Reihe der ventralen Fläche, Fig. 13 Haken der 2.letzten Reihe der dorsalen Fläche. Fig. 14. Uebergangsform zwischen den Haken der vorderen und hinteren Rüsselhälfte. Fig. 15. Stachel aus der dritten Reihe der hinteren Rüsselhälfte.

Fig. 16—25, 29, 30. Haken von *Echinorhynchus trichocephalus*.

Fig. 16—18. Haken der dorsalen Fläche der vorderen Rüsselhälfte. Fig. 16 Haken der drittletzten, Fig. 17 der 5.letzten, Fig. 18 der 11.letzten Hakenquerreihe.

Fig. 22—25. Haken der ventralen Fläche der vorderen Rüsselhälfte. Fig. 22 Haken der 3.letzten Reihe, Fig. 23 Grösster Haken der letzten Reihe, Fig. 24 Haken der 5.letzten, Fig. 25 der 7.letzten Hakenquerreihe.

Fig. 19, 21, 29, 31. Haken der hinteren Rüsselhälfte. Fig.19 Stachel der 3., Fig.21 der 7., Fig. 29 und Fig. 30 der 1. Querreihe. Fig. 20. Halsstachel.

Fig. 26—28. Haken von *Echinorhynchus porrigens*.

Fig. 26 Haken der letzten, Fig. 27 der 3.letzten, Fig. 28 der 7.letzten Hakenquerreihe.

Fig. 31—34. Haken von *Echinorhynchus monilifornis*.

Fig. 31 Haken der 9.letzten, Fig. 32 der 3.letzten, Fig. 33 der 7.letzten, Fig. 34 der 5.letzten Hakenquerreihe.

Fig. 35—41. Haken von *Echinorhynchus spinosus*.

Fig. 35—37. Haken der ventralen Rüsselfläche. Fig. 35 Haken der letzten, Fig. 36 der 5.letzten, Fig. 37 der 9.letzten Hakenquerreihe. Fig. 38. Haken der letzten Reihe an der dorsalen Rüsselfläche, Fig. 40 Stachel der 1., Fig. 41 der 3. Rüsselstachelreihe. Fig. 39. Halsstachel.

Fig. 42—48. Haken von *Echinorhynchus strumosus*.

Fig. 42 Haken der letzten, Fig. 43 der 3.letzten, Fig. 44 der 7.letzten Hakenquerreihe. Fig. 45 Stachel der ersten, Fig. 46 der 3., Fig. 47 der letzten Stachelquerreihe. Fig. 48, a, b, c Körperstacheln.

Tafel 7.

Fig. 1—3, 7—9. Querschnitte durch den weiblichen Genitalapparat einer 1.8 mm langen Larve des *Echinorhynchus gigas*. *Sqm* Nephridien.

Fig. 4—6, 10. Querschnitte durch die Uterusglocke eines erwachsenen *Echinorhynchus angustatus*.

L° Die beiden Zipfel des Ligamentum suspensorium.

Tm° Markbeutel der Glockenmuskulatur.

Fig. 11. 12. Sagittalschnitte durch die Uterusglocke des *Echinorhynchus haeruca*.

Fig. 13. Ein unter einem Winkel von 15° gegen die Medianebene geneigter Längsschnitt durch die Uterusglocke des *Echinorhynchus gigas*.

Cd° Das zwischen den dorsalen Zellenwülsten *lgd* und *lgd* verlaufende Stück des Nephridialkanales.

T° Zapfenförmiges unteres Ende der Glockenmuskulatur.

gm° Lippenförmiger Ausläufer der medianen Oviduktzellen *go*.

Fig. 14. Medianer Sagittalschnitt durch die weiblichen Genitalien einer Larve von *Echinorhynchus angustatus*.

Fig. 15. 16. Sagittalschnitte durch die Uterusglocke von *Echinorhynchus angustatus*.

Tafel 8.

Fig. 1. Längsschnitt durch die Rüsselhaut von *Echinorhynchus angustatus*.

hy Hypodermiszelle.

Fig. 2. Uterusglocke von *Echinorhynchus strumosus*.

Fig. 3. Längsschnitt durch die Hautdecke von *Echinorhynchus moniliformis*.

Fig. 4—6, 10, 15. Querschnitte durch die Uterusglocke von *Echinorhynchus strumosus*.

Fig. 7. Querschnitt durch den Hautmuskelschlauch von *Echinorhynchus trichocephalus*.

Fig. 8. Längsschnitt durch die Hautmuskulatur von *Echinorhynchus trichocephalus*.

Fig. 9. Beutelförmig erweiterte Längsmuskelfasern von *Echinorhynchus moniliformis*.

Fig. 11—13, 16—18, 26. Querschnitte durch die Uterusglocke von *Echinorhynchus trichocephalus*.

Fig. 14. Querschnitt durch die laterale Kernschnur von *Echinorhynchus moniliformis*.

nl Nervus lateralis posterior.

M Markbeutel der Ringmuskulatur.

Fig. 19. 20. Zwei Längsmuskelfasern von *Echinorhynchus moniliformis* im Querschnitte.

Fig. 21. 22. Zwei Ringmuskelfasern von *Echinorhynchus moniliformis* im Querschnitte.

Fig. 23. Uterusglocke von *Echinorhynchus trichocephalus*.

Fig. 24. 27—29, 35, 38. Querschnitte durch die Uterusglocke und den Uterus eines erwachsenen *Echinorhynchus gigas*.

U Uterushöhle.

Fig. 25. 30. 32. Querschnitte durch die Uterusglocke von *Echinorhynchus angustatus*.

Fig. 31. Embryo von *Echinorhynchus haeruca* aus der Darmwand von Asellus aquaticus bei schwacher Vergrösserung gezeichnet.

Fig. 33. Querschnitt durch den Retractor proboscidis von *Echinorhynchus gigas*.

Fig. 34. Querschnitt durch das Receptaculum von *Echinorhynchus moniliformis*.

R Spiralmuskelbelag der Rüsselscheide.

M° Markhöhle der Spiralfasern.

M Deckmuskelplatte und ihre beiden Kerne.

Fig. 36. Embryo von *Echinorhynchus gigas* aus der Darmwand von Cetonia aurata nur schwach vergrössert.

Fig. 37. Uterusglocke von *Echinorhynchus porrigens*.

Tafel 9.

Fig. 1—16, 22. Die verschiedenen Theilungsphasen der kubischen Zellen bei 1,3 mm langen Larven von *Echinorhynchus gigas*.

Fig. 17—21, 23—46. Die Entwickelungsstadien der Spermatozoen soweit selbige im Hoden des erwachsenen *Echinorhynchus gigas* gefunden werden.

Fig. 47. Querschnitt durch den Leib einer circa 2 mm langen Larve von *Echinorhynchus gigas*.
    Lm Längsmuskulatur der Leibeswand.
    Lm' Submedianröhren.
Fig. 48, 49. Querschnitte durch das Ligamentum suspensorium einer 2,2 mm langen Larve von *Echinorhynchus gigas*.
Fig. 50. Längsschnitt durch ein Ovarium von *Echinorhynchus haeruca*.
Fig. 51. Querschnitt durch ein freies Ovarium von *Echinorhynchus bipennis*.
Fig. 52, 54. Querschnitte durch das Ligamentum suspensorium von einer 2,8 mm langen Larve von *Echinorhynchus gigas*
Fig. 53. Längsschnitt durch die Ovarialanlage einer Larve von *Echinorhynchus angustatus*.
Fig. 55. Längsschnitt durch die Ovarialanlage einer sehr jungen Larve von *Echinorhynchus haeruca*.
Fig. 56. Ovarialrosette einer Larve von *Echinorhynchus angustatus*.
Fig. 57—62. Umbildungsphasen der Kerne des embryonalen Kernhaufens in die grossen, bläschenförmigen Kerne der Hypodermis.
Fig. 63, 64. Die gleichen Umbildungsphasen der Muskelkerne.
Fig. 65, 66, 67. Drei verschiedene Theilungsphasen der Hypodermiskerne.
Fig. 68. Reifes Ei von *Echinorhynchus moniliformis*.
Fig. 69. Gelappter Kern aus der Hypodermis von *Echinorhynchus moniliformis*.
Fig. 70. Flächenschnitt durch die Hypodermis einer Larve von *Echinorhynchus haeruca* zur Zeit der Radiärfaserbildung.
    setz' Leere Hypodermiszellen.
    setz'' Vollständig mit Radiärmuskelfasern erfüllte Hypodermiszellen.

Tafel 10.

Fig. 1. Frontalschnitt durch eine 260 µ lange Larve von *Echinorhynchus gigas*.
Fig. 2. Längsschnitt durch eine 130 µ lange Larve von *Echinorhynchus gigas*.
Fig. 3. Längsschnitt durch einen soeben in die Darmwand der Cetonienlarve eingewanderten Embryo von *Echinorhynchus gigas*.
Fig. 4. Längsschnitt durch eine 150 µ lange und 80 µ breite Larve von *Echinorhynchus gigas*.
    M Muskelsyncytium.
    Mac Kerne des letzteren.
Fig. 5. Längsschnitt durch eine 200 µ lange und 160 µ breite Larve von *Echinorhynchus gigas*.
Fig. 6. Querschnitt durch den Hautmuskelschlauch einer 0,8 mm langen Larve von *Echinorhynchus gigas*.
Fig. 7. Querschnitt durch den Retractor receptaculi einer 0,9 mm langen Riesenkratzerlarve.
Fig. 8a. Längsschnitt durch die Hautmuskulatur einer 0,4 mm langen Larve des *Echinorhynchus gigas*.
    pl Dunkler gefärbte Plasmazone.
    m Hellfarbiger Theil des Muskelplasmas.
    Lm Längsmuskulatur.
Fig. 8b. Längsschnitt durch die Ringfaserschicht einer 0,56 mm langen Larve des Riesenkratzers.
Fig. 9. Hartbeschalter Embryo von *Echinorhynchus moniliformis*.
Fig. 10. Hartbeschalter Embryo von *Echinorhynchus bipennis*.
Fig. 11. Längsschnitt durch die Rüsselspitze eines erwachsenen *Echinorhynchus gigas*.
    sr Sarkolemmaüberzug der Hakenwurzel.
    w Cuticulareinsenkung.
    aws Gefühlspapille.
    s Sarkolemmaauskleidung der Rüsselhöhle.
Fig. 12. Längsschnitt durch die Wandung des Receptaculum proboscidis von *Echinorhynchus gigas*.
    Rr Sarkolemmahülle der Rüsselscheide.

σσ Sarkolemmasepten.

σ' Innere Sarkolemmagrenzmembran.

Fig. 13. Gefühlspapille dicht unterhalb der letzten Hakenreihe von *Echinorhynchus gigas*.

Fig. 14. Querschnitt durch den Retractor proboscidis und das Ganglion cephalicum von *Echinorhynchus porrigens*.

Rpro Kerne der Retractores proboscidis.

Fig. 16. Hodenparenchymkerne von *Echinorhynchus angustatus*.

Fig. 15. Längsschnitt durch den Hoden einer 0·84 mm langen Larve von *Echinorhynchus gigas*.

vd Zelle, aus der durch wiederholte Theilung das Vas deferens hervorgeht.

Fig. 17. Längsschnitt durch das Nephridium von *Echinorhynchus gigas*.

V¹, V², V³ Verzweigungen 1ter, 2ter, 3ter Ordnung.

Nphst Nephrostomen.

Fig. 18. Längsschnitt durch ein Nephrostom.

α Gewölbte Porenhaut.

β Ringförmig verdickter Abschnitt der Nephrostomwandung.

γ Nephrostomkanalwandung.

Wf Wimperflamme in Undulation.

Druck von Gebrüder Gotthelft in Cassel.